薛正兴文存

薛正兴 著

凤凰出版社

图书在版编目（CIP）数据

薛正兴文存 / 薛正兴著. -- 南京 ：凤凰出版社，2011.9
ISBN 978-7-5506-0847-4

Ⅰ．①薛… Ⅱ．①薛… Ⅲ．①汉语－语言学－文集②古籍整理－中国－文集 Ⅳ．①H1-53②G256.1-53

中国版本图书馆CIP数据核字(2011)第189656号

书　　名	薛正兴文存
著　　者	薛正兴
责任编辑	王华宝
出版发行	凤凰出版传媒集团 凤凰出版传媒股份有限公司 凤凰出版社(原江苏古籍出版社) 发行部电话025-83223462
集团地址	南京市湖南路1号A楼,邮编:210009
集团网址	http://www.ppm.cn
出版社地址	南京市中央路165号,邮编:210009
经　　销	凤凰出版传媒股份有限公司
照　　排	南京凯建图文制作有限公司
印　　刷	南京大众新科技印刷有限公司 南京浦口大桥北路京新村546号,邮编:210031
开　　本	880×1230毫米　1/32
印　　张	18
字　　数	501千字
版　　次	2011年9月第1版　2011年9月第1次印刷
标准书号	ISBN 978-7-5506-0847-4
定　　价	68.00元

(本书凡印装错误可向承印厂调换,电话:025-58849828)

薛正兴先生（1942.9—2010.9）

与老师徐复先生合影

与同行专家卞觉非、赵航、鲁国尧先生合影

摄于办公室

2009年夏摄于南京大学

与马树杉教授等合影

与家人合影

部分论著书影

序

周勋初

薛正兴君是南京大学中文系1966届的毕业生。其时已处文化大革命的前夕，“书越读越蠢”的最高指示早已深入人心，激进的学生无不摩拳擦掌，上面一声令下，也就竞相投入焚书坑儒的伟大运动中去。薛正兴在班上比较特殊，喜欢读书，这在当时来说，显得有些“落后”。文革结束，这些喜欢读书的学生立即回到高校与科研单位深造。中国步入改革开放之后，八十年代到九十年代兴起过一阵学术高潮，就依仗着这些运动中残留下来的读书种子。

薛正兴于1978年考回母校从洪诚先生攻读硕士学位，81年毕业后，分配到出版部门工作。这对他可能很合适。因为他坐得住，办事又认真，也有工作能力，因此在不同岗位上都作出过成绩，且升迁至江苏古籍出版社社长。但他有些书生气，个性太耿直，认真过头，也不适合在官场周旋。假如他能处在一个更宽松的学术环境，潜心做学问，那么定能取得更大成就。

他的硕士论文，即以研究王力教授主编的《古代汉语》为题，评判其中的得失。《古代汉语》是集中了许多知名学者而编成的，一个硕士生要想从中发现问题，谈何容易，于此亦可见到那时他已积累了很好的学识。今即从其发表在《南京大学学报》1981年第1期上的《〈古代汉语〉注释疑义讨论》中摘举一两个例子来加以说明。

第一个例子为分析《左传》僖公四年“齐桓公伐楚”中的“君惠徼福于敝邑之社稷，辱收寡君，寡君之愿也”数句，原注者解作“承蒙您向我国社稷之神求福，意思是您不毁灭我国”。正兴以为，敝邑之社稷“在这句中是受福者，不是施福者。这里，介词于，不表动作之所从，而表动作之所归趋”。他从古汉语中介词“于”的用法中加以考察，进而指出“《左传》一书，凡是对话中讲到对方求福于说话人自己一方的宗庙或社稷，都是指自己一方受福，对方施福”，且举数例以明之。这就为阅读《左传》一书提供了一种“义例”，有益于治左氏学者匪浅。他在第二例中则举《左传》僖公五年“宫之奇谏假道”中的“且虞能亲于桓庄乎，其爱之也？”二句加以讨论，指出“课本注认为这句话是一种特殊的倒装句法，跟马建忠看法相同”。然而马建忠在《马氏文通》卷十彖六“论句读”中举此为例之后，杨树达在《马氏文通刊误》中即已指出其误，正兴进而指出前后两句实为一种递进式的反问，这样才能更好地把握住宫之奇的语气。由此可见，正兴在学生阶段就已能够依仗古典文学及其语法方面的修养，突破前人成说，纠正权威学者的错误了。

薛正兴在担任江苏古籍出版社社长时，策划了很多大型的丛书，如《江苏地方文献丛书》等，取得了很大成功。他又参与其间的整理工作，如他所整理的《太湖备考》一书，就达到了很高的水平。我在《丛书》笔谈中指出，“薛正兴同志作了细致的加工，附入吴曾的《湖程纪略》和郑言绍的《太湖备考续编》，将记载的内容延至清末，内容更见充实。全书校勘精细，标点与断句等方面均见功夫。又加设计精善，版式疏朗，字体安排合适，展卷即有纲目分明之感。前有内容精彩的《前言》，对读者了解吴越文化很有帮助。里面介绍的许多有关太湖的现代科学知识，则又为整理古籍提供了范例。”

这本《薛正兴文存》中就有不少“前言”，寄寓着他在整理工作后的心得。从其著作的覆盖面而言，可见他的知识已经遍及许多领域。出于工作需要，经过认真学习，他的学问已经完全成熟。

如以古籍整理而言，足以代表他水平的著作，自然要推《范仲淹全集》。无论从版本之的当，参校本之精要，逸文之完备，附录之丰富，图片之美赡，都已达到上乘水平。特别是那长达二十四页的《前言》，更将范仲淹的一生及其贡献作了全面而简要的表达，足供宋代文史研究者参考。此书荣获江苏省 2006 年优秀图书一等奖，可谓实至名归。

薛正兴早年即耽读高邮王氏的著作。他的业师洪诚、徐复先生，师从黄季刚先生，季刚先生则又师从章太炎先生，人称章黄学派。学界则又公认章太炎为清代朴学的最后一人。由此可知，正兴承传的是清代朴学的传统，但因时代有异，所以他的学识又呈现出很多新的特点。

我任《中国思想家评传丛书》副主编时，为了彰显我国学术的优秀传统，提出应该增加段玉裁、王念孙二人的评传，匡亚明校长就让我物色二《传》的作者。这时我才知道，中国学术界虽然队伍庞大，知名的专家很多，但要想请到合适的专家为段玉裁、王念孙写评传，可也真不容易。这让我深感困惑。经反复论证，最后才约薛正兴写《王念孙王引之评传》。那时他已退休，然仍返聘在凤凰出版社内任职，他利用业余时间，花了几年功夫，完成了六十万字的评传。于此亦可见其执着，且可进窥他的学识之佳。

他在分析王念孙、王引之父子的成就时，条分缕析，归纳出了很多条例。在第三章中特标《高邮王氏训诂学训释方法分类述评》，且分八节详加讨论，让读者容易把握，易于遵循。这样的研究工作，体现出了一位现代学者的科学态度，从而表现出了与前人不同的面貌。

尤可注意的是，他在书中还特列《清代训诂学的缺点》一节，表明他的学问出于前人而已有所超越，这也正是后人的应走之路，应有之义。

2008 年时，凤凰出版社约我为“文化大革命”中集体编写的《韩非子校注》作修订。其时我患严重贫血，工作非常困难。正兴主动请缨，担任此书责任编辑，他为老师洪诚先生投入了大量心血的这一集体项目作最后加工，也有学术传承的意义。他尽心尽力，又把此书质量提高了一步。这对我来说，既减轻负担，又保证了质量，心中自是高兴。

随后他于 2010 年 7 月 8 日的《古籍新书报》上发表了一篇《精心修订　求新求精——简评〈韩非子校注〉修订本》的书评，文中列举了几项在旧版上加以改进的内容，这些确是新版的优胜之处，值得读者珍视。但我感到，这些地方好多是他的治学心得，而他又不明白标示，读者不明底细，以为是我修订时加入的。我最不愿意看到的是学界中人不讲道德，侵占他人成果，暗中将别人的研究心得占为已有，因此我就打电话给他，让他再写一篇书评，介绍自己在工作过程中加入了哪些研究成果。他不肯，认为责任编辑就应该隐姓埋名，后来经我力劝，他才答应重写。只是天不假年，一两个月之后竟因心脏病突发而遽尔辞世，结果还是没有完成新稿，只是留下了一篇略事增订的旧稿。

薛正兴提到有关通假字与异体字的处理，看似简单，实则处理的人小学水平不够，也无法措手，又如对“奚遽（巨 jù）”等词的解释，如果在训诂上没有较高的修养，也无法提出。他的这些贡献，自不应埋没。按理说，一部旧书的重印，责任编辑可以自我放松，像他那样一定要将古地名用新的行政区划与新的地名标示，不是极为认真的人，也是不肯下这番苦功的。

只是世事难料，人事多舛。2008 年时他来参加我的八十寿辰庆典，当时他才六十多岁，想不到两年之后就听到了他的噩耗。人到老年，听到学生一辈早逝的消息，更为神伤。因思天道无常，人生苦短，均有其大限，只要他在世时努力过，也就可以说是无负此生。正兴留下了好多成果，以及他在为别人加工时注入的心血，也已为这个世界增添了光彩，人们自当用敬重的心情加以纪念。今日应约为他的遗集作序，这种感受再次涌上心头，一方面为他的未尽所怀而痛惜，一方面又为他有机会能将研究成果全然展示而高兴，因为这将永远刻录在中国的学术史上。

目 录

《古代汉语》注释疑义讨论

王力先生主编的《古代汉语》课本，是一部深受广大读者欢迎的古汉语教材。不过书中文选部分也有一些注释尚存疑义，或有差错。现在提出若干条注释来进行讨论，请读者指正，并供编选者参考。

1.《齐桓公伐楚》(《左传》僖公四年)“君惠徼福于敝邑之社稷，辱收寡君，寡君之愿也。”(第15页)

> 承蒙您向我国社稷之神求福，意思是您不毁灭我国。惠，敬词，意思是您这样做是表现了您的恩惠。徼，求。敝邑，谦称自己的国家。社，土神。稷，谷神。

按：屈完所说“徼福于敝邑之社稷”，就是求福给楚国。敝邑之社稷是代表楚国之神，它在这句中是受福者，不是施福者。这里，介词于，不表动作之所从，而表动作之所归趋。吕叔湘先生《文言虚字》一书中指出，“于”字也可以表示动的关系，最普通的是作“给”或“到”讲。《左传》一书，凡是对话中讲到对方求福于说话人自己一方的宗庙或社稷，都是指自己一方受福，对方施福。例《左传》宣公十二年：“郑伯肉袒牵羊以逆，曰：‘……若惠顾前好，徼福于厉、宣、桓、武，不泯其社稷……’”厉、宣、桓、武是郑国宗庙名，代表郑国，徼福于厉、宣、桓、武，就是求福给郑国。《左传》昭公三年，晏婴代表齐侯对晋侯说：“君若不忘先君之好，惠顾齐国，辱收寡人，徼福于太公、丁公，照临敝邑，镇抚其社稷……”太公、丁公是齐国宗庙名，代表齐国，徼福于太公、丁公，就是求福给齐国。因此，课文“君惠徼福于敝邑之社稷”一句的注释当改为：承蒙您求福给我国社稷之神。这句话相当于后世的感激客气话：我们国家托您恩德大福。

2.《宫之奇谏假道》(《左传》僖公五年)“且虞能亲于桓庄乎，其爱之也？”(第 17 页)

> 再说晋之爱虞，能比桓庄之族更亲吗？桓庄，桓叔与庄伯，这里指桓庄之族。桓叔是献公的曾祖，庄伯是献公的祖父，桓庄之族是献公的同祖兄弟。这句话是一种特殊的倒装句法。其，指晋。之，指虞。全句等于说：“晋之爱虞也，能亲于桓庄乎？”

按：课本注认为这句话是一种特殊的倒装句法，跟马建忠看法相同，其说迂曲，不可从。《马氏文通》卷十彖六“论句读”认为这句是倒文，是犹云：“其爱之也，且虞能亲于桓庄乎？”杨树达先生《马氏文通刊误》指出：“僖公五年例，为宫之奇语。意谓：‘晋已灭桓庄之族，虞岂较桓庄之族为亲而晋将爱之乎？’此顺释之则可通，否则不可通。马氏大误。”其实，这是紧接相连的两个反问句，当为：“且虞能亲于桓庄乎？其爱之也？”其同岂，之代虞，也同邪。文中宫之奇一段话，是对虞公所说“晋，吾宗也，岂害我哉”一语的回答和反问，意思是：[说到与晋的同宗关系，虢比虞亲，桓庄之族更比虞亲；晋将连虢都要灭了，对虞还爱什么呢？]再说虞能比桓庄之族更亲吗？怎么会爱虞呢？[就说桓庄之族吧，他们有什么罪？而晋却把他们都杀害了呢！]

3.《蹇叔哭师》(《左传》僖公三十二年)“冬，晋文公卒。”(第 22 页)按：课文无注释。而在第 57 页常用词(一)第 46 字卒字的第(三)义项说：

> 死，上古特指诸侯大夫的死。《左传》僖公三十二年：“冬，晋文公卒。”

又在第134页常用词(二)第99字崩字的辨析中说:

> 在封建社会中,等级的分别很严,连死也分了等级。《礼记·曲礼》:"天子死曰崩,诸侯曰薨,大夫曰卒,士曰不禄,庶人曰死。"《唐书·百官制》:"凡丧,二品以上称薨,五品以上称卒,自六品达于庶人称死。"《左传》对诸侯有时也称"卒"。僖公三十二年:"冬,晋文公卒。"

既然封建社会等级森严,连死也分了等级,称名不同,特别是周朝,"经礼三百,曲礼三千"(《礼记·礼器》),礼制繁琐,那末根据《礼记·曲礼》,诸侯死应该称薨,可是为什么《左传》只称鲁国诸侯死用薨,而称各国诸侯死不用薨却一律都称卒呢?对这一文例,课本不得其解。考《左传》隐公三年"宋公和卒"杜预注:"称卒者,略外以别内也。"这就是说,《春秋》、《左传》是鲁国的史书,对鲁国诸侯(内)称薨,对各国诸侯(外)不称薨而一律称卒(注意:并不是如课本所说有时也称卒),正是为了尊崇鲁君,以别内外。

4.《蹇叔哭师》(《左传》僖公三十二年)"蹇叔哭之,曰:'孟子,吾见师之出,而不见其入也。'公使谓之曰:'尔何知!中寿,尔墓之木拱矣!'"(第23页)

> 你知道什么?你如果在中寿的年龄死去,你墓上的树也该长到两手合抱那么粗了。这是骂蹇叔早就该死了。中寿,约指活到六七十岁。蹇叔大约已七八十岁,过了中寿的年龄。木,树。拱,两手合抱。

按:课本注释承旧注而误。历代旧注对这段文意都未有确解。先师洪诚先生指出:"《左传》这个句法是'尔墓之木拱矣'句上面,承前文省略了'及师之入'一句。蹇叔说:'我们看见军队开出去,不能看见军队开回来了。'秦伯听了发怒,叫人对他说:'你知道什么?你的年寿满了!

[等到军队回来],你坟上的树木已经两手合抱那么粗了。'秦伯怒时语急,迫不及言'及师之人'句,策书当时据实记载,《左传》亦照策书记录。《左传》记事详实,从上下文可以看出省略的句子。"(见南京大学《训诂学》讲义[①] 1966年油印本)师说实发前人所未发。今补一例证,见《史记·晋世家》:"重耳谓其妻曰:'待我二十五年,不来,乃嫁。'其妻笑曰:'犁二十五年,吾冢上柏大矣。虽然,妾待子。'"司马贞《索隐》:"犁犹比也。"按:比、及同义,都是到了、等到的意思。重耳妻说:"犁二十五年,吾冢上柏大矣。"这是一个时间式的偏正复句,"犁二十五年",是表时间的偏句。"尔墓之木拱矣"句与"吾冢上柏大矣"句,句法结构相同,语意也相似,可见"尔墓之木拱矣"句前面,当也有表时间的一个分句,这正是承前文省略了的"及师之人"一句。

课本注释"中寿"亦不确。"中"字当读去声,训满。中寿,就是年寿已满,意思类似于现代骂人话"老不死"。杜预注云:"言其过老,悖不可用。"可谓得其意矣。

5.《冯谖客孟尝君》(《战国策·齐策四》)"君家所寡有者以义耳。"(第92页)

以,疑是衍文。

按:怀疑以字是衍文,缺乏应有的版本根据。其实,以通已,古时二字同形,都作㠯。《礼记·檀弓》郑玄注:"以与已字本同。"已训止,训仅。课文这句中的以字,就是仅仅的意思。通观课文中冯谖的一段对话:"君云'视吾家所寡有者',臣窃计君宫中积珍宝,狗马实外厩,美人充下陈,君家所寡有者以义耳。窃以为君市义。"大意是说:您(指孟尝君田文)说"看我家缺少的东西[买回来]",我想您家中声色犬马玩好一类的东

① 编者按:洪诚《训诂学》,江苏古籍出版社1984年版;后收入《洪诚文集》,江苏古籍出版社2000年版。

西都充满了，您家所缺少的仅仅是义罢了。我就用债款为您买了义。细细体会文句，以字用得很贴切，突出了“义”，使对话富有生气。因此，以字不是衍文。以通已，训仅，例《荀子·解蔽》：“精于物者以物物，精于道者兼物物。”《史记·赵世家》：“吾见子，已今年耳。”以、已字都解释为仅仅的意思。

6.《赵威后问齐使》(《战国策·齐策四》)“故有问，舍本而问末者耶？”(第96页)

大意是：有问话不问根本问题而问末节的吗？

按：注释对故字未诠解。故，实为胡之通假，疑问副词。王念孙《读书杂志》第九册《墨子第一》“故”字条说：“故与胡同。”例《墨子·尚贤中》：“故不察尚贤为政之本也？”同篇下文正作：“胡不察尚贤为政之本也？”《管子·侈靡》：“公将有行，故不送公？”《荀子·解蔽》：“故为蔽？欲为蔽，恶为蔽……”都以故为胡。又例《吕氏春秋·淫辞》：“罪不善，善者故为畏？”俞樾解曰：“此故字当读为胡，胡与故，古字通用。言所罪者止是不善者，则善者胡为畏也。”《论衡·雷虚》正作：“罚不善，善者胡为畏？”可证。课文文句译成现代汉语是：为什么有问题不问根本的反而问一些不重要的末节呢？

7.《鲁仲连义不帝秦》(《战国策·赵策三》)“过而遂正于天下。”(第108页)

这句话不好懂，疑有误字。《史记》作“过而为政于天下”。司马贞《索隐》：“谓以过恶而为政也。”以备参考。

按：此句无误字。过：副词，过分，过甚；今成语有过为已甚，过甚其词；过而，就是甚而、甚至。遂：副词，于是，就。正：政之借字，在这句中用作动词，同《论语·为政》之“为政”，亦即《史记》所作“为政”。王念孙《读书杂志》第二册《史记第四》“过而为政于天下”条说：过犹甚也，过与大义亦相通。训过为甚,甚与大义亦相通。谓《史记·鲁仲连邹阳列传》"过而为政于天下",就是"甚而遂为政于天下",犹言"大而为政于天下"。王说甚确。今补一例,《墨子·尚贤下》:"大以为政于天下,使天下之为善者劝,为暴者沮。""大以为政于天下"就是"过而为政于天下"。

8.《鲁仲连义不帝秦》(《战国策·赵策三》)"今秦万乘之国,梁亦万乘之国,俱据万乘之国,交有称王之名。"(第112页)

交,互相,彼此。

按:交,在此不训作互相、彼此,而当训作皆、俱。在本篇课文中,俱、交同义互文,上文还有"曷为与人俱称帝王"一句,都是交训作皆、俱的明证。《小尔雅·广言》:"交,俱也。"例《诗·邶风·北门》:"王事适我,政事一埤益我。我入自外,室人交遍谪我。"《孟子·梁惠王上》:"孟子对曰:王何必曰利,亦有仁义而已矣!王曰何以利吾国,大夫曰何以利吾家,士庶人曰何以利吾身,上下交争利,而国危矣。"《荀子·富国》:"潢然使下必有余,而上不忧不足,如是则上下俱富,交无所藏之。是知国计之极也。"《庄子·渔父》:"须眉交白。"以上例句中的交字,都应训作皆、俱,而且都富有启发性。第一例中,交遍二字连文同义,遍训都,交亦训都。课本第440页《诗·邶风·北门》注说:"交,更迭(替换)。遍,都。"交遍二字分训为二义,不确。第二例中,先分述王、大夫、士庶人取利,紧接着总说上下俱取利,文意了然。第三例中,俱交同义连用。第四例中,"须眉交白"不能解释为须眉互相白、彼此白,只能解释为须眉都白、皆白。语言有继承性,交字训作皆、俱,这一词义仍保留在"风雨交加"、"饥寒交迫"、"内外交困"、"交口称誉"等成语中。

9.《论语·公冶长》"颜渊曰:'愿无伐善,无施劳。'"(第165页)

伐,夸耀。无施劳,指不把劳苦的事加在别人身上。

按:注释有误。施,《礼记·祭统》郑玄注:"施犹著也。"就是表白、显露的意思。劳,劳绩,功劳。《论语·公冶长》朱熹注:“施,亦张大之意。劳,谓有功。《易》曰‘劳而不伐’,是也。”无施劳,即不表功。试比较《韩非子·说疑》“进善言通道法而不敢矜其善,有成功立事而不敢伐其劳”;《淮南子·诠言训》“功盖天下,不施其美”;《史记·淮阴侯列传》“不伐已功,不矜其能”;都与“无伐善,无施劳”语义相似,句法结构也相同。无伐善,无施劳。这二句相对为文,译成现代汉语是:不夸耀[自己的]长处,不表露[自己的]功劳。

10.《论语·先进》“子曰:‘以吾一日长乎尔,毋吾以也。’”(第170页)

这两句历来有不同的解释,今依孔安国说,大意是:不要因为我的年纪比你们大,就不敢回答我的问题。乎,于。尔,你们。

按:孔安国注:“言我问女,女无以我长故难言。”课本依孔安国注是正确的,但未进一步作句法分析,仍使读者难以理解。先师洪诚先生说:“这一句话的意思是:‘以吾一日长乎尔[而不言乎]?毋以吾[一日长乎尔而不言]也。’第一分句省略‘而不言’,可以从子路、曾皙、冉有、公西华侍坐没有问话和孔子发言的情景观察出来,‘一日长乎尔’是年长者的谦词;第二分句既省略,又倒装。”(引自《训诂学》讲义1966年油印本)这两句历来解释纷纭,是由于对两个“以”字理解不确。两个“以”字,都是介词,表原因。第一分句是疑问句。第二分句是祈使句,因有否定词“毋”,根据古汉语习惯用法,宾语代词“吾”提在介词“以”之前。两句都有省文,补足后译成现代汉语是:[你们]因为我比你们年长[而不讲吗]?不要因为我[比你们年长而不讲]呀!

11.《论语·颜渊》“君子质而已矣,何以文为?”(第174页)

何以,何用,为什么用。为,句末语气词,经常与“何以”相应。

按:注释误。“为”并非句末语气词,也不是与“何以”相应的,而是与

“何”相应，是“何为”这一结构的变化用法，因而拆在两处。在这一类问句中，第一，“何”与“以”之间仍可插入其他成分，例《庄子·德充符》：“彼何宾宾以学子为？”（宾宾，频频）《庄子·应帝王》：“汝又何臬以治天下感予之心为？”（臬，同呓，梦语） 第二，有时可以不用“以”字，例《史记·宋微子世家》：“必如公言，即奴事之耳，又何战为？”《楚辞·渔父》：“何故深思高举，自令放为？”第三，“为”字之后仍可以用语气词，例《孟子·万章》：“我何以汤之聘币为哉？”《吕氏春秋·异宝》：“今我何以子之千金剑为乎？”吕叔湘先生《笔记文选读》阮裕焚车节注：“‘何以车为’还要这车子做什么？‘何为’等于‘做什么’，照文言的习惯，拆在两处。”吕先生《文言虚字》说：“这个‘为’字向来都认为是个疑问语助词。但既可以再在下面加‘乎、哉’等字，似乎‘为’字本身原来并非语助词。”既然是“何为”这一结构拆在两处，“为”字就是动词，不是句末语气词。在这一类问句中，由于动词“为”字处在句末，而疑问句语调渐升，句末稍扬，这样，“为”字就似乎具有了疑问语气，因此长期以来被误认为疑问语气词，其实这是一种错觉。

12.《苛政猛于虎》（《礼记·檀弓下》）“夫子曰：‘何为不去也？’曰：‘无苛政。’夫子曰：‘小子识之，苛政猛于虎也。’”（第191页）

苛政，暴政。

按：注误。政是征的假借字，即税征的征。苛政，即烦苛的赋税，与成语“苛捐杂税”同义。王引之《经义述闻》卷十四“无苛政”条说：政读曰征，谓赋税及徭役也，诛求无已则曰苛政。古字政与征通。王说甚确。据记载，公元前594年（鲁宣公15年）鲁国实行“初税亩”（见《左传》宣公十五年），推行田亩征税制度，但在偏僻的边远地区例如“泰山侧”等地，不一定能认真实施。孔子却反对厚敛的征税制，主张“敛从其薄”（见《左传》哀公十一年）。《礼记·檀弓》记录“苛政猛于虎”这一故事，正反映出孔子反对当时的征税制这一史实。由此可证，苛政的政，不是指一般的政治，而是指具体的征税。旧版《辞源》1256页（申集8页）：“[苛政]谓烦苛之政令也。《礼》苛政猛于虎也。”不达假借之旨，释义误。新版《辞海》1300页“苛政猛于虎”条释义：“意思是说烦苛的政令或繁重的赋税比老虎还要凶暴可怕。见《礼记·檀弓下》。”并列二说，模棱两可，貌似平允全面，实为骑墙之见，注疏家甚所不取。

13.《齐桓晋文之事》(《孟子·梁惠王上》)“王若隐其无罪而就死地，则牛羊何择也？”(第265页)

> 牛和羊挑选什么呢？孟子是说牛和羊没有什么可以挑选的，都是无罪而就死地，同样要杀的。

按：本句当从朱熹注：“择犹分也。牛羊皆无罪而死，何所分别，而以羊易牛乎？”择的本义是挑选，凡可供挑选者，彼此之间必定有异，可以分别，因此择字发展出引申义：异、别。择训异、别，例《吕氏春秋·离谓》“其与桥言无择”高诱注：“择犹异也。”同书《简选》“与恶剑无择”高注：“择，别也。”同书《情欲》“与死无择”高注：“择，别也。”又例《墨子·节葬下》：“我有是人也，与无是人也，无择也。”无择就是无异、无别。再如《孟子·离娄下》：“君子曰：此亦妄人也已矣，如此则与禽兽奚择哉？于禽兽又何难焉？”朱熹注：“奚择，何异也。又何难焉，言不足与之校也。”这一句，同出《孟子》书，很有启发性。如果把“奚择”解释为“挑选什么”，那末“与禽兽挑选什么呢”这一句就窒碍不通，阻隔文理。只有依朱熹注把“奚择”解释为“何异”，才文理通顺，语意明了。因此，课本注释“牛和羊挑选什么呢？”应改作为：牛与羊有什么不同呢？

14.《舜发于畎亩之中》(《孟子·告子下》)“孙叔敖举于海。”(第290页)

> 孙叔敖，姓孙，名叔敖，春秋时楚人，隐居海滨，后楚庄王举以为相。

按：此句海字，不是实指海或海滨，而是用它的引申义，泛指极其边远的地方。孙叔敖隐居地，据《荀子》、《吕氏春秋》等书记载，孙为“期思之鄙人”。期思在今河南省固始县境内，固始不近海，而是位于楚国的东北边地。所谓“期思之鄙人”，就是说，期思那个边远地方的人。古人认为，中国四周极其边远的地方，都有大海围绕着，称作四海；因此，泛指边远的地方，也就称作海。课本《齐桓公伐楚》(《左传》僖公四年)一文中说“君处北海，寡君处南海”，其实，齐境虽临北海(渤海)，楚境却不到南海，所谓北海南海，也只是泛指北方南方，极其言远。

15.《老子》二章“万物作焉而不辞。”(第344页)

> 作，兴起。“不辞”二字不好懂。魏源解作“万物作焉而后应之不辞耳，此因应无为之道也”。“不辞”就是不拒绝。完全随应万物，也就是无为而治的意思。

按：注释“不辞”就是不拒绝，误。辞，实为𤔲(以下用～代)之异体字，辞、～金文通用。例《兮甲盘》铭文：“王命甲政～成周四方责。”政～即征司。《𣪕段盖》铭文：“王才师～马宫大室即位。”～马即司马。《说文》辛部“辞”字下：“～，籀文辞，从司。”不辞，就是不司、不治、不主宰。万物作焉而不辞，意谓随应万物生长而不主宰，也就是顺其自然、无为而治的意思。例《老子》十章：“生而不有，为而不恃，长而不宰。”同书三十四章：“万物归焉而不为主。”《吕氏春秋·审分》：“全乎万物而不宰，泽被天下。”马王堆汉墓帛书《经法·道法》：“富密察于万物之所终始，而弗为主。”或作“不辞”，或作“不宰”，或作“不为主”，意义相同。另外，这句话，范应元本作“万物作焉而不为始”，马王堆汉墓帛书《老子》乙种本作“万物昔而弗始”，弗始即不辞。昔与作，始与辞、司、治，皆古音相近通假。

16.《韩非子·五蠹》“无私剑之捍，以斩首为勇。”(第382页)

> 捍，同扞，干犯。即指上文“侠以武犯禁”。

按：捍，当为悍之借字。《说文》心部：“悍，勇也。”课文云：“故明主之国，无书简之文，以法为教；无先生之语，以吏为师；无私剑之捍，以斩首为勇。”三个分句的句法结构完全相同。文、教，语、师，捍、勇，在三个并列句中的位置互相对应，都是名词作句子成分，因此，捍是悍的借字。古书中，悍、勇往往连用，例《庄子·盗跖》：“勇悍果敢，聚众率兵，此下德也。”《荀子·议兵》：“暴悍勇力之属，为之化而愿。”同书《大略》：“悍戆好斗，似勇而非。”《大戴礼·易本命》：“食肉者勇敢而悍。”《史记·淮阴侯列传》：“大王自料勇悍仁强孰与项王？”课文二句译成现代汉语是：没有游侠私剑的凶悍，而以杀敌斩首为勇武。

17.《史记·淮阴侯列传》“常数从其下乡南昌亭长寄食，数月，亭长妻患之，乃晨炊蓐食。食时信往，不为具食。”（第658页）

在床上就把饭吃了（依张晏说）。蓐，同褥。

按：裴骃《集解》引张晏曰：“未起而床蓐中食。”误。王引之《经义述闻》卷十七“秣马蓐食”条驳张晏云：亭长妻晨炊，则固已起矣，而云未起而床蓐中食，义无取也。《方言》曰：蓐，厚也。食之丰厚于常，因谓之蓐食。亭长妻欲至食时不具食，以绝韩信，故亦必厚食乃不饥也。王说甚确。例《左传》文公七年：“训卒利兵，秣马蓐食。”（杜预注：蓐食，早食于寝蓐也。误。）又成公十六年：“蒐乘补卒，秣马利兵，修陈固列，蓐食申祷，明日复战。”《商君书·兵守》：“壮男之军，使盛食厉兵，陈而待敌；壮女之军，使盛食负垒，陈而待令。”以上例句中，《左传》作利兵蓐食，《商君书》作盛食厉兵，两相比较，可见蓐食同盛食，也就是厚食、饱食。商务印书馆《古汉语常用字字典》第210页蓐字下：“蓐食，在寝蓐上吃饭。”释义承旧注而误。

18. 贾谊《论积贮疏》“世之有饥穰，天之行也，禹汤被之矣。”（第841页）

穰，丰收。

按:“饥穰”是一偏义复词,不当作为“饥”和“穰”二词分训。偏义复词,虽然其中包含的两个并列的词素在本来意义上是相对相反的,而实际应用时仅表示其中一词素的意义,另一词素只起陪衬作用。例《战国策·魏策四》:“怀怒未发,休祲降于天。”休祲是一词,词义在祲(妖气)不在休(吉兆)。《史记·刺客列传》:“多人不能无生得失。”得失是一词,词义在失不在得。《后汉书·何进传》“先帝曾与太后不快,几至成败。”成败是一词,词义在败不在成。课文中“饥穰”是一词,词义在饥(荒年)不在穰(丰收),故下句紧接着说:“禹汤被之矣。”被训遭受、蒙受义,正是指禹曾遭九年水灾、汤曾遭七年旱灾而言。课文中说:“失时不雨,民且狼顾,岁恶不入,请卖爵子;”又说:“兵旱相乘,天下大屈。”正是对饥荒年景的形象化描写。

(原载《南京大学学报》1981 年第 1 期)

《报任安书》注释疑义讨论

司马迁《报任安书》,见于《汉书·司马迁传》与《文选》卷四十一。由于《汉书》与《文选》成书年代不同,编纂体例相异,再加上久经流传写刻,因此两书所载文字颇有异同。总的说来,《汉书》所载比较接近原本。这是因为《汉书》作者班固上距司马迁为时不远,又当过兰台令史,掌管皇家收藏的图籍,有可能得见原本或较早的抄本。而《文选》"此篇原文多经后人增改,当依《汉书》参校"(见王念孙《读书杂志·余编下·文选》"若望仆不相师而用流俗人之言"条)。今人古文选注本选录此篇,大多"据胡刻《文选》本"(见江苏人民出版社《中国古代文学作品选》上册第290页),或者"基本上依照《昭明文选》李善注本"(见王力主编《古代汉语》修订本第三册第901页),因此文字上有着较多可斟酌处。王念孙《读书杂志·余编下·文选》部分,据《汉书·司马迁传》,校正《文选·司马迁〈报任安书〉》误文、倒文、衍文计五处,均持之有故,言之成理,确不可易。凡是新注在以上五处不采王氏校语,而仍据《文选》李善注本作释的,读者可直接参阅王书以作出判断,此不赘述。本文谨对《报任安书》新注中存有的疑义,略述浅见,以就正于大方之家。

太史公　牛马走　"太史公牛马走司马迁再拜言。"中国青年出版社《历代文选》注:"太史公是汉代太史令(史官)官名的通称。司马迁的父亲司马谈为太史令,谈死,司马迁继为太史令。写本文时是在司马迁受刑以后,这时任中书令之职,已不做史官了。牛马走:仆役之意,表示自己为给太史公供奔走的仆人,是司马迁自谦之词。"江苏人民出版社《中国古代文学作品选》注:"太史公:官名,即太史令,是当时司马迁的任职。一说太史公是当时官府通称，非官名，亦非尊加。牛马走：象牛马一样供人驱使，是自谦之词。”王力主编《古代汉语》修订本注：“牛马走，象牛马般被驱使的仆人，这是谦词。走，等于说仆人。”

按：新注对“太史公”的解释，承《文选》李善注误。俞正燮《癸巳类稿》卷十一《太史公释名义》云：“《文选·司马子长〈报任少卿书〉》有‘太史公牛马走司马迁再拜言’十二字。‘太史公’者，署官；‘牛马走司马迁’者，如秦刻石云‘丞相’又云‘臣斯’也。李善注云：‘太史公，迁父谈也。走，犹仆也。言已为太史公掌牛马之仆，自谦之辞也。’如此则‘丞相臣’为丞相之臣，是陪臣矣。且与任书，何涉于父？称父则当曰太史公子。乃谦为父之仆，此将救敝之不给也。”这是说，“太史公”是官名，“牛（正兴按，当作先，详见下文）马走”是谦称。这种官名加谦称再加本人姓名的格式，在秦汉魏晋六朝时常见，例如《史记·秦始皇本纪》载秦刻石：“丞相臣斯、臣去疾、御史大夫臣德昧死言。”蔡邕《被收时表》：“议郎粪土臣邕顿首再拜上书皇帝陛下。”任昉《奏弹曹景宗》：“御史中丞臣任昉稽首言。”皆文同一例。司马迁写《报任安书》时任中书令，已不任太史令（见《汉书》本传）。《中国古代文学作品选》说“太史令，是当时司马迁的任职”，不合史实，显系误说。《历代文选》认为太史公不是司马迁自称，而是指其父司马谈，此承袭李善旧注，已为俞正燮所驳。《史记·太史公自序》云：“太史公仍父子相续纂其职。”司马迁继承父谈任太史公，而且是他一生中最尊荣之职，写《报任安书》时虽已不在其位，仍得用以自称。此种人情世故，后世亦然，无须多说。司马迁受刑后写定的《史记》，其中自称“太史公”者比比皆是，可证。

再说“牛马走”。朱珔《文选集释》引宋吴仁杰《两汉刊误补遗》云：“‘牛’当作‘先’，字之误也。《淮南书》曰：‘越王勾践亲执戈为吴王先马走。’”吴氏刊误，甚有见地。刘向《晏子春秋叙录》云：“中书以‘夭’为‘芳’，‘又’为‘备’，‘先’为‘牛’，‘章’为‘长’，如此类者多，谨颇略笺，皆已定以杀青，书可缮写。”是其例。“先马走”义同“先马”，犹后世所谓“马前走卒”。甲文金文中已有“先马”、“先马走”的记载，例如：“其先马，不□雨。”（见《铁云藏龟拾遗》六·五）“弜先马，其雨。”（见《战后京津新获甲骨集》三八一七。“弜”同“弗”)“□先马，其每，雨。”(见《诚斋殷虚文字》四九二)周器《令鼎》：“令眔奮先马走。”古籍中也不乏其例。《荀子·正论》：“诸侯持轮挟舆先马。”杨倞注：“先马，导马也。”《淮南子·道应训》：“越王勾践……亲执戈为吴王(今本误作兵，据王念孙校)先马走。”高诱注：“先马走，先马前而走也。”《汉书·百官公卿表上》：“太子太傅、少傅，古官。属官有太子门大夫、庶子、先马、舍人。”颜师古注引如淳曰：“前驱也。《国语》曰：‘勾践亲为夫差先马。’先或作洗。”《庄子·徐无鬼》“黄帝将见大块乎具茨之山……张若謵朋前马”陆德明释文：“前马，司马云二人先马导也。”“先马”、“先马走”本指动作，是动词；后也指做出这动作的人员，为名词。这类人员的任务，在马车前是导马扶轮，在高贵的骑马者前是牵马坠镫，可见他们地位低微。唯其如此，“先马”，“先马走”可用作谦称。“先马”在汉时已成为官职专名，所以司马迁用“先马走”作谦称，以示有别。

比数 “刑馀之人，无所比数，非一世也，所从来远矣。”《古代汉语》修订本注：“没有〈把他们〉放在一起来计算的，即不能和任何人相比。比，比并，放在一起。数(shǔ)，计算。”

按：新注迂曲，不合文义。比，《说文》八上比部：“比，密也。”段玉裁注：“其本义谓相亲密也。”《周礼·地官·大司徒》“比小事大”郑玄注：“比，犹亲也。”《广雅·释诂三》：“比，近也。”数，当音朔，《广韵》入声觉韵“所角切”，今读 shuò。《孔子家语·贤君》：“故夫不比于数而比于疏，不亦远乎？”王肃注：“比，亲；数，近；疏，远也。”比、数义训相同，“比数”是同义复词，义谓亲近。例《世说新语·轻诋》：“诸(诸裒)大怒曰：‘真长(刘惔)平生何尝相比数，而卿(指孙绰)今日作此面向人？’”《宋书·庐江王祎传》：“太祖诸子，祎尤凡劣，诸兄弟蚩鄙之。……至是太宗与建安王休仁诏曰：‘人既不比数西方公，汝便为诸王之长。’时祎住西州，故谓之西方公也。”高適《行路难》诗之二：“君不见富家翁，旧时贫贱谁比数。”(《全唐诗》卷二一三) 杜甫《秋雨叹》诗之三：“长安布衣谁比数，反锁衡门守环堵。”(《全唐诗》卷二一六)刘禹锡《酬令狐相公寄贺迁拜之什》诗：“白发青衫谁比数，相怜只是有梁王。”(《全唐诗》卷三六〇)苏轼《寄刘孝叔》诗:“平生学问止流俗,众里笙竽谁比数。”(《东坡集》卷九)又《与蔡景繁书十四首》之一:“又念以重罪废斥,不敢复自比数于士友间,但愧缩而已。”(《东坡续集》卷五)苏辙《茶花》诗之二:“开落空山谁比数,烝烹来岁最先尝。”(《栾城集》卷十)“比数”均为亲近义。本文“无所比数”之“所”字,训可,详见王引之《经传释词》卷九、裴学海《古书虚字集释》卷九。“无所比数”,意谓不可亲近。本文所言:“昔卫灵公与雍渠同载,孔子适陈;商鞅因景监见,赵良寒心;同子参乘,袁丝变色:自古而耻之。”所举三例,正是用历史事例来说明刑馀之人不可亲近的道理。

绪业 “仆赖先人绪业,得待罪辇毂下,二十馀年矣。”《古代汉语》修订本注:“绪业,事业。”

按:绪业,即馀业。绪训馀,例《楚辞·九章·涉江》:“乘鄂渚而反顾兮,欸秋冬之绪风。”王逸注:“绪,馀也。”《庄子·渔父》:“曩者先生有绪言而去。”成玄英疏:“绪言,馀论也。”俞樾《诸子平议》:“绪言者,馀言也。先生之言未毕而去,是有不尽之意,故曰绪言。”《文选·刘孝标〈追答刘秣陵沼书〉》:“绪言馀论,蕴而莫传。”张铣注:“绪,遗也。”遗与馀义近。绪训馀,故“绪馀”可同义连文,例《庄子·让王》:“道之真以治身,其绪馀以为国家,其土苴以治天下。”陆德明释文:“司马、李云:绪者,残也,谓残馀也。”司马迁外孙杨恽《报孙会宗书》:“仆赖先人馀业,得备宿卫。”这与“仆赖先人绪业,得待罪辇毂下”句意相同,句法结构一致,可证“绪业”即“馀业”。《史记·周本纪》:“武王即位,太公望为师,周公旦为辅,召公毕公之徒左右王,师修文王绪业。”细味文义,“绪业”即馀业、遗业。

当 “〈李陵〉身虽陷败,彼观其意,且欲得其当而报于汉。”《古代汉语》修订本注:“当(dāng),有抵罪的意思,这里用如名词,指足以抵罪之功。”

按:新注承《文选》李善注、《汉书》颜师古注而不确。《文选》李善注云:“张晏曰:欲得相当也。言欲立效以当罪而报汉也。”《汉书·司马迁传》颜师古注云:“欲于匈奴立功而归,以当其破败之罪。”《汉书·李陵传》“彼之不死，宜欲得当以报汉也”颜师古注云：“言欲立功以当其罪也。”旧注均把“欲得其当”释为“言欲立功以当罪”，这不仅有增字为释之嫌，而且把“得其当”之“当”（名词），释为“当罪”之“当”（动词），也不合词性。在“当”这一词的词义系统中，更无“功劳”这一义项。据此，可知旧注误。

《汉书·李陵传》“宜欲得当以报汉也”王先谦补注云：“当谓适可也，谓欲得适可之事会而动。”杨树达《长沙方言考》云：“太史公《报任少卿书》云：‘彼，观其意，且欲得其当而报汉。’当者，犹今言机会。长沙今云当口（当字读平声），盖当可之讹也。”王氏所谓“适可之事会”，即机会。杨氏所言“当口”，据《现代汉语词典》第 211 页释文：“〈当口儿〉dāng · kour〈口〉事情发生或进行的时候。”王、杨训释，足破旧注之误，但未能举出训诂根据。

“当”训“时”，有故训根据。《公羊传》文公十三年：“郑伯会公于斐，还者何？善辞也。何善尔？往党，卫侯会公于沓，至得与晋侯盟；反党，郑伯会公于斐。故善之也。”何休解诂：“党，所也；所，犹时也。齐人语也。”往党、反党，犹言往时、返时。《公羊传》为西汉时著录，何休用东汉时方言作释，可见党训时为汉时方言。当与党，古同音通用。《报任安书》“欲得其当”，即欲得其时。

佴 “李陵既生降，隤其家声，而仆又佴之蚕室，重为天下观笑。”《历代文选》注：“佴，居住。”《古代汉语》修订本注：“佴（èr），次，等于说编次、排列。这句是说我又被排列到应入蚕室之列，即使我受宫刑。”

按：《文选》作“佴”字，李善引如淳注云：“佴，次也，若人相次也。”《汉书·司马迁传》作“茸”字，苏林注云：“茸，次也，若人相俾次。”苏林以“茸”为“佴”之借字。颜师古注云：“此说（按，指苏林注）非也。茸音人勇反，推也。蚕室，初腐刑所居温密之室也。谓推致蚕室之中也。”《文选》李善注云：“今诸本作茸字。”并引述颜注。颜氏、李氏均以“茸”为“搑”之借字。两相比较，颜注、李注于义为长。《说文》十二上手部：“搑，推擣也。从手，茸声。”段玉裁注：“《汉书》：‘而仆又茸以蚕室。’师古曰：‘茸音人勇反，推也。谓推致蚕室之中也。’如颜说，则茸者搑之假借字。"《说文》十四上车部:"辎,反推车令有所付也。从车付,读若茸。"段玉裁注:"按手部:'搑,推捣也。'《汉·司马迁传》:'而仆又茸之蚕室。'师古曰:'茸,人勇反,推也。谓推致蚕室之中也。'是搑、茸、辎三字通用。"颜师古训释"茸"为"推"义,这既有训诂根据,又合乎情理,当可信从。所谓"推致蚕室之中",就是指狱吏押罪徒入牢房时,牢房开处,猛推罪徒,使之入内。如此解释,活画出了当时情状,这正是形象而生动的语言表达。

古书字多假借,循声而寻之则得,如字以求之则窒。佴、茸均为搑之借字,茸、搑同音假借,佴、搑一声之转例得通假。如淳、苏林均以"佴"之本义强为之解,则诘籀为病矣。《古代汉语》修订本注承如淳、苏林旧注而误。《历代文选》注亦承如、苏旧注,训"佴"为"次",再以"次"可训"舍宿",而释"佴"为"居住",其误尤甚。

假令 "仆之先人,非有剖符丹书之功;文史星历,近乎卜祝之间,固主上所戏弄,倡优畜之,流俗之所轻也。假令仆伏法受诛,若九牛亡一毛,与蝼蚁何异!"

按:各选注本对"假令"均无注,作为通常的假设连词看待,实不确。近读蒋礼鸿先生《敦煌变文字义通释》(增订本),是书第 301 页"假使、设使"条中,即举《报任安书》上引文为例,指出"'假令'义与'假使'同",解释为"即使,纵予连词"。蒋说甚确。今选引类例数则于下。《三国志·吴志·陆抗传》:"江陵城固兵足,无所忧患。假令敌没江陵,必不能守,所损者小。"《百喻经·雇请瓦师喻》:"汝大愚痴,无有智慧。此驴今日适可能破,假使百年,不能成一。"《南史·到溉传》:"余衣本百结,闽中徒八蚕,假令金如粟,讵使廉夫贪。"梁朱超咏《剪彩花》诗:"假令春已度,终住手中开。"《颜氏家训·涉务》:"江南朝士,因晋中兴,南渡江,卒为羁旅,至今八九世,未有力田,悉资俸禄而食耳。假令有者,皆信僮仆为之。"李白《上李邕》诗:"大鹏一日同风起,抟摇直上九万里。假令风歇时下来,犹能掐却沧溟水。"《汉书·王莽传中》:"严尤奏言:貉人犯法,不从驺起,正有它心,宜令州郡且尉安之。"颜师古注:"假令驺有恶心,亦当且慰安。"王念孙《读书杂志·汉书卷十一》"正"字条:"念孙案:

正犹即也。《王莽传》:‘严尤奏言:貉人犯法,不从驺起,正有它心,宜令州郡且尉安之。’言驺即有它心,亦宜且慰安之也。”同一个“正”字,颜注为“假令”,王释为“即”,而且在解释的句中都与“亦”字呼应,“即”为“即使”义,可证“假令”同“即使”,是纵予连词。

鲜 “故士有画地为牢,势不可入,削木为吏,议不可对,定计于鲜也。”《古代汉语》修订本注:“大意是说,准备未遇刑就自杀以免受侮辱。鲜,不以寿终为鲜(依沈钦韩说,见《汉书疏证》)。”吉林人民出版社《两汉文学作品选》注:“指准备(或打算)未遇刑辱就自杀。鲜,夭死,短命。”

按:新注串讲大意,得之;而对“鲜”字的训释,似属可商。沈钦韩说出自《左传》杜预注。《左传》昭公五年:“叔仲子谓季孙曰:‘带受命于子叔孙曰,葬鲜者自西门。’”杜预注云:“不以寿终为鲜。”杜以“鲜”训少,“不以寿终”,即年命短少、短寿的意思。本篇“定计于鲜”,如果依沈钦韩说而解释为“定计于短寿”,则不合司马迁原意。且年高而自杀者亦有,则不能谓之短寿。《汉书·司马迁传》颜注引文颖曰:“未遇刑自杀为鲜明。”《文选》李善注同,似于义为长。“鲜”可训“明”,即今“鲜明”义。例《易·说卦》:“震为雷……其于稼也,为反生,其究为健,为蕃鲜。”孔颖达疏:“为蕃鲜。鲜,明也,取其春时草木蕃育而鲜明。”在人的道德行为方面来说,鲜明即光彩、明智的意思。古人崇尚“士可杀而不可辱”的人生信条,以避免受辱而自杀为光明行为。文中不直接说“定计于未遇刑而自杀”,而说成“定计于鲜”,这在修辞上来说,是一种委婉语。

徒隶 “当此之时,见狱吏则头抢头,视徒隶则心惕息。”《古代汉语》修订本注:“徒隶,狱卒。”

按:徒隶不是狱卒,而是狱囚之执役者,犹后世之劳改犯。徒,刑徒,例《史记·高祖本纪》:“送徒骊山。”《论衡·四讳》:“夫徒,罪人也,被刑谓之徒。”隶,隶人,例《仪礼·既夕礼》“隶人涅厕”郑玄注云:“隶人,罪人,今之徒役作者也。”《战国策·秦策三》“富擅越隶”高诱注云:“隶,徒隶,贱称。”《广韵》平声模韵:“徒,隶也。”徒隶连称,为同义复词,谓从事劳作的刑徒。例《管子·轻重乙》:“发徒隶而作之,则逃亡而不守。”《战国策·燕策一》:“若恣睢奋击,呴藉叱咄,则徒隶之人至矣。”《睡虎地秦墓竹简》(文物出版社1978年版)第268页《为吏之道》篇“除害兴利”节云:“徒隶攻丈,作务员程。”《史记·孝景本纪》:“春,免徒隶作阳陵者。”《新序·杂事五》:“身亡逃窜,甚于徒隶。”《汉书·惠帝纪》:“六月发诸侯王列侯(之)徒隶二万人城长安。”《说文》十三下土部:“埍,徒隶所居也。一曰女牢。一曰亭部。”《三国志·蜀志·彭羕传》:“后又为众人所谤毁于州牧刘璋,璋髡钳羕为徒隶。”《尚书·武成》“释箕子囚”伪孔传:“囚,奴,徒隶。”从上引例句看,徒隶就是指受过刑而从事役作的罪徒,当无疑义。

请室　“绛侯诛诸吕,权倾五伯,囚于请室。”《古代汉语》修订本注:“请室,官署名。皇帝出,请室令在前先驱。请室有特设的监狱。周勃后来也曾因人诬告谋反而被囚于请室。”

按:新注承苏林旧注,不确。《汉书·贾谊传》:“盘水加剑,造请室而请罪耳。”颜师古注云:“应劭曰:‘请室,请罪之室。’苏林曰:‘音絜清。胡公《汉官》车驾出有请室令在前先驱,此官有别狱也。’如淳曰:‘水性平,若已有正罪,君以平法治之也……’师古曰:‘应、如二说皆是。’”颜师古不取苏林注。苏说“请室令”之请字“音清”,则本为清字。清,《广韵》平声清韵“七情切”,洁也。请,《广韵》上声静韵“七静切”,求也。清、请二字,音义有别。苏说所谓“请室令”,正当作“清室令”,顾名思义,其职责盖为除道开路、为驾前驱,而不是负责处理狱讼事。所谓清室令“此官有别狱也”,是由于清请二字字音相近、草书字形相似而致混淆,苏林注显系曲说。“请室”这一处所名词,也不是从“清室令”之职官名词派生而来,反之亦然。至于汉代是否设立“请室令”,因史书无明文记载,不敢臆必。《史记·袁盎晁错列传》:“及绛侯免相之国,国人上书告以为反,征系清室。”裴骃《集解》云:“《汉书》作‘请室’。应劭曰:‘请室,请罪之室,若今钟下也。’如淳曰:‘请室,狱也,若古刑于甸师氏也。’”《文选》李善注亦引应劭说为解。(按,今本《文选》注中“应劭曰”三字误作“如淳曰”。胡氏《文选考异》失考。)“请室”之释当从应劭说。

据《汉书·贾谊传》原文，请室就是请罪之室，这是专为贵戚大臣特设的监狱。由此可见，请室不是官署名，也不是“请室有特设的监狱”，更不是“清室令”“此官有别狱”。《史记·绛侯周勃世家》：“廷尉下其事长安，逮捕勃治之。”言“逮捕”又言“治”，即本文所言“囚于请室”，也就是囚禁于监狱。

（原载《南京师大学报》1986 年第 3 期）

《两汉文学作品选》注释商榷

《两汉文学作品选》(吉林人民出版社一九八〇年十一月版),在帮助读者阅读和欣赏汉代文学作品、丰富古典文学知识,取得借鉴方面,能起到积极的作用,是个较好的读本。不过,从训诂学的角度看,书中有些注释未尽妥切,或有错误。今提出若干条注释来进行讨论,请读者指正,并供选注者修订时参考。

1.《焦仲卿妻》“阿母大拊掌:‘不图子自归!十三教汝织,十四能裁衣,十五弹箜篌,十六知礼仪,十七遣汝嫁,谓言无誓违。汝今无罪过,不迎而自归?’兰芝惭阿母:‘儿实无罪过。’阿母大悲摧。”(第30页)

> 誓违——一说“誓”是“諐”之误。“諐”,即古“愆”字。愆违都是过失的意思。

按:所谓“一说”,即指纪容许说。纪容许《玉台新咏考异》云:“誓违二字义不可通。疑是諐违之讹。諐,古愆字。”纪容许对“誓违”二字不得其解,便随意改字,实不可从。《说文》卷三上言部:“誓,约束也。”《礼记·曲礼下》:“约信曰誓。”《周礼·春官·典命》:“誓于天子。”郑玄注:“誓犹命也。”孙诒让《周礼正义》云:“凡策命有诰戒之辞,亦得谓之誓。”“誓违”是“违誓”的倒文,就是违背约束、违背告诫的意思。诗中为了调节音韵,时用倒文,例《离骚》:“夏桀之常违兮,乃遂焉而逢殃。”朱冀《离骚辨》云:“常违,谓背其常道,用倒字法也。”鲁笔《楚辞达》云:“常违,违其五常之道,用倒字法。”同例,本诗作“誓违”,是为了协韵。在这一段中，违（《广韵》平声微韵）与仪（平声支韵）、归（平声微韵）、衣（平声微韵）、仪、归、摧（平声灰韵）等字押韵，都是平声韵。誓《广韵》去声祭韵，与上列平声字不协。黄节《汉魏乐府风笺》云："《说文》：'誓，约束也。'《孟子》：'女子之嫁也，母命之，往送之门'戒之曰：往女之家，必敬必戒，无违夫子；以顺为正者，妾归之道也。''无誓违'谓无违约束也。当是用《孟子》义。"黄说甚确，所引《孟子》语见该书《滕文公下》。"十七遣汝嫁，谓言无誓违。"这二句正是指兰芝出嫁时，母命之不要违背约束、违背告诫的意思。

2.《焦仲卿妻》"今日违情义，恐此事非奇。"（第30页）

非奇——不好。

按：选本训"非奇"为"不好"，以"非"为否定副词，"奇"为"好"义，缺乏训诂根据。"非"、"奇"都是形容词。《玉篇》："非，不是也。"《周易·系辞下》："辨是与非。"《孟子·公孙丑上》："是非之心，智之端也。"《广韵》平声之韵："觭，不正也。"觭与奇通。《老子》五十七章："以正治国，以奇用兵。"《孙子·势篇》："战势不过奇正，奇正之变，不可胜穷也。""是非"、"奇正"，均为反义连文。"非奇"为同义连文。"非奇"一语的反义为"是正"。《广韵》上声纸韵："諟，正也。"諟与是同。"是正"连文，组成同义复词，例韦昭《国语注序》云："是正疑谬。"《三国志·蜀志·来敏传》："是正文字。""是正"是形容词作动词用。"非奇"连文同义，即不是、不正的意思。"今日违情义，恐此事非奇。"这二句的大意是说：[如果答应媒人]，今日就违背了与府吏山誓海盟的夫妻情义，恐怕这件事不对头、不正当吧！

本条辨析参用已故原贵州大学教授、滁州师专学术顾问张汝舟先生之说。笔者奉先师洪诚先生遗命，曾于一九八〇年十月，赴滁州受教于汝舟先生，今附记于此，以示怀念。

3.《焦仲卿妻》"说有兰家女，承籍有宦官。"（第31页）

兰家女——原文费解,根据上下文可作“兰芝姑娘”理解。

按:原文并不费解。“兰家女”,即兰姓人家的女儿,也就是指兰芝。由此可见,“兰芝”,实姓兰名芝。兰姓,《广韵》平声寒韵:“兰,香草,亦州名……又姓,汉有武陵太守兰广。”郑樵《通志·氏族略》:“[兰氏],姬姓。郑穆公裔也。穆公名兰,其支庶以王父名为氏。汉有太守兰广。”诗中言“承籍有宦官”,是说兰家继承祖籍曾是个官宦人家。这与兰芝所受的家庭教养,“十三教汝织,十四能裁衣,十五弹箜篌,十六知礼义”,还是比较符合的。而诗序云:“庐江府小吏焦仲卿妻刘氏”,则以兰芝姓刘,不知何据。疑诗序为后人所加,不宜信从,当依诗中本证为据。

4.《焦仲卿妻》 “赍钱三百万,皆用青丝穿,杂彩三百匹,交广市鲑珍。从人四五百,郁郁登郡门。”(第 33 页)

交广——交州、广州。

按:交州,汉行政区域名,即今广东、广西、越南北部等地。广州,三国时吴国孙权始置,即今广东省境内。《三国志·吴志·吴主传》:黄武五年(公元二二六年),“是岁,分交州置广州,俄复旧。”又《吴志·三嗣主传》:永安七年(公元二六四年),“复分交州置广州。”(新版《辞海》缩印本第 844 页:“[广州]州、路、府名。三国吴永安七年(公元 264 年)分交州置州。”误以复置年为始置年,不确。)《焦仲卿妻》为汉诗,而汉时尚未设置广州,则“交广”之“广”不是指广州。再者,交州、广州与庐江远隔数千里,在当时交通条件下,三日内无法往返。即使是诗人夸张手法,亦得以现实生活为依据,否则流于荒诞。由此两点,可证“交广”不是指地名。“交广”应是当时方俗语,实为“交关”之声转。

交《广韵》平声肴韵“古肴切”,古音属见母宵部;

广《广韵》上声荡韵“古晃切”,古音属见母阳部。

关《广韵》平声删韵“古还切”,古音属见母元部。“交广”、“交关”都是双声连绵词。广关同纽,阳元通转。“交广”与“交关”为一声之转。

旧版《辞海》第77页："［交关］极言其多。《朱子全书·论语》：'曾子说：忠恕如说小德川流大德敦化一般，自有交关妙处。按今苏沪方言多用此语。"“交广”同“交关”，就是极多的意思。诗中叙述太守家娶亲场面，所用吴地方俗语有多处，这说明太守可能是吴地人。例如，“青雀白鹄舫，四角龙子幡。”《方言》郭璞注云：“青雀，鹢鸟名也，今江东贵人船前作，是其像也。”（见《方言》卷九）江东民歌《襄阳乐》：“上水郎檐篙，下水摇双橹，四角龙子幡，环环江当柱。”（见《乐府诗集》卷四十八）又，“鲑珍”一语，《广韵》平声佳韵：“鲑，鱼名，出《吴志》。”《集韵》平声佳韵：“鲑，吴人谓鱼菜总称。”“交关”同为吴方俗语，至今仍流行于吴地口语中。“交广市鲑珍”句，既然“鲑”是吴人谓鱼菜总称，则可证同句中的“交广”不是指交州、广州。“交广”是吴地俗语“交关”之声转。

5. 贾谊《吊屈原赋》 “般纷纷其离此尤兮，亦夫子之故也。”（第61页）

般——同“盘”，即盘桓，徘徊不进。

纷纷——紊乱没有头绪的样子。

按：“般纷纷”是一形容词词组。般通斑，乱貌。王先谦《汉书补注》云：“经典般、斑、班皆通用。《离骚》：'班陆离其上下。'注：'班，乱貌。'与此般字同。”纷纷，叠音形容词，作形容词“般”的补语，使更增强形象性。“般纷纷”犹言乱纷纷。一个单音节形容词再加一个叠音形容词作补语，组成“形补结构”的形容词词组，这种“象”，《楚辞》中例子很多，如“纷总总”、“独茕茕”、“穆眇眇”、“莽芒芒”、“邈漫漫”、“滂洋洋”，等等。“般纷纷”正与之同。

王力先生《汉语史稿》中册语法部分第三十八节“形容词和副词的发展”中，认为上述叠音形容词是“叠音副词”。文中说：“我们知道，在起初的时候，这种拟声和绘景的叠音副词是不用'然'字的……后来也就用这种叠音作为形容词的词尾。这种结构最初见于《楚辞》。例如：穆眇眇之无垠兮，莽芒芒之无仪。（《九章·悲回风》）邈蔓蔓之不可量兮，缥绵绵之不可纡。（同上）滂洋洋而四施兮，蓊湛湛而不止。（《高唐赋》）”王氏之说，不合语言实际。“穆眇眇”之“眇眇”，又见同篇《悲回风》：“登石峦以远望兮，路眇眇之默默。”洪兴祖补注：“眇眇，远也。”眇眇是叠音形容词，而不是叠音副词。眇眇、茫茫等，都能独立成词，且有词汇意义，则都是词，而不是词尾。王氏之说也不能指导古书注释实践。王力主编《古代汉语》（修订本）第四册《吊屈原赋》注：“般，通盘，盘桓，停留不走。纷纷，紊乱的样子。”就没有也无法贯彻王氏之说。释“般”为“盘桓”，是承袭《汉书·贾谊传》颜注而不确。《两汉文学作品选》注与《古代汉语》注同误。

6. 司马相如《子虚赋》 “王驾车千乘，选徒万骑，畋于海滨，列卒满泽……割鲜染轮，射中获多，矜而自功，顾谓仆曰……”（第69页）

顾——看。

按：选本训“顾”为“看”，不合文义。《说文》卷九上页部：“顾，还视也，从页，雇声。”《诗经·桧风·匪风》：“顾瞻周道，中心怛兮。”郑笺：“回首曰顾。”顾字从页，“页，头也”（见《说文》），本文当是郑玄所说“回首”，即回头。《说文》所说“还视”，即回头看，当是引申义。这一句中的“顾”字，是用本义，即回头。“顾谓仆曰”，就是回头对我说。

7.《子虚赋》 “其山则盘纡岪郁，隆崇嵂崒，岑崟参差，日月蔽亏。交错纠纷，上干青云；罢池陂陀，下属江河。”（第71页）

罢（pí 皮）池——山坡倾斜的样子。

陂陀（pó tuó 婆驼）——山很宽广的样子。

按：《文选·子虚赋》五臣注云：“罢池，旁颓貌。陂陀，宽广貌。”训释“陂陀”不确。“罢池”、“陂陀”，都是叠韵连绵词，二词同义。辞赋中往往复用二个同义的连绵词，以加强修辞效果。例枚乘的《七发》：“寂漻蓴蓼，蔓草芳苓。”王念孙云：“寂漻蓴蓼，四字皆叠韵，谓草貌也。既言'寂谬',而又言'荐蓼'者,文重词复,以形容之。若《风赋》之'被丽披离',《子虚赋》之'罢池陂陀',《上林赋》之'崴磈崼廆'、'傑池茈傂'矣。"(见《读书杂志·馀编下》),再如《楚辞·卜居》之"哫訾粟斯"、"喔咿儒儿",也是二个同义的连绵词复用。"罢池陂陀",从音切上看:

罢《广韵》平声支韵"符羁切",古音属並母歌部;
池《广韵》平声支韵"直离切",古音属定母歌部;
陂《广韵》平声歌韵"普河切",古音属滂母歌部;
陀《广韵》平声歌韵"徒河切",古音属定母歌部。

罢、陂为旁纽双声,池、陀为双声,古韵同属歌部。"陂陀"与"罢池",古音相同,词义亦同,则"陂陀"亦倾斜不平貌。例如《尔雅·释地》:"陂者曰阪。"郭璞注:"陂陀,不平。"《汉书·司马相如传》:"陂陀陁豸。"颜师古注:"郭璞曰:陂池,旁颓貌也。"王先谦补注:"陂池读如陂陀。"《楚辞·招魂》:"文异豹饰,侍陂陀些。"王逸注:"陂陀,长陛也。陁一作陀。"洪兴祖补注:"陂陀,不平也。"《广韵》平声歌韵"陀"字下:"陂陀,不平之貌。"又平声戈韵"陂"字下:"陂陀,不平。"均是义证。连绵词"陂陀",变体作"罢池",又作"陂池"(见《汉书·司马相如传》),"陂陁"《史记·司马相如传》:"登陂陁之长阪兮,坌入曾宫之嵯峨。"),"陂陁"(见《楚辞·招魂》),"陁陀"(见《广韵》平声戈韵),"陂陁"(见《类篇》卷十四阜部陂字下:"陂陁,不平也")。"岥㐌"(见《文选·西征赋》:"觅殿陛之馀基,裁岥㐌以隣嶙。"),"坡陁"(见《宋书·谢灵运传》:"城坡陁兮淮惊波,平原远兮路交过。"),"庯庩"(见《广韵》平声模韵庩字下:"庯庩,屋不平也。"),等等,并字异而义同。

8.《子虚赋》 "勺药之和具,而后御之。"(第78页)

勺药——一种草,花象牡丹,根可以作药材。

古人认为它有和养五脏、辟除毒气的作用,所以把它与五味调和在一起食用。这句是说，五味调和着勺药的食品准备好了。

按：选本注承颜师古旧注而误。伏俨曰："勺药，以兰、桂调食。"文颖曰："五味之和也。"韦昭曰："和齐咸酸美味也。勺，丁削反。药，旅酌反。"（见《文选·子虚赋》注、《七发》注）晋灼曰："《南都赋》曰：'归雁鸣䴔，香稻鲜鱼，以为勺药，酸恬滋味，百种千名。'文说是也。"颜师古却不同意上述诸家之说。《汉书》颜注曰："诸家之说，皆未当也，勺药，药草名，其根主和五藏，又辟毒气，故合之于兰桂五味，以助诸食，因呼五味之和为勺药耳。"《文选》李善注曰："枚乘《七发》曰：'勺药之酱。'然则调和之言，于义为得。"王引之曰："师古和非，诸家之说皆是也。韦云'勺，丁削反；药，旅酌反'者，勺药之言适历也。适历，均调也。《说文》曰：'䣛，和也，从甘厤。厤，调和。'（䣛音甘，厤音历）《周官·遂师》注曰：'磨者适历。'疏曰：'分布希疏得所，名为适历也。'然则均调谓之适历，声转则为勺药。……（师古）不知五味之和总谓之勺药，故云'勺药之和具'。若专指一物，何以得言'具'乎？"（见《读书杂志·汉书第十》，又见《广雅疏证》卷十上《释草》）王引之探求"勺药"的语源，其说精确。从音切上看：

适《广韵》入身锡韵"都历切"，古音属端母锡部。

历《广韵》入声锡韵"郎击切"，古音属来母锡部。"适历"为叠韵连绵词。

勺《广韵》入声药韵"张略切"，古音属端母药部；

药《广韵》入声药韵"良约切"，古音属来母端部。

韦昭音"勺，丁削反；药旅酌反"，与《广韵》反切音值相同。"勺药"为叠韵连绵词。勺，适双声，药，历双声，入声韵药、锡旁转，则"勺药"是"适历"的一声之转。"勺药"是五味调料的总称。黄季刚先生《蕲春语》中说："勺药，即'作料'二字之正字。"（见《黄侃论学杂著》第424页第8行"以勺药和之"句夹注）从音切上看：

作《广韵》入声铎韵"则落切",古音属精母铎部。

料《广韵》去声啸韵"力吊切",古音属来母宵部。作、勺二字,精端邻纽双声,铎药旁转;料、药二字双声,宵药对转。"作料"是"勺药"的声音变转。《现代汉语词典》第1535页:"[作料]烹调时用来增加滋味的油盐酱醋和葱蒜、生姜、花椒、大料等。"就是各种调味品的总称。在吴方言中,"作料"又可倒言称为"料作"(见上海辞书出版社《简明吴方言词典》第250页),这说明"作料"一词的结构不是偏正式,而正是由古连绵词"适历"、"勺药"声转而来。这就有力说明,本文"勺药"不是指某一药草,而是指烹调时用来增加滋味的作料。

9.《子虚赋》"案节未舒,即陵狡兽。蹴蛩蛩,辚距虚,轶野马,辖陶駼;乘遗风,射游骐。"(第74页)

轶(yì 义)——超过。辖(weì 卫)——即。

"辖",套在车轴末端的青铜或铁制的圆筒状物,这里指代猎车,但是作动词用,即"车撵过"之意。

按:选本注释不确。轶当读若迭(dié),例《左传》隐公九年:"北戎侵郑,郑伯御之。患戎师,曰:'彼徒我车,惧其侵轶我也。'"杜预注:"轶,突也。"《左传》僖公三十二年:"君命大事,有西师过轶我。击之,必大捷焉。"《释文》并云:"轶,直结切,又音逸。"《释文》凡一字数音,第一个音为正音。《左传》二处轶字,《释文》注音相同,义训当同。"侵轶"连文同义,轶为突击。《说文》卷十四上车部:"轶,车相出也,从车,失声。"段玉裁注:"车之后出者,突出于前也。"轶训突,是引申义。轶字又作迭,音义皆同。例《左传》成公十三年,晋侯使吕相绝秦,云:"文公即世,穆为不吊,蔑死我君,寡我襄公,迭我殽地,奸绝我好。"所谓"迭我殽地",就是指僖公三十二年"西师过轶我"一事。《文选》颜延年《阳给事诔》:"轶我河县,俘我洛畿。"李善注:"《左氏传》吕相曰:'迭我殽地','入我河县'、'俘我王官'。迭与轶古字通。"迭、轶二字,《广韵》反切相同。从声音上看：

轶《广韵》入声屑韵“徒结切”，古音属定母质部。

突《广韵》入声没韵“陀骨切”，古音属定母物部。轶、突双声，质物旁转。轶训突，不仅有故训依据，还有古音联系。赋中言“轶野马”，轶读若迭(dié)，训突，即冲犯、侵凌之义。《汉书·司马相如传上》颜师古注：“轶音逸。”并引张揖曰：“轶，过也。”颜注囿于轶字的常见音义，所注音义皆误。选本注释正承旧注而误。

轊同轉，是軎字的异体字。《康熙字典》车部：“軎，《玉篇》于剡切，卫音。……《集韵》或从彗、从慧、从惠，音义并同。”《说文》卷十四上车部：“軎，车轴耑也。从车，象形。”《广韵》去声祭韵：“軎，车轴头也，又音卫。”軎是车轴头，是名词，选本注释认为“这里指代猎车，但是作动词用，即‘车撵过’之意”，这是承袭了《文选·子虚赋》李善注之说，实为迂曲不通。

轊(軎)当是躛的借字。《说文》卷二下足部：“躛，踶躛也。从足，卫声。”(旧本释义误作“卫也”，王念孙据《说文》踶字释义及卷二上牛部“犨”字释义，改为“踶躛也”，见《读书杂志·汉书第十》；段玉裁则改为“躛也”，见《说文注》)从音切上看：

軎《广韵》去声祭韵“于岁切”，古音属匣母月部。

躛《广韵》去声祭韵“居卫切”，古音属见母月部。軎、躛二字同韵，匣见旁纽双声，例得通假。《说文》卷二下足部：“踶。躛也。”《庄子·马蹄篇》：“(马)怒则分背相踶。”《释义》引李颐注：“踶踏也。”成玄英疏：“堤，蹈也。”轊借作躛，义训踏、蹈，就是践踏的意思。“轶野马，轊陶駼”，指围猎时冲犯野马，践踏陶駼，这是古代辞赋家常用的夸饰手法。

10.《子虚赋》“楚王乃驾驯驳之驷，乘雕玉之舆，靡鱼须之桡旃，曳明月之珠旗，建干将之雄戟，左乌号之雕弓，右夏服之劲箭。”(第74页)

干将——古代传说，干将、莫邪夫妇为楚王铸雌雄二剑，三年而成。干将因留下雄剑，只献雌剑而被楚王杀害。

按：选本据古代传说（见《吴越春秋·阖闾内传》、《越绝书·外传记宝剑》），以干将、莫邪为人名，来训释西汉文学作品，似属可商。对此，清代学者已有详细考释，今节录于下。王念孙云："干将、莫邪，皆连语，以状其锋刃之利，非人名也。王褒《九怀》云：'舒余佩兮綝纚，竦余剑兮干将。'是干将为利刃之貌。莫邪，叠韵字，义亦与干将同。干将、莫邪皆利刃之貌，故又为剑戟之通称。《史记·商君传》云：'屈卢之劲矛，干将之雄戟。'司马相如《子虚赋》云：'建干将之雄戟。'戟与戈同类，故魏文帝（曹丕）《浮淮赋》云：'建干将之铦戈。'《说文》：'镆铘，大戟也。'《汉书·扬雄传》：'杖镆铘而罗者以万计。'注亦以为大戟。干将、莫邪为剑戟之通称，则非人名可知。故自西汉以前，未有以干将、莫邪为人名者；自《吴越春秋》始以干将为人名，莫邪为干将之妻；其他说虽不同，而同以为人名，总由误以干、莫二字为姓，遂致纷纷之说。"（见《广雅疏证》卷八上《释器》"剑也"条）胡绍煐云："《说文》：'镆铘，大戟也。'亦谓之镘胡。镆铘、镘胡，一声之转。……《方言》：'凡戟而无刃，东齐、秦、晋之间谓其大者曰镘胡。'是镘胡即镆铘。戟之无刃而大者谓之镆铘，则有刃而大者谓之干将。《方言》又云：'三刃枝，宛、郢谓之匽戟。'郭（郭璞）注：'今戟中有小孑刺者，所谓雄戟也。'故干将为利刃貌。《楚辞·离世》（刘向《九叹·离世》）：'秉干将以割肉。'王（王逸）注：'干将，利剑也。'利剑曰干将，故利戟亦曰干将。然则干将有刃为雄戟，镆铘无刃当为雌戟。犹剑之号莫邪者为雌，号干将者雄矣。"（见《文选笺证》）王氏、胡氏考订精详，足以纠正以西汉典籍中干将、莫邪为人名之误说。"建干将之雄戟"，这句的大意是说，[楚王的侍卫们]高举着锋利的三刃戟。

11. 赵壹《刺世疾邪赋》"于兹迄今，情伪万方。佞谄日炽，刚克消亡。舐痔结驷，正色徒行。妪媀名势，抚拍豪强。偃蹇反俗，立致咎殃。捷慑逐物，日富月昌。浑然同惑，孰温孰凉？邪夫显进，直士幽藏。"（第83页）

兹——此。指春秋时代。迄——到。

情伪——伪诈，弊病。万方——多种多样，形形色色。

按：兹训此，不是指春秋时代，而是指作者赵壹所处的当代。“于兹迄今”，是二个同义的表时间的介宾词组复说，等于说“现在”，即指赵壹所处的东汉时代。选注本认为“兹”指春秋时代，是涉本赋上文“春秋时祸败之始，战国愈复增其荼毒。秦汉无以相踰越，乃更加其怨酷”句，并作了误解。

“情伪”之“情”，是“诚”之借字，例《墨子·尚同下》：“今天下王公大人士君子，中情将欲为仁义，求为上士，上欲中圣王之道，下欲中国家百姓之利，故当尚同之说，而不可不察。”王念孙云：“案情即诚字，言诚将欲为仁义，则尚同之说，不可不察也。《尚贤篇》曰：‘且今天下之王公大人士君子，中实将欲为仁义。’实亦诚也。《非攻篇》曰：‘情不知其不义也，故书其言以遗后世；若知其不义也，夫奚说书其不义以遗后世哉？’情不知即诚不知。凡《墨子》书中诚、情通用者，不可枚举。又《齐策》：‘臣知诚不如齐公美。’刘本诚作情。《吕氏春秋·具备篇》：‘三月婴儿，慈母之爱谕也，诚也。’《淮南子·缪称训》诚作情。《汉书·礼乐志》：‘正人足以副其诚。’《汉纪》诚作情。此皆古书诚、情通用之证。”（见《读书杂志·墨子第一》）“情伪”同诚伪，犹言真伪。例《周易·系辞》：“设卦以尽情伪。”又：“情伪相感而利害生。”《左传》僖公二十八年：“民之情伪，尽知之矣。”《墨子·非命中》：“今天下之情伪，未可得而识也。”《战国策·韩策三》：“外内不相为，则诸侯之情伪可得而知也。”《大戴礼记·文王官人》：“慎维深思，内观民务，察度情伪。”《淮南子·缪称训》：“诎伸倨佝，知情伪矣。”《汉书·公孙弘传》：“使远近情伪必见于上，谓之术。”《释名·释宫室》：“狱，确也。言实确人情伪也。”本赋所言“情伪万方”，是说真诚与伪饰对立并存，有着多种多样的形态。因此赋中紧接着写“佞谄日炽”对“刚克消亡”，“舐痔结驷”对“正色徒行”，“偃蹇反俗，立致咎殃”对“捷慑逐物，日富月昌”，“邪夫显进”对“直士幽藏”，等等不同，一真一伪，一正一反，两相对照，进行比较。选注本解释“情伪”

为伪诈、弊病，这是以“情伪”为“伪情”，或以“情伪”为偏义复词作释，均不确切。

12. 贾谊《过秦论》“良将劲弩，守要害之处；信臣精卒，陈利兵而谁何！”(第94页)

谁何——呵问是谁，即关口要塞之处守兵喝问出入的人。

按：选本训释“谁何”为“呵问是谁”，把“谁何”当作“呵谁”的倒文处理，似属可商。《史记·秦始皇本纪》：“信臣精卒，陈利兵而谁何。”司马贞《索隐》引崔浩云：“何或为呵。《汉旧仪》：‘宿卫郎官分五夜谁何。’呵夜行者谁也。何呵字同。”依或本为说，不足为据。“谁何”当是疑问代词作动词用，意即盘问、诘问。《说文》卷三上言部：“谁，何也。”又卷三下攴部：“𢿌，怒也、诋也；一曰谁何也。”段玉裁注：“皆责问之意。此字本义训责问，故从攴。”《史记·秦始皇本纪》裴骃《集解》引如淳曰：“何犹问也。”徐灏《说文解字注笺》：“谁、何，皆责问之词，属文者连言之则曰谁何。”谁、何同义连文，结合成同义复词。例《六韬·金鼓篇》：“令我垒上谁何不绝。”《史记·万石张叔列传》：“文帝且崩，时属考景曰：‘绾长者，善遇之。’及文帝崩，景帝立，岁馀不谯呵绾。”《索隐》云：“谁何二音。谁何犹借访也。一作谯呵者，责让也。”作“谯呵”字释为责让，不合《史记》文义；当作“谁何”为是，义同询问。《汉书·卫绾传》与《史记》文字大体相同，仅“谯呵”字作“孰何”。“及景帝立，岁馀，不孰何绾。”颜师古注引服虔曰：“不问也。”李奇曰：“孰，谁也。何，呵也。”师古曰：“何即问也。不谁何者，犹言不借问耳。”“孰何”义同“谁何”，都是疑问代词用如动词(参见杨树达《高等国文法》第三章丙A“代名词作动词用”节)。这种语言现象不多见，因此容易引起误解。有的把“谁何”改作字形近似的“谯呵”，有的改作“谁呵”而解释为“呵问是谁”，均改字为释，似不可从。

13. 《过秦论》“钼耰棘矜，非铦于句戟长铩也。”(第96页)

棘——同“戟”，古代兵器的一种，长杆头上附有月芽状的利刃。矜即戟柄。以上两句是说，锄头耰耙戟柄，并不比钩戟长矛锋利啊。

按：“棘”字不是“戟”的借字。这里“棘”字用本义，《说文》卷七十棗部：“棘，小棗丛生者。”又卷六上木部：“樲，酸小棗。”棘就是樲棗。“棘矜”，就是用樲棗木制成的棍棒。《汉书·陈胜传》：“钽耰棘矜，不敌于钩戟长铩。”服虔注云：“以钽柄及棘作矛穫也。”颜师古不同意服虔说。颜注云：“服说非也。耰，摩田器也。棘，戟也。矜与穫同，谓矛铤之把也。言往者秦销兵刃，陈涉起时，但用钽耰及戈戟之矜，以相攻战也。”按，服说是，颜注非。王念孙云：“《方言》曰：‘矜谓之杖。’棘矜，谓伐棘以为杖也。《淮南·兵略篇》曰：‘陈胜伐樲棗而为矜。’义与此同。伐棘为矜，即上文所云‘斩木为兵’也。师古以棘为戟，非也。下文‘钩戟长铩’，乃始言戟耳。”（见《读书杂志·汉书第八》）王说甚确。选本注承颜师古旧注而误。

14. 贾谊《论积贮疏》“世之有饥穰，天之行也，禹、汤被之矣。”（第99页）

饥穰——饥指荒年；穰指丰年。

按：“饥穰”是一偏义复词，不当作为“饥”和“穰”二词分训。“饥穰”这一类偏义复词，虽然其中包含的两个并列的词素在本来意义上是相反的，一为积极意义，一为消极意义，而实际应用时仅表示其中一词素的消极意义，另一本为积极意义的词素只起陪衬作用。例《战国策·魏策四》：“怀怒未发，休祲降于天。”休祲是一词，词义在祲（妖气）不在休（吉兆）。《史记·文帝本纪》：“骂其妻曰，生子不生男，有缓急，非有益也。”缓急是一词，词义在急不在缓。《史记·刺客列传》：“多人不能无生得失。”得失是一词，词义在失不在得。《后汉书·何进传》：“先帝曾与太后不快，几至成败。”成败是一词，词义在败不在成。《三国志·吴志·诸葛恪传》：“一朝羸缩，人情万端。”羸缩是一词，词义在缩不在羸。

选文中“饥穰”是一词，词义在饥（荒年）不在穰（丰年），故下句紧接着说：“禹汤被之矣。”被训遭受、蒙受义，正是指禹曾遭九年水灾、汤曾遭七年旱灾而言。文中说：“失时不雨，民且狼顾，岁恶不入，请卖爵子”；又说：“兵旱相乘，天下大屈”，正是对饥荒年景的形象化描写。

又按，“世之有饥穰，天之行也。”选本未释“世”字，容易引起误解。世当训岁。王念孙云：“《曲礼》：‘去国三世。’卢植、王肃并云：‘世，岁也，万物以岁为世。’案《晏子·杂篇》曰：‘以世之不足也，免粟之食饱。’《史记·淮南传》曰：‘万世之后，吾宁能北面臣事竖子乎？’《汉书·食货志》曰：‘世之有饥穰，天之行也。’皆谓岁为世，故《荀子·非相篇》：‘千世之上。’《韩诗外传》作‘千岁。’（见《经义述闻·通说上》）“世之有饥穰，天之行也”这一句。《汉纪·孝文纪》作：“岁有饥饿，天之常行。”可证“饥穰”同“饥饿”，饥饿是偏义复词；世同岁。岁训年成，例《左传》哀公十六年：“国人望君如望岁焉。”杜预注：“岁，年谷也。”

“世之有饥穰，天之行也，禹汤被之矣。”译成现代汉语，大意是：年成有饥荒，是自然界的常道，夏禹和商汤都曾经遭受过。

15. 晁错《论贵粟疏》“今农夫……勤苦如此，尚复被水旱之灾，急政暴赋，赋敛不时，朝令而暮改。当具，有者半贾而卖，亡者取倍称之息，于是有卖田宅，鬻子孙，以偿责者矣。”（第106页）

朝令而暮改——早晨下了命令，傍晚就改变了。这是说，赋税随时可以加重或提前。

具——交纳。当具——当交纳的时候。

按：“朝令而暮改”句，与上下文语意不贯。《汉纪·孝文纪》作“朝令暮得”，王念孙据以校改为“朝令而暮得”，言急征暴赋，朝出令而暮已得。（见《读书杂志·汉书第四》）王氏校改，虽本《汉纪》，但是“暮得”与“暮改”一样，它的主语仍为暗指的官府，上下文语意仍然不贯。据《古逸丛书》影印唐写本《汉书·食货志》，“改”字为衍文，当删，以“朝令而暮当具”为句。（《古逸丛书》，光绪时黎汝昌编印，王念孙未见）“朝令而暮当具”，“暮当具”的主语是农夫。这句指官府早晨发出命令，农夫傍晚就得交纳赋税，这正是“急政暴赋”的形象描述。

又按，“当”字并非表时间的介词，而是能愿动词。

16.《史记·项羽本纪》“猛如虎，很如羊，贪如狼，彊不可使者，皆斩之。”（第118页）

很——同“狠”。很如羊——是说如山羊那样好斗。

按：在汉魏以前，“很”与“狠”字，意义不同。《说文》卷十上犬部：“狠，吠斗声。”段玉裁注云：“今俗用狠为很，许书很、狠义别。”《说文》卷二下彳部：“很，不听从也。一曰盭也。”盭即古戾字。《广韵》上声很韵：“很，很戾也。俗作狠。”例《逸周书·谥法篇》：“愎很遂过曰刺。”《国语·吴语》：“今王将很天而伐齐。”韦昭注云：“很，违也。”《庄子·渔父篇》：“见过不更，闻谏愈甚，谓之很。”成玄英疏云：“有过不改，闻谏弥增，很戾之人。”《荀子·成相篇》：“恨復遂改不肯悔。”王念孙云：“恨与很同，復与愎同，言很愎不从谏，以遂其过也。”（见《读书杂志·荀子第八》）很的本义就是违戾、不听从。《广雅·释诂》：“坚、犅、狼、戾、悭、愎、鸷、忮，很也。”《说文》卷二上牛部：“坚，牛很不从引也。”《周易·夬卦》：“牵羊悔亡，闻言不信。”王弼注云：“羊者，抵很难移之物。”牛羊同类，牛羊不服从牵引叫很；人不服从命令也叫很，取义相同。例《左传》襄公二十六年：“太子痤美而很。”杜预注云：“貌美而心很戾。”很戾、很愎、愎很、抵很，皆为同义复词，即不服从的意思。“很如羊”句，正是暗指项羽象羊那样违戾、不服从命令。

17.《史记·魏公子列传》“嬴闻晋鄙之兵符常在王卧内，而如姬最幸，出入王卧内，力能窃之。”（第148页）

王卧内——魏王的卧室里。

按：“卧内”之“内”字，不是“内外”之“内”。古人谓室为“内”，故卧室谓之“卧内”。例《汉书·武帝纪》：“甘泉宫内中产芝。”颜师古注：“内中，谓后庭之室也。”王先谦补注：“内亦房也。《礼乐志》云：‘芝生甘泉斋房。’”又《淮南王传》：“闭太子使与妃同内。”又《晁错传》：“家有一堂二内。”皆谓室为内。“卧内”为一词，即卧室、寝室。例《史记·淮阴侯列传》：“张耳、韩信未起，即其卧内上夺其印符。”又《韩信卢绾列传》：“以太尉常从，出入卧内。”《汉书·卢绾传》及《楚元王传》并云：“出入卧内。”又《霍光传》：“皆拜卧内床下。”又《金日磾传》：“直趋卧内欲入。”皆是也。最后一个例句富有启发性，如果“卧内”指“卧室里”，则句中不应该紧接着说“欲入”；既说“欲入”，则可见并不在“内”。旧版《辞海》第1106页：“[卧内]谓寝室也。”所引书证即《史记·魏公子列传》文句。选本注释“卧内”为“卧室里”，以“内”字为内外之内，误。

18. 司马迁《报任少卿书》“仆赖先人绪业，得待罪辇毂下，二十馀年矣。”(第201页)

先人绪业——前辈传下的学术与事业。此指司马谈之学与所任太史令之职。

按：绪业，即馀业。详见拙文《〈报任安书〉注释疑义讨论》，载《南京师大学报》(社会科学版)1986年第3期。

19.《报任少卿书》“当此之时，见狱吏则头抢地，视徒隶则心惕息。”(第201页)

徒隶——狱卒。

按：徒隶不是狱卒，而是狱囚执役者，犹后世的劳改犯。详见拙文〈报任安书注释疑义讨论〉，载《南京师大学报》(社会科学版)1986年第3期。

20.《报任少卿书》“且人不能蚤自财绳墨之外，已稍陵夷；至于鞭箠之间，乃欲引节，斯不亦远乎！”(第212页)

陵夷——本指山陵逐步削平，此处指受挫折。

按:“陵夷”是连语,即连绵词。王念孙云:“凡连语之字,皆上下同义,不可分训。说者望文生义,往往穿凿而失其本指。”选本分训“陵夷”二字,以“陵”为山陵,实承颜师古说而误。《汉书·成帝纪》:“帝王之道,日以陵夷。”颜师古注云:“陵,丘陵也;夷,平也。言其穨替,若丘陵之渐平也。又曰陵迟,亦言如丘陵之逶迟,稍卑下也。”王念孙驳颜云:“师古以陵为丘陵,非也。陵与夷,皆平也。《文选·长杨赋》注引薛君《韩诗章句》曰:‘四平曰陵。’是丘陵之陵,本取陵夷之义,非陵夷之取义于丘陵也。《史记·高祖功臣侯年表》曰:‘始未尝不欲固其根本,而枝叶稍陵夷衰微也。’陵夷衰微,四字平列。陵夷不可谓如陵之夷,犹衰微不可谓如衰之微也。”(见《读书杂志·汉书第十六》“连语”条)王说甚确。《广雅·释丘》:“四隤曰陵。”《汉书·项籍传》:“因四隤山而为环阵外向。”孟康注云:“四隤,四下隤阤也。”隤字同穨,隤阤即穨夷,义同陵夷。则丘陵之陵,本取陵夷之义。故《说文》卷五下夊部:“夌,夌徲也。”段玉裁注云:“凡言陵迟、陵夷,当作夌徲。今字陵迟、陵夷行而夌徲废矣。《玉篇》云:‘夌,迟也。’《广韵》云:‘陵,迟也。’迟与徲同也。《匡谬正俗》释陵迟曰:‘陵为陵阜之陵;而迟者,迟迟微细削小之义。古迟夷通用。或言陵夷,其义一也。言陵阜渐平,喻王道弛替耳。’玉裁谓许书作夌,则知说陵为陵阜非也。夌徲为邌之反语。古迟邌通用。夌徲言时久则弛替。迟古读如夷。夌夷叠韵字耳。”其字作夌,不作陵,则陵夷之陵,本非丘陵之陵,可证。“陵夷”为叠韵连绵词,变体又作“陵迟”,例如《文选·报任少卿书》正作“陵迟”,又如《文选·司马相如〈封禅文〉》:“而后陵迟衰微,千载亡声。”《史记·李将军列传》:“李氏陵迟衰微矣。”又作“凌迟”,例如《韩诗外传》卷五:“是以嚚顽无礼,而肃敬日益凌迟。”《文选·潘岳〈西征赋〉》:“咨景悼以迄丏,政凌迟而弥季。”又作“夌徲”,例如《说文》卷五下。又作“陵替”,例如梁武帝萧衍《令公卿入陈时政诏》:“晋氏陵替,虚诞为风。”

(原载《滁州师专学报》1987 年 1/2、3/4 合刊)

“落英”辨析

唐珮瑶同志《“落英缤纷”辨析》一文(载《中国语文通讯》1979 年第 5 期),认为屈原《离骚》“朝饮木兰之坠露兮,夕餐秋菊之落英”的“落英”,和陶渊明《桃花源记》“落英缤纷”的“落英”,都应解作“初开的花”。这似乎是当前比较流行的一种解释。就笔者所见,不计单篇论文,解放后特别是近出专书持这种看法的就有下列几种:

《屈原赋校注·离骚》:“落者,洪兴祖云:‘秋菊无自落者’。按《尔雅》:‘落,始也’;《诗》‘访予落止’;《逸周书·酌篇》:‘特无不落’;毛传及孔晁注并云:‘落,始也’;则落英为初生之英矣。”(人民文学出版社,1958 年,29 页。)

《历代文选·桃花源记》注:“落:始。英:花。落英:《楚辞·离骚》:‘夕餐秋菊之落英。’指初开的菊花。这里指方开的桃花。缤纷:繁盛貌。一说落英指落花,缤纷为乱舞貌。”(中国青年出版社,1962 年版,上册 341 页)

新版《辞海》艹部:“落英　❷初开的花。《离骚》:‘朝饮木兰之坠露兮,夕飡秋菊之落英。’一说,亦作‘落花’解。”(上海辞书出版社,1979 年版,1377 页)

《楚辞今绎讲录·离骚析疑》:“‘落英’之‘落’,作‘始’字讲。”(北京出版社,1981 年版,42 页)

《文言文的语言分析·桃花源记》:“‘落’当‘始’讲见于《尔雅·释诂》。《离骚》有‘夕餐秋菊之落英’。本句‘落英’与‘芳草’并比,应当也是始开的花朵。”(甘肃人民出版社,1982 年版,205—206 页)

上述新解，粗一看似乎是合理的，若加细究，却并非如此，因为它脱离了语言实际。

《离骚》“落英”，汉唐人解为“落花”，初无异议；自宋人开始，释为“始花”，“谈者穿凿附会，聚讼纷纷”（胡应麟《诗薮》语），竟成为谈艺的一宗公案，这里暂且不论。宋人新解的主要论据是：一，“菊花无自落者”；二，“落”可训“始”。关于论据一，宋人史正志《菊谱后序》已言“菊之开也……花有落者，有不落者”，那末，所谓“菊花无自落者”，未免立论武断，当然不能成立。关于论据二，先秦古籍虽有“落”训“始”之例，但是未曾以言草木。例如《诗·卫风·氓》：“桑之未落，其叶沃若。”“桑之落矣，其黄而陨。”“落”正谓陨落，不能训“始”。凡“落”字用于草木，都是陨落之义，如《离骚》篇中的“惟草木之零落兮”、“贯薜荔之落蕊”、“及荣华之未落兮”，是其例。凡草木之始，曰“萌”、曰“稃”、曰“权舆”，不曰“落”。自古以来，未见有人把“落花”、“落叶”解为“始花”、“始叶”，也可为证。《离骚》“落英”之“落”，与同篇中“落蕊”、“零落”之“落”，义训相同；“落英”与“坠露”又为对文，“落”字为陨落之义无疑。

《桃花源记》“落英”，今人解为“始花”的主要论据有：一、“落”可训“始”，并引《离骚》“落英”为证；二、“落英”与“芳草”并比。关于论据一，上文已作分析，不再赘言。关于论据二，唐珮瑶同志的文章作了正反两方面的阐述，可以说具有一定的代表性。文章说：“如把‘落英缤纷’理解为‘落花狼藉满地’，一派衰败零落的景象，却有点大杀风景。其实上句‘芳草鲜美’的‘鲜’字已点明作者写的并非‘暮春三月，江南草长’的季节。那么下句‘落英缤纷’也只能理解为‘初开的桃花繁盛鲜艳’。这就能构成一幅绿草如茵、繁花似锦的绮丽画面，才能使‘渔人甚异之’，才会把读者引入‘世外桃源’的幻境。”这样的解释，恐怕脱离了作者的原意，只是说者的主观想象而已。我们认为，“落英”的词义解释有它的客观依据，并不是由上句的“芳草鲜美”来“点明”或依此推理而定。根据自然现象，草的生长期长，在它未开花或抽穗前，只要生长茁壮茂盛，都可形容为“鲜美”；而桃花的花期却较短，只有十来天。在同一时间内，芳草尽管鲜美，桃花自可飘落，它们各有各的生长规律。我们决不能说：春天既然绿草如茵，就只能同时繁花似锦，就不容许同时有落花飘零。新解认为“落英”与“芳草”并比，就应解释为“始花”，这种说法显而易见是缺乏根据的。

其实，《桃花源记》“芳草鲜美”句，“草”字原本作“华”，作“草”当是形讹。传世的南宋绍熙三年（公元1192年）曾集刻本、鲁铨刻苏写大字本，均作“芳华鲜美”；再早一些的北宋太平兴国年间编纂的《太平御览》引文也作“芳华鲜美”（见卷九六七《果部四·桃》）；更早的唐初欧阳询《艺文类聚》引文作“芳华芬暖”（见卷八六《果部上·桃》），徐坚《初学记》引文也作“芳华鲜美”（见卷二十八《果木部·桃》）。根据版本学、校勘学的通例来说，本作“芳华”，当为近真；今作“芳草”，却是传误。再从陶《记》文义来说，也以作“芳华”为胜。试看：“忽逢桃花林，夹岸数百步，中无杂树，芳华鲜美，落英缤纷。”这一节，句句写桃花，远近外内，层次分明，富有立体感。第一句说渔人无意中遇上了成片成林的桃树，第二句讲桃花林的位置、规模和范围，第三句说满眼所见全是桃花，第四句讲盛开的桃花鲜艳美丽，第五句说飘落的桃花翻飞缤纷。这五句一气呵成，层层推进，不可能也不必要中间插叙“芳草”。既已说“中无杂树”，更何论“芳草”？一般说来，树林中间由于树冠遮住了阳光雨露，树下也长不出什么“鲜美”的“芳草”。这就是说，今本作“芳草鲜美”，既不符合陶《记》文义，也违背了事实情理。我们求证了“芳草”是“芳华”之形讹，那末，那种认为“落英”与“芳草”并比就应释为“始花”的解释，也就很难站得住脚了。

解释词义，必须注意词义的普遍性，真正做到“揆之本文而协，验之他卷而通”（王引之《经传释词序》语）；否则，那种解释就得重新考虑了。“落英”一词究竟作何解，最好的办法是让语言实际本身来回答。试看下面例句：

（1）司马相如《上林赋》：“垂条扶疏，落英幡纚。”李善注引张揖曰：“幡纚，飞扬貌也。”（《文选》卷八）

（2）左思《蜀都赋》：“敷蕊葳蕤，落英飘飖。”（《文选》卷四）

（3）潘岳《河阳县作二首》之一：“落英陨林趾，飞茎秀陵乔。”（《文选》卷二五)按:"落英"与"飞茎"对文。

(4) 潘岳《皇女诔》:"落英雕兮,从风飘扬。"(《骈体文钞》卷五)

(5) 嵇含《菊花铭》:"煌煌丹菊,翠叶紫茎。诜诜仙神,徒餐落英。"(《艺文类聚》卷八一《药香草部上·菊》引)

(6) 谢灵运《初去郡》诗:"憩石挹飞泉,攀林搴落英。"(《文选》卷二六)按:"落英"与"飞泉"对文。

(7) 谢几卿《答湘东王书》:"漾桂棹于清池,席落英于曾岨。"(《梁书》卷五十《文学列传下》)

(8) 苏颋《和杜主簿春日有所思》诗:"摇荡吹花风,落英纷已积。"(《全唐诗》卷七三)

(9) 武元衡《和李丞题李将军林园》诗:"落英飘蕊雪纷纷,啼鸟如悲霍将军。"(《全唐诗》卷三一七)

(10) 武元衡《唐昌观玉蕊花》诗:"日暮落英铺地雪,献花应过九天人。"(《全唐诗》卷三一七)

前人说过:"例不十,法不立。"又说过:"例过十,法当立。"通过对上引例句的排比分析,"落英"一词的解释,是"始花"还是"落花",相信读者会作出准确判断的。

(原载《中国语文通讯》1983年第2期)

“勤”字产生“努力、用功”义的时代

王力先生在《汉语史稿》下册560页谈到“勤”字时说：“‘勤’字在上古不是‘努力’或‘用功’的意思，而是‘劳苦’、‘辛苦’的意思。《说文》：‘勤，劳也’。这是它的本义。”“但是，‘劳苦’的意义是很容易转化为‘努力’或‘用功’的意义的，因为世界上没有任何努力工作的人是不劳苦的。韩愈《进学解》说：‘业精于勤荒于嬉’，可见就在唐代，除了沿用旧义以外，也已经产生新的意义了。”

其实，“勤”字的新义“努力”“用功”的意思，早在上古就已出现了。下面试举例说明：

(1) 教而不诛，则奸民不惩；诛而不赏，则勤厉（“厉”原作“属”，据王念孙校改）之民不劝。（《荀子·富国》）

(2) 古者土无肥硗，人无勤惰，古人何得，而今人何失邪？（《尉缭子·治本》）

例(1)“勤厉之民”与“奸民”对举，据劝善惩恶、赏勤罚惰的通例，“勤”字可释为“努力”。例(2)“勤”与“惰”反义对举，“勤”字的“努力”“用功”义十分显豁。关于《尉缭子》成书年代，据山东临沂银雀山汉墓出土与今本《尉缭子》基本相合的残简，可证此书至迟在西汉前期就已流传；据《汉书·艺文志》著录，此书当是先秦古籍。由此，我们可以说，“勤”字“努力”或“用功”的意思，早在先秦已开始产生。至汉魏时，已不乏用例：

(3) 亦宜懃(即"勤")恁旅力，以充厥道。(班固《典引》,《文选》卷四十八)

(4) 尔乃潜隐衡门，收朋勤诲，童蒙赖焉，用祛其蔽。(蔡邕《郭有道碑文》,《文选》卷五十八)

(5) 能使蒙惑开析，伪戾优顺，逸惰勤信。(蔡邕《太傅胡公碑》,《蔡中郎集》卷四，据乔氏本)

(6) 自今已后，诸有忠虑于国，但勤攻吾之阙，则事可定，贼可死，功可跻足而待矣。(诸葛亮《劝将士勤政己阙教》,《诸葛亮集》卷二)

(7) 愿宽慰都护，勤追前阙。(诸葛亮《与李丰教》,《诸葛亮集》卷二)

(8) 又勤诲善诱，聚徒三千。(嵇康《答难养生论》,《嵇中散集》卷四)

在晋初陈寿《三国志》一书中，"勤"字新义的用例就更多：

(9) 边境肃清，百姓布野，勤劝农桑，令行禁止。(《魏书·梁习传》)

(10) 时都畿树木成林，昶斫开荒莱，勤劝百姓，垦田特多。(《魏书·王昶传》)

(11) 是以眷眷，勤求俊杰，将与戮力，共定海内。(《吴书·吴主传》)

(12) 昔卫武公年过志壮，勤求辅弼，每独叹责。(同上)

(13) 又原(贾原)在职不勤，当事不堪，温数对以丑色，弹以急声。(《吴书·张温传》)

(14) 君侯宜勤览经典以自新益，用此何为?(《吴书·陆逊传》)

(15) 为傅尽忠，动辄规谏；事上勤，与人恭。(《吴书·是仪传》)

晋宋以下,“勤”字新义用例甚夥,无须征引。

这里还须提出来附带讨论的是:“勤”字由“努力、用功”的意义,再引申出“多次、经常”的意义。一个人努力地或用功地从事于某项工作,表现在频率上必然是多次、经常。这里试举《三国志》及裴注数例,以见一斑。

(16) 夫人性矜严,明于教训,会虽童稚,勤见教诲。(《魏书·钟会传》裴注引《钟会母传》)

(17) 若荆楚平和,王泽南至,足下忽有命于子云(张子云),勤见保属,会得假途由荆州出。(《蜀书·许靖传》)

(18) 昔初交州平(崔州平),屡闻得失,后交元直(徐庶字元直),勤见启诲。(《蜀书·董和传》)

(19) (李平)自度奸露,嫌心遂生,闻军临至,西向托疾还沮、漳,军临至沮,复还江阳,平参军狐忠勤谏乃止。(《蜀书·李严传》裴注引诸葛亮《公文上尚书》)

(20) 靖(王靖)勤自陈释,而终不解。(《吴书·周鲂传》)

例(18)“勤”与“屡”在文中对文同义。

“勤”训“屡”,也就是现代汉语的“多次、经常”的意思,这在今天口语中习用常见。现代汉语“勤”字的这一义项,已为《新华字典》、《现代汉语词典》、新《辞海》所收列。但是,古汉语“勤”字的这一义项,那些专释或兼释古汉语语词的辞书,例如《康熙字典》、《中华大字典》、《辞源》、《辞海》、《国语辞典》、日本《大汉和辞典》、台湾省编《中文大辞典》、新《辞源》、《古汉语常用字字典》,以及《助字辨略》、《经传释词》、《词诠》、《古书虚字集释》等书,均未收列,被忽略了。

(原载《中国语文通讯》1984年第1期)

《左传》记言省“曰”字三例质疑

——与章秋农先生商榷

章秋农先生《古书记言标点易误举例》一文(载《中国语文》1979 年 3 期),用大量实例,分析说明古书记言标点致误之由,给人启迪甚多,读后获益匪浅。但是,也觉得文中有些举例,似乎并不允当。今就其中所举《左传》记言省“曰”字三例,提出来请教于章秋农先生。

这三例,都在章文第二部分。其中二例在“省‘曰’字,而句中又无其他表言之动词”节,即《左传·昭公三年》一例、《左传·成公二年》一例;另一例在“记一人之言,中间夹入叙述句,下省‘曰’字”节,即《左传·僖公三十三年》例,也是该节唯一的例句。

《左传·昭公三年》例,王念孙已有校正。王引之《经义述闻·春秋左传》“且谚曰”条说:“‘则使宅人反之,且谚曰:非宅是卜,唯邻是卜。二三子先卜邻矣。违卜不祥。’家大人曰:‘且谚曰’本作‘曰谚曰’。晏子既使宅人反其故室矣,因谓宅人曰:‘谚曰:非宅是卜,唯邻是卜。’云云。上‘曰’字仍是记事之词,自‘谚曰’以下,方是晏子语。若作‘且谚曰’,则与上文不相承矣。自唐石经上‘曰’字误作‘且’,而各本皆从之。《初学记·居处部》、《太平御览·州郡部三》,引此并作‘曰谚曰’。”王念孙根据上下文义、古代书面语的行文通例以及寄生材料,校定“且谚曰”当作“曰谚曰”。当时虽无旧本可供对勘,但王说持之有故,言之成理。因此,我们在确定晏子这段话前是否省“曰”字,就必须慎重考虑,不宜轻下断语。俞樾《古书疑义举例·叙论并行例》说:“如昭三年《传》:‘则使宅人反之。且谚曰:非宅是卜,唯邻是卜。二三子先卜邻矣。’按,‘则使宅人反之’,左氏记事之词;‘且谚曰’以下,晏子之语。中间无‘曰’

字，即其例矣。"由于当时无旧本对证，俞氏为牵就己说，竟无视王氏之校语。而日本金泽文库所藏中国隋唐旧抄本《春秋经传集解》，"且"字正作"曰"字（见日本竹添光鸿《左传会笺》，此书于1904年始传入中国，俞氏著《古书疑义举例》书时尚未得见），与《初学记》卷24、《太平御览》卷157所引《左传》同，足证俞说之非，王说之是。章文说："'且谚曰'云云，晏子语也，所以申述不受新宅之故，而上省'曰'字。"正是承袭俞氏旧说而误。这一段文字，据金泽文库本，标点似当作：

及晏子如晋，公更其宅，反则成矣。既拜，乃毁之，而为里室，皆如其旧，则使宅人反之，曰："谚曰：'非宅是卜，唯邻是卜。'二三子先卜邻矣。违卜不详。君子不犯非礼，小人不犯不祥，古之制也，吾敢违诸乎？"卒复其旧宅。

章文引述这一段文字时，漏引"而为里室，皆如其旧，则使宅人反之"三句；"二三子先卜邻矣"句，"先"字误作"已"；"君子不犯非礼"句，夺"子"字，致使"君子"误作"君"，当是失检。韩席筹《左传分国集注》、王伯祥《春秋左传读本》、上海人民出版社1977年标点本《春秋左传集解》，均以为这句省"曰"字，而将"且谚曰"作为晏子语，置入引号内，承旧本而误。

《左传·成公二年》例，章文标点为：

齐侯使宾媚人赂以纪甗玉磬与地，"不可，则听客之所为。"宾媚人致赂，晋人不可，曰："必以萧同叔子为质，而使齐之封内尽东其亩。"

章文说："今按，'不可，听客之所为。'齐侯叮嘱使者宾媚人语也（犹云"不许可的话，就随他的便！"）观下文犹有'晋人不可'可知。"笔者认为，"赂以纪甗玉磬与地，不可，则听客之所为"，这三个小句，都是齐侯派遣使者宾媚人时所指示的内容，文义紧接，语脉相连。如果把"不可，则听客之所为”同上句割裂开来，看作齐侯叮嘱使者宾媚人之语，那末上下文义就不相紧接，也割断了语脉。具有启发性的是，本例中有两个“不可”，前后呼应；下文“晋人不可”之“不可”，并非记言，而是作者记事之文，则上文“不可”亦非记言明矣。究其实，这是作者把齐侯派遣使者宾媚人及其当时指示的内容，作为一个完整的事件记录下来，因此，“齐侯使宾媚人赂以纪甗玉磬与地，不可，则听客之所为”，这都是作者记事之词。作者记述齐侯指示的内容，并不一定就是记录齐侯原话，例如“赂以纪甗玉磬与地”一小句，这无疑是齐侯所指示内容的重要部分，然而，自古及今学人都不把它看作是齐侯之语，章文亦作如是观，可证。再从《左传》全书通例看，笔者检读今本《左传》，发现书中记一人之言有三种文例：一是记言句中单用“曰”字；二是句中既有表言之动词（如谓、语、言、告、问、诘、答、对、诉、谏、誓、呼，等等），又复用“曰”字；三是句中有表言之动词“谓”“问”字而省“曰”字（用“谓”字有十余例，用“问”字仅二例）。前二种文例，全书中例句比比皆是；后一种文例，全书中大约还不到二十句。《左传·成公二年》例，其中动词“使”，并不是表言之动词，若是记言则不当省“曰”字；再说，记言省“曰”字也只限于用表言之动词“谓”字、“问”字句；因此，认为“不可，则听客之所为”是齐侯语而上省“曰”字，就不合《左传》全书记言之通例。

《左传·僖公三十三年》例，王念孙有精审的校正。由于立论不同，文章对王氏校语只作节引。为了说明问题，今把王氏校语全文引录如下。王引之《经义述闻·春秋左传》“不替孟明孤之过也”条说：“‘不替孟明，孤之过也，大夫何罪，且吾不以一眚掩大德。’家大人曰：‘不替孟明’下有‘曰’字，而今本脱之。‘不替孟明’四字及‘曰’字，皆左氏记事之词。自‘孤之过也’以下，方是穆公语。上文穆公‘乡师而哭’，既罪己而不罪人矣，于是不废孟明而复用之，且谓之曰：‘孤之过也，大夫何罪’，云云。‘大夫’二字，专指孟明而言，与上文统言‘二三子’者不同。若如今本作‘不替孟明，孤之过也’，则‘不替孟明’亦是穆公语；穆公既以‘不替孟明’为己过，则孟明不可复用矣，下文何以言‘大夫何罪’，又言‘不以一眚掩大德’乎？然则‘不替孟明曰’五字，乃记者之词；而‘大夫何罪’云云，则穆公自言其所以‘不替孟明’之故也。自唐石经始脱‘曰’字，而各本遂沿其误。《秦誓》正义引此无‘曰’字，亦后人依误本《左传》删之。《文选·西征赋》注云：‘《左氏传》曰：秦伯不废孟明，曰：孤之罪也。’（此引《传》文改“替”为“废”，取其易晓；而“过”字作“罪”，则涉上文“孤之罪也”而误。）《白帖》五十九出‘一眚’二字而释之云：‘孟明败秦师，秦伯不替，曰：吾不以一眚掩大德。’二书所引文虽小异，而皆有‘曰’字，足证今本之误。”王念孙根据上下文义和古代书面语行文通例，在“孤之过也”前校补“曰”字，当时虽无旧本对勘，但证之古时记言习惯以及后世寄生材料，其说有理，可信。因此，我们在确定其夹入之叙述句“不替孟明”下是否省“曰”字，就必须慎重考虑，不宜轻下断语。俞樾初不从王说，在《古书疑义举例·叙论并行例》中说：“今按，王氏解‘不替孟明’句，是也；谓今本脱‘曰’字，非也。自唐石经以来，各本皆无‘曰’字，未可以意增加，盖古人自有叙论并行之例，前后皆穆公语，中间着此‘不替孟明’四字，并未间以他人之言，‘孤违蹇叔’与‘孤之罪也’，语出一口，读之自明，原不必加‘曰’字也。”俞樾只因写书时尚无资料可直接证明王说，故敢于下如此断语。后来得知日本金泽文库所藏隋唐旧抄本《春秋经传集解》，“孤之过也”上确有“曰”字（见竹添光鸿《左传会笺》），遂改从王说。光绪三十一年（公元 1905 年）十一月，俞氏与日本岛田翰在苏州笔谈云：“旧抄本在僖三十三年《传》加一‘曰’字，足证开成石经之误夺。”（事详俞樾《左传会笺序》及岛田翰《古文旧书考》所附《访余录·春在堂笔谈》，俞氏后说即见岛田书）。又，敦煌六朝人写本《春秋经传集解》残卷，“孤之过也”前亦有“曰”字（见王重民《敦煌古籍叙录·春秋经传集解》），足证王念孙之校补甚确。章秋农先生在《举例》文中，申俞氏前说以驳王说，认为：“俞说（笔者按，指《古书疑义举例》之说）是也，其关键在夹入之叙述句下省‘曰’字。古书中颇有此例。”笔者认为，俞氏《古书疑义举例·叙论并行例》所举数例，均属勉强，如《左传·昭公三年》例，实属误举（详见上文）。章秋农先生不引俞氏已作修正的后说，而仍因循俞氏已经放弃的前说，那就只能得出错误的结论。由于今本《左传》误夺“曰”字，韩席筹《左传分国集注》、王伯祥《春秋左传读本》、瞿蜕园《左传选译》、北京大学中文系编选《先秦文学史参考资料》、中国人民大学语文系选注《历代文选》、上海人民出版社 1977 年标点本《春秋左传集解》，均将“不替孟明”句放在引号内，当作秦穆公语，酿成谬误。

（原载《中国语文》1984 年第 3 期）

“固”字本义考

——兼释“固塞”一词

近年新出版的几部辞书，“固”字释文的第一义项是：

［固］① 坚，坚牢。《荀子·王霸》：“兵劲城固。”（新版《辞海》）

［固］㊀ 坚固。《论语·季氏》：“今夫颛臾固而近于费。”《战国策·秦一》：“大王之国，……东有肴函之固。”《注》：“固，牢坚，难攻易守也。”也泛指物体坚固。（新版《辞源》）

［固］① 坚固。特指地形险要和城郭坚固。《荀子·王制》：“兵劲城固。”（劲：强。）《史记·陈涉世家》：“地形险阻，所以为固也。”（《古汉语常用字字典》）

根据辞书编纂的通例，词条的第一义项，也就是这个词的本义（或最早的意义），这是确定无疑的。特别是那些单字，更是如此。那末，上举三例是否就是“固”字的本义（或最早的意义）呢？答曰：否。

我们凭什么来确定词（字）的本义呢？主要是凭字形。由于汉字本身的特点，分析字形，能说明字的本义，从而有助于了解词的本义。许慎《说文》，就是专凭字形来说解本字本义的字典。现在虽有了陆续出土的甲骨文、金文，在某些方面可以补充《说文》之不足，订正许氏之失误；但从总的方面来说，我们确定一个词的本义，仍当依《说文》说解为据。从辞书编纂的实践来看，这确是行之有效的一条方便之路。

现在，我们就依《说文》为据来考索“固”字的本义。

《说文》六下口部:“固,四塞也。从口,古声。”段玉裁注:“四塞者,无罅漏之谓。《周礼·夏官》‘掌固’注云:‘固,国所依阻者也。国曰固,野曰险。’按凡坚牢曰固。”

段玉裁把“固”字作为形容词来解释,但是所引书证《周礼·夏官》及其郑玄注中的“固”字,则都是名词。“掌固”,“固”字作动词“掌”的宾语,当是名词。“固,国所依阻者也”,“所依阻者”是一名词性词组,表示所依阻的事物;那末,被解释的“固”字,就是指国家所依阻的事物,“固”是名词无疑。段注的释义与书证不合,可见段玉裁已不明许慎的说解,确定不了“固”字的词性,也就不明了“固”字的本义。

朱骏声《说文通训定声》豫部:“固,四塞也。从口,古声。《周礼》‘掌固’注:‘国所依阻者也。国曰固,野曰险。’《大司马》:‘负固不服。’《秦策》:‘东有肴函之固。’注:‘牢坚,难攻易守也。’《论语》:‘固而近于费。’《左昭十传》:‘齐公子固,字子城。’”

朱氏承袭许慎说解。上引书证,除《论语》例的“固”字为形容词外,其余的四例都是名词(《战国策·秦策一》高诱注,误释“固”为形容词,不可从)。朱骏声比段玉裁懂得词性倾向于把“固”字作名词看,但书证中仍间有作形容词的“固”字,可见他对“固”字的词性也定不下来,对“固”字的本义也还没有真正理解。

徐锴《说文系传》卷十二:“固,四塞也。从口,古声。臣锴曰:《周礼》曰:‘负固不服。’守天下之要塞也。《淮南子》谓九州之险为九州之塞:大汾也,黾阨也,荆阮也,方城也,殽阪也,井陉也,令疵也,句注也,居庸也。”

徐锴是五代南唐人,与其兄徐铉同治《说文》,人称小徐。小徐的解释有独到之处。他用“守天下之要塞也”一句,来解释“负固不服”中的“负固”一语，这样不仅解释了被解释词“固”字，同时也解释了《说文》说解语中“四塞”的“塞”字。“固”、“塞”同义，就是要塞。小徐在解释中，引用了《淮南子》，但并不是引述原文。《淮南子·墬形训》原文是：“何谓九塞？曰太汾、渑阨、荆阮、方城、殽阪、井陉、令疵、句注、居庸。”而小徐引述时，用自己的语言解作“《淮南子》谓九州之险为九州之塞”，这样就巧妙地解释了“九塞”，当然也就等于解释了“四塞”。“九塞”“四塞”，也就是上面已说的“天下之要塞”。小徐在解释中，始终把“固”字作名词看待，能够明辨词性，从而确定本义。我们从小徐的解释中，可以很自然地推论出，“四塞”就是四方的要塞，或四面的要塞。

正确理解《说文》“固，四塞也”说解语中“四塞”的含义，是确定“固”字本义的关键。段玉裁曲解“四塞”为“无罅漏”之义，当然就不明“固”字本义。小徐对“固”字心知其意，能正确地理解“四塞”的含义，从而求得“固”字本义。古代文献中，有关“四塞”的资料不算少，下面选引几条，以帮助理解：

> 《战国策·齐策一》：“齐南有泰山，东有琅邪，西有清河，北有渤海，此所谓四塞之国也。”鲍彪注：“言四方皆有险固。”
>
> 《战国策·齐策三》：“今秦四塞之国，譬若虎口，而君入之，则臣不知君所出矣。”高诱注：“四面有山关之固，故曰四塞之国也。”
>
> 贾谊《过秦论》：“秦地被山带河以为固，四塞之国也。”
>
> 《史记·项羽本纪》：“关中阻山河，四塞，地肥饶，可都以霸。”裴骃《集解》引徐广曰：“东函谷，南武关，西散关，北萧关。”
>
> 《史记·苏秦列传》：“秦四塞之国，被山带渭，东有关河，西有汉中，南有巴蜀，北有代马，此天府也。”张守节《正义》：“东有黄河，有函谷、蒲津、龙门、合河等关；南山及武关、峣关；西有大陇山及陇山关、大震、乌兰等关；北有黄河南塞。是四塞之国，被山带渭以为界。”

从上述五例中可以明显看出，所谓“四塞”，就是指四方的要塞。这些要塞,有的是指山河一类的天然屏障,有的是指关阨一类的人为工事。

在古代文献中,“固”字常与塞、险、阻、隘等字或对文,或连文。我们根据训诂学“对文同义”、“连文同义”的原则,可以探求“固”字的本义。例如:

《战国策·赵策二》:“踰九限之固,绝五径之险。”

又《燕策一》:“吾闻齐有清浊之河,可以为固;有长城巨防,足以为塞。”

又《韩策一》:“韩北有巩洛成皋之固,西有宜阳常坂之塞。”

《史记·太史公自序》:“据河为塞,因山为固。”

刘向《战国策序》:“有设之强,负阻而恃固。”

《周礼·夏官》“掌固”郑玄注:“固,国所依阻者也。国曰固,野曰险。《易》曰‘王公设险以守其国’。”贾公彦疏:“……《易》云‘王公设险’,险即此固。以其言王公设之,非是在野自然之险者也。是对文则险、固异,散文则险、固通名也。”

上述例句中,“固”字分别与塞、险、阻对文同义。

《荀子·议兵》:“汝颍以为险,江汉以为池,限之以邓林,缘之以方城,然而秦师至而鄢郢举,若振槁然,是岂无固塞隘阻也哉?其所以统之者非其道故也。”

“固”字与塞、隘、阻连文同义。

《史记·礼书》:“秦师至鄢郢,举若振槁。是岂无固塞险阻哉?其所以统之者非其道故也。”

“固”字与塞、险、阻连文同义。这就证明,“固”字的词性是名词,本义是指城塞、堡垒一类的防御工事。

古人的名与字,在词义上往往相应。我们从有关古人的名字,也可探求"固"字本义。

> 王引之《春秋名字解诂》卷下:"齐公子固,字子城。(昭八年《左传》注。八年《传》作'子成',假借字也,十年《传》正作'子城'。)《夏官》:'掌固,掌修城郭沟池树渠之固。'襄十年《左传》:'城小而固。'是其义也。"(《经义述闻》卷二十三)

齐公子固,字子城,则"固"与"城"同义。王氏所引《周礼·夏官》文,其中两"固"字都是名词,要塞义。而又引《左传》襄公十年文,其中"固"字是形容词,坚牢义。王氏引文目的,仅在于把"固"与"城"联系起来,未能精确辨别词性。后一引例不贴切,是其失误。"固"为要塞,"城"为城堡,作为防御工事来说,它们发挥着相同的作用。《诗·周南·兔罝》:"赳赳武夫,公侯干城。"郑玄笺:"干也,城也,皆以御难也。"这与《周礼·夏官》"掌固"郑玄注:"固,国所依阻者也。"解释是相同的。这就证明,"固"与"城"同义,本义就是指赖以防御的工事设施。

在古书注释中,前人对"固"字已有明确解释,只是辞书编写者未能认真采摭罢了。例如:

> 《文选·贾谊〈过秦论〉》:"秦孝公据崤函之固,拥雍州之地。"李善注引韦昭曰:"崤,谓二崤;函,函谷关也。"吕延济注:"崤山,秦塞也;函谷,关名。"

韦昭、吕延济注释了"崤函之固"的"崤函",也就间接解释了"固"字。"固"就是指要塞、关阨。

> 《资治通鉴·晋孝武帝太元十三年》:"燕青州刺史陈留王绍为平原太守辟闾温所逼,退屯黄巾固。"胡三省注:"汉末黄巾保聚于其地,因以为名。齐人谓垒堡为固。"

胡三省注最直截明了，指出“固”字本义就是堡垒。这是一条十分可贵的训诂资料。

“固”字的本义，即要塞、堡垒，在山东一带的方言中一直使用着，现在仍然保留在代代相传的古老的地名中。这也进一步证明，胡三省注“齐人谓垒堡为固”，是确有根据的。山东一带多用“堌”、“崮”字来称土堡、土丘、堤岸、山头。例如：

李白《送族弟凝至晏堌（单父三十里）》：“鸣鸡发晏堌，别雁惊涞沟。”

《新唐书·宰相世系表一上》：“曹州南华刘氏，出自汉楚元王交之后，自彭城避地徙南华，筑堌以居，世号刘堌。”

这是指土堡。

顾炎武《山东考古录·考武城》：“夫曹县之冉堌，为秦相穰侯魏冉之冢，而今人以为仲弓。”

这是指土丘。

《现代汉语词典》：“[堌]gù 堤。多用于地名：青堌集（在山东）龙堌（在江苏）。”正兴按：龙堌在今江苏沛县，接近山东。

这是指堤岸。

《现代汉语词典》：“[崮]gù 四周陡峭，顶上较平的山。多用于地名，如孟良崮、抱犊崮（都在山东）。”

这是指山头。

把土堡、土丘、堤岸、山头称作“堌”、“崮”，这是因为土丘、堤岸、山头,都是天然的屏障,它们与土堡一样,都发挥着要塞的防御作用。这与"齐有清浊之河,可以为固"(《战国策·燕策一》)、"韩北有巩洛成皋之固"(《韩策一》)、"据河为塞,因山为固"(《太史公自序》)中的"固"字,在意义上是一脉相承的。"堌"、"崮"都是"固"的后起字。从地名"堌"、"崮"的含义中,我们正可以从此探求"固"字的本义。

从"固"字词义发展变化的过程来看,本义是"要塞"、"堡垒",为名词;由于堡垒、要塞牢坚而易守难攻,引申出"坚固"义,并发展为泛称一切物体的坚固,为形容词;又引申出"固执"、"闭塞"等义,为形容词;由形容词"固"的使动用法,产生出"巩固"、"坚守"义,为动词。这样,"固"字的实词词义,演化脉络就比较清楚了。下面试写"固"字的第一义项,供同志们讨论。

[固](注音略)① 堡垒,要塞。《周礼·夏官》:"掌固。"郑玄注:"固,国所依阻者也。国曰固,野曰险。"《战国策·燕策一》:"吾闻齐有清浊之河,可以为固;有长城巨防,足以为塞。"《史记·太史公自序》:"据河为塞,因山为固。"《资治通鉴·晋孝武帝太元十三年》:"燕青州刺史陈留王绍为平原太守辟闾温所逼,退屯黄巾固。"胡三省注:"汉末黄巾保聚于其地,因以为名。齐人谓垒堡为固。"《水浒传》第九九回:"张雄等今被大兵围困,负固不服。"

由于昧于"固"字本义,因此有些辞书在处理"固"字的复词条目"固塞"时,也就随之产生谬误。例如:

[固塞]坚固之堡垒也。《史记·礼书》:"固塞不树,机变不张。"《荀子·强国》:"其固塞险,形势便,山林川谷美,天材之利多,是形胜也。"(《中文大辞典》)

[固塞]坚固的要塞。《荀子·议兵》:"然而秦师至而鄢郢举,若振槁然,是岂无固塞隘阻也哉?"(新版《辞源》)

我们认为,上引二部辞书“固塞”的释文,均义例不合,从所引书证中并不能提炼出“坚固的要塞”这一义项。

“固塞”一词,在《荀子》书中屡见。《荀子·议兵》:“城郭不辨,沟池不扣,固塞不树,机变不张。”杨倞注:“固塞,谓使边境险固,若今之边城也。树,立也。塞,先代反。机变,谓器械变动攻敌也。”杨注把“固塞”看作为偏正式合成词,解释为“谓使边境险固”,误。其实,这里的“固”字用本义,与“塞”并列,“固塞”是联合式的合成词,义即堡垒要塞。杨注释为“若今之边城也”,训释比较接近。王先谦《荀子集解》云:“案《说文》:‘固,四塞也。’《周礼》‘掌固’注:‘固,国所依阻者也。国曰固,野曰险。’此篇‘固塞’与‘机变’对文,上与‘隘阻’对文。《强国篇》:‘固塞险,形势便。’‘固塞’与‘形势’对文,皆二字并列,与《富国篇》云‘其塞固’者不同,杨注未了。‘机变’二字并列,注云‘器械变动’,亦未安。”王先谦对杨注的批评是正确的。“固塞”二字并列,是个联合式的合成词。《荀子·富国》:“其固塞险,形势便,山林川谷美,天材之利多,是形胜也。”这里“固塞”与“形势”对文,皆二字并列,是联合式合成词。王先谦所说“上与‘隘阻’对文”,是指《荀子·议兵》:“然而秦师至而鄢郢举,若振槁然,是岂无固塞隘阻也哉?”我们把“固塞隘阻”看作四字连文同义(详见上文);王先谦认为“固塞”二字并列,“隘阻”二字并列,“固塞”与“隘阻”为句内对文。这里所用的训释方法与术语稍有不同,但殊途同归,所得结论是一致的。总之,“固塞”不是偏正式合成词,而是联合式合成词;不是指“坚固的要塞”,而是指堡垒、要塞。

上引二部辞书的“固塞”条书证中,都没有征引《荀子·议兵》“固塞不树”一节,因此就势必忽略了王先谦的案语,无形中舍弃了正确的语文研究成果,也就必然根据杨倞旧注作出望文生义的训释。当然,这与“固”字单字释文中不明本义、误漏本义,应该说也是有着直接关系的。

(原载《词典研究丛刊》第7辑,四川辞书出版社1986年版)

《吴越春秋》词语校释

《吴越春秋》，东汉赵晔著，记载春秋末期吴越两国争霸的历史。此书主要依据《左传》、《国语》、《史记》等历史文献，采入东汉时吴越地区的民间传说和杂歌谣谚，敷演而成。本书旧有元人徐天祜音注，便利阅读。清人俞樾《诸子平议》、近人金其源《读书管见》，均辟专章校释，时有精义。笔者研读是书（据元大德刊本），对其中若干词语，稍事探索，随手札记。今经理董，以就正于大方之家。

折易 卷一《吴太伯传》："姜嫄怪而弃于阨狭之巷，牛马过者折易而避之。"徐天祜音注："折当作辟。"

按：徐氏音注非是。如徐说，"折易"当作"辟易"。"辟易"为叠韵联绵词（上古属入声韵锡部，见王力主编《古代汉语》修订本第二册附录三《上古韵部及常用字归部表》），"辟"与"避"为古今字，"易"字为"辟"字韵之衍声。辟易，义即避开。如作"辟易"，则与同句中"避"字相复。再者，"辟"与"析"，字形不相类，不易致误。愚以为"折"疑当作"析"，字形相似而误。"析易"为叠韵联绵词（上古属入声韵锡部），义为散开貌，作为句中动词"避"的状语。

祖卒 "太伯祖卒，葬于梅里平墟。"

按："祖"当作"殂"，字形相似而误。《尔雅·释诂》，"崩、薨、无禄、卒、殂、落、殪，死也。"《说文》歺部："殂，往死也。从歺，且声。《虞书》曰：'勋乃殂。'"王筠句读："殂之言徂也。徂，往也。此谓不忍死其君者，讳而言殂也。"《书·舜典》"帝乃殂落。"伪孔传："殂落，死也。"本书卷四《阖闾内传》："女思不止，病日益甚，乃至殂落。"卷十《勾践伐吴外传》:"三军一飞降兮,所向皆殂。"可见,"殂卒"连文同义,古人自有复语耳。《学津讨原》本《吴地记》正作:"[泰伯]殂卒,葬梅里。"可证。

伺祭 卷二《吴王寿梦传》:"庆封数为吴伺祭,故晋楚伐之也。"徐天祜音注:"祭当作察。"

按:祭有察义,不烦改字。从声音上说,祭《广韵》去声祭部"子例切",古属精母月部;察《广韵》入声黠部"初八切",古属初母月部。祭察同韵,精初准双声,例得通用。《艺文类聚》卷三八《礼部上·祭祀》引《尚书大传》:"祭之为言察也。"《春秋繁露·祭义》:"祭者,察也,以善逮鬼神之谓也。善乃逮不可闻见者,故谓之察。"《说文》宀部:"察,覆也。从宀,祭声。"徐铉曰:"祭祀必天质明。明,察也。故从祭。"段玉裁注:"从祭为声,亦取祭必详察之意。"《广韵》去声祭韵:"祭,察也。"究其实,察为祭之孳乳字,故祭有察义。伺祭即伺察。以祭为察,正可证《吴越春秋》书中犹存古字古义,诚可贵也。

其前名 卷三《王僚使公子光传》:"员父奢,兄尚。其前名曰伍举,以直谏事楚庄王。"徐天祜音注:"'前名'当作'前人'。举即奢之父,员之祖。"

按:俞樾《诸子平议》驳徐氏音注云:"徐注曰'前名'当作'前人',徐以'前名'二字连读,误也。'其前',犹云'其先',言伍员之先世名日伍举也。下文'胥乃解百金之剑以与渔者:此吾前君之剑也',又专诸及公子光称'前王馀昧'、'前君寿梦',是此书'前'字皆作'先'字用。"俞氏所谓"'其前'犹云'其先'",是据《史记·伍子胥列传》"其先曰伍举,以直谏事楚庄王"立说。然检读《吴越春秋》全书,中称"前君"者四、"前王"者十三、"先王"者二、"前人"者十一,未有单称"前"为先世者。愚以为徐氏音注以"前名"二字连读固非,俞氏所释亦不确切。一书自有一书之词例。按之《吴越春秋》全书词例,疑此句"前"字后脱落一"人"字,当作"其前人名曰伍举"。

虫镂 "不闻以土木之崇高、虫镂之刻画、金石之清音、丝竹之凄唳以之为美。"

按:"虫镂"同"彤镂"。虫彤通用。《国语·楚语上》:"不闻其以土木之崇高、彤镂为美。”韦昭注：“彤谓丹楹，镂为刻桷。”虫镂即雕饰义。汉贾谊《新书·礼容语下》：“夫宫室不崇，器无虫镂，俭也。”详见王引之《经义述闻》卷十九《春秋左传下》“彤镂”条。

朝常 “前庄王为抱居之台，高不过望国氛，大不过容宴豆，木不妨守备，用不烦官府，民不败事务，官不易朝常。”

按：“朝常”一词，《中文大辞典》释为“朝廷之常规也”，新《辞源》释为“朝廷的常务”；书证均用《国语·楚语上》例句，文字与《吴越春秋》基本相同。上引辞书释义可商。常，当训法典，例《国语，越语下》：“无忘国常。”韦昭注：“常，旧法。”《汉书·百官公卿表上》：“奉常，秦官，掌宗庙礼仪，有丞。景帝中六年更名太常。”颜师古注引应劭曰，“常，典也。”《文选·张衡〈东京赋〉》：“布教颁常。”薛综注：“常，旧法也。”“朝常”就是指朝廷（即国家）的典章制度。

驰漪 “渔父欲渡之，适会旁有人窥之，因而歌曰：‘日月昭昭乎侵已驰，与子期乎芦之漪。’”

按：清人黄生《义府》卷下“芦之碕”条云：“按《越绝书》驰作施（音弋移反），下乎作甫，漪作碕。施，日斜也；碕，曲岸也。二字义较确。甫当读夫（音扶）。”今本《越绝书·荆平王内传》作：“日昭昭，侵已施，与子期甫芦之碕。”渔父之歌，当采自吴越民间所传，记者但记声耳，故二书所记，音同字异。然求之字义，当以《越绝书》作“施”作“碕”为宜。

从适 “妾独与母居三十年，自守贞明，不愿从适，何宜馈饭而与丈夫？越之礼义，妾不忍也。”

按：“从适”为同义复语，意谓往嫁。《说文》从部：“从，相听也。”段玉裁注：“听者，聆也。引伸为相许之称。言部曰：‘许，听也。’”《诗·召南·行露》：“虽速我讼，亦不女从。”朱熹注：“言汝虽能致我于讼，然其求为室家之礼有所不足，则我亦终不汝从矣。”从字本义谓听从、相许，引申谓女子许嫁。《仪礼·丧服》：“子嫁反在父室，为父三年。”郑玄注：“凡女行于大夫以上曰嫁，行于士庶人曰适人。”《文选·潘岳〈寡妇赋〉》：“少丧父母，适人而所天又殒。”李善注：“《家语》曰：‘女年十五，有适人之道。’适谓往嫁也。”《玉篇》：“适，女子出嫁也。”《广韵》入声锡韵：

“适,从也。”“从适”同义连文,古人自有复语耳。

从 “专诸乃去,从太湖学炙鱼,三月得其味,安坐待公子命之。”

按:从,在也,于也。卷十《勾践伐吴外传》:“范蠡从吴欲去,恐勾践未还,失人臣之义。”又,“越王既已诛忠臣,霸于关东,从琅玡起观台,周七里,以望东海。”又,“勾践寝疾,将卒,谓太子兴夷曰:‘吾自禹之后,承元常之德,蒙天灵之祐、神祇之福,从穷越之地,籍楚之前锋,以摧吴王之干戈。跨江涉淮,从晋齐之地,功德巍巍。自致于斯,其可不诫乎!’”《越绝书·记地传》:“勾践伐吴,霸关东,从琅玡起观台,台周七里,以望东海。”上引例句中的“从”字,均在句中地名前为介词,义同介词“于”,“在”。查阅古今辞书,尚未见有“从,于也,在也”这一义项,则此条所释似可供新编大型辞书所采择。

白喜 卷四《阖闾内传》:“六月,欲用兵,会楚之白喜来奔。”徐天祜音注:“《史记》作‘伯嚭’,披美切。”

按:吴承仕《论衡校释·逢遇篇》:“伍员、帛喜。原校云:‘宜读作伯嚭字。’梁玉绳《人表考》曰:‘《吴越春秋》作白喜,又作帛否,又作伯喜。’《文选·广绝交论》注云;‘本或作伯喜,或作帛否,或作太宰嚭。字虽不同,其人一也。’承仕案:字应从喜,否声。作喜者,嚭形之残。”吴说甚是。伯,白、帛三字,上古音韵部相同,均属铎韵;伯属帮母,白帛属並母,同属唇音,帮並旁纽双声,例得通用。而喜、嚭二字,上古音韵部虽同属之部,然而声母不同,喜属晓母,嚭属滂母,无由通用。喜字,当是嚭字半边脱落之残字。

占 “于是椒丘䜣投剑而叹曰:‘吾之勇也,人莫敢眥占者,离乃加吾之上,此天下壮士也。’”徐天祜音注:“占,疑当作觇。”

按:占与觇义同。占《广韵》平声盐韵“职盐切”,古属照母谈部;觇《广韵》平声盐韵“丑廉切”,古属透母谈部。占觇同韵,透照准旁纽双声,例得通用。《说文》卜部:“占,视兆问也。”《方言》卷十:“占,视也。”“凡相窃视,南楚谓之闚,或谓之䁖,或谓之貼,或谓之占。”“占犹瞻也。”《易·萃》:“未占有孚。”虞翻注:“占,视也。”《后汉书·胡广传》:“雄(法雄)因大会诸吏,真(法真)于牖间密占察之,乃指广以白雄,遂举孝廉。”

是占字本有视义。《广韵》平声盐韵："占，视也。""觇，窥视也。"二字音义相通，毋烦改字。

不忘 "女怒曰：'王食鱼辱我，不忘久生。'乃自杀。"

按："不忘久生"，文义费解。忘，疑当作忍，字形相似而误。"不忍"一语，在《吴越春秋》书中多次出现，例卷三《王僚使公子光传》："越亏礼义，妾不忍也。"卷七《勾践入臣外传》："寡人心不忍见，而欲赦之。"又，"寡人不忍复闻。"卷九《勾践阴谋外传》："亲戮主以为名，吾不忍也。"卷十《勾践伐吴外传》："惟欲以穷夫差，定汝入我之国，吾心又不忍。"又，"勾践不忍其言，将许之成。"又，"吾欲听子言，不忍对其使者。"皆是也。宋朱长文《吴郡图经续记》卷下《冢墓·女坟湖》："《吴越春秋》以谓吴王小女因王食蒸鱼辱之，不忍久生，乃自杀。"则北宋时的《吴越春秋》本子正作"不忍"，可证。

奸喜 "乐师扈子非荆王信谗佞，杀伍奢、白州犁，而寇不绝于境，至乃掘平王墓戮尸，奸喜以辱楚君臣。"

按："奸喜"义费解。观同卷上文云："即令阖闾妻昭王夫人，伍胥、孙武、白喜亦妻子常、司马成之妻，以辱楚之君臣也。"所述正是同一事，则"奸喜"当作"奸妻"为是，因涉文中"白喜"字而误作"喜"。

助 "二子东奔适吴越，吴王哀痛助忉怛。"

按："助"字的本义是帮助、辅佐，也可指感情活动上的相助。忉怛，悲痛义。这里的"助"字，其引申义为对别人的遭遇表示同情，引起共鸣。例《晏子春秋·外篇重而异者》："至老尚哀死者，怯也；左右助哀者，谀也。"《史记·外戚世家》："于是窦后持之而泣，泣涕交横下。侍御左右皆伏地位，助皇后悲哀。"《南史·王秀之传》："世人以仆妾直灵助哭。"《敦煌变文集·维摩诘经讲经文》："啼树晚莺共助哭，语簷秋燕共添哀。"助字用法相同。

虚死 "妪曰：'吾有女子……自投于濑水。今闻伍君来，不得其偿，自伤虚死，是故悲耳。'"

按：虚，表态副词，空也，徒也。《说文》段注："虚本谓大丘，大则空旷，故引伸之为空虚。"《广雅·释诂》："虚，空也。"例《汉书·匡衡传》：

“臣窃恨国家释乐成之业，而虚为此纷纷也。”《晋书·傅咸传》：“臣虽不能灭身以全礼教，义无靦然，虚忝隆宠。”《颜氏家训·归心》：“人生难得，无虚过也。”白居易《箭镞》诗：“徒沾一点血，虚污箭头腥。”虚、徒对文同义。虚死，即徒然丧生，吴语称为白死、白白地死，意谓死得不合算、不值得。例《文选》卷四一《李陵答苏武书》：“诚以虚死不如立节，灭名不如报德也。”李善注：“《琴操》曰：‘重耳将自杀，子曰：申生虚死，子复随之。’”

治鱼 “子胥归吴，吴王闻三师将至，治鱼为鲙。”

按：治鱼，即剖鱼。例《晏子春秋·内篇谏下二》：“勇士不以众强凌孤独……此譬之犹自治鱼鳖者也，去其腥臊而已。”苏舆注：“治鱼鳖，但去其害味之物，不全弃鱼鳖。”意即剖鱼腹，去内脏，刮鱼鳞。《说文》刀部：“魝，楚人谓治鱼也。从刀，从鱼。读若锲。”胡文英《吴下方言考》卷三：“治，《华山畿》曲：‘三刀治一鱼。’案：治，剖鱼也。吴中谚称剖鱼腹为治鱼。”

处 卷五《夫差内传》：“子贡曰：‘君处故来。’越王勾践再拜稽首曰：‘孤闻祸与福为邻，今大夫之吊，孤之福矣。孤敢不问其说？”徐天祜音注：“‘处’字不通，《越绝》作‘弔君故来’，与下文‘弔’字相应。”

按：似不必依《越绝书·内传陈成恒》改字。朱骏声《说文通训定声》豫部：“鼠[转注]《诗·雨无正》：‘鼠思泣血。’郑笺：‘忧也。’按鼠昼伏夜动，多畏者也。《正月》：‘癙忧以痒。’《尔雅·释诂》：‘病也。’《中山经》：‘脱扈之山有草焉，名曰植楮，可以已癙。’字亦作癙。”又，“处[假借]为癙，实为鼠。《吕览·爱士》：‘阳城胥渠处。’注：‘处，病也。’”鼠、癙《广韵》上声语韵“舒吕切”，古属审母鱼韵；处《广韵》上声语韵“昌与切”，古属穿母鱼韵。鼠癙和处同韵，审穿旁纽双声，例得通借。《尔雅·释诂》：“癙，病也。”释文引舍人云：“癙，心忧惫之病也。”引孙炎云：“癙者，畏之病也。”“君处故来”，意谓您有忧畏之病故来，则与下文“弔”字未尝不应。

陵迟 “今齐陵迟千里之外，更历楚赵之界，齐为疾，其疥耳。”

按：陵迟是联绵词，通常的义训谓山坡缓延貌。而在此，陵迟当训辽阔，辽远貌，才合上下文义。《荀子·宥坐》："三尺之岸，而虚车不能登也；百仞之山，任负车登焉。何则？陵迟故也。"杨倞注："陵迟，言丘陵之势渐慢也。王肃云：陵迟，陂池也。"王先谦《集解》引卢文弨曰："案《淮南子·泰族篇》'山以陵迟故能高'，陵迟犹迤逦陂陀之谓。"《孔子家语·始诛》："百仞之山，重载陟焉，何哉？陵迟故也。"王肃注："陵迟，犹陂池也。"陂池同陂陀。《文选·司马相如〈子虚赋〉》："罢池陂陀，下属江河。"李周翰注："陂陀，宽广貌。"然则陵迟亦可训宽广貌矣。从事理上说，同样高度的山，山坡平缓的比起山坡陡削的来，山坡面积一定宽广，从山顶到山脚的距离也一定更长。因此，陵迟一词，从平缓义可引申出宽广、辽远义。"今齐陵迟千里之外"，是说齐国与吴国相隔着辽阔的江淮平原，齐在辽远的千里之外。

辟易 "员不忍称疾辟易，乃见王之为擒。"

按：《国语·吴语》"员不忍称疾辟易"韦昭注："辟易，狂疾。"韦注实误。辟易，同属上古音锡韵，是叠韵联绵词，义为避退。"辟"与"避"为古今词，"易"为"辟"字韵的衍声。例《史记·项羽本纪》："项王瞋目而叱之，赤泉侯人马俱惊，辟易数里。"张守节《正义》："言人马俱惊，开张易旧处，乃至数里。"《汉书·项籍传》："羽还叱之，喜人马俱惊，辟易数里。"颜师古注："辟易，谓开张而易其本处。"《史记》正义和《汉书》颜注把联绵词"辟易"拆成两个词，当作词组来解释，大谬。《三国志·魏志·华歆传》注引《列异传》："有顷，两吏诣门，便辟易却，相谓曰：'公在此。'"《世说新语·雅量》："虎承间攀栏而吼，其声震地，观者无不辟易颠仆。"辟易分别与却(退却)、颠仆连文，其为避退义明甚。

蹶踬 "不知黄雀盈绿林，徘徊枝阴，蹶踬微进，欲啄螳螂。"

按：明杨慎《俗言》(《丛书集成》第0336号，不分卷)云："按字书及《说文》无'蹶踬'字。《玉篇》有'踙'、'跋'字。踙，细行，两足不相过。跋，急行而轻也。于义亦合，当音聂越。"杨氏所言，足释积滞矣。其中"踙"字当作"踂"，《正字通》云："踙，踂字之讹。"宋本《玉篇》(张氏泽存堂刊本)卷七足部字正作"踂"。

造 "夫差昏秣马食士，服兵被甲，勒马衔枚，出火于造，阇行而进。"

按：造为灶之借字。《周礼·春官·大祝》："掌六祈以同鬼神示，一曰类，二曰造……"郑玄注："故书造作灶，杜子春读灶为造次之造，书亦或为造。"《史记·龟策列传》："卜先以造灼钻。"《集解》引徐广曰："音灶也。"司马贞《索隐》："造音灶。造为烧荆之处。"造《广韵》去声号韵"七到切"，古属清母宵部；灶《广韵》去声号韵"则到切"，古属精母宵部。造灶二字同韵部，清精为旁纽双声，例得通假。《国语·吴语》："吴王昏乃戒，令秣马食士。夜中，乃令服兵擐甲，系马舌，出火灶，陈士卒百人，以为彻行百行。"这一段文字正与《吴越春秋》文大同小异，一作"出火[于]灶"，一作"出火于造"，然则"造"即"灶"，可证。

愁毒 "其意有愁毒之忧，进退轻难，不可与战。"

按：毒非恶毒义。《广雅·释诂》："毒，痛也。"又，"毒，苦也。"又《释言》。"毒，憎也。"例《列子·汤问》："仙圣毒之，诉之于帝。"释文："毒，病也。"《后汉书·袁绍传》："每念灵帝，令人愤毒。"李贤注："毒，恨也。"又《章帝纪》："念其痛毒，怵然动心。"又《寇荣传》："伏于两观，陈诉毒痛。"毒痛连文同义，毒亦痛也。《太平御览》卷三六一引《风俗通》："汝南周霸字翁仲，为太尉掾。妇于乳舍生女，自毒无男。"毒即恨义。本书卷七《勾践入臣外传》："不灭沥血之雠，不绝怀毒之怨。"毒亦恨义。痛、苦、病、恨义相成。愁毒，即愁痛、愁苦，意谓忧愁痛苦。例《后汉书·杨秉传》："上下忿患，四方愁毒。"

中原 "吾前君阖闾不忍其恶，带剑挺铍，与楚昭王相逐于中原。天舍其忠，楚师败绩。"

按：中原，在上古汉语中，义指战场；与地名之中原异义。中原，即原中。上古车战，只有在平原上才能展开，所以中原能指代战场。例《左传》僖公二十三年："晋楚治兵，遇于中原，其辟君三舍。"《国语·吴语》："以与楚昭王毒逐于中原柏举。"韦昭注："中原，原中也。"又《越语下》："夫谋之廊庙，失之中原，其可乎？"银雀山汉墓竹简《孙子兵法·作战》："屈力中原，内虚于家。"《商君书，赏刑》："万乘之国不敢苏其兵中原，千乘之国不敢捍城。"《荀子·王制》："兵革器械者，彼将日日暴露毁折之中原，我今将修饰之、拊循之、掩盖之于府库。”司马相如《喻巴蜀檄》：“是以贤人君子，肝脑涂中原，膏液润野草，而不辞也。”《史记·平津侯主父偃传》：“七国谋为大逆……然不能西攘尺寸之地而身为禽于中原者，此其故何也？”

猖狂 “吴王率群臣遁去，昼驰夜走，三日三夕，达于秦馀杭山。胸中愁忧，目视茫茫，行步猖狂。”

按：猖狂，行步踉跄貌，与通常的狂妄放肆义不同。例《庄子·山木》：“猖狂妄行，乃蹈乎大方。”成玄英疏：“猖狂，无心也。”又《在宥》：“浮游不知所求，猖狂不知所往。”成玄英疏：“无心妄行，无的当也。”又《庚桑楚》：“吾闻至人尸居环堵之室，而百姓猖狂，不知所如往。”《淮南子·俶真训》：“万民猖狂，不知东西。含哺而游，鼓腹而熙。”《春秋繁露·深察名号》：“以陨者言，弗扶将，则颠陷猖狂。”上引例句中，猖狂均与行步有关；而且其中几例，猖狂分别与妄行、不知所往、颠陷等连文，则猖狂的行步踉跄貌词义显豁。“猖”字，《说文》无，为“伥”字俗体。朱骏声《说文通训定声》壮部：“伥，狂也。从人，长声。俗字作猖。按《离骚》‘何桀纣之昌披兮’，以昌为之。[别义]《说文》‘一曰朴也’，未详，疑借为僵仆也。”《说文》人部：“伥，狂也。从人，长声。一曰仆也。”《广韵》去声映韵“萌”字下：“萌伥，失道貌。”仆即颠仆、跌倒，跌倒则失道。“伥，狂也”，则“猖狂”为同义复词，其义为行步踉跄貌。

我戎 “越王使军士集于我戎之功，人一隰土以葬之。

按：“我”字在此不是通常的第一人称代词，而是动词，杀伐义。《说文》戈部：“我，施身自谓也；或说我，顷顿也。从戈从𠂒。𠂒，古文垂字。一曰古文杀字。”王筠句读：“‘一曰’下当有‘我’字，非谓‘𠂒’是古杀字。《泰誓》‘我伐用张，《孟子》引作‘杀’。”王筠认为‘我”是古文杀字，甚有见地。《书·泰誓中》：“我武惟扬，侵于之疆，取彼凶残，我伐用张，于汤有光。”《孟子·滕文公下》：“《太誓》曰：‘我武惟扬，侵于之疆，则取于残，杀伐用张，于汤有光。’”《孟子》引《泰誓》文，以“杀伐”代“我伐”，则杀、我异文同义。“我戎”连文同义。我，杀也；戎，伐也。《书·康诰》：“殪戎殷。”孔传：“杀兵殷。”孔颖达正义：“殪杀也；戎，兵也。用诛杀之道以兵患殷。”《书·大禹谟》:“惟口出好兴戎。”孔传“戎,谓伐恶”则“我戎”同“殪戎”,均为同义复词,杀伐义。以我为杀,正可证赵晔书中犹存古字古义,诚可宝也。

井　卷六《越王无余外传》:“调权衡,平斗斛,造井示民,以为法度。”

按:井,古文借作刑。《初学记》卷七引《风俗通》:“井者,法也,节也,言法制居人,令节其饮食,无穷竭也。”《越绝书·记地传》:“井者,法也。”《一切经音义》卷二十引《易说》:“井为刑法也。”《易·井》释文引郑玄注:“井,法也。”《广雅·释诂》:“井,法也。”王念孙疏证:“井者,《说文》:‘刑,罚罪也。从刀井。《易》曰:井,法也。’‘刱,造法刱业也。从井,刅声。’《越绝书·记地传》:‘井者,法也。’井训为法,故作事有法谓之井井,《荀子·儒效篇》‘井井兮其有理’是也。”以井为刑法义,正可见《吴越春秋》书犹存古文古谊,洵足宝贵也。

系获　卷七《勾践入臣外传》:“今寡人冀得免于军旅之忧,而复反系获敌人之手,身为佣隶,妻为仆妾,往而不返,客死敌国。”徐天祜音注:“获当作於。”

按:获与於二繁体字,无论字形、字音均不近似,致误之可能性均无。“系获”为一词,意谓俘获、俘虏。例《汉书·匈奴传》:“及莽(王莽)挠乱匈奴,与之构难,边民死亡系获。”《盐铁论·本议》:“先帝哀边人之久患,苦为虏所系获也,故修障塞,饬烽燧,屯戍以备之。”《后汉书·公孙述传》:“今百姓无辜而妇子系获,室屋烧燔,此寇贼,非义兵也。”既然“系获”为一词,则可证“获”字不误。究其实,本句是省略了介词“於”,补足当为:“而复反系获[於]敌人之手”。徐氏音注误校。

身拘而名尊　“圣王贤主,皆遇困厄之难,蒙不赦之耻,身拘而名尊,躯辱而声荣,处卑而不以为恶,居危而不以为薄。”

按:俞樾《诸子平议》云:“居字无义,疑当取蹲踞之意。凡人蹲踞则身必卑,故借作卑下之义。言身虽卑下而名则尊也。”俞氏所见明万历本作“身居而名尊”,而元大德本“居”作“拘”。按作“拘”是,作“居”非。明万历本涉同节上文“居不幽,志不广”,下文“居危而不以为薄”之“居”

字，又因“居”与“拘”声同而误。俞氏以误本立说，不足取也。拘可训囚，例《文选·司马迁〈报任少卿书〉》：“且西伯，伯也，拘于羑里。”李善注引《史记·周本纪》：“纣乃囚西伯于羑里。”《史记·留侯世家》：“武王入殿，表商容之闾，释箕子之拘，封比干之墓。”《集解》引徐广曰：“拘，一作囚。”拘、囚异文同义。“身拘而名尊”，言身虽被拘囚而名则尊荣也。此为文种、范蠡谏越王之语，明言圣王贤主之事而晓谕越王，亦正贴合勾践入臣于吴之实况。

爪牙 “大夫文种者，国之梁栋，君之爪牙。”

按：爪牙，本指鸟兽用于攻击和防卫的脚爪和牙齿，以比喻得力的辅佐者，一般指武臣，为褒义词；与现代汉语中用作贬义词比喻坏人的帮凶，词义刚好相反。例《诗·小雅·祈父》：“祈父，予王之爪牙。”《国语·越语上》：“夫虽无四方之忧，然谋臣与爪牙之士，不可不养而择也。”《汉书·李广传》：“将军者，国之爪牙也。”《后汉书·窦宪传》：“宪既平匈奴，威名大盛，以耿夔、任尚等为爪牙，邓叠、郭璜为心腹。”《三国志·吴志·陆逊传》：“又此诸将或任腹心，或堪爪牙，或是功臣，皆国家所当与其克定大事者。”唐韩愈《与凤翔邢尚书书》：“今阁下为王爪牙，为国藩垣。”五代南唐冯延巳《昆仑奴传》：“如在桎梏，贤爪牙既有神术，何妨为脱狴牢？”“爪牙”一词，与“谋臣”、“心腹”、“功臣”、“藩垣”、“梁栋”等词，或为并列，或为同称，则其褒义不言自明。更富有启发性的是，“爪牙”前加上敬辞“贤”，既耐人寻味，又合乎情理。

返顾 “遂登船径去，终不返顾。”

按：《说文》页部：“顾，还视也。从页，雇声。”《诗·桧风，匪风》：“顾瞻周道。”郑玄笺：“回首曰顾。”顾字从页，本义当是郑玄所说“回首”，即回头。《说文》辵部：“返，还也。”返与顾同义。返亦作反。“返顾”、“反顾”是同义复词，亦倒言为“顾返”、“顾反”，就是回头的意思。例屈原《离骚》：“忽反顾以游目兮，将往观乎四方。”既言游目、观，则反顾不训回头看，当训回头。司马相如《喻巴蜀檄》：“触白刃，冒流矢，议不反顾，计不旋踵。”反顾与旋踵对文，义相近。班彪《北征赋》：“历云门而反顾，望通天之崇崇。”阮籍《咏怀诗》十七首之八：“驱马复来归，反顾望三河。”王嘉《拾遗记·前汉上》:“行至西关,鸡反顾,望汉宫而哀鸣。”上三例均既言反顾又言望,则反顾不宜释为回头看,当释为回头。王建《送人》诗:“我行无返顾,祝子勿回头。”返顾与回头,对文同义。

须臾 “诚蒙厚恩,得保须臾之命,不胜仰感俯愧。”

按:此“须臾”与训作常义“片刻”者异义,当训作从容,苟延。王念孙《读书杂志·史记第五》“须臾”条:“《淮阴侯列传》:‘足下所以得须臾至今者,以项王尚存也。’念孙案:此须臾,与《中庸》‘道不可须臾离’异义。须臾,犹从容、延年之意也。言足下所以得从容至今不死者,以项王尚存也。《汉书·贾山传》:‘愿少须臾毋死,思见德化之成也。’少须臾,即少从容,亦延年之意也。故《武王子传》‘奉天期兮不得须臾’,张晏曰‘不得复延年’也。从容、须臾,语之转耳。”从声音上看:

须《广韵》平声虞韵“相俞切”,古属心母侯韵;

臾《广韵》平声虞韵“羊朱切”,古属影母侯韵。

从《广韵》平声锺韵“七恭切”,古属从母东韵;

容《广韵》平声锺韵“馀封切”,古属影母东韵。

须臾、从容,都是叠韵联绵词。需从二字,声部为心从旁纽双声,韵部为侯东对转;臾容二字,声部为影母双声,韵部为侯东对转。须臾、从容,一声之转,故义相通。因此,得保须臾之命,意谓能保延年之命。又本书卷十《勾践伐吴外传》:“王之惭辱,蠡(范蠡)所以不死者,诚恐谗于太宰嚭,成伍子胥之事,故不敢前死,且须臾而生。”须臾而生,意谓苟延而生。《后汉书·第五种传》:“此二臣以可死而不死者,非爱生于须臾,贪命于苟活,隐其智力,顾其权略,庶幸逢时有所为耳。”须臾与苟活,对文同义。

为寿 “其后,吴王如越王期日疾愈,心念其忠,临政之后,大纵酒于文台……于是范蠡与越王俱起,为吴王寿,其辞曰:‘下臣勾践从小臣范蠡,奉觞上千岁之寿。’”

按:寿是古代饮酒之礼。字本作醻,或作酬。今通用酬。董仲舒《春秋繁露·循天之道》云:“寿,酬也。”寿与酬古同音(禅母幽韵)通用。《说文》酉部:“醻,献醻,主人进客也。从酉,寿声。酬,醻或从州。”段玉裁注："《楚茨》笺曰：'始主人酌宾为献，宾既酌主人，主人又自饮酌宾曰酬，至旅而爵交错以遍。'《彤弓》传曰：'酬，报也。'谓报客之酢也。《瓠叶》传曰：'酬，道饮也。'谓主人必自饮，如今俗之劝酒也。"《诗·小雅·彤弓》："钟鼓既设，一朝酬之。"郑笺："饮酒之礼，主人献宾，宾酢主人，主人又饮而酌宾谓之酬。酬犹厚也，劝也。"酬为劝酒以示厚意。古代饮酒献酬之礼，往往用酬币。《仪礼·士冠礼》："主人酬宾，束帛俪币。"郑注："饮宾客而从之以财货曰酬，所以申畅厚意也。"《诗·小雅·鹿鸣序》郑笺："饮之而有币，酬币也。"孔颖达疏："言饮有酬宾送酒之币。"例《战国策·赵策三》："平原君乃置酒。酒酣，起，前，以千金为鲁连寿。"又《韩策二》："于是严遂乃置酒，觞聂政母前。仲子奉黄金百镒，前，为聂政母寿。"又《燕策三》："燕王喜使栗腹以百金为赵孝成王寿，酒三日，反报。"《史记·郦生陆贾列传》："陈平用其计，乃以五百金为绛侯寿，厚具东饮。"《汉书·荆燕吴传》："泽（刘泽）大说之，用金二百斤为田生寿。"颜师古注："进酒而献寿也。"献寿即献酬。也有不用酬币的，例《史记·项羽本纪》："沛公奉卮酒为寿，约为婚姻。"《汉书·高帝纪》："羽（项羽）固留沛公饮……庄（项庄）入为寿。"颜师古注："凡言为寿，谓进爵于尊者而献无疆之寿。"上引二例献酬，礼仪似已简化，仅举杯敬酒，而无酬币，只是敬酒时说一些敬祝健康长寿之类的颂辞。而且为寿不仅指主人献酒于客人，亦可指客人敬酒于主人。例《吕氏春秋·直谏》："桓公谓鲍叔曰：何不起为寿？"《韩诗外传》卷十："[齐桓公]与之饮，曰：叟盍为寡人寿也？"本条勾践与范蠡俱起为吴王寿，例同。为寿即敬酒、祝酒，因此为寿亦作"为祝"。上引《吕氏春秋·直谏》例，刘向《新序·杂事四》、《太平御览·方术部》引《尸子》，"为寿"并作"为祝"。本书卷七《勾践入臣外传》："越王勾践，五年五月，与大夫种、范蠡入臣于吴，群臣皆送至浙江之上，临水祖道，军阵固陵。大夫文种前为祝，其词曰（下略）。"文中"为祝"，义同为寿。考察战国秦汉古籍，凡言为寿者，均指饮酒时的献酬，即劝酒，祝酒、敬酒，无一例外。寿字，非长寿、祝寿之寿，而是醻、酬之借字，义为献酬。

须臾 "今大王好听须臾之说，不虑万岁之患。"

按：此“须臾”与训作常义“片刻”者异义，当训作从容，从谀。王念孙《读书杂志·史记之六》“从容”条：“《儒林列传》：‘宽在三公位，以和良承意从容得久。’念孙案：从容者，从谀也。言以承意从谀，故得久居其位也。《汲黯传》‘从谀承意’，是其证。（下文曰：“董仲舒以宏为从谀。”《酷吏传赞》曰：“杜周从谀。”）谀容一声之转。从谀之为从容，犹纵臾之为从容，（《汉书·衡山王传》：“日夜纵臾王谋反事。”《史记》作“从容”。）鬼臾区之为鬼容区矣。（《汉书·郊祀志》：“问于鬼臾区。”师古曰：“《艺文志》云‘鬼容区’，而此志作‘臾区’，臾容声相近，盖一也。”）”又《史记第五》“须臾”条云：“从容，须臾，语之转耳。”须臾与从容，从谀，皆语之转，故义相通。所谓“须臾之说”，即指越王勾践与范蠡为吴王祝酒之辞；而伍子胥在同一谏语中，反复指斥其为“美词之说”、“须臾之说”，“谗夫之语”，则须臾为从谀义，可证。

祟吴　“大哉！越王之祟吴，吴将为所擒也。”

按：据上下文义，“祟吴”不辞，“祟”当作“祟”，字形相似而误。祟，祸也。《管子·权修》：“上恃龟筮，好用巫医，则鬼神骤祟。”《庄子·天道》：“一心定而王天下，其鬼不祟，其魂不疲。”释文引李轨注：“祟，祸也。”祟作动词，祸害之义。“祟吴”，即祸害吴国。

晋竹　卷八《勾践归国外传》：“越王乃使大夫种索葛布十万、甘蜜九党、文笥七枚、狐皮五双、晋竹十廋，以复封礼。”

按：晋竹，即箭竹。《说文》竹部：“箭，矢竹也。”段玉裁注：“《周礼》故书箭为晋，杜云‘晋当为箭’。按《吴越春秋》‘晋竹十廋’，晋竹即箭竹，假借字也。”又日部：“晋，进也。”段注：“《礼》古文、《周礼》故书，皆假晋为箭。”杨树达《增订积微居小学金石论丛》卷一《释晋》云：据《格伯毁》、《晋邦尊》之铭文和《魏三体石经》之古文晋字，并象二矢插在器中之形，并非从日。据字形及字音合考之，晋即箭之初文。晋为初字，箭其初义；箭为后起之形声字，占有晋字之初义，而晋皆用为他义矣。杨说甚是。《仪礼·大射仪》：“幎用锡若絺，缀诸箭。”郑玄注：“古文箭作晋。”《周礼·夏官·职方氏》：“扬州，其利金锡竹箭。”郑玄注：“故书箭为晋。杜子春曰：晋当为箭。书亦或为箭。”此皆作晋字本义者。而杜子春已不知晋即箭字之古文。段玉裁《说文注》、王筠《说文句读》、朱骏声《说文通训定声》、俞樾《诸子平议》,虽然明知晋竹即箭竹,然而皆以晋为箭之假借字,犹未达一间,其蔽与杜子春同。台湾省《中文大辞典》"晋竹"条,用《吴越春秋》文句为书证,释义作"晋地所产之竹",望文生义,酿成谬误。《吴越春秋》以"晋竹"为箭竹,犹存古文古谊,良可宝也。

葛不 "葛不连蔓棻台台,我君心苦命更之。"

按:"葛不"之"不"字,并非通常的否定副词,而是"柎"的古本字,训作萼足,即花蒂。《诗·小雅·常棣》:"常棣之华,鄂不韡韡。"郑笺:"承华者曰鄂。不,当作拊。拊,鄂足也。古声不、拊同。"《群书治要》本作"萼不炜炜",注:"不,当作跗。跗,萼足也。"黄生《义府》卷上"鄂不"条云:"不,篆文作𠀚,象花蒂形,即古柎字。"《吴越春秋》以"葛不"为葛柎,犹存古字古义,诚可宝也。

唱 "阴阳更唱,气有盛衰。"徐天祜音注:"唱当作倡。"

按:唱与倡,古通用,不烦改字。《广韵》平声阳韵,"倡,又音唱。"去声漾韵:"唱,亦作倡。"二字音义相通。《诗·郑风·萚兮》:"叔兮伯兮,倡予和女。"释文:"倡,昌亮反,又作唱。"《左传》昭公十六年:"子柳赋《萚兮》。"杜预注:"《箨兮》诗,取其'倡予和女',言宣子倡,己将和从之。"释文:"倡,昌亮切;本或作唱,同。"《文选·左思〈魏都赋〉》:"晷漏肃唱,明宵有程。"张载注:"《汉书》:'《房中歌》曰:肃倡和声。'字书:倡亦唱字也。"可证。《后汉书·李通传》:"通布衣唱义,助成大业。"唱义即倡义。《三国志·魏志·刘晔传》:"欲强逼晔使唱导此谋。"唱导即倡导。曹植《求存问亲戚疏》:"今之否隔,友于同忧,而臣独倡言者,窃不愿于圣世使有不蒙施之物。"而《文选·曹植〈求通亲亲表〉》作"唱言"。曹冏《六代论》:"吴楚唱谋,五国从风。"唱谋即倡谋。则唱倡通用,明矣。

惊 卷九《勾践阴谋外传》:"越王即鸣钟惊檄而召群臣。"徐天祜音注:"惊,疑当作警。"

按:惊通作警,不烦改字。《说文通训定声》鼎部:"惊[假借]为警。《易·震》'惊百里'郑注:'惊之言警戒也。'《管子·参患》'三惊当一至'

注:‘谓耀武示威也。’”可证。《墨子·号令》:“卒有惊事,中军疾击鼓者三。”孙诒让《间诂》:“惊读为警。《文选·叹逝赋》李注云:‘警犹惊也。’苏(苏时学)云:“言猝有警急之报。’”《文选·陆机〈叹逝赋〉》:“日望空以骏驱,节循虚而警立。”李善注:“警犹惊也。言日月望空,骏驱而去;时节循虚,惊动而至。”惊警二字互为通用。

以大国报雠 卷十《勾践伐吴外传》:“寡人不知其力之不足,以大国报雠,以暴露百姓之骨于中原,此则寡人之罪也。”

按:以犹与也,详见王念孙《广雅疏证》卷三下、王引之《经传释词》卷一。报,当为执,字之误也。查《国语·越语上》正作:“寡人不知其力之不足也,而又与大国之执雠……”韦昭注:“执,犹结也。”

政 “长子死,三年释吾政;季子死,三月释吾政。”

按:“释吾政”之政,与上文“寡人不能为政”之政义别。政为征之借字,谓赋税徭役。王引之《经义述闻》卷十四“无苛政”条云:“《礼记·檀弓》:‘夫子曰:何为不去也?曰:无苛政。夫子曰:小子识之,苛政猛于虎也。’郑注不释政字,释文亦不作音。引之谨案:政读曰征,谓赋税及徭役也。诛求无已则曰苛政。《荀子·富国篇》:‘厚刀布之敛以夺之财,重田野之税以夺之食,苛关市之征以难其事。’杨注曰:‘苛,暴也。征,亦税也。’是也。古字政与征通。”王说甚是。《礼记·乐记》:“庶民弛政。”郑注:“弛政,去其纣时苛政也。”释文:“本又作‘苛役’。”《史记·乐书》《集解》引此注正作“苛役”,可从。《孔子家语·辨乐》:“庶民弛政。”王肃注:“解其力役之事。”弛政之政当读为征,谓徭役也。《周礼·天官·小宰》:“听政役以比居。”郑注:“玄谓政犹赋也。凡其字或作政,或作正,或作征,以多言之宜从征。”政通作征,谓赋税也。

赤米 “吴民既疲于军,困于战斗,市无赤米之积,国廪空虚。”

按:赤米,谓储久而色赤之米。《国语·吴语》:“今吴民既罢,而大荒荐饥,市无赤米,而囷簏空虚。”韦昭注:“赤米,米之奸者。”《汉书·贾捐之传》:“太仓之粟,红腐而不可食。”颜师古注:“粟久腐坏,则色红赤也。”《文选·左思〈吴都赋〉》:“观海陵之仓,红粟流衍。”吕周翰注:“红粟,谓储久而色赤也。”《抱朴子·诘鲍》:“官仓之米,至腐赤不可胜计。”

《北史·高谦之传》:“腐红粟于太仓,藏朽贯于天府。”《说文》米部:“粠,陈臭米。”段玉裁注:“《贾传》‘红腐’,即粠之假借字。”《广韵》平声东韵:“粠,陈赤米也。”《集韵》平声东韵:“粠,《说文》‘陈臭米’,一曰赤米。”

道谀 “吴已杀子胥,道谀者众。”徐天祜音注:“道当作导。”

按:道、导古今字,可通用,不烦改字。《说文》辵部:“道,所行道也。从辵,从首。一达谓之道。𨗨,古文道,从首寸。”从首从寸的古文道字,实即导字之异体字。《释名·释言语》:“道,导也,所以通导万物也。”《管子·君臣》:“道者,上之所以导民也。”贾谊《道德说》:“物所导,始谓之道。”《说文通训定声》孚部:“道[假借]为导。”古书中“导谀”往往作“道谀”,例《庄子·天地》:“世俗之所谓然而然之,所谓善而善之,则不谓之道谀之人也。”释文:“道音导。”《韩诗外传》卷六:“君喜道谀而恶至言。”又:“君子崇人之德,扬人之美,非道谀也。”《汉书·贾山传》:“是以道谀偷合苟容。”颜师古注:“道读曰导。导引主意于邪也。”《盐铁论·相刺》:“夫人君莫不欲求贤以自辅,任能以治国,然牵于流说,惑于道谀,是以圣贤蔽掩,而谗佞用事,以此亡国破家。”又《论诽》:“塞士之途,壅人之口,道谀日进,而上不闻其过,此秦所以失天下而陨社稷也。”又《杂论》:“斗筲之人,道谀之徒,何足算哉!”

判死 “一士判死兮,而当百夫。”

按:朱骏声《说文通训定声》乾部:“判,字亦作拌。《集韵》判通作拌。”《方言》卷十:“拌,弃也。楚凡挥弃物谓之拌。”引申为舍弃义。判死谓舍弃性命而死。例《敦煌变文集·伍子胥变文》:“子胥曰:臣闻一人判死,百人不敌。”元稹《采珠行》:“海波无底珠沉海,采珠之人判死采。”吴越俗语谓弃身为判死或判命,语盖由甹来。《说文》丂部:“甹,亟词也。从丂,从由。或曰:甹,侠也。三辅谓轻财者为甹。普丁切。”段玉裁注:“今人谓轻生曰甹命,即此甹字。”甹命,今俗语作拼命。《敦煌变文集·伍子胥变文》:“如有判命相随,火急即须投募。”《宋史·章惇传》:“苏轼谓惇曰:‘君他日必能杀人。’惇曰:‘何也?’轼曰:‘能自判命者,能杀人也。’”宋曾慥《高斋漫录》记章惇事,“判命”作“拼命”。判死即拼死,义同拼命。

慝行 “其淫心匿行，不当敌者，如斯矣。”徐天祜音注：“匿，疑当作慝。”

按：匿慝通用，不烦改字。《说文通训定声》颐部：“匿，《荀子·天论》：‘匿则大惑。’注：‘谓隐匿其情。’字亦变作慝作㥾。《尔雅·释训》：‘崇、谗，慝也。’释文：‘慝，言隐匿其情以饰非。’”从语音看，匿《广韵》入声职韵“女力切”，古属泥母职韵；慝《广韵》入声德韵“他德切”，古属透母职韵。匿慝同韵，泥透为旁纽双声，例得通用。

自 “吾爱士也，虽吾子不能过也；及其犯诛，自吾子亦不能脱也。”

按：句中虽、自对文，自即虽义。清吴昌莹《经词衍释》卷八：“自，犹虽也。（此义《释词》不载。）自训为若，若与虽同义。（见虽字诂。）故《吴越春秋》勾践二十一年：‘吾爱士，虽吾子不能过也；及其犯诛，自吾子亦不能脱也。’自与虽对文，自实虽义也。”自训虽义，在汉代典籍中习见常用。例《史记·礼书》：“自子夏门人之高弟也，犹云出见纷华盛丽而说，入闻夫子之道而乐，二者心战未能自决；而况中庸以下，渐渍于失教，被服于成俗乎？”言虽然是子夏门人之高弟也。又《平準书》：“汉兴，接秦之弊，丈夫从军旅，老弱转粮饟，作业剧而财匮；自天子不能具钧驷，而将相或乘牛车。”言虽然为天子亦不能具钧驷也。《汉书·杜周传》：“自京师不晓，况于远方。”又《张禹传》：“性与天道，自子赣之属不得闻，何况浅见鄙儒之所言！”《盐铁论·非鞅》：“自天地不能两盈，而况人事乎？”又《刑德》：“自吏明习者不知所处，而况愚民乎？”上引句中自字，均为虽义。

定 “子胥乃与种、蠡梦，曰：‘吾知越之必入吴矣，故求置吾头于南门，以观汝之破吴也，惟欲以穷夫差。定汝入我之国，吾心又不忍，故为风雨以还汝军。”

按：“定汝入我之国”之“定”字，当训“及”，相当于现代汉语的“等到”，为承接连词，用于复句中，表示时间条件。例王粲《为刘荆州谏袁谭书》：“初闻此问，尚谓不然，定闻信来，乃知阏伯实沉之忿已成，弃亲即仇之计已决。”《三国志·魏志·管辂传》裴松之注引《辂别传》：“基（王基）与辂共论《易》，数日中，大以为喜乐，语辂言：‘俱相闻善卜，定共清论，君一时异才，当上竹帛也。'"中华书局版校点本"定共清论"下用句号，因不明"定"字义而误标。又，"辂于此为论八卦之道及爻象之精，大论开廓，众化相连。邠（刘邠）所解者，皆以为妙，所不解者，皆以为神。自说：'欲注《易》八年，用思勤苦，历载靡宁，定相得至论，此才不及《易》，不爱久劳，喜承雅言，如此相为高枕偃息矣。'"《三国志·吴志·孙坚传》："卓（董卓）骑争逐茂（祖茂），故坚（孙坚）从间道得免。茂困迫，下马，以帻冠冢间烧柱，因伏草中。卓骑望见，围绕数重，定近觉是柱，乃去。"又《朱桓传》："权（孙权）谓异（朱异）从父骠骑将军据曰：'本知季文侩，定见之，复过所闻。'"中华书局版校点本据卢弼《三国志集解》作："本知季文胆定，见之复过所闻。"卢弼不明"定"字用法，误以连词为动词，遂以"定"字属上句；又因"侩定"费解，便臆改"侩"为"胆"字，致使全句误校误点。又《陆逊传》："桓（孙桓）后见逊曰：'前实怨不见救，定至今日，乃知调度自有方耳。"又《钟离牧传》裴注引《会稽典录》："始兴太守羊衜与太常滕胤书曰：'钟离子干吾昔知之不熟，定见其在南海，威恩部伍，智勇分明，加操行清纯，有古人之风。'"晋王叔和《脉经·病不可下证》："虽不大便，但头坚后溏，未定成其坚，攻之，必溏；当须小便利，定坚，乃可攻之。"《太平御览》卷六九六《服章部一三》引《俗说》："其妇果来，拔刀径上床发，欲刃床上人。定看，乃是其兄，于是惭羞而退。""定"均是"等到"义。

（原载《社会科学战线》1988 年第 3 期）

古汉语词义札记

准确地解释古汉语词义，这对于提高新编语文辞书的质量、提高古籍今注的质量，都具有十分重要的意义。词义训释工作，看似容易却艰辛。有些词义的训释，虽然语文辞书中已有释文，古籍今注中已有诠释，似乎不再有什么问题了，然而如果认真辨析一下，我们就会感到还有进一步讨论的必要。本文仅举数例，略陈浅见，以就正于大方之家。

妻子

旧《辞源》丑集第260页：

> [妻子]① 妻与子也。《孟子》："仰足以事父母，俯足以蓄妻子。"② 谓妻也。子者，助词。《诗》："妻子好合。"《韩非子》："郑人使其妻为裤，曰象故裤。妻子因毁新，令如故。"

新《辞源》第741页：

> [妻子]① 妻。子为助词。《诗·小雅·常棣》："妻子好合，如鼓琴瑟。"唐杜甫《杜工部草堂诗笺》十三《新婚别》："结发为妻子，席不暖君床。"② 妻与子。（例略）

按："妻子"在魏晋六朝以前是并列式结构，兼指妻和子。新旧《辞源》均有一个义项释"妻子"为妻，子为助词。旧《辞源》以《诗·小雅·常棣》、《韩非子·外储说左上》为书证，新《辞源》以《诗·小雅·常棣》

为书证之一，则皆义例不符。

《诗·小雅·常棣》：“妻子好合，如鼓琴瑟。”郑笺：“好合，至意合也。合者，如鼓琴瑟之声相应和也。王与族人燕，则宗妇内宗之属亦从后于房中。”孔颖达正义：“此后燕及妻而连言子者，此说族人室家和好，其子长者从王在堂，孩稚或从母亦在，兼言焉。”又，“宜尔室家，乐尔妻帑(孥)。”毛传：“帑，子也。”郑笺：“族人和则得保乐其家中之大小。”孔颖达正义：“上云‘妻子好合’，子即此帑也。”从毛传、郑笺和正义的解释，细心人不难发现，“妻子”即妻孥，是同时兼言妻和子，子即孥也。其中“子”字有实义。而新旧《辞源》却均以“子”字为助词，训释“妻子”为妻，实误。

王力《汉语史稿》中册第225页，在论及到名词词尾“子”字时说：“我们至少可以说在上古时代‘子’字已经有了词尾化的迹象。”并在脚注中说：“上古还有‘妻子’的说法，例如《诗经》：‘妻子好合’。其中的‘子’有可能是词尾，但是也有可能认为‘妻子’是一个偏举的词，象‘国家’一样。”我们认为，既然“妻子”即妻孥，子即孥，则“子”有实在意义，“子”就根本不可能是词尾。这是只要细心阅读《十三经注疏》中的《毛诗正义》，就能得出的结论。先师洪诚先生在《王力〈汉语史稿〉语法部分商榷》(载《中国语文》1964年第3期)一文中论及名词词尾“子”字时说：“上古(先秦)名词词尾未见。”并用语言实例驳斥了王说。另外，由于“妻子”中的“子”字有实义，有所指，则“妻子”也决不可能是一个偏举的词。王说实误。

《韩非子·外储说左上》：“郑县人卜子，使其妻为裤，其妻问曰：‘今裤何如?’夫曰：‘象吾故裤。’妻子因毁新令为故裤。”日本松皋圆《韩非子纂闻》注引山井鼎云：“妻子，妻也。《庄子》载列子妻曰：‘妾闻为有道者之妻子皆得佚乐。’”日本学者意欲引《庄子》证《韩非子》，释“妻子”为妻。先看《庄子》文。《庄子·让王》：“使者去，子列子入。其妻望之，而拊心曰：‘妾闻为有道者之妻子皆得佚乐，今有饥色。君过而遗先生食，先生不受，岂不命邪?’”在这同一节文中，既然“妻子”被释为妻，为何字面一作“妻”，一作“妻子”? 词例为何不统一? 其实，列子妻所言之“妻子”，犹言妻孥、家小，是兼言妻和子。不然，为何紧接着用一“皆”字？用“皆”字就意味着不仅仅指妻一人。可见山井鼎、松皋圆说误。清顾炎武《日知录·杂记》“妻子”条云：“今人谓妻为妻子，此不典之言，然亦有所自。”以下即举《韩非子·外储说左上》和杜甫《新婚别》诗等为例。清翟灏《通俗编·伦常》“妻子”条，引述《韩非子·外储说左上》等例后云：“按此本仅言妻，而兼助以子字，今语犹有然。”陈奇猷《韩非子集释》引松皋圆《韩非子纂闻》语，并加按语云：“松说是，《诗》：‘妻子好合，如鼓琴瑟。’杜子美诗：‘结发为妻子，席不暖君床。’皆以妻子为妻之称。”陈氏所引松皋圆语即引《庄子·让王》例，以及《诗·小雅·常棣》例，均不能证“妻子”为妻，俱如上述。陈氏所引唐杜甫《新婚别》诗，其中“妻子”确指妻，顾炎武、翟灏早就引过，但是不能以唐代例证先秦汉魏例，因为随着时代的变迁而语言已有变化。在《韩非子·外储说左上》的这一小节中，共计33个字，既然前后二处都指妻，为何字面上一作“妻”、一作“妻子”呢？词例为何不统一呢？《韩非子》全书出现“妻”计55次，其中包括“后妻”4次、“正妻”2次；出现“妻子”计2次，其中《八经》一例据文义指妻和子，另一例即我们讨论的《外储说左上》一例。按《韩非子》书词例，如上所述，全书除《外储说左上》一例外，凡指妻者，字面均作“妻”，而不作“妻子”。为何会有这个例外呢？其实，这一例“妻子”的“子”字，实为衍文。王先慎《韩非子集解》删“子”字云：“各本‘妻’下有‘子’字。《北堂书钞》引无‘子’字，今据删。《御览》引作‘妻因凿新裤为孔’。”可证。又，明冯梦龙编纂《古今谭概》卷四《专愚部》“宋人郑人等”条引作：“郑县人卜子使其妻为裤，请式，曰象故裤。妻乃毁其新，令如故裤。”亦作“妻”而不作“妻子”，可证。《韩非子》今存传世的最早刊本，为清嘉庆二十三年吴山尊影南宋乾道黄三八郎刻本，比唐《北堂书钞》、北宋《太平御览》成书时间晚。由此可见，唐和北宋时，《韩非子·外储说左上》是作“妻”，不误；至南宋时，乾道本已误作“妻子”；然而晚至明末，冯梦龙所见本中还有仍作“妻”者，不误。而顾炎武、翟灏、山井鼎、松皋圆、陈奇猷等，均以误本立说，实不可从。

下面再举几个富有启发性的例子。1.《孟子·离娄下》：“好货财，私妻子，不顾父母之养，三不孝也……夫章子，岂不欲有夫妻子母之属哉？为得罪于父，不得近，出妻屏子，终身不养焉。”同一章中，下文既言“出妻屏子”，则上文“妻子”兼言妻和子，明矣。2.《管子·轻重乙》：“桓公曰：‘诺。’乃诫大将曰：‘百人之长，必为之朝礼；千人之长，必拜而送之，降两级。其有亲戚者，必朝之酒四石、肉四鼎；其无亲戚者，必遗其妻子酒三石、肉三鼎。’行教半岁，父教其子，兄教其弟，妻谏其夫，曰‘见其（戴望校正作“礼”）若此其厚，而不死列阵可以反于乡乎？’”同一节中，下文既言“父教其子”、“妻谏其夫”，则上文“妻子”当指妻和子。3.《吕氏春秋·忠廉》：“明旦加要离罪焉，挚执妻子焚之而扬其灰。”《吴越春秋·阖闾内传》：“要离乃诈得罪出奔，吴王乃取其妻子，焚弃于市。”扬雄《法言·渊骞》：“或问要离非义者与？不以家辞国。曰：离也，火妻灰子以求反于庆忌，实蛛蝥之�也！焉可谓之义也？”记载“要离燔妻子”（邹阳《狱中上梁王书》语）同一件事，《法言》作“火妻灰子”，而《吕氏春秋》作“挚执妻子焚之而扬其灰”，《吴越春秋》作“取其妻子，焚弃于市”，则上引二书之“妻子”实指妻和子。4.《孔子家语·大婚解》：“孔子遂曰：昔三代明王，必敬妻子也。盖有道焉。妻也者亲之主也，子也者亲之后也，敢不敬与？”同一节中，上文之“妻子”为兼言，即指下文分言之“妻”和“子”。5.《三国志·吴志·吴主传》：“蜀竟自无谋，如权所筹。”裴松之注：“《江表传》载权诏曰：‘督将亡叛而杀其妻子，是使妻去夫，子弃父，甚伤义教，自今勿杀也。’”在同一诏书中，上句言“妻子”，下句紧接着言“是使妻去夫，子弃父”，则所言“妻子”，当兼言妻和子，明矣。6.《列子·周穆王》：“宋阳里华子中年病忘……鲁有儒生自媒能治之，华子之妻子以居产之半请其方……华子既悟，乃大怒，黜妻罚子，操戈逐儒生。”同一节中，下文既言“黜妻罚子”，则上文“妻子”兼言妻和子，明矣。7.《颜氏家训·兄弟》：“及其壮也，各妻其妻，各子其子。虽有笃厚之人，不能不少衰也……仆妾之为雀鼠，妻子之为风雨，甚哉！”在同一段中，上文既言“各妻其妻，各子其子”，则下文“妻子”兼言妻和子，明矣。8.庾信《周车骑大将军贺娄公神道碑》：“但以游魂久客，反葬途远，道阻山长，妻孤子幼，哀声满野，愁气连云。况复松槚飘摇，方临武威之戍;丘陵回远,直对临洮之城。马援亡于武溪,尸柩返于槐里;梁钊死于会稽,妻子归于平陵。”在同一段碑文中,上文既言“妻孤子幼”,则下文所言“妻子”,亦实指妻和子。

“妻子”,在《诗经》中仅有一例,兼指妻和子,即《诗·小雅·常棣》(见《诗经索引》,书目文献出版社 1984 年版)。在《韩非子》中有二例(见《韩非子索引》,中华书局 1982 年版),其中《八经》例指妻和子,《外储说左上》例“妻子”的“子”字为衍文。俱如上述。在《昭明文选》中,“妻子”有十三例,均指妻和子,无一例外(见《文选索引》,台湾中文出版社 1971 年版)。以上统计数字,从另一个方面说明,“妻子”在魏晋六朝以前是并列式结构,兼言妻和子。

现在再回过头来讨论新旧《辞源》[妻子]条释文。旧《辞源》分二个义项,第二义项中的书证《诗经》例,早于第一义项中的书证《孟子》例,这就违背了第一义项中的最早书证应早于(至少也不晚于)其他各个义项中的书证的通常规律,这就使这一条目的释文在内部结构上产生了矛盾。而产生这种矛盾的根本原因,正是由于对《诗经》、《韩非子》二例中“妻子”的解释错误。新《辞源》的修订者看到了这种矛盾,也试图解决矛盾,于是把旧《辞源》的二个义项,在排列次序上作了对调。这样,从形式上看,似乎各义项中书证早晚的矛盾已解决了;但是却又产生了新的矛盾,即义项排列次序上的矛盾。试问,第一义项“妻、子为助词”的意义,怎么会引申或发展出第二义项“妻与子”的意义呢?要知道,助词“子”决不会变成有实义有所指的“子”,这是起码的常识。因此,新《辞源》这条释文,义项排列次序错误;《诗·小雅·常棣》例与释义不吻合,义例不符。产生这些错误的直接原因,也是由于对《诗经》例中“妻子”解释的错误。

原野

新《辞源》第 441 页:

> [原野]平原旷野。《国语·鲁上》:“故大者陈之原野,小者致之市朝。”也作“原埜”。《楚辞》屈原《九歌·国殇》:“严杀尽兮弃原

埜。”埜，古“野”字。

按：上引释文，书证与释义不完全吻合。“原野”作为地理名词，它的本义是“平原旷野”，这是对的；但是“原野”在古代有时作为军事术语，则意谓战场，这是它的引申义，后人不解，往往误以为地理名词，仍以本义释之，这就不对了。上引《九歌·国殇》，是一首追悼为国牺牲的战士的祭歌。所谓“国殇”，王逸云：“谓死于国事者。”就是指为国捐躯的战士。《九歌·国殇》：“天时坠兮威灵怒，严杀尽兮弃原野。”诗中“原野”并非泛指，而是特指战场。郭沫若《屈原赋今译》云：“天昏地暗，鬼哭神号，片甲不留，死在疆场上。”以“疆场”对译“原野”，确切允当。古代车战，只有在平原旷野上进行，故以“原野”指代战场。《国语·鲁语》：“大刑用甲兵，其次用斧钺，中刑用刀锯，其次用钻笮，薄刑用鞭扑，以威民也。故大者陈之原野，小者致之市朝。”《汉书·刑法志三》引文同。“大刑用甲兵”句，颜师古注引张晏曰：“以六师诛暴乱。”“大者陈诸原野”句，颜师古注云：“谓征讨所杀也。”用军队征讨而杀之并陈诸原野，则“原野”指战场明矣。《逸周书·谥法解》：“兵甲亟作曰庄，睿圉克服曰庄，胜敌志强曰庄，死于原野曰庄，屡征杀伐曰庄，武而不遂曰庄。”谥者，行之迹。谥为“庄”者，一般均与战事有关。“死于原野曰庄”，“死”指战死，“原野”指战场，故此句孔晁注云：“非严何以死难。”《尉缭子·攻权》：“兵有胜于朝廷，有胜于原野，有胜于市井。”《韩非子·诡使》：“夫陈善田利宅所以战士卒也，而断头裂腹，播骨乎平原野者，无宅容身，身死田夺。”顾广圻《韩非子识误》云：“今本‘原’下有‘旷’字，误。按‘平’字当衍，涉‘乎’字形近耳。”顾说是，迂评本正作“原野”。汉桓宽《盐铁论·本议》：“陛下垂大惠，哀元元之未赡，不忍暴士大夫于原野。”汉扬雄《法言·渊骞》：“秦将白起不仁，奚用为也？长平之战四十万人死，蚩尤之乱不过于此矣。原野厌人之肉，川谷流人之血。将不仁，奚用为？”《汉书·沟洫志》：“如此，关东长无水灾，北边不忧匈奴，可以省堤防备塞、士卒转输、胡寇侵盗、覆军杀将、暴骨原野之患。”《国语·鲁语四》“舅犯走，且对曰：‘若无所济’余未知死所，谁能与豺狼争食”三国吴韦昭注："战死原野，公子将走不暇，岂复能与豺狼争食我乎？"三国魏缪袭《魏鼓吹曲·克官渡》："克绍官渡由白马，僵尸流血被原野。"（《乐府诗集》卷十八）《三国志·魏志·高贵乡公髦传》："冬十月，诏曰：'……洮西之战，将士死亡，计以千数，或没命战场，冤魂不反，或牵掣虏手，流离异域，吾深痛悯，为之悼心……'[十一月]癸丑，诏曰：'往者洮西之战，将吏士民或临阵战亡，或沉溺洮水，骸骨不收，弃于原野，吾常痛之……'"前后两月，两次诏书，讲的同是洮西战事，一说"没命战场，冤魂不反"，一说"骸骨不收，弃于原野"，可见此"原野"义即战场。《三国志·魏志·陈泰传》："泰曰：'姜维提轻兵深入，正欲与我争锋原野，求一战之利，王经当高壁深垒，挫其锐气。'"北周庾信《哀江南赋》："沾渍锋镝，脂膏原野。"（《庾子山集》卷二）庾信《又移齐河阳执事文》："当时锋刃，或膏原野，所获彼将，夏州刺史，梁老首领，今以相还。"（《庾子山集》卷十一）南朝梁朱玚《与徐陵请王琳首书》："诚复马革裹尸，遂其平生之志；原野暴体，全彼人臣之节。"（《骈体文钞》卷十九）隋虞世基《出塞》诗："瀚海波澜静，王庭氛雾晞。鼓鼙严朔气，原野曀寒晖。"（《先秦汉魏晋南北朝诗》隋诗六卷）《隋书·杨玄感传》："士卒填沟壑，骸骨蔽原野。"唐陈子昂《为建安王誓众词》："夫圣人用兵，以伐有罪，奸慝窃命，戎夷不恭，则必肆诸市朝，大戮原野。"（《陈子昂集》卷七）唐柳宗元《唐铙歌鼓吹曲·泾水黄》："脑涂原野，魄飞扬，星辰复，恢一方。"（《全唐诗》卷三五〇）唐无名氏《灵应传》："余选健马三十骑追之，果生置于麾下。由是血肉染草木，脂膏润原野，腥秽荡空，戈甲山积。"（《太平广记》卷四九二）《新五代史·杜重威传》："重威出降表使诸将书名，乃令军士阵于栅外，军士犹喜悦以为决战，重威告以食尽出降，军士解甲大哭，声震原野。"宋陈师道《谈丛一》："随驾诸军扈卫宸居，不可与犬戎交锋原野以争胜负。"（《后山集》卷十八）清龚自珍《送钦差大臣侯官林公序》："取不逞夷人及奸民，就地正典刑，非有大兵陈之原野之事，岂古人于陆路开边衅之比也哉？"（《龚自珍全集》二辑）上引例句，均与战事有关，则"原野"不是泛指的地理名词，而是特指的军事术语，不宜释作本义"平原旷野"，而当释作引申义"战场"。

反求

台湾省编《中文大辞典》总第 2204 页：

> [反求]反于己身求之也。《礼记·射义》："发而不中，则不怨胜己者，反求诸己而已矣。"《中庸》："射似乎君子，失诸正鹄，反求诸其身。"

按：上引词条，释义可商。古人谓求曰反。《礼记·学记》："知不足然后能自反也。"郑玄注："自反，求诸己也。""自反"即自求，故释作"求诸己"，是训反为求。《荀子·荣辱》："失之己，反之人，岂不迂乎哉?"杨倞注："反，责人也。"《说文》六下贝部："责，求也。"则反亦求也。《荀子·君道》："故人主欲强固安乐，则莫若反之民；欲附下一民，则莫若反之政；欲修政美俗，则莫若求其人。"梁启雄《荀子简释》云："反亦求也，互文耳。"《吕氏春秋·论人》："太上反诸己，其次求诸人。"反、求互文同义。在古汉语中，"反求"当为同义复词。例《孟子·公孙丑上》："仁者如射：射者正己而后发；发而不中，不怨胜己者，反求诸己而已矣。"《孟子·离娄上》："爱人不亲反其仁，治人不治反其智，礼人不答反其敬。行有不得者，皆反求诸己。其身正而天下归之。《诗》云：'永言配命，自求多福。'"《礼记·射义》："射者仁之道也。射求正诸己，己正而后发；发而不中，则不怨胜己者，反求诸己而已矣。"阮元《十三经注疏校勘记》云："惠栋校宋本作'求反'，石经同。此本'求反'二字倒，闽监毛本同，岳本同，卫氏《集说》同，嘉靖本同。"《礼记·中庸》："子曰：射有似乎君子，失诸正鹄，反求诸其身。"《易·蹇》"君子以反身修德"孔颖达正义："蹇难之时，未可进也，惟宜反求诸身，自修其德。"《朱子全书·学一》："不使学者收视反听，一以反求诸心为事。"又："与其乡往于人，孰若反求诸己。"《朱子全书·学五》："己所不欲，勿施于人；行有不得，反求诸己。"《荀子·荣辱》"失之己，反之人，岂不迂乎哉"王先谦集解："案，三句与《法行篇》同。'反之人'与《君道篇》'反之民'、'反之政'同意，言反求也。"上引各例中的"反求"，均是同义复词。《孟子·离娄上》"爱人不亲反其仁”章，杨伯峻《孟子译注》第 167 页，把其中“反其仁”、“反其智”、“反其敬”的“反”，都对译为“反问自己”；把“反求诸己”对译为“反躬自责”，增字为释，均不确。“反”当训求，“反求”为同义复词。

“反求”亦可倒言为“求反”。扬雄《法言·渊骞》：“或问：要离非义者与？不以家辞国。曰：离也，火妻灰子以求反于庆忌，实蛛蝥之劁也，焉可谓之义也。”李轨注：“求信于庆忌，反而刺之。”李轨不知反亦求也，却训反为谋反，失之；更不知“求反”为同义复词“反求”之倒言，增字为释，殊失原义。姚维锐《古书疑义举例增补·补倒文成句例》云：“《礼·射义》：‘发而不中，则不怨胜己者，求反诸己而已。’（据《唐石经》）王念孙曰：‘求反诸己，文义不顺，盖涉上文求正诸己而误也。’愚按：王说非也，求反诸己，犹言反求诸己，倒文成句也。”如姚氏所说，“求反”实为“反求”之倒言，更可证“反求”为同义复词。

归

《孙子·军争》：“是故朝气锐，昼气惰，暮气归。故善用兵者，避其锐气，击其惰归，此治气者也。”

> 宋梅尧臣注：“朝言其始也，昼言其中也，暮言其终也。谓兵始而锐，久则惰而思归，故可击。”（诸子集成本《孙子十家注》第 120 页）
>
> 《孙子今译》：“早晨朝气饱满，当午逐渐懈怠，傍晚就疲乏思归了。”（上海人民出版社 1977 年版第 23 页）
>
> 《孙子兵法新注》：“朝气锐，昼气惰，暮气归：指军队初战时，士气旺盛，锐不可当；经过一段时间以后，由于力量的损耗，士气逐渐怠惰；到了后期，士气衰竭，将士思归。”（中华书局 1981 年版第 70 页）

按：对“暮气归”句的诠释，新注、今译均承旧注而误。“锐”、“惰”、“归”三字，都是申述敌军士气所保有的状况，词性一致，都是形容词。梅尧臣释为“谓兵始而锐，久则惰而思归，故可击”，把主语“气”（士气）

换成了“兵”(士兵),是偷换了主语;训“归”为归营、归家之归,实误。“将士思归”,当然会影响到士气,但这不合《孙子》“暮气归”原文原意,主语已被偷换了。如说成士气“思归”,则主谓配搭不当,解释迂曲,文义扞格;而且平空添出一个“思”字,总有增字为释之嫌。“归”当训终。王引之《经义述闻》卷三十一《通说上》“归”字条云:“家大人曰:《吕氏春秋·顺说》、《求人》二篇注并曰‘归,终也’,而字书韵书皆不载此训。今案归与终本同义,物之所归即物之所终也,故《杂卦传》曰:‘归妹,女之终也。’《周语》曰:‘匹夫专利,犹谓之盗,王而行之,其归鲜矣。’言厉王之必不能终也。(上文“王能久乎”,是其证。韦注归谓附周者鲜,失之。)班固《典引》曰:‘受克让之归运。’谓终运也。《僖七年左传》齐管仲谏桓公曰:‘君以礼与信属诸侯,而以奸终之,无乃不可乎!’《宣十一年传》楚申叔时谏庄王曰:‘以讨召诸侯,而以贪归之,无乃不可乎!’归,亦终也。”王念孙说,甚是。王氏所引高诱注二例,《吕氏春秋·顺说》:“与盛与衰,以之所归。”高诱注:“归,终也。”而《经籍籑诂》卷五“归”字条下:“[归]归,终也。《吕览·报更》‘以之所归’注。”《报更》篇在《顺说》篇前。《吕氏春秋》一书的篇名,均置于篇末。《经籍籑诂》误将上一篇的篇题作为下一篇的篇题,酿成谬误。《吕氏春秋·求人》:“啁噍巢于林,不过一枝;偃鼠饮于河,不过满腹,归已君乎。”高诱注:“归,终也。”王氏言“字书韵书皆不载此训”,则不合实际。检《康熙字典》辰集下止部“归”字条下云:“又,终也。《左传宣十一年》:‘以讨召诸侯而以贪归之。’”已明载此训。归训终,又如《左传·昭公三十年》子西谏楚子曰:“不知天将以为虐乎,使翦丧吴国而封大异姓乎?其抑亦将卒以祚吴乎?其终不远矣。我盍姑亿吾鬼神而宁吾族姓,以待其归。将焉用自播扬焉?”文中“以待其归”与“其终不远”上下呼应,归亦终也。又《尔雅·释训》“鬼之为言归也”郭璞注:“《尸子》曰:古者谓死人为归人。”又《列子·天瑞》:“古者谓死人为归人。”归亦训终。归人,即年寿终尽之人。归训终,有故训根据。“暮气归”,是说最后士气终尽,而不是说“将士思归”。《孙子·军争》这一节与《左传·庄公十年》曹刿论战所说:“夫战,勇气也。一鼓作气,再而衰,三而竭。彼竭我盈,故克之。”语意相同。“归”训终,与“三而竭”之“竭”字同义。

顺懁

台湾省编《中文大辞典》总第 16049 页:

> [顺懁]形顺躁急而心达理也。《庄子·列御寇》:“有顺懁而达。”疏:“懁,急也。形顺躁急而心达理也。”

按:查核《庄子》注疏,《庄子·列御寇》:“孔子曰:凡人心险于山川,难于知天,天犹有春秋冬夏旦暮之期。人者厚貌深情,故有貌愿而益,有长若不肖,有顺懁而达,有坚而缦,有缓而钎。”其中“有顺懁而达”句,成玄英疏:“懁,急也。形顺躁急而心达理也。”陆德明释文:“顺,王作慎。懁,音环,又许沿反,徐音绢。《三苍》云:急腹也。王云,研辨也。外慎研辨,常务质讷。”郭庆藩《集释》引卢文弨曰:“今书音义作音儇,两研字俱作坚。”王先谦《集解》:“柔顺懁急而内通事理。”

上引《列御寇》这一节讲人心叵测,甚于山川,比莽苍苍的天还要难知,而天却还有春夏秋冬白天黑夜的规律可循呢!人的表象(貌)与实际情况(情)往往不一致。下面五句即“言人情貌之反有如此者”(成疏语)。愿与益(溢,骄溢),长与不肖,坚与缦,缓与钎,都是说的情貌之反。“有顺懁而达”句,懁(躁急)与达(通达),刚好是情貌之反;顺训柔顺,则与通达相一致,成了情貌之合,这就不符《庄子》原意;柔顺与躁急刚好相反,不能合在一起作为同类的表象看。这样,《庄子》原文中的这个“顺”字就显得似乎多余了。然观成疏,对“顺”字未加诠释,只是照录,可见“顺”字并非衍文。上面说及的几个矛盾均集中在“顺”字上,而《集解》、《集释》皆未能解决。愚以为“顺”当作“貌”,“貌”古文作“須”,与“顺”形似而误。“顺”作“貌”之误字处理,则症结可解矣。《列御寇》正文“有顺懁而达”,当作“有貌懁而达”,与同一节中上文“有貌愿而益”句式相同。成玄英疏“形顺躁急而心达理也”,当作“形貌躁急而心达理也”,躁急与达理刚好情貌相反。陆德明释文“顺,王作慎”,“慎”当是“顺”之同音误字,而“顺”又是“貌”字之形似而误。释文引王氏云“外慎研辨常务质讷”，当作“外貌研辨常务质讷”。揭出“顺”、“慎”为“貌”之误字，则《列御寇》正文、注疏均文从字顺，意义明畅，症结皆解。“貌”误作“顺”，陆德明所见本已误，王氏本“顺”误作“慎”，则更增歧疑。成玄英所见本不误，成疏原不误，因牵合陆氏释文本，“貌”、“顺”形似而误。王先谦《集解》训“顺”为柔顺，是不知“顺”为误字而强解。李勉《庄子总论及分篇评注》云：“‘懁’，与环通；环，圆。顺圆，谓圆顺随从。‘达’，伸，直。言有外貌圆顺之人而内心则又刚直。”(见陈鼓应《庄子今注今译》第844页引)陈鼓应《庄子今注今译》云：“顺懁而达：外貌圆顺而内心直达。”(中华书局1983年版第844页)李勉、陈鼓应承袭王先谦说，解“顺懁”为“顺环”，强改成玄英疏以就己，不知“顺”当作“貌”，其说亦误。

利用古书注疏编写语文辞书释文稿，是一种行之有效的方法。但是，古书注疏亦有正有误，千万不能迷信而照搬照抄，这就需要辞书编写者予以分析研究，去粗取精，辨伪存真。台湾省编《中文大辞典》抄录日本编《大汉和辞典》，不知《庄子·列御寇》“有顺懁而达”句，当作“有貌懁而达”，却截取“顺懁”二字为词目，以致酿成整条释文错误，包括立目错误、释义错误、书证错误，作为辞书的效用就适得其反了。笔者在编写《汉语大词典》页部“顺”字头初稿时，经过如上的分析研究，就坚决摒弃了“顺懁”这一错误的词目。

(原载《语言研究集刊》第三辑，江苏教育出版社1989年版)

《说文》段注与苏南吴语俗语词比较研究

"方言口语忠实地保存了古词的音义。"(袁家骅《汉语方言概要》,文字改革出版社 1983 年版第 11 页)利用方俗语训释字义,注意到古今语言的纵向方面的音义联系和变化,这符合于历史唯物主义的发展观点。开发汉语方言中的语言宝藏,使之为训诂服务,这是一条很好的语言研究途径,值得语言工作者去努力开拓。清人段玉裁《说文解字注》一书中,就大量地采用"今俗语",特别是他长期生活所在地区的"江苏俗语"("江浙俗语"、"吴下俗语"、"苏常俗语"、"江东语"、"吴语"),实即苏南吴语,来训释古字古词的音义,取得了较好的效果。

一、直接用江苏俗语以证古字古词的意义

训释古代名物词,以今释古,以俗释雅,是最简便、直截的训释方法,能令读者彻然开悟。例如:

草部:"芧,草也。从草,予声。可以为绳。"段注:"《上林赋》:'蒋芧青薠。'张揖曰:'芧,三棱也。'郭璞音杼。按,三棱者,苏颂《图经》所谓'叶似莎草极长,茎三棱如削,高五六尺,茎端开花'是也。江苏芦滩中极多,呼为马芧。音同亡。茎可系物,亦可辫之为索。"按:汉时名芧,三国至宋时名三棱,清时名马芧,古今同实异名。

草部:"茆,凫葵也。"段注:"凫葵名茆,亦名莼,今之莼菜也。"

按：《诗·鲁颂·泮水》："思乐泮水，薄采其茆。"毛传："茆，凫葵也。"孔颖达疏："茆，江南人谓之莼菜。"《晋书·文苑传·张翰》云："翰因见秋风起，乃思吴中菰菜、莼羹、鲈鱼脍，曰：'人生贵得适志，何能羁宦数千里以要名爵乎！'遂命驾而归。"后因以"莼羹鲈脍"用为思乡辞官的典故。段氏以吴中俗语词"莼菜"来训释先秦古词"茆"、汉时古词"凫葵"，使读者觉得通俗易懂。

肉部："肘，臂节也。"段注："肱与臂之节曰肘。肘，今江苏俗语曰'手臂挣注'是也。"按：今苏南吴语谓肘为"手臂撑子"。段注之"挣注"，即"撑子"之转语耳。

竹部："籔，炊䉂也。"段注："籔即今之溲箕也。"

竹部："䉂，漉米籔也。"段注："今江苏人呼淘米具曰溲箕是也。"按：今苏南吴语称竹制淘米器具为筲箕，亦作稍箕，与溲箕音同。

竹部："笆，篅也。"段注："《广韵》：'笆，籧也。'按，今俗谓盛谷高大之器曰土籧。"

竹部："篅，以判竹圜以盛谷者。"段注："用竹籭圜其外，杀其上，高至于屋，盖以盛谷。近底之处为小户，常闭之，可出谷。今江苏谓之土籧是也。古曰笆。今江苏编稻草为之，容数石谓之笆。"按：篅，今苏南吴语音 zhān。笆，字改写作囤。

食部："餈，稻饼也。"段注："《方言》曰：'饵谓之糕，或谓之餈，或谓之铃，或谓之餣，或谓之饨，谓米饼也。'《周礼》：'糗饵粉餈。'注曰：'饵、餈，皆粉稻米黍米所为也。合蒸曰饵，饼之曰餈。糗者，捣粉熬大豆为饵，餈之黏著以粉之耳。饵言糗，餈言粉，互相足。'按，许说与郑不同，谓以稉米蒸孰，饼之如面饼，曰餈。今江苏之餈饭也。粉稉米而饼之而蒸之，则曰饵。鬻部云：'鬻，粉饼也。'是也。今江苏之米粉饼、米粉团也。"按：今苏南吴语谓用糯米蒸饭制成的糕点，曰餈粑，曰餈团。餈，字亦作糍。而用糯米粉制成的糕点，曰米粉饼，曰米粉团。

木部："栟榈也。从木，㚇声。可作草"段注："草部曰：'草，雨衣。一名衰衣。'按,'可作草'之文,不系於栟下,而系椶下者,此树有叶无枝,其皮曰椶,可为衰,故不系栟下也。椶本皮名,因以为树名,故栟椙与椶得互训也。张揖注《上林赋》曰:'并闾,椶也。皮可以为索,今之椶绳也。'《玉篇》云:'椶榈,一名蒲葵。'今按,《南方草木状》云:'蒲葵,如栟椙而柔薄,可为簦笠,出龙川。'是蒲葵与椶树各物也。谢安之蒲葵扇,今江苏所谓芭蕉扇也。"按:芭蕉扇,有人顾名思义,误以为用芭蕉叶所制,实为用蒲葵叶制成。又因为椶椙与蒲葵相似,椶椙亦一名蒲葵,有人即误以为用椶叶制成,故又误称椶扇。段注明确指出,芭蕉扇是蒲葵扇的俗称,且与椶椙无关。清方以智《通雅·植物》云:"陆友仁《砚北杂志》:'蒲葵扇,《唐韵》椶字注:蒲葵也,乃椶扇耳。'其误更甚……蒲葵扇,俗呼芭蕉扇,似其大叶耳,蒲葵与椶皆蕉本,而非一物。"可证。

木部:"楣,门枢之横梁。"段注:"椳言枢之下,楣言枢之上。门上为横梁,凿孔以贯枢,今江浙所谓门龙也。"

匕部:"匙,匕也。"段注:"今江苏所谓搽匙,汤匙也,亦谓之调羹。"按:今江阴一带亦谓之料勺,即"调羹"语之变转耳。

水部:"泭,编木以渡也。从水,付声。"段注:"《方言》曰:'泭谓之𥴖,𥴖谓之筏。筏,秦晋之通语也。'《广韵》曰:"大曰𥴖,曰筏,小曰泭。'按,《论语》'乘桴於海',假桴为泭也。凡竹木芦苇皆可编为之,今江苏、四川之语曰𥴖。"按:𥴖,今亦作排。唐慧琳《一切经音义》引《集训》云:"缚竹木浮于水上运载,名之为'拔',南土吴人或谓之'簰',即筏也。簰音排。"宋苏轼《录进单锷〈吴中水利书〉》:"後之商人,由宣歙贩卖簰木,东入二浙,以五堰为艰阻。"清乐钧《木簰行》:"木簰来,民船惊。"今苏南吴语通称为木排、竹排。排、𥴖、簰、拔、筏、桴、泭,皆为一声之转,且字异而义同,实为一组同源字。

鱼部:"鮸,鮸鱼也。"段注:"按,今江浙人所食海中黄花鱼,乾之为白鲞,即此鱼也。"

女部:"姎,女人自称姎我。从女,央声。"段注:"姎我联文,如吴人自称阿侬耳。"按:《尔雅·释诂》:"卬,我也。"郭璞注:"卬,犹姎也,语之转耳。"《玉篇·人部》:"侬,吴人称我是也。"《尔雅·释诂》"阳,予也"晋郭璞注:"《鲁诗》云:'阳如之何?'今巴、濮之人自呼阿阳。"郝懿行义疏:"阿即我也。《魏志·东夷传》云:'东方人名我为何。'"姎我、阿侬,均为两个自称代词的同义连文。阿侬,犹我侬。今苏南吴语自称谓之"卬侬"(áng nèn),亦一语之变转耳。

虫部:"蛓,毛虫也。从虫,𢦏声。读若笥。"段注:"按,今俗云刺毛者是也。"按:《尔雅·释虫》:"蛅,毛蠹。"郭璞注:"即蛓。"邢昺疏:"蛅,一名毛蠹,即蛓也。《说文》云:'蛓,毛虫。'今俗呼为毛蛓,有毒,螫人。《楚辞》云:'蛓缘兮我裳。'是也。"清顾张思《土风录》卷五:"夏秋间有毛虫,食树叶,名蛓毛虫。蛓音刺。"清朱骏声《说文通训定声·颐部》:"蛓,毛虫也。苏俗谓之刺毛,食木叶,有角,其毛螫人。"刺毛,即毛蛓之倒言。蛓字生僻,刺字常见,用俗语词刺毛释蛓,更通俗易懂。

虫部:"蜋,堂蜋也。从虫,良声。一名斫父。"段注:"堂埌,臂有斧,能斫,故曰斫父。郭云:'江东呼为石蜋。'石即斫。今江东呼斫郎。"按:明李时珍《本草纲目·虫一·螳螂桑螵蛸》:"螳螂,两臂如斧,当辙不避,故得'当郎'之名,俗呼为刀螂。"斫父、斫郎、刀螂,其命名之意相同。

虫部:"蛘,姑蛘,强羊也。"段注:"盖今江东人谓麦中小黑虫为羊子者是也。"按:清朱骏声《说文通训定声·随部》:"米麦中小黑虫。今苏俗谓之翼子,其大者则曰乌甲虫。"翼子、羊子,亦语之转耳。

虫部:"蟠,鼠妇也。"段注:"《释虫》曰:'蟠,鼠妇。'郭璞曰:'瓮器底虫。'按,此湿生虫,今苏州人所谓鞋底虫也。"按:清朱骏声《说文通训定声·乾部》:"按即《诗》之伊威也,《诗》陆(陆玑)疏:'伊威,一名委黍,一名鼠妇,在壁根下、瓮底土中生,似白鱼者是。'今苏俗谓之草鞋虫,大者长半寸许,背有横文,腹下多足,井中亦有之,大抵湿生也。"鞋底虫、草鞋虫,其命名之意实同。

黽部："鼃，虾蟆属。"段注："鼃者，《周礼》所谓蝈，今南人所谓水鸡，亦曰田鸡。"按：清朱骏声《说文通训定声・解部》："鼃，以脰鸣者，苏俗谓之田鸡，扬州谓之水鸡。"《光绪江阴县志》卷十《物产・虫之属》："蛙；俗名田鸡，又名护谷虫，有功田禾，不可食。"顾颉刚辑《吴歌甲集・策铛铛》："田鸡烧香，白鸽插香。"原注："田鸡，即青蛙。"

鸟部："鸬，鸬鹚也。"段注："今江苏人谓之水老鸦，畜以捕鱼。"按：《重修丹阳县志》卷二九："鸬鹚曰水老鸦。"老鸦，即乌鸦，羽色乌黑，巢于高树。鸬鹚，即鱼鹰，羽毛黑色，长喙微曲，似乌鸦，而善没水取鱼，故名水老鸦。今江阴、张家港一带称乌鸦曰老乌（lǎo wò），鸬鹚曰水老乌（shuǐ lǎo wò）。

土部："塍，稻田中畦埒也。"段注："今四川谓之田绳子，江浙谓之田緪。緪亦绳也。"

土部："埂，秦谓坑为埂。从土，更声。读若井汲绠。"段注："若《广韵》曰：'吴人谓堤封为埂。'今江东语谓畦埒为埂，此又别一方语，非许所谓。"按：《广韵》上声梗韵："埂，古杏切，堤封，吴人云也。"埂读若绠，绠亦绳也。绠緪声近义同。绠是埂的语源。田緪、田绠，均是田埂的异形词。

酉部："醴，酒一宿孰也。"段注："《周礼・酒正》注曰：'醴犹体也。成而汁滓相将，如今恬酒矣。'按，汁滓相将，盖如今江东人家之白酒。滓即糟也。滓多。故酌醴者用柶。醴甘，故曰如今恬酒，恬即甜也。许云'一宿孰'，则此酒易成与！"按：《汉书・楚元王交传》："元王每置酒，常为穆生设醴。"唐颜师古注："醴，甘酒也。少曲多米，一宿而熟。"按，醴，味甘，故称甜酒；其酿造原料"少曲多米"，故称米酒；酿成后，"汁滓相将"，其色乳白，故称白酒。《光绪江阴县志》卷十《物产・货之属》："酒，杜酒甘醇，百花芳冽，馀名类甚多，概曰白酒。"今苏南吴语称家酿米酒为老白酒。

《说文》段注中，往往用俗语词训释某些动词、形容词，起到了形象生动、通俗易懂的效果。例如：

草部："莳，更别种。从草，时声。"段注："《方言》曰：'莳，立也。莳，更也。'《尧典》：'播时百谷。'郑读时为莳。今江苏人移秧插田中曰莳秧。"按：北魏贾思勰《齐民要术·种谷楮》："移栽者，二月莳之。"《太仓州志·风土》："插秧曰莳。"《吴歌新集·莳秧要唱莳秧歌》："莳秧要唱莳秧歌，两手弯弯莳六棵。"《广雅·释地》："植、莳，种也。"清王念孙疏证："《方言》：'莳、殖，立也。莳，更也。'《说文》：'莳，更别种也。'莳、殖声相近，故播殖亦谓之播莳。"按，殖植字异而义同。移栽树苗曰植树，移栽秧苗曰莳秧，莳与植，一声之转耳。

八部："别也。象分别相背之形。"段注："此以双声叠韵说其义。今江浙俗语以物与人谓之八，与人，则分别矣。"按："以物与人谓之八"的语源为"畀"。《尔雅·释诂》："畀，予也。"《玉篇·丌部》："畀，相付也，与也。"《诗·鄘风·干旄》："彼姝者子，何以畀之？"朱熹集注："畀，与也。"在苏南吴语中，"八"音转为把、拨、贩。《儒林外史》第四十七回："虞家小厮又悄悄的从后门叫了卖草的，把他四个钱。"《海上花列传》第二回："耐想拿件湿布衫拨来别人著仔。"《嘉定县续志·方言》："俗言以物与人曰拨。"章炳麟《新方言·释词》："今凡与物予人者，通语曰给，淮西、淮南、吴、越皆云贩，音转如把，或转如伯。"按，畀、八、把、拨、贩，皆一声之转，并字异而义同。

克部："克，肩也。"段注："《周颂》传曰：'仔肩，克也。'人部曰：'仔，克也。'此曰：'克，肩也。'然则《周颂》'仔肩'累言之，毛谓二字皆训克也。肩谓任，任事以肩，故任谓之肩，亦谓之克。《释诂》云：'肩，克也。'又曰：'肩，胜也。'郑笺云：'仔肩，任也。'许云：'胜，任也。任，保也。保，当也。'凡物压于上谓之克，今苏常俗语如是。"按：清朱骏声《说文通训定声·颐部》："克𠅏𠅏，肩也。按，以肩任物曰克。物高于肩，故从高省，下象肩形。古文亦象肩形。今苏俗负小儿于背，语儿云：'克在肩上。'犹有此言。"高晓声《蜂花》："苗顺新自己，在文化大革命中吃了点苦头以後，发现自己的技术发展到了自搬砖头克脚板的地步。”

㝱部：“寣，卧惊也。”段注：“《广雅》曰：‘寣，觉也。’义相近。今江苏俗语曰睡一寣。”按：清钱大昕《恒言录》卷二：“寣，与忽同。吴中方言，睡一觉谓之一忽。林酒仙诗：‘长伸两脚眠一忽，起来天地还依旧。’是也。按，《说文》：‘寣，卧惊也。’《广韵》：‘寣，睡一觉也。’寣与忽同音，当用寣字为正。”《光绪川沙厅志》：“卧觉曰一寣。”胡祖德《沪谚外编·十苦恼》：“日中稍稍困一寣，起来就要舂石膏，真苦恼。”按，段注云“睡一寣”，其中“一寣”是江苏俗语词，“睡”是官话词。段注是用官话行文，而不是吴方言作品，只是往往用吴方言俗语词来训释古字古词。试将段注云“睡一寣”，与《广韵》云“睡一觉”、林酒仙诗云“眠一忽”、《沪谚外编》云“困一寣”作相互比较，就能更好地深入理解“一寣”的含义。

丵部：“丵，丛生草也。象丵岳相并出也。读若浞。”段注：“谓此象形字也。丵岳叠韵，字或作嶷岳。吴语不经见者谓丵岳。”按：清吴颖芳《说文理董》云：“丵岳，相并众出貌，丵通族，岳岳角并出也。”（转引自符定一《联绵字典》子集）这是训释丵字本义。丵岳，亦作嶷岳，形容山峰高峻貌，引申为卓越出众。卓越出众者总是少数，不常见，故吴语谓不常见者为丵岳。

尢部：“尲，尲尬，行不正也。从尢，兼声。”段注：“今苏州俗语谓事乖剌者曰尲尬。”按：明李诩《戒庵老人漫笔》卷五《今古方言大略》：“尴尬，上音兼，下音介，今人呼事在成否两难者为尴尬，按字书曰‘行不正也’。”清朱骏声《说文通训定声·谦部》：“尲，不正也。从尢，兼声。行不正曰尲尬。今苏俗谓事乖剌难处曰尴尬。字俗作尴。”按，今吴语尴尬二字音 gān gà，而不读 jiān jià。尴尬一词进入民族共同语后，其读音仍从吴语音。

二、依据《说文》，为一些俗语词求本字，推语源

先师徐复先生说："求本字，推语源，为语言研究之极致。"(《〈广雅诂林〉前言》，见徐复主编《广雅诂林》，江苏古籍出版社 1992 年版"前言"第 8 页)段注用苏南吴语俗语词训释《说文》古字古词时，又依据《说文》原有的说解和注音，为其中的一些俗语词求本字，推语源，使读者进一步加深理解对古字古词的训释。苏南吴语俗语词，往往是用吴语方音记录，而且其中多数还是用同音替代字记其音。如果仅仅据字形进行索解，那就很可能会郢书燕说，窒碍难通。段氏则以声音通训诂，斟酌古今，融通雅俗，求本字，推语源，多独创，尤微至，使一些难以训释的古字古词，也就易于理解了。例如：

十部："斟，斟斟，盛也。从十，甚声。汝南人名蠶盛曰斟。"段注："小徐曰：'《诗》："宜尔子孙蛰蛰兮。"毛曰："蛰蛰，和集也。"与斟斟义近。'此汝南方言也。今江苏俗语多云'密斟斟'，音如蛰。"按：密斟斟一语，形容密集、密聚，苏南吴语记其音，或作密匝匝、密拶拶、密挤挤，或作密搓搓，或作密层层、密丛丛，等等。斟、匝、拶、挤，上古音同为精母字，搓为清母字，层，从同为从母字，均为正齿音。因此，匝匝、拶拶、挤挤，均为斟斟一声之转；搓搓与层层、丛丛，均为斟斟一语之变转。上举所有重言形况字，其语源为斟斟，其本字为斟。

䰜部："䰖，键也。从䰜，古声。"段注："䰖，《释言》：'餬，饘也。'当作此字。今江苏俗粉米麦为粥曰餬。"按：䰖，稠粥。䰖字生僻，苏南吴语作餬、糊。《尔雅·释言》："餬，饘也。"郭璞注："餬，糜也。"邢昺疏："餬饘粥糜，相类之物，稠者曰糜，淖者曰粥，餬饘是其别名。"餬，《说文·食部》："餬，寄食也。从食，胡声。"《方言》卷二："餬，寄也，寄食为餬。"餬的本义是寄食，不训稠粥。糊，《说文》无，是个后起字。《玉篇·䰜部》："䰖，或作糊。"《集韵》平声模韵："糊，

煮米及面为粥。"可证。《西游记》第六九回:"滑软黄粱饭,清新菰米糊。"餬、糊的本字当如段氏所说为鬻。

䰜部:"鬻,炊釜沸溢也。从䰜,孛声。"段注:"今江苏俗谓火盛水沸溢出为铺出,鬻之转语也,正当作鬻字。"按:鬻字生僻,苏南吴语作铺、潽。《嘉定县续志·方言》:"塌塌鬻,俗状溢貌也。鬻,俗读如铺。"章炳麟《新方言·释器》:"今谓釜沸水溢出为鬻,读若铺,孛声字今多转为铺蒲。"杨树达《积微居小学金石论丛·长沙方言续考》:"今长沙亦言水铺出。"《现代汉语词典》(修订本)第987页:"潽 pū,液体沸腾溢出。"铺、潽,均为鬻之转语,本字正当作鬻字。

肉部:"膷,干鱼尾肃肃也。从肉,肃声。《周礼》有'腒膷'。"段注:"肃肃,干貌。今俗尚有'干肃肃'之语。《风俗通》说夏马'掉尾肃肃',古言也。《庖人》、《内则》注曰:'鱐,干鱼。'《边人》注曰:'鱐者,析干之,出东海。'"按:苏南吴语言"干肃肃"、"干索索"、"干飕飕"、"干啾啾",犹言干燥。例如:宋僧师明集《续古尊宿语要(四)·山堂洵禅师语》:"祈雨云:拽回天关,踏翻地轴,拄杖化为龙,一雨沛然足,在坑满坑,在谷盈谷。大众:既然如是,为什么者里干索索地? 良久云:知恩者少。"清汪缙《喜雨放歌》:"五月初旬连日风,河里水浑溪半涸。正是农夫下种时,石上如何插华药? 桔槔昼夜不曾停,一阵风来干索索。"王君纲辑《吴歌丙集·东一闪》:"东一闪,西一闪,明朝起来干索索。"明冯梦龙《山歌·鱼船妇打生人相骂》:"别人家个婆娘穷做穷干啾啾缩在窠里,并弗曾恬臀鸟能介着处奔。"按,段注云:"肃肃,干貌。"肃 sù《广韵》息逐切,上古音属心母、觉部。肃有干义。《礼记·月令》:"季春行冬令,则寒气时发,草木皆肃。"郑玄注:"肃,谓枝叶缩栗。"孔颖达疏:"缩栗,言枝叶减缩而急栗。"实即枝叶干枯萎缩。鱐,《周礼·天官·庖人》:"夏行腒鱐。"郑玄注引郑司农云:"鱐,干鱼。"《玉篇·肉部》:"膷,干鱼也。"肃,语转为索。索 suǒ《广韵》苏各切,上古音属心母、铎部。肃索双声,韵部觉铎旁转,实为一声之转,故"干肃肃"作"干索索"矣。肃,语转为脩。脩 xiū《广韵》息流切,上古音属心母、幽部。脩有干义。《说文·肉部》:“脩,脯也。脯,干肉也。”《诗·王风·中谷有蓷》:“中谷有蓷,暵其脩矣。”毛传:“脩,且干也。”《释名·释饮食》:“脩,脩缩也,干燥而缩也。”《正字通·肉部》:“脩,肉条割而干之也。”肃脩双声,韵部觉幽对转,实为一声之转。脩转为啾。啾 jiū《广韵》即由切,上古音属精母、幽部。啾脩叠韵,声母精心为旁纽双声。啾肃,声母精心为旁纽双声,韵部觉幽对转。故“干肃肃”亦作“干啾啾”矣。肃,语转为飕。飕 sōu《广韵》所鸠切,上古音属山母、幽部。飕,从风,叟声。《释名·释亲属》:“叟,老者称也。叟,缩也,人及物老,皆缩小于旧也。”谓人及物老者敛缩干瘦。《现代汉语词典》(修订本)第 1202 页:“飕 sōu(方)风吹(使变干或变冷):别让风飕干了。”今苏南吴语云“干飕飕”或“飕干”,均为形容词语,义即干燥。肃飕声母心山准双声,韵部觉幽对转。上举重言形况字,“索索”为“肃肃”一声之转,“飕飕”、“啾啾”为“肃肃”一语之变转。

食部:“餲,饭餲也。从食,曷声。《论语》曰:‘食饐而餲。’”段注:“饭餲者,谓饭久而味变,餲之言郁也。今江苏俗云‘餲生’,当作此字。《乡党篇》‘食饐而餲’,孔曰:‘饐餲,臭味变也。’皇侃云:‘饐谓饮食经久而腐臭也,餲谓经久而味恶也。’是则孔注本作‘饐,臭;餲,味变也’。”按:清朱骏声《说文通训定声·泰部》:“餲,疑与馊同字,饭伤热也。今苏俗谓之馊。《尔雅·释器》:‘食饐谓之餲。’注:‘饭馊臭。’”《尔雅·释器》“食饐谓之餲”释文引《苍颉篇》:“馊,食臭败也。”清朱珔《说文假借义证》:“案,《字林》云:‘饐,伤热湿也。’混饐于馊。《尔雅·释器》:‘食饐谓之餲。’又混饐于餲。盖析言之为三,统言之则可通借。”《说文·食部》“饐,饭伤湿也”清王筠句读:“《字苑》:‘饐,饭馊臭。’”餲、馊、饐三字,上古音均属影母,实为一声之转。今苏南吴语谓饭菜等变质而发出酸臭味,犹言“餲馊”,亦作“隔宿”(gé xiū)。段注所云“餲生”,实即“餲馊”一语之转。“隔宿”(gé xiū),亦“餲馊”一语之变转,而非相隔一夜之义。相隔一夜,苏南吴语口语说“隔夜”,不说“隔宿”。

口部："囡，下取物缩藏之。从又，从口。读若聂。"段注："谓摄取也。今农人罱泥，罱即囡之俗字。"按：罱河泥是苏南农家一种常见的积肥劳作。《吴歌·长工谣(二)》："长工做到二月中，罱泥船出浜到湖中。"《红旗歌谣·月下水底掏黄金》："天河星星亮晶，罱河泥船数不清。"今苏南吴语罱河泥之"罱"音 niǎn，字亦径写作"捻"。《现代汉语词典》(修订本)第 928 页："捻(niǎn)〈方〉罱：捻河泥。"罱、捻与囡，均为双声，实为一声之转。罱、捻的本字即囡。

禾部："穮，槈鉏田也。从禾，麃声。《春秋传》曰：'是穮是衮。'"段注："穮者，耘也，非耕也。《左传》：'是穮是蔉。'杜云：'穮，耘也。'许云'槈鉏田'者，槈，薅器也。鉏，立薅斫也。薅者，披田草也。或槈其田，或鉏其田，皆曰穮。今吴下俗语说用鉏曰暴，即此字也。"按：《广韵》平声宵韵："穮，除田薉也。亦作穮。"《集韵》平声爻韵："穮，耕也。"或耘田除草，或锄地翻土，皆曰穮。苏南吴语记其音曰暴。字亦作铇、刨。例如：元无名氏《冻苏秦》楔子："若要富，土里做；若要烧，土里铇。"元秦简夫《东堂老》第一折："开田地，广锄铇。"元石君宝《秋胡戏妻》第二折："农家只得锄铇力，凉酸酒儿喝一盆。"《西游记》第一回："众猴果去采仙桃，摘民果，刨山药，劚黄精。"穮与暴、铇、刨，上古音声母均唇音，分属帮母与並母，帮並为旁纽双声。暴、铇、刨的本字即穮。

禾部："秕，不成粟也。从禾，比声。"段注："按，今俗呼谷之不充者曰瘪，补结切，即秕之俗音、俗字也。"按：清朱骏声《说文通训定声·履部》："秕，今苏俗呼谷不充者曰瘪谷，盖即此字，字亦以粃为之。"章炳麟《新方言·释植物》："秕，不成粟也。今谓不成粟者为秕谷，俗字作瘪。"明徐光启《农政全书》卷十一："盖麦花夜吐，雨多花损，故麦粒浮秕也。"清顾禄《清嘉录·秋毂碌收秕谷》："立秋日雷鸣，主稻秀不实，谚云：'秋毂碌，收秕谷。'"鲁迅《呐喊·故乡》："沙地上，下了雪，我扫出一块空地来，用短棒支起一个大竹匾，撒下秕谷。"苏南吴语秕字俗音同瘪。瘪是俗音俗字，其本字为秕。

疒部:“疛,腹中急痛也。从疒,丩声。”段注:“今吴俗语云绞肠刮肚痛,其字当作疛字。古音读如纠。《释诂》云:‘咎,病也。’咎盖疛之古文假借字。”按:清朱骏声《说文通训定声·孚部》:“疛,腹中急也。从疒,丩声。按,丩亦意。今俗所谓绞肠痧也。”《广韵》上声巧韵:“疛,腹中急痛。俗作疞。”汉张仲景《金匮要略·妇人产后病脉证治》:“产后腹中疛痛,当归、生姜、羊肉汤主之。”集注引程林曰:“产后血虚有寒,则腹中急痛。”明朱右《樱宁生传》:“童氏妇,年三十,每经水将来,三五日前,脐下疛痛如刀刺状。”疛与绞,同为《广韵》上声巧韵“古巧切”,同音jiǎo,故“疛痛”亦作“绞痛”。晋葛洪《抱朴子·至理》:“当归、芍药之止绞痛。”清陆以湉《冷庐杂识·干霍乱》:“干霍乱,心腹绞痛,欲吐不吐,欲泻不泻,俗名绞肠痧,不急救即死。”绞肠痧,霍乱病的俗称,中医指不吐不泻而腹中急痛者。绞肠痧、绞肠刮肚痛、腹中绞痛,由于某些病症引发的腹中急痛,这类病症的本字即疛。

水部:“涿,流下滴也。从水,豖声。”段注:“《周礼·壶涿氏》注:‘壶,瓦鼓也。涿,击之也。’按,击瓦鼓之声如滴然。故曰壶涿。今俗谓一滴曰一涿,音如笃,即此字也。又作沰,音当洛反。《广雅》:‘沰,磓也。’崔寔书:“上火不落,下火滴沰。’《周礼·掌舍》注云:‘柜受居溜水涑橐者也。’橐即沰之假借。”按:清朱骏声《说文通训定声·需部》:“涿,《广雅·释诂二》:‘渍也。’俗字作沰。今苏俗语如笃,谓雨声滴沰也。按《周礼》‘壶涿氏’,是本字本义。”汉崔寔《四民月令》:“上火不落,下火滴沰。”清翟灏《通俗编·声音》:“言丙日不雨,则丁日有雨,其声滴沰然也。”《江阴县续志》:“落雨之声曰滴沰。”《吴歌·送姐》:“来到秋分交白露,等伊‘咳汤咳汤’吐脱三笃四笃红馋唾。”王翼之辑《吴歌乙集·天上星》:“老鸡头上一笃血,嫩拔公公吃。”原注:“一笃,即一滴。”沰、笃与涿,声母同属端母,实为一声之转;其韵部份属铎韵、觉韵与屋韵,互为旁转。沰、笃为俗字,涿为本字。涿与滴,声母亦同属端母为双声,韵部为屋锡旁转,实为一声之转,故涿与滴音近义同。

雨部："雺，雨雺也。"段注："此下雨本字，今则落行而雺废之。"按：清朱骏声《说文通训定声·豫部》："雺，雨霝也。从雨，各声。今以零落字为之。《广雅·释诂二》：'雺，堕也。'《释训》：'雺雺，雨也。'亦重言形况字。"《玉篇·雨部》："雺，雨雺也。或作落。"清顾禄《清嘉录·麦秀寒》："种菜哥儿要落雨，采桑娘子要晴干。"刘复辑《江阴船歌·今朝天上满天星》："今朝天上满天星，明朝落雨勿该应。"王君纲辑《吴歌丙集·天老爷》："天老爷，拜拜倷，嫑落雨，明朝替倷敲木鱼。"雺与落，音切同为《广韵》入声铎韵"卢各切"，同音 luò。《广雅·释诂》："雺，堕也。"王念孙疏证："雺，通作落。"在下雨这一意义上，落是同音通假字，雺是本字本义。

雨部："霩，雨濡革也。从雨革。读若膊。"段注："雨濡革则虚起，今俗语若朴。匹各切。霸字以为声。"按：清朱骏声《说文通训定声·豫部》："霩，雨濡革也。从雨，从革。会意。读若膊。革濡则虚起，今苏俗语音如朴。"清梁同书《直语补证》："俗以物着湿雹凸隆起谓之霩。《说文》注：皮革得雨，霩然起也，普恶反。"霩的同源字頢，俗作奤。《广韵》入声铎韵："頢，面大貌。匹各切。奤，俗。"《定海县志·方俗》："按，俗凡涨大皆谓之奤，如言发奤。又鼓腮曰嘴巴奤起。亦作頢。"《嘉定县续志·方言》："奤，俗言涨大也，如曰发奤。《集韵》普伴切，俗谈如朴。"长篇苏州评弹《三笑》第二五回："就换了一支笔梗粗、笔头大的笔，在墨盆边上将墨膏'得儿——'一卷，都卷在笔头上，然后往放天泉水的杯子里一凿，再提起来，笔头已发'扑'，像大号木鱼柱那么一个，墨水淋漓'的的嗒嗒'滴下来。"原注："扑：涨开。"按，段注明言霩"今俗语若朴，匹各切"，而霪、膊、頢、奤，亦音"匹各切"(见《广韵》入声铎韵)，均为滂母铎部，同音 pò。朴、扑音切，同为滂母屋部，与霩双声，韵部屋铎旁转，吴俗音 pò。霩、霪、膊、頢、奤、朴、扑，字异而义同。就皮革沾雨受潮而膨胀隆起之义而言，则霩字为本字本义。

土部："坋，尘也。从土，分声。"段注："凡为细末糁物若被物者，皆曰坋。……其音则《后汉·东夷传》注引《说文》蒲顿反为长。

今俗语如蓬去声。”按:章炳麟《新方言·释地》:“今江浙谓尘为蓬尘。”《吴县志·风俗二》:“灰尘曰蓬尘。”原注:“《汉书·贾山传》:‘蓬颗蔽冢。’晋灼曰:‘东北人名土块为蓬头。’今浙西谓尘为蓬尘,与墣、坋、坒皆声之转。蓬又作埲。《广韵》:‘塕埲,尘起。蒲蠓切。’吴俗谓尘垢飞起为埲起。”《敦煌变文汇录·伍子胥变文(乙)》:“燕山勒颂知何日,冒染蓬尘双鬓秋。”明冯梦龙《山歌·竹夫人》:“一射射我来门阁落里,累子我满身个蓬尘。”《孽海花》第二一回:“崩的一声,震得顶格上蓬尘都索索的落下来。”顾颉刚辑《吴歌丁集·山歌勿唱忘记肚》:“田横头勿出仔爬藤草,傢生勿用蓬尘多。”原注:“蓬尘,灰尘也。”蓬亦作塳。明孙楼《吴音奇字·地理门》:“塳,音蓬,尘也。”《嘉定县续志·方言》:“塳尘,俗呼尘也。《字汇》:‘塳,音蓬,尘随风起也。’”胡祖德《沪谚》卷下:“桃花落拉烂泥里,打麦打拉塳尘里。”又《沪谚外编·儿童上学歌》:“今日轮当值日生,揩台扫地拌塳尘。”从语音上说:“坋,今俗语如蓬去声。”“塳,音蓬。”“蓬又作埲。”坋、塳、埲、蓬,字异而义同。就其灰尘、尘土之义而言,则坋字为本字本义。

瓦部:“瓪,败瓦也。从瓦,反声。”段注:“今俗所谓瓦瓪是此字也,今人语如办之平声耳。”按:清朱骏声《说文通训定声·乾部》:“瓪,谓破瓦。今苏俗瓦爿字当作此,俗呼爿如办平声。”《吴县志·风俗二》:“碎瓦曰瓦瓪。”今苏南吴语谓破碎的瓦片为瓦瓪。胡祖德《沪谚外编·庵堂相会》:“瓦爿也有翻身日,困龙终有上天庭。”茅盾《秋收》:“阿四随手拾起一块碎瓦爿来赶走那乌鸦。”长篇苏州评弹《白蛇传·投书》:“阿喜晓得王永昌做人刻薄吝啬,一个铜钱看得像瓦爿那么大。”引申之,今苏南吴语亦称缸、盆、碗等瓦器的碎片为爿,例如:《隋唐演义》第七回:“拿一片破缸爿,挡着壁缝里风。”《何典》第一回:“剃头人便把他兜头一勺冷水,拿起缸爿来就剃。”

三、以《说文》与江苏俗语相证发，阐明语言之流变

词是语言中最小的能独立运用的结构单位，因此语词是语言中最活跃的因素，它总是处在不断的生灭变化和新陈代谢状态之中。段注利用清代苏南吴语“今俗语”，为一千七百多年前《说文》的古字古词训释音义，实际上也就是将此二者作历时性的比较研究。段玉裁云：“小学有形有音有义，三者互相求，举一可得其二；有古形有今形，有古音有今音，有古义有今义，六者互相求，举一可得其五。”（《广雅疏证序》）《说文》的古字古词与吴语俗语词，在历史的长河中，它们总是不断地相互联系，相互影响，相互渗透，相互印证。在此二者的古今之间，在其形音义各方面，段氏在具体的训释中，能进一步用历史发展的观点进行时空对比，互相证发，以揭示清代苏南吴语俗语词与《说文》的古字古词在形音义各方面的差异和变化，使这一训释方式成为汉语词汇史研究中的一个重要方法，并以此阐明语言之流变。

（一）古今语转和音变

俗语词与古语词的差异和变化，首先表现在读音方面。这其中不仅有古今之变，雅俗之分，更有文白异读，连读变调，等等。这里，我们只讨论古今语转和音变现象。

水部：“涫，灊也。从水，官声。”段注：“《春秋繁露》：‘燔以涫汤。’《韩诗外传》作‘沸汤’。然则涫、沸一也。《周礼注》曰：‘今燕俗名汤热为观。’观即涫。今江苏俗语灊水曰滚水，滚水即涫，语之转也。”按：清朱骏声《说文通训定声·乾部》：“涫，俗字作滚，苏俗音转如衮。《史记·龟策传》：‘肠如涫汤。’”今苏南吴语谓水煮沸翻腾曰滚。滚，《说文》无，是个后起字。宋庞元英《谈薮》：“俗以汤之未滚者为盲眼，初滚曰蟹眼，渐大曰鱼眼。”《朱子语类》卷十：“譬之煎药，须是以大火煮滚，然後以慢火养之。”按，滚 gǔn《集韵》上声混韵“古本切”，上古音属见母、文部；涫 guàn《文韵》上声换韵

"古玩切",又平声桓韵"古丸切",上古音属见母、元部。滚涫同属见母为双声,韵部文元旁转,实为一声之转,滚即涫字语转而字异耳。苏南吴语称沸水为滚水。《儒林外史》第五十回:"老先生的事,只怕也就是'滚水泼老鼠'了。"《红楼梦》第五四回:"一个老婆子提着一壶滚水走来。"林宗礼、钱佐元辑《吴歌己集·我有山歌和你较》:"若有山歌较不过你,滚水锅里走一遭。"

虫部:"蝓,虒蝓也。从虫,俞声。"段注:"虒蝓读移臾二音,今生墙壁间湿外,无壳,有两角,无足,延行地上,俗呼延游,即虒蝓古语也。"按:清朱骏声《说文通训定声·需部》:"蝓,虒蝓也,今苏俗谓之延游,语之转也。其有壳者如螺,古亦谓之蠃,即蜗牛也,苏俗谓之背包延游。"苏南吴语称蜒蝓为延游,字亦作沿游、蜒蚰、蜒蝤。明李时珍《本草纲目·虫四·蜗牛》[集解]引大明曰:"此即负壳蜒蚰也。"《光绪江阴县志》卷十《物产·虫之属》:"蜒蝓,俗名沿游。"江阴市月城镇编写《月城志·方言词》:"背包蜒蚰——蜗牛。"王君纲辑《吴歌丙集·乖乖乖》:"乖乖乖,蜒蝤吃百脚。"段注云:"虒蝓读移臾二音。"此实为《尔雅》郭璞注音。《太平御览》卷九四七《虫豸部四·蜒蝓》:"《尔雅》曰:'蚹蠃,蜒蝓。'郭璞曰:'音移臾,即蜗牛也。'"今本《尔雅》已夺"音移臾"三字。蜒蝓延游,四字都属喻母。蜒蝓、延游,都是双声连语。蝓、游同属喻母为双声,韵部分属鱼部、幽部,鱼幽旁转。延游是苏南吴语中保留下来的古老语词,而《说文》说解词中的虒蝓,实为延游一语之转。

须部:"须,颐下毛也。从页彡。"段注:"引伸为凡下垂之称。凡《上林赋》之'鶡苏'、《吴都赋》之'流苏',今俗云'苏头',皆即须字也。"按:清钱大昕《恒言录》卷五:"苏,挚虞《决疑要注》:'凡下垂者为苏。'按,吴人读苏为胥,故姑苏曰姑胥。给缕下垂谓之胥头,即古之流苏也。"清阮常生按:"髭须字吴人却读如苏。胥、苏二音本相转。"清翟灏《通俗编·服饰》:"俗呼緌帨之蕊曰苏头,又吴音苏须同呼,亦曰须头,皆即流苏之义。"清朱骏声《说文通训定声·需部》:"须[转注]为凡下垂之称。《尔雅》:'台,夫须。'按,即莎草也，其形扶苏下垂，可为蓑衣。夫须，亦双声连语。《子虚赋》：'靡鱼须之橈旃。'《吴都赋》：'旂鱼须。'按，如鱼尾之垂也。此义后人皆以苏为之。《史记·司马相如传》：'蒙鶡苏。'集解：'尾也。'《吴都赋》：'构流苏。'注：'谓剪缯彩垂于彫文之楼也。'今吾乡凡束彩线下垂为饰者，俗曰苏头，皆须字也。须苏双声。"苏南吴语"苏胥同呼"、"须读如苏"，至今犹然。《吴县志·风俗二》："谓绦帨之蕊曰苏头。晋挚虞《决疑要录》曰：'流苏者，缉鸟尾，垂之若流然，以其蕊下垂，故曰苏。'按，吴音苏胥同呼，故姑苏一作姑胥。"因此，在苏南吴语口语中，凡胡须、牙须、髭须、根须、须头中的"须"字都音"苏"；有时，书面作品但记其音，就干脆写作胡苏、牙苏、苏头等。例如：顾颉刚辑《吴歌丁集·髭须白牙牙》："髭须白牙牙，倪子七八百，教我穷爷那亨过日脚！"原注："髭须，音租苏。"又，清胡文英《吴下方言考》卷三："吴中名草末为草苏头，亦曰草苏。"苏州评弹《玉蜻蜓·看龙船》："扇子塞在衣袖里，一蓬杏黄苏头露在外边。"长篇苏州评弹《三笑》第十二回："先生年纪大，胡苏长了，而且白了。"苏州市文联《苏州谚语选·附录》："胡苏，须的俗称。"又，清顾禄《清嘉录·老虎头老虎肚兜》："乙威曾不露全身，一例牙须巧制新。"《何典》第六回："生副吊蓬面孔，两只胡椒眼，一嘴仙人黄牙须。"牙须，俗音读如"牙苏"（yá sōu）。袁家骅等《汉语方言概要》第五章三《吴方言词汇特点》："ŋɑ səu 牙须。胡须。"江阴市月城镇编《月城志·方言词》："牙苏——胡须。"从语音上分析，苏 sū《广韵》平声模韵"素姑切"，上古音属心母、鱼部；须 xū《广韵》平声虞韵"相俞切"，上古音属心母、侯部。苏须同属心母为双声，韵部鱼侯旁转，实为一声之转。

隹部："雒，忌欺也。从隹，各声。"段注："《释鸟》曰：'鵅，鵋鶀。'《玄应》引作'忌欺'。《释鸟》又曰：'怪鸱。'舍人曰：'谓鵂鹠也。南阳名钩鵅，一名忌欺。'然则忌欺与怪鸱一物。鵅即雒字，各家音格，但今江苏此鸟尚呼钩雒鸱。雒音同洛，则音格者南北语异耳。"按：钩鵅，中原方言呼作"钩格"，鵅音格；苏南吴语亦作"钩雒鸱”，雒音洛。格洛二字同从各声，上古音之韵部同属铎部，是为叠韵；但其声母分属见母、来母，声纽相隔。明李时珍《本草纲目·禽四·鸱鸺》：“［释名］钩辂、鵋鶀、呼哮，皆其声似也。蜀人又讹钩格为鬼谷哥。”又［集解］引陈藏器曰：“钩辂，即《尔雅》鵋鶀也，江东呼为钩辂，其状似鸱，有角怪鸟也。”明冯梦龙《山歌·鱼船妇打生人相骂》：“打生个气得肚膨气胀，便骂道你个个鸹鹨鸱个讨人。”注意，“鸹鹨”(gǔ lù)之鸹，不读“鸲鹆”(qú yù)之鸲。北方方言的钩鸹、钩格、各哥，都是双声连语；而苏南吴语的钩雒、鵋鶀、鸹鹨，都是叠韵连语。两地方言各自沿着自己的轨迹演变，随着时光流逝，它们之间又会产生新的差异，南北语异耳。

日部：“啓，雨而昼姓也。从日，启省声。”段注：“啓之言闿也。姓者，雨而夜除星见也。雨而昼除见日，则谓之啓。啓亦谓之姓。康礼切，十五部。按，《集韵》又轻甸切，语之转也。今苏州俗语云：‘啓昼不是好晴。’正作此音。”按：啓字，清代苏州俗语音与古代书面语读音不同。苏州俗语：啓 qǐan《集韵》去声霰韵“轻甸切”，上古音属溪母、真部。古代书面语：啓 qǐ《广韵》上声荠韵“康礼切”，上古音属溪母、脂部。二音同属溪母为双声，韵部脂真对转，实为一声之转。

清代苏南吴语俗语词与《说文》古字古词，它们在读音上有着差异和变化，不论是古今语转或音变，其中都有着古今语音变化之规律可循。

(二) 古今词义的变化

《说文》中的古字古词，在长期的流传使用中，通过引伸，促使词义的范围扩大、缩小或转移；有些古语词的本义逐渐弱化，甚至消亡，导致了词义的演变；古语词在句子结构中的位置以及语法功能的改变，往往会使词产生新义，特别是词类的活用，更易产生新义。段注运用苏南吴语俗语词训释《说文》古字古词时，通过时空对比，今古互证，阐明了古今词义变化的一些规律。

穴部："窠，空也。从穴，果声。一曰：鸟巢也。在树曰巢，在穴曰窠。"段注："《蜀都赋》曰：'窠宿异禽。'此析言之也，与巢部合。"

巢部："巢，鸟在木上曰巢，在穴曰窠。从木，象形。"段注："穴部曰：穴中曰窠，树上曰巢。巢之言高也，窠之言空也。在穴之鸟，如鸲鹆之属。今江苏语言通名禽兽所止曰窠。"按：巢与窠，同义词。二词析言有异，"在树曰巢，在穴曰窠"；统言无别，巢亦窠也。苏南吴语泛指动物栖息之所皆曰窠，不仅通名禽兽所止，亦指家禽家畜所栖，亦指虫鱼巢穴，例如：《吴歌·长工谣(二)》："长工做到十二月中，猪窠牛棚全出空。"吴谚：鸡窠里飞出金凤凰。长篇叙事吴歌《五姑娘》第六章："冰凌子结得像蜂窠，伊好比唐僧取经有得九九八十一个磨难受勿尽。"顾颉刚辑《吴歌丁集·油煎豆腐骨头多》："杨树顶上做仔黑鱼窠，癞团翻身轧杀仔水牛婆。"窠的意义从特指变为泛指，词义范围就扩大了。

臼部："舀，抒臼也。从爪臼。《诗》曰：'或簸或舀。'"段注："《生民》诗曰：'或舂或揄，或簸或蹂。'毛云：'揄，抒臼也。'然则揄者，舀之假借字也。抒，挹也。既舂之，乃于臼中挹出之。今人凡酌彼注此皆曰舀，其引伸之语也。"按：清朱骏声《说文通训定声·孚部》："舀，抒臼也。从爪臼，会意。按，爪亦声。……字亦作掏。《广雅·释诂二》：'掏，抒也。'凡舂毕于臼中挹出之曰舀。今苏俗凡挹彼注兹曰舀，音如要。舀水其一耑也。"苏南吴语中，凡从贮存的器皿中用勺子挹出水、酒、油，或米、面粉、粥、饭等，均谓之舀。这是由特殊向一般的引伸；舀的词义范围扩大了。

水部："汏，淅𤃤也。从水，大声。"段注："今苏州人谓摇曳洒之曰汏，音如俗语之大，在祃韵。按，凡沙汏、淘汏，用淅米之义引伸之。或写作汰，多点者，误也。"按：章炳麟《新方言·释言》："江东运河而东，至于浙西，多谓洒为汏。本徒盖切，今徒卦切。"《玉篇·水部》："汏，洗也。"本音 tài，今音 dà。顾颉刚辑《吴歌甲集·碰碰门》："东亦淘米，西亦汏菜。"原注："汏，读如匀丫，洗也。"林宗礼、钱佐元辑《吴歌己集·伲子媳妇都满堂》："忘记仔冰里汏尿布个苦，辕门斩子杨六郎。”原注：“汏，洗也。”长篇叙事吴歌《五姑娘》第二章：“为啥手背上冻疮生满，难勿成也要缫丝、种田、淘米又汏菜？”原注：“汏，洗。”《吴歌》附录(四)《吴语常用方言简介》：“汏(音大)，洗涤。如：洗衣服，称‘汏衣裳’。洗头称‘汏头’。”今苏南吴语多谓洗为汏，这是由个别向一般的引伸，汏的词义范围扩大了。

穴部：“穵，空也。从穴，乙声。”段注：“今俗谓盗贼穴墙曰穵是也。”按：清朱骏声《说文通训定声·泰部》：“穵，今苏俗谓窃贼穴墙曰穵。”《广韵》入声点韵：“穵，手穵为穴。乌八切。”《正字通·穴部》：“穵，凿地成穴也。与掘、穿字别义通。”穵，后作“挖”。《字汇补·手部》：“挖，翁豁切，音斡，挑挖也。”穵(挖)的本义谓挖掘洞穴。元高明《琵琶记·拐儿绐误》：“何用剜墙究壁，强如黑夜偷儿。”《水浒全传》第七回：“高衙内吃了一惊，穵开了楼窗，跳墙走了。”明汤显祖《牡丹亭·回生》：“敢太岁头上动土，向小姐脚跟挖窟。”《儒林外史》第三八回：“去地下挖了一个坑，把郭孝子捉了放在坑里。”而清代苏南吴语谓窃贼于墙壁挖掘洞穴曰穵。顾颉刚辑《吴歌丁集·一年虫名》：“游火虫提灯来细照，壁虎子挖洞钻进来。”今俗语犹称“挖墙角”、“挖壁洞”。这是由一般向特殊的引伸，清代苏南吴语穵(挖)的词义范围缩小了。

禾部：“穅，谷之皮也。从禾米，庚声。”段注：“云谷者，晐黍、稷、稻、粱、麦而言。谷，犹粟也。今人谓已脱于米者为穅，古人不尔。穅之言空也，空其中以含米也。”按：清朱骏声《说文通训定声·壮部》：“穅，谷皮也。从禾，从米，会意，庚声。或从米，庚声。今苏俗谷皮之粗大者曰砻糠，米皮之粉细者曰穅。字亦作糠。”《尔雅·释器》“康谓之蛊”晋郭璞注：“康，米皮。”《玉篇·禾部》：“穅，米皮也。”《字汇·米部》：“糠，从康，从米。《尔雅》：‘庚，空也。’米皮去其内以空之也。”糠，本谓稻、粟等作物的子实经砻舂加工后脱落下来的皮或壳；不论这些皮壳的粗细大小，统谓之糠。例如《庄子·天运》：“播穅眯目，则天地四方易位矣。”《吕氏春秋·审时》：“得时之稻……大粒无芒，抟米而薄糠，舂之易而食之香。”元高明

《琵琶记·五娘吃糠》:“糠和米,本是两倚依,谁人簸扬你作两处飞?”然而,随着谷物加工工艺的由粗放向精细的发展,糠的词义也在逐渐起变化。至明清时,苏南吴语中由“糠”分化出“砻糠”一词。砻糠,谓稻谷经砻舂后脱下的壳,亦称稻糠。糠的词义原本所指的范围,其中的一部份也就由砻糠一词分占。例如明冯梦龙《山歌·丢砖头》:“正是莲蓬梗打人拼子私情断,我是砻糠里厠鱼瓢肚肠。”王翼之辑《吴歌乙集·乌鹊窠》:“十姊嫁拨种田郎,陈米陈柴陈砻糠。”《吴歌·无心别与妹结交》:“砻糠搓团搓不扰,油泼河心水面漂。”与砻糠相对应,清代苏南吴语中的糠,专指从糙米上脱下的米皮屑,亦称米糠。例如清杨宾《柳边纪略》卷四:“糠灯……以米糠和水,顺手粘麻秸,晒干,长三尺余,插架上或木牌,燃之,光与烛等而省费,然中土人士多用油灯。”《吴歌·两个拳头垫肚肠》:“冬吃麸皮夏吃糠,春二三月草头汤。”长篇叙事吴歌《五姑娘》第四章:“嫁拨格种种田郎,一年四季南瓜、山芋、菜皮、糠饼充饥肠。”鲁迅《书信·致增田涉(1934 年 2 月 27 日)》:“那个圆东西,就是捣了米后,用来把精米和糠筛开,是竹子造的,中国叫筛。”清代苏南吴语糠,其中已不再包括砻糠,它的概念外延已缩小,词义范围也就缩小了。

食部:“饶,饱也。从食,尧声。”段注:“饶者,甚饱之词也,引以为凡甚之称。汉谣曰:‘今年尚可后年饶。’谓后年更甚也。近人索饶、讨饶之语,皆谓已甚而求已也。”按:清朱骏声《说文通训定声·小部》:“饶[转注]《小尔雅·广诂》:‘饶,多也。’《广雅·释诂一》:‘饶,益也。’汉时谣曰:‘今年尚可后年饶。’今苏俗买物请益谓之讨饶头。”饶的本义为饱,引伸出多、丰富义,再引伸出增益、额外增添义,例如:元石君宝《紫云庭》第一折:“我唱的是《三国志》,先饶十大曲。”《水游传》第十六回:“七个客人道:‘五贯便依你五贯,只饶我们一瓢吃。’”长篇苏州评弹《三笑》第七回:“小春丫头恶作剧道:‘为了你赖,再要加一个!’……‘为了你赖,还要饶一个!’”明清时,苏南吴语称物已买就之后,要求卖家额外增添少许之物,谓之讨饶头。例如：明陆采《怀香记·赴约惊回》："小姐既请韩官人，你该径送进去，因何半路先讨饶头，尽意快活？"清王有光《吴下谚联·有余》："月子湾湾照九州，太白金星做个讨饶头。变星铜钱银子，落满吾哩江南省。"王煦华辑《吴歌戊集·东天日出火烧来》："娘问南五买肉买得能长远，扳牢砧磴讨饶头。"饶的词义通过引伸，已从本义饱转到引伸义增益、额外增添，词义范围已转移了。

《玉篇·食部》："饶，馀也。"清段玉裁《说文解字注·人部》"优"字下："凡有馀皆曰饶。"饶的本义为饱，引伸出馀、宽裕义，再引伸出宽恕、宽容义。《正字通·食部》："饶，俗谓宽恕曰饶。"明冯梦龙《山歌·山人》："我只劝你得放手时须放手，得饶人处且饶人。"《再生缘》第二六回："你如感念宽饶德，到后来，须要公言在法曹。"长篇苏州评弹《三笑》第二二回："幸亏我的表妹在房厅上，她会在旁边求恕饶。"明清时，苏浙俗语谓请求宽恕曰讨饶。《西湖二集·李凤娘酷妒遭天谴》："又作自己声音叫疼叫痛，讨饶道：'饶命，饶命！'"《官场现形记》第十三回："赵不了再三讨饶，只得吃一杯。"长篇苏州评弹《三笑》第四八回："讨过饶，夫妻重归于好。"茹志鹃《剪辑错了的故事》："老寿的老婆是个苦死累死不讨饶的硬女人。"饶的词义通过引伸，已从本义饱转到引伸义宽恕、宽容，词义范围已转移了。

穴部："窨，地室也。从穴，音声。"段注："今俗语以酒水等埋藏地下曰窨，读阴去声。"按：清朱骏声《说文通训定声·临部》："窨，今苏俗犹曰地窨子。《诗·七月》：'三之日，纳于凌阴。'以阴为之，即《周礼·凌人》纳于凌室也。[转注]今俗以油酒等物埋藏地中曰窨。"窨的本义指地下室、地窖，故亦称"地窨"。《七国春秋平话后集》卷上："却说孙子天晚出地窨来凭探，便行向屏风上，见和诗一首。"俗称"地窨子"。元王祯《农书》卷二二："拣一色白苎麻，水润，分成缕……以发过稀糊调细豆面，刷过，更用油水刷之，于天气湿润时，不透风处或地窨子中，洒地令湿，经织为佳。"《水浒传》第二二回："铜铃一声响，宋江从地窨子里钻将出来。"朱自清《三家书店》:“旧大楼还带地下室——可并不是地窨子。”苏南吴语至今犹称地窨子,保留了窨的古义。由窨的地窖义,经引伸,清代苏南吴语谓以酒水等埋藏地下亦曰窨(读阴去声),即窖藏。清赵翼《送人赴黔》诗:“趁墟窨酒担,跳月竹枝声。”清顾禄《清嘉录·凉冰》:“土人置窨冰,街坊担卖,谓之凉冰。”清沈初《西清笔记·纪庶品》:“江南太湖县,岁馑,于山中得黑米,不知何年代窨藏地中者。”窨的意义由“地窖”转到“窖藏”,由名词转为动词,属词类活用,词义范围明显转移了。

目部:“瞟,瞭也。从目,票声。”段注:“今江苏俗语谓以目伺察曰瞟,音如瓢,上声。”

见部:“覭,目有察省见也。从见,票声。”段注:“目偶有所见也。伺者有意,覭者无心。今俗语尚云覭,与目部之瞟音义皆同。”按:清朱骏声《说文通训定声·小部》:“瞟,瞭也。从目,票声。《一切经音义》引《埤苍》:‘明察也。’今常州人俗语有所省视曰瞟瞟。[别义]《广韵》引《埤苍》:‘一目病也。’与眇略同。今俗语谓邪视曰瞟白眼。按,《鲁灵光殿赋》:‘忽瞟眇以响像。’注:‘视不明之貌。’亦叠韵连语,非必本义。”据段注,瞟覭音义皆同,覭是瞟的异体字。“江苏俗语谓以目伺察曰瞟”,又谓“目偶有所见”曰覭,并言这两者之间的区别是“伺者有意,覭者无心”。又据朱骏声训释,“今俗语谓邪视曰瞟白眼”。因此,清代苏南吴语俗语词瞟,就有三个义项。① 伺察,观察。《集韵》平声宵韵:“瞟,明察也。”明冯梦龙《山歌·上桥》:“好个阵头弗落得雨,青天龙挂惹人瞟。”《吴歌·一朝迷露间朝霜》:“女儿啦,倷勿慌来勿要忙,但等爹爹转来瞟看好才郎。”长篇叙事吴歌《五姑娘》第八章:“‘辣椒心’掀起眼皮望准窗外瞟,瞟一瞟来仔哪个老相好。”② 偶见,目光掠过。清翟灏《通俗编·杂字》:“今俗以目略一过为覭。”清胡文英《吴下方言考》卷九:“吴谚谓偶见曰覭见。”明冯梦龙《山歌·歪缠》:“一日姐儿立在大门口,瞟个菜蔬过去,只见钓鱼个走到面前。”③ 斜视。清胡文英《吴下方言考》卷九:“覭,侧目关见也。”《定海县志》:“瞟,斜视也,如俗言瞟一眼。”《金瓶梅词话》第五八回：“他佯打耳睁的不理我，还拿眼儿瞟着我。”《红楼梦》第二八回：“[宝玉]脸望着黛玉说，却拿眼睛瞟着宝钗。”叶圣陶《古代英雄的石像》：“眼睛直盯着远方，对自己的伙伴连一眼亦不瞟。”按，苏南吴语俗语词瞟义项①，保留了《说文》古词瞟的古义，通过引伸，又新增了义项②③，便改变了瞟的整个词义的组成及其变化。

力部：“勚，劳也。从力，贳声。《诗》曰：‘莫知我勚。’”段注：“《毛诗传》同。按，凡物久用而劳敝曰勚。明杨慎《答中官问》，谓‘牙牌摩损，当用鋊字’，今按，非也，当用勚字。今人谓物消磨曰勚是也。苏州谓衣久箸曰勚箸。”按：清朱骏声《说文通训定声·泰部》：“勚，劳也。从力，世声。今苏俗语谓物消磨曰勚，谓衣可耐久曰勚著。”勚的本义是劳苦、辛劳。苏南吴语从此引伸，谓器物久用磨损而失去棱角、锋芒，或厚度变薄。勚，亦作吴语中与之同音的鋊、易，或语音变转的烊。《光绪嘉定县志·方言》：“磨鋊，俗言物渐磨去也，见《漠书·食货志》。《唐韵》：‘鋊，余足切，音欲。’俗呼如异。”《上海县续志》：“鋊，俗呼如异，物渐磨去也。”鋊，《说文·金部》：“鋊，一曰铜屑。读若浴。”《汉书·食货志下》：“而奸或盗摩钱质而取鋊，钱益轻薄而物贵。”颜师古注引臣瓒曰：“许慎云：‘鋊，铜屑也。’摩钱漫面以取其屑，更以铸钱。《西京黄图叙》曰：‘民摩钱取屑。’是也。”铜屑由磨取而来，因而引伸为磨损。明杨慎《俗言·磨鋊》：“《五音谱》：‘磨砻渐销曰鋊。’今俗谓磨光曰磨鋊是也。”明焦竑《俗书刊误·俗用杂字》：“金石久用无楞曰鋊。”清曹寅《唐县开元寺》诗：“开元古寺北平西，石子跷跷鋊马蹄。”鋊，磨损也。北方官话音：鋊 yù《广韵》余蜀切，入烛喻。苏南吴语音：“俗呼如异”。异 yì《广韵》羊吏切，去志喻。与吴语勚、易同音。苏南吴语勚、鋊同音，其引伸义均为磨损，可谓殊途同归。《何典》第一回：“那些吃茶的清趣朋友，蛇头接尾巴的前门进，后门出，几乎连阶沿砖都踏烊易了。”刘复注：“烊易，谓因磨擦多而消损。”胡祖德《沪谚外编·小学生上课歌》：“书页磨烊，那得会修理。”烊，鋊之语音变转;易,勚或鎹的同音替代字。由磨损义再引伸,“谓衣可耐久曰勚著”,即“苏州谓衣久箸曰勚箸”。勚著的勚,耐磨义。磨损和耐磨,吴语俗语词勚就具有了正反两方面的意义,成为一个反训词。反训词的特点是“训义之反覆用之”,“义相反而兼通”(均郭璞语)。所谓耐磨,不等于不磨损,只是磨损程度浅小,器物使用寿命就比较长久,即经久耐用。苏南吴语俗语词勚,通过引伸,新增了磨损和耐磨两个义项,使改变了勚的整个词义的组成及其变化。

水部:“泾,泾水,出安定泾阳开头山,东南入渭,雝州之川也。从水,巠声。”段注:“按,《尔雅》‘直波为径’,《释名》作‘直波曰泾’,云:‘泾,径也,言如道径也。’《庄子》‘泾流之大’,司马彪云:‘泾,通也。’《大雅》‘凫鹥在泾’,郑笺曰:‘泾,水中也。’与下章沙训水旁为反对,谓水中流径直孤往之波也。今苏州、嘉兴沟渎曰某泾某泾,亦谓其可径通。”按:清朱骏声《说文通训定声·鼎部》:“泾[假借]为径,《释名·释水》:‘水直波曰泾。’……《庄子·秋水》司马本‘泾流之大’注:‘通也。’今吾苏沟渎多名泾者,如采莲泾之类。”清代苏南、浙北吴语谓沟渎曰泾,与《说文》释为泾水的泾,仅字形、读音相同,二者并无意义上的联系。吴语俗语词泾的语源为径,道路为径,则水道为泾。此义其来甚古,宋范成大《吴郡志·古迹一》云:“采香径,在香山之旁小溪也。吴王种香于香山,使美人泛舟于溪以采香。今自灵岩山望之,一水直如矢,故俗又名箭泾。”宋王安石《寄吴氏女子》诗:“芰荷美花实,弥漫争沟泾。”沟泾连文,泾亦沟也。清魏源《东南七郡水利略叙》:“江所不能遽泄者,则亚而为浦,为港,为渠,为渎,为洪、泾、浜、溇,凡千有奇,如人之有肠胱脉络,以达尾闾乎!”清顾文彬《哭三子承》诗之二二:“胥乡遥指采香泾,一棹莼波渡洞庭。”叶圣陶《隔膜·一课》:“一条小船,在泾上慢慢地划着,这一定是神仙的乐趣。”林宗礼、钱佐元辑《吴歌己集·晚娘推我青草里》:“一双花鞋脱在泾岸上,一双白膀下泥浆。”长篇叙事吴歌《五姑娘》第三章:“要修外六桥、里六桥……南小港搭北三泾,青石港上有端木桥;要修王江泾长虹桥,要修平望南大桥、北大桥。”吴语俗语词泾，为泾字增加了一个新义，而且与《说文》泾的原义并无联系，这就使古字泾的整个词义发生了变化。

土部：“埂，秦谓阬为埂。从土，更声。读若井汲绠。”段注：“秦谓阬堑曰埂，二字音略同。此与《释诂》‘阬、壑、隍、漮，虚也’同义。若《广韵》曰：‘吴人谓堤封为埂。’今江东语谓畦埒为埂，此又别一方语，非许所谓。”按：清朱骏声《说文通训定声·壮部》：“埂[假借]今用为防字，隄埂、田埂皆是。”按，埂不是防的假借字，而是用同防，如堤埂、田埂，用来拦水、蓄水，防水漏失。苏南吴语俗称田埂，也作田畹、田垠，俗音皆同。田埂的埂，与《说文》“秦谓阬为埂”之埂，并无意义上的联系。吴语田埂之埂，其语源为绠，谓水田间的堤岸，如绠之直，用来分界并蓄水，也供农人行走。《广韵》上声梗韵：“埂，堤封，吴人云也。古杏切。”章炳麟《新方言·释地》：“今人谓田上陌曰田畹，以埂为之。”《吴歌·十二月半苦歌》：“三月半，条条田埂加田岸。”林宗礼、钱佐元辑《吴歌已集·乡下娘子包小脚》：“新加田垠滑贴塌，乡下娘子包小脚。”徐朝夫《出租人》：“一担水草撂在田埂上，一头散落水田里。”逯斐《夜航》：“[小秀]在田埂上楞站了半天。”吴语俗语词田埂，为埂字增加了一个新义，而且与《说文》埂的原义并无联系，这就使古字埂的整个词义发生了变化。

（三）古今名称的变换

随着历史的演进，社会的发展，促使事物的名称不断地发生变换。一些事物旧有的名称已消亡，只存留在古书的记载中，而代之流行的是事物的新名。这种名称变换现象，同样受到语言内部规律的支配，是由单音词向双音词的发展，通常是以原来的名称单音词为词素加上另一个单音节词素而合成。段玉裁注释《说文》中古代名物词时，往往用清代苏南吴语中的今名、俗称来作解释，例如，以今“马荸”释“荸”，以今“莼菜”释“茆，凫葵也”，以今“溲箕”释“籔，炊箅也”和“箅，漉米籔也”，以今“门龙”释“楣”，以今“鞋底虫”释“蟠，鼠妇也”，等等，这也反映了古今名称的变换。（以上所举例子的分析见本文第一部份“直接用江苏俗语以证古字古词的意义”。）

革部：“鞔，履空也。从单，免声。”段注：“小徐曰：‘履空，犹履壳也。’按，空、腔古今字。履空，如今人言鞋帮也。”按：清朱骏声《说文通训定声·屯部》：“鞔，苏俗谓之鞋帮。”鞋帮这一名称，宋代已出现。宋蒋捷《柳梢青·游女》词：“柳雨花风，翠松裙褶，红腻鞋帮。”《红楼梦》第三二回：“才说了会子闲话儿，又瞧了会子我前日粘的鞋帮子，明日还求他做去呢。”清张韬《戴院长神行蓟州道》：“头直上茜红花压帽檐低，脚底下鸭青云镇鞋帮细。”清褚人获《坚瓠补集·鞋杯词》：“切不可指甲儿掐坏了云头，口角儿漏湿了鞋帮。”鞋帮这一名称，不仅在吴语中流行，事实上也早已被吸收入北方官话。旧有的名称“鞔”、“履空”、“履壳”，都已消亡，被新名称“鞋帮”所取代。

竹部：“笸，取虮比也。从竹，𦣞声。”段注：“比、篦，古今字。虮者，虱子。云‘取虮比者，比之至密者也。今江浙皆呼篦笸，比当依俗音毗。’”按：清朱骏声《说文通训定声·颐部》：“笸，苏俗谓之编笄是也。其疏者曰木梳，所以理发不任取虮。《广雅·释器》：‘笸，栉也。’”清梁同书《直语补正》：“编笄，俗呼梳篦子也。”《字汇·竹部》：“篦，亦竹为之，去发垢者。”篦、笸同义，后合成为双音词“篦笸”。《事物原会》卷二八引明罗颀《物原》：“神农作篦笸。”明冯梦龙《山歌·木梳》：“吃个镜子来哩做眼，编笸着弗得个蓬尘。”原注：“笸音箕，竹为之，可取蛾虱。俗作偏箕，误也。”昆曲《十五贯》：“这十五贯钱，是主人命我前往常州购买木梳篦栉去的。”胡祖德《沪谚外编·九州十八府物产歌》：“四月里，开蔷薇，常州出得熟齿好篦箕。”长篇苏州评弹《三笑》第二五回：“这种诗形似篦箕，称为篦箕诗。”编笄、编笸、篦栉、篦箕，都是篦笸的不同写法。旧有的单呼名称“笸”、“篦”，均已消亡，在吴语中已被新名称“篦笸”所取代。（而在北方官话中则称为“篦子”，《现代汉语词典》（修订本）第72页：“[篦子]bì·zi 用竹子制成的梳头用具，中间有梁儿，两侧有密齿。”)

𠌶部：“𠌶，草木华也。从𠂹，亏声。荂，𠌶或从草，从夸。”段注：“夸声亦亏声也。《释草》有此字，郭曰：‘今江东呼华为荂，音敷。’按，今江苏皆言花，呼瓜切。”按：荂、华、花，三字同义，它们曾共存于较长的一段历史时期。至明清代，“荂”字早已只存留在古书的记载中，作花讲的“华”字亦只保留在书面语中，而在口语中均已销声匿迹；苏南吴语用新名称花(音 hù)、苏北江淮方言用新名称花(音 huā)，完成取代了旧有的名称荂(音 fū)、华(吴语音 wū，江淮方言音 huā)。(然而，在今皖南歙县、浙西临安昌化山区土著仍读花为敷，是郭璞所云“今江东呼华为荂，音敷”之遗语乎！)

衣部：“袚。一曰次裹衣，从衣，区声。”段注：“《方言》曰：‘繄袼谓之袚。’郭曰：‘即小儿次衣也。翳、洛、呕三音。’次裹，今俗语尚如此，小儿服之衣外受次者。”按：清朱骏声《说文通训定声·需部》：“[别义]一曰头袚，一曰次裹衣。《方言》四：‘繄络谓之袚。’注：‘即小儿次衣也。’苏俗谓之围涎，著小儿颈肩以受次者，其制圆。”次。后作涎，音 xián，指口水。次裹、次衣，是次裹衣的省称，也只是在文人的书面语中出现。而苏南吴语谓之围涎，围俗音 yú。今北方方言称围嘴儿，《现代汉语词典》(修订本)第 1309 页：“[围嘴儿]wéi zuǐr 围在小孩子胸前使衣服保持清洁的东西，用布或塑料等制成。”今苏南吴语称围馋袋，音 yú chán dài，或称围馋兜，音 yú chán dōu。在苏南吴语中，旧有的名称袚、次裹衣、次裹、次衣，均已消亡，而被新的名称围馋袋、围馋兜所取代。

石部：“砻，磨也。从石，龙声。天子之桷，椓而砻之。”段注：“下文云：‘磨，石硙也。’此云‘磨也’者，其引伸之义，谓以石磨物曰砻也。今俗谓磨谷取米曰砻。”按：清朱骏声《说文通训定声·丰部》：“砻……《广雅·释诂三》：‘砻，磨也。’《释器》：‘砻，砺也。’苏俗收新谷磨去其康曰牵砻。磨用木。”砻，指磨稻谷去壳的工具，以木为之，形状略像磨，上下两爿砻扇皆凿斜齿。将稻谷放入砻中，人工牵引拉动上爿砻扇，用于磨去稻谷外壳，制成糙米。砻这种磨谷工具，在上世纪50年代初期，苏南农村还多用之。作为动词砻，谓用砻磨稻谷去壳，这是一种稻谷加工的手工劳作名称。《玉篇·石部》："砻，磨谷为砻。"宋徐铉《稽神录·林昌业》："翌日，忽闻仓下有砻谷声。"明宋应星《天工开物·攻稻》："凡既砻，则风扇以去糠秕。"至清代，谓磨谷取米曰砻，也只限于在文人书面语中出现，而苏南吴语谓收新谷磨去其糠曰牵砻。胡祖德《沪谚外编·长工谣》："八月交到九月中，满场掼稻又牵砻。"《吴歌·牵砻山歌》："今夜牵砻暖堂堂，金黄糙米塞满仓。"《吴歌·汤罐里爬出乌龟来》："今夜牵砻懊恼来，当家娘娘装困懒。"原注："牵砻：砻为木制的磨子，用以脱稻壳；牵砻即拉砻。"新的双音名称"牵砻"取代了旧的单音名称"砻"。

鱼部："鲖，鲖鱼。一曰鱶也。"段注："鱶即今俗所谓乌鱼，或曰乌鲤，头有七星之鱼也。"按：清朱骏声《说文通训定声·丰部》："《尔雅·释鱼》：'鲣：大，鲖；小者鲵。'按，即鳢也，中者曰鳢。《广雅》：'鳊，鲖也。'借鳊为鳢。鳢与鳠、鲣、鲲别。苏俗谓之黑鱼，首有七星，夜则北向。"段注所云"鱶即今俗所谓乌鱼，或曰乌鲤"，应是北方方言的俗称。《玉篇·鱼部》："鲖，鳢鱼也。"《正字通·鱼部》："鳢，今乌鱼。"明顾起元《客座赘语·鱼品》："有鳢，身似鲜而色纯黑，状有七星，俗曰乌鱼。"徐珂《清稗类钞·动物类》："鳢，亦名鲖鱼，俗名乌鱼。"黄侃《蕲春语》："今吾乡谓之乌鱼，或谓之乌鱶。"是也。而苏南吴语则如朱骏声所云"谓之黑鱼"。明冯梦龙《山歌·鱼》："一对乌背鲫鱼在荷花池里做鸳鸯，吃个黑鱼游来赶散子场。"《光绪江阴县志·物产·鳞之属》："刀鱼、河豚……青鱼、白鱼、黄鲶、黑鱼、鲆、鲻……"长篇苏州评弹《白蛇传·游湖》："大家都想得道成仙，非常投机，就结拜为兄妹，黑鱼年长为兄，白蛇为妹。"顾颉刚辑《吴歌丁集·油煎豆腐骨头多》："杨树顶上做仔黑鱼窠，癞团翻身轧杀仔水牛婆。"明清时苏南吴语，以俗称黑鱼取代了古代书面语鲖鱼、鱶鱼、鳢鱼等旧名。

骨部："髆，肩甲也。从骨，专声。"段注："肉部曰：'肩，髆也。'

单呼曰肩，累呼曰肩甲。甲之言盖也，肩盖乎众体也。今俗云肩甲者，古语也。《释名》作肩甲，《灵枢经》作肩胛。”按：《说文》古语词肩甲，亦作肩胛。《太平御览》卷三六九《人事部十》引《说文》曰：“髆，肩胛也。”《素问·藏气法时论》：“心病者……膺背肩甲间痛。”《灵枢经·经脉》：“后廉出肩解，绕肩胛，交肩上。”明清时，北方官话及书面语以肩、肩膀取代了肩甲(肩胛)，反以肩胛为俗语词。《正字通·肉部》：“胛，俗谓肩胛。”吴语则俗云肩胛，音 jiān gā，保留了《说文》肩甲的古词古义。元无名氏《盆儿鬼》第一折：“猛见个搬住肩胛，叫道休杀。”《何典》第八回：“正想走路，只听得呀的一声响，两扇真宝门大开，跑出一个腰细肩胛阔的精胖后生来。”长篇苏州评弹《三笑》第四六回：“伯虎想被他唱中了，我确实背了个包裹在肩胛上。”长篇叙事吴歌《五姑娘》第三章：“倍顺肩胛要绣拖铃小白鸽，济肩胛要绣白鸽拖金铃。”《汉语方言概要》第五章三《吴方言词汇特点》：“tɕiI kaʾ 肩胛。肩膀。”亦作肩架，音 jiān gā，胡祖德《沪谚外编·嘲自了汉》：“自了汉，真乖巧，公事小是小，肩架上勿肯掮一根细灯草。”古老的旧名称“髆”已经消亡，明清吴语俗称“肩胛”，虽然保留了《说文》“肩甲”的旧称古义，但相对于北方官话及书面语“肩膀”而言，“肩胛”成了方言俗称。

竹部：“箑，扇也。从竹，疌声。”段注“《方言》：‘扇，自关而东谓之箑，自关而西谓之扇。’郭曰：‘今江东亦通名扇为箑。’按，今江南皆曰扇，无言箑者。凡江东方言见于郭注者，今多不同。盖由时移世易，士民迁徙不常故也。”按：扇、箑为同物异名。扇、箑为同义词。扇 shàn《广韵》式战切，去线书。上古音属审母、元部。箑 shà《广韵》山洽切，入洽生；又山辄切，入叶生。上古音属山母、盍部。扇箑声母審山准双声，韵部元盍通转，可谓一声之转，二字实为同源字。《方言》卷五：“扇，自关而东谓之箑，自关而西谓之扇。”两汉、魏晋南北朝时，箑、扇二名并用，各自在其方言区内使用着。其后，随着大一统唐帝国的建立，长安成为当时政治、经济、文化中心，关中方言成为官方使用的强势方言。关西方言的扇，其使用的区域范围迅速向东向南扩展，挤占了箑原有的使用区域。时至明清，北方官话、吴语等方言区皆曰扇而不言箑矣。从此例出发，由点到面，段玉裁进一步发现，郭璞在东晋时记录下的江东方言，其中一些事物的名称，到清代时大多已经不同了。段玉裁认为，这是由于古今异时，社会变迁，人口不断流动迁徙而造成的，这样的认识完全符合于历史唯物主义的语言发展观。

（四）古今语词用字的变化

《说文》中的古语词与相对应的吴语俗语词，尽管它们表达同一的事物概念，却往往用字不同。古今语词用字的变化，其情况相当复杂，其原因也多种多样，有些是由于方言地域的不同，有些是由于古今语词形、音、义的变化，有些是由于社会、历史、文化的影响，等等。例如：

禾部："稴，稻不粘者。从禾，兼声。读若风廉之廉。"段注："稻有不粘者，则稴是也。今俗通谓不粘者为秈米。《集韵》、《类篇》皆云：'方言江南呼稉为秈，亦作籼，亦作粞。'按，《说文》、《玉篇》皆有稴无秈，盖秈即稴字音变而字异耳。《广雅》曰：'秈，稉也。'浑言不别也。"按：清朱骏声《说文通训定声·谦部》："稴，稻不粘者。按，苏俗谓之秈米。"《说文》无秈字，秈是吴语俗语字，与稴同义，均指秔稻，即不粘的稻米。《一切经音义》卷四引《声类》云："秔，不粘稻也。江南呼秔为秈。"秈是稴读音的变转，秈字是据稴之音转而所造的方言字。段注云《玉篇》"有稴无秈"，其说不确。《玉篇·禾部》："秈，息延切，秔稻也。"此真可谓"说有易，说无难"，慎细如段氏者，亦难免百密一疏乎！

鱼部："鲩，鲩鱼也。从鱼，完声。"段注："鲩、鲜古今字。今人曰'鲜子'，读如混，多食之。户版切，旧音也，十四部。又胡本切，今音也，音转而形改为鲜矣。"按：明李时珍《本草纲目·鳞三·鲩鱼》："鲩，又音混，郭璞作鲜。其性舒缓，故曰鲩曰鰀。俗名草鱼，因其食草也，江闽畜鱼者以草饲之也。"清朱骏声《说文通训定声·

乾部》:"鲩,《尔雅·释鱼》'鲩'注:'今鲜鱼,似鳟而大。'按,今俗谓之棍子鱼,亦曰草鱼。"清李元《蠕范·物性》:"鲜,鲩也,鰀也,草鱼也。"徐珂《清稗类钞·动物·鲜》:"食草,亦谓之草鱼。又作鲩。"《说文》无鲜字,鲜是吴语俗语字,与鲩同义,即指草鱼。《玉篇·鱼部》:"鲩,户本切,鱼似鳟而大。"鲩音 hùn。《广韵》上声潸韵:"鲩,鱼名。户板切,又胡本切。"鲩音 huàn,又音 hùn。《广韵》上声混韵:"鲜,鱼名。胡本切。"鲜音 hùn。从语音上分析,鲩 huàn《广韵》户板切,上潸匣,元部。鲜 hùn《广韵》胡本切,上混匣,文部。鲩鲜声母同属匣母为双声,韵部元文旁转,实为一声之转。字记其音,形随音变,由于音转而鲩字改为鲜字矣。

鱼部:"鳠,鳠鱼也。从鱼,蒦声。"段注:"郭注《释鱼》曰:'鳠,似鲇而大,白色。'按,今江中多有之,俗讹为回鱼,声之误耳。"按:明李时珍《本草纲目·鳞四·鮠鱼》:"北人呼鳠,南人呼鮠,并与鮰音相近,迩来通称鮰鱼,而鳠、鮠之名不彰矣。"又《鮧鱼》:"鳠即今之鮰鱼,似鲇而口在颔下,尾有歧,南人方音转为鮠也。"清朱骏声《说文通训定声·豫部》:"鳠,今扬州人呼为鮠鱼,江中多有之,余常食之。"徐珂《清稗类钞·动物·鮠》:"鮠似鲇而大,长者至三四尺,色青白,背有肉鬐,无鳞,可作脍。产于淡水,俗亦作鮰。"北魏贾思勰《齐民要术·脯腊》"作浥鱼法:凡生鱼悉中用,唯除鲇鳠耳"缪启愉校释:"鳠,音獲,也叫鮰鱼、鮠鱼,也是一种无鳞而多粘液的鱼。"《说文》无鮰字,鮰是吴语俗语字,与鳠、鮠同义。《玉篇·鱼部》:"鮠,午戈、午回二切,鱼名。"鮠音 wéi,又音 huí。宋戴侗《六书故·动物四》:"鮰,户恢切。"鮰音 huí。宋陆游《春日》诗:"已过燕子穿帘后,又见鮰鱼上市时。"清陈维崧《满江红·江村夏咏》词:"莺暖鮰鱼新上市,草香蚕子齐登簇。"从语音上分析,鳠 hù《广韵》胡误切,去莫匣;又胡化切,胡麦切。上古音属匣母、铎部。鮠 wéi《广韵》五灰切,平灰疑。上古音属疑母、歌部。鮰 huí《六书故》户恢切。上古音属匣母、微部。鳠鮠声母匣疑旁纽,韵部铎歌通转;鮠鮰声母疑匣旁纽,韵部歌微旁转。由于音转,鳠字改为鮠,再改为鮰矣。吴语方音“回鱼”，即指鮰鱼，段注却以为鳠鱼“俗讹为回鱼，声之误耳”。段氏只是从字形上认为“鳠”不能作“回”，而没有从音转上作必要的探究，这不能不说是段氏的一个疏误。

木部：“杇，所以涂也。秦谓之杇，关东谓之槾。从木，亏声。”段注：“按，此器，今江浙以铁为之。或以木。……以‘楮’下云‘古用木，故从木’例之，疑杇古全用木，故杇、槾，古字也；釫、鏝，今字也。”

木部：“槾，杇也。从木，曼声。”段注：“《释宫》曰：‘鏝谓之杇。’释文云：‘鏝，本或作槾。’按，《孟子》作墁。”

金部：“鏝，铁杇也。从金，曼声。槾，鏝或从木。”段注：“杇，所以涂也。秦谓之杇，关东谓之槾。从木，是则木为者曰杇，金为者曰鏝。许以从木、从金别之也。《战国策》：‘豫让刃其杇。’杇而有刃，知古者通称。”

按：清朱骏声《说文通训定声·豫部》：“杇，字亦作杅，亦作圬。今其器有铁有木。”又《乾部》：“按，槾字木部重出，古书或以槾为鏝，今并存之。铁者曰鏝，木者曰槾，字亦作墁。《尔雅·释宫》：‘鏝谓之杇。’李注：‘涂工作具也。’”杇、槾，即泥鏝，俗称瓦刀，泥瓦工堆砌和涂饰墙壁的工具。《尔雅·释宫》：“鏝谓之杇。”郭璞注：“泥鏝。”陆德明释文引李巡云：“泥鏝，一名杇，涂工之作具。”郝懿行义疏：“按，鏝古盖用木，后世以铁，今谓之泥匙。”《说文》承袭《尔雅》，金部有“鏝”字，并指出异体字作“槾”；木部又重出“槾”字。《说文》虽有“釫”字，却是“芣”（铧）的异体字。《说文·木部》：“芣，两刃臿也。釫，或从金，从于。”釫（铧）与釫（杇）是同形字，而音义相异。作为杇的异体字“釫”，《说文》无。《广韵》平声模韵：“杇，泥鏝。圬、釫，并上同。”段注云：“杇、槾，古字也；釫、鏝，今字也。”这是随着社会生产力的发展，泥鏝这一用具由于制造材质的换代升级，也改换了其名称用字原形声字的形旁，产生了新的异体字。其实，泥鏝这工具，不仅清代“今江浙以铁为之”，在吴语区字作釫、鏝，就是在其他方言区；甚或全国范围内，当时均已作从金之釫、鏝矣。

竹部:“箣,箝也。从竹,尔声。”段注:“二字双声。夹取之器曰箣,今人以铜铁作之,谓之镊子。”

竹部:“箝,箣也。从竹,拑声。”段注:“拑,胁持也。以竹胁持之曰箝,以铁有所劫束曰钳。书史多通用之。”

按:清朱骏声《说文通训定声·履部》:“箣,字亦作镾。按,凡胁持物,以竹曰箣,曰箝;以铁曰镾,曰钳,曰钻,曰铟。苏俗谓之镊子。”箣、镊同音 niè,《广韵》入声叶韵“尼辄切”。清朱骏声《说文通训定声·谦部》:“拑,胁持也。从手,甘声。按,以手曰拑,以竹箣拑曰箝,以铁钻拑曰钳。”又:“钳,以铁有所劫束也。从金,甘声。……按,夹持紧胁者谓之钳,故凡夹持之具即不紧胁者亦谓之钳。”箝、钳同音 qián,《广韵》平声盐韵“巨淹切”。箣、箝,古字也;镊、钳,今字也。这是随着社会生产力的发展,制造工艺的不断进步,箣、箝这一类夹取用具由于制造材质的换代升级,也改换了其名称用字原形声字的形旁和声旁,产生了新的异体字。其实,夹持之具,清代“今人以铜铁作之”,不仅在吴语区谓之镊子、钳子,就是在其他方言区,甚或全国范围内,当时都已作从金之镊、钳矣。

䣈部:“䢽,里中道也。从䣈共,言在邑中所共。”段注:“里中之道曰巷,古文作䣈,《尔雅》作衖。引伸之,凡夹而长者皆曰巷,‘宫中衖谓之壸’是也。十七史言弄者,皆即巷字,语言之异者。今江苏俗尚云弄。”

按:清朱骏声《说文通训定声·丰部》:“巷,里中道也。从䣈,从共。会意,言在邑中所共也。按,共亦声。篆文从邑,今字作巷,省。字亦作衖。《广雅·释诂二》:‘衖,居也。’《释宫》:‘阎谓之衖。’又:‘衖,道也。’《三苍》:‘衖,里中别道也。’”又:“弄,玩也。从廾,持玉,会意。[假借]为巷。《汉书·昭帝纪》:‘上耕于钩盾弄田。’按,即《尔雅》‘宫中衖谓之壸’,所谓永巷也。注谓‘宴游之田’,失之。”清翟灏《通俗编》卷二四:

“衖实古字，非俗书，特其音义皆与巷通，为与今别耳。《元经世大典》有所谓‘大衖’者，注云：‘衖，音弄。’盖今音乃自元起。”弄字何以假借为衖（巷）？衖（巷）字读音何以转为弄音？都未作进一步论述。今试从语言上分析。衖 xiàng《广韵》胡绛切，去绛匣。上古音属匣母、东部。弄 lòng《广韵》卢贡切，去送来。上古音属来母、东部。衖弄韵部同属东韵为叠韵，其声母分属匣母、来母。而上古音浅喉声母与边音来母往往通转，例如从各、果、京、佥、柬、兼、咎等声之字，多转入来母；反之，从吕、里、娄、翏等声之字，多转入浅喉。更有一字二读，其声母一属浅喉，一属来母，例如：角音 jiǎo，《广韵》入声觉韵“古岳切”，见母、屋部；又音 lù，《广韵》入声屋韵“卢谷切”，来母、屋部。鬲音 lì《广韵》入声锡韵“郎击切”，来母、锡部；又音 gé，《广韵》入声麦韵“古核切”，见母，职部。谷音 gě，《广韵》入声屋韵“古禄切”，见母、屋部；又音 lù，《广韵》入声屋韵“卢谷切”，来母、屋部。果音 guǒ，《广韵》上声果韵“古火切”，见母、歌部；又音 luǒ，《集韵》上声果韵“鲁果切”，来母、歌部。则衖（巷）之字音转为弄，是语音之变转。义为小巷的弄字，最早见于南朝梁萧子显《南齐书·郁林王纪》：“帝竟无一言。出西弄，杀之。”自明代始，吴语谓小巷为弄。明祝允明《前闻记·弄》：“今人呼屋下小巷为弄……俗又呼弄唐，唐亦路也。”明李诩《戒庵老人漫笔》卷五《今古方言大略》：“城市小巷谓弄。”明陈继儒《枕谭·弄》：“元美（王世贞）《游洞庭山记》载‘风弄’，即衖也。”明梅膺祚《字汇·廾部》：“弄，巷也。”《光绪宝山县志》：“弄，俗呼小巷。”长篇苏州评弹《白蛇传·重逢》：“可从小店隔壁这条弄里走进去，这条叫黄鹂坊桥弄。”茅盾《多角关系》十：“当真那边一条不大看得见的夹弄口缩手缩脚走出两个人来。”亦作衖（音 lòng）。《海上花列传》第二回：“只见衖内家家门首贴着红笺条子。”茅盾《昙》：“她抄近路走进一条冷衖。”王翼之辑《吴歌乙集·头姐打扮去张郎》：“十字衖口阿有高明郎中来一个，看好奴情郎，头上金钗拔一双。”亦作弄堂。明徐光启《农政全书·农事·占候》：“谚云：二十分龙廿一雨，破车阁在弄堂里。”《官场现形记》第八回：“只见这弄堂里面，熙来攘往，毂击肩磨。”《吴歌·渔父怨（一）》：“坐是坐个吪脚凳，走是走个暗弄堂。”长篇苏州评弹《三笑》第四六回:“更夫走的那条弄堂是通的,穿过去那边的弄堂,就是他俩逃出后门的那条。”亦作衖堂。明冯梦龙《山歌·扯布裙》:“姐在衖堂走一遭,吃情哥郎扯断子布裙腰。”《官场现形记》第四十回:“瞿大老爷新公馆在洋街西头第二条衖堂。”《说文》中的古语词衖,其音义皆同巷,而吴语俗语谓小巷曰弄。由于古语词与俗语词相互交流,相互影响,相互渗透,相互取代,原读巷音的衖字便有了与俗语词弄相同的读音,而俗语词弄也可写作曾是古语词巷的异体字衖。这样,原为古语词巷的异体字,转变成了俗语词弄的异体字。数百年间,弄衖互为异体字而并存,在同一部书中,或是在同一文人笔下,弄衖并用,屡见不鲜。直至1955年,国家文化部与文改会公布了《第一批异体字整理表》,明确规定弄是规范字,衖是被淘汰的异体字。

参考文献

[1] 袁家骅等《汉语方言概要》,文字改革出版社1983年版。
[2] 郭在贻《〈说文段注〉与汉语词汇研究》,载《社会科学战线》1978年第3期。
[3] 马景仑《试论〈说文〉段注中“今俗语”的作用》,载《语言研究集刊》第五辑,江苏教育出版社1997年版。
[4] 吴连生《吴方言词考》,汉语大词典出版社1998年版。

(原载《宏德学刊》第一辑,江苏人民出版社2010年版)

关于文字起源研究的几个问题

文字发展规律是文字改革的理论基础。文字起源研究是文字发展规律研究的起点，也是文字学研究中的一个基本课题。

新中国成立以来，有不少学者、专家、文字学工作者力图运用马克思主义的历史唯物主义的观点和方法，认真地研讨文字起源问题，并已取得了一定的成果；但是，由于这一问题本身复杂，资料不足，也由于研究者对于马克思主义基本原理理解程度不同，因此在文字起源研究中，至今还存在着不少原则性的分歧。诸如：文字与图画的区分问题，文字起源与阶级出现在时间上的先后关系问题，文字与文字体系形成的问题，等等，还没有取得一致的认识。本文试图在这几个基本问题上，发表一些不成熟的看法，请同志们批评指正。

一、文字与图画的区分

文字是记录语言的一种书写符号。图画是艺术形象的一种表现形式。

文字从图画演变发展而来，这是为遵循历史唯物主义观点的同志们所公认的；但是，在文字与图画之间的具体界线划分问题上，却存在着分歧。这种分歧，直接反映在各家使用术语的混乱上。有人使用“文字画”和“图画文字”一对术语，来区别图画与文字，认为“图画文字”是由“文字画”演变而来的[①]；有人把北美印第安人“奥基布娃情书”一类的“用种种的图影，写录种种的意思”的示意图，称作“图影文字”[②]；有人认为，“文字画”与“图画文字”是同义词[③]；有人下定义时说，“图画文字是利用图画来表达思想的一种文字类型”[④]，等等。从以上几家有关术语来看，同一术语却含义不同，同一事物又名称相异，差别很大，比较混乱。“文字画”与“图画文字”这两个术语，虽一词之倒，却似是而非，怪不得使一些人模糊了文字与图画之间的界限。

正是由于术语的混乱及其含义的不确切，给研究工作带来了很大程度的妨碍。“文字画”与“图画文字”这两个术语，有些人顾名思义，形而上学地把它们理解为其中图画因素和文字因素是各占一半，因此在对古文字的具体研究中，既可以解说如此，又可以分析如彼，带有很大的主观任意性。例如，有些人把古代绘画意味较浓的原始文字叫作“文字画的遗形”，也有些人把它们误认为是“图腾”(图腾也是一种图象、图案，是部落的徽号)，这实质上都是否认原始的图画文字是文字。

在科学研究中，术语必须是单义的，具有明确的严格的定义，使之能够反映出所指客观事物的本质特征。“文字画”这一术语，就达不到以上提出的要求，在文字起源研究中，容易给唯心主义留下防空洞。在各家的术语体系中，所谓“文字画”，根据我们考查，其实指的就是“奥基布娃情书”之类的示意图。这种示意图是以整个画面来表示事件或意思，它本身不能分解成个别的语词，其中各个图象、图案之间并无内在的规则的联系，也不记录语言。这种示意图不是文字组成的画，既不内含文字，也不类似文字，它不属于文字的范畴；因此不能叫作“文字画”。

---

① 周有光《文字演进的一般规律》，《中国语文》1957年第7期。

② 陈望道《修辞学发凡》，上海文艺出版社1963年版第30页。

③ 孙常叙《从图画文字的性质和发展试论汉字体系的起源和建立》，《吉林师大学报》1959年第4期。

④ 上海外国语学院、哈尔滨外国语学院编《语言学引论》，时代出版社1958年版第150页。

这种示意图是在文字产生以前，人们用来记事、示意的，但它不同于现代的示意图，因此我们可以叫它为“记事图画”。就是这些记事图画，也往往是一些“画谜”，令人无法猜测。至于有人推测说，“奥基布娃情书”中，一女子左手下垂是表示欢迎；而另一幅穷猎人缺食求援的“启事”中，一人张开双手是表示一无所有。不仅如此，甚至还用“手势语说”作了理论上的解说①。我们觉得，这种解说证据不足，给人一种神秘感，缺乏科学的说服力。出现这些情况，这不仅与研究的指导思想有关，也是同使用术语的含浑分不开的。因此，我们建议必须摒弃所谓“文字画”这一术语，而代之以“记事图画”这一术语，以便能更确切地揭示出诸如“奥基布娃情书”一类客观事物的本质特征。

“图画文字”这一术语，各家的定义出入很大，必须统一。我们认为，图画文字应该是指有着图画痕迹的一种原始文字，例如中国古代原始的象形文字，中国纳西族的东巴文，古代苏美尔人的楔形文字（也称“钉头文字”或“箭头字”），古埃及的圣书字（旧称“埃及象形文字”），马雅文（中美洲马雅人的古文字），等等，就属于图画文字的范畴。图画文字虽然还或多或少有着不同程度的图画的痕迹，有些字形甚至简直就象图画，但是只要我们用辩证的发展的眼光去观察，就会发现其中图画的痕迹并不是静止不变的，而是逐渐减少，以致消失。这正如鲁迅所指出：“现在我们能在实物上看见的最古的文字，只有商朝的甲骨文和钟鼎文。但这些，都已经很进步了，几乎找不出一个原始形态。只在铜器上，有时还可以看见一点写实的图形，如鹿，如象，而从这图形上，又能发见和文字相关的线索：中国文字的基础是‘象形’。”②“但古人是并不愚蠢的，他们早就将形象改得简单，远离了写实。篆字圆折，还有图画

① 孙常叙《从图画文字的性质和发展试论汉字体系的起源和建立》，《吉林师大学报》1959年第4期。

② 鲁迅《且介亭杂文·门外文谈》，《鲁迅全集》第6卷，人民文学出版社1973年版第90页。

的余痕,从隶书到现在的楷书,和形象就天差地远。”①

图画文字与记事图画之间,虽有着直接继承性的紧密联系,但仍然是可以区分的。是文字就已不是图画,尽管记事图画曾经是产生图画文字的母体,但是我们不能说图画文字就是记事图画,正如不能说女儿就是她母亲一样。是文字就已不是图画,尽管图画文字中有着图画的痕迹,但是图画的痕迹并不等于就是图画,正如弹痕不等于是炮弹、伤痕不等于是创伤一样。是文字就不是图画,尽管人们对记事图画和图画文字,都是通过映入视觉的形迹来认识客观事物的,但是具体的认识过程,两者之间是有着质的区别的。记事图画以整个画面来表示事件或意思,而图画文字却必须与有声语言相结合才能表达思维。所以,是图画文字就不是图画,是记事图画就不是文字。这个道理其实也并不难懂,例如,类人猿尽管在某些方面已类似人,但它毕竟还不是人,仍属于猿的范畴;而猿人,尽管他还有若干处尚未消失猿的生理心理属性,但观其本质,却应属于人的范畴。图画文字与记事图画之间的联系与区别,也可作如是观。因此,把记事图画人为地拔高而划进文字的范畴,甚至把它当作图画文字的同义语;或者把图画文字排斥在“真正文字”之外,仍当作所谓“文字画的遗形”,误认为是“图腾”、“族徽”,这些看法都是错误的,是混淆了文字与图画的界限。

文字是记录语言的,而图画却不是,这是它们之间最本质的区别。从记事图画演变发展成图画文字,是一个渐变过程,中间阶段也应该存在着过渡形态,这就是古人经过长期的努力,从无到有,从少到多,从多头尝试到约定俗成,把记事图画中各个个体的图象、图案逐步分解出来,加以简化,使它能代表具体的语言成份,并有了与之相对应的读音,这样就产生了图画文字。自原始的图画文字产生以后,文字就跟图画分道扬镳。文字遵循自己的发展规律,在历史的长河中不断流变,不断演进。

---

① 鲁迅《且介亭杂文·门外文谈》,《鲁迅全集》第6卷,人民文学出版社1973年版第93页。

二、文字起源与阶级出现

在文字起源研究中，有一种比较流行的观点，认为只有出现了阶级才有可能产生文字。例如，梁东汉先生所著《汉字的结构及其流变》一书就有这种观点，并说这是“斯大林关于文字起源的马克思主义学说”[①]；朱星先生所著《古汉语概论》一书说：“根据斯大林同志的话，文字是社会有了阶级后的产物”[②]；高名凯、石安石先生主编的《语言学概论》认为：“一般地说，最早的文字是在奴隶社会的初期，即国家出现的时候产生的。”[③]李兆同、徐思益先生主编的《语言学导论》说：“象形文字是由文字画里一些笔划的质变逐步积累而成的，它成为最原始的文字系统，大概是在阶级出现以后的奴隶社会初期。正如斯大林说的：‘生产的继续发展，阶级的出现，文字的出现，国家的产生，国家进行管理工作需要有条理的书信往来。’”[④]我们认为，上述观点是违背了社会发展史的客观事实；同时，更应该指出，这种错误观点决不是斯大林的意见或斯大林的话的原意，当然也就根本说不上是什么“关于文字起源的马克思主义学说”。

文字起源的问题，不是指某种具体文字是怎样产生的，而是指人类怎样从没有文字到创造文字，就是说最早的文字是在什么条件下创造出来的。我们认为，文字的起源与阶级的出现没有必然的联系，换言之，阶级的出现不是文字起源的必要的先决条件。文字的起源只能与语言有必然的联系，语言是产生文字的必要的先决条件。文字是记录语言的书写符号的体系。文字只能在语言的基础上产生出来，它的出

---

① 梁东汉《汉字的结构及其流变》，上海教育出版社 1981 年 6 月版第 33 页。

② 朱星《古汉语概论》，天津人民出版社 1959 年 10 月版第 32 页。

③ 高名凯、石安石主编《语言学概论》，中华书局 1964 年版第 195 页。

④ 李兆同、徐思益主编《语言学导论》，新疆人民出版社 1981 年 6 月版第 201 页。

现，说明社会的发展已经到了需要把语言记录下来、保存下来或传送到别处去的阶段。文字正是为了满足人们日益繁复的交际活动才应运而生。至于文字的产生与阶级的出现，这二者之间，我们就看不出有什么必然的内在的联系。

梁东汉先生在《汉字的结构及其流变》一书中，有两处主张只有出现了阶级才有可能出现文字。在第一章《文字和语言》第二节《文字和语言的关系》中，讨论文字有没有阶级性时说："文字诚然是'跟着阶级来的'，它是阶级社会出现以后的产物，是一种社会现象。"①由于第一章不是专门讨论文字起源的问题，故未作进一步论述。在第二章《文字的起源》第四节《斯大林关于文字起源的马克思主义学说》中，就作了比较集中的专门论述。梁先生的论证是："拿汉字的历史来说"，"我们所掌握的最古的材料甲骨文"，"距离文字的最初出现不远"，而甲骨文是殷商时代的产物，因此得出的结论是："殷商时代是奴隶社会，可见斯大林同志关于文字的出现时代的论断是非常正确的"，"等到社会上出现了阶级，出现了国家的萌芽"，才出现文字。对于梁先生的这种推断，我们不能苟同。不能由于"我们所掌握的最古的材料"是甲骨文（其实有着比甲骨文更古的原始文字的资料），就认定再没有比甲骨文更原始的古文字了。鲁迅先生认为："商朝的甲骨和钟鼎文"，"都已经很进步，几乎找不出一个原始形态。"②古人类学家和考古学家裴文中先生从考古学的角度指出："小屯文化（殷代文化）中的甲骨文字已经相当进步了，绝对不是原始的或起源的形态，例如四足兽只写（刻、画）二足，以头或角代表动物全形等。无疑问，最原始的、起源的动物象形文字应当是四足的和全形的。"③这就是说，是会有着比甲骨文更原始的象形文字存在的。近年来，随着考古事业的进展，在国内外都不断发现了比甲骨文

---

① 梁东汉《汉字的结构及其流变》，上海教育出版社 1981 年 6 月版第 11 页。

② 鲁迅《且介亭杂文·门外文谈》，《鲁迅全集》第 6 卷，人民文学出版社 1973 年版第 90 页。

③ 裴文中《中国石器时代的文化》，中国青年出版社 1954 年版第 59 页。

更原始的古文字资料。

在仰韶文化所代表的中国古代母系氏族社会时期，"在半坡等不少遗址出土的彩陶钵口沿上，发现有各种各样的刻划符号，约有一百多个标本，五十来个种类，如：

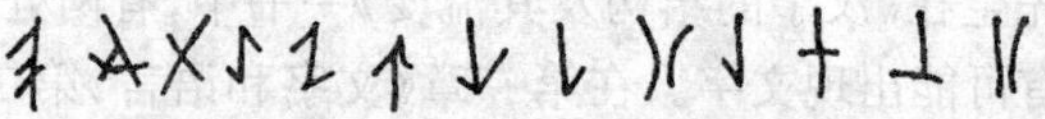

这些符号，绝大多数是陶器烧制以前刻上的，有些是在使用过程中刻上的。这可能是当时人们用以记事的一种符号。刻划符号从出土遗址情况来看，分布相当广泛，并且所在器物部位、刻法以及符号形状都很相似，这说明它在广大地域内的各个不同氏族部落中都代表了相同的意义。我国古代有'结绳记事'和'契木为文'的传说，这些刻划符号肯定与我国古代文字有密切关系，很可能就是我国古代文字的'始祖'。"①"这些刻划记号，可以肯定地说就是中国文字的起源，或者中国原始文字的孑遗。而且从陶器上的图形纹饰推测，当时还应该有象形文字。"②

据考古发掘，与仰韶文化同样古老的山东大汶口文化（龙山文化的前身），就已经出现了象形字（包括象事之形的字）③。1959 年宁阳县堡头村墓葬中，已发现过用朱色写在灰陶背壶上的一个字。随后，莒县陵阳河遗址中出土四件灰陶缸，在口上都刻有一个字。诸城县前寨遗址出土一块残陶片也有文字。如图：

① 陕西省西安半坡博物馆编《中国原始社会》，文物出版社 1977 年版第 49 页。

② 郭沫若主编《中国史稿》（第一册），人民出版社 1976 年版第 65 页。

③ 山东省文物管理处、济南市博物馆编《大汶口》，文物出版社 1974 年第 117、118 页。

从出土遗址分布看，说明这种文字在大汶口文化区域中已广泛使用。它们既有写的，也有刻的，笔划比较整齐规则，尤其是三个“昰”(旦)字，出于两地，笔划结构一样，说明这种文字已趋于划一。再从“昰”字看，它有繁体和简体。繁体的“昰”字，是个象事之形的字，它由三个象形符号组成：上部的符号，象日形；中部的符号，象云气形；下部的符号，象具有五峰的山形。山上的云气烘托着太阳，这正描绘出“太阳刚刚出山”的景象。“太阳刚刚出山”，这正是“昰”(旦)字的本义。为了书写(刻、画)方便，省去下部山形符号，就成了简体“旦”字。字有繁体和简体，说明这种文字已经是比较进步的文字了。唐兰先生说：“大汶口文化陶器文字是我国现代文字的远祖。”①裘锡圭先生说：“大汶口文化象形符号应该已经不是非文字的图形，而是原始文字了。”②这就是说，在中国古代原始社会已经产生了文字，从仰韶文化和大汶口文化算起，中国文字已有六千多年的悠久历史了。

在一本《非洲各族人民》的书中，有一段如下记述：“在非洲中部从坦葛尼喀起一直到刚果和苏丹的西部地区的整个区域内，存在着各色各样的用来传达消息的符号和刻痕等等的体系，如在东部非洲的许多部落中，当举行各种仪式的时候，早就有一种利用刻痕记录箴言的习惯。这些符号常具有图画文字的特点。”③该书作者对于他们自己所叙述的成“体系”的“符号和刻痕”，未敢认定是文字，只是说“这些符号常具有图画文字的特点”。其实，这不过是该书作者的保守而已。依我们看，因为文字是记录语言的书写符号的体系，所以这些用来“记录箴言”、“传达消息”、成“体系”的、“具有图画文字的特点”的“符号和刻痕”，就是原始文字。非洲中部的许多部落，在西方殖民主义者侵入之

① 唐兰《从大汶口文化的陶器文字看我国最早文化的年代》，《光明日报》1977 年 7 月 14 日。

② 裘锡圭《汉字形成问题的初步探索》，《中国语文》1978 年第 3 期。

③ 奥尔德鲁格、波铁辛主编《非洲各族人民》，中译本，世界知识出版社 1960 年版第 163 页。

前，一般尚处于原始社会状态。然而，就在那些被西方殖民主义者看作不开化的“野蛮”部落，他们那里也早已产生了原始文字。

由此可见，梁东汉先生关于文字起源的结论，认为文字“它是阶级社会出现以后的产物”，这是不符合社会发展史的客观事实的，至少不符合中国文字发展史的客观事实。梁先生说：“可见斯大林同志关于文字的出现时代的论断是非常正确的”。我们不禁要问，斯大林在什么著作中有过“关于文字的出现时代的论断”呢？梁先生紧接着引述了斯大林的一段话，看来也许就是指这一段吧。斯大林是这样说的：“生产的继续发展，阶级的出现，文字的出现，国家的产生，国家进行管理工作需要比较有条理的文书，商业的发展，商业更需要有条理的书信往来，印刷机的出现，出版物的发展——所有这一切都给语言的变化带来了重大的变化。”[①]毫无疑问，斯大林的这一段话，是符合马克思主义基本原理的。但是，这一段话并不是象梁先生所说的是“关于文字的出现时代的论断”，而实际上却是关于语言的发展变化的论述。其中虽然提到“文字的出现”，但并没有作出“关于文字的出现时代的论断”，而是说明“文字的出现”以及其他种种社会现象对语言的发展变化起了一定的重大的作用。再说，“阶级的出现”一语与“文字的出现”一语之间，“文字的出现”一语与“国家的产生”一语之间，都没有必然的因果关系。因此，不能由于“文字的出现”一语排列在“阶级的出现”一语之后，就认为文字的出现必然晚于阶级的出现。从斯大林的这段话中，我们无法得出如梁先生所说那样是“斯大林关于文字起源的马克思主义学说”的结论。我们认为，对于马克思主义的经典著作，要力求完整地、准确地去领会，不能作简单化、庸俗化的解释，也不能斩头去尾、断章取义，更不能凭个人主观想象去挖掘“微言大义”。

① 斯大林《马克思主义和语言学问题》，人民出版社 1971 年版第 19 页。

三、文字与文字体系

梁先生关于文字起源的论述,不仅不符合社会发展史的客观事实,而且在论证中也不够严密,因而不能自圆其说。梁先生在引述斯大林的一段话后接着说:"这就是说,文字不是从人类社会开始存在的时候就有的,等到社会上出现了阶级,出现了国家的萌芽,许多部落方言逐渐集中,形成部落的共同语。在这个基础上,许多基本上相同的、大同小异的带地方性的早期的图画文字被整齐划一,从原有的基础上发展成为一个完整的体系。"①这里,梁先生提出了文字体系的问题,这是应该的,因为文字就是指记录语言的书写符号体系。梁先生断言社会上出现阶级以前是没有文字的,但是却又说出现阶级后"发展成为一个完整的体系"的文字,是由"许多基本上相同的、大同小异的带地方性的早期的图画文字被整齐划一"的结果。这不就是等于说,在社会上阶级出现之前是已经有了文字的吗?梁先生关于文字产生在阶级出现之后的结论若要能够成立,除非他认为图画文字不是文字。但是,原始文字或"带地方性的早期的图画文字",例如中国山东大汶口文化的原始文字、非洲中部许多部落的图画文字等,难道不是已经可以用来记录语言的文字吗?

梁先生似乎也发觉他自己对斯大林的一段话是作了不符实际的发挥,因此不得不再"补充说明"一下。他说,"在这里,有必要补充说明,斯大林同志指的是比较有系统的文字,至于部分的、比较原始的图画文字,那是在这些比较有系统的文字以前就存在的。"②这一"补充说明",不仅没有说明白,反而越说越糊涂了。至于斯大林说的究竟是指哪一种文字,我们暂且不论;而梁先生确认"部分的、比较原始的图画文字"

---

①② 梁东汉《汉字的结构及其流变》,上海教育出版社 1981 年 6 月版第 33 页。

"以前就存在的"。这里的"以前",细玩文意,恐怕就是指阶级产生以前吧。

梁先生多次提及文字体系问题,他把"早期的图画文字被整齐划一""成为一个完整的体系",当作了文字的起源。其实,这是不能混为一谈、以此代彼的。

我们研究某种文字,应当以记录某种语言的文字符号的整个体系为对象。而所谓体系,就我们的理解,它不仅仅是数的观念,而更为重要的是质的观念;它不仅仅是客观事物按照一定次序的排列,而更为重要的是客观事物按照一定标准一定规则的组合;排列只体现出事物的外部联系,而按照一定标准一定规则的组合才能体现出事物的内部联系。体系正是同类要素相互联系、相互对立、相互依存、相互制约而构成的整体。体系中每一要素的存在,这不仅仅取决于它自身,而更重要的是取决于它与别的什么要素共同组成的整体,取决于它对整体中其它要素的相反相成关系。斯大林在论述辩证法的基本特征时指出:"同形而上学相反,辩证法不是把自然界看作彼此隔离、彼此孤立、彼此不依赖的各个对象或现象的偶然堆积,而是把它看作有联系的统一的整体,其中各个对象或现象互相有机地联系着,互相依赖着,互相制约着。"[①]因此,我们研究文字与文字体系,就应该把同一种文字(例如汉字)的各个个体当作整体的组成分子来考察,而不应该把它们看作是一盘散沙,也不能把它们当作杂凑的一锅或者是偶然的堆积物。有些人之所以把所谓"文字画"与"图画文字"混为一谈,就因为他们没有理解到这一点,而把不属于文字范畴的记事图画也羼杂到图画文字体系中去了。

恩格斯在论述名称的意义时指出:"名称的意义。在有机化学中,一个物体的意义以及它的名称,不再仅仅由它的构成来决定,而更多地

① 斯大林《论辩证唯物主义和历史唯物主义》,《列宁主义问题》人民出版社1964年版第630页。

是由它在它所隶属的系列中的位置来决定。因此，如果我们发现了某个物体属于某个这样的系列，那末它的旧名称就变成了理解的障碍，而必须代之以表明这个系列的名称(烷烃等等)。”[①]恩格斯说的虽是化学名称的问题，但对于我们理解记事图画、图画文字、文字体系等术语概念，都有着重要的指导意义。有些人之所以把古代绘画意味较浓的图画文字叫作“文字画的遗形”，或误认为“图腾”、“族徽”，就因为他们没有认识到图画文字在当时已组成了自身的文字体系，却反而把它排斥在有体系的文字之外。

既然体系不仅仅是数的观念，更为重要的是质的观念，那末我们考察文字体系，也就不能光从文字数目的多少上去着眼。当然，没有一定的数量作基础，也就谈不上质，更谈不上体系。这是一个问题的两个方面。如果原始文字只是分散的、零星的，也就是没有一定的数量，当然就谈不上质的观念，不成其为文字体系了。但是，早期的图画文字既然可以用来记录语言并传达语言，可见它们并不是零星的、分散的了，而是已成为具有一定数量的有规则的文字群，也就是初步形成文字体系了。

文字的起源，是指人类社会从无到有创制文字的过程，也就是文字体系最初形成的过程。过程里贯穿着体系，体系又包含有展开为过程的可能，为过程而存在。当然，这是一个漫长的历史过程。文字是一种社会现象，不能脱离社会去考察它。说到文字体系，就必须首先考虑到文字的社会性。由此出发，我们觉得文字体系的形成应该包括如下内容：一、文字是用来记录语言并传达语言的；二、因此文字不是零星的，而是有了一定的数量，组成文字群；三、因此文字不是分散的，而是在某一地域或某些氏族、部落中相对集中地流传了；四、因此文字的图画痕迹逐渐减弱，而符号性能逐渐增强，文字的工具性越来越鲜明。要是上述说法不错的话，我们认为就是原始文字或早期的图画文字也是自成

① 恩格斯《自然辩证法》，人民出版社1971年版第270页。

体系的,最主要的依据就是它们已能记录语言并传达语言。尽管那时文字的数量不算多,还只能记录和传达很简单的箴言,还只是在不太广的地域或不太多的氏族、部落中流传,但它们毕竟是一种粗具规模、自成体系的文字体系。因此,我们不能把原始文字或早期的图画文字排斥在有体系的文字之外,或排斥在“真正文字”之外,正如不能把猿人排斥在人类之外一样。

文字体系是一种客观存在,当文字最早出现时,也就包孕着文字体系的端倪。不过,只有在文字的使用、流传和演变过程中,文字体系才能得到充实、发展,更臻完善,更加丰富。过程里贯穿着体系,体系又包含有展开为过程的可能,为过程而存在。因此,文字体系并不是一成不变的,而是随着社会历史的推进而不断地变化、发展着的。早期的带区域性的图画文字,在它所流传的区域或氏族、部落内,是自成体系的。而当这些好几个不同地区的带区域性的早期的图画文字被整齐划一,它们就组成了一个新的体系。这个新的文字体系比起各个原有的旧的文字体系来,它的规模更大,内容更丰富。这正如各个自成体系的方言被规范化为集中统一的民族共同语,民族共同语就有了规模更大、内容更丰富的体系一样;但是我们决不能说原来的方言没有体系,更不能说原来的方言不是语言。同样理由,我们不能说被整齐划一之前的带地域性的早期图画文字不成体系,更不能不承认它们是文字。

因此,那种认为原始文字是不成体系的文字的观点,认为文字的起源就是指“带地方性的早期的图画文字被整齐划一”“成为一个完整的体系”的观点,我们觉得都是值得进一步商榷的。

文字起源的研究,近年来受到了学术界的广泛关注,并已发表了不少研究文章。在这些文章中,有的提出了新的观点,有的提供了新的资料,有的提出了新的研究方法,这都是令人可喜的;但也毋庸讳言,在有些文章和专著中,却仍沿袭了几十年前一些模糊含浑的术语和概念,生硬地套用经典作家的现成词句以代替详细论证,从而束缚了自己的研究思想,这不能不说是一种憾事。文字起源的研究,不论是理论方面还是实践方面,还有很多问题需要我们从广度和深度两个方面去探索,去研究，去总结。我们必须遵循马克思主义的历史唯物主义指导原则和研究方法，详细地占有原始文字资料，全面地考察文字与其他社会现象特别是与语言的有机联系，认真开展文字起源和文字发展规律的科学研究工作，为继续推动文字改革服务，为祖国实现四个现代化作出贡献。

（原载《社会科学战线》1987年第1期）

《语言文字规范手册》的几处差错

语文出版社编辑出版的《语言文字规范手册》(1997 年重排本)，把历年来颁布、实施的有关语言文字规范化方面的主要法律决定、法规性文件、国际标准、国家标准和规定等，整理汇集成册，并且重排时“还对原件的内容、文字、注音和体例一一作了认真的核订，改正了由于技术原因出现的疏漏错误”(“出版说明”)，这就为广大读者学习和使用有关语言文字规范化方面的文件带来了很大的方便。不过，我们在使用这本《手册》时，发现或许“由于技术原因出现的疏漏错误”几处，今谨提出来进行讨论。

一、《普通话异读词审音表笔画检字》22 画下[丿]蠡(下略)(见《手册》1997 年重排本第 294 页)。蠡字，查新中国成立后出版的著名字典、词典，例如《新华字典》、《现代汉语词典》、新《辞海》、《古汉语常用字字典》、《现代汉语规范字典》等，均属彐(彑)部，彐(彑)部在“部首目录”中为 3 画，这样就可以推算出蠡字的首笔笔形肯定是[乛]，而不是[丿]，笔画是 21 画，而不是 22 画。新《辞海》“笔画查字表”中 21 画[乛]下列蠡字(见《辞海》1979 年版缩印本卷首第 38 页第 11 栏)，明确定为 21 画，首笔笔形为[乛]。《汉语大字典》、《汉语大词典》、新《辞源》，蠡字属虫部，排列在“虫部 15 画”，这正好可以推算出蠡字为 21 画，首笔笔形为[乛]。《汉语大字典》第八卷“笔画检字表”21 画下列蠡字(见第八卷第 5722 页第 5 栏)。《汉语大词典》附录·索引卷“单字笔画索引”21 画[乙乙]下列蠡字(见附录·索引卷第 88 页第 7 栏)。上海新知识出版社 1958 年版《汉字拼音检字》“A. 从汉字查拼音”21 画[∠起]下列蠡字(见该书第 140 页第 2 栏)。这些都明示蠡字为 21 画,首笔笔形为[㇇]。最能说明问题的是,收在《手册》中的《现代汉语通用字表》,在 21 画[㇇]下列入蠡字(见《手册》1990 年第 1 版,《手册》增订本 1991 年第 1 版、1993 年第 2 版,以上各版第 165 页第 2 栏;《手册》1997 年重排本第 180 页第 4 栏)。因此,在《普通话异读词审音表笔画检字》中 22 画[丿]下的蠡字,应该上移到 21 画[㇇]下,并取消 22 画的[丿],因为这撇(丿)后面没有审音的字词了。顺便提及,蠡字排在 22 画[丿]下,在《手册》1990 年第 1 版,《手册》(增订本)1991 年第 1 版、1993 年第 2 版都是这样(见上述各版第 283 页),可见这一差错已历时多年,一直未能得到纠正。

二、《汉字统一部首表(草案)》中 4 画"68 比(旡)"部(见《手册》1997 年重排本第 206 页表中第 4 栏,部首前边的号码是部首序号)。旡部不是第 68 部比部的附部首,因为附部首一般总是主部首字的繁体或变形,而旡字与比字不存在繁简关系,旡字也不是比字的变形。旡字是无字的变形,旡部是第 60 部无部的附部首,这在表中已经明确列出:"60 无(旡)"部(见《手册》1997 年重排本第 206 页表中第 3 栏)。旡部既然作为无部的附部首,就不可能再作为比部的附部首。如果旡部作为无部、比部两个主部首的附部首,这种一仆二主式的处置方式,就使表中分别设立无部、比部失去了实际意义。查新中国成立后出版的著名字典、词典,"部首目录"内的比部都是单立的,从来没有附部首。在 1983 年公布《汉字统一部首表(草案)》后出版的字典、词典中,《汉语大字典》和《汉语大词典》的"部首总表"4 画中,设立第 56 部"无旡同"部、第 62 部"比"部;新近出版的《现代汉语规范字典》"部首目录"4 画中,设立"67 无(旡)"部、"76 比"部。以上三例说明,旡部是无部的附部首,旡部与比部无涉。在 1983 年前出版的字典、词典中,《新华字典》、《现代汉语词典》、《古汉语常用字字典》的"部首目录"中,有比部,没有无(旡)部("无"字在"检字表"中属一部)。新《辞源》"部首目录"4 画有无部、比部,各自单立;没有旡部。新《辞海》"部首表"4 画有比部、旡部,各自单立;没有无部("无"字在正文中属尢部,见 1979 年版缩印本第

655 页)。综上所述,在汉字部首中,比部单立,没有附部首;旡部偶一作为主部首单立,一般总是作为无部的附部首;由于无(旡)部所属字量极少,而且这些所属字义可转属另一部首,有些字典、词典干脆就不立无(旡)部。鉴于此,《汉字统一部首表(草案)》列入"60 无(旡)",是可以的;而把旡部作为比部的附部首,列入"68 比(旡)",则是错误的。旡部作为附部首,在表中可以单立,按照笔画顺序在表中占有一格合适的位置,它在表中的位置应当是如图所示。看了旡部在调整后表中的位置,我们也就容易找出造成《手册》"68 比(旡)"差错的原因了。顺便提及,《汉字统一部首表(草案)》中排成"68 比(旡)",在《手册》1990 年第 1 版第 336 页,《手册》(增订本)1991 年第 1 版第 360 页、1993 年第 2 版第 370 页,都是如此,可见这一差错已历时多年,一直未能得到纠正。

67 戈
68 比
(旡)
69 牙
70 瓦

三、《汉字统一部首表(草案)》中 4 画"97 水(氵水)"部(见《手册》1997 年重排本第 207 页表中第 2 栏,部首前边的号码是部首序号)。附部首水与主部首水完全同形,这就失去了设立附部首水的意义。附部首一般总是主部首字的繁体或变形,水字不存在繁简字问题,附部首水字当是水字变形氺之形讹。查新中国成立后出版的著名字典、词典,例如《新华字典》、《现代汉语词典》、《古汉语常用字字典》"部首目录"中均设立氵部、水(氺)部。新《辞海》"部首表"中设立氵部、水部,未设立氺部。新《辞源》"部首目录"、《汉语大字典》和《汉语大词典》的"部首总表"中,均设立"水氵氺同"部。新近出版的《现代汉语规范字典》"部首目录"中,设立"82(氵)"、"82 水"、"82(氺)"部。综上所述,凡是字典、词典内设立氺部,均作为主部首水部的附部首,尚无例外。在《汉字统一部首表(草案)》5 画栏内有"(氺)"部,占一格位置,表示氺部是单立的附部首。凡是表中占一格位置的单立的附部首,在它相对应的主部首后一定附立,并且与主部首共占一格位置,不然,附部首就成了无皮之毛。如果作"97 水(氵水)"、"(氺)",这样主部首水部设立了一个毫无意义的附部首水部,而单立的附部首氺部又找不到相对应的主部首,

势必也失去了作为附部首的根据和意义。只有将“97 水(氵水)”改正为“97 水(氵氺)”,原有的扞格不通随之将怡然理顺。其实,《手册》1990 年第 1 版第 337 页,《手册》(增订本)1991 年第 1 版第 361 页、1993 年第 2 版第 371 页,均作“97 水(氵氺)”,不误,而是《手册》1997 年重排本重排错了。

四、《3500 常用字笔画检字表》7 画[丿]下“佘”字(见《手册》1997 年重排本第 124 页第 4 栏)。查《现代汉语常用字表·常用字(2500 字)》7 画下,没有“佘”字,而有与之形状相似的“余”字;《现代汉语常用字表·次常用字(1000 字)》7 画下,也没有“佘”字(见《手册》1997 年重排本第 109—110 页,第 116 页)。《现代汉语词典》:“佘,shé 姓。”(见 1996 年修订版第 1114 页)佘姓,是个比较少见的姓氏。由于通俗小说《杨家将演义》及古装戏中的佘太君,是个妇孺皆知的英雄人物,佘姓也随之传扬宇内。今人仍有佘姓。然而,佘姓毕竟是个僻姓,所以《古汉语常用字字典》共收古汉语常用字 4100 多个,其中就不收“佘”字(见 1993 年修订版)。在古今常用字中,都没有“佘”字的一席之位。由此可见,《3500 常用字笔画检字表》中的“佘”字,当作“余”字,字形相似而误。

五、《3500 常用字笔画检字表》10 画[丿]下“钴”字(见《手册》1997 年重排本第 130 页第 2 栏)。查《现代汉语常用字表·常用字(2500 字)》10 画下,没有“钴”字,而有与之形状相似的“钻”字;《现代汉语常用字表·次常用字(1000 字)》10 画下,也没有“钴”字(见《手册》1997 年重排本第 112 页,第 117 页)。“钴”字比较冷僻,《古汉语常用字字典》将它列入《附录·难字表》中:“钴,gǔ[钴𬭁]熨斗。”(见 1993 年修订版第 413 页)唐代大散文家柳宗元贬官永州时,写下了著名的“永州八记”,其中二篇题为《钴𬭁潭记》、《钴𬭁潭西小丘记》,于是,“钴𬭁”一词随之流播,“钴”字也就成了文人学子必须记认的字。在现代,“钴”字用来指一种金属元素,在《元素周期表》中排列第 27。在现代汉语中,除了专门论述与金属元素钴有关的化学、医学、化工、冶金等专著和论文外,一般很少很少、几乎不可能用到“钴”字。“钴”字确实太冷僻了,在古今都不是常用字。由此可见,《3500常用字笔画检字表》中的"钴"字,当作"钻"字,字形相似而误。

六、《普通话异读词审音表笔画检字》12画下[一]鹔(下略)(见《手册》1997年重排本第286页)。鹔,繁体字,18画。用了鹔字,就不符合使用规范字的体例,也不符合笔画检字的12画。应当作简化字"鹔",这才符合笔画检字的12画。

七、《普通话异读词审音表笔画检字》14画下[㇕]"缥piāo～渺(飘渺)"(见《手册》1997年重排本第290页)。对照《普通话异读词审音表》音序"P"下"缥piāo～缈(飘渺)"(见《手册》1997年重排本第255页),反证《笔画检字》作"～渺"误。查检《现代汉语词典》第927页,有[缥缈][飘渺]条目,而无"缥渺"条目,更可证"缥"字下例词作"～渺"误。顺便提及,《笔画检字》"缥"字下例词作"～渺",在《手册》1990年第1版,《手册》(增订本)1991年第1版、1993年第2版都是这样(见上述各版第280页),可见这一差错已历时多年,一直未能得到纠正。

八、"出版说明":"并根据1997年7月4日《关于发布〈现代汉语通用字笔顺规范〉的联合通知》的精神",日期错了,应是4月7日,见语文版《现代汉语通用字笔顺规范》一书第1页。

九、封面上"文字"的汉语拼音WANZI,错了,当作WENZI。

(原载《语言研究集刊》第六辑,江苏教育出版社1999年版。署名辛正)

简化字与《简化字总表》略说

汉字规范工作，是语言文字规范化工作的一个重要组成部分。这项工作，要求全社会的人们根据已经颁布的有关语言文字方面的国家标准和部级标准，写好规范字。要求写好规范字，变换一个角度说，就是要不写不规范的字。怎样才能做到不写不规范的字呢？这就要求社会用字以《简化字总表》和《第一批异体字整理表》为标准：凡是在《简化字总表》中已经被简化了的繁体字，应该用简化字而不用繁体字；凡是不符合《简化字总表》规定的简化字，包括《第二次汉字简化方案（草案）》的简化字和社会上流行的各种简体字，都是不规范的简化字，应当停止使用；凡是《第一批异体字整理表》中已被认定为淘汰的异体字，一律停止使用。1986 年 6 月 24 日，国务院批转国家语言文字工作委员会《关于废止〈第二次汉字简化方案（草案）〉和纠正社会用字混乱现象的请示》的通知中指出："当前社会上滥用繁体字，乱造简化字，随便写错别字，这种用字混乱现象，应引起高度重视。国务院责成国家语言文字工作委员会尽快会同有关部门研究、制订各方面用字管理办法，逐步消除社会用字混乱的不正常现象。为便利人们正确使用简化字，请《人民日报》、《光明日报》以及其他有关报刊重新发布《简化字总表》。"因此，汉字规范工作，当务之急是要正确使用简化字，写好规范字，以期逐步消除社会用字混乱现象。这里就简化字与《简化字总表》谈些粗浅的认识。

第一、简化字与汉字简化运动的历史

简化字是从简体字来的。简体字与繁体字是相对而言的。一个字如果有几种写法，也就是说有几种形体，而音义完全相同，其中笔画多的叫繁体字，笔画少的就叫简体字，也叫简笔字。简体字往往是由基层群众为了好认好记和书写快捷便利而创造的，是一些未经整理和改进的形体较简易的俗体字，它不具有法定性，它的写法可以是一种，也可以是多种。简化字是从简体字中挑选出来，经过群众的讨论和试用，经过专家的整理和改进，然后报请政府有关部门批准公布的规范的简体字，它具有法定性，它的写法只能规定为一种。收入《简化字总表》中的简体字，就是法定的现行规范的简化字。

简体字的历史源远流长。早期的汉字是图画文字，由图画发展演变而来，它绘写事物的形象，可以精细逼真，相应的笔画就得繁多，也可以粗略近似，相应的笔画也就简省，这样就自然地产生了繁体字与简体字的区别。

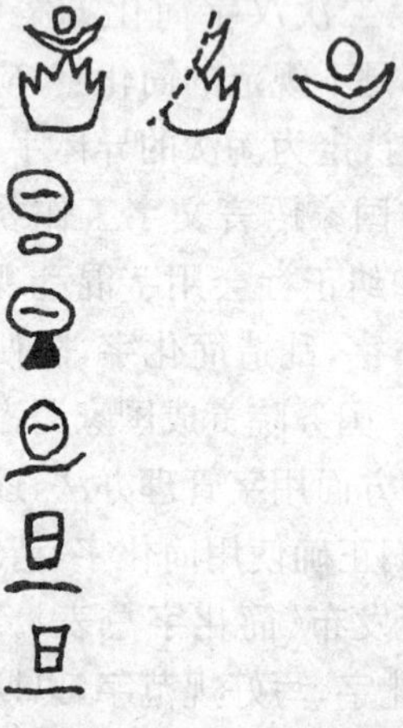

① 大汶口文化陶器文字

② 甲骨文(《殷契粹编》七〇〇)

③ 金文(《颂鼎》)

④ 睡虎地秦墓竹简

⑤ 小篆(《说文》)

⑥ 楷书

简体字的出现，一直可以追溯到原始公社制社会末期山东大汶口文化(龙山文化的前身)的象形字(包括象事之形的字)①。1959年宁阳县堡头村墓葬中,已发现过用朱色写在灰陶背壶上的一个字。随后,莒县陵阳河遗址中出土四件灰陶缸,在口上都刻有一个字。诸城县前寨遗址出土一块残陶片也有文字。从出土遗址分布看,说明这种文字在山东大汶口文化区域中已经广泛使用。它们既有写的,也有刻的,笔画比较整齐规则。尤其是三个"昺(旦)"字(见图1),出于两地,笔画结构一样,说明这种文字已趋于划一。再从"昺"字看,它有繁体和简体。繁体的"昺"字,是个象事之形的字,它由三个象形符号组成:上部的符号,象日形;中部的符号,象云气形;下部的符号,象具有五个山峰的山形。山上的云气烘托着太阳,这正描绘出"太阳刚刚出山"的景象。"太阳刚刚出山",这正是"昺(旦)"字的本义。为了书写(刻、画)方便,好认好记,省去下部山形符号,就成了简体"旦"字。字有繁体和简体,说明这种文字已经是比较进步的文字了。唐兰先生说:"大汶口文化陶器文字是我国现代文字的远祖。"②裘锡圭先生说:"大汶口文化象形符号应该已经不是非文字的图形,而是原始文字了。"③这就是说,在中国古代原始公社制社会末期已经产生了原始文字,而在原始文字中就已经出现了简体字。这是对大汶口文化陶器文字"昺(旦)"字的繁体和简体作共时性的平行比较研究。

历史在前进,文字在流变。下面,我们仍以"旦"字为例,将"旦"字放在历史的长河中进行历时性的纵向考察,借以说明文字简化是文字演变发展的必然规律,尽管在这一历史进程中也许会出现一些曲折和反复,但文字由繁趋简的发展大趋势是不会改变的。"昺(旦)"字,大汶口文化陶器文字的繁体字由三个象形符号组成,而简体字则省减下部

① 山东省文物管理处、济南市博物馆编《大汶口》,文物出版社1974年版第117—118页。

② 唐兰《从大汶口文化的陶器文字看我国最早文化的年代》,载《光明日报》1977年7月14日。

③ 裘锡圭《汉字形成问题的初步探索》,载《中国语文》1978年第3期。

的山形符号,成为由二个符号组成;此后的甲骨文、金文、秦简、小篆、楷书,自古及今,“旦”字都是由二个符号(部件)组成。甲骨文(见图 2)的上部的符号,象日形;下部的符号,象一片地面或水面(水面也是地面的组成部分)。太阳升起在地面上,这正描绘出“天明,早晨”的情景,这也正是“旦”字的本义。金文(见图 3)的上部的符号,象日形;下部的符号,象深黑色的山形。清晨,人们向着东方远眺,望见明亮的太阳正在跃上山头,而所见的山头呢,正是阳光照不到的背阴一面,只显露出深黑色的轮廓。这也是描绘了“东方太阳刚刚出山”的景象,反映出“旦”字的本义①。睡虎地秦墓竹简的“旦”字(见图 4),上部的符号,象日形;下部的符号,是一条稍带斜曲的线,象征着略有起伏的平缓坡地的纵切面线。太阳升起在地面上,这景象正反映了“旦”字的本义。小篆“旦”字(见图 5),“日”下部分变成了一条直线,象征着地平线。《说文》卷七上:“旦,明也。从日见一上。一,地也。”徐锴《系传》:“日出于地也。”②“见”读 xiàn,同“现”,出现的意思。“一”,不是数目一字,而是笔画中的一横,是个符号,象征大地。“出”也是出现的意思。“日见一上”,“日出於地”,意思都是说:太阳出现在地平线上。而太阳出现在地平线上这一景象,正是最形象最概括地道出了“旦”字的本义。至于楷书“旦”字(见图 6),笔画平直,结构方正,书写方便,好认好记。

纵向考察“旦”字由繁趋简的演变历程,是一件很有趣味的事情。“旦”字少不了上下两个主要符号(或叫主要部件)。上部的符号,象日形,从大汶口文化陶器文字、甲骨文到楷书,基本未变。下部的符号,则变化多端:图 1 象具有五个山峰的山形,山上还有云气形;图 2 象一片地面或水面形;图 3 象深黑色的山形;图 4 是一条稍带斜曲的线,象征略有起伏的平缓坡地的纵切面线;图 5 是一条直线,象征地平线。不

---

① 左民安《汉字例话·日部》“旦”字下说:“金文(旦)是海上看日出的样子,火红的太阳刚跳出海面,其下部水日相连,好像还有半个太阳在水中。”此亦可备一说。左民安《汉字例话》,中国青年出版社 1984 年版第 267 页。

② 徐锴《说文解字系传》,中华书局 1987 年影印本第 135 页。

过，不论是五峰山形还是单个山头的山地，不论是平地地面还是略有起伏的平缓坡地，不论是江河湖泊水面还是大海海面，它们都是大地上的具体的、个别的、形象的不同地形地貌的写照，经过长期的历史演变，终于归纳、发展为概括的、一般的、抽象的同一符号："一，地也"（《说文》卷七上"旦"字下），一条直线，象征地平线。"旦"字的简化历程，充分地体现了马克思主义的历史唯物主义和辩证法。

至于大汶口文化陶器文字中"旦"字的简体字，它是中国汉字史上的目前所知道的第一个简体字，充分反映了中国古代劳动人民的通变思想和高度智慧，有着不可磨灭的光辉。不过，"旦"字的简体字省略了繁体字中主要构字符号之一的五峰山形，却保留了次要构字符号的云气形，"云气烘托着太阳"，这并不能反映"旦"字的本义。大汶口文化陶器文字的繁体"旦"字，有些学者把它释读为"日、火、山"①，或者释读为"日、月和山"②，那末，省略了五峰山形的简体字就将释读为"炅"字或"明"字了。这说明，汉字的简化，对于那些主要构字符号（或部件）必须慎重处理，不能随意删除，不然就将引起歧义，甚或变成另一个别的字了，这是给予后人的一个有益的启示。云气形烘托着日形的简体"旦"字，在后来的文物、文献资料中尚未见有同样字形出现，说明它没有流传开来，最终被淘汰了，其原因正在于此。

甲骨文、金文中也有简体字。例如"車"字，它有很多种写法，各种繁体字的主要构字符号都有两个圆形的车轮、车轴及其两端的车毂，次要构字符号有着车辕、车辕顶端的车轭，有的还有两个车轭；而简体字仅保留了主要构字符号中的一个车轮，还有车轴及车毂，删除了所有的

① 唐兰《从大汶口文化的陶器文字看我国最早文化的年代》，载《光明日报》1977年7月14日。

② 李政道《艺术和科学》一文说："在大汶口发现的新石器时期的雕刻'日、月和山'，就是一个极好的例证。而鲁晓波的一幅画（笔者按：指鲁晓波所画《日·月·山》）则是同一主题的现代演绎：日、月、山这三个自然界的重要客体与人类的统一。"李政道《艺术和科学》，载《文艺研究》1998年第2期。

次要构字符号。现在又简化为“车”。

宋代洪适(kuò 括)编著的《隶释》一书,搜集汉魏碑刻拓片,其中就有很多简体字,例如:

萬—万	來—来	無—无	屬—属
達—达	禮—礼	蟲—虫	塗—涂
幹—干			

甘肃敦煌石窟发现数以万计的唐代或唐代以前的文书抄件,其中也有大量的简体字,例如:

體—体	數—数	糧—粮	辭—辞
亂—乱	尋—寻	喪—丧	寶—宝
憐—怜			

《隶释》和敦煌遗书中出现的很多简体字,其中有不少已被采用作简化字,进入《简化字总表》了。上面各举9例,以示一斑。

近人刘复、李家瑞合编的《宋元以来俗字谱》,收集宋元明清时期12部刻本、抄本书中的简体字和俗体字约1600多个,其中有360个在《简化字总表》(包括附录)中被采用,采用率达到22.5%,例如:

聲—声	雙—双	馬—马	個—个
羅—罗	劉—刘	聽—听	勸—劝
親—亲	婦—妇	會—会	後—后
爲—为	幾—几	號—号	與—与
舊—旧	陽—阳		

太平天国时期流行使用简体字和俗体字。那时的人们在安民告示、便民由单、门牌、行船路条、完粮串票、卡凭、墓碑、对联、文书、印信、刻书上大量使用简体字,其中有50多个字,我们已收录为简化字,进入《简化字总表》了。例如:

範—范	乾—干	雲—云	懲—惩
幫—帮	墳—坟	鳳—凤	郵—邮
種—种			

在漫长的历史中,民间使用简体字和俗体字,从来没有停止过,但

是却总是在自发状态下发展。进入20世纪以后，随着社会革命的深入发展，一场有意识、有计划、有理论、有实践的汉字简化运动便应运而生，并不断地深入发展。

1909年(清宣统元年)，中华书局主持人陆费逵在《教育杂志》创刊号上发表了《普通教育应当用俗体字》一文，指出："我国文字，义主象形，字各一形，形各一音，繁难实甚，肄习颇苦。欲求读书识字之人多，不可不求一捷径。""最便而最易行者，莫如采用俗体字。""此种字笔画简单……易习易记，其便利一也。""此种字除公牍考试外，无不用之……若采用于普通教育，事顺而易行，其便利二也。""余素主张此议，以为有利无害，不惟省学者脑力，添识字之人数，即写字刻字，亦较便也。"[①]接着，他在《教育杂志》第3期发表的《答沈君友卿论采用俗字》一文中说："夫文字本言语之记号，自仓颉造字至今，由蝌蚪而籀文，而篆隶，而行楷，变迁亦不一矣。率皆由繁而简，由难而易，盖吾人之心理然也。""俗体字之由来，虽不可考，然必习用之字乃有之。盖因其用处极多，而苦笔画之繁重，其始偶有人作省笔字，不知不觉，转相仿效，遂成今日之俗体。以其易写易记，合乎人之心理也。"[②]陆费逵把采用俗体字的主张阐述得非常透彻，也符合当时社会用字的实际情况。1921年，陆费逵又发表了《整理汉字的意见》[③]，进一步提出了简化汉字的两条具体路子：一是限定通俗字的范围，大致在2000个汉字左右；二是减少汉字笔画，第一步采用已有社会基础的减笔字，第二步把其他笔画多的字也改变字形，减少笔画。陆费逵在清末民初明确提出简化汉字的主张并进而提出切实可行的办法，具有很强的科学性和实践性，是难能可贵和富有远见的。他的主张，对后来的汉字简化运动的发展产生了深远的影响。直到现在20世纪90年代，他的主张和方法仍然有着重

---

① 陆费逵《普通教育应当用俗体字》，载《教育杂志》创刊号，1909年。

② 陆费逵《答沈君友卿论采用俗字》，载《教育杂志》第3期。

③ 陆费逵《整理汉字的意见》，载《国语月刊》第1卷第1期，1921年。

要的参考价值。

在五四运动的推动下，1920 年，国学大师钱玄同在《新青年》上发表了《减省汉字笔画的提议》[①]一文；1922 年，在当时教育部国语统一筹备委员会第四次大会上又提出了《减少现行汉字的笔画案》（连署人有陆基、黎锦熙和杨树达等 3 人），主张使用简体字。提案指出："这种通行于平民社会的简体字，在明清以降，今日以前，都是用在账簿、当票、药方、小说、唱本……上面，所谓'不登大雅之堂'者。我们现在应该将它竭力推行，正式应用于教育上、文艺上，以及一切学术上、政治上。""总而言之，数千年来，汉字的字体是时时刻刻在那儿被减省的。""通行的简体字，字数不多……务使常用的数千字，除那笔画本来很少的以外，个个都把它减省一下子。"按照这些主张，他在分析宋元时代流传下来的简体字的基础上，归纳出汉字简化的八种构成方式：

1. 将多笔画的字就它的全体删减，粗具轮廓，略得形似，如"壽"作"寿"；

2. 采用固有的草书，如"爲"作"为"；

3. 将多笔画的字仅写它的一部分，如"聲"作"声"；

4. 将全字中多笔画的部件用很简单的几画替代，如"劉"作"刘"；

5. 采用古体，如"從"作"从"；

6. 将音符改用少笔画的字，如"燈"作"灯"；

7. 别造一个简体字，如"響"作"响"；

8. 假借他字，如"幾"作"几"。

1934 年，钱玄同又向国语统一筹备委员会提出《搜采固有而较适用的简体字案》，进一步阐明推行简体字的作用和方法。提案指出搜采固有简体字的六个来源及其方法：

1. 现在通行的俗体字；

2. 宋元以来小说、戏曲等书中的俗字；

---

① 钱玄同《减省汉字笔画的提议》，载《新青年》第 7 卷第 3 号，1920 年。

3. 章草；

4. 行书和今草；

5.《说文》等字书、韵书中笔画减少的异体字；

6. 碑志造像及敦煌写本中的别字。

钱玄同还建议“选取最适用之一体定为标准”，首先提出了简体字的规范化和标准化问题。根据这一提案，当时议定由钱玄同主持负责搜采编印《简体字谱》，以供教育部审核后公布推行。这就为汉字简化运动进入实践阶段创造了条件。

1935 年春，《太白》半月刊主编陈望道，联合上海当时文化教育界知名人士 200 人，组织手头字推行会，以《太白》、《文学》、《译文》、《小朋友》、《中学生》、《新中华》、《读书生活》、《世界知识》等 15 家杂志为阵地，共同发起了一场推行手头字运动。手头字就是简体字。《推行手头字缘起》明确指出：“我们日常有许多便当的字，手头上大家都这么写，可是书本上并不这么印。识一个字须得认两种以上的形体，何等不便！现在我们主张把‘手头字’用到印刷上去，省掉读书人记忆几种字体的麻烦，使得文字比较容易识，容易写，更能够普及到大众……先选出手头常用的三百个字来作为第一期推行的字汇，以后再逐渐加添，直到‘手头字’跟印刷体一样为止。”①手头字推行会说干就干，付诸实践，《太白》、《论语》、《读书生活》等不少杂志当时就带头试用手头字排印出版，使手头字及时地跟广大读者见面。推行手头字运动，是一场群众自发进行的汉字简化运动，它受到了广大读者的欢迎。实践证明，汉字简化是可行的，《手头字第一期字汇》所收的 300 字，有 193 字后来被国民政府教育部公布的《第一批简体字表》(1935 年 8 月)所采用，而且其中大部分与现行《简化字总表》中的简化字完全相同，就是有力的证明。例如：

① 《推行手头字缘起》，载《读书生活》第 1 卷第 9 期，1935 年。

靈—灵　蘆—芦　廟—庙　氣—气
時—时　曬—晒　雖—虽　襪—袜
戲—戏　遠—远　氈—毡　這—这
莊—庄　過—过　稱—称　辦—办
豐—丰　櫃—柜

推行手头字运动，这是汉字简化运动开始进入实践阶段的重要转折，它产生了巨大而深远的影响，大大加快了汉字简化运动实践的进程。

1935 年 6 月，在钱玄同的主持下，编选成了《简体字谱》，收 2400 多个简体字。1935 年 8 月，国民政府教育部从《简体字谱》中选出简体字 324 个，定为《第一批简体字表》，正式公布。不过，好景不长，五个月之后，1936 年 2 月，在国民党中央的一次会议上，复古守旧的右派戴季陶声称“为汉字请命”，请求国民党中央撤回简体字表，这样，正式公布的《第一批简体字表》就被撤回了，废止了。

抗日战争爆发后，汉字简化运动在国民党统治区便陷入了停滞状态。抗日战争和解放战争期间，在中国共产党领导下的各抗日民主根据地和解放区，广泛流行着简体字，特别是那些大量油印书报刊物和各种宣传品，都曾采用和创造过许多简体字，其中大部分与今天现行的简化字完全相同。例如：

蘇—苏　區—区　鄉—乡　擁—拥
護—护　黨—党　戰—战　鬥—斗
團—团　勞—劳　動—动　歡—欢
產—产　奮—奋　實—实　運—运
勝—胜　敵—敌

随着革命战争的节节胜利，随着解放区的逐渐扩大，这些简体字也随之传布到全国各地，被称为“解放字”。这种“解放字”现象，在汉字简化运动史上是值得着重书写的重要一页。

中华人民共和国成立后的第二年，即 1950 年，中央人民政府就着手搜集常用简体字，于 1951 年编成《第一批简体字表》，收比较通行的简体字 555 个。1952 年下半年，中国文字改革研究委员会编成《常用汉字简化表草案》第一次稿,收比较通行的简体字700个。这个第一次稿曾送毛泽东主席审阅,阅后作了批示。毛泽东主席指出:拟出的700个简体字还不够简。作简体字要多利用草体,找出简化规律,作出基本形体,有规律地进行简化。汉字的数量也必须大大减缩,一个字可以代替好几个字,只有从形体上和数量上同时精简才算得上简化。毛泽东主席的批示,成为新中国成立后汉字简化工作在理论上和实践上的指南。1953年10月,中共中央设立了中央文字问题委员会,胡乔木为主任,范文澜为副主任。1954年10月,由周恩来总理提议,国务院设立中国文字改革委员会,吴玉章为主任,胡愈之为副主任。党和政府设立专门的文字改革机构,从此,汉字简化作为文字改革的一项重要内容,已从原来主要由民间自发进行转变为党和政府的重要任务之一,这就有力地保证了汉字简化工作在全国领域内有领导、有组织、有计划地开展。1954年11月,文改会编成《汉字简化方案草案》。1955年7月,国务院成立汉字简化方案审订委员会,董必武为主任,郭沫若、马叙伦、胡乔木为副主任。同年9月,文改会作出《汉字简化方案修正草案》,提交国务院汉字简化方案审订委员会审议,在10月间审议通过。1956年1月,国务院正式公布《汉字简化方案》。1964年5月,经国务院批准,对扩大类推简化字的范围作了进一步说明,文改会编辑出版了《简化字总表》,作为使用简化字的统一规范和标准。1977年12月,经国务院批准,文改会公布了《第二次汉字简化方案(草案)》,在群众中征求意见。广大群众普遍反映,认为这次的简化字不够妥当,要求停止使用。事实上,“二简(草案)”试行一年多后,就被废弃了。1986年6月,国务院发出批转国家语言文字工作委员会《关于废止〈第二次汉字简化方案(草案)〉和纠正社会用字混乱现象的请示》的通知,通知明确指出:“1977年12月20日发表的《第二次汉字简化方案(草案)》,自本通知下达之日起停止使用。今后,对汉字的简化应持谨慎态度,使汉字的形体在一个时期内保持相对稳定,以利于社会应用。”1986年10月,经国务院批准,国家语言文字工作委员会重新发表《简化字总表》,对其中个别字作了调整,对表中的个别脚注内容作了补充或修订,并作了重新发表的说明。

第二、汉字简化方法规律初探

我们在第一节中说到，国学大师钱玄同在分析宋元时代流传下来的简体字的基础上，归纳出汉字简化的八种构成方式，还指出搜采固有简体字的六个来源及其方法。可以这么说，钱玄同是系统提出汉字简化方法的第一人。今天，我们总结汉字简化方法的规律，就是在钱氏所归纳的若干方法的基础上，加以调整、扩充和推阐，以便对我们识读和使用简化字起到科学的理论指导作用。下面，我们以《简化字总表》中的简化字为例，总结汉字简化方法的一些规律。

一、同音替代

闆—板	彆—别	醜—丑	衝—冲
齣—出	蔔—卜	鬥—斗	穀—谷
後—后	夥—伙	瞭—了	韆—千
臺—台	葉—叶	幾—几	薑—姜
隻衹—只			

同音替代的各组繁简字，原本是两个意义不同的字。它们之间在意义上原本没有任何联系，所以它们不是异体字，不是古今字，不是同源字。它们之间在读音上相同或相近，便用笔画少的一个字替代了笔画多的一个字。这样，笔画少的一个字，不仅要负载自己原本的字义，而且还要负载被替代的笔画多的一个字的字义。这种情况，有点类似于假借字，但又不完全相同。同音替代的方法，用现在时髦的话来说，就是兼并法，一个笔画少的字兼并了一个（或几个）笔画多的字的字义。例如：

“闆—板”，这是两个原本字义不同的字，板指木板，闆用于南方方言词“老闆”。由于两字同音，华南地区也就把“老闆”写作了“老板”，板就替代了闆。

“薑—姜”，原为两个不同的字，姜是姓氏，薑指生姜（薑）。只是由于两字同音，近现代在中医师的药方和中药店的标签上常用“姜”代替“薑”。

“蔔—卜”，原为两个不同的字，卜音 bǔ，谓占卜，蔔音 bo，指萝卜（蔔）。由于两字音近，现代群众于是以卜代蔔。

二、利用古旧字体

1. 利用古本字

蟲—虫	從—从	雲—云	氣—气
號—号	纔—才	誇—夸	復—复
睏—困	迴—回	闢—辟	網—网
硃—朱	鬍—胡	捲—卷	錶—表
颳—括	鏇—旋		

古本字，也叫初文，是对后起字（也叫加旁字、分化字）而言。文字学上指同一个字的初期写法，是表示本义的字。一般独体字居多。例如：

“網—网”，網本作“网”，象网形，后加声旁“亡”作“罔”，又加形旁“糸”作“網”。“网”是“網”的古本字，“網”是后起字，加旁字。今“網”简化作“网”，正是利用古本字。

“雲—云”，雲本作“云”，在甲骨文里象天上云气形。后来“云”常被借来表示“说”的意思，如“子曰诗云”，久借不还，于是就在“云”上加形旁“雨”表示天上云气这一本义，这样就产生了后起的加旁字“雲”。今“雲”简化作“云”，正是利用古本字。

“從—从”，從本作“从”，在甲骨文里象一个人跟随在另一个人身后。后来加上形旁“辵”，成了“從”。今“從”简化作“从”，去掉形旁“辵”，正是利用古本字。

2. 利用古代异体字

萬—万	無—无	爾—尔	禮—礼
個—个	達—达	蓋—盖	廟—庙

擬—拟　　憑—凭　　竈—灶　　豐—丰
啓—启　　樸—朴　　撲—扑　　簾—帘
亂—乱　　辭—辞

异体字指音义相同而形体不同的字。正体字以外的俗体字、古体字、或体字、碑帖字之类，都是异体字。选取笔画较少的古代异体字作为简化字，是直捷便当而且行之有效的汉字简化方法之一。例如：

“禮—礼”，“礼”在《说文》中是战国古文，隶定后的形体即“礼”。在汉魏碑帖中，“礼”也常用来代替“禮”。用“礼”作简化字，一下子就省减了 12 画。

“亂—乱”，“乱”最早见于魏碑，到宋元时已成为广泛使用的俗体字。“亂”简化作“乱”，省去了 6 画。

“萬—万”，“万”字最早见于西周早期金文，战国古印玺中以“万”代替“萬”，在汉印和汉魏碑帖中，“萬”常写作“万”。在字书《玉篇》中将“万”作为“萬”的俗体字收入。用“万”作为“萬”的简化字，仅仅 3 画，正是好认好记好写。

3. 利用废弃字形

勝—胜　　親—亲　　聖—圣　　廠—厂
燈—灯　　價—价　　靈—灵　　蘆—芦
瀋—沈　　灑—洒　　擔—担　　麽—么
獵—猎　　膽—胆　　隸—隶

所谓废弃字形，是说一个古字原来有它的本义和读音，由于长期不使用，渐渐被废弃了，仅仅留下一个没有音义内容的字形。现在把繁体字的音义内容移入废弃字形内，废弃字形就成了简化字。这样的简化字有点像寄居蟹，外在的螺壳不是寄居蟹原有的，但是寄居蟹却少不了螺壳。例如：

“灑—洒”，《说文・水部》：“洒，滌也。从水，西声。古文为灑扫字。”这说明，“洒”的本义是洗涤，读 xǐ，是“洗”的古本字。由于流行了“洗”字，“洒”就成了废弃的字形。但是，它很早就被借来表示“洒水”的意思了。《诗经》、汉碑都有“洒”字，《说文》作了特别说明，唐代敦煌写本中就用得更多。这样，“洒(洗)”的废弃字形，就被借来作“灑”的简化字。

“聖—圣”，《说文·土部》：“圣，汝颍之间谓致力于地曰圣。从土，从又。读若兔窟。”这说明，“圣”的本义是挖掘，读 kū，是“掘”的古本字。由于流行了“掘”字，“圣”就成了废弃的字形。后世借“圣”代“聖”，最早见于元刊本《古今杂剧三十种》。这样，“圣”的废弃字形，就被借来作“聖”的简化字。

“勝—胜”，《说文·肉部》：“胜，犬膏臭也。从肉，生声。一曰，不孰也。”段玉裁注：“今经典‘膏胜’、‘胜肉’字通用‘腥’为之，而‘胜’废矣。”①这就是说，“胜”原本同“腥”，读作 xīng，后来通用“腥”字，而“胜”就成为废弃字形了。这样，“胜”的废弃字形，就被借来作“勝”的简化字。

三、替换声旁

1. 用笔画少的同音字替换声旁

犧—牺	極—极	礬—矾	構—构
艦—舰	潔—洁	懼—惧	糧—粮
鑰—钥	遠—远	癥—症	纖—纤

(以上各组字的声旁，各为同音字)

認—认	斃—毙	優—优	礎—础
階—阶	腫—肿	億—亿	擁—拥
傭—佣			

(以上各组字的声旁，各为同音字，但不同调)

形声字的声旁是个笔画繁多的字，用一个笔画少的同音字来替换，就造出一个笔画减少、读音相同、形声结构的简化字。形声结构构字法的能产性很强，汉字中形声字就占 80%以上，因此，替换声旁，是汉字

① 段玉裁《说文解字注》，上海古籍出版社 1981 年影印本第 175 页。

简化的主要方法之一，前景广阔。例如：

“鑰—钥”，音 yuè；声旁龠和月，同音 yuè。以声旁“月”替换声旁“龠”，新的形声结构的简化字与原来繁体字的读音一样，但在字形笔画上却一下子减少了 13 画。

“礬—矾”，音 fán；声旁樊和凡，同音 fán。以声旁“凡”替换声旁“樊”，新的形声结构的简化字与原来繁体字的读音一样，但在字形笔画上却一下子减少了 11 画。

“億—亿”，音 yì；声旁意，音 yì，声旁乙，音 yì。以声旁“乙”替换声旁“意”，新的形声结构的简化字与原来繁体字的读音一样，但在字形笔画上却一下子减少了 12 画。

2. 用笔画少的近音字替换声旁

辦—办	幣—币	墳—坟	積—积
竅—窍	壩—坝	襖—袄	鄰—邻
臟—脏			

没有合适的笔画少的同音字替换声旁，就用笔画少的近音字替代，以此达到笔画繁多的形声字简化的目的。近音字，是指声韵相近的字，或双声，或叠韵，或声韵的发音部位相近。例如：

“辦—办”，今音 bàn。《说文·力部》新附字：“辦，致力也。从力，辡声。”辡，《广韵·上狝》符蹇切，今音 biàn。办，从力，八声。八，今音 bā。八和辡为双声字。以声旁“八”替换声旁“辡”[①]，简化字“办”仅 4

① 苏培成编著《汉字简化字与繁体字对照字典》第 4 页说：“办是草书楷化字，元明以来在通俗读物上广泛使用，现在是辦的简化字。”其说似不确切。魏厉主编《东方汉字辨析手册》第 35 页说：“‘辦’是形声字，形符是力，声符在两边，本义为治理、办理。《说文新附·力部》：‘辦，致力也。’‘辦’在汉代已出现，是‘辦’的俗字用两点代替了力左右两边的两个辛。”何以“用两点代替了力左右两边的两个辛”？没有作出进一步的分析和说明，仍隔一间。

苏培成编著《汉字简化字与繁体字对照字典》，中信出版社 1992 年版。

魏厉主编《东方汉字辨析手册》，东方出版社 1997 年版。

画，比繁体字减少了 12 画。

“幣—币”，今音 bì。《说文·巾部》：“幣，帛也。从巾，敝声。”敝，今音 bì。币，从巾，丿声。丿，《说文·丿部》：“丿，右戾也。象左引之形。”段玉裁注：“丿，音义略同撇。”①今音 piě。丿和敝为旁纽双声字，声母发音部位相同，都是双唇音，仅有送气和不送气的区别。以声旁“丿”替换声旁“敝”，简化字“币”仅 4 画，比繁体字减少了 10 画。

“襖—袄”，今音 ǎo。奥，今音 ào。夭，今音 yāo。夭和奥在今音为叠韵字。以声旁“夭”替换声旁“奥”，简化字“袄”比繁体字减少了 8 画。

3. 用笔画少的能表声的声旁替换已不能表声的声旁

礙—碍	遲—迟	遞—递	趕—赶
膠—胶	蝦—虾	郵—邮	運—运
氈—毡	戰—战	證—证	鐘—钟

由于语音的历史演变，一些形声字的声旁已不能很好地表声，而且笔画繁多，用能表声的而且笔画少的声旁来加以替换，使形声字的声旁真正起到表声作用，又简化了字形。例如：

“遲—迟”，今音 chí。犀，今音 xī。尺，今音 chǐ。声旁“犀”，在形声字“遲”中已不起表示读音的作用。声旁“尺”，与形声字“迟”同音(不同调)，起到了表示读音的作用，而且使简化字的笔画比繁体字减少了 8 画。更巧合的是，简化字与繁体字它们的首 3 笔相同。

“膠—胶”，今音 jiāo。翏，今音 liù。交，今音 jiāo。声旁“翏”，在形声字“膠”中已不起表示读音的作用。声旁“交”，与形声字“胶”同音，起到了表示读音的作用，而且使简化字的笔画比繁体字减少了 5 画。

“郵—邮”，今音 yóu。垂，今音 chuí。邮，今音 yóu。郵，会意字。《说文·邑部》：“郵，竟上行书舍。从邑、垂。垂，边也。”段玉裁注：“会意。说从垂之意，在境上，故从垂。”②“垂”在会意字“郵”中本不起表声

① 段玉裁《说文解字注》，上海古籍出版社 1981 年影印本第 627 页。
② 段玉裁《说文解字注》，上海古籍出版社 1981 年影印本第 284 页。

作用，这是毋庸置疑的。然而，在《说文 · 邑部》的184个字中，除部首字"邑"和"从反邑"的"邑"字外，其中181个字是形声字，包括上下结构下部从邑的5个字，左右结构右边从阝的176个字，唯独"郵"字，虽然是左右结构，却不是形声字。由于文字的类化作用，人们视"郵"为形声字，用声旁"由"替换了本不表声的会意偏旁"垂"，造出一个形声字"邮"。这样，声旁"由"起到了表示读音的作用，又比繁体字减少了3画。

四、简化或减省声旁的部分笔画

盤—盘　　標—标　　時—时　　孫—孙

濁—浊　　陽—阳　　橢—椭　　纍—累

際—际

（以上为减省声旁的部分笔画）

嶺—岭　　懇—恳　　様—样　　癢—痒

滬—沪　　掛—挂

（以上各字的声旁本身又是一个形声字，去掉其中的形旁）

简化或减省形声字声旁的部分笔画，使汉字得以简化。有些字减省声旁的笔画后，声旁成了另一个不表示形声字读音的字，就像会意偏旁一样，新的简化字似乎也成了会意字。例如：

盘，指形状像船（舟）一样的器皿。

标，指木制的指示标志。

时，谓日晷上一寸日影为一时辰。

孙，比儿子小一辈为孙。

浊，水中有虫为浊水。

阳，谓山丘照射到日光的一面为阳。

这种有趣的现象，恐怕也不是原先所能料到的。至于"椭、累、际"等简化字，减省了原声旁的部分笔画，它的最终结果也仅仅是为了减少笔画。

有些形声字的声旁，本身又是一个形声字，去掉其中的形旁，既减少了笔画，又不影响简化后的声旁的表声作用。例如：

“嶺—岭”，今音 lǐng。领，今音 lǐng。令，今音 líng，又音 lǐng、lìng。去掉声旁“领”字的形旁“页”，组成简化字“岭”，声旁“令”表示形声字读音的作用不变，又减少了笔画。

“滬—沪”，今音 hù。扈，今音 hù。户，今音 hù。去掉声旁“扈”字的形旁“邑”，组成简化字“沪”，声旁“户”表示形声字读音的作用不变，又减少了笔画。

五、去掉声旁

廣—广　虧—亏　隸—隶　處—处

寶—宝　繫—系　麽—么　鄉—乡

嚮—向

形声字的声旁，起表示读音的作用，一般不宜去掉声旁。但是，繁体字笔画繁多，为了减少笔画，就去掉声旁，用留下的形旁或形旁的一部分作为简化字。例如：

“廣—广”，今音 guǎng。《说文·广部》：“廣，殿之大屋也。从广，黄声。”今去掉声旁“黄”，单留下形旁“广”。广，本音 yǎn，又音 ān（同“庵”），但这二项音义均已不用，便以形旁“广”作“廣”的简化字。

“虧—亏”，今音 kuī。《说文·亏部》：“虧，气损也。从亏，雐声。”今去掉声旁“雐”，单留下形旁“亏”。《说文·亏部》：“亏，於也，象气之舒亏。”徐铉曰：“今变隶作于。”①可见，“亏”是“于”的异体字，音 yú。后来，“于”字行而“亏”字废，今便以形旁“亏”作“虧”的简化字。

“寶—宝”，今音 bǎo。《说文·宀部》：“寶，珍也。从宀，从王，从贝，缶声。”今去掉声旁“缶”，又去掉形旁部分的“贝”，留下形旁部分的“宀”和“王”（古王字即今玉字），组成“从宀，从王”的新的会意字“宝”，

① 许慎《说文解字》，徐铉校正本，即“大徐本”，中华书局 1979 年影印本第 101 页。

作为“寶”的简化字。

六、替换形旁

骯—肮	颳—刮	鹼—硷	節—节
願—愿	脣—唇	跡—迹	綑—捆
註—注	鬨閧—哄	貓—猫	

形声字的形旁起表意作用,表示与某一类意义有关。形旁字,从《说文》起,就一直作为字书辞书的部首字。由于形声字的形旁起表意作用,形旁与形旁之间往往会有意义相通相近之处。用意义相通相近的形旁替换原来的形旁,就产生了异体字。用笔画少的意义相通相近的形旁,替换笔画繁多的原来的形旁,就产生了简化字。例如:

“骯—肮”,形旁以“月(肉)”替换“骨”。骨部可以认为是肉部的分支。骨字本身就是从冎(guǎ 剐),从肉。《说文·骨部》:“骨,肉之覈(核)也。从冎,有肉。”段玉裁注:“去肉为冎,在肉中为骨。”[①]《说文·冎部》:“冎,剔人肉置其骨也。”骨部和肉部有相通之处,所以“骯”简化作“肮”。

“脣—唇”,形旁以“口”替换“月(肉)”。肉部和口部有相通之处,所以“脣”省笔作“唇”。

“節—节”,形旁以“艹(草)”替换了“竹”。竹部和艹部有相通之处,所以“節”简化作“节”(声旁“即”省去了一部分)。

“颳—刮”,形旁以“刂(刀)”替换了“风”。风部和刀部没有意义上的直接联系。在修辞上,有时用刀来比喻风,比如说“风刀霜剑”。颳是刮的分化字。刮,谓用刀等贴着物体的表面移动,把物体表面上的某些东西去掉或取下来。颳,谓强风劲吹,强风贴着地面或物体表面劲吹,把地面或物体表面的某些东西吹走。颳的这一字义,正是从刮字的本义引申出来的,它本来就作刮。唐代岑参《冬夕》诗:“浩瀚霜风刮天地,

① 段玉裁《说文解字注》,上海古籍出版社 1981 年影印本第 164 页。

温泉火井无生意。”元代马致远《青杏子·悟迷》曲：“沾泥絮怕甚狂风刮。”这里的二个“刮”字即后来的“颳”字。“颳”字最早见于元曲刻本。元代无名氏《黄孝子寻亲记·起兵》：“俺这里西风起，颳将来都是沙。”今以“刮”作为“颳”的简化字，从字面上看是替换形旁，从用字上说是恢复了最初的用法。

七、去掉形旁

鞏—巩	傢—家	尅—克	裏—里
矇濛懞—蒙	蠛—蔑	鞦—秋	
麯—曲	術—术	係—系	鹹—咸
離—离	殺—杀	鼕—冬	

形声字的形旁，绝大多数是为了区别意义而后加的，今去掉形旁，是恢复最初的用法，同时又减少了笔画。例如：

“鞏—巩”，今音 gǒng。《说文·丮部》：“巩，褁也。从丮，工声。”意思谓用布帛加以包扎，使之坚固。《说文·革部》：“鞏，以韦束也。《易》曰：‘鞏用黄牛之革。’从革，巩声。”意思谓用皮带加以捆束，使之坚固。早在西周金文中就出现“巩”字，意义与“鞏”相近。“鞏”是后起的区别字，今简化作“巩”，去掉了形旁，是恢复了最初的用法。

“矇濛懞—蒙”，蒙，《说文·艸部》：“蒙，王女也。从艸，冡声。”段玉裁注：“今人冡冒皆用蒙字为之。”①今音 méng。蒙的本义是草名，指王女（即女萝，又名兔丝）；而它的基本意义是蒙覆，蒙蔽。矇，《说文·目部》：“矇，童矇也。一曰不明也。从目，蒙声。”今音 méng。本义为眼睛失明，引申为昏暗不明，愚昧无知。濛，《说文·水部》：“濛，微雨也。从水，蒙声。”今音 méng。本义为细雨貌，引申为迷蒙笼罩。懞，《集韵·平东》：“懞，悳厚貌。”今音 méng。犹言朴实敦厚。又《玉篇·心部》：“懞，懞心也。”今音 měng。犹言昏迷无知。“蒙”与后起加旁字

① 段玉裁《说文解字注》，上海古籍出版社 1981 年影印本，第 46 页。

“曚、濛、懞”在字义上有着密切的联系，它们是一组同源字。“曚、濛、懞”分别与“蒙”可以通用，今皆去掉形旁，简化作“蒙”，是恢复了最初的用法。

“剋—克”，二字在古籍中通用，如《周易·既济》：“高宗伐鬼方，三年克之。”《左传·庄公十一年》：“彼竭我盈，故克之。”《庄子·让王》：“汤遂与伊尹谋伐桀，剋之。”《史记·龟策列传》：“夫汤伐桀，武王剋纣，其时使然。”二字的意义都是战胜、制服，并没有什么区别。“剋”是“克”的后起加旁字，今去掉形旁，简化作“克”，是恢复最初的用法。

八、另造新形声字

幫—帮　　範—范　　膚—肤　　護—护
驚—惊　　廳—厅　　響—响　　憂—忧
籲—吁　　髒—脏　　黴—霉

用笔画少的声旁、形旁同时替换笔画繁多的声旁、形旁，另造一个新形声字，使汉字得以简化。我们在上面已经讲解了“替换声旁”、“替换形旁”两种方法，而另造新形声字，正是这两种方法的同时综合运用，这里就不用多说了。

九、另造新会意字

筆—笔　　塵—尘　　淚—泪　　滅—灭
體—体　　衆—众

另造一个笔画简少的新会意字，以代替笔画繁多的字，这也是汉字简化的一种可行方法。例如：

“筆—笔”，今音 bǐ。《集韵·入质》：“筆，或作笔。”用细竹管安装上兔毛或羊毛，就制成了毛笔：兔毫、羊毫的制作工艺，至今犹然。

“塵—尘”，今音 chén，《集韵·平真》：“塵，俗作尘，非。”奉敕官修的《集韵》，当时还不敢公开承认“尘”字的合法地位。据《说文，鹿部》：“塵，鹿行扬土也。”本义是指群鹿奔跑时扬起的尘土。今简化作“尘”，小土为尘，言简义明。

"淚—泪",今音 lèi。《集韵·去至》:"淚,目液也。""淚"是形声字,指眼泪。《字汇·水部》:"泪,与淚同,目液也。""泪"是会意字,目液为泪,即指眼睛中流出的泪水,俗称眼泪。

"滅—灭",今音 miè。灭,是群众新创造的会意字,用一物件由上而下压住火,使火熄灭,会意简明贴切。同时,"灭"字的形体与繁体字声旁的部分构件相同,富有认同感。

"體—体",今音 tǐ。《说文·骨部》:"體,总十二属也。从骨,豊声。"段玉裁注:"十二属,许未详言。今以人体及许书核之,首之属有三,曰顶,曰面,曰颐;身之属三,曰肩,曰脊,曰臀;手之属三,曰肱,曰臂,曰手;足之属三,曰股,曰胫,曰足。合《说文》全书求之,以十二者统之,皆此十二者所分属也。"[①]"體"是形声字,本义指身体,全身的总称。《正字通·人部》:"体,别作笨,义同。""体"原本也是形声字,音 bèn,是笨字的异体字。后来,"笨"字行而"体"字废,人们就把"体"作为"體"的简化字。作为身体的"体"字,最早见于元抄本《京本通俗小说》,是个会意字。人本为体,身体是人的根本。今谚云:身体是革命的本钱。其取义正在于此。

"衆—众",今音 zhòng。《广韵,去送》:"衆,多也。三人为衆。"《国语·周语上》:"夫兽三为群,人三为衆。"后来就新造一个从三人的会意字"众",作为"衆"的简化字。三人为众,表示人数众多,言简意明,贴切自然。

十、省略部分构件而保留原字轮廓或特征部分

1. 保留原字轮廓

參—参	齒—齿	奪—夺	糞—粪
癤—疖	將—将	婁—娄	虜—虏
鹵—卤	傘—伞	喪—丧	肅—肃
尋—寻	爺—爷	淵—渊	

---

① 段玉裁《说文解字注》,上海古籍出版社 1981 年影印本,第 166 页。

一些繁体字省略部分构件后，所得简化字保留了原来繁体字的轮廓，既不影响识读，又减少了笔画，这是汉字简化的主要方法之一。

2. 保留原字特征部分

糶—粜	飛—飞	競—竞	開—开
畝—亩	瘧—疟	澀—涩	聲—声
雖—虽	謄—誊	糴—籴	務—务
業—业	醫—医	鑿—凿	

一些繁体字省略部分构件后，所得简化字保留了原来繁体字的特征部分，既便于读者分辨记认，又减少了笔画，这是汉字简化的主要方法之一。

十一、草书楷化

貝—贝	長—长	東—东	馬—马
買—买	門—门	夢—梦	傷—伤
實—实	壽—寿	書—书	爲—为
興—兴	堯—尧	專—专	

1952年下半年，毛泽东主席审阅了《常用汉字简化表草案》第一次稿后，曾作了批示，他指出：作简体字要多利用草体，找出简化规律，作出基本形体，有规律地进行简化。毛主席的指示完全符合汉字简化的一般规律和实际情况。草书，即草体字，这种字很早就流行于人民群众之中，在传世的竹简石刻、手抄文书，甚至一些古代书法名家的书法作品中，都有很多草书字。草书字笔画较少，书写快捷，深受群众欢迎，这是它的优点；但也毋庸讳言，草书字字形多变，缺少规范，不易辨识，这是它的缺点。再说在印刷文字中夹入草书，形式上不大协调，而且排版印刷技术上也有困难。汉字简化要多利用草书，就要使草书字能作出基本形体，即字形笔画规范化，以符合汉字方块字的笔形规范，因此，草书楷化是汉字简化的一种行之有效的方法。

草书楷化，古已有之。例如：

"貝—贝"，草书"贝"字最早见于汉史游书写的《急就章》和居延汉简，草书楷化的“贝”字最早见于清刊本《目连记弹词》。

“夢—梦”，在宋蔡襄和明李贽、李乐等人的书法作品中，就有草书“梦”字；草书楷化的“梦”字最早见于元刊本《朝野新声太平乐府》。《康熙字典·木部》七画：“梦，俗夢字。”已正式收入官修字书。

“實—实”，晋王羲之《破羌帖》中有着“实”字的行草，草书楷化后的“实”字见于元抄本《京本通俗小说》和元刊本《古今杂剧三十种》、《朝野新声太平乐府》等书。

“壽—寿”，“寿”字来源于草书，敦煌汉简中已有与现行简化字非常相近的形体。草书楷化后的“寿”字，最初出现于唐代敦煌变文写本中，后即出现于印刷物宋刊本《古列女传》、元刊本《朝野新声太平乐府》等书。

“爲—为”，在居延汉简、敦煌汉简中已大量使用草书“为”字，草书楷化后的“为”字最初出现于元刊本《古今杂剧三十种》。

“興—兴”，居延汉简里已有“兴”字草书，草书楷化后的“兴”字最早见于唐写本敦煌变文《李陵变文》。

草书必须经楷化后，才可能成为简化字。

十二、用符号代替偏旁或部分构件

1. 用符号“又”代替声旁或构件

漢—汉　嘆—叹　艱—艰　難—难

勸—劝　權—权　歡—欢　觀—观

僅—仅　鄧—邓　戲—戏　鷄—鸡

(以上代替声旁)

鳳—凤　對—对　樹—树　聶—聂

轟—轰

(以上代替构件)

2. 用符号“乂”代替声旁或构件

趙—赵

(代替声旁)

區—区　　　岡—冈　　　風—风

(以上代替构件)

3. 用符号"丷"代替上下结构中的重叠部分

棗—枣　　　讒—谗　　　攙—搀　　　饞—馋

4. 用符号"刂"代替上下结构中的下半部

喬—乔　　　齊—齐　　　養—养

5. 用符号"云"代替构件

會—会　　　層—层　　　嘗—尝　　　償—偿

壇罎—坛

用符号代替偏旁或部分构件,这种方法来源于草书。汉初的草书,到东汉时的章草,是由秦隶草化、简化、连笔快书而成。后来又发展成今草,这种字体一笔到底,一气呵成,从笔形笔画到笔顺写法,都做到了最大的简化。草书把汉字的一些部件大胆连笔简化,甚至省去,打破了汉字的偏旁结构。久而久之,约定俗成,汉字的一些偏旁或部分构件,就成了简易的符号。例如:

"漢—汉","汉"来源于汉代草书,在东汉《章帝千字文断简》中就有"汉"字,已与今天的简化字完全相同。1935 年《手头字第一期字汇》中收入了"汉"字。

"艱—艰",在印刷物中,"艰"最早见于明刊本《薛仁贵跨海东征白袍记》,明代官府文书档案《兵科抄出》中已正式使用"艰"字。

"權—权""勸—劝""對—对","权""劝""对"都来源于草书,最早出现在元抄本《京本通俗小说》一书中。在印刷物中,"权"字见于清刊本《目连记弹词》和《金瓶梅奇书》,"劝"字见于清刊本《金瓶梅奇书》和《岭南逸事》,"对"字见于明刊本《薛仁贵跨海东征白袍记》和《岳飞破虏东窗记》。1932 年《国音常用字汇》和 1935 年《第一批简体字表》,都已收入上述三个简化字。

"鳳—凤","凤"来源于草书,印刷物中已见于清刊本《目连记弹词》和《金瓶梅奇书》。符号"又"与"又"字的音义全然无关。

"趙—赵","赵"来源于草书,最早出现于清刊本《目连记弹词》。

“棗—枣”，古代抄书写字，如果下一字与上一字相同，就往往用“⺀”代替下一字；推而广之，一个字的上下结构中的重叠部分，也用“⺀”来代替，“枣”字就是典型的例子。在印刷物中，“枣”字见于清刊本《目连记弹词》和《金瓶梅奇书》。

“攙—搀”，“搀”来源于草书，最早出现于元抄本《京本通俗小说》中。在印刷物中，元刊本《古今杂剧三十种》和《朝野新声太平乐府》、明刊本《娇红记》、清刊本《目连记弹词》，都已使用。

“喬—乔”，“乔”来源于草书，在印刷物中最早见于清刊本《金瓶梅奇书》。

“齊—齐”，“齐”来源于草书，楷化后的“齐”字最早见于宋刊本《大唐三藏取经诗话》、元抄本《京本通俗小说》。

“養—养”，“养”来源于草书，楷化后的“养”字最早见于元抄本《京本通俗小说》。

“會—会”，“会”来源于草书，见于居延汉简，字形与现行简化字十分接近。楷化后的“会”字最早见于元抄本《京本通俗小说》。“云”本来是“雲”的古本字，现在被确定为“雲”的简化字。而“会”字中的“云”，既不是声旁，也不是形旁，与“云(雲)”字的音义全然无关，它是上中下三层结构“會”字草书连写后中下层的连写变形，纯粹成为替代部分构件的符号。在“层”“尝”“坛”字中的“云”，也作如是观。

“層—层”，“层”来源于草书，明代书法家文徵明、祝枝山的作品中有接近“层”的字形。

“嘗—尝”，“尝”来源于草书，与现行简化字完全相同的写法，最早见于元虞集的书法作品和元抄本《京本通俗小说》，在印刷物中见于清刊本《岭南逸事》。

以上总结了汉字简化的12种方法及其规律，也可以说是归纳了简化字的12种构成方式。汉字简化的方式方法虽然多种多样，然而在各种方式方法之间却也是既有区别，又有联系。例如，试比较“同音替代”与“替换声旁”：在“同音替代”中，简化字跟繁体字在字形结构上是完全不同的两个字，而在“替换声旁”中，简化字跟繁体字的形旁是相同的，只有声旁不同，这是两种简化方法的不同之处；所谓“替换声旁”，我们也可以把它看作是对形声字声旁的“同音替代”，这是两种简化方法的相似之处。再比较“用符号代替偏旁或部分构件”与“草书楷化”：那些用来代替偏旁或部分构件的符号，来源于草书，也必然经过“草书楷化”的过程，这是两种简化方法在来源和简化过程上的同一性；而“草书楷化”后的简化字，字的个性很强，简化字与繁体字往往是一对一的对应关系，规律性太弱，那些用来代替偏旁或部分构件的符号，只是在“草书楷化”后的一小部分简化字中才出现，这是一种比较特殊的现象，这也正是两种简化方法的差异性。至于“另造新形声字”这一简化方法，正是“替换形旁”和“替换声旁”两种简化方法的同时综合运用。就是一些具体的个别的简化字，也往往可以被认为是运用两种简化方法或者说两种构成方式造出来的。例如：

“廣—广”，既是“去掉声旁”，也是“利用废弃字形”。

“親—亲”，既是“利用废弃字形”，也是“去掉形旁”。

“雲—云”，既是“去掉形旁”，也是“利用古本字”。

“體—体”，既是“利用废弃字形”，也是“另造新会意字”。

“孫—孙”，既是“另造新会意字”，也是“减省声旁的部分笔画”。

“嶺—岭”，既是“减省声旁的部分笔画”，也是“替换声旁”。

以上各例，可以参看前面所论及的各有关简化方法。一个简化字，所用的简化方法被认为既是这一方法，也是另一方法，其实两种方法所得出的结果是一样的，可以说是殊途同归，有异曲同工之妙。

第三、《简化字总表》略说

《简化字总表》于 1964 年 5 月正式公布。在此之前，1964 年 1 月 7 日，中国文字改革委员会向国务院呈报《关于简化字问题的请示》。2 月 4 日，国务院就文改会的请示作了批复：“《汉字简化方案》中所列的简化字，用作偏旁时，应同样简化；《汉字简化方案》的偏旁简化表中所列的偏旁，除了四个偏旁（讠、饣、纟、钅）外，其余偏旁独立成字时，也应同样简化。你会应将上述可以用作偏旁的简化字和可以独立成字的偏旁,分别作成字表,会同有关部门下达执行。”3 月 7 日,根据国务院的批示精神,文改会会同文化部、教育部发出《关于简化字的联合通知》,主要解决简化字中类推部分存在的问题,说明用《汉字简化方案》中的简化字和简化偏旁作为偏旁类推出来的简化字,将收入《简化字总表》中。1964 年 5 月,中国文字改革委员会根据国务院的批示精神和三部委联合通知的规定,编辑出版了《简化字总表》,作为使用简化字的统一规范。

1977 年 12 月 20 日,经国务院批准,中国文字改革委员会发表《第二次汉字简化方案(草案)》,在群众中征求意见。根据征集的意见,1986 年 6 月 24 日,国务院发出了批转国家语言文字工作委员会《关于废止〈第二次汉字简化方案(草案)〉和纠正社会用字混乱现象的请示》的通知,决定废止“二简(草案)”,重新发表《简化字总表》。国务院在通知中明确指出:“今后,对汉字的简化应持谨慎态度,使汉字形体在一个时期内保持相对稳定,以利社会应用。”1986 年 10 月,经国务院批准,国家语言文字工作委员会重新发表了《简化字总表》,对其中个别字作了调整,对表中的个别脚注内容作了补充或修订,并作了重新发表的说明。

《简化字总表》包括第一表、第二表、第三表三个字表。表内的简化字和简化偏旁后面,都在括弧里列入原来的繁体。《简化字总表》后面有两个附录,一是收入 1955 年 12 月文化部和中国文字改革委员会发布的《第一批异体字整理表》中 39 个被选用的正体字,一般人习惯把这些笔画少的正体字看作简化字;二是收入已经国务院批准更改的生僻难认的地名用字。

一、第一表,不作简化偏旁用的简化字

1. 简化字的繁体不用作别的字的偏旁

第一表中所列出的 350 个不作偏旁用的简化字,除极少数的字外,这些字的繁体字,一般都不能用来做别的字的偏旁,例如“礙—碍、骯—

肮、襖—袄”中的繁体字,都不能作别的字的偏旁,根本不可能存在那样的字。第一表中绝大部分的繁体字都有这个特点,因此它们只能个别简化,就是只能一个一个地简化,不能类推出别的简化字,因此,这些简化字也不可能作别的简化字的偏旁使用,更不可能作简化偏旁用。

2. 简化字的繁体能用作别的字的偏旁

第一表中极少数的简化字的繁体,能用作另一些更复杂的繁体字的偏旁,但是这些更复杂的繁体字,或者已另外个别简化,就是说不按照类推的方法简化,或者压根儿就不能简化。因此,这些简化字也不可能作别的简化字的偏旁使用,更不可能作简化偏旁用。例如:

{鬥—斗
鬧—闹(另简)
鬩—阋(另简)

{糞—粪
瀵

{乾—干
漧

{穀—谷
瀫

{纍—累
儽
灅
欙

{牽—牵
縴—纤(另简)

{聽—听
廳—厅(另简)

{兒—儿
倪
睨

{復—复
覆

{幹—干
擀

{號—号
饕

{麽—么
嬤

{僕—仆
濮

{臺—台
檯—台
儓
薹

衛—卫
䡺
躛
讆

戲—戏
巇

憂—忧
優—优(另简)
擾—扰(另简)

遠—远
薳

習—习
摺—折(另简)
褶
鰼

養—养
癢—痒(另简)

隻—只
獲—获(另简)
穫—获(另简)
護—护(另简)
蠖

第一表中还有极少数的简化字的繁体，虽然能用作另一些更复杂的繁体字的偏旁，但是这些更复杂的繁体字，往往是一些罕见的生僻字、异体字，在现代汉语中基本不用，这里就略去不讲了。

第一表中有四个简化字，它们的繁体，不仅能用作另一些更复杂的繁体字的偏旁，而且在这些更复杂的繁体字中，至少有一个按照简化字类推的方法简化；但是，除此以外的更复杂的繁体字，或者已另外个别简化，就是说不按照类推的方法简化，或者压根儿就不能简化。这四个简化字虽然能作别的简化字的偏旁使用，或者说别的简化字是按照这四个简化字用类推的方法而得出的，但是对这四个简化字来说，类推简化的方法仅此一例，不能一以贯之，涵盖全面，因此，这四个简化字仍然不能作简化偏旁用。例如：

務—务
霧—雾
蓩

徵—征
懲—惩
癥—症(另简)
黴(zhǐ)

縣—县
懸—悬
蘔

壯—壮
裝—装
莊—庄(另简)
奘

二、第二表，可作简化偏旁用的简化字和简化偏旁

1. 可作简化偏旁用的简化字

所谓“可作简化偏旁用的简化字”，恰好跟第一表相反，这第二表中所列 132 个繁体字，都可以用来作别的更复杂的繁体字的偏旁。这个繁体字单独用时简化了，用这繁体字作偏旁的所有的字也跟着一起类推简化。所以这个表中的简化字，都可以作简化偏旁用。例如，第二表中的第一个简化字“爱”，它的繁体可作另外五个更复杂的繁体字的偏旁，现在“爱”简化了，那么另外五个更复杂的繁体字也跟着类推简化。再如，“貝”简化作“贝”，所有用“貝”作偏旁的字，其中偏旁“貝”均类推简化作“贝”。

2. 简化偏旁

简化偏旁共有 14 个。这些简化偏旁一般都不能单独使用(《现代汉语词典》收有“呙”字、“圣”字)①。这些简化偏旁，不论在一个字的任何部位，一般都可以使用。但是，也有一些例外，其中“讠、饣、纟、钅”四个偏旁，一般只能用于左偏旁。变换一个角度说，那就是——

“言、食、金”三个偏旁在一个字的下部或右边，不简化。例如：

誉、誓、謇、譬；信、這。

餍、餈、餐、饕；飧、飨。

蓥、鉴、銮、鏖；唫、淦。

“糸”旁在一个字的下部作“糸”，不简化。例如：

系、紊、素、紧、累、紫。

三、第三表，应用第二表所列简化字和简化偏旁得出来的简化字

第三表所收的是应用第二表的简化字和简化偏旁作为偏旁类推出来的简化字，共 1753 个。汉字总数很多，第三表不可能也不必尽列。

① 见《现代汉语词典》第 479 页、第 662 页。

例如有“车”旁的字,《汉语大词典》第 9 卷的“車”部就有 323 个所属字,如果尽量地列,就可以列出二三百个,其中有许多是罕见的生僻字、异体字,在现代汉语中不大用得到。在编制《简化字总表》时,为了适应一般的需要,第三表所列的简化字的范围,基本上以《新华字典》(1962 年第三版,只收汉字 8000 个左右)为标准。未收入第三表的字,凡用第二表的简化字或简化偏旁作为偏旁的,一般应该同样类推简化。

四、学习和使用《简化字总表》的注意点

1. 已在第一表和第二表中另行简化的繁体字不要再类推简化

例如:

貝—贝	寶—宝	賓—宾*	償—偿	墳—坟
	櫃—柜	積—积	價—价	買—买*
	賣—卖*	實—实	鑽—钻	
車—车	範—范	轟—轰	運—运	
齒—齿	齣—出			
單—单	戰—战			
豐—丰	酆—丰(丰都县,地名) 酆(姓)			
風—风	颳—刮	颱—台		
咼—呙	過—过*			
畫—画	劃—划			
見—见	親—亲*	襯—衬		
將—将	漿—浆	槳—桨	獎—奖	醬—酱
節—节	癤—疖			
來—来	麥—麦*			
樂—乐	藥—药			
麗—丽	灑—洒	曬—晒		
盧—卢	蘆—芦	廬—庐	爐—炉	驢—驴
鹵—卤	滷—卤	鹹—咸	鹼—硷	
馬—马	驚—惊	憑—凭		

麥—麦	麵—面	麯—曲		
門—门	闆—板	關—关	閤—合	開—开
	蘭—兰	攔—拦	欄—栏	爛—烂
	闢—辟			
鳥—鸟	鳳—凤			
親—亲	襯—衬			
審—审	瀋—沈			
韋—韦	衛—卫			
鄉—乡	嚮—向	響—响		
厭—厌	壓—压			
頁—页	噸—吨	類—类	嶺—岭	蘋—苹
	頭—头	顯—显	籲—吁	願—愿
魚—鱼	蘇—苏	囌—苏		
與—与	譽—誉	舉—举*		
雲—云	罎—坛			
專—专	團—团	團—团		
言—讠	護—护	誇—夸		
昜—𠃓	傷—伤	陽—阳		
糸—纟	纔—才	繭—茧	羅—罗*	網—网
	總—总	緻—致		
金—钅	錶—表	録—录*	鏇—旋	
睪—𠬤	睾(不简化)			

(字的右上角标有 * 号的是《简化字总表》第二表规定可作偏旁用的简化字)

2. 不能拿第一表简化字的部分结构当作简化偏旁去类推简化

第一表所收的都是“不作简化偏旁用的简化字”，它们只能个别简化，就是只能一个一个地简化，不能类推出别的简化字。这些简化字的部分构件，更没有成为可作简化偏旁用的简化字，因此不能用它去类推简化。例如：

第一表中的简化字		错误的类推	
攙—搀	讒—谗	巉—⿰山免	鑱—⿰钅免
敵—敌	適—适	嫡—姡	鏑—铦
溝—沟	構—构	遘—⿺辶勾	媾—⿰女勾
購—购		篝—⿱⺮勾	
劇—剧	據—据	澽—涺	遽—⿺辶居
遼—辽	療—疗	僚—⿰亻了	潦—⿰氵了
惱—恼	腦—脑	瑙—⿰王⿱亠凶	
僕—仆	撲—扑	璞—⿰王卜	濮—⿰氵卜
樸—朴			
讓—让		嚷—⿰口上	釀—⿰酉上
傷—伤		殤—殇	觴—觞
襪—袜		⿰山蔑—⿰山末	蠛—⿰虫末
纖—纤	懺—忏	讖—⿰讠千	櫼—杄
殲—歼			
陽—阳		楊—⿰木日	煬—⿰火日
億—亿	憶—忆	臆—肊	癔—⿸疒乙
躍—跃		耀—跃	
醞—酝		温—沄	蘊—⿱艹纭

3. 不能拿第一表简化字的简化方法去类推简化

例如：

“品”字形结构的“轟、聶”简化作“轰、聂”，不等同于同样“品”字形结构的字都照此方法类推简化。如果把“鑫、磊、森、淼”简化作“⿱金⿰又又、⿱石⿰又又、⿱木⿰又又、⿱水⿰又又”，那就错了。

4. 认真领会《简化字总表》的脚注

一部分简化字，形音义有特殊情形，《简化字总表》都加了适当的脚注。例如“干”是“乾”（gān）的简化字，但是“乾坤”的“乾”（qián）并不简化；又如“叶”是“葉”（yè）的简化字，但是“叶韵”的“叶”仍旧读 xié；

这种一字两读的情形，在汉字里本来常有，如果不注出来，就容易引起误会。又如以“余”代“餘”，以“借”代“藉”，以“了”代“瞭”，虽然群众已经习惯了，而在某些情况下却不适宜，需要区别。又如“么”和“幺”有什么不同，“马”字、“长”字究竟是几笔，等等。诸如此类可能发生疑难的地方，《简化字总表》都在页末加了脚注。这些脚注，内容丰富，言简意明，起到了点拨作用，分别说明了简化字使用过程中形音义的若干特殊情形，因此，我们在学习和使用《简化字总表》时，千万不要忽视脚注，必须认真领会脚注，并且需要逐条熟悉和掌握。

五、《简化字总表》的缺点和不足

简化字受到广大群众的欢迎，主要是因为简化字笔画减省，易认易记，便于书写，特别是使初学汉字的人们节省了不少的精力和时间。但是，事物总是一分为二的，《简化字总表》也不可能是十全十美的，它本身还存在着某些缺点和不足，主要是计划性、系统性不够，笔画的精简未能很好兼顾认记的方便。

1. 形近易混字的相对增多

简化字的最大特点是减少了笔画，但是笔画原本是用来区别字形的，笔画大量减少的同时，也就会不可避免地造成形近易混字的相对增多，从而造成分辨和认记字形的困难。例如：

廠—厂	廣—广
倉—仓	侖—仑
無—无	元
廳—厅	斤
習—习	匀
風—风	鳳—凤
戔—戋	戈
龍—龙	尤
業—业	亞—亚
舊—旧	歸—归

處—处	外	
聖—圣	巠—𢀖	
壓—压	莊—庄	
厭—厌	慶—庆	
雜—杂	朵	
導—导	异	
壞—坏	環—环	坯(坏)
塊—块	抉	玦
鹵—卤	卣	
療—疗	疗	
滬—沪	瀘—泸	
撥—拨	拔	
襖—袄	袄	
饗—飨	飧	

2.《简化字总表》中有异体字

汉字改革,一是要减少汉字笔画,二是要精简汉字字数,而《简化字总表》第三表中还有“鲶”、“鳝”、“绔”等异体字,这就背离汉字改革的初衷了。尽管《第一批异体字整理表》不将上述三字作为淘汰的异体字,但是在现代汉语的实际使用中是作异体字看待的。在“古今兼收,源流并重”的《汉语大词典》、现代汉语规范工具书的《现代汉语词典》中,也将上述三字作为异体字处理:

鲶,同“鲇”。见《汉语大词典》第 12 卷第 1242 页,《现代汉语词典》第 927 页。

鳝,同“鳅”。见《汉语大词典》第 12 卷第 1249 页,《现代汉语词典》第 1040 页。

绔,同“裤”。见《汉语大词典》第 9 卷第 813 页,《现代汉语词典》第 729 页。

上述三字，既然是异体字，就不宜列入《简化字总表》中。

3. 部分同音替代不适当

我们在上面已经说过，同音替代的方法，用现时时髦的话来说，就是兼并法，一个笔画少的同音字或近音字，兼并了一个或几个笔画多的字的字义。这样，同音替代简化字作为字义的载体就负担过重，难以承受。例如以借代藉，以余代馀，以舍代捨，以了代瞭，以叶代葉，虽然历史上早有通用，群众也已认同，但是这些繁简字各自所代表的词，它们的词性并不完全一致，词义的内涵和外延并不相同，义项也并不完全相等，在具体的语境中仍然可能产生歧义，引起混淆。

4. 同一偏旁字简化和类推不一致

同一偏旁字在一部分繁体字中已经简化，而在另一部分繁体字中却并未简化。例如：

墮—堕　隨—随　橢—椭
隋、墥、惰、隳、髓(未简化)

揀—拣　練—练　煉—炼
柬、諫、楝、暕、鰊(偏旁柬未简化)

億—亿　憶—忆
意、臆、癔(未简化)

讒—谗　攙—搀　饞—馋
毚、劖、儳、巉、瀺、欃、鑱(偏旁毚未简化)

同一偏旁字在一部分繁体字中按简化偏旁类推简化，而在另一部分繁体字中却不类推简化；同一偏旁字按两个不同的偏旁进行简化，分化成两组不同偏旁的简化字；以上情况都造成了新的不一致。例如：

盧—卢　瀘—泸　櫨—栌　轤—轳
　　　　顱—颅　鱸—鲈(类推简化)
廬—庐　蘆—芦　爐—炉　驢—驴

場—场　揚—扬　湯—汤　楊—杨
　　　　殤—殇　觴—觞(类推简化)
陽—阳　傷—伤

闌—阑　讕—谰　瀾—澜　斕—斓
　　　　鑭—镧
蘭—兰　攔—拦　欄—栏　爛—烂

《简化字总表》对这些不一致处，都没有作出应有的规定或说明，这就显示出缺乏系统性，在使用中会引起不少麻烦，令人无所适从。

5. 某些简化形体代替的偏旁过多

某些简化形体，特别是某些简化符号，代替的偏旁或构件过多，从而造成分辨和认记字形的困难。例如简化符号“又”在汉、劝、仅、对、树、戏、鸡、邓等字中，代替了莫、雚、堇、丵、壴、虚、奚、登等不同的偏旁；再如简化形体“云”，它既是简化偏旁，又是简化符号，在芸、酝、运、动、层、偿、坛等字中，代替了雲、昷、军、重、曾、员、亶、曇等不同的偏旁或构件。这种情况，虽然是群众长期的使用习惯，但是也会带来分辨和认记字形的困难。

6. 没有充分考虑字形的结构美观和书写方便

一些字在简化时，没有充分考虑字形在结构上的美观和书写上的方便，例如“厂、广、飞、长、仑、圣、杂”等简化字，在笔画结构上不匀称，左右或上下轻重失调，就不美观。再如原读 zhù 的宁作宁，“‘宁’中的一横写在哪里算标准呢？”[①]这个字的宝盖头与底下一横之间究竟要间隔多少才算结构匀称，谁也说不清楚，很难把握。再如“拣、练、炼”等字，书写起来并不方便。

《简化字总表》作为一个新事物，出现个别缺点和不足之处是难免的。1986 年重新发表《简化字总表》时，对原表中的个别字作了调整，并增加或补充了脚注。《简化字总表》作为国家语言文字规范化方面的法规性文件，对其中的学术性问题，完全可以进行研究和探讨，但是在政府有关部门未对总表进行任何微调之前，我们就得依法办事，照章办

① 欧阳中石《方块汉字的简化应当考虑到书写的问题》，载《汉字问题学术讨论会论文集》，语文出版社 1988 年版第 162 页。

事，不折不扣地按总表的规定使用汉字，决不能滥用繁体字，乱造简化字，随便写错别字，为逐步消除社会用字混乱的不正常现象而努力奋斗。

附记：这原是一份讲稿，曾于 1994 年 7 月江苏教育出版社编校人员讲习班、1994 年 11 月江苏省中学语文教师观摩教学研讨会、1998 年 10 月江苏省新闻出版局主办的编辑室主任培训班等会（班）上讲授过，今应同志们要求，将讲稿修改、补充后发表于此，希望方家和广大读者不吝赐教。

（原载《语言研究集刊》第六辑，江苏教育出版社 1999 年版）

古辞书及注疏书要籍平议

古辞书及注疏书，是今人编纂语文辞书的宝贵资料，也是研究训诂学的基本素材。

训诂的实践工作，主要的有二类，即编纂语文辞书和注释古书；人们分别指称这二门学问为辞书学和注疏学，训诂学则是这二门学问的理论上和方法上的总结和概括。因此可以说，凡是研究古辞书及前人的注疏，加以分析归纳，以明白其源流，辩析其要旨，更进而揭示其方法，演绎其体系，而作出理论上的阐释，使人们能根据文字的形体与声音，进而明确其意义的学问，就是训诂学。

编纂语文辞书和研治训诂学，需要阅读的书籍，主要的也可分二类，即古辞书和前人的注疏。古辞书是训诂学的根柢书，它们揭示了训诂学的方法条例和辞书学的释义法则，或以义训，或以形训，或以音训；因此，古辞书又可分为义书、形书和音书，也即《四库提要》中"经部小学类"的训诂之属、字书之属和韵书之属三部分。前人的注疏，是训诂学的源头书。这主要是指两汉魏晋南北朝人的注疏，由于时代近古，他们的注疏中大量地保存了古代的词义训释，比较真实可信，也是编纂语文辞书的释义的依据。唐宋以下人注，其精深者，或能大量地采集和保存前代古注，或能发明前训而创获新说，当然也在采摭之列。汉魏六朝唐宋人注疏书，散见于《四库提要》各部类中，清人注疏书重要的已收入中华书局编印的《四部备要》中。

古辞书要籍平议

古辞书,《四库提要》的分类是:"以《尔雅》以下编为训诂,《说文》以下编为字书,《广韵》以下编为韵书。"计得训诂之属十二部、字书之属三十六部、韵书之属三十三部,附存目训诂之属八部、字书之属六十八部、韵书之属六十一部,共计二百十八部。

小学类书籍,卷帙浩繁,既不可能也无必要毕读,当首先研治其中最切用最紧要者,学有馀力可再兼及其他。

训诂学大师段玉裁曾说:"三代小学之书不传,今之存者:形书,《说文》为之首,《玉篇》以下次之;音书,《广韵》为之首,《集韵》以下次之;义书,《尔雅》为之首,《方言》、《释名》、《广雅》以下次之。"(见《广雅疏证序》)段氏共列举了最重要的八种古辞书。黄季刚先生则依段氏之意,在八书之外又增加《小尔雅》、《类篇》二书,合为"现存完全切用的十种根柢书"(见《制言》第七期)。今依时代先后,排次如下:

1.《尔雅》　2.《小尔雅》　3.《方言》　4.《说文》　5.《释名》
6.《广雅》　7.《玉篇》　8.《广韵》　9.《集韵》　10.《类篇》

以上十部书,都在《四库提要》"经部小学类"中,其归属则如下表:

1.《尔　雅》 2.《小尔雅》 3.《方　言》 5.《释　名》 6.《广　雅》	义书(训诂之属)
4.《说　文》 7.《玉　篇》 10.《类　篇》	形书[字书之属]
8.《广　韵》 9.《集　韵》	音书[韵书之属]

今按其分类,简述如下。

《尔雅注疏》 晋郭璞注 宋邢昺疏

前人列《尔雅》为《十三经》之一，可见其重要性。《四库提要》说："今观其文，大抵采诸书训诂名物之同异，以广见闻，实自为一书，不附经义。……盖亦《方言》、《急就》之流，特说经之家多资以证古义，故从其所重，列之经部耳。"所谓"说经之家多资以证古义"，就是据《尔雅》解释群经之义，无此书则训诂不能明。郭注邢疏列入《十三经注疏》。在"雅学"中，郭注有开创之功，邢疏亦多能引证，都作出了重要贡献。《四库提要》说："璞时去汉未远，如'遂帐大东'称《诗》、'钊我周王'称《逸书》，所见尚多古本，故所注多可据。后人虽迭为补正，然宏纲大旨，终不出其范围。昺疏亦多能引证，如《尸子·广泽篇》《仁意篇》，皆非今人所及睹。其犍为文学、樊光、李巡之注，见于陆氏《释文》者，虽多所遗漏，然疏家之体，惟明本注，注所未及，不复旁搜，此亦唐以来之通弊，不能独责于昺。"这段评价很中肯，既肯定了郭注邢疏的重要地位，同时又有分析地指出其时代的局限性。清人郝懿行著《尔雅义疏》，是《尔雅》注疏本中的殿军。前修未密，后出专精，集众家之长，成一家之言。黄季刚先生说："郝疏晚出，遂有驾邢轶邵（按，指清人邵晋涵著《尔雅正义》）之势，今之治《尔雅》者，殆无不以为启辟门户之书。"（见《尔雅略说》，载《黄侃论学杂著》第394页）郝疏为《清十三经注疏》之一，有《四部备要》本。近有坊间据郝氏家刻本之影印本。

程千帆先生批语　黄先生有《尔雅郝疏订补》，尚待整理。殷孟伦教授所为《尔雅纂疏》，在著述中，已写定数卷。

《小尔雅》

《四库提要》将其收入"小学类存目"，大致因其为伪书，才打入另册。但《四库提要》又认为此书"颇可以资考据"；又说："汉儒说经，皆不援及，迨杜预注《左传》，始稍及征引，明是书汉末晚出，至晋始行，非《汉志》所称之旧本。"对于此书的作者问题，尚有争论，或认为出于王肃伪造，或认为王肃伪造《孔丛子》时将古小学遗书剿取入之，而仍保留了古本原貌。这一问题，治训诂者一般可以不管，留待辩伪家去讨论，或待今后自己有心得再作专门研究。退一步说，《小尔雅》即使出于伪托，并非成书于孔鲋时代，但至迟不会晚于王肃时代。我们把它的成书年代往后移动一点，看成魏晋人编纂的古辞书，亦无不可，决不能因其伪托问题而一概摒弃。据时贤研究报告，《小尔雅》一书之训诂，与郑玄注疏相同甚多，王肃既欲难郑，不应又合于郑，所谓王肃欲难郑而伪造《小尔雅》一说，当不攻自破。又据《说文》卷八下："䁰，事有不善言䁰也。《尔雅》：'䁰，薄也。'从无，京声。"考今《尔雅》无"䁰，薄也"条，而恰在《小尔雅·广言》内，可见《小尔雅》成书年代，似当在《说文》以前。《小尔雅》的篇名，都有一"广"字，如广诂、广言、广训、广义、广名等，意谓广《尔雅》所未备。据此，《小尔雅》可以补《尔雅》之不足。注本以清人胡承珙《小尔雅义证》为善本，已收入《四部备要》。

《广雅》 三国魏张揖撰

《四库提要》说："其书因《尔雅》旧目，博采汉儒笺注及《三苍》《说文》诸书以增广之，于扬雄《方言》亦备载无遗。"顾名思义，《广雅》就是为增广《尔雅》而作，故标目亦同《尔雅》。王念孙《广雅疏证序》中说："昔者周公制礼作乐，爰著《尔雅》；其后七十子之徒、初汉缀学之士，递有补益。作者之圣，述者之明，卓乎六艺群书之钤键矣。至于旧书雅记，诂训未能悉备，网罗放失，将有待于来者。魏太和中博士张揖稚让，继两汉诸儒后，参考往籍，遍记所闻，分别部居。依乎《尔雅》，凡所不载，悉著于篇。其自《易》、《书》、《诗》、《三礼》、《三传》经师之训，《论语》、《孟子》、《鸿烈》、《法言》之注，《楚辞》、汉赋之解，谶纬之记，《仓颉》、《训纂》、《滂喜》、《方言》、《说文》之说，靡不兼载。盖周秦两汉古义之存者，可据以证其得失，其散逸不传者，可藉以窥其端绪，则其书之为功于训诂也大矣。"《广雅》之内容及其价值，由王氏所述，已得其大概。隋曹宪曾为《广雅》作音释，以避炀帝讳，故书名改为《博雅音》。训诂大家王念孙著《广雅疏证》，极负盛名，《四部备要书目提要》说："其涉于汉以前《仓》、《雅》古训，复搜括而通证之，说者比诸郦道元注《水经》，注优于经。段氏懋堂亦谓读《疏证》如入武陵桃源，取径幽深而其中旷朗。

讲明经义不取凿空之谈，亦不为株守之见，惟其义之平允而已。”《广雅》一书得王念孙校勘疏证，更为完善，成为治训诂者之必读书。王念孙《广雅疏证》附校正《博雅音》，已收入《四部备要》。江苏古籍出版社新出据王氏家刻本之影印本，增收《广雅疏证补正》，并附词目索引，便利翻检。

《方言》 汉扬雄撰 晋郭璞注

《方言》写作经过，见扬雄《答刘歆书》、应劭《风俗通义序》。《四库提要》说：“惟后汉许慎《说文解字》，多引雄说，而其文皆不见于《方言》。又慎所注字义，与今《方言》相同者，不一而足，而皆不标扬雄《方言》字。知当慎之时，此书尚不名《方言》，亦尚不以《方言》为雄作，故马(马融)郑(郑玄)诸儒未尝称述；至东汉之末，应劭始有是说。魏孙炎注《尔雅》‘莫貈、螳螂、蛑’字，晋杜预注《左传》‘接师孑焉’句，始递相征引；沿及东晋，郭璞遂注其书，后儒称杨雄《方言》，盖由于是。”许慎《说文》，多同《方言》；孙炎注《尔雅》，杜预注《左传》，递相征引，这就直接揭示了《方言》一书在中国训诂学史上的地位和作用。《方言》注本，郭注有开创之功，大抵以晋时语言为根据，由此可求得汉晋语言之流变。清人戴震有《方言疏证》，《四部备要书目提要》说：“此本系清戴震广搜群籍之引用《方言》及注者，交互参订，计改正讹字二百八十一，补脱字二十七，删衍字十七，其诠释处多据古义，推阐亦极精凿，为治经读史及研究文学小学者不可不备之书。”戴书已收入《四部备要》中。此外，清人钱绎《方言笺疏》后出，又在戴震《疏证》之上。《方言笺疏》遵循以声释义之旨，于《方言》展转互异之文，寻其音变原理，用语言驾驭字词。钱氏校勘精深，辩析疑义，取证确凿。上海古籍出版社近据光绪十六年仁和王文韶红蝠山房校刊本，出版了《方言笺疏》影印本。科学出版社于 1956 年曾出版了《方言校笺及通检》，收入《方言》正文、注文的词语索引多种，翻检极为便利。

《释名》 汉刘熙撰

《四库提要》说：“其书二十篇，以同声相谐推论称名辨物之意，中间颇伤于穿凿，然可因以考见古义。又去古未远，所释器物，亦可因以推求古人制度之遗。"所评甚为允当。《释名》以声训求语源,据此书可以推知声音相贯通之理。尽管此书有很大的缺点错误,但是在中国语言学史上仍占有相当重要的地位。1. 声训既然是同音字或音近字为训,则训释字不仅往往双声,而且叠韵,借此可以考见古音系统。2. 因去古未远,在应用声训时,仍反映了语词较古的意义。3. 许多名物训诂,可以与《尔雅》《说文》互相证明,书中所叙述的名物典故、风土习俗的知识,在中国文化史上有很大价值。我们从以上三个方面利用《释名》材料,当有所得。《释名》注本,行世的有清毕沅《释名疏证》(按此实由江声代作)、清王先谦《释名疏证补》(附录《续释名》、《释名补遗》共一卷,《疏证补附》一卷)。王氏注本,书既晚出,故较精审。近有上海古籍出版社新出影印本(据上海图书馆藏清光绪二十二年本影印)。

程千帆先生批语　徐复教授有《释名音证》[1],待刊。

《说文解字》 汉许慎撰

许慎博采篆隶古文之体,发明六书之旨,因形见义,分别部居,写成此书,使人们可以因此上溯造字之原,下辨分隶行草递变之迹,是中国语言学史上第一部有系统的字典。其所说解,必据字形以明本义,这就不仅是完密的字书,同时也是训诂的总汇。

《说文》成书以后,经过数百年展转传写,又经唐人李阳冰之窜改,以致错误遗脱,违失本真。宋太宗于雍熙三年(公元 986 年)命徐铉等校定付国子监雕印,始得流传于世,即至今通行的所谓"大徐本"。《四库提要》说:"是书成于和帝永元十二年,凡十四篇,合目录一篇为十五篇,分五百四十部,为文九千三百五十三,重文一千一百六十三,注十三万三千四百四十字。推究六书之义,分部类从,至为精密。而训诂简

① 编者按:徐老有《〈释名〉补疏》上、中、下篇,约 8 万字,刊于《徐复语言文字学晚稿》,江苏教育出版社 2007 年 7 月版。

质，猝不易通，又音韵改易，古今异读，谐声诸字，亦每难明，故传本往往讹异。宋雍熙三年，诏徐铉、葛湍，王惟恭、句中正等重加刊定。凡字为《说文》注义序例所载，而诸部不见者，悉为补录；又有经典相承时俗要用，而《说文》不载者，亦皆增加，别题之曰‘新附字’。其本有正体而俗书讹变者，则辨于注中；其违戾六书者，则别列卷末；或注义未备，更为补释，亦题‘臣铉等案’以别之。音切则一以孙愐《唐韵》为定。以篇帙繁重，每卷各分上下，即今所行毛晋刊本是也。”据此叙述，可见徐铉等人的刊定工作，除纠正本书脱误外，又略有增改。增改之迹，约有五端：1. 改易分卷——许书原分十四篇，又叙目一篇，共十五篇，以一篇为一卷，故称十五卷。徐铉以其篇帙繁重，每卷又各分上下，共为三十卷。2. 增加标目——许书叙目原列书之后，徐铉乃依从时俗，别加标目于卷首，其文与第十五卷许慎自记者雷同，只是把各部首小注中的部次改为反切。3. 增加反切——许书原无反切，注音时用“读若”。徐铉始据孙愐《唐韵》加注反切于每字之下，但已与汉人读音不符，故谐声字已不谐声。4. 增加注释——原注不完备者，更为补释；时俗之变讹别体字，与《说文》正体字不同者，亦在注中辨明，皆题“臣铉等案”或“臣铉等曰”以别之。间引李阳冰、徐锴之说，亦各署名氏。5. 增新附字——凡是《说文》本书注义序例中所载之字，而诸部却未收者，悉为补录；凡经典相承时俗要用之字而《说文》不载者，亦皆增加。新增加的字都补录于每部之末，别题曰“新附字”。

《说文》重要著述，除“大徐本”外，还有“小徐本”，即南唐徐锴（徐铉弟）著《说文系传》。清人笺疏《说文》全书者，当推段玉裁《说文解字注》，王筠《说文句读》、《说文释例》，桂馥《说文解字义证》，朱骏声《说文通训定声》，最得许书意旨。四家中，段氏深明古音，每字必溯其原委；桂氏取证宏博，说义精赅而通贯；王氏之《句读》及《释例》，义例颇密，而又能折衷诸家之说，断以己意；朱氏则以声为纲，通训字义，于转注假借每多创见。特别是段注，极负盛名，段书除以十七部以综核古音，为发千古所未发外，又于注中详明许书之体例，及研治许书之方法，实为训诂文字音韵学中最重要之著作。段玉裁《说文注》已收入《四部备要》，近有上海古籍出版社据段氏经韵楼原刻本之影印本[①]。王筠《说文句读》,有北京中国书店据光绪壬午年四川尊经书局本之影印本;《说文释例》,有武汉市古籍书店据世界书局本之影印本。朱骏声《说文通训定声》,近有武汉市古籍书店据临啸阁本之影印本,并收进《说文通训定声补遗》,附有检字索引。研治《说文》的学问,世称"许学",著述极其丰富,这里不再一一罗列,可参阅近人丁福保编《说文诂林》,黎经诰编《许学考》。

《玉篇》 梁顾野王撰

《四库提要》说:"《重修玉篇》三十卷,梁大同九年黄门侍郎兼太学博士顾野王撰,唐上元元年富春孙强增加字,宋大中祥符六年陈彭年、邱雍等重修。"可见,今本《玉篇》已非顾野王初撰本。另有《玉篇》残卷来自日本,可能是野王原本,刊于黎氏《古逸丛书》中。据唐朝《封演闻见记》所载,原本《玉篇》共计一万六千九百一十七字,而现存《玉篇》共计二万二千五百六十一字,大约是孙强、陈彭年等人陆续增加的。原本《玉篇》比《说文》多七千五百六十四字,今本《玉篇》比《说文》多一万三千二百零八字,这是合乎字书发展规律的。作为一部字典,《玉篇》比《说文》改进的地方颇多。1. 先出反切。这是很合理的,因为读者遇见一个字,首先要求读出它的音来。2. 引《说文》解释。这是《玉篇》的有利条件,而许慎著《说文》时没有更早的字书可引。3. 尽可能例证。例证是字典的血肉,没有例证的字典只是骷髅。4. 对所举例证加以必要的解释。这对读者也有很大帮助。5. 注意到一词多义的现象。当然不是每一个字都具备上述五点,但是野王在这些方面比以前任何字书都好得多。《玉篇》字数增加了,解释字义也不局限于本义,而是把一个字的多种意义罗列在一起,这样做有它的创造性和特色,它的实用价值也就更大。近年坊间有根据张氏泽存堂本影印的《宋本玉篇》,较为

---

① 编者按:许惟贤教授有整理本,附有1200多条注释,且有《笔画索引》、《类比字索引》,便于阅读。凤凰出版社2007年12月版。

易得。

《类篇》 旧本题宋司马光撰

据《四库提要》考证,《类篇》实成于修韵官王洙等人之手,司马光不过奏进此书罢了。当时修撰《集韵》,增字颇多,与《玉篇》相差较大,所以敕修《类篇》,让它跟《集韵》相辅而行,一为韵书,一为字书,正好相互为用。据《四库提要》统计,此书凡文三万一千三百一十九字,重音二万一千八百四十六字,共五万三千一百六十五字。不计重音,《类篇》比今本《玉篇》多八千七百五十八字。《类篇》收字增多,检寻甚便,是其长处。《类篇》所引《说文》,往往可订今本之误,而援引经籍故训,亦多参证之价值。然《类篇》亦偶收讹字,贻误不小,使用时当认真辨识。严元照《悔庵学文》卷七说:"其书继《集韵》而作,奉《集韵》为规矩,未有出入;援引经典,无不相合者,注释少繁,故卷帙视《集韵》较多。汉儒六书故训之学,至宋而尽晦,今人读此二书,聊以备参证耳,非以其有裨于小学也。然其病特在承讹,而不能是正。"于此书优劣,评论最公。

《广韵》 宋陈彭年、邱雍等撰

《广韵》是在隋陆法言《切韵》、唐孙愐《唐韵》的基础上重修的。《四库提要》说:"其书二百六韵,仍陆氏之旧,所收凡二万六千一百九十四字,考唐《封演闻见记》载陆法言韵凡一万二千一百五十八字,则所增凡一万四千三十六字矣。"《广韵》既承袭隋唐旧韵,又增入当代新声,可见其中实包括魏晋南北朝隋唐五代宋时期的语音,可作考定上述历史时期音系的根据。《广韵》一书在中国语言学史上有着极其重要的地位和价值,据此可上推古音,下证今音。此外,《广韵》又能增益字书之未备,并厘正字体,它不仅是音韵的专书,同时也是文字训诂的典籍。潘耒《重刊古本广韵序》说:"此书之作,不专为韵也,取《说文》《字林》《玉篇》所有文字而毕载之,且增益其未备,厘正其字体,欲使学者一览而声音文字包举无遗。故《说文》《字林》《玉篇》之书,不可以该音学;而《广韵》一书,可以该六书之学,其用宏矣。"《广韵》的内容与价值,由此可见。《广韵》流行本子以商务印书馆印行的周祖谟先生《广韵校本》为善本。近年坊间有根据张氏泽存堂本影印的《宋本广韵》,较为易得。

程千帆先生批语　故赵世忠教授竭毕生之力，著《广韵疏证》一书，浩劫中为狂童所毁，今已残缺。其书精善，远胜众本。

《集韵》 宋丁度等撰

《集韵》是在《广韵》的基础上刊定，收字凡五万三千五百二十五字，比《广韵》新增二万七千三百三十一字。《集韵》将《广韵》独用的韵，改并为同用的有十三处，全书又兼重形体训诂，增收切语，规模比《广韵》更大。此外，《集韵》尚有修改《广韵》之处，并发凡于书前的《韵例》。《四库提要》曾评其得失："其驳《广韵》注：'凡姓望之出，广陈名系，既乖字训，复类谱谍。'诚为允协。至谓'兼载他切，徒酿细文'，因并删其字下之互注，则音义俱别，与义同音异字难以遽明，殊为省所不当省。又韵主审音，不主辨体，乃篆籀兼登，雅俗并列，重文复见，有类字书，亦为繁所不当繁。其于《广韵》，盖亦互有得失，故至今二书并行，莫能偏废焉。"然而《集韵》的贡献，不仅在增加字数、改正反切二项，而且后人能据以改正群书，钩沉辑佚，其书遂更为训诂学家所宝重。黄式三《集韵考正序》说："段氏注《说文》，据之以定古音、辨古体；王氏疏《广雅》，据之以补缺字、订讹字；此书之可宝，亦已明矣。"清代最著名的训诂大家段玉裁、王念孙二人，在训诂实践中均能对《集韵》善加运用，可见是书在训诂中的效用。《集韵》一书，近年坊间根据扬州使院重刻本影印，较为易得。

《康熙字典》 清张玉书、陈廷敬等编纂

我们谈古辞书，就不能不提《康熙字典》。在古辞书中，以"字典"命名的，首推《康熙字典》。这部字典在中国辞书史上占有重要的地位，它是集以往字书之大成者，标志着封建时代辞书发展的最高峰。在此以前，虽然也编印过不少辞书，但规模都远不如它宏大，影响远不及它深远。《四库提要》称其"尤所谓去取得中，权衡尽善者矣。御制序文谓'古今形体之辨，方言声气之殊，部分班列，开卷了然，无一义之不详，无一音之不备'，信乎六书之渊海，七音之准绳也"。《四库全书简明目录》

也说:“根据六书,搜罗百氏,每字详其声音训诂,皆先今韵,后古韵;先正义,后旁义。又备载古文,以溯其本;兼列俗体,以订其讹。义例精密,考证赅洽,自《说文》《玉篇》以下,历代字书,此其总汇矣。”清周中孚说:“集古今小学之大成,垂昭代同文之至治,后之言声音文字者,莫能出其范围已。”(见《郑堂读书记》下册“补逸八”)清人对皇帝钦定的《康熙字典》,虽然不免颂扬过分,但也并非无根之谈。近人张元济《节本康熙字典序》说:“余自束发受书,案头置一《康熙字典》,遇有疑义,辄翻阅之。其于点划之厘正,音切之辨析,足以裨益写读者,殊非浅鲜。后出诸书,陈义多所增益,然于形声二事,殊不能出其范围。且搜罗之备,征引之富,尤可谓集字书之大成。”从全书的宏观方面来说,这评论比较允当。《康熙字典》跟它以前的古辞书相比,有如下优点:1. 收字增多。清陆以湉《冷庐杂识》卷二说:“《字典》十二集,二百四十部,旁及备考、补遗,合四万七千三十五字。”原文双行夹注:“古文字一千九百九十五,不在此数。”二者相合,则共计四万九千三十字。在别的辞书里不易查到的一些生僻字,在《康熙字典》里能查到,这就显示了它的实用价值。2. 重视注音。在十八条凡例中有六条专讲注音,足见重视。字头下备载各书反切,并标有直音;对一些字音进行辨正;引用古书,保存了一些古方音资料。3. 收录义项比较齐全。御制序文说:“切音解义,一本《说文》、《玉篇》,兼用《广韵》、《集韵》、《韵会》、《正韵》,其馀字书一音一义之可采者,靡有遗逸。至诸书引证未备者,则至经史百子以及汉晋唐宋元明以来诗人文士所述,莫不旁罗博证,使有依据。”这样,单字下面收集的义项比以前辞书更加丰富完备。书中还注意收列出于中古以后的新义和汉语外来词词义;并剖析字义,辨别同异,对读者起提示作用。4. 书证较多,并注明出处。凡例中说:“《正字通》援引诸书,不载篇名,考之古本,讹舛甚多。今俱穷流溯源,备载某书某篇,根据确凿。如《史记》则《索隐》、《正义》兼陈,《汉书》则师古、如淳并列;他若郭象注《庄》、高诱注《吕》,悉从原本,不敢妄增。其间字有两音,音有两义,则并采无遗。”在一个义项下引有较多书证,就可反映词义源流,并体现词的不同用法和色彩。书证注明出处,则信而有据,便于备查。5. 附件众多。

包括卷首的御制序文、上谕、凡例、纂修人员姓名、字母切韵要法、字母关钥歌诀、等韵切音指南、总目、检字、辨似；卷末有补遗、备考各一卷。众多的附件是为读者着想，以此提供一定的方便。然而从微观方面看，《康熙字典》全书的音切、释义，疏漏和错误很多，所载古体也不尽可信；引用书证，谬误更甚，错字满纸。后来王引之作《字典考证》，改正引用书证字句讹误者二千五百八十八条，但实际上的错误，远远不止这些。不过，以历史主义观点来看，《康熙字典》毕竟超越了它以前的古辞书，为后来的辞书编纂留下了一个较好的蓝本；书中的合理部分，至今仍在发挥着它的积极作用。《康熙字典》至今一印再印，畅销不衰，这正说明本书有着强大的生命力和经久耐用的价值。

注疏书要籍平议

我国比较重要的古籍，前人大多作过注解，并都有刊本传世。先秦古籍是古代汉语的源头书。两汉魏晋人的注疏是训诂学的源头书。由于词义训释是经书说解的重要内容，所以经传注疏中就包含着丰富的语义材料，成为建立注疏学和训诂学的基础，所以历代小学家都把经传注疏看作是“训诂之渊薮”。而古代的辞书，也是在综合编集古人注疏的基础上发展起来的。由于经传注疏中语义材料积累的丰富，儒生们感到需要把丰富而分散的语义材料汇集起来，并加以分类和概括，使之条理化、系统化，作为研习经籍的征引和查考。于是，象《尔雅》一类网罗众家传注而成的故训汇编式的古辞书，就应运而生了。因此，可见注疏在语文辞书编纂学和训诂学中的重要性。

最重要的注疏书，当首推《十三经注疏》，其中大多数是两汉魏晋人作的注，唐宋人作的疏。十三经各部书的注疏人如下：

《周易》 三国魏王弼、晋韩康伯注 唐孔颖达等正义

《尚书》 旧题汉孔安国传 唐孔颖达等正义

《诗经》 汉毛亨传 汉郑玄笺 唐孔颖达等正义

《周礼》 汉郑玄注 唐贾公彦疏

《仪礼》 汉郑玄注 唐贾公彦疏

《礼记》 汉郑玄注 唐孔颖达等正义

《春秋左传》 晋杜预注 唐孔颖达等正义

《春秋公羊传》 汉何休解诂 唐徐彦疏

《春秋谷梁传》 晋范宁集解 唐杨士勋疏

《论语》 三国魏何晏集解 宋邢昺疏

《孝经》 唐玄宗注 宋邢昺疏

《尔雅》 晋郭璞注 宋邢昺疏

《孟子》 汉赵岐注 宋孙奭疏

汉魏六朝人作的注释书,比较著名的还有:

《楚辞章句》 汉王逸撰

《吕氏春秋注》 汉高诱撰

《战国策注》 汉高诱撰

《淮南子注》 汉高诱撰

《国语注》 三国吴韦昭撰

《老子注》 三国魏王弼撰

《孔子家语注》 三国魏王肃撰

《庄子注》 晋郭象撰

《列子注》 晋张湛撰

《山海经注》 晋郭璞撰

《穆天子传注》 晋郭璞撰

《水经注》 北魏郦道元撰

《三国志注》 南朝宋裴松之撰

《史记集解》 南朝宋裴骃撰

《世说新语注》 南朝梁刘孝标撰

唐宋人作的注释书,比较著名的还有:

《文选注》 唐李善撰

《汉书注》 唐颜师古撰

《后汉书注》 唐李贤撰

《史记索隐》 唐司马贞撰

《史记正义》 唐张守节撰

《荀子注》 唐杨倞撰

《庄子疏》 唐成玄英撰

《诗集传》 宋朱熹撰

《四书集注》 宋朱熹撰

《楚辞集注》 宋朱熹撰

《楚辞补注》 宋洪兴祖撰

元明人的注释书不多见,比较著名的有:

《礼记集说》 元陈澔撰

《资治通鉴音注》 元胡三省撰

《战国策校注》 元吴师道撰

《左传释》 明冯时可撰

清人的注释书很多,著名的有《十三经清疏》:

《周易述》 清惠栋撰

《周易述补》 清江藩撰

《尚书今古文注疏》 清孙星衍撰

《毛诗传笺通释》 清马瑞辰撰

《周礼正义》 清孙诒让撰

《仪礼正义》 清胡培翚撰

《礼记训纂》 清朱彬撰

《春秋左传诂》 清洪亮吉撰

《公羊义疏》 清陈立撰

《谷梁补注》 清锺文烝撰

《孝经郑注疏》 清皮锡瑞撰

《论语正义》 清刘宝楠撰

《孟子正义》 清焦循撰

《尔雅义疏》 清郝懿行撰

清人注释书具有重要参考价值的,著名的还有:

《古文尚书疏证》　清阎若璩撰

《毛诗后笺》　清胡承珙撰

《诗毛氏传疏》　清陈奂撰

程千帆先生批语　胡承珙《毛诗后笺》似胜陈疏。

《礼记集解》　清孙希旦撰

《左传旧疏考证》　清刘文淇撰

《尔雅正义》　清邵晋涵撰

《墨子间诂》　清孙诒让撰

《庄子集释》　清郭庆藩撰

《管子校证》　清戴望撰

《荀子集解》　清王先谦撰

《韩非子集解》　清王先慎撰

《汉书补注》　清王先谦撰

《文选集释》　清朱珔撰

《文选笺证》　清胡绍瑛撰

《庾子山集注》　清倪璠撰

《李太白集注》　清王琦撰

《杜诗详注》　清仇兆鳌撰

《王右丞集注》　清赵殿成撰

《李长吉歌诗汇解》　清王琦撰

历代注释书,卷帙浩繁,汗牛充栋,不便一一遍举,以上就择其要者列之。清朝以前的注疏书,其中绝大部分,《四库提要》均已著录。《十三经清疏》已收入《四部备要》;清人关于先秦诸子的注释,皆有通行本流传。下面对历代注释书略加评述,并附带介绍唐陆德明《经典释文》、清阮元《经籍籑诂》二部兼具字书性质的故训汇编。

在历代注疏中,两汉人注具有头等重要地位,因其去古未远,训释可靠性大。毛亨、孔安国、贾逵、马融、郑玄等,都是著名的古文经学家、注疏家。毛亨《毛诗诂训传》,是现存最早的一部注释书,其中保存了大量的故训,它在中国训诂学史上的地位和作用,与第一部古辞书《尔雅》

相颉颃。郑玄遍注群经，对《周易》、《毛诗》、《周礼》、《仪礼》、《礼记》、《论语》等书，都曾作过注释，训释有据，平允得当，影响很大。何休、高诱、赵岐等人的注释也值得重视。王逸《楚辞章句》，《抽思》以下诸篇，注中隔句用韵，是注释中以韵语注解韵文的一种独特形式，值得注意。《四库提要》对此很重视，特别指正："是尤宜表而出之矣。"

魏晋人注疏中，王肃虽然好作伪书，但学有根柢，他的注释还是值得参考的。郭璞注《尔雅》、《方言》、《山海经》、《穆天子传》、《楚辞》、《子虚赋》、《上林赋》等，自成一家，值得研究。裴松之《三国志注》、郦道元《水经注》、刘孝标《世说新语注》，向为世人所称道。裴松之《三国志注》，《四库提要》曾评其得失："所注杂引诸书，亦时下己意。综其大致，约有六端：一曰引诸家之论以辨是非，一曰参诸书之说以核讹异，一曰传所有之事详其委曲，一曰传所无之事补其缺佚，一曰传所有之人详其生平，一曰传所无之人附以同类。其中往往嗜奇爱博，颇伤芜杂。……然网罗繁富，凡六朝旧籍今所不传者，尚一一见其崖略，又多首尾完具，不似郦道元《水经注》、李善《文选注》皆剪裁割裂之文，故考证之家取材不竭，转相引据者反多于陈寿本书焉。"裴注之长不在于字义训释，正在于传述史事。郦道元《水经注》，注优于经，旁证博引，亦有资考证。刘孝标《世说新语注》，《四库提要》说："孝标所注，特为典赡。高似孙《纬略》亟推之。其纠正义庆之纰缪，尤为精核。所引诸书，今已佚其十之九，惟赖是注以传，故与裴松之《三国志注》、郦道元《水经注》、李善《文选注》，同为考证家所引据焉。"六朝时期，佛教盛行，上述三注都运用佛经合本子注之体，以所注书为母本，以群书为子本，以子从母，不同处都记在注中，把散见于群书中的不同事迹抄集在母本之下。六朝注释，兼具类书作用，其中保存了大批文献资料。散见在这些注释中的笔记小说、杂歌谣谚、山水游记等，对研究中国文学发展史极有重要参考价值。

唐代著名的注疏家有孔颖达、李善、颜师古等。孔颖达的《五经正义》，在《十三经注疏》中占有重要地位，对后世训诂有很大影响。孔氏正义的长处是善于以本书证本书。清人王念孙"以经证经"的方法即借鉴于此。《五经正义》诸经分手编纂，孔颖达未能全面统核，致使五注之间，时有乖互之处。《四库提要》在“五经总义类存目”清邵向荣撰《冬馀经说》一书提要中说：“《左氏哀十七年传》卫侯繇辞云：‘如鱼竀尾，衡流而方羊裔焉。’正义谓‘裔焉’为语助之辞，不当以‘方羊’断句。《诗·汝坟》正义又引《左传》‘如鱼赪尾，衡流而彷徉’，以郑众注为证。是撰《左传正义》者不知有《诗正义》也。其言颇切中历代官书杂出众手之病。”这批评是切中要害的。向来未有人论及《五经正义》的病疵，故特意转摘于此。尽管瑕不掩瑜，但必须指出来，这才是实事求是的科学态度。李善《文选注》以词语出处和典故来源的考证为主，征引非常繁富，他引用了诸经传训一百馀种，小学书三十七种，纬候图谶七十八种，正史杂史之类近四百种，诸子之类一百二十种，兵书二十种，道释经论三十二种，诏表笺启诗赋赞颂等各种文集将近八百种(《文选》本身所收的文章不计在内)，这些书籍大多亡佚，所以《文选注》成为很重要的一种文献。李善文选学出自曹宪。宪精通小学，著有《博雅音》。李善学有师承，所引用小学书即有三十七种，自己所作注释多平稳无疵。颜师古是颜之推的孙子，家学渊博，精于训诂，师古为《汉书》、《急就章》作注，又著有《匡谬正俗》。《匡谬正俗》是训诂学方面的一部学术著作，既有确实的考据，又有卓越的见解，在纠正前人关于字义、字形、字音方面的错误时，说理精到，富有创造。此外，司马贞、张守节、李贤注《史记》、《后汉书》，杨倞、成玄英注《荀子》、《庄子》，亦应重视。

唐陆德明《经典释文》，是一部重要的训诂书，它兼具字典的性质。《四库提要》说：“此书前有《自序》云：癸卯之岁，承乏上庠，因撰集《五典》、《孝经》、《论语》及《老》、《庄》、《尔雅》等音。古今并录，经注毕详，训义兼备。示传一家之学。”“首为序录一卷，次《周易》一卷，《古文尚书》二卷，《毛诗》三卷，《周礼》二卷，《仪礼》四卷，《春秋左氏》六卷，《公羊》一卷，《谷梁》一卷，《孝经》一卷，《论语》一卷，《老子》一卷，《庄子》三卷，《尔雅》二卷。”由于魏晋以来推崇老庄，而在北宋以前《孟子》尚未列入经书，故《经典释文》取《老》、《庄》而不录《孟子》。《四库提要》又说：“所采汉魏六朝音切，凡二百三十馀家，又兼载诸儒之训诂，证各本之异同。后来得以考见古义者，注疏以外，惟赖此书之存。真所谓残膏剩馥，沾溉无穷者也。”此书的主要价值：1. 保存了唐以前经书中文字的音读，为研究古音提供了一批资料。2. 书中所采取的诸家注释，如《庄子》向秀注、司马彪注，《尔雅》刘歆注、樊光注、孙炎注等，都已亡佚，由于此书引用而保存传下一部分，也很可宝贵。3. 书中《自序》和《条例》，论述有关文字音韵训诂问题，富有学术意义，足资参考；《次第》和《注解传述人》二项，涉及经学源流，是研究中国古代学术史的重要资料，更值得重视。

程千帆先生批语　《释文序录》，吴承仕教授有疏证，可当一部先唐经学史读。

陆书，黄焯教授有详校，汇集清儒校本多家而断以己意，甚精善，非久可由中华书局出版。

（笔者补记：黄焯先生撰《经典释文汇校》一书，中华书局1980年9月出版。吴承仕先生遗著《经典释文序录疏证》一书，作为《吴检斋遗书》之一，中华书局1984年3月出版。）

唐代僧人由于学习和翻译佛经的需要，他们中有不少人通晓梵语，并精研汉语训诂，对梵汉语进行了比较研究，给我们留下了不少佛经译书和训诂专著，如释玄应《一切经音义》二十五卷、释慧苑《华严音义》四卷、释慧琳《一切经音义》一百卷。这三种佛经音义，都是从佛教经典中选取词语，加以注释。所选除翻译词语之难懂者外，也取一般文字音义和较冷僻的字词，因此它们兼具佛学词典和汉语语文词典的作用。清张之洞《书目答问》卷一经部小学类训诂之属，附列玄应《一切经音义》和慧苑《华严音义》，并加注说明：“二书所引古书及字书，古本甚多，可资考证，故国朝经师多取资焉，于彼教无与也。”范希曾补注：“慧琳音义包玄应音义在内，其书见《唐书·艺文志》及宋释赞宁撰《高僧传》，中土久佚，光绪间始由日本传入，复显于世。此中征引宏富，多已佚之典籍，有资补辑校勘之用，视前二书尤胜。民国十二年北京大学研究所辑录慧琳《一切经音义》所引书，凡得七百五十馀种，存校中未刊。”1936 年，北京大学研究院文史部曾在沈兼士先生指导下编印过一部《慧琳一切经音义引用书索引》共五册，由商务印书馆出版，便利查检。

唐代以后，宋代学者也做了不少注解古书的工作，著名的注疏家有邢昺、洪兴祖、朱熹等。邢昺撰《尔雅》、《论语》、《孝经》三疏，已收入《十三经注疏》中。洪兴祖撰《楚辞补注》，至今通用。朱熹集宋学大成，著有《周易本义》、《诗集传》、《大学章句》、《中庸章句》、《论语集注》、《孟子集注》、《楚辞集注》等书。朱熹能摆脱汉代学者的影响，直接从正义入手，他作的注解，有时比较近于情理，平易可通。他的学术影响后世七百年。

程千帆先生批语　朱亦精训诂而不穿凿，此其所长也。

元明两代三百多年是训诂学衰落时期。明末黄生（扶孟）撰《字诂》、《义府》，联系谐声偏旁说明语义，给徽学创始人江永、戴震有一定的启发作用。《四库提要》评述《字诂》说：“于六书多所发明。每字皆有新义，而根据博奥，与穿凿者有殊。……盖生（黄生）致力于汉学，而于六书训诂尤为专长，故不同明人之剿说也。”

清代是训诂学（包括辞书学和注疏学）的全盛时期。清代学者几乎对每一种重要的古籍都做了新的注释，甚至一种古籍会有几种新注本。他们钻研汉唐人的旧注，根据具体材料判断前人的是非得失，解决了古书中许多疑难问题。他们对古书字句的解释，要求非常严格，做出了新的成绩。上文所列清人注疏，都有重要参考价值。当然，清人有些注释，只是要求无一字无来处，繁征博引，极为详尽，然而实用价值不大，不免失之过于琐细。清代学者除了为专书做注释和校勘工作外，还利用读书札记的形式，对古书的词句诠释和文字考订，提出自己的看法，其中常常有精辟的见解，重要的如王念孙《读书杂志》，卢文弨《群书拾补》，王引之《经义述闻》，俞樾《群经平议》、《诸子平议》、《古书疑义举例》，孙诒让《札迻》等等，这些都是阅读古代典籍不可缺少的参考书。

还值得提出的是，阮元的《十三经注疏校勘记》和由他主编的《经籍籑诂》二部书。《校勘记》不仅校正十三经正文的错误，更多的是校正注疏中的错误。《校勘记》附在《十三经注疏》每卷之后，阅读十三经时应该参考。张之洞《书目答问》卷一经部正经正注类，于《十三经注疏》下注云："阮本（阮文达公原刻附校勘记本）最于学者有益，凡有关校勘处旁有一圈，依圈检之，精妙全在于此。"阮元主编的《经籍籑诂》，是一部汇编古代经传子史中文字训诂为一书的古汉语词典。它不仅辑录了经传子史本文与诸家的注释，而且把《尔雅》、《小尔雅》、《方言》、《说文》、《释名》、《广雅》、《经典释文》、《一切经音义》、《广韵》、《集韵》、《玉篇》等古辞书以及被转引的已失传的古辞书《苍颉篇》、《三苍》、《通俗文》、《埤苍》、《字诂》、《字林》、《字苑》、《声类》、《韵集》、《字统》、《文字集略》、《纂文》等书中的训诂，也罗列在内，集中有关材料于每一字下；排比词义，都先列本义，次及引申、转训的用法。全书所收，虽都系单字，而注释的不乏复词，实兼具字典和词典之用，为阅读古籍、编纂语文辞书和研治训诂学的重要参考资料。

（原载《语言研究集刊》第三辑，江苏教育出版社 1989 年版）

谈王念孙的推理校勘

王念孙是有清一代著名的训诂学家，同时又是著名的校勘学家。我们只要看《广雅疏证》、《读书杂志》、《经义述闻》中所取得的校勘成绩，就已十分令人叹服。王氏《广雅疏证》，除精审的诠释训诂外，还做了缜密的校勘工作。其中校正讹字五百七十八，脱者四百九十一（《自序》作"凡字之讹五百八十，脱者四百九十"，今据《殷礼在斯堂丛书》本《广雅疏证补正》校订），衍者三十九；先后错乱者一百二十三；正文误入音内者十九；音内字误入正文者五十七。随条校正，并且摆出了充足的理由和根据。这样，《广雅》一书才得以恢复近真的面貌。王念孙《读书杂志·读淮南杂志序》一文，分析他所订正的《淮南子》及其高诱注共计九百多处文字致误的原因，条分缕析，剖析入微，并梳理总结为六十四条通例。这些通例，都是从具体的事例和对象中抽取出来的，是校后归纳的说明，而不是校前所假定的依据，因此具有充分的说服力和现实的可行性。我们说《读淮南杂志序》是校勘学史上的一篇纲领性的重要文献，这绝非溢美之词。

段玉裁《与诸同志论校书之难》一文说："校书之难，非照本改字不讹不漏之难也，定其是非之难。是非有二：曰底本之是非，曰立说之是非。必先定其底本之是非，而后可断其立说之是非。……何谓底本？著书者之稿本是也。何谓立说？著书者所言之义理是也。"（《经韵楼集》卷十二）段氏这一段议论甚为精辟，他讲的校书法是指推理校勘，即理校法，而不是指照本改字的对校法。对校法主要以搜集并占有本子（或实物，如甲骨金石竹帛等）取胜；凡是掌握了一定的校勘学方法和门径的人，又有古本、善本（或实物）为依据，总能取得相应的成绩。而理校法，往往是在没有可供比勘的异本（或实物）的情况下，只能用推理的方法来校正。这种理校法，主要是从书例、文字、音韵、训诂、事实、义理等方面来入手。使用这种方法，并不象机械的照本改字的对校法那样相对地容易（对校法需广储异本，亦非易事），而是要在没有对证的情况下“定其是非”，这确是一件难事。这就需要校书者具有广博而深厚的学养，在古人造字和用字方面，掌握其一般规律，并且博览群书，阅读时能好学深思，融会贯通，习惯于联系多方面分析问题，从中抽出一些规律性的条例，以便发现并校正古书中存有的错误。

王念孙在校书时，绝大多数使用的是对校法，但是在这一方面并不能显示出他的高明处。换了同时代别的学者，只要占有同样的资料，相信他们使用对校法也能取得如王氏同样的成果，事实上也正是这样。王氏的高明处，不在于“照本改字不讹不漏”，正是在缺乏对证的情况下，使用理校法，去发现并校正古书中的错误。尽管当时限于条件，缺乏资料来直接证成王氏之说，但是，由于他推理时逻辑的严密，论证中类例的可靠，王氏的校正充满真知灼见，令人十分信服。随着时间的推移，新的资料（或实物）陆续有所发现，用来与王氏校勘相对照，竟然若合符节！对此，我们不能不惊叹王氏理校之精审。下面试举例说明之。

《老子》三十一章：“夫佳兵者不祥之器，物或恶之，故有道者不处。”《释文》：“佳，善也。河上云：饰也。”念孙案：善、饰二训，皆于义未安。古所谓兵者，皆指五兵而言，故曰“兵者不祥之器”；若自用兵者言之，则但可谓之不祥，而不可谓之“不祥之器”矣。今案“佳”，当作“隹”，字之误也。“隹”，古“唯”字也。唯兵为不祥之器，故有道者不处。上言“夫唯”，下言“故”，文义正相承也。八章云：“夫唯不争，故无尤。”十五章云：“夫唯不可识，故强为之容。”又云：“夫唯不盈，故能蔽不新成。”二十二章云：“夫唯不争，故天下莫能与之争。”皆其证也。古钟鼎文“唯”字作“隹”，石鼓文亦然。又，夏竦《古文四声韵》载《道德经》，“唯”字作“隹”。据此，则今本作

“唯”者，皆后人所改。此“隹”字若不误为“佳”，则后人亦必改为“唯”矣。(《读书杂志·馀编上》)

王念孙用推理校勘，订正“佳”字当为“隹”字之讹，这是发前人所未发的创见。这段考证，是从义理、文字、书例等三方面论证的。一、文作“佳兵”，不合义理，推断“佳”当为误字；二、“佳”与“隹”形体相似，有致误的可能；三、上言“夫唯”，下言“故”，这是《老子》全书行文通例，而“唯”的古字作“隹”，以此推断这句的“夫佳兵者”，亦当作“夫隹兵者”，即“夫唯兵者”。这是从上述三方面综合考证得出的结论，尽管当时无其他资料可供对证，但考校密察，言之成理，论断是可以成立的。后来发现的《元大德三年陕西宝鸡磻溪宫道德经幢》，正作“夫隹兵者不祥之器”，直接证成了王说。近年出土的马王堆汉墓帛书《老子》甲、乙本，均作“夫兵者不祥之器也”，无“佳”字，可证河上本、王弼本之“佳兵”不通，这也从另一个侧面证成王说。“夫唯”为发语词复用，与单用“夫”、“唯”义同。例《墨子·尚同下》：“夫唯能信身而从事，故利若此。”同篇又作：“唯信身而从事，故利若此。”又例《楚辞·九章·怀沙》：“夫惟党人之鄙固兮，羌不知余之所臧。”《史记·屈原贾生列传》引作：“夫党人之鄙妒兮，羌不知吾所臧。”可证。我们认为，帛书甲、乙本之前，已有误本作“佳兵”者。帛书甲、乙本，“夫唯”作“夫”，仅此一处，恐非偶然漏字。我认为这正是传抄者认定“佳”是误字，但又不知是“隹”字之讹，故有意删之，而又无碍文义。但是，按之《老子》全书行文通例，仍当以作“夫唯”为是。磻溪本作“夫隹”，更为近真，与帛书甲、乙本不是同一系统，当另有所自。

《左传》僖公二十三年：“九月，晋惠公卒，怀公命无从亡人，期期而不至，无赦。”家大人曰：“怀公”下脱“立”字，则与上句不相承。唐石经已然，而各本皆沿其误。凡诸侯即位，必书“某公立”，此不书“立”，亦与全书之例不符。《太平御览·人事部五十九》、《治道部二》，两引此文，皆作“怀公立，命无从亡人”，则宋初本尚有未脱

"立"字者。《史记·晋世家》云:"九月,惠公卒,大子圉立,是为怀公,乃令国中诸从重耳亡者与期,期尽不到者,尽灭其家。"其文皆出于《左传》。《史记》之"大子圉立",即《左传》之"怀公立"也,则《传》文原有"立"字明矣。(《经义述闻》卷十七)

念孙根据《左传》"凡诸侯即位,必书'某公立'"之通例,以及《太平御览》之寄生材料和《史记》记述同一事件的异文,确定"怀公"下脱"立"字,其说持之有故,言之成理。后来发现的日本金泽文库本《春秋经传集解》有"立"字,可直接证成王说。(日本金泽文库本《春秋经传集解》,为隋唐时旧抄本,其说至 1904 年始因日本竹添光鸿《左氏会笺》及岛田瀚《古文旧书考》才传入中国,乾嘉时人未见。)韩席筹《左传分国集注》、王伯祥《春秋左传读本》、上海人民出版社 1977 年标点本《春秋左传集解》,均脱"立"字,承旧本而误。

《左传》僖公二十八年:"听舆人之谋曰:称舍于墓。"正义曰:"此'谋'字或作'诵',涉下文而误耳。"谓涉下文"舆人之诵曰"而误也。家大人曰:"曰"字亦涉下文而衍。郑注《射义》曰:"称,犹言也。"舆人之谋言舍于墓也。"称"上不当复有"曰"字。唐石经已误衍。《通典·兵十五》、《太平御览·兵部四十五》,引此均无"曰"字。(《经义述闻》卷十七)

王念孙根据字义训诂和寄生材料,确定"曰"字为衍文,当时虽无旧本可资对勘,但其说有理,可信。后来发现的金泽文库本及敦煌初唐写本残卷,均无"曰"字,与王说相符。(全泽文库本,见日本竹添光鸿《左氏会笺》引。敦煌写本残卷,晚清时发现,详见王重民《敦煌古籍叙录·春秋经传集解》)。由于不知"曰"字为衍文,韩席筹《左传分国集注》、王伯祥《春秋左传读本》、朱东润《左传选》、北京大学中文系选编《先秦文学史参考资料》、吉林师范大学中文系编注《先秦文学作品选》、施瑛《左传故事选译》、上海人民出版社 1977 年标点本《春秋左传集解》,均标点作“听舆人之谋曰:‘称舍于墓。’”沿袭旧本而误。

《左传》僖公三十三年:“不替孟明。孤之过也,大夫何罪,且吾不以一眚掩大德。”家大人曰:“不替孟明”下有“曰”字,而今本脱之。“不替孟明”四字及“曰”字,皆《左氏》记事之词。自“孤之过也”以下,方是穆公语。上文穆公“乡师而哭”,既罪己而不罪人矣,于是不废孟明而复用之,且谓之曰“孤之过也,大夫何罪”云云。“大夫”二字,专指孟明而言,与上文统言“二三子”者不同。若如今本作“不替孟明,孤之过也”,则“不替孟明”亦是穆公语;穆公既以“不替孟明”为己过,则孟明不可复用矣,下文何以言“大夫何罪”、又言“不以一眚掩大德”乎?然则“不替孟明曰”五字,乃记者之词,而“大夫何罪”云云,则穆公自言其所以不替孟明之故也。自唐石经始脱“曰”字,而各本遂沿其误。《秦誓》正义引此无“曰”字,亦后人依误本《左传》删之。《文选·西征赋》注云:“《左氏传》曰:秦伯不废孟明,曰:孤之罪也。”(此引《传》文改“替”为“废”,取其易晓;而“过”字作“罪”,则涉上文“孤之罪也”而误。)《白帖》五十九出“一眚”二字而释之云:“孟明败秦师,秦伯不替,曰:吾不以一眚掩大德。”二书所引文虽小异,而皆有“曰”字,足证今本之误。(《经义述闻》卷十七)

王念孙根据上下文义和古代书面语行文通例,在“孤之过也”前校补“曰”字,当时虽无旧本对勘,但证之古时记言习惯以及后世寄生材料,其说有理,可信。俞樾初不从王说,在《古书疑义举例·叙论并行例》中说:“今按,王氏解‘不替孟明’句,是也;谓今本脱‘曰’字,非也。自唐石经以来,各本皆无‘曰’字,未可以意增加。盖古人自有叙论并行之例,前后皆穆公语,中间着此‘不替孟明’四字,并未间以他人之言,‘孤违蹇叔’与‘孤之罪也’,语出一口,读之自明,原不必加‘曰’字也。”俞樾只因写书时尚无资料可直接证明王说,故敢下如此断语。后来得知日本金泽文库所藏隋唐旧抄本《春秋经传集解》,“孤之过也”上确有

"曰"字(见竹添光鸿《左氏会笺》),遂改从王说。光绪三十一年(公元1905 年)十一月,俞氏与日本岛田翰在苏州笔谈云:"旧抄本在僖三十三年《传》加一'曰'字,足证开成石经之误夺。"(事详俞樾《左氏会笺序》及岛田翰《古文旧书考》所附《访馀录·春在堂笔谈》,俞氏后说即见岛田书。又,敦煌六朝人写本《春秋经传集解》残卷,"孤之过也"前亦有'曰'字(见王重民《敦煌古籍叙录·春秋经传集解》),足证念孙之校补,确不可易。章秋农《古书记言标点易误举例》(载《中国语文》1979 年第3 期)一文,申俞氏前说以驳王说,认为:"俞说(笔者按,指《古书疑义举例》之说)是也,其关键在夹入之叙述句下省'曰'字。古书中颇有此例。"笔者认为,俞氏《古书疑义举例·叙论并行例》所举数例,均属勉强,如《左传》昭公三年例,实属误举(详见下文)。章秋农不引俞氏已作修正的后说,而仍因循俞氏已经放弃的前说,那就只能得出错误的结论。由于今本《左传》误夺"曰"字,韩席筹《左传分国集注》、王伯祥《春秋左传读本》、瞿蜕园《左传选择》、北京大学中文系选编《先秦文学史参考资料》、中国人民大学语文系选注《历代文选》、上海人民出版社 1977 年标点本《春秋左传集解》,均将"不替孟明"句置于引号内,当作秦穆公语,酿成谬误。

> 《左传》昭公三年:"则使宅人反之。且谚曰:非宅是卜,唯邻是卜。二三子先卜邻矣。违卜不祥。"家大人曰:"且谚曰"本作"曰谚曰"。晏子既使宅人反其故室矣,因谓宅人曰:"谚曰:'非宅是卜,唯邻是卜。'"云云。上"曰"字仍是记事之词。自"谚曰"以下,方是晏子语。若作"且谚曰?"则与上文不相承矣。自唐石经上"曰"字误作"且",而各本皆从之。《初学记·居处部》、《太平御览·州郡部三》,引此并作"曰谚曰"。(《经义述闻》卷十九)

王念孙根据上下文义、古代书面语的行文通例以及寄生材料,校定"且谚曰"当作"曰谚曰"。当时虽无旧本可供比勘,但王说持之有故,言之成理。俞樾《古书疑义举例·叙论并行例》却说:"如昭三年《传》:'则使宅人反之。且谚曰：非宅是卜，唯邻是卜。二三子先卜邻矣。'按，'则使宅人反之'，左氏记事之词；'且谚曰'以下，晏子语也。中间无'曰'字，即其例矣。"由于当时无旧本比勘，俞氏为牵就己说，竟无视王氏之校语。而日本金泽文库所藏中国隋唐旧抄本《春秋经传集解》，"且"字正作'曰'字(见日本竹添光鸿《左氏会笺》，此书于1904年始传入中国，俞樾著《古书疑义举例》书时尚未得见)，与《初学记》卷二十四、《太平御览》卷一百五十七所引《左传》同，足证俞说之非，王说之是。章秋农《古书记言标点易误举例》一文说："'且谚曰'云云，晏子语也，所以申述不受新宅之故，而上省'曰'字。"正是承袭俞氏旧说而误。韩席筹《左传分国集注》、王伯祥《春秋左传读本》、上海人民出版社1977年标点本《春秋左传集解》，均不知"且"字为"曰"字之形讹，以为这句省"曰"字，而将"且谚曰"作为晏子语，置入引号内，承旧本而误。念孙校正《左传》错误，与金泽文库本、敦煌写本残卷暗合者，还可举出若干例，为节省篇幅，不再一一列举。

《战国策·赵策四》："太后明谓左右：'有复言令长安君为质者，老妇必唾其面。'左师触詟愿见太后。太后盛气而揖之。"吴(吴师道)曰："触詟，姚(姚宏)云一本无'言'字。《史》亦作'龙'。案《说苑》(《敬慎篇》)：'鲁哀公问孔子，夏桀之臣，有左师触龙者，谄谀不正。'人名或有同者，此当从詟以别之。"念孙案：吴说非也。此策及《赵世家》皆作"左师触龙言愿见太后"，今本"龙言"二字误合为"詟"耳。太后闻触龙愿见之言，故盛气以待之。若无"言"字，则文义不明。据姚云，"一本无'言'字"，则姚本有"言"字明矣。而今刻姚本亦无"言"字，则后人依鲍(鲍彪)本改之也。《汉书·古今人表》正作"左师触龙"；又《荀子·议兵篇》注曰："《战国策》赵有左师触龙"；《太平御览·人事部》引此策曰："左师触龙言愿见"。皆其明证矣。又《荀子·臣道篇》曰："若曹触龙之于纣者，可谓国贼矣。"《史记·高祖功臣侯者表》有临辕夷侯戚触龙，《惠景间侯者表》有山都敬侯王触龙。是古人多以"触龙"为名、未有名"触詟"

者。(《读书杂志·战国策二》)

这一条从义理、古人名字通例、文字形体和书写格式进行综合考察,认定"触詟"之"詟"字,是"龙言"二字直行书写时误合为一;再辅以《史记·赵世家》异文和多种寄生材料,王说具有充足的说服力。近年出土的马王堆汉墓帛书《战国纵横家书·触龙见赵太后章》,正作"左师触龙言愿见",与王校若合符契。1962年出版的王力主编《古代汉语》、中国人民大学语文系选注《历代文选》等书,均选录此文,标题并为《触詟说赵太后》,正文和注释中皆作"触詟",这可以说是出于谨慎,忠于原文,不轻易改字;但是在题注和注释中,也没有明言王念孙(还有卢文弨、黄丕烈等)已有考证,仍沿袭旧本之误。王力主编《古代汉语》1981年修订本,此文题注中已增补"一九七三年长沙马王堆汉墓出土的帛书《战国策》作'触龙'"一语,但标题、正文和注释仍作"触詟"字,题注中仍说"触詟(chù zhé),赵国的左师(官名)",对"左师触詟愿见太后"句亦未加注说明"詟"字为"龙言"二字误合为一,皆沿袭旧误,当是失检。

《管子·白心篇》:"满盛之国不可以仕任,满盛之家不可以嫁子,骄倨傲暴之人不可与交。"念孙案:"任"即"仕"字之误。今作"仕任"者,一本作"仕",一本作"任",而后人误合之也。尹(尹知章)注云:"不可任其仕。"则所见本已衍"任"字矣。"交"当为"友",亦字之误也。仕、子、友、为韵。(《读书杂志·管子七》)

这一条既有衍文,又有误字,王念孙从文字形体、用韵通例两方面作比较,勘正了文字。当时无任何资料可供对勘,只能以理校之。从韵例来看,仕、子、友同属古韵之部为韵,"任"属古韵侵部,作"仕任"则失韵矣;"任"与"仕"形体相似,"任"当为"仕"之误字而衍。"交"属古韵宵部,作"交"则失韵矣;"交"当为"友"字形似而讹。王说是可信的。近年出土的马王堆汉墓帛书《老子》乙本卷前第三种古佚书《称》中作:"不士于盛盈之国,不嫁子于盛盈之家,不友□□□易之[人]。"作"士"(仕)而不作“仕任”，作“友”而不作“交”，正可以作为王说的有力佐证。

《晏子春秋·内篇谏下》：“古者之为宫室也，足以便生，不以为奢侈也，故节于身谓于民。”孙（孙渊如）曰：“谓字疑误。”念孙案：“谓”当为“调”，形相似而误也。（《集韵》引《广雅》：“识，调也。”今本调作谓。）调者，和也。言不为奢侈以劳民，故节于身而和于民也。《盐铁论·遵道篇》曰：“法令调于民，而器械便于用。”文义与此相似。后《问上篇》曰：“举事调乎天，籍敛和乎民。”亦与此“调”字同义。（《读书杂志·晏子一》）

王念孙根据文字、义训两方面进行分析，推断“谓”字为“调”字形似而误。一、若作“谓”字，则文义窒碍不通，故孙渊如已疑“谓”为误字，但不知为何字之误；二、“谓”与“调”，字形相似，有致误的可能，且有类例；三、作“调”字，训作“和”，则文从字顺，意义明畅。王氏所校，当时虽无旧本可供对证，但其说有理，可谓真知灼见。近年出土的山东银雀山汉墓竹简《晏子春秋·内篇谏下》，这句正作“节于身而调于民”，与王校若合符节。近人张纯一《晏子春秋校注》云：“洪（洪颐煊）云：《尔雅·释诂》‘谓，勤也。’黄（黄以周）苏（苏舆）说同。纯一案：《墨子·辞过篇》：‘是故圣王作为宫室便于生，不以为观乐也……故节于生，诲于民。’诲谓义近。《书·大禹谟》曰：‘克勤于邦，克俭于家。’此‘节于身’即‘俭于家’，‘谓于民’即‘勤于邦’，盖禹法也。”张氏校注不从王说，而依误字曲为之解，殊失文义。

由念孙校正《晏子》此例推阐，我们还可以校正《墨子》书中的一处错误。《墨子·辞过》：“是古圣王作为宫室，便于生，不以为观乐也；作为衣服带履，便于生，不以为辟怪也，故节于身诲于民。”正兴按，《墨子》这一段与上述《晏子》一段文义正相似。彼作“故节于身谓于民”，念孙已校定“谓”字为“调”字形似而误，并为银雀山汉墓竹简所证实；此作“故节于身诲于民”，其中“诲”字亦当为“调”字形似而讹，是涉同篇下文“故作诲妇人治丝麻”、“故圣人作诲男耕稼树艺”二“诲”字而误书。因校注《墨子》书者，对"诲于民"句，习焉不察，未加理董，故今顺带校正，并附识于此。

《晏子春秋·内篇问上》："厚藉敛，意使令，无以和民。"孙（孙渊如）曰："'意使令'者，任意使人。"念孙案："意"字文义不顺，孙加"任"字以释之，亦近于牵强。"意"疑是"急"字之误。令急则民怨，故曰"无以和民"。（《读书杂志·晏子一》）

王念孙根据上下文义与文字形体，怀疑"意"字为"急"字之误，当时虽无旧本可资对勘，其说有理。近年出土银雀山汉墓竹简《晏子春秋·内篇问上》，这一段文字正作："今君好酒而养辟，德无以安国，厚藉敛，急使令，正无以和民。"与念孙理校相合。孙星衍不知"意"为误字，增字为释，牵强附会，殊非原意。（"无以和民"句，当作"政无以和民"，脱落"政"字。这一段之上下文，皆"政"与"德"对举，可证。竹简本作"正无以和民"，"正"即"政"之同音借字。）念孙校正《晏子春秋》一书误处，与出土竹简本暗合者，还有若干例，在此只选二例，以见一斑。

《淮南子·原道训》："是故鞭噬狗，策蹄马，而欲教之，虽伊尹造父弗能化，欲寅之心亡于中，则饥虎可尾，何况狗马之类乎！"念孙案："欲寅之心，""寅"当为"宍"字之误也。"宍"与"肉"同。（《干禄字书》云："宍肉，上俗，下正。"《广韵》亦云："肉，俗作宍。"《墨子·迎敌祠篇》："狗彘豚鸡食其宍"。《太元·元数》：为食为"）欲肉者，欲食肉也。诸本及庄（庄逵吉）本皆作"欲害之心"，"害"亦"宍"之误。（害字草书作宍，与宍相似。）《文子·道原篇》亦误作"害"。刘绩注云："古肉字。"则刘本作"宍"可知。而今本亦作"害"，盖世人多见"害"，少见"宍"，故传写皆误也。（《吴越春秋·勾践阴谋外传》："断竹续竹，飞土逐宍。"今本"宍"误作"害"。《论衡·感虚篇》："厨门木象生肉足。"今本《风俗通义》"肉"作"害"，"害"亦"宍"之误。（《读书杂志·淮南内篇一》）

这里道藏本所作的“欲寅”,其他各本皆作“欲害”,王念孙一并校改为“欲宍”。念孙从明刘绩本注云“古肉字”一语出发,以此为据,推知刘本原作“宍”字;“宍”字形体与草书“害”字相似,故误写为“害”。并举出古书中“宍”字误写为“害”的二个实例,作为类推的例证,故其说可信。念孙推断刘本“欲害”当为“欲宍”之讹,这是第一步;以校正的刘本为据,以校众本,推知各本作“害”字亦为“宍”字之误,这是第二步;以校正的刘本及众本为据,以校道藏本,推知道藏本“欲寅”亦是“欲宍”之误,这是第三步。正是层层推进,势如破竹,令人涣然冰释;犹似沿波讨流,穷源竟委,终得江河之头。王氏校勘《淮南子》时,未得见宋本,而以道藏本为底本。如果仅以作“欲寅”之道藏本与皆作“欲害”之众本,作照本改字的对校,而不以理校之,不作更深一层的研究,那就无法得出正确的结论。后来,顾广圻校得宋本,果作“欲宍”,这就进一步证明王氏理校之精审。王念孙用推理校勘,校正《淮南子》一书误、倒、衍、脱,与顾广圻校得宋本暗合者,竟有三十一例之多!为节省篇幅,在此仅举一例,其余不一一列举,读者可自参阅《读书杂志·淮南内篇杂志补遗》卷中“《淮南子》宋本未误者各条”部分。

王念孙运用理校法,其心之细,识之精,力之勤,功之深,实为校勘学史上所罕有,如果不是熟于古书之体例而能以类推者,决不能取得如许令人叹服的成绩。陈垣《校勘学释例·校法四例》说:“四为理校法。段玉裁曰:‘校书之难,非照本改字,不讹不漏之难;定其是非之难。’所谓理校法也。遇无古本可据,或数本互异,而无所适从之时,则须用此法。此法须通识为之,否则卤莽灭裂,以不误为误,而纠纷愈甚矣。故最高妙者此法,最危险者亦此法。”这段话,确是校勘学家总结经验的甘苦之谈,深得其中三昧。这种“最高妙”而又“最危险”的理校法,也只有如王念孙、段玉裁等第一流训诂学大师,才能得手应心地纯熟运用,左右逢源,并取得卓越的成就。训诂是为了解释古代语言,校勘的立足点也在于古代语言。在这一意义上,校勘与训诂,从一开始就是紧密地联系在一起的。王念孙把校勘作为训诂学的一种方法和手段,寓训诂于校勘之中,使校勘为解释古代语言服务。这种训诂学家的校勘,即推理校勘，首先是从语言出发，运用文字、音韵、训诂等知识，依据古代书面语言的内在联系，抽取规律，发现问题，订正讹误，求得确解。如果有旧本对勘，则能进一步证成其说；即使无旧本对勘，其说言之成理，持之有故，也能令人信服。这样既校正了文字，同时也解释了语言。这种推理校勘，可以说正是训诂与校勘紧密结合、交互为用的深一层的科学研究。

胡朴安《古书校读法序》说："有清一代始开治古书之径途，由声音而得训诂，由训诂而辨名物，由名物而明义理。如戴氏东原、段氏玉裁、钱氏竹汀等，皆能于古书之条例有所发明；尤以高邮王氏父子为博大而精审。王氏治古书，大概本前所举十事（笔者按，指通训诂、定句读、征故实、校异同、订羡夺、辨声假、正错误、援旁证、辑佚文、稽篇目之十事），参互钩稽，以得古书之真。其《读书杂志》、《经义述闻》二书，所包蕴极为丰富，每考订一事，辄能综合同类之证据，以归于义之所安。"胡氏这一段话，概略地总结了有清一代汉学大师治学的原则及其成就，而特别推崇高邮王氏父子；又着重指出他们在"治古书"中所掌握的钤键，便在于综合运用文字、音韵、训诂与校勘的知识，故能发疑正读，畅释积滞。王念孙的推理校勘，不仅在当时"治古书"和"小学"研究中达到了高妙的地步，在我国文化学术史上占有重要地位；就是对今天的古籍整理与训诂学、校勘学研究，也仍然具有重要的参考价值和借鉴作用。因此，认真地总结王氏关于推理校勘的方法论原则及其成果，批判地继承这笔宝贵的国学遗产，应当成为我们当前古籍整理研究与中国文献学研究中的一个重要课题。

（原载《社会科学战线》1985 年第 2 期）

《古书疑义举例续补》校点失误举例

杨树达先生《古书疑义举例续补》二卷（见《古书疑义举例五种》第185页—245页，中华书局1983年6月版），继俞樾《古书疑义举例》、刘师培《古书疑义举例补》之后，对古书文义发凡起例，祛疑正误，嘉惠后学多矣。然而，今本由于校点者的疏误，致使杨书某些引例文义转晦，使读者更增疑义。这就与著者原意适得其反了。今摘数例，记述于下。

> [《汉书·宣帝纪]又云："使女徒复作，淮阳赵征卿，渭城胡组，更乳养。"《颜注》云："赵征卿，《邴吉传》云郭征卿，纪传不同，未知孰是。"周寿昌云："此复作女徒，或传其家姓，或传其夫姓，故纪传有异同也。"（第204页）

按，上引《汉书，宣帝纪》文，三个逗号均误，宜删改。引文当作一句读，即："使女徒复作淮阳赵征卿、渭城胡组更乳养。"这是一个兼语式的句子，其中"女徒复作淮阳赵征卿、渭城胡组"是兼语，它既作谓语动词"使"的宾语，又作动词谓语"乳养"的主语。凡是兼语式的句子，兼语跟它前后面的动词结合得比较紧密，不宜用逗号点断。又，文中"复作"一词，并非动词。颜师古注引李奇语："复作者，女徒也。谓轻罪，男子守边一岁，女子软弱不任守，复令作于官，亦一岁，故谓之复作徒也。"又引孟康曰："复音服。谓驰刑徒也，有赦令诏书去其钳钛赭衣，更犯事，不从徒加，与民为例，故当复为官作，满其本罪年月日，律名为复作也。"可见，"复作"是汉代的法律名词，也称为"复作徒"，义谓"驰刑徒"相当于后世的“缓刑犯”。因此，引文中“女徒复作”，也可如周寿昌《前汉书注校补》说作“复作女徒”。校点者误以“复作”为动词，遂误断“使女徒复作”为一句；并导致全句碎割为四。

> 如《管子》书中，有“大题”，有“小题”，又有“分节之题”。例如《牧民·第一经言》《一经言》大题也；《牧民》，小题也。……《立政·第四经言》。《四经言》，《大题》也；《立政》，小题也。（第212页）

按，误标《管子》书篇题类目。文中“大题”二字非篇题，不应标书名号。当作：“例如《牧民第一·经言一》：《经言》，大题也；《牧民》，小题也。”“《立政第四·经言四》：《经言》，大题也；《立政》，小题也。”《管子》全书24卷，凡86篇（内10篇已亡佚）；又以类相从，分为《经言》（9篇）、《外言》（8篇）、《内言》（9篇）、《短语》（18篇）、《区言》（5篇）、《杂篇》（13篇）、《管子解》（5篇）、《管子轻重》（19篇）等八大类。类目即杨氏所言“大题”，篇题即“小题”。篇题后的序数，为该篇在全书中的次第；类目后的序数，为该篇在这一类中的次第。例如《牧民第一·经言一》，是指《牧民》为全书第1篇，也是《经言》类的第1篇；《五行第四十一·短语十五》，是指《五行》为全书第41篇，也是《短语》类的第15篇。校点者由于不懂《管子》一书篇题类目体例，以致把篇目序数加在类目之上，误断误标。

> 《汉书·王尊传》云：“守京兆尹，后为真凡三岁，坐遇使者无礼——司隶遣假佐放奉诏书，白尊发吏捕人，放谓尊诏书所捕宜密。尊曰：‘治所公正，京兆善漏泄人事。’放曰：‘所捕宜今’发吏。尊又曰：‘诏书无京兆文，不当发吏，——及长安系者，三月间千人以上，……尊坐免。”（第216页）

按，“放谓尊诏书所捕宜密”，其中“诏书所捕宜密”，是假佐放对王尊交代时说的话，宜加引号；当作：“放谓尊：‘诏书所捕宜密。’”又，文中“京兆尹”是汉时职官名，“京兆”非地名，不能加标专名号。《汉书·百官公卿表上》:"内史,周官,秦因之,掌治京师。景帝二年分置左右内史。右内史,武帝太初元年更名京兆尹。"言之明矣。又,王尊在对话中两次所言"京兆",则为"京兆尹"的省称,即王尊自称官职,不是指地名,也不能加标专名号。《汉书》中,"京兆尹"往往省称为"京兆",例如《张敞传》:"敞为京兆,朝廷每有大议,引古今,处便宜,公卿皆服,天子数从之。"《王章传》:"后章仕宦历位,及为京兆,欲上封事,妻又止之。"赵广汉、张敞均久任"京兆尹"职,称为"赵京兆"(见《汉书·赵广汉传》)、"张京兆"(见《张敞传》),这种姓氏与官职连称,与萧何称"萧相国"(见《史记·萧相国世家》)、陈平称"陈丞相"(见《陈丞相世家》)、叔孙通为太子太傅称"叔孙太傅"(见《汉书·张良传》)、郑崇为尚书仆射称"郑尚书"(见《郑崇传》),文同一例,更可证"京兆"即"京兆尹"的省称。

> 《管子·立政·九败解》:"人君唯毋听寝兵,则群臣宾客莫敢言兵。"(第219页)

按,误标篇题。当作:"《管子·立政九败解》"。这是《管子》书中《管子解》类的一篇。这篇内容是对《管子·立政》篇中《九败》一节的解说,但它并不是《立政》篇的组成组分,而自为独立成篇。正由于此,引例书名号内,"立政"与"九败解"之间不能加间隔号。

> 《汉书·高帝纪》云:"项羽侵夺之地,谓之番君。"(第227页)

按,"番君"是吴芮的号,见《汉书·吴芮传》:"吴芮,秦时番阳令也,甚得江湖间民心,号曰番君。"则上引《高帝纪》文中的"番君",当加标专名号。

> 盖乐毅此书(笔者按,指《史记·乐毅列传》载乐毅《报燕惠王书》),意在夸示己为燕伐齐之功绩。上书"齐器设于宁台","大吕陈于元英","故鼎反乎磨室"三句,皆指在齐之物移入于燕而言。(第229页)

按,“磨”字误,当作“曆”。《说文》卷九下石部:“磨,石声也。从石,麻声。”同载乐毅书,《战国策·燕策二》作“曆”,《新序·杂事三》作“歷”。磿、曆、歷‘同音通用。若作“磨”,则误矣。今本《史记·高祖功臣侯者年表》有“磨侯”,而《汉书·高惠高后文功臣表》作“歷侯”,可见“磨”字亦为“磿”字之形讹,司马贞索隐已明斥其误。

> 《史记·齐太公世家》云:“田乞伪事高国者。”(第231页)

按,误以二人之姓为一人之姓名。“高国”非一人之姓名,而是指高张、国夏二人,即同篇上文齐景公托孤的高昭子、国惠子。“高国”二字不能连标一个专名号,当标作:“田乞伪事高、国者。”

> 《汉书·匈奴传》云:“莽以其庶女陆逯任妻后安公奢,所以尊宠之甚厚,终为欲出兵立之者。”(第231页)

按,“后安公”,是王莽赐予匈奴贵族奢的封号,当加标专名号。

> 马融《长笛赋》云:“彭、胥伯奇,哀、姜孝己。”(第240页)

按,误处有三。“伯奇”、“孝己”均为人名,当加标专名号。《文选》李善注引《孔子家语》曰:“高宗以后妻杀孝己,尹吉甫以后妻放伯奇。”可证。“哀姜”为一人名,不宜点断。《左传·文公十八年》:“夫人姜氏归于齐,大归也。将行,哭而过市,曰:‘天乎!仲为不道,杀嫡立庶。’市人皆哭。鲁人谓之哀姜。”可证。上引赋句当作:“彭、胥、伯奇,哀姜、孝己。”

知中华书局版《古书疑义举例五种》经校点者校点,据该书第24页脚注。

(原载《镇江师专学报》1985年第1期)

《清嘉录》校点琐议

清顾禄撰《清嘉录》，全书按十二个月份为序，历记苏州一地全年各项岁时风俗，文中征引诗词谣谚，充满生活情趣，是晚近风土岁时地志之精品。新中国成立后，此书久未重印。最近，上海古籍出版社出版了来新夏先生校点本《清嘉录》，嘉惠学林，诚属盛事。然而，智者千虑，或有一失，该书在校点方面尚存一些可议之处。今摘录若干例，记述于下。

1.《题辞·陆伟堂〈多丽〉》 算天堂，福地苏台称最。有无边良辰美景。赏心乐事难赛。（第5页） 按："天堂福地"四字连读。此为常用熟语，不宜点断。句义谓：数说世上的天堂福地，苏州称为第一。标点宜作：算天堂福地，苏台称最。

2.《正月·行春》 故事：先立春一日，郡守率僚属迎春。娄门外柳仙堂，鸣驺清路，盛设羽仪，前列社伙，殿以春牛。（第1页）按："娄门外柳仙堂"，是"郡守率僚属迎春"的活动地点。其作为处所状语，放在谓语后而不用介词"于"，不宜单独成句，当连前主语谓语作一句读。至少也不能用句号使之与谓语隔断。标点宜作：故事：先立春一日，郡守率僚属迎春娄门外柳仙堂，鸣驺清路，盛设羽仪，前列社伙，殿以春牛。

3.《正月·拜牌》 明洪文科《语窥古今》载王官十仪，一曰"习仪拜牌"。（第4页） 按：书名当作"《语窥今古》"。原刊本、日本翻刻本、《啸园丛书》本、进步书局本均误作"《语窥古今》"。《中国丛书综录（2）子目·子部·杂家类》："《语窥今古》一卷，（明）洪文科撰。"可证。

4.《正月·挂喜神》 比户悬挂祖先画像，具香蜡、茶果，粉丸、糍糕。肃衣冠,率妻孥以次拜。或三日、五日、十日,上元夜始祭而收者。(第4页) 按:文中“十日”后用逗号,就使人理解为:或三天、五天、十天以后,到上元夜始祭祖而收起祖先画像。若从上元夜倒数三天、五天、十天,那么开始挂喜神的日子就成了或十三日、十一日、初六日。这与作者顾禄原意大相径庭。挂喜神是苏州郡城三邑的岁朝(元旦)风俗,故《挂喜神》条紧接于《岁朝》条后,又排列在同记岁朝风俗的《上年坟》、《拜年》、《飞帖》、《开门爆仗》、《欢喜团》、《黄连头叫鸡》、《看风云》等条之前。若是或正月初六日、十一日、十三日开始挂喜神,本条就不会杂厕其间;因为这不符合“自元旦至于岁除,凡吴中掌故之可陈、风谣之可采者,莫不按节候而罗列之”(见宛山老人顾承《清嘉录序》)的原则。文中“三日、五日、十日”,当指正月初三日、初五日、初十日。这在文中有内证,见顾氏本条按语:“《月令事宜》:‘除夕祭饷,即悬真于家庭,供奉以拜节。’江、震《志》亦以除夕悬祖先画像,至新正初三日或初五日收者。金介山云:‘杭俗谓之神子。落灯夜收神子。诗云:“若非除夜何能见,才过元宵不可留”’”,江(吴江)震(震泽)风俗与杭俗以除夕悬祖先画像,这与苏州郡城三邑长(长洲)元(元和)吴(吴县)俗以岁朝悬喜神,相隔一天,略有差异;但江震“至新正初三日或初五日收者”、杭俗以“落灯夜收神子”,则又与吴俗大致相同。顾氏说过:“江、震与杭郡接壤,虽地属于吴,往往沿袭浙俗,无足怪也。”(见《十二月·小年夜大年夜》条)又说:吴越本属一家,而风土大略相同,故书中杂引浙俗为最繁……以证异同而已。”(见《清嘉录例言》)顾氏在本条中引江震风俗与浙俗,旨在证明其与吴俗挂神喜有相同之处。文中标点宜作:或三日、五日、十日、上元夜始祭而收者。

5.《正月·山川坛迎春》 《雅志》云:“……迎祀喜神于坛,必扬兵演阵,犹唐制烟炬,为平安火耳。”(第13页) 按:“扬兵演阵”与“烟炬”为山川坛迎喜神仪式中的两项内容,两者显然不同,中间不能用“犹”(犹如)连接起来。再者,“唐制烟炬”若理解为唐代制造的烟炬,则显然悖于事理,因为其不可能保留至明清代使用。“犹唐制”,当解释为‘犹尚唐代成法”,以说明迎喜神必扬兵演阵这一风俗,由来已久。《旧唐书·礼仪志四》:“五岳、四镇、四海、四渎,年别一祭,各以五郊迎气日祭之。……祀官以当界都督、刺史充。”都督、刺史以充祀官,祭祀境内山川神坛,“率标下弁卒,各陈队伍,张列兵器”,以备警卫(后世演变为仪仗队),这是情理中事。标点宜作:迎祀喜神于坛,必扬兵演阵,犹唐制;烟炬,为平安火耳。

6.《正月·接路头》 有功当报享,尚及猫虎颣。况此路头神,司行职彼寄。(第17页)按:原刊本作“颣”,日本翻刻本、进步书局本作“类”。二字音切不同,词义不同。《广韵》去声队韵:“颣,卢对切,粗丝也。”《新华字典》(1979年修订重排本)第652页:“颣,缺点,毛病。”《广韵》去声至韵:“类,力遂切,等也,种也。”按之文义,作“类”是。

7.《正月·七人八谷九天十地》 晋议郎董勋《答问》称:“俗云正月一日为鸡……七日为人,八日为谷。缕金以相遗,改旧从新之意也。”(第18页) 按:各本均作“晋议郎董勋《答问》”。据马国翰《玉函山房辑佚书·通礼类》书目,作“魏董勋《问礼俗》”。

8.《正月·祭猛将》 丁度《集韵》:“趀,作答切,音币。”吴语谓急走曰“趀”,读如血音。(第22页) 按:《集韵》注音体例概用反切,不用直音,则“音币”一语非《集韵》原文。标点宜作:丁度《集韵》:“趀,作答切。”音币。

9.《正月·百草灵》 范石湖《上元纪吴下节物》诗注“筵篿巫志怪,香火婢输诚”句下:“俗传正月百草灵,故扫、苇、针之属皆卜焉,多婢子辈为之。”(第31页) 按:据上下文义,“扫”当作“帚”。原刊本、日本翻刻本、进步书局本均作“扫”,误。本条上文云:“妇女又有召帚姑、针姑、苇姑,卜问一岁吉凶者。”又下文云:“弊帚系裙以卜,名‘扫帚姑’。”可证。

10.《二月·文昌会》《楚词》:“后文昌使掌行兮”,顾命中宫敕百官。王逸注:“天有三宫,谓紫微、太微、文昌也。”(第38页) 按:“顾命中敕百官”句,并非顾禄叙述语,实是《楚辞·远游》“后文昌使掌行兮”句的王逸注语,当加标引号,并出校记说明。标点宜作:《楚词》:“后文昌使掌行兮。”“顾命中宫敕百宫①”,王逸注:“天有三宫,谓紫微、太微、文昌也。”校记:①按,“顾命中宫敕百官”句,是王逸注语;下“王逸注”三字,当移至该句前。

11.《二月·观音山香市》 长、元、吴志皆云:“二月十九日为观音诞。支硎山士女,连袂进香。”(第41页) 按:“支硎山”并非“士女”的修饰语,而是“进香”的地点状语。本条上文云:“观音诞日,有至支硎山朝拜者。”下文引徐崧、张大纯《百城烟水》云:“支硎山,俗称观音山,三春香市最盛。”又引黄省曾《吴风录》云:“二三月,郡中女浑聚至支硎观音殿,供香不绝。”均言士女到支硎山进香。可证。标点宜作:支硎山,士女连袂进香。

12.《二月·木杮柴》 《集韵》、《韵会》:“杮芳废切,音肺。”《说文》:“削木札朴也,从木朩声。”陈楚谓椟为杮。徐锴曰:“即木椟也,又削下木片也。”《后汉·杨由传》:“风吹削林。”又《颜氏家训》……(第41页) 按:检大徐本《说文·木部》:“杮,削木札朴也。从木,朩声。陈楚谓椟为杮。”检小徐《说文系传》卷十一:“杮,削木札朴也。从木,朩声。陈楚谓之札朴也。臣锴曰:札即木椟也。《后汉书·方术·杨由传》云:‘风吹削杮。’是也。”这就可见,“陈楚谓椟为林”句,是大徐本《说文》原文,非顾禄语。“又削下木片也”句,小徐本中无此句,非徐锴语,究其实,这一节按语,是顾氏全文抄录《康熙字典》“杮”字释文,只是删去了“并音肺”句的“并”字而已。《康熙字典》“又削下木片也”句与上文“徐锴曰:‘即木椟也’。”句之间,中空一格(见同文书局原版《康熙字典》辰集中第5页)。空格下的文字,表示是又一个义项的释文。“又削下木片也”句,是《康熙字典》编者的释义语,更可证非小徐语。又,《集韵》注音不用直音,则“音肺”非《集韵》原文。标点当作:《集韵》、《韵会》:“杮,芳废切。”音肺。《说文》:“削木札朴也。从木,杮声。陈楚谓椟为杮。”徐锴曰:“即木椟也。”又削下木片也。《后汉·杨由传》:“风吹削杮。”又《颜氏家训》……

13.《二月·解天饷》 春中各乡土地神庙有“解天饷”之举。司香火者董其事。庙中设柜,收纳阡张、元宝,俗呼“钱粮”。凡属境内居民,每户献纳一副、十副、数十副不等。每完一副,必输纳费制钱若干文,名曰“解费献纳”。稍迟则遣人于沿街鸣锣使闻,谓之“催钱粮”。(第43页) 按:所谓“解天饷”,就是“献纳”“钱粮”;而“钱粮”就是阡张、元宝之类的冥币,是献给土地神的。在“解天饷”的过程中,附加护送之费,犹脚钱之类的小费,这就是所谓“解费”。“解费”不是献给土地神的冥币,而是给人——“司香火者”的“制钱若干文”,就不属“献纳”数字范围之内,故文中以“解费献纳”为一专名,不确。“献纳”二字当属下。标点当作:……每完一副,必输纳费制钱若干文,名曰“解费”。献纳稍迟,则遣人于沿街鸣锣使闻,谓之“催钱粮”。

14.《三月·青糰焐熟藕》《集韵》、《类篇》:焐,并“乌卧切,音涴。犹言暖也。”(第48页)按:《集韵》去声过韵“乌卧切”小韵下:“焐,煖也。”则引文引号当改。此外系顾禄照抄《康熙字典》“焐”字释文。标点宜作:《集韵》、《类篇》:焐,并“乌卧切”,音涴,犹言暖也。

15.《三月·上坟》 东坡有《海南人不作寒食,而以上巳上冢》诗云:“鹿门山下德公回。”或据此以为寒食上墓,汉已有之。然章怀注《庞公传》引《襄阳记》,止云“司马德操来候,值德公渡沔上先人墓”云云,初不言时日。东坡传但以上冢借庞公为言耳。(第49页) 按:原刊本、日本翻刻本、《啸园丛书》本、进步书局本均作“东坡传”,误。据上下文义,“传”当作“诗”,涉上文“《庞公传》”之“传”字而误。

16.《三月·山塘看会》 选小儿女之端好者,结束鲜华,赤脚跕立人肩,或置马背,号为“巡风”。会过门之家,香蜡以迎。薄暮反神于庙。俗呼“转坛会”。(第52页) 按:“巡风”是指在外巡查侦伺,这决非“小儿女”之所可为。文中“选小儿女之端好者”云云,是“山塘看会”所看的内容之一。“会”字当属上,作“巡风会”。“香蜡以迎”,也不是迎“小儿女之端好者”,而是迎“神”。这一段标点宜作:选小儿女之端好者,结束鲜华,赤脚跕立人肩,或置马背,号为“巡风会”。过门之家,香蜡以迎,薄暮反神于庙,俗呼“转坛会”。

17.《三月·游春玩景》 阊门外下塘花埠街刘蓉峰观察恕寒碧庄,俗称刘园。本为明徐冏卿泰时东园故址。园之东北,今尚有东园弄恕爱石。园中聚奇石为十二峰,载府志。(第59页) 按:“恕爱石”并非石名。

“昶爱石”是一个主谓宾结构的分句。“昶”，就是“刘蓉峰观察昶”，此公平生喜爱奇石，曾在“园中聚奇石为十二峰”，至今遗存而著名的尚有“留园三峰”——冠云峰、岫云峰、瑞云峰（此石系仿制）三石。标点当作：园之东北，今尚有东园弄。昶爱石，园中聚奇石为十二峰，载《府志》。

18.《三月·游春玩景》　至若灵岩山之馆娃宫、响屧廊、采香径、琴台。石室俗称西施洞，相传为吴王囚范蠡处。吴王井，二圆者象天，八角者象地，为吴王避暑处。（第60页）　按：如照上述断句理解，误处有三。其一，似乎吴王井有三口。这不合事实。吴王井仅二口，清徐崧、张大纯《百城烟水》卷二“吴县·灵岩山”条云：去城西三十里，馆娃宫遗址在焉，其突起者名琴台，山有二井，[原双行夹注：圆象天，八角象地。]石室一，[夹注：传西施洞。]池四。[夹注：浣花、上方、洗砚、浣月。]”可证。其二，似乎“吴王井……为吴王避暑处”。这不合情理。吴王避暑处是馆娃宫。其三，似乎馆娃宫与响屧廊、采香径、琴台、石室、吴王井等，均为平列关系。这不合逻辑。其实，后者均是馆娃宫中的设施或景点。标点宜作：至若灵岩山之馆娃宫：响屧廊；采香径；琴台；石室，俗称西施洞，相传为吴王囚范蠡处；吴王井二，圆者象天，八角者象地。为吴王避暑处。

19.《三月·游春玩景》　石之奇巧者十有八，为：石鼓二石、射堋、醉僧石、石鼍、寿星石、佛日岩披云望月二台、石楼……俗称灵岩十八景。（第60页）　按：“石鼓二石”，既称“石鼓”，又缀“石”字，似嫌累赘；而状似“射堋”的“石之奇巧者”，却又未明言为“石”，总觉不妥。愚意“二石”之“石”字当属下。标点宜作：石之奇巧者十有八，为石鼓二、石射堋、醉僧石、石鼍、寿星石、佛日岩“披云”“望月”二台、石楼……俗称灵岩十八景。

20.《三月·游春玩景》　南园，《祥符图经》云：“在子城西南，今府学后也。本为广陵王旧圃，大观末为蔡京赐第。”（第61页）　按：《祥符图经》即北宋大中祥符年间诏修的《吴郡图经》，今已不传。大中祥符（公元1008年—1016年）是北宋真宗赵恒年号，大观（公元1107年—1110年）是北宋徽宗年号，两者相距近百年。那末，《祥符图经》怎么可能预先记载百年以后的大观年间史事？考宋朱长文撰《吴郡图经续记·学校》云："吴郡昔未有学，以文请解者不过数人。景祐中，范文正公以内阁典藩，而叹庠序之未立。我先君光禄，率州人请建学，文正公请于朝，奏可。乃割南园之隅以创焉。"景祐（公元 1034 年—1038 年）为北宋仁宗赵祯年号，后于大中祥符几近二十年。景祐年间始立府学，则《祥符图经》中也不可能记载府学事。可见，顾禄仅引《祥符图经》中"在子城西南"一句。标点当作：南园，《祥符图经》云："在子城西南。"今府学后也。本为广陵王旧圃，大观末为蔡京赐第。

21.《三月·东岳生日》 汝秋士有《东岳诞辰》诗云："……簿书丛集蝟毛似，此事难期今长官。囊贫况值三春暮，税未开征粮完已。"（第 66 页） 按：引诗结句"已"字不合韵，当乙正为"已完"。原刊本、日本翻刻本、《啸园丛书》本、进步书局本均作"已完"。此恐手民误植。

22.《四月·浴佛》 九邑志皆谓："四月八日为释伽诞，作传经浴佛会。"（第 74 页） 按："释伽"当作"释迦"。佛祖译名正字作"释迦"，偶作"释伽"字当是音近而误书。《清嘉录》一书他处均作"释迦"，唯此一处作"释伽"。《广韵》平声戈韵："迦，释迦，出释典，居伽切，又音伽。"又："伽，伽蓝，求迦切。"据《现代汉语词典》，迦音 jiā，伽音 qié。二字音切不同，今读不同。各本均作"释伽"，误。

23.《五月·关帝生日》 元至正间，将仕郎普颜花撰《关王庙碑》云："荆楚之人，相传王于六月二十三日生。子平，于五月十三日生。是日朝拜祭赛，远近辐辏钱塘。"冯少渠《关公祖系记》云："侯以桓帝延熹三年庚子六月二十四日生。"则今之以五月十三日生者，非也。（第 93 页） 按：关羽籍贯并非浙江钱塘，平生亦未到过钱塘，"荆楚之人""朝拜祭赛"，何必千里迢迢而"远近辐辏钱塘"？其实，只是"远近辐辏"于当地关王庙。"钱塘"二字当属下，为冯少渠籍贯。在人名前冠以籍贯，是古人的行文习惯，在《清嘉录》书中亦比比皆是无须举例。标点当作：元至正间，将仕郎普颜花撰《关王庙碑》云：……是日朝拜祭赛，远近辐辏。"钱塘冯少渠《关公祖系记》云……

24.《五月·关帝生日》 惟考永乐北征时，每见神前驱；凯旋，乃制崇祀，以五月十三日祭祀典，岁以春秋二仲月吉日及五月十三日致祭。（第93页）　按："祀典"是指记载祭祀的典籍，并非祭祀的对象，故"以五月十三日祭祀典"句不辞。"祀典"二字当属下。标点宜作：惟考永乐北征时，每见神前驱，凯旋乃制崇祀，以五月十三日祭。《祀典》：岁以春秋二仲月吉日及五月十三日致祭。

25.《五月·黄梅天》　府志："一说梅作㷅，尘㷅也。"《楚词·九怀》："霾土忽兮㷅。"㷅，尘也，义异。（第94页）　按：上引文中"㷅"字、"㷅"字，字书韵书均无，全是"𪍿"字讹体，自原刊本至坊本均误，当作校正。又，王褒《九杯·陶壅》："浮云郁兮昼昏，霾土忽兮𪍿𪍿。"王逸注："风俗尘浊，不可居也。𪍿，一作梅。"洪兴祖补注"𪍿，音梅，尘也。"则《九怀》原句不作"霾土忽兮𪍿"。标点当作：《府志》："一说梅作𪍿，尘𪍿也。"《楚词·九怀》："霾土忽兮𪍿𪍿。"尘也，义异。

26.《六月·狗靧浴》丁度《集韵》："靧，音悔，洗也。同颒，义同。"（第102页）　按：上引文非《集韵》原文。《集韵》去声队韵"呼内切"小纽中有"靧"、"颒"字，又有"悔"字；"靧"字下注云："《说文》：'洒面也。'古作湏，或作靧颒。"则上引文引号当全去掉。

27.《六月·三伏天》《汉·郊祀志》：六月伏日，"周时无，至此乃有之"。师古曰："伏者，谓阴气将起，迫于残阳而未得升，故为藏伏，因名伏日。"（第104页）　按：《汉书·郊祀志》正文中无上述引文。查《汉书·郊祀志上》："秦德公立……作伏祠。"颜师古注引孟康曰："六月伏日也。周时无，至此乃有之。"这是顾禄摘引《汉书·郊祀志》时，误以注文为正文。据此，当出校记说明，标点宜作：《汉·郊祀志》："六月伏日，周时无，至此乃有之②。校记：②按，此非《汉书·郊祀志》正文，而是颜师古注引孟康语。

28.《六月·雷斋》　有为首者，集众为醮会，伶人舁老郎神象入观，监齐、卤簿、仪从，皆梨园子弟所充。（第111页）　按："监齐"不辞，当作"监斋"。监斋，谓道观中之执事者。例《称谓录·道·监斋》云："《唐六典》：'每观观主一人，上座一人，监斋一人，共摄众事。'"此条正记"城中玄妙观、阊门外四图观"等道观，"集众为醮会"事，可证。原刊本、日本翻刻本、《啸园丛书》本作“监齐”，涉字形相似而误；进步书局本作“监斋”，当是以义校改。

29.《七月·秋彀碌收秋谷》 范石湖《秋雷叹》云：“……天人远近叵戏论，禆灶安能尸祸福。”(第117页) 按：“禆灶”当作“裨灶”。原刊本、日本翻刻本、《啸园丛书》本、进步书局本均误。《广韵》平声支韵：“裨，符支切。副将；又姓，郑有大夫裨灶。”裨灶，春秋时郑大夫，其事详见《左传·襄公三十年》、《史记·天官书》。

30.《七月·朝立秋湍飕飕夜立秋热吽吽》《世说》：“刘真长见丞相王导，时方盛夏，导以腹熨弹棋局，曰：何乃渹！刘出曰：未见他异，惟闻吴语渹。”丁度《集韵》：“音轰。”吴俗谓冷曰渹，转为於禁切，音窨。(第117页) 按：检读《诸子集成》本《世说新语·排调》：“刘真长始见王丞相，时盛暑之月，丞相以腹熨弹棋局曰：‘何乃渹！’刘既出，人问：‘见王公云何?’刘曰：‘未见他异，唯闻作吴语耳！’”可见最后一句无“渹”字。“渹”字当属下。又，《集韵》体例用反切注音，不用直音。标点当作：《世说》：“……刘出曰：‘未见他异，惟闻吴语。’”渹，《集韵》音轰。

31.《七月·染红指甲》 周密《癸辛杂志》：“凤仙花，红者捣碎，入明矾少许，染指甲，用片帛缠定过夜，如此三四次，则其色深红，洗涤不去，日久渐退，回人多喜之。”(第121页) 按：染红指甲，为汉人风习之一，由来已久。周密《癸辛杂志》中不可能专指回人而言。再说，宋元时称回民例作“回回”，不作“回人”。“回”字当属上，“退回”连读，义谓所染红指甲其深红消退而回到原先本色。标点当作：周密《癸辛杂志》：“凤仙花红者，捣碎，入明矾少许，染指甲，用片帛缠定过夜，如此三四次，则其色深红，洗涤不去，日久渐退回，人多喜之。”

32.《八月·灶君生日》 初三日为灶君生日。家户具香蜡素羞，以祀天王堂及福济观之灶君殿。进香者络绎终日，有集男妇嗜斋为会者，谓之“灶君素”。(第128页) 按：如上断句标点，则家家户户供奉的灶君就无人理会，进香者的目的地也不明。愚以为“以祀”二字当属上为句，动词。“祀”后的宾语“灶君”，承上省。标点当作：初三日为灶君生日，家户具香蜡素羞以祀。天王堂及福济观之灶君殿，进香者络绎终日。有集男妇嗜斋为会者,谓之“灶君素”。

33.《八月·木犀蒸》 范成大《吴郡志》:“桂,本岭南本,吴地不常有之。唐时始有植者。”(第136页) 按:“桂本岭南本”句,下“本”字据文义当作“木”,疑涉上“本”字而误。原刊本、日本翻刻本、《啸园丛书》本、进步书局本均误。

34.《八月·秋兴》 先希冯公《玉篇》云:“蛬,同蛩,牵去声。”(137页) 按:宋本《玉篇》卷十三《艸部》:“蛩,丘刃切。《尔雅》曰:‘蔄蛩。’”“蛩,同上。”则“牵去声”一语非《玉篇》原文,不当在引号内。

35.《九月·斗鹌鹑》 蔡铁翁诗:“辛苦霜天把瘦鸙。”(第147页) 按:据文义,“鸙”当作“鹑”。二字形、音、义不同。鸙,今音 yuè,《广韵》入声药韵:“以灼切,鸑鸙鸟。”《尔雅·释鸟》:“鸑,天鸙。”鹑,今音 chún,《广韵》平声谆韵:“常伦切,鹌鹑也。”鹑字篆书楷化当作“鶉”或“鹑”。原刊本、日本翻刻本、《啸园丛书》本均误作“鸙”;进步书局本作“鹑”,是以义校改。

36.《十月·十月朝》 盖十月朔为阴祀之日,宜祭祖考,扫墓与清明同,说见《神隐》。(第148页) 按:十月朔祭祖先,与清明同,见《三月·过节》条云:“盖土俗家祭,以清明、七月半、十月朝为鬼节……逢鬼节则祭用麦面。烧纸焚锭,亦鬼节为盛。”“吴俗,清明、七月半、十月朔,家祭用麦面。”可见,十月朔之风俗,不仅“扫墓与清明同”,祭祖考亦然。标点当作:盖十月朔为阴祀之日,宜祭祖考、扫墓,与清明同。说见《神隐》。

37.《十月·煠蟹》 湖蟹乘潮上,簖渔者捕得之,担入城市,居人买以相馈贶,或宴客佐酒。(第152页) 按:簖,渔具名,指置立水中之竹编篱栅,以截断鱼蟹之去路而捕取之。唐陆龟蒙《渔具》诗序云,“网罟之流……列竹于海澨曰沪。”《渔具·沪》诗题注云:“吴人今谓之簖。”清洪亮吉《与孙季逑书》云:“鱼田半顷,围此蟹簖。”簖是名词。本条中“簖”字,作动词“上”的宾语。“上簖”即入簖,所以渔者能“捕得之”。标点宜作:湖蟹乘潮上簖,渔者捕得之……

(原载《苏州大学学报》1987年第1期)

《湘山野录》《玉壶清话》点校本补议

顷年翻阅《唐宋史料笔记丛刊》中的《湘山野录》、《玉壶清话》点校本(1984 年 7 月中华书局版,合一册),发现一些失误,其中有些已经时贤论及(见钟振振《读〈湘山野录〉札记》,刊 1986 年 7 月《古籍整理出版情况简报》第 160 期),今作补议如下。

1. 书脊:

湘山野录　续录　玉壶清话　[宋]文　莹撰　中华书局

按:"玉壶清话"之"壶"字,当作"壶",字形相似而误。壶,《广韵》苦本切,今音 kǔn。壶字甚古。《尔雅·释宫》:"宫中衖谓之壶。"《诗·大雅·既醉》:"其类为何,室家之壶。"朱熹集传:"壶,宫中之巷也,言深远而严肃也。"壶,古今汉语均为常用字,无烦费辞。"壶"误为"壶",无独有偶。江苏古籍出版社 1987 年版《南唐先主李昇年谱》,其中有 33 处提及《玉壶清话》,均无一例外地将"壶"印作"壶",酿成谬误。

一本书的封面、扉页、书脊、版权页等,往往是编辑、校对在编校过程中容易疏忽的地方,而这些部位恰恰是书本的窗户,最先与读者见面,是千万不能疏忽的。

2.《湘山野录》卷上"金陵赏心亭"条:

后君玉王公琪复守是郡,登亭留诗曰:"千里秦淮在玉壶,江山清丽壮吴都。昔人已化辽天鹤,旧画难寻《卧雪图》……"(第 13 页)

按:据体例,"辽天鹤"之"辽"字当加标专名号。

3. 卷上"鼎州甘泉寺"条:

始,寇莱公南迁日……(第 13 页)

按：卷下“寇莱公尝曰”条也作“寇”；而卷下“明州天台教主礼法师”条作“寇相国”，续录“仁庙初纂临”条作“寇忠愍”。“寇莱公”、“寇相国”、“寇忠愍”，是同一人，即寇准。“寇”，俗字；“寇”，正字。前后当划一作“寇”字。

4. 卷上“大参元厚之公成童时”条：

公感之，困构一巨堂，楼曰“碧落”。（第18页）

按：“困构”费解。“困”当作“因”，字形相似而误。

5. 卷中“石守道介康定中主盟上庠”条：守道晨兴鸣鼓于堂，集诸王谓之曰……（第24页）

按：据上下文义，“诸王”当作“诸生”，字形相似而误。

6. 卷中“安鸿渐有滑稽清才”条：

鸿渐秋赋警句曰：“陈王阁上，生几点之青苔；谢客门前，染一溪之寒水。”（第25页）

按：“秋赋”为篇名，当加标书名号。“陈王”指曹植。“陈王阁”非专名。“阁”为泛称，“阁”字不必加标专名号。“谢客门前”，非谓辞别宾客于门前之义。“谢客”与“陈王”相对，也是人物名称。南朝宋谢灵运，小字客儿，时人也称之为谢客。《梁书》卷四九《庾肩吾传》载《太子与湘东王书》：“又时有效谢康乐、裴鸿胪文者，亦颇有惑焉。何者？谢客吐言天拔，出于自然，时有不拘，是其糟粕；裴氏乃是良史之才，了无篇什之美。”“谢客”为谢灵运之别称，当加标专名号。

7. 卷中“吕申公累乞致仕”条：

因撰《燕词》一阙，携觞相馆，使人歌之曰：“二社良辰，千秋庭院，翩翩又见新来燕。凤凰巢稳许为邻，潇湘烟暝来何晚。……”（第28页）

按：“潇湘”为地名，当加标专名号。

8. 卷中“宝元己卯岁”条：

予后还余杭，犹忆公以诗送行，有“谈经飞辨伏簪绅，杯渡西来访故人”之句。（第32页）

按：“杯渡”为僧人名，当加标专名号。杯渡，晋宋时僧人，不知姓名。传说其曾乘木杯渡水，故以“杯渡”为名。详见南朝梁释慧皎《高僧传·杯渡》。本文诗句中,则以杯渡喻称文莹。

9. 卷中“江南李后主煜性宽恕”条:

煜感牝徂之事,止流于远,吏议短之。(第 37 页)

按:“牝徂”不辞,当作“牝狙”,字形相似而误。本条上文云:“十一月,猎于青龙山,一牝狙触网于谷……”可证。

10. 卷下“吾友契嵩师”条:

时恐厚诬,以烈火重鍜,鍜之愈坚。(第 50 页)

按:据上下文义,“鍜”当作“锻”,字形相似而误。二字形音义均不同。《说文》金部:“鍜,錏鍜也。从金,叚声。”又,“錏”字下:“錏鍜,颈铠也。”鍜《广韵》平声麻韵“胡加切”,今音 xiá。“锻”为古今汉语常用字,无烦费辞。《康熙字典》金部“鍜”字释文提示读者云:“与‘锻鍊’字不同。”点校时如能查检有关字书韵书,就不致出现上述失误。

11. 卷下“潘逍遥阆有诗名”条:

潘有诗,曰“不信先生语,刚来帝里游。清宵唐好梦,白日有闲愁”之句。(第 54 页)

按:“清宵唐好梦”句之“唐”字,非指唐代,亦非指唐地,亦非指唐姓,而是虚字,则不当加标专名号。虚字“唐”,义同徒、空。例《百喻经·为妇贸鼻喻》:“唐使其妇受大苦痛。”又《欲食半饼喻》:“然前六饼,唐自捐弃。”又《破五通仙眼喻》:“如彼愚臣,唐毁他目也。”《杂宝藏经》卷八《大力士化旷野群贼缘》:“往至中间,有智之士共求鬼言:‘汝今自杀无量人民,食肉不尽,唐使臭烂。’”《大唐西域记》卷二《健驮逻国》:“神智唐捐,流转未息。”又卷六《拘尸那揭罗国》:“汝何守愚,唐劳羽翮?”高丽新藏本“唐”作“虚”,虚亦徒、空义。

12. 同上条:

阮思道为秦理掾,阴认之,遂呼至庭,俾葺故桶。(第 54 页)

按:《广韵》去声线韵:“掾,官名。以绢切。”今音 yuàn。掾,古代职官名,通称副官佐贰吏,即属员。例《史记·项羽本纪》:“项梁尝有栎阳逮,乃请蕲狱掾曹咎书抵栎阳狱掾司马欣,以故事得已。”“掾”为职官名,非专名,则不当加标专名号。

13. 卷下“蜀先主开建初”条：

是岁蜀饥，有三盗糠者止得数斗，引至庭覆谳，会光庭方论道于广殿，视三囚殆亦侧隐，谓杜曰：“兹事如何？”亦冀其一言见救。（第55页）

按：“侧隐”当作“恻隐”，字形相似而误。“恻隐”一词甚古。例《孟子·公孙丑上》：“今人乍见孺子将入于井，皆有怵惕恻隐之心。”《史记·张释之列传》：“秦以任刀笔之吏，吏争以亟疾苛察相高，然其敝徒文具耳，无恻隐之实。”刘向《九叹·忧苦》：“外仿徨而游览兮，内恻隐而含哀。”《汉书·艺文志》：“大儒孙卿及楚臣屈原离谗忧国，皆作赋以风，咸有恻隐古诗之义。”

14. 卷下“初申国长公主为尼”条：

“……从兹艳质归空后，湘浦应无解佩人。”（第58页）

按：“湘”为地名，当加标专名号。

15. 卷下“欧公撰石曼卿墓表”条：

欧公撰石曼卿墓表，苏子美书，邵悚篆额。山东诗僧秘演力干，屡督欧俾速撰，文方成，演以庚二两置食于相蓝南食殿礶讫，白欧公写名之日为具，召馆阁请公观子美书。（第59页）

按：字书、韵书无“礶”字。“礶”当作“礲”字，形相似而误。“礲”即“礱”之别体。“礱讫”为句，谓碑石磨制完毕；则“南食殿”后当加标逗号。“写名”，据《学津讨原》本、张氏刊本及有正书局本，“名”均作“石”。作“写石”是。“写石”，谓把墓表（碑文）写录于碑石上，以便照样镌刻。

16. 续录“仁庙初纂临”条：

初，寇忠愍南贬日，丁尝秉笔谓冯相曰：“欲与窜崖，又再涉鲸波如何？”冯但唯唯，丁乃徐拟雷州。及丁之贬也，适当冯相秉笔，谓鲁参曰：“鹤相始欲贬寇于崖，尝有鲸波之叹，今暂出周公涉鲸波一巡。”竟窜崖州。（第71页）

按：“鹤相始欲贬寇于崖”句，其中“鹤相”和“寇”，均当加标专名号。“鹤相”，丁谓别称。宋魏泰《东轩笔录》卷二：“丁晋公（丁谓）为玉清昭应宫使，每遇醮祭，即奏有仙鹤盘舞于殿庑之上。……[寇准]又以其令威之裔，而好言仙鹤，故但呼为‘鹤相’，犹李逢吉呼牛僧孺为‘丑座’也。”后遂以“鹤相”称丁谓。“寇”指寇准。“寇”若不加标专名号，则易致误解。

17. 续录“如京使柳开与处士潘阆为莫逆之交”条：

阆徐曰：“汝识吾否？”柳曰：“尘土下士，不识圣者。”（第75页）

按：上引文中“阆”、“柳”字下，漏标专名号，当补标。

18. 续录“江南冯谧”条：

江南冯谧尝于待漏堂谓诸阁老曰：“玄宗赐贺监鉴湖三百里，信为盛事。他日赐归，止得后湖足矣。”徐铉答曰：“主上贤贤下士，常若不及，岂惜一后湖？所乏者，知章耳。”谧大有惭色。（第77页）

按：“贺监鉴湖”不宜连标一个专名号，当分标二个专名号。“贺监”即贺知章，因知章曾任秘书监，后亦称“贺监”。天宝初年，贺知章请为道士，唐玄宗敕赐鉴湖，后终于其地。文中“贺监”、“鉴湖”，均为动词“赐”的宾语，“贺监”为近宾语，“鉴湖”为远宾语，合称双宾语。“贺监”、“鉴湖”，既然是两个不同的句子成份，当然就不可能合为一个专名。

又，文中“后湖”非泛指，而是特指金陵后湖，即今南京玄武湖。《读史方舆纪要·江南·江宁府江宁县》：“玄武湖在府城北太平门外，旧志在上元县北十里。一名蒋陵湖，一名秣陵湖，亦曰后湖，以在故台城后也。……三国吴谓之后湖。”可证。则本条两处“后湖”，均当加标专名号。

19. 续录“唐昭宗以钱武肃镠平董昌于越”条：

殆庄宗入洛，又遣使贡奉，恳承旨改回请玉册、金券。……又于衣锦军大建玉册、金券、诏书三楼，复遣使册东夷诸国，封拜其君长。（第79页）

按：“金券”之“券”字误，当作“券”。二字形音义均不同。《说文》刀部：“券，契也。从刀，𠔉声。券别之书，以刀判契其旁，故曰契券。去愿切。”今音 quàn。《说文》力部：“券，劳也。从力，卷声。渠卷切。”徐铉曰：“今俗作倦，义同。”今音 juàn。毛居正《六经正误》云：“券契字，下从刀；疲券字，下从力。”本条上文云：“赐铁券恕九死、子孙二死。”作从刀之“劵”,是。

20. 附录二《钦定四库全书总目提要》:

厉鹗《宋诗纪事》称“文莹及识苏舜钦,欲挽致于欧阳修,文莹辞不往”。(第 89 页)

按:“文莹及识苏舜钦”句,其中“文莹”和“苏舜钦”,漏标专名号,当补。

21.《玉壶清话》卷一“太祖问赵韩王”条:

又取坚铠令擐之,若被单衣。(第 10 页)

按:“擐”字,字书韵书无。据文义,疑当为“擐”之坏字。擐,贯、穿。例《左传》成公十三年:“文公躬擐甲胄,跋履山川。”《国语·吴语》:“夜中,乃令服兵擐甲。”《文选·陈琳〈为袁绍檄豫州文〉》:“故复援旌擐甲,席卷起征。”铠、甲为同类,“擐铠”与“擐甲”义同。

22. 卷二“郭忠恕画殿阁重複之状”条:

浙匠喻皓料一十三层,郭以所造小样末底一级折而计之,至上层余一尸五寸,杀收不得。(第 21 页)

按:文中“尸”字费解。未闻“尸”能作长度单位量词。“尸”当作“尺”,字形相似而误。

23. 卷三“卢多逊相生曹南”条:

况曩日昭宪圣后大渐之际,臣与先帝面受顾命,遣臣亲写二劵……(第 23 页)

按:“劵”当作“券”,字形相似而误。详见前第 19 条辨析。

24. 卷四“孙汉公何擢甲科”条:

不允,遣太医诊视,令加针炙。(第 36 页)

按:“针炙”不辞,当作“针灸”,字形相似而误。作“针灸”,才与上句“太医诊视”义相应。

25. 卷五“翰林朱昂尝撰《莫节妇传》”条:

荃执礼事舅姑益谨,闺壸有法。(第 44 页)

按:“闺壸”不辞,当作“闺壼”,字形相似而误。“闺壼”义同“闺阃”,指妇女卧室。“闺壼有法”,是说节妇莫荃具有妇德。“壸”、“壼”二字,详见前第1条辨析。

26. 卷七“文莹至长沙”条：

遂得东野诗，浮脆轻艳，皆舩华妩媚，侑一时尊俎尔。（第69页）

按：“舩”即船字之别体。“船华”不辞。“舩”当作“鉛”，字形相似而误。原夹注：“一云‘皆铅华歌舞，媚一时尊俎尔’。”可证。“鉛”即铅字之别体。铅华，化妆品，搽脸之粉。例《文选·曹植〈洛神赋〉》：“芳泽无加，铅华弗御。”李善注：“铅华，粉也。《博物志》曰：‘烧铅成胡粉。’张平子《定情赋》曰：‘思在面为铅华兮，患离尘而无光。’”

27. 卷八“唐彦猷侍读询”条：

忽一客携黄筌《梨花卧鹊图》求货，其花画全株卧两鹊于花中，敛羽合目，其态逼真，合用价数百缗。（第78页）

按：“其花画全株”为一句，当断，加标逗号。

28. 卷八“徐骑省铉事江南后主”条：

弟锴词藻尤瞻，年十岁，群从燕集，令赋《秋声诗》，顷刻而就。（第79页）

按：“词藻尤瞻”句，其义费解。“瞻”当作“赡”，字形相似而误。赡，丰富、充足义。例《汉书·叙传》：“东方（东方朔）赡辞，恢谐倡优。”《晋书·王接传》：“常谓左氏辞义赡富。”《南史·刘义庆传》：“鲍照字明远，东海人，文辞赡逸。”又《萧洽传》：“敕撰《当涂堰碑》，辞甚赡丽。”均以文辞丰足为赡，词例相同，可资参证。

29. 卷九“时江淮初定”条：

尝开宴，主预坐，伏剑士于室，刁彦能行酒，以爪搯主，主佯吐茵而起，偶免之。（第87页）

按：“以爪搯主”，“爪”与“搯”配搭不当。据新版《辞源》，“搯”有二义：① 抽，探取。通“掏”。② 叩，击。这二个义项所说的动作，都不是用爪发出的。“搯”当作“掐”，字形相似而误。《玉篇》手部“掐”字下：“爪按曰掐。”例《三国志·魏志·苏则传》：“侍中傅巽掐则曰：‘不谓卿也。’”裴松之注：“[掐]音苦洽反。”《宋书·蔡兴宗传》：“道隆（刘道隆）深达此旨，掐兴宗手曰：‘蔡公！勿多言。’”掐《广韵》入声洽韵“苦洽切”，今音 qiā。掐《广韵》平声豪韵“土刀切”，今音 tāo。二字形音义均不同。《康熙字典》“掐”字释文提示读者说：“[掐]从舀，与掐别。”

30. 卷十“庐山布衣江梦孙”条：

至治所，其吏白曰：“正厅凶恶，自来邑令居之，怪异不得其终，已陈设使厅矣。”江因呵曰：“长民不踞正厅，非礼也。”既上事，久之，果有妖物啸梁仆瓦，喧号万状。群吏伏匿，江整衣焚香奠酒。语鬼曰：“仆为令，合距此厅，君等有祠堂林墓，安得居此耶？……”（第 98 页）

按：“合距此厅”，句不成义。“距”当作“居”。“距”为“踞”之讹字，“踞”又为“居”之讹字。合二重错误，而“居”讹作“距”。第一，“距”为“踞”之讹字。上文云：“江因呵曰：‘长民不踞正厅，非礼也。’”“合距此厅”之“此厅”，即指“正厅”。“距此厅”与“踞正厅”，正指同一回事，可证“距”当作“踞”，“距”是“踞”之讹字。第二，讹作“距”的“踞”字、“长民不踞正厅”句之“踞”字，此二“踞”字又是“居”之讹字。“长民不踞正厅”句下夹注：“‘踞’一作‘居’。”可证。上文云：“正厅凶恶，自来邑令居之，怪异不得其终”；下文云：“君等有祠堂林墓，安得居此耶？”均作“居”字。按之词例，“踞”当作“居”，“踞”是“居”之讹字。“居”一误作“踞”，再误作“距”，文义遂晦矣。

又，“自来邑令居之，怪异不得其终”。“怪异”宜属上为句，逗号移至“怪异”后，作“自来邑令居之怪异，不得其终”，似于义为长。

（原载《古籍整理出版情况简报》第 199 期，1988 年 10 月）

《吴越春秋》点校本校补及勘误

苗麓先生点校的《吴越春秋》(江苏古籍出版社 1986 年版),据现存的最早刊本元大德十年刊本标点排印,以明弘治十四年邝璠刊本、万历十四年冯念祖刊本参校,异文均写入校记,附于每卷之末。这是通常所称的死校法,只记诸本异同,并不判别是非。其优点是比较客观地提供资料,版本根据充分;而缺点是不下断语,不分是非,增加了一般读者的阅读负担;更有甚者,诸本同误处,即使是明显的误字,在校记中也不出校,一仍其误。今为补缺憾,则不限于点校本原定体例,加以校补。再加上点校本在标点、印刷、校对诸方面也存在若干疏误,今顺带一并进行勘误。

1.《吴越春秋序》 至于盛衰成败之迹,则彼已君臣,反覆上下。(第 2 页)

按:大德本、弘治本、万历本、中华书局四部备要本同。“已”当作“己”,字形相似而误。彼己,义同彼此。“彼己君臣”,是指吴越两国彼此先后互为君臣,先是越王勾践入臣于吴,后是吴王夫差称臣于越并亡于越。

2. 侯名克昌,世大其字。云郡人。前进士徐天祜受之序。(第 3 页)

按:刘克昌,字世大,汴梁人,并非“云郡人”,上文有“汴梁刘侯来治越”句,可证。《吴越春秋序》作者徐天祜为越人,是书梓刻于越,故徐氏自谓“郡人”。标点当作:侯名克昌,世大其字云。郡人前进士徐天祜受之序。(部分印书已挖版改正)

3.《吴越春秋目录》“卷第九　勾践阴谋外传”下双行注文：今于《阴谋传》去越王二字，而书勾践从诸例也。（第2页）

按："而书勾践"当点断，加逗号。标点宜作：今于《阴谋传》去"越王"二字，而书"勾践"，从诸例也。

4. 卷一《吴太伯传》“后稷就国为诸侯。卒，子不窋立。”双行注文：《帝王世纪》："后氏，生不窋。"（第2页）

按：注文脱字。"后"字下脱"稷纳姞"三字，此三字错杂到下行注文中去了。补正当作："后稷纳姞氏，生不窋。"

5."其孙公刘"句下双行注文：《周本纪》："不稷纳姞窋卒，子，鞠立。鞠，卒，子公刘立。"（第2页）

按：注文无法读通。"稷纳姞"三字为衍文，是上行注文中字错杂于此；"子"字下逗号当删，"子鞠立"为句；"鞠"字下逗号当删，"鞠卒"为句。此系手民拼版时错行致误。标点当作：《周本纪》："不窋卒，子鞠立。鞠卒，子公刘立。"

6. 薰鬻戎姤而伐之，古公事之以犬马牛羊，其伐不止。（第2页）

按：大德本、弘治本、万历本、四部备要本同。按之文义，"姤"字不通，似当作"妬"，字形相似而误。

7. 太伯祖卒，葬于梅里平墟。（第4页）

按：大德本、弘治本、万历本、四部备要本同。"祖"当作"殂"，字形相似而误。《学津讨原》丛书本《吴地记》作："[泰伯]殂卒，葬梅里。"可证。

8. 齐子寿梦立，而吴益强。称王。（第4页）

按："而吴益强"下句号，宜改作逗号。

9. 卷二《吴王寿梦传》“鲁成公会于钟离”句下双行注文：钟离之会，吴始与中国接。事见《春秋·鲁成公十五年》。以《史记·年表》考之，是为寿梦十五年。此以为元年，何也？（第6页）

按：大德本、弘治本、万历本、四部备要本同。考《史记·十二诸侯年表》，鲁成公十五年（公元前576年），"始与吴通，会钟离"。据此则为吴寿梦十年，"与鲁会钟离"。上引文见中华书局标点本《史记》第2册卷十四,第627页。可见“是为寿梦十五年”句中之“五”字为衍文,涉上文“鲁成公十五年”而误。

10. 卷三《王僚使公子光传》 不闻以土木之崇高、蛊镂之刻画、金石之清音、丝竹之凄唳以之为美。(第11页)

按:“蛊镂”不辞,当作“虫镂”,字形相似而误。四部备要本作“虫镂”,是。

11. “高不过望国氛”句下双行注文:祲气也。(第11页)

按:“祲”当作‘祲’,字形相似而误。此系手民误植。

12. 子胥既渡,渔父乃视之,有其饥色。(第16页)

按:大德本、弘治本、万历本、四部备要本同。按之句法,“有其饥色”不合词序规律,当作“其有饥色”。“其”,指代伍子胥,作主语,应在谓语动词“有”之前。试比较下文渔父所说“吾见子有饥色”句,“子”代伍子胥,即在“有”字之前。

13. 渔父曰、“吾见子有饥色,为子取饷,子何嫌哉?”(第16页)

按:“渔父曰”下之顿号,当改为冒号。此系手民误植。

14. 子胥默然,遂行至吴,疾于中道,乞食溧阳。(第17页)

按:“遂行”断句,当加句号。“子胥默然,遂行”,是上文“子胥行数步,顾视渔者,已覆船自沉于江水之中矣”后,子胥的心理活动和表现;而“至吴,疾于中道,乞食溧阳”云云,是子胥进入吴境后的情况,说的是两回事,不能牵合在一起。

15. 子胥因相其貌,确颡而深目,虎膺而熊背……(第19页)

按:大德本、万历本、四部备要本同。“确颡”不辞。“确”当作“碓”,字形相似而误。新版《辞源》石部(第3册第2249页):“[碓颡]高额头。眉额突出如碓。《吴越春秋·王僚使公子光传三》:‘(专诸)碓颡而深目,虎膺而熊背。’”《辞源》所引作“碓颡”,当自有根据,可从。《东周列国志》第七十三回:“见一壮士,碓雞而深目,状如饿虎,声若巨雷。”亦可证。

16. 吾力弱无助于掌事之间,非用有力徒,能安吾志?(第19页)

按:“吾力弱无助”当作一句读,加逗号。

17.“郑君送建母珠玉簪珥，欲以解杀建之过。”句下双行注文：《左传·昭公二十三年》：“楚太子建故母在郢。吴太子诸樊入郢，取楚夫人，与其宝器以归。”（第 20 页）

按：大德本、弘治本、万历本、四部备要本同。考《左传·昭公二十三年》：“楚太子建之母在郹，召吴人而启之。冬十月甲申，吴太子诸樊入郹，取楚夫人与其宝器以归。”则注文中“故母”当作“之母”；“在郢”、“入郢”当作“在郹”、“入郹”。

又，“取楚夫人”下之逗号当删，“取楚夫人与其宝器以归”作一句读。

18.“十三年”下双行注文：《索隐》曰：“据表及左氏，僚止合有十二年事，今《史记·[吴]世家》乃书十三年。”此书似承《世家》之误。（第 21 页）

按：“今《史记·[吴]世家》乃书十三年”句，非《索隐》语，而是徐天祜注释语，则此句下之引号当删；“僚止合有十二年事”句下之逗号当改句号，并加引号。

19. 卷四《阖闾内传》 “阖闾”下双行注文：《左传》作“阖庐”，《史·世家》同。

按：“阖庐”下引号漏标，当补。

20. 仍举伍子胥为行人，以客礼事之，而与谋国政。（第 24 页）

按：四部备要本“仍”作“乃”，似于义为长。

21.“立蛇门者，以象地户也。”句下双行注文：已为地户。（第 25 页）

按：“已”当作“巳”，字形相似而误。此系手民误植。“巳”与“蛇门”相应。

22.“白州犁，楚之左尹，号曰郄宛”句下双行注文：“郄”当作“郤”，详此书似以伯州犁、郤宛为一人。（第 27 页）

按：正文和注文中的“郄”、“郤”字，均当从邑作“郄”、“郤”。此系手民之误植。下同。

23. 子胥曰：“……喜闻臣在吴，故来请见之。”（第 28 页）

按:“故来”的主语是白喜,“请见之”的主语是伍子胥,承前省略,则“故来请见之”不能作一句读。“故来”下当点断,加逗号。

24. 天下之勇士也,乃敢加兵刅于我。(第 32 页)

按:“刅”即“创”的古字,于文义不顺。“刅”当作“刃”,字形相似而误。四部备要本作“刃”,是。

25. 胥乃明知鉴辩,知孙子可以折冲销敌。(第 34 页)

按:“辩”当作“辨”,字形相似而误。四部备要本作“辨”,是。

26. 孙子曰:“臣既已受命为将,将法在军,君虽有令,臣不受之。”(第 35 页)

按:《史记·孙子吴起列传》:“孙子曰:‘臣既已受命为将,将在军,君命有所不受。’”则“将法在军”句中之“法”字,实为衍文,涉同节上文“兵法”、“军法”、“执法”字而误。

27. 孙武曰:“民劳未可恃也。”(第 35 页)

按:“民劳”下宜点断,加逗号。

28. 而吴侵境不绝于寇,楚国群臣有一朝之患。(第 35 页)

按:“而吴侵境”下宜点断,加逗号。

29. 夫费无忌楚之谗口,民莫知其过。(第 36 页)

按:“夫费无忌”下宜点断,加逗号。

30. 吴王有女滕玉,因谋伐楚,与夫人及女会蒸鱼,王前尝半而与女。(第 36 页)

按:“与夫人及女会”下当点断,加逗号。

31. 女怒曰:“王食鱼辱我,不忘久生。”乃自杀。(第 36 页)

按:大德本、弘治本、万历本、四部备要本同。“不忘久生”,文义费解。“忘”当作“忍”,字形相似而误。考宋朱长文《吴郡图经续记》卷下《冢墓·女坟湖》:“《吴越春秋》以谓吴王小女因王食蒸鱼辱之,不忍久生,乃自杀。”则北宋时的《吴越春秋》本作“不忍”,可证。

32. 寡人卧觉而得宝剑,不知其名,是何剑也?(第 37 页)

按:“寡人卧”下宜点断,加逗号。

33. 客有酬其直者,有市之乡三十、骏马千匹、万户之都二、是其一

也。(第38页)

按:“万户之都二”下之顿号,当改作逗号。

34. “遂伐,破槜里。”句下双行注文:杜预解:“自此之前,虽彊事小争,未尝用大兵。”(第38页)

按:大德本、弘治本、万历本、四部备要本同。“彊”当作“疆”,字形相似而误。“疆事”指边疆争端事件。今本《左传·昭公三十二年》杜预注正作“疆”,可证。

35. “吴使伍胥、孙武击之,围于豫章。”句下双行注文:孔颖达曰:“《汉书·地理志》:豫章,郡名,在江南,此则在北者,土地之名。”(第39页)

按:大德本、弘治本同。万历本、四部备要本作:“此则在北者上地之名”。今本《左传·定公四年》孔疏作:“此在江北者,土地名。”当据改。

36. 楚人未济汉,会楚人食,吴因奔而击破之。雍滞五战,径至于郢。(第41页)

按:“吴因奔而击破之雍滞”当作一句读,“五战径至于郢”当作一句读。《左传·定公四年》作“败诸雍澨,五战及郢”,可证。标点当作:楚人未济汉,会楚人食,吴因奔而击破之雍滞,五战径至于郢。

37. 王追于吴寇,出固将亡,与妹季芊出河濉之间。(第41页)

按:大德本、弘治本、万历本、四部备要本同。徐天祜在“季芊”下注:“绵婢切,楚姓,平王女也。”则“芊”原当作“芈”,字形相似而误。下文“大夫种建负季芊以从”,亦当据改。

38. 子胥闻之,愕然大惊曰:“何等?”谓与语:“公为何谁矣?”(第42页)

按:“何等谓”当作一句读。“何等”为口语,与“何”同义。“何等谓”即“何谓”,例卷四《阖闾内传》:“吴王曰:‘何谓也?’”卷九《勾践阴谋外传》:“越王曰:‘何谓?’”标点当作:子胥闻之,愕然大惊,曰:“何等谓?”与语:“公为何谁矣?”

39. 使楚师前,与吴战而即会之,大败夫概。(第44页)

按:“使楚师前,与吴战”作一句读。标点当作:使楚师前,与吴战,而即会之,大败夫概。

40. “吴军去后,昭王反国。”句下双行注文:伍举之奔郑也,将遂奔晋,赖声子有言益其爵禄而反之子孙,复仕于楚,由是世为忠臣。(第45页)

按:“子孙复仕于楚”当作一句读。“子孙”下之逗号,当移至其上“反之”下。

41. 卷五《夫差内传》“十一年,夫差北伐齐”句之“夫差”下双行注文:《檀弓》注:夫,音扶。差,初背切。(第51页)

按:“初背切”当作“初皆切”。此系手民误植。

42. “此君上于王有遽”下双行注文:《越绝》及《子贡传》皆“王”作“主”,“遽”作“卻”,“卻”与“隙”同。(第53页)

按:“卻”当作“郤”。

43. 陈恒曰:“善。虽然,吾兵已在鲁之城下矣,吾去之,吴大臣将有疑我之心,为之奈何?”(第53页)

按:“吾去之吴”当作一句读。“吾去之”下之逗号当移至“吴”字下。“吾去之吴”,指上文子贡劝说陈恒放弃攻鲁而伐吴。

44. 吴王闻之,索然作怒。(第60页)

按:大德本、弘治本、万历本、四部备要本同。按之文义,“索”当作“孛”,字形相似而误。《说文·市部》“孛”字下引《论语》曰:“色孛如也。”孛,今字作勃。

45. 我从有功于吴,今乃忘我定国之恩,反赐我死,岂不谬哉!(第65页)

按:据文义,“从”当为“徒”,字形相似而误。

46. 不知黄雀盈绿林,徘徊枝阴,踙蹠微进,欲啄螳螂。(第67页)

按:大德本、弘治本、万历本、四部备要本同。明杨慎《俗言》(《丛书集成初编》第0336号,不分卷)云:“按字书及《说文》无‘踙蹠’字,《玉篇》有‘踙’、‘跋’字。踙,细行,两足不相过。跋,急行而轻也。于义亦合,当音聂越。”杨说可从。其中“踙”字当作“踂”,《正字通》云:“踙,踂字之讹。”宋本《玉篇》(张氏泽存堂刊本)卷七足部字正作“踂”。

47. 今臣但虚心志在黄雀，不知空埳其旁，暗忽埳中，陷于深井。(第67页)

按：“今但虚臣心”下当点断，加逗号。“空埳其旁”之“埳”字，当作“埳”；紧接下句作“暗忽埳中”，可证。埳，坎的异体字，义即陷坑。

48. “天舍其忠，楚师败绩”。“忠”字下双行注文：《国语》作“哀”。(第71页)

按：“哀”当作“衷”，字形相似而误。《国语·吴语》：“天舍其衷，楚师败绩。”可证。此系原刻本误。

49. 时归吴，不熟于岁，遂缘江泝淮开沟深水，出于商、鲁之间，而归告于天子执事。(第71页)

按：“遂缘江泝淮”下当点断，加逗号。

50. 卷六《越王无余外传》 “三月庚子，登宛委山，发金简之书，案金简玉字，得通水之理”。句下双行注文：此书谓劳身焦思七年，功未及成，乃东巡登宛委，从金简之书，得通水之理。(第81页)

按：注文“从金简之书”，对照正文，“从”当作“发”。此系手民误植。

51. “复返归岳，乘四载以行川”。“四载”下双行注文：……山行乘撵。……俗丘遥切。(第81页)

按：大德本、弘治本、万历本、四部备要本同。“撵”当作“樺”，字形相似而误。《史记·夏本纪》作“山行乘樺”，《集解》引徐广曰：“樺，一作‘桥’，音丘遥反”，可证。

52. 周行天下，归还大越。(第84页)

按：大德本、弘治本、万历本、四部备要本同。“归还大越”当作“还归大越”。例卷七《勾践入臣外传》：“孤蒙上天之命，还归故乡”。卷十《勾践伐吴外传》：“孤用夫子之策，免于天虐之诛，还归于国”。句法相同，均作“还归”。《史记·越王勾践世家》张守节《正义》引《吴越春秋》，正作“还归大越”，可证。

53. 周行天下，归还大越，登茅山以朝四方，群臣观示。中州诸侯，防风后至，斩以示众，示天下悉属禹也。(第84页)

按:“登茅山以朝四方群臣”当作一句读;“观示中州诸侯”当作一句读,“中州”指中原地区。标点当作:周行天下,还归大越,登茅山以朝四方群臣,观示中州诸侯。防风后至……

54. 卷七《勾践入臣外传》 君臣生离,感动上皇。众天哀悲,莫不感伤。(第89页)

按:大德本、弘治本作“众天哀悲”,万历本、四部备要本作“众天悲哀”。“众天”不辞,“天”当作“夫”,字形相似而误。“众夫”,即众人。清沈德潜选编《古诗源》卷一《越群臣祝》引《吴越春秋》,此句正作“众夫悲哀”,可证。

55. 今遭耻辱,为天下笑,将孤之罪耶?诸大夫之责也,吾不知其咎,愿二三子论其意。(第90页)

按:“诸大夫之责也”句,亦为问句,句下逗号当改为问号。疑该句句首脱落“将”字。“将孤之罪耶?[将]诸大夫之责也?”为选择问句,故下文接以“吾不知其咎”云云。

56. 今之世犹人之市,置货以设诈,抱谋以待敌,不幸陷厄,求伸而巳。(第90页)

按:“巳”当作“已”,字形相似而误。

57. 大夫苦成曰:“……大夫不览于斯,而怀喜怒”。(第90页)

按:大夫苦成为越王勾践祖道,不当以“大夫”称勾践,当称“大王”。四部备要本作“大王不览于斯”,是。

58. 诸侯并救王命,见符朱鬣、玄狐……(第91页)

按:大德本、弘治本、万历本、四部备要本同。“见”字当作“得”。“得”古字作“㝵”,脱落下部“寸”字而误为“见”。

59. 上引文句双行注文:又《淮南子》曰:“散宜生以千金得驺虞之乘、玄玉百毂、大具百朋……”(第91页)

按:“毂”字误,当作“瑴”。“大具”,大德本、弘治本同,误;万历本、四部备要本作“大贝”,是。

60. 今臣遂天文,案墜籍,二气共萌,存亡异处。(第91页)

按:大德本、弘治本、万历本、四部备要本同。清俞樾《诸子平议补录·吴越春秋》云:"'墜'当作'墬',古'地'字也。'天文'、'地籍'相对。"俞校甚是,可从。

61. 越王曰:"寡人将去入吴,以国累诸侯大夫,愿各自述,吾将属焉"。(第92页)

按:大德本、弘治本、万历本、四部备要本同。清俞樾《诸子平议补录·吴越春秋》云:"'侯',衍文。"俞校甚是,"侯"字当删。

62. 此乃厨宰之成事食也,岂可失之乎?(第96页)

按:"此乃厨宰之成事"为一句,"食也岂可失之乎"为一句。标点当作:……此乃厨宰之成事,食也岂可失之乎?

63. 范蠡对曰:"……臣在越不忠不信,今越王不奉大王命号,用兵与大王相持,至今获罪,君臣俱降"。(第96页)

按:大德本、弘治本、万历本、四部备要本同。按之文义,"今越王"句之"今"字,当作"令",字形相似而误。

64. 既言信后,则大王何忧。(第99页)

按:"何忧"下句号当改问号。

65. 辞曰:皇在上,令昭下四时,并心察慈仁者。大王躬亲鸿恩,立义行仁,九德四塞,威服群臣。(第101页)

按:断句误。标点当作:辞曰:皇在上令,昭下四时,并心察慈。仁者大王,躬亲鸿恩,立义行仁,九德四塞,威服群臣。

66. 前据白刅自知死,而不知所以自存也。(第101页)

按:"刅"当作"刃",字形相似而误。四部备要本作"刃",是。

67. 大哉! 越王之崇吴,吴将为所擒也。(第102页)

按:大德本、弘治本、万历本、四部备要本同。"崇吴"不辞,"崇"当作"祟",字形相似而误。《庄子·天道》释文引李轨注:"祟,祸也。"祟吴,即祸害吴国。

68. 卷八《勾践归国外传》　范蠡曰:"天地卒号,以著其实,名东武。起游台其上,东南为司马门,立增楼冠其山巅,以为灵台。"(第108页)

按:"以为灵台",句号下漏标引号,当补。

69. 又因良时,臣愚以为可无始有终,得天下之中。(第109页)

按:"臣愚以为可",句绝,当加句号。

70. 吴王得葛布之献,乃复增越之封,赐羽毛之饰、机杖、诸侯之服。(第110页)

按:"机杖"当作"几杖"。四部备要本作"几杖",是。

71. 增封益地赐羽奇,机杖茵褥诸侯仪。(第111页)

按:"机杖"当作"几杖"。四部备要本作"几杖",是。

72. 兵不血劢,士不旋踵,吴之君臣为虏矣。(第113页)

按:四部备要本作"兵不血刃",是。

73. 卷九《勾践阴谋外传》 何易见而难使也?(第116页)

按:大德本、弘治本、万历本、四部备要本同。清俞樾《诸子平议补录·吴越春秋》云:"'见'当作'得'。此传所载越王及计研之言,与《国策·齐策》管燕田需之言相似,彼作'士何其易得而难用也';《韩诗外传》管燕作宋燕,田需作陈饶,亦曰'何士大夫易得而难用也'。二书皆是'得'字,故知此传'见'字之误。'得'古作'㝵',见《说文》,故往往误作'见'。《史记·赵世家》'逾年历岁,未得一城',《赵策》'得'误作'见',即其例也。"俞校甚是,可从。同页下文"非大夫易见而难使","见"字亦当作"得"。

74. 计研对曰:"夫君人尊其仁义者,治之门也"。(第117页)

按:大德本、弘治本、万历本、四部备要本同。"君人"当作"君王",字之误也。

75. 故传曰:失士者亡。得士者昌。(第117页)

按:"失士者亡"下之句号,宜改逗号。

76. 大夫种曰:"夫九术者,汤文得之以王,桓穆得之以霸,其攻城取邑,易于脱屣,愿大夫览之。"(第118页)

按:大德本、弘治本、万历本、四部备要本同。大夫文种回答勾践问题,不当以"大夫"称勾践,则"愿大夫览之"句之"大夫",当改作"大王"。

77. 三曰贵籴粟稾以虚其国,利所欲以疲其民。(第119页)

按:句中"稾"字为讹字。《玉篇·木部》:"槀,木枯也。"即今槁字。

正字当作“稾”。《玉篇·禾部》:“稾,禾秆也;又稾草。”四部备要本作“藁”,即“稾”之俗字。

78.“不以鄙陋寝容”下双行注文:貌不扬曰寝,通作寑。《广韵》:“寑,陋。又貌丑,或作侵。”(第122页)

按:考宋本《广韵》(据张氏泽存堂本影印)上声寝韵:“寑,寑痛,又貌丑也。”(同文书局原版《康熙字典》午集中第6页“寑”字下引《广韵》:“寑,陋,又貌丑。”与徐天祜所引《广韵》本子同。)则“或作侵”句非《广韵》语。标点当作:《广韵》:“寑,陋,又貌丑。”或作侵。

79. 太宰嚭从旁对曰:“武王非纣王臣也,率诸侯以伐其君,虽胜殷谓义乎?”(第124页)

按:据文义,“武王非纣王臣也”为反问句,其下逗号当改为问号。“虽胜殷”为一句,当点断,加逗号。

80. 今大王譬若浴婴儿,虽啼无听宰嚭之言。(第125页)

按:“虽啼”为一句,当点断,加逗号。

81. 于是,袁公即杖箖箊竹。(第126页)

按:“箊”字误,当作“箊”。此系手民误刻。

82. 卷十《勾践伐吴外传》寡人不知其力之不足,以大国报仇,以暴露百姓之骨于中原,此则寡人之罪也。(第132页)

按:大德本、弘治本、万历本、四部备要本同。“报”当作“执”,字形相似而误。“以大国执仇”之“以”,犹“与”也,详见《广雅疏证》卷三下、《经传释词》卷一。考《国语·越语上》正作:“寡人不知其力之不足也,又与大国执雠……”韦昭注:“执,犹结也。”

83.“势如貔貙”下双行注文:貔,猛兽。陆机曰:“似虎,或曰似羆。”(第140页)

按:大德本、万历本、四部备要本同。检中华书局版新编《陆机集》,未见有上述引文。而三国吴人陆玑,著有《毛诗草木鸟兽虫鱼疏》,亦简称《草木虫鱼疏》(见《盐邑志林》丛书)、《草木疏》(见陆德明《经典释文》,又《清献堂全编》丛书)、《毛诗草木虫鱼疏》(见《隋书·经籍志一》)、《毛诗虫鱼疏》(见《史记正义》)、《毛诗鸟兽疏》(见《史记索稳》)

等。考《诗·大雅·韩奕》“献其貔皮，赤豹黄罴”，陆德明释文：“貔……《草木疏》云：‘似虎，或曰似熊，辽东人谓之白罴。’”释文所引《草木疏》，即陆玑《毛诗草木鸟兽虫鱼疏》。然而陆德明《经典释文序录》、孔颖达《毛诗正义》、徐坚《初学记》、《隋书·经籍志》等，均以《毛诗草木鸟兽虫鱼疏》作者为陆机，至唐李匡乂《资暇集》始考证当从玉旁作陆玑。宋王尧臣等撰《崇文总目》云：“世或以‘玑’为‘机’，非也。机本不治《诗》，今应以‘玑’为正。”宋人著录此书遂多作陆玑。元徐天祜音注引此书，亦当作“陆玑”为是。可见三国吴人陆玑（字元恪）与晋人陆机（字士衡），自唐以来长期相混，不能不辨。

84. 给其麋粥，与之同食。（第 140 页）

按：“麋”当作“糜”，二字形声相似而误。

85. “守一年，吴师累败”下双行注文：此书系其事于一十一年，以为围守一年而灭吴，误也。（第 143 页）

按：大德本、弘治本、万历本同。四部备要本作“二十一年”，是，当据改。

86. 功可□□图画，德可刻于金石。（第 145 页）

按：方框二字为“象于”，当补上。（部分印书已补上）

87. “[文种]遂伏剑而死”句下双行注文：今死者有知，谋之地下何益？如其无知，焉用谋之？（第 150 页）

按：据文义，“今”当作“令”，字之误也。令，假令，假使。

88. 天下安宁寿考长，悲去归兮何无梁。（第 151 页）

按：四部备要本“何”作“河”，清俞樾《诸子平议补录·吴越春秋》所引诗句亦作“河”，录以备考。

89. 无玉去无余十世。（第 153 页）

按：大德本、弘治本同。万历本、四部备要本作“无王”。清俞樾《诸子平议补录·吴越春秋》云：“以《无余外传》证之，则‘无玉’当为‘无王’。”检卷六《越王无余外传》，各本均作“无壬”，则“玉”、“王”字均当作“壬”，字形相似而误。

90. 无皞。夫康。（第 153 页）

按:清俞樾云:“又其下有‘无皞’、‘夫康’两君,以《无余传》证之,‘无皞’当作‘无睪’,‘夫康’当作‘夫谭’,或传刻之误。”俞校甚是,当据改。

91. “凡一千九百二十二年”下双行注文:徐广曰:“周显王四十六年,今自勾践卒至越亡,凡一百五十三年。”(第153页)

按:检《史记·越王勾践世家》,裴骃《集解》引徐广曰:“周显王之四十六年。”(见中华书局标点本《史记》第5册卷四十一,第1751页)则“今自勾践卒至越亡,凡一百五十三年”二句,非徐广语,不当在引号内,当据改。

92. 附录一《徐氏补注》“严王何罪国几灭”下双行注文:严本出羊姓,其先即楚庄王支孙,以谥为庄姓者也。(第158页)

按:原刻“羊姓”误,“羊”当作“芈”。楚之先为芈姓,《史记·楚世家》:“陆终生子六人……六曰季连,芈姓,楚其后也。”可证。

93. “入五湖之中”下双行注文:陆龟蒙云:“太湖上禀咸池五车之气,故一水五名,今并存之。”(第158页)

按:“今并存之”句,非陆龟蒙语,而是徐氏补注语,意谓补注与前注一起并存之,则此句不当在引号内。标点宜作:陆龟蒙云:“太湖上禀咸池五车之气,故一水五名。”今并存之。

94. 附录三《后汉书·儒林传·赵晔》(中华书局一九六五年版六十九卷二五七五页)(第161页)

按:《儒林传·赵晔》在《后汉书》卷七十九下,不在六十九卷。《后汉书》卷六十九为《窦何列传》。此系摘抄者误以书页正面(即原书第2575页)书眉“儒林列传第六十九下”为卷数,不知此为本传在全书传中之序列数而误。

95. 附录四《四库全书总目》叙录。此本为元大德十年丙午所刊,后有题识云“前有文林郎国子监库官徐天祜音注”。(第161页)

按:对照《吴越春秋》书后题识,《四库全书总目》原刻“前有文林郎”之“有”字,实为衍文,点校本当出校记说明。又,“国子监库官”,原刻作“国子监书库官”,与题识相合,则点校本脱“书”字,当补。

96. 惟其后又列绍兴儒学学录留坚。(第 161 页)

按:“绍兴儒学”,《四库全书总目》原刻作“绍兴路儒学”,与题识相合,则点校本脱“路”字,当补。

97. 其中如伍尚占甲子之日、时加于已。(第 162 页)

按:《四库全书总目》原刻误。对照卷三《王僚使公子光传》,则“伍尚”当作“伍员”,“已”当作“巳”。点校本当出校记。

98. 文种占阴画六阳画三,有“元武”、“天空”、“天关”、“天梁”、“天一”、“神光”诸名(第 162 页)

按:“诸名”,《四库全书总目》原刻作“诸神名”,点校本脱“神”字,当补。

99. 卷四校记 十一、三〇页一一行“大家之丧”,大德本、弘治本、万历本均如此。本书同页□行作“大家之众”。(第 49 页)

按:在点校者原稿上为同页,在排印本上却不一定为同页。校记“同页□行”,当作“下页二行”。此系点校者与编校人员疏忽致误。

100. 卷八校记 七、一一一页一行“味若饴”,万历本作“未若饴”。(第 114 页)

按:“一一一页一行”下脱“注文”二字,当补。

江苏版《吴越春秋》点校本,采用死校法进行校勘,充其量只是一个经初步整理、提供版本异同的本子。笔者忝列是书责任编辑之一,明知采用死校法之缺憾,但限于既定体例,已不能大事更张,更不能越俎代庖,添枝加叶。书中多处发现标点、排印、校对疏误,责任编辑概有责焉。今作校补及勘误,以补前衍。如有不当之处,敬祈俊彦君子,明以教之。

(原载《古籍整理出版情况简报》第 200 期,1988 年 11 月)

《客座赘语》校点商兑

明顾起元《客座赘语》十卷，刊载南京故实及诸杂事，对研治明史及南京地方文献史事，均大有裨益。近年中华书局出版了繁体字校点本，为读者提供了方便。然而是书内容广杂，校点者千得一失，诚属难免之事。今将所疑者若干条编次记述于下。

1. 客座赘语序　余慭置于耳，不忍遽忘于心。（第1页）

按："慭"为"整"之俗体字（见《康熙字典》卯集上第22页），按体例当改作正体字。本书《点校说明》云："凡《金陵丛刻》本中的异体字、俗体字、避讳字及与万历本相同的明显错误等，均径改不出校。"但翻阅全书，发现原刻本中的异体字、俗体字，尚有较多未改，例如"謾"当作"谩"（第7页），"汩"当作"汩"（第10页），"眎"当作"视"（第37页），"搆"当作"構"（第38页、282页），"蝨"当作"蟲"（第170页），"虩"当作"隙"（第232页、302页、308页），"颕"当作"颖"（第250页），"榻"当作"搨（第252页、257页），"虵"、"虵"当作"蛇"（第280页、306页），等等。而且还有不少错别字亦未得改正。

2. 客座赘语目录　三叚石碑（第5页）

按："叚"当作"段"，字形相似而误。卷四正文标题作"三段石碑"，不误。

3. 五瑕（第8页）

按："瑕"当作"堰"，字形相似而误。卷六正文标题作"五堰"，不误。

4. 卷一"辨讹"条　大之音，不作徒盖切，亦不作口个切，而别音打之去声。（第3页）

按：大《广韵》去声泰韵“徒盖切”，又去声箇韵“唐佐切”，均属定母；《集韵》去声太韵“他盖切”，属透母。大字音切声母均属端系。而“口个切”声母却属见系，与实际发音不符。“口”字，疑为表缺字之方围“□”，误排作“口”字。

5. 疋，正也，音与雅同，《诗·大疋》、《小疋》用此字，今借为叚布之“疋”，音匹。（第4页）

按：“叚布”不辞。“叚”当作“段”，字形相似而误。《说文》又部：“叚，借也。”段玉裁注：“人部叚云非真也，此叚云借也，然则凡云假借，当作此字。”叚《广韵》上声马韵“古疋切”，今字作假，音 jiǎ。段为古今常用字，无烦费辞。《康熙字典》殳部“段”字释文提示读者云：“从殳，耑省声。与叚别。叚乃假借之义，占马切。俗通用，非是。”

6. 卷一“诠俗”条　彼此相妬娼曰“醋”。（第6页）

按：“妬娼”不辞。“娼”当作“媢”，字形相似而误。《说文》女部：“媢，夫妒妇也。”“妬媢”为同义复词，媢亦妬也。妬妒同。《史记·黥布列传》论：“祸之兴自爱姬殖，妒媢生患，竟以灭国。”司马贞《索隐》：“案：王劭音冒。媢亦妒也。《汉书，外戚传》亦云‘或结宠妾妬媢之诛’。”《汉书·五行志中之下》：“刘向以为时夫人有淫齐之行，而桓（鲁桓公）有妬媢之心。”颜师古注：“媢谓夫妬妇也。”

7. 设法范围于人曰“籠”。（第6页）

按：“籠”当作“籠”，字形相似而误。

8. 人之奘而不慧者曰“笨”，或曰“騃”，或曰“敳”，或曰“傻”。（第7页）

按：“敳”当作“獃”，字形相似而误。獃字从犬，不从丈。《广韵》平声咍韵：“獃，獃痴，象犬小时未有分别。”可证。

9. 不雅驯……曰“鬡”，蒲併反。鋞，曰“莽撞”。（第8页）

按：“鬡鋞”为一词，夹注“蒲併反”前之下引号、逗号均应删去。“鋞”为“铳”之俗字，宜改。《字汇补》云：“铳鬡，蜀语也，见《黄山谷集》。”可证。

10. 其捧物不敬曰“集莫”。（第9页）

按:字当作“㑿㑦”,今音 liè qiè。明周清源《西湖二集·愚郡守玉殿生春》:“那顽子翻天搅地,目下虽然㑿㑦,日后定有升腾的日子。”㑿㑦,歪头别脑貌。明代时南京方言释为“捧物不敬”,当是引申义。

11. 用财之吝曰“掂掐”。(第9页)

按:“掐”当作“掐”,字形相似而误。《阳春白雪·无名氏〈红绣鞋〉曲》:“掐掐拈拈寒贱,偷偷抹抹姻缘。”吝财与寒贱,义正相应。

12. 不分辨是非曰“舍胡”。(第9页)

按:“舍胡”不辞。“舍”当作“含”,字形相似而误。“含胡”为双声联绵词,亦作“含糊”。例唐陆贽《论缘边守备事宜状》:“既相执证,理合辨明,朝廷每为含糊,未尝穷究曲直。”宋欧阳修《再乞根究蒋之奇弹疏札子》:“臣若有之,万死不足以塞责;臣若无之,岂得含胡隐忍,不乞辨明?”

13. 又大曰“砰磅”,上音畊,下音行。(第10页)

按:夹注中“畊”当作“瓶”,字形相似而误。畊同耕。《玉篇》田部:“畊,古文耕字。”《晏子春秋·谏下》:“今齐国丈夫畊,女子织。”耕《广韵》平声耕韵“古茎切”,见母,今音 gēng。砰《广韵》平声耕韵“普耕切”,滂母,今音 pēng。耕砰二字,声母不同,一属见系,一属帮系,相差甚远,不可能用“畊”(耕)字为“砰”字注音。瓶《广韵》平声青韵“薄经切”,并母,今音 píng。瓶砰二字,声母并滂为旁纽双声,韵母青耕上古韵同属耕部,字音十分相近。因方音稍变,故用“瓶”字为“砰”字注音。

又,夹注中“行”当作“彷”,字形漫漶而误。行《广韵)平声唐韵“胡郎切”,匣母,今音 háng。磅《广韵》平声唐韵“普郎切”,旁母,今音 páng。行与磅,二字声母相差甚远,不可能用“行”字为“磅”字注音。彷《广韵》平声唐韵“步光切”,并母,今音 páng。彷磅二字,声母并滂为旁纽双声,韵母相同,字音十分相近。因方言声转,故用“彷”字为“磅”字注音。

“砰磅”为双声联绵词。《文选·司马相如〈上林赋〉》:“沈沈隐隐,砰磅訇磕。”李善注:“砰,普冰切。磅,普萌切。”二字声母同属滂母,为双声。至明代时南京音,二字读如“瓶彷”,声母同属並母,仍为双声。

如作“畊行”字，声母一属见，一属匣，则不为双声矣。据此亦可证作“畊行”字非，作“畊彷”字是。

14. 卷一“南唐宫阙”条　东虹自上元县左，北达娃娃桥，有石嵌古河遗跡；西虹在卢妃巷大西，穿人家屋而北达园地，亦有石嵌河跡。土人言：此南唐护龙河者是也。（第11页）

按：“石嵌”、“石嵌河”均非专名，不当标专名号。卷七“小九华”条云：“按此地在南唐为宫内，旁有护龙河，石甃尚在。”石嵌，义同石甃，指河道的石驳岸，谓用石块嵌砌河岸。河名不叫“石嵌河”，而名护龙河。

15. 卷一“花木”条　若菊，自卢苑、马东《篱品汇录》成，搜求异种，不惮遐远，故所纪逾百馀种，而菊之事为最侈矣。（第14页）

按：本条以“卢苑”、“马东”为人名，以“篱品彙录”为书名，大误。当作“自卢苑马《东篱品汇》录成”。卢苑马，即卢璧，任官为苑马寺卿，故称卢苑马。这种姓氏加职官名的称谓法，书中比比皆是，无须举例。“苑马”，在此为“苑马寺卿”或“苑马卿”的省称。汉代始为苑以牧马，谓之苑马。明代永乐初，置苑马寺，寺之长官曰卿，专掌马政，属兵部。《明史·职官志四》：“苑马寺卿一人，从三品……掌六监二十四苑马政，而听于兵部。”（见中华书局标点本第6册卷七五第1845页）《东篱品汇》，为卢璧所著的一本菊谱。卷七“先贤著述”条云：“卢苑马璧有《治漳备忘录》、《关中集》、《雨山墨谈》、《客窗闲话》、《东篱品汇》。”可证。晋陶潜《饮酒》诗之五：“采菊东篱下，悠然见南山。”后因以“东篱”借指菊。如作“《篱品汇录》”，则所记将是园圃花木，不是专记菊花了。

16. 今此树高出于簷牙数尺矣，叶青翠可爱，冬日不凋，掐之作榧子香，可供瓶史，但未见结实耳。（第14页）

按：据上下文义，“掐”当作“掐”，字形相似而误。《说文》手部新附字：“掐，爪刺也。”《玉篇》手部：“掐，爪按曰掐。”例南朝宋刘义庆《世说新语·雅量》：“雍（顾雍）盛集僚属自围棋，外启信至，而无儿书，虽神气不变，而心了其故，以手掐掌，血流沾褥。”北齐颜之推《颜氏家训·风操》：“襄（陆襄）终身布衣蔬食，虽姜菜有切割，皆不忍食；居家惟以掐摘供厨。”掐，谓用指甲按或截断。《康熙字典》“掐”字释文提示读者云：

“从舀，与掐别。”

又，“可供瓶史”句，文义费解。“史”当作“中”，字之误也。

17. 蜨蝶花。（第18页）

按：“蜨”与“蝶”同。《说文》虫部：“蜨，蛱蜨也。”段玉裁注：“俗作蝶。”“蜨蝶花”，“蜨”当作“蛱”，字之误也。蛱蝶花，亦称蝴蝶花。参见明张鼎思《琅玡代醉编·蛱蝶花》。

18. 卷一“壬午”条　余又疑靖难师至日，搜宫捕奸，爬梳亡遗，当时谁敢指后尸誑以为帝者？（第28页）

按：“誑”当作“诳”，字形相似而误。《广韵》平声侵韵：“誑，如林切，信也，念也。”今音 rèn。字作“誑”则与上下文义不合。《说文》言部：“诳，欺也。”《礼记·曲礼上》：“幼子常视无诳。”陆德明释文：“诳，欺也。”即欺骗、瞒哄义。诳《广韵》去声漾韵“居况切”，今音 kuáng。

19. 卷一“五三绝”条　灵谷寺晋张僧繇画大士像，李太白赞，颜鲁公《清臣书》，称为三绝。（第29页）

按：“清臣”为颜鲁公字，不当标书名号。《新唐书·颜真卿传》：“颜真卿字清臣，秘书监师古五世从孙。”乾元二年封鲁郡公。“天下不以姓名称，而独曰鲁公。”“善正草书，笔力遒婉，世宝传之。”（见中华书局标点本第16册卷一五三第4854页、4861页）可证。当标作“颜鲁公清臣书”。

20. 又考瓦官寺陆龟蒙《古锦记言》，寺有陈后主羊车一轮，唐则天皇后锦裙一幅；又南唐时修讲堂，鸱吻竹筩中得王右军《告誓文》，如是则瓦官又当有三绝也。（第29页）

按：陆龟蒙非瓦官寺僧，则“瓦官寺陆龟蒙”不宜连称。“又考瓦官寺”为句，当断，加标逗号。

又，“古锦记言”之“言”字，为作者顾起元记述之辞，不当标在书名号内。陆龟蒙《古锦记》，《全唐文》篇题标作《记锦裾》（见中华书局影印本第9册卷八〇一第840页）。文中武则天“锦裙”，《全唐文》作“罗裾”。

21. 卷一“宝船厂”条　所经国曰占城，曰瓜哇，曰旧港……（第31

页）

按："瓜哇"之"瓜"，当作"爪"，字形相似而误。爪哇，古岛国名，今属印度尼西亚。《水浒传》第二四回："那怒气直钻过爪哇国去了，变作笑吟吟的脸儿。"《元史·外夷传三》、《明史·外国传五》均作"爪哇"，可证。

22. 所征方物，亦必不止于蒟酱、卭杖、蒲桃、塗林、大鸟卵之奇。（第31页）

按："卭"当作"邛"，字形相似而误。《康熙字典》子集下第37页："卭，邛字之讹。《韵会》：'毛氏曰：邛从邑从工。'邛，《玉篇》邑部："山阳邛城县，又蜀郡有临邛县。"例《史记·西南夷列传》："及元狩元年，博望侯张骞使大夏来，言居大夏时，见蜀布、邛竹杖。"裴骃《集解》："韦昭曰：'邛县之竹，属蜀。'瓒曰：'邛，山名。此竹节高实小，可作杖。'"邛竹杖，简称邛杖。唐白居易《东城晚归》诗："一条邛杖悬龟榼，双角吴童控马衔。"可证。

23. 卷二"佛会道场"条　夫以二祖之神武戡乱，而独于善世法门，第一禅林。大报恩寺表章构造，务极工力，其必有独契圣心，不可思议者矣。（第38页）

按："而独于善世法门第一禅林大报恩寺表章"为一句，"构造务极工力"为一句。"善世法门第一禅林"作"大报恩寺"之修饰语，修饰语与中心词不宜割裂，更不能用句号隔断。

24. 卷二"南宋建都"条　然尝据当时事势衡之，欲恢复中原，进取淮、颖，固宜坐建康以便经略。（第50页）

按："颖"当作"颍"，字形相似而误，《说文》禾部："颖，禾末也。从禾，顷声。《诗》曰：'禾颖穟穟。'"颖是带芒的谷穗。颍为水名、地名。《说文》水部："颍，颍水出颍川阳城乾山，东入淮。从水，顷声。"明代设有颍州，州治在今安徽省阜阳市，属凤阳府。

25. 卷二"金陵古志"条　唐许嵩《建康实录》、《六朝宫苑记》。（第50页）

按：《建康实录》作者许嵩为唐代人，"唐"与"许嵩"应分标专名号。

如合标一个专名号,则易致误解。

26. 卷二"运船"条　而运船则官造也,且蓬桅锚缆等项官给之,搬埧起浅诸费官给之。(第54页)

27. 卷二"水利"条　或由东埧以通苏、常,或由西埧以通宣、歙,所谓取之左右逢其源者也。(第57页)

28. 卷二"坊厢乡"条　瓦屑埧厢。(第59页)

按:上述三条中四个"埧"字,均当作"垻",字形相似而误。《康熙字典》丑集中第8页:"埧,《字汇》:忌遇切,音具。堤塘。《正字通》:讹字,按堤塘无埧名。""埧"实为"垻"之讹字。《集韵)去声太韵:"垻,博盖切,音貝。障水堰也。今人谓堰埭曰垻。"垻即堤堰,字亦作壩,今简化作坝。

东坝,在今南京市高淳县东坝镇。

29. 卷二"条编始末"条　隆庆中,中丞海公计以官田承佃于民者日久,各自认为已业,实与民田无异。(第62页)

按:"已业"不辞。"已"当作"己",字形相似而误。

30. 卷二"民利"条　如典当铺,在正德前皆本京人开,今与绸叚铺、盐店皆为外郡外省富民所据矣。(第67页)

按:"叚"当作"段";字形相似而误。

31. 卷三"补谥"条　此诚朝宁之珪璋,人伦之弁冕,亟宜易名以示旌异者也。(第81页)

按:"朝宁"不辞。疑"宁"字当作"家"。朝家,旧时指国家、朝廷。例《后汉书,应劭传》:"鲜卑隔在漠北,犬羊为群……唯至互市,乃来靡服。苟欲中国珍货,非为畏威怀德。计获事足,旋踵为害。是以朝家外而不内,盖为此也。"李贤注:"朝家犹国家也。"宋朱熹《回众解元启》:"顾念朝家设科以取士,本务得贤。"

32. 卷三"乡贤"条　以余所知,往哲如姚太守隆之洁慎,王给事徽之清直,李宪副重之丰稜,卢苑马璧之贞恬,沈侍御越之耿介,阮宪佥堊之廉洁,在当时并许琤瑻,在今日犹堪楷式。(第81页)

按:"卢苑""马璧"为二人乎?抑为"卢苑"地方之人"马璧"乎?本

条所言往哲多人，其称名馀皆一律是姓氏加职官名再加本名，唯此“卢苑”“马璧”之称名别扭。“苑马”实为职官名，是“苑马寺卿”的省称。该句当标作“卢苑马璧之贞恬”。说详第15条。

33. 卷三“碧峰和尚”条　时如海真公树正法幢于西蜀晋云山中，亟往见之。（第83页）

按：“树正”非人名，不当标专名号。“树”字为动词，作全句谓语。“幢”作宾语。“正法”为一词，其作“幢”之修饰语。正法，佛教指释迦牟尼的佛法，以别于外道而言。例北魏康生铠译《无量寿经》卷上：“外兜率天，弘宣正法。”南朝齐王巾《头陀寺碑文》：“正法既没，象教陵夷。”《客座赘语》卷三“徐陵与智者书”条云：“然正法炬，朗诸未悟，自庆馀年，得逢妙说。”

34. 卷三“名僧”条　余性好山寺……所交缁流颇众。若楚黄蘖深有之禅那，蜀高原明昱、越天台传灯之讲义，越双井惟传之诗句，固铮铮佼佼，法中之龙象也。（第85页）

按：楚地虽有黄州，然未闻有地名“蘖”者。“蘖”当作“檗”，字形相似而误。“黄檗”，山寺名。黄檗山，在今江西省宜丰县西北，一名鹫峰，上有著名佛寺黄檗寺。宜丰县在江西省西北部，古属楚地。檗《广韵》入声麦韵“博厄切”，今音 bò。黄檗，木名，亦作黄柏。蘖《广韵》入声薛韵“鱼列切”，今音 niè。《说文》木部：“巘，伐木馀也。……蘖，巘或从木，辥声。”二字形音义均不同。今人因少见檗而多识蘖，故檗往往误作蘖。浙江人民出版社1982年版《西湖古代白话小说选·十五贯戏言成巧祸》：“哑子漫尝黄檗味，难将苦口对人言。”正文和注释中两个“檗”字均误作“蘖”，误例正同。

又，作者自述“余性好山寺……所交缁流颇众”，所举寺僧有楚黄檗深有、蜀高原明昱、越双井惟传等，均为地名寺名僧名连书，则“越天台传灯”之“传灯”，当亦为僧名，宜标专名号，方与下文“余皆得参承而接席焉”句义相应。

35. 洪济之守心，精持木义，皈依净土，慈悲接物，诚感十方。（第85页）

按："木义"费解。"木"当作"本"，字形相似而误。本义，谓佛法之根本义理。

36. 卷三"陈后主沈后施物"条　陈、隋二主皈依智者，恣行五欲，自断善根。（第 93 页）

按：智者，即陈隋时名僧智𫖮，时称智者大师。"智者"漏标专名号，当补。

37. 卷三"语怪录"条　鲁南陈先生著《语怪录》中四则。（第 96 页）

按："鲁南陈先生著《语怪录》"为一句，当断，加逗号。"中四则"为一句，下原句号宜改冒号。这一条，正摘抄《语怪录》中故事四则，可证。否则，易误解为仅著其中四则矣。

38. 卷三"陈公善谑录"条　蔡承之见碑龟跌，问周子庚曰……（第 98 页）

按："龟跌"不辞。"跌"当作"趺"，字形相似而误。趺《广韵》平声虞韵"甫无切"，今音 fū，指碑下石座。例唐刘禹锡《奚公神道碑》："螭首龟趺，德辉是纪。"元杨维桢《曹娥碑赋》："属邯郸以秉笔兮，树穹石以龟趺。"元袁桷《善之佥事兄南归述怀百韵》："龟趺负穹石，浮语极褒侈。"跌《广韵》入声屑韵"徒结切"，今音 diē，谓失足倒下。二字形音义均有别。《康熙字典》卷首《辨似·二字相似》云："趺，音乎，趺坐。跌，音绖，足失据。"

39. 卷三"评花"条　而东坡先生《志林》与王文甫评花，言荼蘼花似通草花，桃花似蜡花杏花似绢花，罂粟花似纸花，则既已先之矣。（第 99 页）

按："桃花似蜡花"为一句，当断，加标逗号。

40. 卷四"娑罗树"条　天宝中，安西道状言："臣所管四镇，有拔汗郍密，有娑罗树，特为奇绝。"（第 103 页）

按：本条出自唐段成式《酉阳杂俎，木篇》："天宝初，安西道进娑罗枝，状言：'臣所管四镇，有拔汗那，最为密近，木有娑罗树，特为奇绝。'则"拔汗郍"为地名，当加标专名号。郍，那之俗字。卷三"名僧"条"若楚黄蘖深有之郍”，郍，亦为那之俗字。据校点说明，当前后划一作那字。

41. 卷四“莠民”条　即有尹赏之窖，奚度之拍，恬焉而不知畏者众矣。（第 106 页）

按：“尹赏”、“奚度”，均为古代酷吏名，当加标专名号。尹赏，据《汉书·酷吏传》载，为西汉成帝时人，为长安令，“修治长安狱，穿地方深各数丈，致令辟为郭，以大石覆其口，名为‘虎穴’”；尽行收捕长安中轻薄恶少、无证商贩、身携凶器者，得数百人。“赏亲阅，见十置一，其馀尽以次内虎穴中，百人为辈，覆以大石。数日壹发视，皆相枕藉死”。此即“尹赏之窖”典故之出处。（见中华书局标点本第 11 册卷九十第 3673 页）奚度，即奚显度，据《宋书·恩倖传》载，为南朝宋孝武帝时人，“世祖常使主领人功，而苛虐无道，动加捶扑，暑雨寒雪，不听暂休，人不堪命，或有自经死者。人役闻配显度，如就刑戮。时建康县考囚，或用方材压额及踝胫，民间谣曰：‘宁得建康压额，不能受奚度拍。’”此即典故“奚度之拍”之由来。（见中华书局标点本第 8 册卷九四第 2306 页）

42. 或殢财役贫以奔走乎匃贷，或阳施阴设以笼络乎奸贪。（第 106 页）

按：“匃贷”不辞。“匃”当作“匄”，字形相似而误。匄《广韵》去声泰韵“古太切”，今音 gài，同丐。《左传》昭公六年：“不抽屋，不强匄。”陆德明释文：“匄，本或作丐，音盖，乞也。《说文》作匃，逯安说：‘亡人为匄。’”今本《说文》作匃，与匄同。匄贷，犹言乞求借贷。例《新唐书·外戚传·杨国忠》：“嗜饮博，数丐贷于人，无行检，不为姻族齿。”《宋史·宦者传四·甘昪》：“临安尹参与可为小官时，匄贷于富民马氏，不如欲，衔之。”清张际亮《送雪麓督粮粤东》诗：“不惜吾贫绝丐贷，但愿官贤计长久。”

43. 卷四“石头城”条　使六朝因今城以守，则不费侯景数日力，何以历年如彼，其久乎？（第 107 页）

按：“何以历年如彼其久乎”当作一句读，“如彼”下之逗号当删。这是一个简单的疑问句，疑问代词与疑问语气词相应，中间不宜隔断语气。

44. 卷四“三段石碑”条　其石四方，面背阔，书各八行，两旁狭书〇行。次曰“天发神谶”，曰“〇谶广多”。曰“章咸、李楷、贺〇、吴宠、建业丞许〇等十二人”。（第108页）

按：上引文中四个“〇”，当改作表缺字的方围。

45. 卷四“斗鱼”条　人以二缶畜之，折藕叶覆水面，饲以蚓、若蝇、及蚊。（第110页）

按：若，选择连词，或也。例《仪礼，燕礼》：“幂用綌若锡。”《礼记·投壶》：“矢以柘若棘。”《史记·吴王濞列传》：“其以军若城邑降者，卒万人，邑万户，如得大将。”《汉书·高帝纪上》：“以万人若一郡降者，封万户。”颜师古注：“若者，豫及之辞，言以万人或以一郡降者，皆封万户。”汉王充《论衡·变虚》：“天使荧惑加祸于景公也，如何可移于将相若岁与国民乎？”这最后一例富有启发性，选择连词“若”与连词“与”连用。本条“饲以蚓若蝇及蚊”宜作一句读，句中两顿号宜删。

46. 卷四“女饰”条　今留都妇女之饰，在首者翟冠七品命妇服之，古谓之副，又曰“步摇”。其常服戴于发者，或以金银丝，或马尾，或以纱帽之。有冠，有丫髻，有云髻，俗或曰“假髻”。（第111页）

按：“在首者翟冠”为一句，当断，加标逗号。又“或以纱帽之”，句义费解。“或以纱”为一句，当断，加句号。所谓“或以金银丝，或马尾，或以纱”，是说妇女以高髻为美，用假发填充其中，令髻高耸，而填充物则以金银丝、马尾、纱为之。“帽之有冠”为一句，下加句号。丫髻、云髻，均可以假髻为之，而冠非假髻，故“有冠”二字当属上为句。

47. 又以玉作珮，系之行步声璆然，曰“禁步”。（第112页）

按：“系之”当属上为句，逗号当移至其下，作“又以玉作珮系之，行步声璆然……”

48. 卷四“桃符画鸡蒜头五毒等仪”条　又以綵帛、通草制五毒虫，虎、蛇、蝎、鼅、鼄、蜈蚣蟠缀于大艾叶上，悬于门。（第117页）

按：“鼅鼄”，今字作“蜘蛛”，其为一虫，非是二虫，则中间不当用顿号隔开。

49. 卷四“唐润州贡”条原注　绫帛之细者，纹帛也，或谓之绮罗，帛之美者，意取罟鸟之意。纱，缚属。轻曰纱，练音疏。絟，属贮，霖属白而细疏者。纻，俗作苎，今谓叚曰纻，或劣言之也。绮，细绫也。纶，青线绶，它无解。有白纶巾，似布之轻细者。交梭亦布类以其功名之。（第120页）

按：上引注文断句有误，标点有误，文字有误。

绫与帛，浑言通之，析言有别。“绫帛”非一物，亦非取“罟鸟”之意。《说文》糸部：“绫，东齐谓布帛之细者曰绫。”《汉书·高帝纪下》“贾人毋得衣锦绣绮縠绨纻罽”颜师古注：“绮，文缯也，即今之细绫也。”《说文》网部：“罗，以丝罟鸟也。”《类篇》网部：“罗，帛也。”据上述故训，原文断句实误，标点当作：绫，帛之细者，纹帛也，或谓之绮。罗，帛之美者，意取罟鸟之意。

“轻曰纱”句，为“纱”之释语，与“练”无关。标点当作：纱，缚属，轻曰纱。

《类篇》糸部：“练，絟属。后汉弥衡著练巾。”原文“属纻”不辞，“纻”当属下为另一事。据此，则“絟属”为“练”之释语，原文断句误，标点当作：练音疏，絟属。

《说文》糸部：“纻，檾属，细者为絟，粗者为纻。”《周礼·天官·典枲》“掌布缌缕纻之麻草之物”郑玄注：“白而细疏曰纻。”据此原文断句实误。其中“霖”当为“檾”之误字，“叚”为“段”之误字。改正后标点当作：纻，檾属，白而细疏者。纻，俗作苎，今谓段曰纻，或劣言之也。

“纶，青丝绶”，释义完整，与下句“它无解”无涉，并不是说“纶”的其他方面无解，而是说除绫、罗、纱、练、纻、绮、纶等织品外，其他的织品无解释。因此，“青丝绶”下逗号当改作句号。

“交梭亦布类”为一句，当断，加逗号。

整段原注，改正误字后，标点当作：绫，帛之细者，纹帛也，或谓之绮。罗，帛之美者，意取罟鸟之意。纱，缚属，轻曰纱。练，音疏，絟属。纻，檾属，白而细疏者。纻，俗作苎，今谓段曰纻，或劣言之也。绮，细绫也。纶，青丝绶。它无解。有白纶巾，似布之轻细者。交梭亦布类，以其功名之。

50. 卷四“孝慈录”条　极而言之，文姜预弑桓之恶，《春秋》书肆大青，然后葬文姜。（第 125 页）

按：“青”当作“眚”，字形相似而误。《春秋》庄公二十二年：“春，王正月，肆大眚。癸丑，葬我小君文姜。”杜预注：“赦有罪也。《易》称‘赦过宥罪’，《书》称‘眚灾肆赦’，《传》称‘肆眚围郑’，皆放赦罪人，荡涤众恶，故以新其心。”孔颖达正义：“肆大眚者，肆，缓也；眚，过也。缓纵大过，是赦有罪也。”《说文》目部：“眚，目病生翳也。从目，生声。”引申为过失、罪过，《书·舜典》：“眚灾肆赦。”孔安国传：“眚，过也。”《左传》僖公三十三年：“不以一眚掩大德。”杜预注：“眚，过也。”可证。

51. 卷四“铸鼎剑于蒋山”条　齐高祖讳道成，于斋中池内见龙斗萧鼓音，遂埋一鼎，其文曰“龙鼎”，真书，四足。（第 127 页）

按：“于斋中池内见龙斗”为一句，当断，加逗号。“箫鼓音”自为一句，音可闻而不可见。

52. 卷四“金陵寺塔记”条　余尝过太冈寺，睹其彫落，为诗吊之，落句：“可怜佛土还成壞，况复人间罗绮场。”（第 134 页）

按：“壞”当作“坏”，繁简字变换致误。坏《广韵》平声灰韵“芳杯切”，今音 pī，即土丘，废墟堆。例宋范成大《长安闸》诗：“千车拥孤道，万马盘一坏。”宋何薳《春渚纪闻·铜雀台瓦》：“终令盗坏土，埏作三台瓦。”

53. 卷五“前记异闻”条　晋泰始后，中国相尚用胡床、貊盘，及为羌煮貊灸。（第 140 页）

按：“灸”当作“炙”，字形相似而误。晋干宝《搜神记》卷七：“胡床、貊盘，翟之器也；羌煮、貊炙，翟之食也。自太始以来，中国尚之。”（中华书局标点本第 94 页）即为本则记闻所本。《释名·释饮食》：“貊炙，全体炙之，各自以刀割，出于胡貊之为也。”王先谦注：“即今之烧猪。”可证。

54. 保大中赐权（冯权）银三十斤，以代银靴。权遂命工鍜靴穿焉。（第 147 页）

按:据上下文义,“鍜”当作“锻”,字形相似而误。二字形音义均不同。《说文)金部:“鍜,錏也。从金,叚声。”又,“錏”字下云:“錏鍜,颈铠也。”鍜《广韵》平声麻韵“胡加切”,今音 xiá。锻为古今常用字,无烦费辞。《康熙字典》戌集上第 20 页“鍜”字释文提示读者云:“与‘锻鍊’字不同。”可证。

55. 自荷锄理小国成畦,以真珠百千馀颗,若种蔬状,布土壤间。(第 148 页)

按:“国”当作“园”,字形相似而误。

56. 卷五“金陵古城”条 琅邪城在江乘南岸。……白下城,在江乘之白石垒靖安镇,唐置金陵县筑此城,因名。(第 152 页)

按:“江乘”为古县名,当二字合标一专名号。《史记,秦始皇本纪》:“三十七年十月癸丑,始皇出游……还过吴,从江乘渡。”裴骃《集解》、司马贞《索隐》并云:“《地理志》丹阳有江乘县。”张守节《正义》云:“江乘,故县,在润州句容县北六十里,本秦旧县也。”《汉书·地理志上》丹扬郡属县十七,其中一名“江乘”。可证。

57. 卷五“金陵南唐画手”条 建康蔡润善画船及江湖水势。曹仲元工画佛道鬼神。(第 153 页)

按:画手姓名为“蔡润”,非“蔡润善”,“善”字则不当标专名号。“善”字是状词,作动词“画”的状语,与同条上文“周文矩能画鬼神”之“能”字、下文“曹仲元工画佛道鬼神”之“工”字,词义相近。宋郭若虚《图画见闻志·纪艺下·杂画门》:“蔡润,钟陵人,工画船水。”(见《丛书集成初编》第 1648 号本,卷四第 183 页)可证。

58. 此图画《见闻志》所纪,在《金陵新志·摭遗卷》中。(第 154 页)

按:书名当作《图画见闻志》,“图画”二字应标入书名号内。《中国丛书综录》第 2 册子目第 926 页右栏:“图画见闻志六卷,(宋)郭若虚撰。”可证。原书通行本为《丛书集成初编》本第 1648 号。

59. 卷五“三宜恤”条 向有议裁寄庄户之兼并,禁质铺之罔利,与搜富户之非法者,其说固亦有见第。余尝闻姚太守叙卿之言曰……三

先生之言,皆深思远虑,与浮见者不同,因表而出之,以谂于当事者。(第163页)

按:"见第"不辞。"第"当属下为句,作转折连词用。下文云:"三先生之言,皆深思远虑,与浮见者不同"。所谓"浮见",即"固亦有见"之说,则姚太守等"三先生之言",意思已转折。在近代汉语中,"第"可作转折连词,用在复合句的下分句句首,表转折。例《徐霞客游记·滇游日记》:"海子大可千亩……亦有溪流贯其间,第不可耕艺,以其土不贮水。"清蒲松龄《聊斋志异·白秋练》:"生心实爱好,第虑父嗔,因直以情告。"清林觉民《绝笔书》:"吾诚愿与汝相守以死,第以今日事势观之,天灾可以死,盗贼可以死,瓜分之日可以死,奸官污吏虐民可以死。"《现代汉语词典》第234页:"[第]dì(书)但是。"转折连词"第",相当于现代汉语中的"但"、"但是"。第但古音同属定母,二字一声之转。

60. 卷五"蠍"条　余家自己已归自京师,每岁夏秋间必见之。(第170页)

按:"已"当作"巳",字形相似而误。

62. 卷六"鼠拖生姜"条　时梁公厚斋怜公,夙知公精岐黄之业,因以《玉机微义》授之,俾熟玩。(第176页)

按:"岐黄"非一人,实指岐伯与黄帝二人,医家奉以为祖,故并称,则不当合标一专名号。清梁章钜《称谓录·医》:"《帝王世纪》:黄帝命岐伯论经脉旁通,问难为《难经》。后世习其业者,故谓之岐黄。"可证。

63. 卷六"警世词馀"条　徐子仁尝作《警世曲》,调对《玉环带清江引》。(第178页)

按:曲调名无"玉环"或"玉环带"者,而有《对玉环》,则"对"字应标在书名号内。明臧晋叔编《元曲选》卷首《天台陶九成论曲》所列曲调名,"双调一百三十一章"之第二十即《对玉环》,"仙吕宫六十一章"之第五一即《清江引》,可证。"带"字,明示此曲为带过曲,即《对玉环带清江引》。

64. 极品随朝,谁似倪官保,万贯缠腰,谁似姚三老。(第178页)

按:历代职官未闻有"官保"。"官"当作"宫",字形相似而误。宫保,即太子少保。“倪宫保”即指倪谦、倪岳父子。本书卷九“公孤”条云:“倪公岳以礼部尚书改吏部尚书……加太子少保而已。”“倪公谦以礼部尚书……赠太子少保。”是为内证。

65. 休慕云台,功名安在哉?休访蓬莱,神仙安在哉?(第178页)

按:“蓬莱”亦地名,当加标专名号。

66. 卷六“海浮赠曲”条　有时节,干层冈,高整云衣;有时节,七里滩,轻移雪舫;有时节,百花潭,满引霞觞。(第179页)

按:“干层冈”,其义费解。“干”当作“千”,字形相似而误。“七里滩”、“百花潭”,均实有其地,当加标专名号。七里滩,宋叶梦得《避暑录话》卷上:“七里滩,两山耸起壁立,连亘七里,土人谓之泷。”今名七里泷,在浙江省桐庐县南钓台山附近,其北端解放后建有富春江水电站。百花潭,唐杜甫《怀锦水居止》诗之二:“万里桥南宅,百花潭北庄。”在今四川省成都市杜甫草堂附近。

67. 卷六“雉山填词”条　芳菲三月景,富贵五候家。春色偏佳,赛巧笔丹青画,胜蓬莱顷刻花。(第181页)

按:“候”当作“侯”,字形相似而误。五侯,见唐韩翊《寒食》诗:“日暮汉宫传蜡烛,轻烟散入五侯家。”又,“蓬莱”为地名,宜加标专名号。

68. 卷六“谢小娥”条　谢小娥,豫章估客女也,嫁历阳叚居贞。(第186页)

按:“叚”当作“段”,字形相似而误。《太平广记》卷四九一载唐李公佐《谢小娥传》:“小娥姓谢氏……嫁历阳侠士段居贞。”《新唐书·列女传》:“段居贞妻谢,字小娥,洪州豫章人。”可证。

69. 趣小娥至,小娥呜咽良久,告之故。(第186页)

按:两处“小娥”均漏标专名号,当补。

70. 卷六“利玛窦”条　利玛窦后入京,进所制钟及摩尼宝石于朝。(第194页)

按:此“摩尼”非地名,亦非人名,亦非教名,不当标专名号。摩尼,梵语译名,意谓宝珠。辽希麟《续一切经音义》卷六:“振多摩尼,或云真多末尼,梵语轻重也,此译云如意宝珠也。”例《涅槃经》卷九:“如摩尼珠，投入浊水，水即为清。”晋葛洪《抱朴子·广譬》：“摩尼不宵朗，则无别于碛砾；化鹍不凌霄，则靡殊于桃虫。”《百喻经·摩尼水窦喻》：“不见摩尼珠，我终不去。”

71. 卷六“绎山记”条　此一叚文，可谓文中有画矣。（第196页）

按：“叚”当作“段”，字形相似而误。

72. 卷六“弇州评诗”条　左司侠气鸷发，辨辞虹矫，疆圉之寄，援分以没。（第197页）

按：“疆”当作“彊”，字形相似而误。“彊圉”为一词，谓强壮有力。《楚辞·离骚》：“浇身被服强圉兮，纵欲而不忍。”王逸注：“强圉，多力也。”一本作“彊圉”。《汉书·公孙刘田王杨蔡陈郑传赞》：“介然直而不挠，可谓不畏彊圉矣。”今人因少见“彊”而多识“疆”，则“彊”字往往误作“疆”。上海古籍出版社1985年版《越绝书》点校本，“彊”字计54处无一例外地均误作“疆”，误例正同。

73. 卷六“金陵人物志”条　何时有力正其讹误，并金陵世纪刊之，以传布四方邪！（第199页）

按：《金陵世纪》，明陈沂撰。既是书，当标书名号，并去“金陵”之专名号。本书卷七“金陵人金陵诸志”条云：“陈太史沂有《金陵世纪》、《金陵图考》。”是为内证。

74. 卷六“赤松山农”条　至其处已接物，高简粹白，王公贵人，雅相倾慕，非先施未尝一登其门。（第200页）

按：“已”当作“己”，字形相似而误。

75. 卷六“衡山赠髯仙句”条　乐府新传桃叶句，彩毫遍写薛涛笺。（第206页）

按：“桃叶”亦人名，王献之妾，当加标专名号。《玉台新咏·王献之〈桃叶歌〉》清吴兆宜题解引《古今乐录》曰：“《桃叶歌》者，晋王子敬之所作也。桃叶，子敬妾名。缘于笃爱，所以歌之。”可证。

76. 卷七“天上见龙”条　见空中有龙，天矫而行，头角鳞鬣，分明毕见。（第210页）

按：“天矫”不辞。“天”当作“夭”，字形相似而误。“夭矫”为叠韵联绵词。例《后汉书·张衡传》:“偃蹇夭矫,娩以连卷兮。”李贤注:“并翱翔自恣之貌也。”《文选·郭璞〈江赋〉》:“抚凌波而凫跃,吸翠霞而夭矫。”吕向注:“夭矫,飞腾貌。”

77. 卷七“自草墓志”条　自卢苑马璧、黄吏部甲、杨太学希淳外……皆自草志。(第215页)

78. 卷七“先贤著述”条　卢苑马璧有《治漳备忘录》、《关中集》……(第218页)

按:上述二条“卢苑马璧”所标专名号误,当作“卢苑马璧”。说详第15条。

79. 卷七“金陵诸台”条　宋元嘉凤凰台在骁骑仓南上瓦官寺。(第226页)

按:“骁骑仓”亦地名,当加标专名号。卷五“金陵诸园记”条云:“二曰西园,在城南新桥西,骁骑仓南,《记》称凤台园,误,其隔弄者乃凤台园也。”是为内证。

80. 卷七“辛水东流”条　三十年前有一堪舆谓之曰:“君宅后之河,自西而东,所谓‘一弯辛水向东流也’,此地宜出状元。”(第226页)

按:近代汉语中的“所谓”,用于引述前人或别人的成句成语,并加以解释。“也”为句末语气词,与“所谓”相呼应。这里引用前人“一弯辛水向东流”成句,则“也”字非成句所有,不宜标在引号内。

81. 卷七“卢苑马”条　卢苑马公璧,举嘉靖戊戌进士。(第235页)

按:误标专名号,当作“卢苑马公璧”。说详第15条。

82. 卷七“溪渔子”条　天台林右豪士,善击剑知兵,而长干为文。(第240页)

按:“干”当作“于”,字形相似而误。

83. 卷七“李疑”条　二子以米馈,郤弗受,反贶以货,遣归。(第241页)

按:“郤”当作“卻”,字形相似而误。卻同却,意谓辞退不受。郤卻二字,形音义均不同。《孟子·万章下》:“卻之卻之为不恭,何哉?”赵岐

注:“万章问:卻不受尊者礼谓之不恭,何然也?”阮元校勘记:“闽本同。监毛二本、孔本、韩本‘卻’作‘郤’,《音义》出‘卻之’云:‘或作郤,误。’案:卻字从卩,《说文》曰卻也,俗作‘却’。郤者,邑名,从邑,经传亦借为‘隙’字。”《康熙字典》酉集下第34页“郤”字下释文:“按《正韵》从谷,谷音其虐切,非山谷之谷。从谷从阝为隙,从谷从卩为却,形虽似而实不同也。”

84. 卷八“名公像”条　卢苑马公璧,长身,面如之,黄色,古而硬,老矣多皱纹。(第245页)

按:误标专名号,当作“卢苑马公璧”。说详第15条。又,“老矣”下,当加逗号。

85. 卷八“科举事例”条　应天府乡试,国初自府学生、增广生、监生外,如未入流官吏、武生、医生、军馀、舍人匠之类,皆得赴试,皆得取中。(第245页)

按:“舍人”与“匠”,分别为二职官名,则不宜“舍人匠”连称,“舍人”下当加标顿号。本条下文云:“陈玉以沂州卫舍人中第十七名”,“齐贵以营缮所匠中第九十一名”,即是内证。

86. 卷八“儒学”条　太常少卿济南周公继署府篆,公雅善玄女宅经。(第246页)

按:“玄女宅经”为书名,当加标书名号。《玄女宅经》,即《宅经》,亦称《黄帝宅经》,相传黄帝时玄女所作,故名。《宅经》,详见《四库全书总目·子部·术数类二》(中华书局影印本卷一〇九第921页)。

87. 卷八“赏鉴”条　吴中都玄敬看毕,吐舌曰:“生平未见。”(第252页)

按:上述所标专名号,易使人理解为“吴县中都地方人姓玄名敬”,实误。“吴中”即吴地别称,由来甚古。例《史记·项羽本纪》:“项梁杀人,与籍避仇于吴中。”“都”,在此不是指元明时县乡之间的行政区划,而是姓氏。都玄敬,即都穆。《四库全书总目·史部·杂史类存目二》:“壬午功臣爵赏录一卷、壬午功臣别录一卷:明都穆撰。穆字元敬,吴县人,宏治己未进士。”(见中华书局影印本卷五三第479页)可证。清避康熙讳，玄改作元。标点当作“吴中都玄敬看毕”。

88. 卷八“黄蛰南父子”条　文多法汉、魏及六朝，诗上下今古，颇饶独诣，高自矜许，自负不减二陵。（第 258 页）

按：未闻古有同以诗文著称的陵姓二人。“陵”当作“陸”，字形相似而误。二陸，指晋陆机、陆云兄弟，同时以诗文著名，世称“二陸”。南朝梁钟嵘《诗品》卷中：“清河之方平原，殆如陈思之匹白马；于其哲昆，故称二陸。”

89. 卷八“尹山人”条　尹张目朗音，为抽《广成壶丘延历度纪》、《枢奥稍论序》，柱下五千文，暨内典《华严》、《楞伽》，姬《易》、艮卦彖爻，三教浑合之旨，翩翻千百言。（第 260 页）

按：“姬易”即《周易》，相传《周易》为周文王姬昌所作，故又别称《姬易》。“艮卦”为《周易》六十四卦之一，非别为一书，则“艮”字不当加标专名号。“彖爻”即彖辞爻辞。书名号宜标作“《姬易》艮卦彖爻”，或“《姬易·艮卦》彖爻”。

90. 卷八“周汝衡”条　独取《内经》、《本草》、《难经》等书，彻画夜读，务穷精奥。（第 275 页）

按：“彻画夜读”，句义费解。“画”当作“昼”，字形相似而误。

91. 凡汝衡至，诊病立方，多与众殊。指知斯道深永，或失手则杀人，重于用药。（第 275 页）

按：“指”字当属上为句，句号移至“指”字下。“指”通“旨”。“殊指”，即不同的意见和主张。

92. 卷九“三公知人”条　巳乡试，果以第一人赴公车。（第 279 页）

按：“巳”当作“已”，字形相似而误。

93. 卷九“守心戒行”条　时年七十许矣，巳抱病。（第 282 页）

按：“巳”当作“已”，字形相似而误。

94. 卷九“诗学”条　何公露，湛之参议。（第 284 页）

按：“何公露”下之逗号当删，以求体例一致。

95. 卷九“词曲”条　叚虎臣文炳文学。（第 284 页）

按:“叚”当作“段”,字形相似而误。

96. 卷九“师法”条　求托者巳麇集其门,始进既不以正矣。(第286页)

按:“巳”当作“已”,“麇”当作“麕”,字形相似而误。“麇集”不辞。麕集,即聚集、群集义。

97. 卷九“小人”条　其一老妇,一男子,盖母子也。长尺许,声啁唽如燕子。(第290页)

按:“唽”当作“哳”,字形相似而误。“啁哳”为双声联绵词。例《楚辞·九辩》:“雁雍雍而南游兮,鹍鸡啁哳而悲鸣。”洪兴祖补注:“啁哳,声繁细貌。”唐白居易《琵琶行》:“岂无山歌与村笛,呕哑啁哳难为听。”啁《广韵》平声尤韵“张流切”,古属知母,今音 zhōu。哳《广韵》入声鎋韵“陟鎋切”,古属知母,今音 zhā。啁哳,古今音均为双声。唽《集韵》入声锡韵“先的切”,古属心母,今音 xī。唽与啁,则既非双声,亦非叠韵。

98. 卷九“飞盗”条　手持尺木点地,即墙檐高一二丈巳跃而上矣。(第291页)

按:“巳”当作“已”,字形相似而误。

99. 卷九“俞道婆”条　宋金陵俞道婆,得佛法,参琅琊起和尚。婆卖油糍为业,一日闻贫子唱莲花落云:“不因柳毅传书信,何缘到得洞庭湖。”忽然契悟……乃往琅琊,起印可之。后凡见僧便云:“儿儿。”才拟议,便掩郤门。(第291页)

按:“莲花落”为民间曲调名,宜标书名号。“起印”非人名。“起”即“起和尚”,“起”字自可标专名号,“印”字则不可。“印可”为一词。佛教称印证、许可为印可,犹言同意。例后秦鸠摩罗什译《维摩经·弟子品》:“若能如是坐者,佛所印可。”南朝梁简文帝《答湘东王书》:“皇情印可,今便奉行。”又,“郤”当作“卻”,字形相似而误。

100. 卷九“石城”条　自通济门起至三山门止一叚,尤为屹然。(第294页)

按:“叚”当作“段”,字形相似而误。

101. 卷九“无尽颂古”条　有颂曰：“马师一唱大雄峰，声入髑髅三日聋。黄蘗闻之惊吐舌，江西从此立宗风。”(第 297 页)

按：“蘗”当作“蘖”，字形相似而误。黄蘖，唐代僧人名，当加标专名号。相传唐宣宗曾同僧黄蘖禅师观瀑布于江西宜丰县黄蘖山，并于山上黄蘖寺与之联句。《全唐诗·唐宣宗〈瀑布联句〉》题解：“《诗史》云：帝游方外至黄檗，与黄檗禅师同观瀑布联句。”可证。

102. 卷九“腰玉四人”条　又玉公敞，正德中官太子少保、兵部尚书，亦以管理戎政，赐蟒衣，赐玉带。(第 297 页)

按：“玉公敞”之“玉”字，当作“王”，涉本条上下文中数处“玉带”字而误。本书同卷“两大司马”条云：“王公敞以兵部尚书……加太子少保而已。”是为内证。

103. 卷九“公孤”条　若东官孤卿，在亲臣中，则上元人夏儒，以毅皇后父，嘉靖中以庆阳伯加太子太保。(第 297 页)

按：“东官”当作“东宫”，字形相似而误。东宫，太子所居之宫，亦以称太子。“孤卿”指太子少师、太子少傅、太子少保，均为东宫属官，故称“东宫孤卿”。

104. 卷九“诸寺奇物”条　灵谷寺有宝志公遗法被，四面绣诸天神像，中绣三十三天，昆仑山，香水海，高一丈二尺。(第 299 页)

按：“昆仑山”当加标专名号。

105. 卷九“御笔药方”条　仁宗皇帝与恭靖札，其一马乌肝丸：马鸣肝，即晚蚕沙。(第 300 页)

按：“马乌肝丸”之“乌”字，当作“鸣”。“鸣”字脱落偏旁“口”字误成“鸟”，“鸟”又涉形似而误作“乌”。蚕神俗称“马明王”，蚕蜕别名“马明退”(见明李时珍《本草纲目，虫一·蚕》)，“鸣”与“明”音同，作“马鸣肝丸”是。下句云：“马鸣肝，即晚蚕沙。”是为内证。

106. 卷九“鱼品”条　又有黄鳝、鳗鲡，皆以鱼名，其形质实一，虵别为一族，与虾鳖同。(第 306 页)

按：“虵别为一族”句，与全条内容不协。虵即蛇之俗字。本条“鱼品”全记鱼，蛇非鱼类，何以记蛇？“蛇”字当属上为句，作“其形质实一蛇”,是说黄鳝、鳗鲡,虽然都以鱼为名,而它们的形体实象一条蛇。明李时珍《本草纲目·鳞四·鳝鱼》:“似鳗鲡而细长,亦似蛇而无鳞。”又《鳗鲡》:“[释名]白鳝、蛇鱼……曰蛇,曰鳝,象形也。”可证。

107. 卷九“纪虫”条　南都呼小虫曰蜘蟟,日秋娘,曰蚓蜋……曰蜜蜂,曰细腰蜂,曰壸蜂。(第307页)

按:未闻昆虫名“日秋娘”、“壸蜂”者。“日”当作“曰”,“壸”当作“壶”,字形相似而误。秋娘,寒蜇之别名。《尔雅·释虫》“蜺,寒蜇”郝懿行义疏:“今此蝉青绿色,鸣声幽抑,俗人呼之‘秋凉’者也。”南京土著发音,“来”“泥”二母不分,均作“来”母,至今犹然,“秋娘”读如“秋凉”,实指寒蜇也。壶蜂,大黄蜂之别名。明李时珍《本草纲目·虫一·大黄蜂》:“[释名]黑色者名胡蜂、壶蜂。”可证。

108. 卷十“两谢公墩”条　谢灵运撰《征赋》:“视冶城而北属,怀文献之悠扬。”(第318页)

按:未闻谢灵运撰有“《征赋》”。“撰”字当标在书名号内,标作“谢灵运《撰征赋》”。《宋书·谢灵运传》:“高祖(南朝宋武帝刘裕)伐长安……奉使慰劳高祖于彭城,作《撰征赋》。”并载《撰征赋》全文(见中华书局标点本第6册卷二七第1743页),可证。

109. 卷十“古迹俪语”条　商飏馆;宋甘露亭。陈入汉楼;晋横江馆。(第324页)

按:“宋”、“陈”、“晋”字皆为注文,字下当加句号。否则,紧接下正文,易致混淆而误解。

110. 卷十“谥法解正误”条　不肯兆民曰“思”。(第340页)治而生肯为平。(第343页)

按:“肯”当作“眚”,字形相似而误。说详第50条。

111. 失无口则以其明,馀皆象也。(第343页)

按:“失无口”,其义费解。“口”字,似为表阙字之方围之误。四部备要本《逸周书·谥法解》:“失志无转则以其明,馀皆象也。”孔晁注:“以其所为谥,象其事行也。”卢文弨校正:“前编云‘失志无转’,一作‘失忘无传’。案《正义》无‘失志’以下八字。注旧作:‘以其明所及为谥,象谓象其事行也。'"《正义》谓唐张守节《史记正义》。兹录以备考。

112. 此后一叚,史多讹阙,按《周书》补之,差可读。(第343页)

按:"叚",当作"段",字形相似而误。又,"史"指《史记》,当加标书名号。

113.《周书》又有凶年无谷曰"糠",不悔前过曰"戾",思虑深远曰"口",息政外交曰"推"。《史》都无之,似宜补入。(第343页)

按:"思虑深远曰'口'",这"口"字与"思虑深远"之间,可以说没有任何意义上的联系,实在对不上口!"口"字,似为表阙字之方围之误。然而即使原刻本为阙字,亦并非不可校补。在本条中,即经顾起元厘正的《谥法解》,其中即有"思虑深远曰'翼'"这一句(见本书第340页);卢文弨校本《逸周书·谥法解》(见四部备要本第2册卷六第22页上第10行)、唐张守节《史记正义·谥法解》(见《史记》中华书局标点本第10册附录第23页第3行),亦均有这一句。此当为点校者失校。

114. 卷十"中书左丞一人"条 待诏陈栓知其意,谓公曰:"此押非常,所谓'只有天在上,更无山与齐也。'"(第344页)

按:近代汉语中的"所谓",用于引述前人或别人的成句成语,并加以解释。"也"为句末语气词,与"所谓"相呼应。这里引用前人"只有天在上,更无山与齐"之成句,则"也"字非成句所有,不宜标在引号内。

(原载《语言研究集刊》第四辑,江苏教育出版社1995年版)

《庚巳编》点校辨误

明陆粲《庚巳编》十卷，内容大多记当时怪异琐闻，为研究明代社会的人情民俗，提供了一些参考资料。近读中华书局1987年出版的点校本，发现其中存有某些疏误，今记述于下。

1. 卷一“太学”条　我才建屋，尔辄据之耶？（第1页）

按：“辙”当作“辄”，字形相似而误。《说文》车部：“辄，车两犄也。从车，耴声。”《康熙字典》酉集下第5页“辄”字释文：“按《说文》从车，耴声。俗或作‘辙’，非。”《说库》本作“辄”，不误。点校本第1—17页共出现九个“辙”字，其后均一律作“辄”。据点校说明，当前后划一作“辄”。

2. 卷一“袁珙”条　世所传“辨宰相于嵩山佛寺，识真王于长安酒家者”即此。（第3页）

按：“所……者”是一种固定的格式，其中“者”字与“所”字后的动词相呼应，称代行为的对象，在本句中即称代所传的二句话。“者”字并非所传二句话中的原有成分，故不当标在引号内。

3. 卷一“登科先兆”条　伯父举进士时，梦乘肩舆八一佛庐，且梦草狱词。（第4页）

按：“八”当作“入”，字形相似而误。《说库》本作“入”，不误。

4. 卷一“沅江麟”条　其形略如鹿，蹄及尾皆如牛，周身有麟……岁久骨肉已化，惟存空皮，麟亦间有脱落。（第5页）

按：上引文中二“麟”字均当作“鳞”，字形相似而误。《说库》本作“鳞”，不误。

5. 后有识其为麟者，郡守杨宣令取其臘，藏库中。（第5页）

按:“臘”当作“腊”,字之误也。《说库》本作“腊”,不误。腊《广韵》入声昔韵“思积切”,古属心母,今音 xī。《说文》日部:“昔,乾肉也。从残肉,日以晞之。与俎同意。腊,籀文从肉。”臘《广韵》入声盍韵“卢盍切”,古属来母,今音 là。《说文》肉部:“臘,冬至后三戊臘祭百神。从肉,巤声。”《左传》僖公五年:“宫之奇以其族行,曰:‘虞不臘矣。’”杜预注:“臘,岁终祭众神之名也。”在古代汉语中,臘腊二字形音义均不同。现在“臘”简化为“腊”,与原有的“腊”(昔)虽为同形字,然音义有别。

6. 卷一“守银犬”条　家畜一犬,甚徤,日卧一槛旁,顷刻不离。(第 8 页)

按:“徤”为“健”之俗字。《正字通》人部:“健,俗作徤。”据点校说明,当改作正字。《说库》本正作“健”,是。

7. 所以朝夕不去者,盖前此寘数,未可传于子,故守以待之耳。(第 9 页)

按:“寘”为“冥”之俗字,据点校说明,当改作正字。《说库》本作“冥”,是。《说文》冥部:“冥,幽也。从日,从六,冖声。”可证。

8. 卷二“洞箫记”条　是岁七夕,月明如昼,鏊吹箫以自娱,入二皷,拥衾榻上,呜呜未伏。(第 15 页)

按:“皷”为“鼓”之俗字,据点校说明,当改作正字。《说库》本正作“鼓”,是。

9. 鏊有隹布数端,或剪六尺藏焉,鏊方勤觅,美人来,语其处,令收之。(第 17 页)

按:“隹布”不辞。“隹”当作“佳”,字形相似而误。《康熙字典》卷首《辨似·二字相似》:“隹,音追,鸟之短尾。佳,音加,美也。”二字形音义均不同。《说库》本正作“佳”,不误。

10. 卷二“七总管部使”条　又数日,以事出齐门,复遇之,谢曰:“君家何乃尔,吾岂祸君者,吾今在七总管部下,庙宇去此不远,君能垂访乎?”(第 20 页)

按:“君家何乃尔,吾岂祸君者”二句,均为问句,二句下之逗号均当改作问号。

11. 卷二“周岐凤”条　苏人钱晔投以诗曰：“闻说多才昔未逄，年来何处觅行踪。一身作客如张俭，四海何人是孔融？”(第21页)

按：“逄”当作“逢”，字形相似而误。《康熙字典》卷首《辨似·二字相似》：“逄，音庞，姓也。逢，音冯，遇也。”二字形音义均不同。《说库》本正作“逢”，不误。

又，“年来何处觅行踪”句为问句，其下句号当改作问号。

12. 卷三“程学士降笔”条　斯文今古一堪哀，吾道真传己作灰。(第28页)

按：“己”当作“已”，字形相似而误。《说库》本作“已”，是。

13. 卷三“盛氏怪”条　尝觉有青衣女儿在室，忽钻于榻下，查不可寻。(第30页)

按：“查”当作“杳”，字形相似而误。杳《广韵》上声篠韵“乌皎切”，今音yǎo。《说文》木部：“杳，冥也。从日在木下。”犹言昏暗，引申为不见踪影之意。查《广韵》平声麻韵“锄加切”，今音chá。字同楂，“楂，水中浮木。”二字形音义均不同。《说库》本正作“杳”，是。

14. 卷三“人为牛”条　其家惜此牛徤而善运，不许，倍价乃得载归。(第31页)

按：“徤”为“健”之俗字，当改作正字。《说库》本作“健”，是。

15. 卷三“还金童子”条　袁见之，惊起曰：“此故某人耶？何以至是。”(第32页)

按：“何以至是”句亦为问句，其下句号当改作问号。

16. 卷三“苟毕元帅”条　渊静曰：“吾心将雷霆苟毕元帅也。”(第35页)

按：据标题，“苟毕元帅”四字为一完整专名，则专名号不当仅标“苟毕元”三字，“苟毕元帅”四字当合标一专名号。

17. 卷三“顾镇”条　葑门瓊姬墩西居民顾镇家，老幼皆染疾。(第35页)

按：字书韵书无“瓊”字。“瓊”当作“瓊”，字形相似而误。《说库》本作“瓊”，可证。

18. 卷三“火灾”条　三月，山东秦始皇庙钟皷，夜无故自鸣。（第38页）

按：“皷”为“鼓”之俗字，当改作正字。《说库》本作“鼓”，是。

19. 卷五“说妖”条　家人忙怕设祭，妇从房奔出，唱赞如巫然。（第53页）

按：“忙怕”不辞。“怕”当作“迫”，字形相似而误。《说库》本作“迫”，是。忙迫，犹言匆忙急迫。例本书同卷“芭蕉女子”条云：“汉惊，疑其非人，起挽衣，将执之，女忙迫，绝衣而去。”可证。

20. 卷五“芭蕉女子”条　汉惊疑其非人，起挽衣将执之，女忙迫，绝衣而去。（第55页）

按：“汉惊”为一句，宜断，加标逗号。“起挽衣”为一句，宜断，加标逗号。

21. 卷五“牛生麟”条　弘治中，其家牝牛产一物如鹿，周身有麟，跳跃不定。（第59页）

按：“周身有麟”，句不成义。“麟”当作“鳞”，字形相似而误。《说库》本作“鳞”，不误。

22. 卷五“胥教授”条　马性颇跅弛，凡见人开目则蹄啮，请阖目少时。（第60页）

按：“跅”当作“跅”，字形相似而误。《说库》本作“跅”，不误。跅弛，义谓不受拘束，不循规度。例《汉书·武帝纪》：“夫泛驾之马，跅弛之士，亦在御之而已。”颜师古注：“跅者，跅落无检局也。弛者，放废不遵礼度也。”《隋书·沈光传》：“家甚贫窭，父兄并以佣书为业，光独跅弛，交通轻侠，为京师恶少年之所朋附。”

23. 胥乃大惊，方知二生为阎君之子，而所游者寘府也。（第60页）

按：“寘”为“冥”之俗字，当改作正字。《说库》本正作“冥”，是。

24. 卷五“金华二士”条　四人初不肯，张力恳不已，四人曰：“秀才诚有心求救，我辈同载许时，宁得无情。”（第61页）

按：“宁得无情”句为问句，其下句号宜改作问号。“宁”为反诘副词，清王引之《经传释词》卷六："宁，犹岂也。成二年《左传》曰：'宁不亦淫从其欲以怒叔父?'是也。亦常语。"可证。

25. 卷六"徐无功"条　己巳之祸前数月，荧惑入南斗，公私语于刘原慱……(第63页)

按："慱"当作"博"，字形相似而误。《正字通》心部："慱，博字之讹。"《说库》本作"博"，是。

26. 卷六"牛偿负钱"条　阳山农民养一牛已二年，徤而善耕。(第69页)

按："徤"为"健"之俗字，当改作正字。《说库》本作"健"，是。

27. 卷六"岳武穆词"条　某栖托于此，屋宇倾圯，幸公一鼎新之。(第70页)

按："倾圯"不辞。"圯"当作"圮"，字形相似而误。《说库》本亦作"圯"，同误。圯《广韵》平声之韵"与之切"，古属喻母，今音 yí。《说文》土部："圯，东楚谓桥为圯。从土，巳声。"圮《广韵》上声旨韵"符鄙切"，古属并母，今音 pǐ。《说文》土部："圮，毁也。《虞书》曰：'方命圮族。'从土，己声。"二字形音义均不同。《康熙字典》卷首《辨似·二字相似》："圮，音痞，毁也。圯，音夷，桥也。""倾圮"为同义复词，犹倒塌也。例《水浒传》第一〇八回："军士争先上桥，登时把桥挤踏得倾圮下来。"明张居正《处士方田李公行状》："道路桥梁倾圮，辄捐赀为修葺。"《清史稿·灾异志三》："[乾隆]十三年四月初五日，清河大风雨，民舍倾圮无数。"可证。

28. 卷六"九仙梦验"条　及买第东城，并得一道院，入门见掮间一符，上有天师印二，复与梦合，于是定居焉。(第72页)

按："掮"当作"楣"，字形相似而误。《说文》木部："楣，秦名屋边联也，齐谓之檐，楚谓之梠。从木，眉声。"可证。《说库》本作"楣"，不误。

29. 卷七"五足牛"条　吾乡刘原慱先生上京师，其子宗序见道旁人家畜一牛……(第82页)

按："慱"当作"博"，字形相似而误。《说库》本作"博"，是。

30. 卷七"祝氏牧儿"条　二儿到向地，则道士又至矣，语儿曰："为

何漏言。"(第 85 页)

按:"为何漏言"句为问句,其下句号当改问号。

31. 卷八"谷亭狐"条　以绣枕顶一副,并所市猪肝肺遗之,云:"子可持归作羮奉母也。"(第 90 页)

按:"羮"为"羹"之俗字,据点校说明,当改作正字。《说库》本作"羹",是。

32. 卷八"白乌"条　朝廷郤不受,还而道死。(第 92 页)

按:"郤"当作"卻",字形相似而误。《说库》本亦作"郤",同误。卻同却,意谓辞退不受。却《广韵》入声药韵"去约切",古属溪母,今音 què。郤《广韵》入声陌韵"绮戟切",古属溪母,今音 xì。《说文》邑部:"郤,晋大夫叔虎邑也。从邑,𧮫声。"《康熙字典》酉集下第 34 页"郤"字释文:"按《正韵》从𧮫,𧮫音其虐切,非山谷之谷。从𧮫从阝为隙,从谷从卩为却,形虽似而实不同也。"

33. 卷八"雀报"条　妻睹雀叹曰:"以吾一人,残物命至百,甚不仁也。吾宁死,安忍为此。"(第 95 页)

按:"安忍为此"句为问句,其下句号宜改作问号。

34. 卷八"老盗"条　问其所以致寿,曰:"少居荆山中,尝遇一人以草炙其脐,云:'令尔多寿。'遂活至此耳。"(第 97 页)

按:"炙"当作"灸",字形相似而误。《说库》本作"灸",是。灸《广韵》上声有韵"举有切",古属见母,今音 jiǔ。《说文》火部:"灸,灼也。从火,久声。"指中医的一种治疗方法。炙《广韵》去声祃韵"之夜切",古属照母,今音 zhì。《说文》炙部:"炙,炮肉也,从肉在火上。"二字形音义均不同。如作"炙"字,"以草炙其脐",只会烤伤身体,何能"致寿"?

35. 卷九"曾状元"条　长州郑长史之子泰说。(第 104 页)

按:"州"当作"洲",字之误也。长洲古县名,明清时为苏州府治。

36. 卷九"尤弘远"条　祷于所事真武,以環珓卜之。(第 106 页)

按:"環珓"不辞。"環"当作"杯",字之误也。杯珓,占卜吉凶的用具,用蚌壳或竹片、木片制成。以之投空掷于地,视其俯仰定吉凶,称为卜珓或掷珓。唐韩愈《谒衡岳庙遂宿岳寺题门楼》诗:"手持杯珓导我掷，云此最吉馀难同。”宋叶梦得《石林燕语》卷一：“太祖皇帝微时，尝被酒入南京高辛庙，香案有竹桮筊，因取以占己之名位。”“桮筊”即“杯珓”，字异而义同。“杯珓”误作“環珓”，此合二重错误。第一，“杯”字因“珓”字从玉，偏旁类化而误作“环”。《说库》本误作“环”，可证。第二，“环”是“環”的简化字，在繁简字变换中而再误作“環”。“杯”一误作“环”，再误改作“環”，遂字不达义矣。本书卷六“九仙梦验”条云：“夜必有梦，起用杯珓卜之。”字正作“杯”而不作“环”，更不作“環”，可证。

37. 卷十“诚意伯”条　归诵之，甚习，然犹未得其肯棨。（第117页）

按：“棨”当作“綮”，字形相似而误。《说库》本作“綮”，是。肯綮，本指筋骨结合的地方，比喻事理的要害或关键。《庄子・养生主》：“技经肯綮之未尝，而况大軱乎？”成玄英疏：“肯綮，肉著骨处也。”陆德明释文：“肯，崔云：许叔重曰骨间肉肯肯著也。綮，司马云：犹结处也。”明宋濂《郑景彝传》：“有所质问，咸中肯綮。”可证。

38. 卷十“上梁日时”条　又问其家贫富及屋之豊俭。（第118页）

按：“豊”当作“豐”，字形相似而误。《说库》本作“豐”，是。

39. 卷十“义象行”条　屹然十日受饥渴，侻首垂泪愤且吁。（第118页）

按：“侻首”不辞。“侻”当作“俛”，字形相似而误。《说库》本作“俛”，是。俛同俯，《广韵》上声麌韵“方矩切”：“俯，《汉书》又作俛。”今音 fǔ。侻《广韵》入声末韵“他括切”，今音 tuò。《淮南子・本经训》：“其言略而循理，其行侻而顺情。”高诱注：“侻，简易也。”二字形音义均不同。俛首，犹低头。例《战国策・赵策四》：“冯接手俛首，欲言而不敢。”《北史・周广川公测传》：“帝惭，俛首不语。”明何景明《铁溪先生高公墓志铭》：“使以诗上，公和答，章立就，使臣俛首叹服曰：此中国诗人也。”

40. 卷十“斗神救灾”条　方火炽时，烟焰四逼，二人窘佈无措。（第121页）

按：“窘佈”不辞。“佈”当作“怖”，字形相似而误。《说库》本作

“怖”，是。

41. 卷十“杨少卿”条　戏取环珓祝曰：“提学即至，当赐胜兆。”（第122页）

按：“环珓”不辞。“环”当作“杯”，因涉“珓”字偏旁类化而误。杯同杯。《说库》本作“杯筊”，与“杯珓”字异而义同。详见第36条校议。

42. 卷十“张孟介”条　偶得《大明律》读之，至五鼓不一转眄。（第123页）

按：“眄”当作“盼”，字形相似而误。《说库》本作“盼”，是。《说文》目部：“眄，恨视也。从目，兮声。”作“眄”字，确与全句文义不合。《说文》目部：“盼，《诗》曰：‘美目盼兮。’从目，分声。”段玉裁注：“毛曰：‘白黑分也。’《韩诗》云：‘黑色也。’马融曰：‘动目貌。’按许从毛。此形声包会意。从毛则以目分会意也。匹苋切，古音在十三部。按盼、眄、眄三字形近，多互讹，不可不正。”盼字易讹作眄。《诗·卫风·硕人》：“巧笑倩兮，美目盼兮。”毛传：“盼，白黑分。”而今本注疏本“盼”讹作“眄”。陆德明释文：“眄，敷苋反。”按释文音，“眄”当作“盼”。阮元校勘记云：“唐石经‘眄’作‘盼’，毛本同。案‘盼’字是也。”

43. 卷十“唐玘”条　方谋迎医，忽有全真道士过门乞斋，闻之，谓其父曰：“吾能治之，但先炙其胸穴，若知痛，乃可生也。”父喜引入，爇艾炙之。（第125页）

按：“炙”当作“灸”，字形相似而误。《说库》本作“灸”，是。灸是中医的一种治疗方法，作“灸”字，才与文中“迎医”、“吾能治之”、“爇艾”等语相应，可证。详见第34条校议。

44. 抵暮告去，去未久，家人觅所藏药已失之，于是交相尤恨，以为必无生理。（第126页）

按：“家人觅所藏药”为一句，宜断，加标逗号。《说库》本亦以此作一句读，可证。

45. 卷十“臂龙”条　尝昼寝，同袍者戏画一龙于其臂，头角麟鬣，状颇逼真。（第127页）

按：“麟”当作“鳞”，字形相似而误。《说库》本作“鳞”，是。

46. 卷十“张御史神政记”条　公讬以他出，径驰诣其居縛归，用印于背，然后鞭之，乃随声呼嗥，竟死杖下。（第132页）

按：“縛”当作“缚”，字形相似而误。《说库》本作“缚”，是。

（原载《语言研究集刊》第五辑，江苏教育出版社1997年版。署名辛正）

《西溪丛语》《家世旧闻》点校琐议

宋姚宽《西溪丛语》、陆游《家世旧闻》二书，均为宋代史料笔记珍品，新中国成立以来从未印行过，1993年中华书局出版了孔凡礼先生点校的合印本，嘉惠学林，诚属盛事。惜点校及排印时仍有疏漏，留下了一些疵误。笔者在阅读过程中，发现疑误，随手札记，今择其要者稍加理董，以就正于俊彦君子。

1.《教坊记》里有《牧护子》，民间作牧护歌赛神，并且出现了这方面的专著——《牧护词》。(《西溪丛语》点校说明，5页)

按："牧护歌"，当标书名号。《西溪丛语》正文第64则，即已标书名号，可证。

2. 此二则有助考查全唐文的佚文。(5页)

按："全唐文"三字所标的专名号，当改作书名号。

3. 左太冲《魏都赋》云："洗兵海岛，刷马江州。"(《西溪丛语》卷上17则，31页)

按："州"字当作"洲"，见《文选》卷六。

4. 长兄伯声云：洛中董氏蓄雷琴一张……(卷上37则，36页)

按："雷琴"之"雷"字，当标专名号。雷，指雷威，唐代著名制琴匠师。卷上38则、41则称"雷威琴"，"雷威"均标专名号；44则云"方知为雷琴矣"，"雷"字亦标专名号，可证。

5. 刘禹锡："龙墀遥望麹尘丝。"使"麹尘"字者极多。《礼记·月令》："荐鞠衣於上帝，告桑事。"注云："如鞠尘色。"《周礼·内司服》："鞠衣。"郑司农云："鞠衣，黄桑服也。色如鞠尘，象桑叶始生。"乃知用

“麴”、“蘖”字非是。(卷上 62 则,41 页)

按:本则所引诗文中,未出现“蘖”字,则最后一句标作“乃知用‘麴’、‘蘖’字非是”,不确。如此标点,“蘖”字便成了毫无着落的游离之字。究其实,“麴蘖”为一词,即“麴糵”,“蘖”为“糵”的通假字,例如《书·说命下》:“若作酒醴,尔惟麴糵。”汉王充《论衡·率性》:“酒之泊厚,同一麴糵。”宋苏轼《盐官大悲阁记》:“秫稻以为酒,麴糵以作之。”本则最后一句是说用“麴蘖”之“麴”字非是。麴,今正体字作麯,简化字作曲,义指酒曲;糵,义亦酒曲。“蘖(糵)”字由于与“麴”字同义而及,组成同义复词“麴蘖”,是为了制约“麴”字,即突出“麴”字的形音义。因此,最后一句标点当作:乃知用“麴蘖”字非是。

6. 波斯经教,出自大秦,传习而来,久行中国,爰初建寺,因以为名,将以示人,必循其本,其两京波斯寺,宜改为大秦寺,天下诸州郡有者准此。(卷上 64 则,42 页)

则袄教流行外域,延入中国,蔓衍如此。(43 页)

按:此处“中国”,相当于“中土”,泛指中原地区,并非专名,则不当标专名号。

又,“两京”亦非专名,亦不当标专名号。

7. 昔我先君穆公及楚成王,是缪力同心,两邦若壹,绊以婚姻,袗以齐盟,日叶万子孙,毋相为不利,亲印(仰)大沈久湫而质焉。(卷上 66 则,45 页)

按:本则述秦穆公与楚成王诅盟事,未涉及齐国,文中“袗以齐盟”之“齐”不是指齐国,则“齐”字不当标专名号。“齐盟”为一词,由来甚古。例《国语,晋语八》:“诸侯有盟未退,而鲁背之,安用齐盟?”韦昭注:“齐,一也。”又《吴语》:“越为不道,背其齐盟。”韦昭注:“齐,同也。”《左传·成公十一年》:“齐盟,所以质信也。”杜预注:“齐,一心。”又《襄公二十二年》:“寡君尽其土实,重之以宗器,以受齐盟。”杜预注:“齐,同也。”按韦昭、杜预注,齐盟,犹同盟也。杨树达《诅楚文跋》(见《积微居小学述林》卷七,中华书局 1983 年 284 页)引作“斋盟”,并解说云:“余谓古人盟誓,要神为质,必洁斋为之,故云斋盟。此文‘斋盟’,斋用本字,传文云‘齐盟’，假齐为斋耳。”若按杨氏所说，更可证“齐盟”之“齐”字标专名号之非。

又，“亲印(仰)大沈久湫而质焉”句中之“印”字，夹注为“仰”。印仰二字，形音义均不同。“印”当作卬，字形相似而误。核《古文苑·诅楚文》，这句作“亲即不显大神巫咸而质焉”，“即”亦当作卬，字形相似而误。章樵注云：“王作卬，读作仰。”是说王厚之音释本作“卬”字，音义同“仰”，可证。卬仰为古今字，仰是卬的加旁后起字，卬字下注作仰，则合若符节；若作印字下注作仰，则方凿圆枘矣。例《庄子·天地》：“为圃者卬而视之。”陆德明释文：“卬，音仰；本又作仰。”《楚辞·九辩》：“卬明月而太息兮，步列星而极明。”王逸注：“卬，一作仰。”《荀子·议兵》：“上足卬则可用也，上不足卬则下不可用也。”杨倞注：“卬，古仰字。”皆可证。

8. 赐克剂“楚师，日复略我边城……(卷上 66 则，46 页)

按：“剂”字后的上引号是多馀的，当删去。

9.《巫咸》作“克制楚，楚且复略我边城”无师字。(卷上 66 则夹注，46 页)

按：“无师字”为一句，当与其前句子分开，则“楚且复略我边城”及下引号后，当加标逗号。

10. 五言三十韵诗一首，题凤台山亭子，陈献司空，乡贡进士宋齐丘上。(卷上 71 则，51 页)

今观题《凤台山亭子诗》，陈献司空，乃乡贡进士时，岂当时所投贽之诗乎？(52 页)

按：“陈献司空”，是宋齐丘作此诗的意图并付诸实际行动，是题中应有之义，则“陈献司空”为诗题内容之一。标点当作：《题凤台山亭子(诗)陈献司空》。

11. 故相王甫将明为馆职时[一一三]，夜梦至一山间……(卷上 80 则，57 页)

按：注码序数误，当作“[一一四]”。

12. 据白廷翰《唐蒙求韩令牡丹》注云……(卷上 81 则，58 页)

按：凡《蒙求》诗，均四字为句。“韩令牡丹”为《唐蒙求》诗篇中一句，并非篇名，原标点误。当标作：据白廷翰《唐蒙求》“韩令牡丹”注云……

13. 顾陶《为唐诗类选》……（卷上84则，59页）

按：宋陈振孙《直斋书录解题·总集类》：“《唐诗类选》二十卷，唐太子校书郎顾陶集。”则“为”字不当标在书名号内。

14. 吾闻之，民受天地之中以生，所谓命也，是以有动作，礼义、威仪之则，以定命也。（卷上120则，66页）

按：句中的“动作”，与“礼义”、“威仪”为并列关系，“动作”后不宜用逗号，当改作顿号。“是以有动作、礼义、威仪之则”，作一句读。

15.《毛诗·伯兮》篇云：“焉得谖草，言树之背。”注云：“谖草，令人忘忧，背北堂也。”（卷上126则，68页）

按：注语中的“谖草，令人忘忧”，与下面的“背北堂也”，是二则解释，则“令人忘忧”下的逗号当改作分号。“背北堂也”，若连读则词不达意。“背”是被解释词，其下当加标逗号。

16. 玉堂凌霞秀，王母怡妙颜。（卷下3则，80页）

按：“王母”，指西王母，当标专名号。

17.《西山经》云：“玉山是王母所居，其状如人，豹尾虎齿而善啸，蓬头戴胜，是司天之厉主五残。”《大荒西经》云：“西海之南，流沙之滨，赤水之后，黑水之前，有大山，名曰昆仑之丘。有人戴胜，虎齿，有豹尾，穴处，名曰西王母。”（卷下3则，80页）

按：“戴胜”非人名，不当加标专名号。戴胜，为动宾词组，意谓头戴玉琢之华胜，为古神话人物西王母的服饰。《山海经·西山经》：“西王母其状如人，豹尾虎齿而善啸，蓬发戴胜，是司天之厉主五残。”郭璞注：“胜，玉胜也。”郝懿行笺疏：“郭云‘玉胜’者，盖以玉为华胜也。”《汉书·司马相如传下》载《大人赋》：“低徊阴山翔以纡曲兮，吾乃今日睹西王母。暠然白首戴胜而穴处兮，亦幸有三足乌为之使。”颜师古注：“胜，妇人首饰也，汉代谓之华胜。”可证。

18. 亭亭明玕照，落落清滛流。（80页）

按：“滛”，指滛水，当标专名号。《山海经·西山经》：“爰有滛水，其清洛洛。”可证。

19. 槐江之山，丘时之水出焉。其阳多丹粟，其阴多采黄金银，实为帝之平圃。郭璞注云：“即玄圃也。南望昆仑，其光熊熊，其气魂魂，其上多藏琅玕，爰有滛水，其清洛洛。滛，音遥。”（81 页）

按：“槐江之山，丘时之水出焉。其阳多丹粟，其阴多采黄金银，实为帝之平圃。”以上为节引《山海经·西山经》文。郭璞注云：“即玄圃也。”是“平圃”的注释语，仅此一句。“南望昆仑，其光熊熊，其气魂魂，其上多藏琅玕，爰有滛水，其清洛洛。”又是节引《西山经》文。“滛，音滛。”是郭璞注文。原标点把《西山经》正文当作郭璞注语。不确。

20. 岂伊君子宝，见重我轩皇。（81 页）

按：“轩皇”，即黄帝轩辕氏，当标专名号。《玉台新咏·汉张衡〈同声歌〉》：“众无所希见，天老教轩皇。”吴兆宜注引《论语摘辅象》云：“黄帝七辅，其一曰天老。”唐张说《圣德颂》：“稽诸瑞典，昔祚轩皇，而今表圣，土德以昌。”清魏源《观往吟》之一：“君不见，轩皇画井始辽东。”轩皇，指黄帝。

21.《西山经》云：“西北四百二十里，曰密山，其上多丹木，圆叶而赤茎，黄花而赤实，其味如饴，食之不饥，丹水出焉。西流注稷泽，其中多白玉，是有玉膏，其源沸沸汤汤，黄帝是食是飨，是生玄玉，玉膏所出，以灌丹木，五色乃清。”（81 页）

按：“食之不饥”句下逗号，“丹水出焉”句下句号，“黄帝是食是飨”句下逗号，“是生玄玉”句下逗号，标点皆可商。“食之不饥”，是指“丹木”之“黄花而赤实”而言，这就组成了以“丹木”为意义中心的一个句群，并与“丹水出焉”句无涉，则“食之不饥”句下的原逗号当改标作句号。“丹水出焉”句，是以“白玉”“玉膏”为意义中心的一个句群中的分句，表示地点处所，则“丹水出焉”句下不应标句号，当改标作逗号。“黄帝是食是飨”的是“白玉”“玉膏”，与下句“玄玉”无关，则“黄帝是食是飨”句下的原逗号，当改标作句号。“是生玄玉”句，据郭璞注云：“言玉膏中又出黑玉也。”这与上“黄帝是食是飨”无关，与下“玉膏所出，以灌丹木”也无关，则“是生玄玉”句，在意义上独立成句，其下原逗号当改标作句号。

22. 又蛇巫之山，一曰龟山，西王母梯几而戴胜杖，其南有三青鸟，为西王母取食。（81 页）

按：此为引《山海经·海内北经》文。“西王母梯几而戴胜杖”句，点校者校勘记云：“嘉靖本‘几’作‘航’，《缪校》作‘杭’。”如按异文校作“梯航”、“梯杭”，词义谓梯山航海，亦即登山渡海。全句意思就成为：西王母登山渡海而[使用]戴胜杖。这样就失以毫厘，差以千里了。先说“戴胜杖”。“戴胜”非人名，不当加标专名号，详见前第 17 条。“杖”字是衍文。《汉书·司马相如传下》载《大人赋》：“低徊阴山翔以纡曲兮，吾乃今日睹西王母。暠然白首戴胜而穴处兮，亦幸有三足乌为之使。”颜师古注引三国魏如淳曰：“《山海经》曰：‘西王母梯几而戴胜。’”无“杖”字。《海内北经》郝懿行笺疏云：“如淳注《汉书》司马相如《大人赋》引此经无‘杖’字。”袁珂《山海经校注》云：“无杖字是也，《御览》卷七一〇引此经亦无杖字，《西次三经》与《大荒西经》亦俱止作‘戴胜’，杖字实衍。”其说可从。再说“梯几”与“梯航”、“梯杭”之异文。三国魏如淳注《汉书》引《山海经》作“梯几”，引文已见上。《山海经·海内北经》郭璞注云：“梯谓冯也。”梯几，即凭几。《西溪丛语》嘉靖本抄刻者，未及检核《山海经》原文及郭注，不知梯可训凭，少见“梯几”而多见“梯航”，便逞意改“几”为“航”；后之迷信嘉靖本者，再改“航”为“杭”，杭航古今字，仍沿袭其误，实不足取。作“梯几”，既有《山海经》之版本根据，又有郭璞注之故训依据。“梯几”一语虽少见，然而至清时仍有人用，例如清陈维崧《念奴娇·用前韵酬柘城王叔平》词：“幸遇梁宋诸公，焚香梯几，曲室红炉炙。”梯几，即凭几也。

23. 洪柯百万寻，森散覆暘谷。灵人侍丹池，朝朝为日浴。（81 页）

按：“暘谷”，传说中的地名，为日出之处，当标专名号。《书·尧典》：“分命羲仲，宅嵎夷，曰暘谷，寅宾出日。”孔颖达疏：“日所出处，名曰暘明之谷。”《淮南子·地形训》：“暘谷，榑桑在东方。”高诱注：“暘谷，日之所出。”汉张衡《东京赋》：“左瞰暘谷，右睨玄圃。”薛综注：“暘谷，日出之处。”可证。暘谷,一名汤谷。《楚辞·天问》:“出自汤谷,次于蒙汜。”洪兴祖补注:“《书》云:‘宅嵎夷,曰暘谷。’即汤谷也。”本则下文“下有汤谷,上有扶木”,“汤谷”已标了专名号,则“暘谷”不应漏标专名号。

又,“丹池”为传说中的水名,当标专名号。例如三国魏郭遐周《赠嵇康》诗之二:“厉翼太清中,徘徊于丹池。”是也。

24.《海内南经》:“桂林八树,在番隅东。八树而成林,言其大也。”(82页)

按:“八树而成林,言其大也。”此二句非《海内南经》正文,实为郭璞注文,则不宜在同一引号内。原标点的下引号宜前移至“在番隅东”句的句号后。

25. 有水涌出,名曰神瀵,臭过椒兰,味过醪醴,一源分为四,埒注于山下,经营一国,亡不悉遍。土气和,亡扎厉,不夭不病,人倦则饮神瀵。(82页)

按:“神瀵”,物质名词,非专名,则不必标专名号。下文“人倦则饮神瀵”,就不标专名号,可证。

又,“一源分为四,埒注于山下。”埒,《列子,汤问》张湛注:“山上水流曰埒。”埒为名词,当属上为句。“四埒”与“一源”,结构正相同。原标点“四”字下之逗号,当移至“埒”字下。

26. 今赤泉,山海经无之……(82页)

按:“山海经”,书名,不应标专名号,当改标书名号。

27.《海外北经》云……又云:“夸父不量力,欲追日景,遂之禺谷。郭璞云:“禺渊也。”今作虞渊。(83页)

按:“又云”下的引文,出自《山海经·大荒北经》,与《海外北经》虽然同出《山海经》一书,却不同卷题,当出校记说明。

又,“遂之禺谷”句,点校者校勘记云:“‘遂’原作‘逮’,今从《缪校》。”《山海经·大荒北经》这句作“逮之于禺谷”。逮,动词,训及,达到。《西溪丛语》引文省略了“于”字。缪校改“逮”为“遂”。遂,副词,训于是,就。缪校以近代语法习惯擅改《山海经》古文,缺乏版本根据,实不可从。又,“遂之禺谷”句之句号下,漏标下引号。

又,“郭璞云:‘禺渊也。’今作虞渊。”如此标点,“今作虞渊”则为姚宽语,“今”就指姚宽所处的宋代。实则不然,查《山海经·大荒北经》郭注云:“禺渊,日所入也。今作虞。”“今”指郭璞所处的晋代。“今作虞渊”句,亦应作为郭注语,标入引号内。

28. 钟山神其子曰鼓,其状,人面而龙耳。(83页)

按:此引《山海经·西山经》文,彼作“人面而龙身”。“耳”字当为“身”字之形误。

29. 贰负臣杀窫窳……窫窳者,蛇身人面,为贰负臣所杀。(83页)

按:《山海经·海内西经》云:“贰负之臣曰危,危与贰负杀窫窳。”所谓“贰负臣”,实即贰负神之臣,不能连标一专名号。“贰负”为专名,自可标专名号;“臣”非专名,则不当标专名号。

30. 开明东有巫,夹窫窳之尸,皆操不死之药以距之。(83页)

按:巫,指古代神巫、巫师,是指职业或身份,并非专名,则不当标专名号。

31. 舜即位,殛《鲧》於羽山……(84页)

按:鲧,人名,不应标书名号,当改标专名号。

32.《海内经》云:“鲧窃帝之息壤,以堙洪水,不待帝命,帝令祝融杀鲧於羽郊。(84页)

按:息壤,郭璞注云:“息壤者,言土自长息无限,故可以塞洪水也。”这是一种土壤名称,属物质名词,非专名,不宜标专名号。

又,羽郊,郭璞注云:“羽山之郊。”“羽”字指羽山,自可标专名号;“郊”字非专名,则不必标专名号。

33. 问取南皮夕,还笑拂棋人。(卷下5则,85页)

按:南皮,县名,秦代置,今属河北省,当标专名号。汉末建安中,魏文帝曹丕时为五官中郎将,与友人吴质等文酒弹棋,欢聚于此,传为佳话。《文选·魏文帝〈与朝歌令吴质书〉》:“每念昔日南皮之游,诚不可忘,既妙思六经,逍遥百氏,弹棋闲设,终以六博……白日既匿,继以朗月,同乘并载,以游后园,舆轮徐动,参从无声,清风夜起,悲笳微吟,乐往哀来，怆然伤怀。"李善注："《汉书》：勃海郡有南皮县……《世说》曰：弹棋出魏宫，大体以巾角拂棋子也。"后之诗文遂以"南皮"为称述朋友间雅集宴游的典故。例如，南朝宋谢灵运《拟魏太子邺中集诗·阮瑀》："念昔渤海时，南皮戏清沚。"唐陈子良《游侠篇》："东郊斗鸡罢，南皮射雉归。"清唐孙华《次和酬恺功院长见怀一百韵》："胜流宗北海，高会集南皮。"

34. 陆士衡诗云："望舒离金虎。"五臣注云：望舒，月御也。西方，金也。西方七宿毕、昴之属，俱白虎也。（卷下7则，85页）

校勘记："陆士衡"原作作"何敬祖"。按："望舒离金虎"之句，见《文选》卷二四《赠尚书郎顾彦先》诗中，诗乃陆士衡作。今改。（129页）

按：校正诗作者名，极是，惜未能校正注者名。上引《文选》注文，均为节引李善注文，并非五臣注，亦应在校勘记中说明。

35. 陆士衡《诗》云："大辰匿耀，金虎习质。"甘、石《星经》云……（86页）

按：此诗见《文选》卷二四陆士衡《答贾长渊》诗。"诗"非篇名，不必标书名号。同则上文："陆士衡诗云：'望舒离金虎。'""诗"字就不标书名号，可证。

又，"甘、石《星经》"，《文选》李善注作"《石氏星经》"。宋晁公武《郡斋读书志·子部·天文类》："《甘石星经》一卷，汉甘公、石申撰。"《西溪丛语》作者姚宽，与姚公武为同时代人，极有可能以宋代通行名称《甘石星经》，以代唐人所称《石氏星经》，则原标点宜把"甘石"二字标入书名号内。

36. 沈存中《笔谈》云："马融《笛赋》云：'裁以当簻使易持。'李善注：'簻，马策也。裁笛以当马簻，故使易持。'此缪说也……此笛但裁一簻，五音皆具，当簻之工，不假繁猥，所以便而易持也。"（卷下8则，86页）

按：沈括《梦溪笔谈》引《文选》马融《长笛赋》句中之"使"字、李善注文中之"使"字，核之《文选》李善注本，均是"便"字之形误，当据以改正。虽说五臣本马融赋正文中"便"字作"使"，但沈括所引者为李善注，《笔谈》这一则最后一句为“所以便而易持也”，与李善注文“故便而易持也”如出一辙，亦作“便”而不作“使”，可证。

37. 故潘岳《笙赋》云：“修簻内辟，馀箫外逶。裁以当簻者馀器，多裁众簻以成音。”(86 页)

按：沈括《笔谈》所引《笙赋》，仅前两句，后两句非是，实为沈括的叙述语。原标点之下引号，当向前移至“馀箫外逶”句之句号后。

38. 潘岳《笙赋》乃用挝字，云：“修挝内辟。”注云：“修长挝大辟开也。”(86 页)

按：所引注文为《文选》五臣注，是三则字义注释，应一一点断，标点当作：修，长；挝，大；辟，开也。

39.《集韵》：“褦，音奈；襶，音戴。”二字，不晓事也。(卷下 10 则，87 页)

按：检《集韵·去声代韵》：“褦，[乃代切]，褦襶，不晓事。”又，“襶，[丁代切]，褦襶，不晓事。”据《集韵》一书体例，注音不用直音，而用反切，即在每个小韵的首字下用“某某切”注明读音。原标点误，引号当删去。

40.《周礼·内史》：“凡命诸侯及孤卿大夫，则策命之。”郑司农引《春秋传》：“王命内史兴父策命晋侯为侯伯。策谓以简策书王命。”(卷下 21 则，89 页)

按：“郑司农引《春秋传》”云云，实为《周礼·春官·内史》郑玄注文中语。郑司农引《春秋传》，即指《左传·僖公二十八年》：“王命尹氏及王子虎、内史叔兴父策命晋侯为侯伯。”而“策谓以简策书王命”句，非《左传》文句，实为郑氏注释中的叙述语。因此，原标点之下引号，当向前移至“侯伯”后之句号之下。

41. “[《周礼·内史》]又云：“凡四方之事者，内史读之，王制禄，则赞为之，以方出之。”注云：“赞为之，为之辞也。以方出之，以方版书而出之。”杜子春云：“方直，谓今时牍也。”(89 页)

按：上引《周礼·春官·内史》郑玄注引杜子春语，点校时以“方直”为一词，大谬。方直，形容词，指人品之端方正直。例汉陆贾《新语·辨惑》:“然后忠良方直之人,则得容于世而施于政。”《宋书·蔡兴宗传》:“时上方盛淫宴,虐侮群臣……唯兴宗以方直见惮,不被侵媟。”宋王谠《唐语林·补遗一》:“魏知古,性方直。”亦指物体之形状方正。例唐元稹《有酒》诗之二:“尚思天地之始名,一元既二分浊清,地居方直天体明。”“方直”为形容词,不是名词,释以“谓今时牍也”,似与训诂体例用语不合。再则,《周礼·春官·内史》正文中未出现“方直”一词,杜子春何以要对这一词进行训释呢?令人生疑。究其实,杜子春语中,“方”当点断,标逗号,而“直”字属下为句。贾公彦《周礼疏》云:“杜子春云‘方直谓今时牍也’者,古时名为方,汉时名为牍,故举以说之。”孙诒让《周礼正义》云:“杜子春云‘方直谓今时牍也’者,《管子·霸形篇》云:‘削方墨笔。’尹注云:‘方谓版牍也。’案:方即木版。《说文·片部》云:‘牍,书版也。’是方、版、牍并同物。《论衡·量知篇》云:‘断木为椠,析之为版,力加刮削,乃成奏牍。’是汉时削版书,通谓之牍。汉人皆用尺牍,故《后汉书·蔡邕传》李注云:‘牍长一尺。’杜以古者亦方短於策故举今牍以况之。凡杜、郑云‘直谓某’者,皆据当时恒制、恒言为释。”“直”字属下为句,作“直谓某”者,又如《周礼·春官·巾车》:“藻车,藻蔽,鹿浅䄶,革饰。”郑玄注:“故书藻作䡈,杜子春䡈读为华藻之藻,直谓华藻也。”又,“駹车,萑蔽,然䄶,髹。”郑玄注引杜子春云:“軟读为漆垸之漆,直谓髹漆也。”段玉裁《周礼汉读考》云:“凡言‘直谓’者,皆举方俗语言明之。‘华藻’、‘髹漆’,皆方俗语言也。”可证。

42. 外史掌达书名於四方,谓若《尧典》、《禹贡》,达此名使知之。或曰:古曰名,今曰字,使四方知书之文字得而读之。(89页)

按:上引文为《周礼·春官·外史》正文及郑玄注,原标点不确。“外史”,为篇名,当标书名号。“掌达书名于四方”,为《外史》正文,当标引号。“谓若《尧典》、《禹贡》”以下,均为郑玄注文,因引时未明言是注,不标引号亦可;如能加标引号,并出校记说明,那就更好。标点宜作:《外史》:“掌达书名于四方。”谓若《尧典》、《禹贡》……

43.《新唐书·李德裕传》:“《德裕》徙镇海军代王璠……”(卷下23则,90页)

按:“德裕”,人名,不应标书名号,当改标专名号。

44. 兰亭惟武定旧本最佳。薛帅别刊木易之。新本“湍”、“流”、“带”、“石”、“天”五字,损,可以验,旧本皆全。(卷下25则,91页)

按:此则所言“兰亭”,既云“定武旧本”、“新本”,则并非实指会稽山阴之兰亭,而是晋王羲之《兰亭集序》行书法帖之简称。“兰亭”不应标专名号,当改标书名号。

又,“薛帅别刊木易之”,于理不顺。刊木,谓砍伐树木。例《书·禹贡》:“禹敷土,随山刊木,奠高山大川。”孔疏:“随行山林,斩木通道。”南朝宋谢灵运《会吟行》:“敷绩壶冀始,刊木至江汜。”唐宋之问《扈从登封告成颂应制》诗:“宗禋仰神理,刊木望川途。”砍伐树木,似不可能换下《兰亭》定武旧本。“刊木”当是“刊本”之误。“本”缺笔为“木”,字形相似而误。刊本,即刊印的版本。用别的刊本,也即“新本”,换下“定武旧本”,于是本则所载事理俱明。

45.《高氏小史》云:“周颙,字彦伦,始置四声切韵行于时。”(卷下29则,91页)

按:核之《南史·周颙传》(中华书局版3册34卷895页),“置”当作“著”,方音之误也,当据以改;“四声切韵”为书名,当标书名号。

46. 老杜《望岳》诗云:“车箱入谷无归路,箭栝通天有一门。”(卷下32则,92页)

按:“车箱”、“箭栝”,均为地名,当标专名号。“车箱”,指车箱谷。《杜诗详注》仇兆鳌注引乐史《寰宇记》云:“车箱谷,一名车水涡,在华阴县西南二十五里,深不可测。”可证。“箭栝”,栝通筈,指箭筈岭。本则下文云:“凤翔岐山……其山本以有两岐,故呼为岐路之岐,今俗犹呼为箭筈岭。”可证。

47.《述征记》云:“柏谷,谷名也。汉武帝微行至谷中,无回车地,夹以高原,柏林阴翳,穷日幽暗,殆弗睹阳景。”(92页)

按:既云“柏谷,谷名也”,“柏谷”当标专名号。柏谷,古地名,在今河南省灵宝县西南朱阳镇。《国语·晋语二》:“公子重耳出亡,及柏谷,卜适齐楚。”韦昭注:“柏谷,晋地。”《文选·潘岳〈西征赋〉》:“厌紫极之闲敞，甘微行游盘，长傲宾於柏谷，妻睹貌而献餐。”李善注引《汉武帝故事》曰：“帝即位，为微行，尝至柏谷。”与本则所引《述征记》之事相符，可证。

48. 徐浩会稽诗云……后汉《黄琬传》云。（卷下35则，93页）

按：既作为诗篇名，则“会稽”不当标专名号，宜改标书名号。又，“后汉”，指《后汉书》，《黄琬传》是其中的一篇，则“后汉”不当标专名号，当改标书名号，作“《后汉·黄琬传》”。

49. 李太白《平虏将军妻》诗曰：“古人不唾井，莫忘昔缠绵。”李济翁《资暇录》云：“谚有曰：‘千里井，不反唾，或云剉。’言昔人经驿舍，反马馀剉于井，后经此井，汲水，为剉所哽。”（卷下38则，94页）

按：古谚仅两句，即：“千里井，不反唾。”“或云剉”者，是说古谚在流传过程中，“不反唾”之“唾”有作“剉”字的。“言昔人经驿舍”云云，就是进一步解释“或云剉”的。原标点有误，当标作：“谚有曰：‘千里井，不反唾。’或云剉。言昔人经驿舍……”

50. 李贺有《五粒小松歌》云：“新香几粒洪崖饭。”（卷下41则，94页）

按：“洪崖”，为传说中的仙人名，或云为黄帝臣子伶伦的仙号，当标专名号。《文选·张衡〈西京赋〉》：“洪涯立而指麾，被毛羽之纤缅。”薛综注：“洪涯，三皇时伎人。”《文选·蔡邕〈郭有道碑文〉》：“将蹈鸿涯之遐迹，绍巢许之绝轨。”李善注引《神仙传》曰：“卫叔卿与数人博，其子度曰：‘向与博者为谁？’叔卿曰：‘是洪涯先生。’”晋郭璞《游仙诗》之三：“左挹浮丘袖，右拍洪崖肩。”之五：“姮娥扬妙音，洪崖颔其颐。”可证。

51. 山顶，有石如屋大，中开，插一碑于其中，文皆为风雨所剥，隐约就碑，可见缺画，如禹庙《没字碑》之类。”（卷下45则，96页）

按：无上引号而有下引号。句末下引号为多馀，当删。

52. 时有梵志，名曰邪旬，来诣佛所，欲质所疑。（卷下49则，96页）

按：“梵志”，非人名，而是指人们的社会成分、身分，不必标专名号。梵志，佛教语中对古印度一切外道出家者的通称。《大智度论》卷五六：

"梵志者，是一切出家外道。若有承用其法者，亦名梵志。"可证。

53. 沈休文山阴《柳家女》诗云……（卷下50则，97页）

按：沈约《少年新婚为之咏》（见《玉台新咏》卷五），首句即作"山阴柳家女"。古诗有以首句为诗题或代诗题者，例子甚夥，无须多举。上引沈约诗，即以首句为诗题，《沈隐侯集》亦作《山阴柳家》（见《汉语大词典》第9卷662页［乡里］）条引例）。原标点当改作：沈休文《山阴柳家女》诗云……

54. 潘岳《闲居赋》："房陵朱仲之李。"李善云："朱仲李，未详。"按，《述异记》云："房陵定山有朱仲李园三十六所。"（卷下51则，97页）

按："朱仲李"连标一个专名号，误。据《六臣注文选》李周翰注云："房陵有朱仲者，家有缥李，代所稀有。""朱仲"为人姓名，自可际专名号；"李"指李子，果名，不当标专名号。《六臣注文选》李善注云："周文、朱仲，未详。"本则引李善注作"朱仲李"，"李"字为衍文，当删。

又，本则引《述异记》，"朱仲李"连标一个专名号，误；"园"字标专名号，亦误。"朱仲"为人姓名，自可标专名号。"李园"指种植李子的果园，非专名，则不当标专名号。

55. 齐丘仲浮少好学读书，常以中宵钟鸣为限。（卷下55则，98页）

按：读书可以有课程时限，而好学作为一种精神，虽说可以有多种表现形式，却决不会"常以中宵钟鸣为限"。原标点不确，"读书"二字当属下为句，逗号当前移到"好学"之下。

56. 揲蓍之法，用老阳、老阴多少之数求之，即偏而不均，若以奇耦之数求之，最为精妙。三奇老阳，三耦老阴，一奇两耦，少阳两奇，一耦少阴。少阳，震、坎、艮也。少阴，巽、离、兑也。（卷下56则，98页）

按：此则专讲《周易》术数学。所谓"奇偶之数"，奇，指阳爻，为一长画，代数为3；偶，指阴爻，为二短画，代数为2。震、坎、艮，为少阳，均是一阳爻二阴爻，而标点作"少阳两奇"，实误；巽、离、兑，为少阴，均是两阳爻一阴爻，而标点作"一耦少阴"，亦误。还有"一奇两耦"句，前后均无着落，似乎成了多馀文字。可见，原标点有误。按之文意，"少阳"当属上为句，“两奇”当属下为句，当标点作：一奇两耦少阳，两奇一耦少阴。

唐宋时，《周易》术数学以老阳为九，老阴为六，例唐柳宗元《与刘禹锡论易书》：“老阳数九，老阴数六。”宋沈括《梦溪笔谈·象数一》：“《易》象九为老阳，七为少；八为少阴，六为老。”为了方便理解本则内容，说清问题，特把术数和八卦对应情况列成下表，以供参考。

卦名	乾	坤	震	坎	艮	巽	离	兑
卦形	☰	☷	☳	☵	☶	☴	☲	☱
家族成员	父	母	长男	中男	少男	长女	中女	少女
四象	老阳	老阴	少阳			少阴		
奇偶	三奇	三偶	一奇两偶			两奇一偶		
代数	九	六	七			八		
算式	3×3=9	2×3=6	3+(2×2)=7			(3×2)+2=8		

57. 晋灼曰：“《楚汉春秋》云：“田生，字子春。”（卷下57则，99页）

按：“田生”前的上引号为多馀，当删。

58. 李波小妹字雍容。（卷下59则，99页）

按：“小妹”系称谓，非专名，不当标专名号。

59. 惟注《北山移文》“植薪歌于延濑”，李善云未详。（卷下60则，100页）

按：“植”当作“值”，字形相似而误。《文选》卷四十三作“值”，可证。“延濑”为地名，当标专名号。

60. 汲冢琐语晋春秋篇载平公梦朱罴窥屏，《左氏》、《国语》并云黄能。（卷下61则，101页）

按：“汲冢琐语”为书名，“晋春秋篇”为其中的篇目。《晋书·束皙传》载汲冢竹书：“《琐语》十一篇，诸国卜梦妖怪相书也。”晋平公梦朱罴窥屏事，《左传·昭公七年》、《国语·晋语八》均作“梦黄熊入于寝门”，正是记载“卜梦妖怪”类事,可证。“平公”指晋平公,当标专名号。

61. 李善注云:“牵丝,初仕,解龟,去官也。”(卷下62则,101页)

按:“初仕”下之逗号,宜改作分号,似于义为长。因为这是两则词义注释,不宜一逗到底,当以分号分清。又因“初仕”后探下省“也”字,故用分号而不用句号。

62. 又使公罔之裘、序点扬觯而语。公罔之裘扬觯而语曰……(卷下65则,102页)

按:“公罔之裘”四字为一人名,当连标一个专名号。原标点跳过“之”字,只在“公罔”、“裘”字旁分别标专名号,系不明古书“人名中有‘之’字”体例而误。王引之《经传释词》卷九云:“《礼记·射义》‘公罔之裘’,郑注曰:‘之,发声也。’僖二十四年‘介之推’,杜注曰:‘之,语助。’凡《春秋》人名中有‘之’字者,皆仿此。”除介之推外,《左传》、《国语》中还有:文之锴(桓公五年)、文之无畏(文公十年)、石之纷如(庄公八年)、舟之侨(闵公二年,晋语二)、佚之狐(僖公三十年)、孟之侧(哀公十一年)、宫之奇(僖公二年,晋语二)、胥之昧(晋语六)、耿之不比(庄公二十八年)、烛之武(僖公三十年)、夏之御寇(襄公二十三年);《论语》有孟之反(雍也篇,即《左传》哀公十一年“孟之侧”),《孟子》有:庾公之斯、尹公之他(离娄篇)、宫之奇(万章篇,又见《左传》、《国语》),等等,皆人名中有“之”字者也。

63. 梅根岩,一名中岩,桃花岩,一名上岩。(卷下67则,103页)

按:“一名中岩”下之逗号,宜改为分号,不然易生误解。

64. 唐《食货志》云:“武德四年,铸‘开元通宝’,钱径八方,重二铢四参,积十钱重一两,得轻重大小之中。”(卷下68则,103页)

按:此引《新唐书·食货志四》文。“钱径八方”之“方”,不是长度单位,“方”当作“分”,字形相似而误。《新唐书·食货志四》正作“分”,可证。

又,“重二铢四参”之“参”,不是重量单位,“参(參)”当作“絫”,字形相似而误。此系承袭《新唐书·食货志四》原文误。《旧唐书·食货志上》正作“重二铢四絫”,不误。絫,古代一种微小的重量单位。例《孙子算经》卷上："称之所起，起于黍，十黍为一絫。"《汉书·律历志上》："权轻重者不失黍絫。"颜师古注引应劭曰："十黍为絫，十絫为一铢。"《宋史·律历志一》："自积黍而取絫。"原注："从积黍而取絫，则十黍为絫。""絫"误作"参(參)"，已有先例。《礼记·儒行》"虽分国，如锱铢"孔颖达正义："案算法，十黍为参，十参为铢，二十四铢为两，八两为锱。"阮元校勘记云："十黍为参，十参为铢。闽监毛本同。段玉裁校本'参'改'絫'。"即是其例。

65.《上林赋》："蜚鸓。"《史记》作蝠，《汉书》作鸓。郭璞音诔，《神农本草》作鼺鼠；音羸，飞鼠也，其状如兔而鼠首，以其髯飞。(卷下81则，108页)

按："郭璞音诔"，是《史记》司马贞《索隐》、《汉书》颜师古注同引郭璞音，"音诔"是为《史》《汉》注音，因此，"《汉书》作鸓"下之句号宜改标逗号，"郭璞音誄"下之逗号当改标句号。"音羸"是为《神农本草》作"鼺鼠"注音，因此，"《神农本草》作鼺鼠"下之分号当改标逗号，"音羸"下之逗号当改标句号。

66. 盛弘之《荆州记》云："隋郡《永阳县》有泷石山……"(卷下84则，109页)

按："永阳县"为地名，不应标书名号，当改标专名号。

67. 韩约都护安南，得其膏，持归。是岁。京师乱，约以附会郑注，竟赤其族。(卷下86则，109页)

按："是岁"，作"京师乱"的时间状语，中间不能用句号隔断，当改标逗号。

68. 今俗谚云："如'盐药'，言其少而难得。"(卷下88则，109页)

按：所引俗谚，即"如盐药"；而"言其少而难得"句，是引者姚宽对这条俗谚的解释语。原标点把对俗谚的解释语句也当作俗谚，标在引号内，实误。标点当作：今俗谚云："如'盐药'。"言其少而难得。

69. 一说粲在荆州与刘表登彰山，尝见此异。"(卷下89则，110页)

按：无上引号而有下引号。句末下引号是多馀的，当删。

70.《鸡跖》载："摩娑石，出西番山涧中，辟诸毒炉火。"《本草》云：

"阳石也……"(卷下 90 则,110 页)

按:摩碆石能"辟诸毒",说其有医疗功用,自有可记之处;而此石能"辟……炉火",就像一般石块能压灭炉火一样,并无多少特别之处,是否值得专门记载,令人怀疑。再则,"诸毒"与"炉火"并列,也显得不伦不类。"诸毒"对人体有害,自在所"辟"之列;"炉火"则人为所生,并为所用,何以"辟"之?其实,"炉火"二字当属下,与下句之"本草"二字合在一起,组成"《炉火本草》"一书名。下文第 91 则:"崔昉《炉火本草》云:'消石,阴石也。"'可证。因此,标点当作:《鸡跖》载:"摩碆石,出西番山石涧中,辟诸毒。"《炉火本草》云:"阳石也……"

71. 设煎炼而成者,亦名消石,乃今世所用焰消。亦能伏八石,而芒消可入药,且据所有用之耳,非必消石为天地至神之物也。(卷下 91 则,111 页)

按:"亦能伏八石",是说焰消的功效,则"乃今世所用焰消"下不宜用句号隔断语脉,当改标逗号。

72. 潢。《集韵》:"音胡旷切。"(卷下 93 则,112 页)

按:《集韵》注音用反切,但在反切前并无"音"字。标点当作:潢,《集韵》音胡旷切。

73. 今惟释藏经如此,先写后潢。(112 页)

按:释,最早为释迦牟尼简称,如"释氏",自可标专名号。后用以泛指佛、佛教或僧人,如本则即泛指佛教,就不必标专名号。

74. 葛蘩校苏州《韦刺史集》十卷,今平江板本是也。(卷下 97 则,116 页)

按:《韦刺史集》前冠以"苏州"地名,并非为叙其版本,因下句已有"平江板本"说明,无庸赘言。此"苏州"是谓韦应物"出为苏州刺史",则书名当标作"《苏州韦刺史集》"。

75. 白居易苏州《答刘禹锡》诗云:"敢有文章替左司。"左司,盖谓应物也。(118 页)

按:据通例,在征引作者及其作品时,不会在作者姓名与作品(书名、篇名)之间插入地名,本则"苏州"这一地名就显得突兀。"苏州"应是诗题内容之一，当标作：白居易《苏州答刘禹锡》诗云……

又，“左司”，这里为“左司郎中”的省称，是职官名，则不必标专名号。

76. 为人性高洁，鲜食寡欲，所居，焚香席地而坐。（118页）

按：“所居”，指称居处、居室。“所居”后用逗号点开，显得语意未完。“焚香”与“席地而坐”两件事，并无必然联系，合成一句，显得别扭。“焚香”当属上为句，“所居”作“焚香”的地点状语。“所居”下之逗号，当后移至“焚香”之下。

77. 古诗云：“灯檠昏鱼目。”读檠为去声。《集韵》：“檠，渠映切。有足，所以几物。”又：“檠，音平声，榜也。”（卷下100则，119页）

按：检《集韵·平声庚韵》：“檠𢐀，[渠京切]。《说文》：‘榜也。’或从弓，亦书作檠。”说明本则“又”字下，并非明引《集韵》文，则引号当删去，标点当作：又檠音平声，榜也。如此标点，“又檠音平声”与上文“读檠为去声”，正好句例一致，相互对应。

78. 杜甫《越王楼》诗云：“绵州州府何磊落，显庆年中越王作。孤城西北起高楼，碧瓦朱甍照城郭。楼下长江百丈清，山头落日半轮明。君王旧迹今人赏，转见千秋万古情。”（卷下110则，121页）

按：本则又引《绵州图经》云：“越王台，在绵州城外，西北有台，高百尺，上有楼，下瞰州城。唐显庆中太宗子越王贞任绵州刺史日作。”下即引杜甫诗。绵州，今为四川省绵阳市，越王台下临涪江，远离长江几乎有六百馀里。杜甫诗句“楼下长江百丈清”之“长江”，不是指长江，而是泛指长长的江流，暗指涪江，因此，“长江”不当标专名号。

唐宋诗文中出现的“长江”，有时不是实指长江，而是泛指长长的江流。例如唐王勃《秋日登洪府滕王阁饯别序》诗：“阁中帝子今何在？槛外长江空自流。”滕王阁，为唐高祖李渊之子滕王元婴作洪州都督时所建，故址在今江西省南昌市，下临赣江，远离长江几乎二百五十馀里，则“槛外长江”肯定不会是指长江，而是泛指长长的江流，暗指赣江。再如宋曾巩《道山亭记》：“福州治侯官……其地于闽为最平以广，四出之山皆远，而长江在其南，大海在其东。”在福州之南的“长江”，肯定不是指长江,而是泛指长长的江流,暗指闽江。

79. 又张崇文《历代小志》:"文翁,姓文,名党,字仲翁。晋帝时为蜀郡太守。"今《汉书》皆不载其名,姑录于此。(卷下 138 则,126 页)

按:"晋帝"之称可疑。汉代无"晋帝"。"晋帝",若理解为晋代之帝,则文翁成了晋代人,显与史实不符。检《汉书·循吏传》:"文翁……景帝末,为蜀郡守。"则"晋帝"当为"景帝"之误,可证。若是原书错误,点校时当改正并出校记。

80. 太尉锁斤试两浙漕司。(《家世旧闻》上 6 则,177 页)

校勘记:锁斤试宋制,凡命士应举,谓之锁厅试。见《宋史》卷一五五《选举一》。《宋史》卷三九五《陆游传》:"荫补登仕郎,锁厅试荐送第一。"袁枚《随园随笔》卷十:"宋现任官应进士试曰锁厅,言锁其官厅而往应试也。"疑"斤"字有误。(198 页)

按:"斤"当作"厅"或"厅",字形相似而误。繁体字"廳",据刘复、李家瑞编《宋元以来俗字谱》载,宋刊《大唐三藏取经诗话》作"厅",元刊《古今杂剧三十种》作"厅",明刊《娇红记》作"厅"。俗体字"厅(厅)",从厂(厂),从丁,丁亦声。在传抄过程中,若最后一笔直钩脱落了钩,而仅成为一直,则"厅(厅)"便讹作"斤"了。

81. 然实录、国史皆不载其职事之详……(上 10 则,180 页)

按:"实录"、"国史",宜分别标上书名号。

82. 伯父果不达早世。(上 38 则,189 页)

按:"不达早世"连读,语意费解。不达,谓仕途不显贵,不得志。早世,谓过早地死去,夭死。"伯父果不达"当点断,下标逗号。

83. 楚公尤爱《毛诗》,注字皆能暗诵,见门生或轻注疏,叹曰:"吾治平中至金陵,见王介甫有《诗正义》一部,在案上,揭处悉已漫坏穿穴,盖翻阅频所致。介甫观书,一过目尽然,然犹如此。(上 54 则,194 页)

按:只有上引号而无下引号。当在本则句末加标下引号。

84. 绍圣初,王君仪昇来省楚公。(上 57 则,195 页)

按:"绍圣"为年号,自可标专名号;而"初"字则不当标专名号。

85. 曾丞相一日堂中语曰:“范镗虽章相所厚,然非他人比。”楚公曰:“何谓?”(上66则,197页)

按:“楚公”为人名,当标专名号。

86. 先君言:“崇宁间,初铸大泉当十……(下7则,203页)

按:无下引号而有上引号。按本书标点通例,“先君言”下标冒号,而均不标引号,则上引号当删。

37. 虽命官决杖、鲸配,然不能禁。(203页)

按:“鲸配”不词。“鲸”当作“黥”,字形相似而误。黥配,古代刑罚名,在犯人脸上刺字并涂上墨,以发配到边远地区服刑。宋王铚《默记》卷上:“居民繁用者,迎马首连呼曰:‘亏你太尉!’茂实皇恐,执诣有司,以为狂人而黥配之,其实非狂也。”宋周密《癸辛杂识前集·改春州为县》:“春州瘴毒可畏,凡窜逐黥配者必死。”明焦竑《焦氏笔乘·金陵旧事下》:“淳熙十一年,溧阳仓斗子坐盗官米,黥配而籍其家。”可证。

88. 先君又言改当十为当五也。会稽天宁、能仁二僧寺,方大兴土木。郡守密召天宁长老滋须、能仁长老大智告之,且曰:“得密报如是,度不过明日。朝命必到。闻二寺积当十钱多,宜速以酬物价工直,勿缓也。”(下8则,204页)

按:据本书标点通例,“先君又言”下当加标冒号。“改当十为当五也”,语意未完。此处“也”字虽是句末助词,但在此不表句意于此结束,而是表提示以起下文,则不当标句号,当改标逗号。

又,“得密报如是”句,“密报”即是指“改当十为当五”的官方内部小道消息,这句是郡守密告二长老后的总结之语,语意已完,则句下逗号当改标句号。

又,“度不过明日”句,不是指上句中的“密报”,因“密报”内容郡守已密告二长老了,无须再等到“明日”,则此句与上句“得密报如是”无涉。“不过明日”,是指下句“朝命必到”的时间,则“度不过明日”句下的句号,当改作逗号。

89. 先君言:鸿胪旧号为睡卿,谓所掌止道、释及四夷朝贡之事,极为简静也。政和以后,尊尚方士,建议者因谓:“释教出于西域,鸿胪掌之

可也，道教以黄帝、老子为宗，岂夷狄耶！”于是改命秘书省掌之。（下 9 则，204 页）

按：“道、释”、“释教”之“释”，不必标专名号。参见第 72 条。

90. 先君言：元符末，章相罢政，出东水门，至淮门道旁堠上，尽署大字，云：“我是里堠，奉白子厚。山陵归后，专此奉候。”沿路无一遗者。（下 10 则，204 页）

按：据上下文义，并非仅是淮门道旁里堠上尽署大字，而是自东水门至淮门，沿路所有里堠上尽署大字。因此，“至淮门”下，当加标逗号；“道旁堠上”下之逗号，宜删。

91. 又遣使告契丹曰：“闻女真连年侵犯未已，本朝念祖宗盟誓之重、兄弟急难之义，已自海道，遣使和解。又虑北朝和辑，女真或须金帛，欲先借岁币一二年者，亦惟命。”（下 49 则，224 页）

按：北朝，指契丹。言“北朝和辑”，与当时“女真连年侵犯未已”之实情不符。又言“女真或须金帛，欲先借岁币一二年者，亦惟命”，这就成了女真须金帛，欲向契丹借币；既如此，宋又何必要“亦惟命”呢？其实，“女真”二字当属上为句，标点当作：又虑北朝和辑女真，或须金帛……云云。这是说，又考虑到契丹跟女真媾和，契丹或许需要金帛[进贡女真]，要向宋先借币帛，宋愿听从。

92. 使契丹不忘其德，我既深和好，当益坚使女真灭契丹，亦服中国礼义，易以怀柔，此边鄙百年无事之策也。（224 页）

按：如上标点，前三句句意费解，文理不顺，语意也不连贯。这一段话，是陆游舅氏唐居正对当时宋、金（女真）、辽（契丹）三国关系和形势发展的估计及对策。当时形势是，女真强盛，“女真连年侵犯”契丹，“兵久未解”，“女真、契丹胜负尚未决”，“女真来，约我共灭契丹而分其地”（引语均见本则），则契丹在宋金南北夹击的态势下，已呈亡国之形。唐居正即在此形势下，作了进一步的推测和假设。文中两个“使”字，不是动词，而是假设连词。杨树达《词诠》卷五：“使（二）假设连词，设也，若也。今言‘假使’。”原文“忘”字，当作“亡”，字形相似而误。传抄者读不断原文，便在“亡”字下妄增“心”而成“忘”字，点不断，理还乱，结果是治丝而棼。“使契丹不亡”,“使女真灭契丹”,两个假设句,两种情况正好互相对待。因此,标点当作:使契丹不亡,其德我既深,和好当益坚;使女真灭契丹,亦服中国礼义,易以怀柔:此边鄙百年无事之策也。

又,文中“中国”,相当于“中土”,泛指中原地区,并非专名,则不必标专名号。

(原载《中国典籍与文化论丛》第五辑,中华书局2000年版)

《皮子文薮》整理本专名号讨论

整理和出版古籍，给其中的人名、地名和朝代名等专名标上专名号，这给今天的读者会带来很大的便利。这件事说起来容易，做起来难。由于古籍距今年代久远，古今语言差异较大，存在一定的语言障碍，而社会人事、地理环境代有变迁，再加上民族、宗教和异域的译名问题，这就给古籍中的专名识别和加标专名号带来很多困难。正由于有着这些困难，才需要专业的古籍整理工作者去精心研究，认真识别，准确地标好专名号。应该说，不加标专名号的古籍整理本，单从量上计也不能算是彻底的完善的古籍标点本。我们必须通过古籍整理和研究的实践，不断总结正反两方面的经验，准确地标好专名号，使新出版的古籍更好地为广大读者服务。

唐人皮日休自编的诗文集《皮子文薮》，原中华书局上海编辑所于1959年曾印行了萧涤非先生的一个校点本，1981年上海古籍出版社又出版了萧涤非、郑庆笃先生的整理本。整理本“在原校本的基础上，重加校勘，并予新式标点，作为一个定本出版”（见《新版说明》）。在校勘方面，又新搜集到五种重要版本，使见于著录的《皮子文薮》版本，可说几乎搜罗无遗，并使原校本中的一些存疑或阻梗，得以迎刃而解。在标点方面，原校本只作了断句，用了顿号、句号两种，整理本则改用新式标点，并加标专名号，便利读者。整理本远胜原校本，取得了可喜的学术成果。不过，整理本在加标专名号时，或因手民误植，或因校对不精，还存有较多疏误，今择其要者提出来供大家讨论。

一、非专名而误标专名号例

1.《忧赋》:后妃之际,阴教规矩。夏德涂山,周赞文母。(第4页)

按:"文母"不是人名,不当标专名号。文母,即文德之母,意谓具有崇高品德的母亲。《诗·周颂,雝》:"绥我眉寿,介以繁祉。既右烈考,亦右文母。"毛传:"文母,大姒也。"郑玄笺:"子孙所以得考寿与多福者,乃以见右助于光明之考与文德之母,归美焉。"陆德明释文:"大姒,文王妃。"据此,"文母"是一颂词,用作对后妃的称颂,在《雝》诗中用来称颂文王之妃大姒,但并不是大姒的别称。唐孔颖达不明此理,误解毛传。孔颖达疏云:"文母继文言之,虽大姒自有文德,亦因文王而称之也。"这种曲说受到了清王引之的驳斥。王引之《经义述闻·毛诗下》"亦右文母":"文王之文,谥也;文母之文,则美大之称,犹言皇妣、皇母耳。二者本不相因,传(毛传)以文母为大姒者,以上文皇考是文王,则文母当为大姒,非谓因文王而称文母也。若因文王而称文,则笺(郑笺)不须更言'文德之母'矣。且如孔(孔颖达)说,则武王之后亦将谓之武母、成王之后亦将谓之成母乎?"《汉书·杜邺传》:"故礼明三从之义,虽有文母之德,必系于子。"颜师古注:"文母,文王之妃太姒也。"颜注不管语境,照搬毛传,犯了与孔疏同样的错误。中华书局标点本给"文母"加标专名号,则直以"文母"为人名矣,亦误。"文母"作为颂词,例《汉书·元后传》:"更名太皇太后为新室文母太皇太后。"《后汉书·邓骘传》:"伏惟和熹皇后圣善之德,为汉文母。"宋苏轼《上清储祥宫碑》:"允哲文母,以公灭私,作宫千柱,人初不知,于皇祖宗,在帝左右。"文母均为颂词,意谓文德之母,明矣。

2.《河桥赋》:于是督斤斧于梓匠,下材干于豫章,造其舟也。(第8页)

按:此"豫章"并非地名,而是木名,不当标专名号。《左传·哀公十六年》:"子期曰:'昔者吾以力事君,不可以弗终。'抉豫章以杀人而后死。"杜预注:"豫章,大木。"杨伯峻注:"豫章即今樟木,可为建筑材,亦可作器物。”《后汉书·王符传》:“今者京师贵戚,必欲江南檽梓豫章之木。”李贤注:“豫章,即樟木也。”可证。

3.《九讽系述·悲游》:湘君欲出兮风水急,帝子不来兮烟雨微。(第14页)

按:“帝子”一词,出于《楚辞》。《楚辞,九歌·湘夫人》:“帝子降兮北渚,目眇眇兮愁余。”古今注家,解释不一。或说“帝王之女”,或说“天帝之女”。汉王逸注:“帝子,谓尧女也。”指尧二女娥皇、女英,也确定不了指其中哪一位。究其实,“帝子”是一种身份,一种称谓,并非专名,不当标专名号。

4.《九讽系述·悲游》:日出没兮北渚,云依稀兮九疑。(第14页)

按:《楚辞·九歌·湘君》:“鼂骋骛兮江皋,夕弭节兮北渚。”王逸注:“渚,水涯也。”洪兴祖补注:“渚,沚也。《尔雅》:‘小洲曰陼。’《韩诗章句》:‘水一溢而为渚。’”北渚,即北边的小洲。《战国策·燕策二》:“乘夏水而下汉,四日而至五渚。”则古云梦地多渚可知。此言“北渚”,与《湘君》篇上文“驾飞龙兮北征”相应。“北渚”非专名,不当标专名号。

5.《九讽系述·纪祀》:日将暮兮河伯,秋正深兮山鬼。(第15页)

按:《楚辞·九歌》有《山鬼》篇。山鬼即山神,系泛指,非专名,不当标专名号。例《史记·秦始皇本纪》:“山鬼固不过知一岁事也。”南朝宋鲍照《芜城赋》:“木魅山鬼,野鼠城狐,风嗥雨啸,昏见晨趋。”《北齐书·文苑传·樊逊》:“伏惟陛下受天明命,屈己济民,山鬼效灵,海神率职。”可证。

6.《春秋决疑十篇》之三:夫齐荼野幕之弑,事起阳生;楚灵乾溪之缢,祸因常寿。(第32页)

按:“野幕”非地名,不当标专名号。《左传·哀公六年》:“使毛迁孺子于骀,不至,杀诸野幕之下,葬诸殳冒淳。”杜预注:“恐骀人不从,故毛驻于野,张帐而杀之。”此处“野幕”,实指野外张设的帐幕,不能误以为地名。

7.《秦穆谥缪论》:今之学者,以秦穆为缪,尚疑其谥,得斯文也,可以谥缪为定。(第48页)

按:此处单用“缪”字,属谥号用字。谥法对谥号用字有严格的规定。秦穆公为何谥曰“缪”?《逸周书·谥法》:“名与实爽曰缪。”《史记·蒙恬列传》:“昔者秦穆公杀三良而死,罪百里奚而非其罪也,故立号曰‘缪’。”汉应劭《风俗通·皇霸·五伯》:“而缪公受郑甘言,置戍而去,违黄发之计,而遇殽之败,杀贤臣百里奚,以子车氏为殉,《诗·黄鸟》之所为作,故谥曰‘缪’。”此处“缪”字,是谥法规定中的谥号用字,并非专名,不当标专名号。

8.《食箴并序》:熊蹯不熟杀宰夫,而赵穿弑;双鸡易鹜馈子雅,而庆舍死。(第60页)

按:《左传·宣公二年》:“晋灵公不君……宰夫胹熊蹯不熟,杀之。”杨伯峻注:“此宰夫即《周礼,天官》之膳夫,盖天子曰膳夫,诸侯曰宰夫……宰夫掌君饮食膳羞。”宰夫,古代指掌管膳食的小吏,犹今之厨师长,系泛指,非专名,不当标专名号。

9.《无项託》:呜呼!项氏之有无,亦如乎庄周称盗跖、渔父也。(第70页)

按:《庄子·秋水》:“夫水行不避蛟龙者,渔父之勇也。”《楚辞》有《渔父》篇,记渔父与屈原在江边问答。渔父,即老渔翁,系泛指,非专名,不当标专名号。

10.《鹿门隐书六十篇》:毁人者失其直,誉人者失其实,近于乡原之人哉?(第97页)

按:《论语·阳货》:“子曰:‘乡原,德之贼者也。’”一本作“乡愿”。朱熹集注:“乡者,鄙俗之意。原,与‘愿’同……盖其同流合污,以媚于世,故在乡人之中独以愿称。”汉徐干《中论·考伪》:“乡愿亦无杀人之罪,而仲尼恶之,何也?以其乱德也。”乡原,指乡中貌似谨厚而实与流俗合污的伪善者。乡原是泛称,并非专名,不当标专名号。

11.《公斋四咏·新竹》:如神语钧天,似乐奏洞庭。(第142页)

按:钧天,“钧天广乐”的省称,指天上的音乐。典出《史记·赵世家》:“赵简子疾,五日不知人……居二日半,简子寤。语大夫曰:‘我之帝所甚乐,与百神游于钧天,广乐九奏万舞,不类三代之乐,其声动人心。'"后因以"钧天广乐"、"钧天"指天上的音乐。例汉张衡《西京赋》:"昔者大帝说秦缪公而觐之,飨以钧天广乐。"南朝梁刘勰《文心雕龙·乐府》:"钧天九奏,既其上帝。"唐鲍溶《湘妃列女操》诗,"云和经奏钧天曲,乍听宝琴遥嗣续。"可见"钧天"非专名,不当标专名号。

洞庭,语出《庄子·天运》:"帝张《咸池》之乐于洞庭之野。"成玄英疏:"洞庭之野,天池之间,非太湖之洞庭也。"洞庭,意谓广阔的庭院,而不是地名。例《文选·曹植〈七启〉》:"尔乃御文轩,临洞庭。"李善注:"洞庭,广庭也。"宋苏轼《坤成节集英殿教坊词·教坊致语》:"洞庭九奏,始识《咸池》之音;灵岳三呼,共献后天之祝。"此处"洞庭",不是指太湖,不是指太湖的东西洞庭二山,也不是指洞庭湖,总之不是地名,不当标专名号。

12.《南阳广文欲于荆襄卜居,因而有赠》诗:地脉从来是福多。广文高致更无双。(第 201 页)

按:广文,"广文先生"的省称。唐杜甫称郑虔为"广文先生"。据《新唐书·郑虔传》载,唐玄宗爱郑虔才,为置广文馆,以之为博士。唐杜甫《醉时歌》:"诸公衮衮登省台,广文先生官独冷;甲第纷纷厌粱肉,广文先生饭不足。"亦省称为"广文",例唐杜牧《郑瓘协律》诗:"广文遗韵留樗散,鸡犬图书共一船。"后泛指清苦闲散的儒学教官。例宋梅尧臣《裴直讲得润州通判周仲章咸豉遗一小瓶》诗:"我今老病寡肉食,广文先生分遗微。"宋叶适《鄱阳董季兴往游怀玉山》诗:"广文偶来亦同病,买田施食殷勤请。"此处"广文"系泛指,非专名,不当标专名号。

13.《华亭鹤》诗:池上低摧病不行,谁教仙魄反层城。(第 207 页)

按:层城,即高城,古代神话传说中昆仑山上有九重高城。《文选·张衡〈思玄赋〉》:"登阆风之层城兮,构不死而为床。"李善注:"《淮南子》曰:'昆仑虚有三山,阆风、桐版、玄圃,层城九重。'禹云:'昆仑有此城,高一万一千里。'"由于高高在上,虚无缥缈,后以"层城"泛指仙乡。例唐杜甫《奉和严中丞西城晚眺十韵》:"层城临暇景,绝域望馀春。"宋苏轼《仙都山鹿》诗:"仙人已去鹿无家,孤栖怅望层城霞。"皮日休诗中"仙魄反层城",正是说华亭鹤死,魂归仙乡。"层城"系泛指,非专名,不当标专名号。

二、专名而漏标专名号例

1.《霍山赋》:叱丰隆,奔列缺,轰然霹雳,天地俱裂。(第2页)

按:丰隆,古代神话中的雷神名,俗称雷公,当标专名号。《楚辞·离骚》:"吾令丰隆乘云兮,求宓妃之所在。"朱熹集注:"丰隆,雷师。"《穆天子传》卷二:"天子……而丰□(丰)隆之葬。"郭璞注:"丰隆筮御云,得大壮卦,遂为雷师。"《文选·张衡〈思玄赋〉》:"丰隆軯其震霰兮,列缺晔其照夜。"李善注:"丰隆,雷公也。"可证。

2.《忧赋》:竖刁乱齐之日,伊戾祸宋之时。(第5页)

按:齐,国名,当标专名号。

3.《河桥赋》:抉逆流而并泻,入渤海以犹浑。(第7页)

按:渤海,海名,当标专名号。

4.《九讽系述·端忧》:王孙何处兮,碧草极目。公子不来兮,清湘满眸。(第15页)

按:湘,水名,即湘江,当标专名号。

5.《九讽系述·舍慕》:以衮衣为褋兮,以黎丘为墟。(第16页)

按:黎丘,据新版《辞源》第四册第3576页云:"地名。1. 在今河南省虞城县北。丘高二丈。《吕氏春秋·疑似》谓梁地有黎丘鬼,善效人,即此。见《太平寰宇记》十二《宋州·虞城县》。"《吕氏春秋·疑似》:"梁北有黎丘部,有奇鬼焉。"《后汉书·张衡传》:"梁叟患夫黎丘兮,丁厥子而事刃,亲所睇而弗识兮,矧幽冥之可信。"李贤注引《吕氏春秋》作"黎丘乡"。据此,"黎丘"为地名明矣,当标专名号。

6.《补大戴记祭法文》:如以咎繇、伯益之功,小于舜、禹,不在祀典,则契为司徒而民成,咎繇也;冥勤其官而水死,伯益也。(第44页)

按:《礼记·祭法》:"契为司徒而民成,冥勤其官而水死。"郑玄注:"冥,契之六世孙。其官玄冥,水官也。"则"冥"为人名,当标专名号。

7.《郢州孟亭记》:谢朓之诗句,精者有"露湿寒塘草,月映清淮

流”。(第 71 页)

按:淮,水名,即淮河,当标专名号。

8.《通玄子栖宾亭记》:每空斋寥寥,寒月方午,松竹交韵,其正声雅音,笙师之吹竽,邠人之鼓籥,不能过也。(第 72 页)

按:邠,同“豳”,古代诸侯国名,后亦为地名,当标专名号。周后稷的曾孙公刘建国于邠,其地在今陕西省彬县。

9.《鄙孝议上篇》:则舜修廪可也,浚井可也,设死于大杖,谁养瞽叟哉?(第 80 页)

按:瞽叟,人名,古帝虞舜之父,当标专名号。

10.《鹿门隐书六十篇》:自汉至今,民产半入乎公者,其唯桑弘羊、孔仅乎?卫青、霍去病乎?设遇圣天子,吾知乎桑。

孔不过乎贾竖,卫、霍不过乎士伍。(第 99 页)

按:上引文误分割为二篇,其实是一篇。“桑”字后句号当改为顿号,“吾知乎桑、孔不过乎贾竖”为一句。桑,指桑弘羊,当标专名号。

11.《三羞诗》其二序:呜呼!扬子不云夫:“朱崖之绝,捐之之力也。否则介鳞,易我衣裳。”(第 102 页)

按:朱崖,亦作“珠崖”,地名,当标专名号。其地在今海南省琼山市。汉武帝元鼎六年定越地,在海南岛设珠崖、儋耳二郡。后珠崖等郡数反叛,贾捐之上疏请弃珠崖,以恤关东,元帝从之,乃罢珠崖郡。事见《汉书·武帝纪》及《贾捐之传》。

捐之,即贾捐之,人名,当标专名号。《汉书·贾捐之传》:“贾捐之,字君房,贾谊之曾孙也。”可证。

12.《吴中苦雨因书一百韵寄鲁望》:全吴临巨溟,百里到沪渎。(第 134 页)

按:沪渎,古水名,当标专名号。其指吴淞江下游近海处一段,即今黄浦江下游。

13.《初夏游楞伽精舍》诗:愿力傥不遗,请作华林鹤。(第 141 页)

按:华林,华林园的省称,指弥勒佛成道后说法的僧园,当标专名号。园中有龙华树,故名。《弥勒下生成佛经》:“尔时弥勒于华林园,其园纵广一百由旬。"此诗以华林园喻称楞伽精舍。

14.《太湖诗·晓次神景宫》:三茅亦常住,竟与珪组薄。(第144页)

按:三茅,指传说中修仙得道的茅氏三兄弟,即茅盈及其弟茅固、茅衷。据传为汉景帝时咸阳人,先后隐居句曲山(后名三茅山,简称茅山,在今江苏省句容市境内),得道成仙,世称三茅君。详见《茅山志》卷五。《梁书·处士传·陶弘景》:"于是止于句容之句曲山……昔汉有咸阳三茅君得道来掌此山,故谓之茅山。"三茅,当标专名号(或在"茅"字标专名号)。

15.《太湖诗·游毛公坛》:将山待夸娥,以肉投猰㺄。(第146页)

按:夸娥,当作"夸蛾",愚公移山故事传说中的大力神姓氏,当标专名号。《列子·汤问》:"帝感其诚,命夸蛾氏二子负二山,一厝朔东,一厝雍南。自此冀之南,汉之阴,无陇断焉。"可证。

16.《太湖诗·缥缈峰》:清晨陪道侣,来上缥缈峰。(第147页)

按:缥缈峰,峰名,在太湖洞庭西山,当标专名号。清吴伟业《缥缈峰》诗:"兹峰非云高,高与众山别,其下多嵌空,天风吹不折,插根虚无际,缥缈为险绝。"原注:"缥缈峰,顾野王《舆地志》:'缥缈峰,洞庭之最高者。'卢熊《苏州府志》:'包山最高者为缥缈峰。'"清徐崧、张大纯《百城烟水》卷一:"缥缈峰,最高,登其颠则吴越诸山隐隐在目。"可证。

17.《太湖诗·续渎》:灵境太蹂践,因兹塞林屋。(第148页)

按:林屋,山名,又洞名。太湖洞庭西山有林屋山,山有溶洞,名林屋洞。皮日休《太湖诗》中即有《入林屋洞》诗。清金友理《太湖备考》卷五:"西洞庭山,一名包山。山有林屋洞,故又名林屋山。"此处"林屋",指林屋洞,当标专名号。

18.《奉和鲁望四明山九题·青櫺子》:必供玄都柰,花开不记年。(第168页)

按:玄都,传说中神仙居处。《海内十洲记·玄洲》:"上有大玄都,仙伯真公所治。"晋葛洪《枕中书》:"《真记》曰:玄都玉京七宝山,周回九万里,在大罗之上,城上七宝宫,宫内七宝台,有上中下三宫……上宫是盘古真人、元始天尊、太元圣母所治。”唐杜甫《冬日洛城北谒玄元皇帝庙》诗：“配极玄都闷，凭高禁御长。”玄都，当标专名号。

19.《五觋诗》序：江南秋风时，鲈肥而难钓，菰脆而易挽。（第168页）

按：江，指长江。江南，地域名，指长江下游的长江以南地区。江南，当标专名号（或在“江”字标专名号）。

20.《五觋诗·五泻舟》：自知无用处，却寄五湖仙。（第169页）

按：五湖，太湖的别名，当标专名号。《国语·越语下》：“果兴师而伐吴，战于五湖。”韦昭注：“五湖，今太湖。”《文选·郭璞〈江赋〉》：“注五湖以漫漭，灌三江而漰沛。”李善注引张勃《吴录》：“五湖者，太湖之别名也。”可证。

21.《五觋诗·乌龙养和》：料君携去处，烟雨太湖舟。（第169页）

按：太湖，当标专名号。

22.《临顿里为吴中偏胜之地》诗之五：生公石上月，何夕约谭微。（第172页）

按：生公石，岩名，当标专名号。相传为晋末高僧竺道生（生公）讲经说法处，在今苏州虎丘山麓。此处大石盘陀径亩，石面平坦，相传生公讲经时，有千人列听，故名千人石，又名生公石。唐陆广微《吴地记》：“[虎丘山]池（剑池）边有石可坐千人，号千人石。”宋叶廷珪《海录碎事·政事·冢墓门》：“虎丘涧侧有平石，可容千人坐，谓之千人石。俗传，因生公讲法于此。”明袁宏道《虎丘记》：“从千人石上至山门，栉比如鳞，檀板丘积，樽罍云泻……吏吴两载，登虎丘者六。最后与江进之、方子公同登，迟月生公石上。”同一篇中，前称千人石，后称生公石，实指一石，变文避复耳。清钱谦益《虎丘秋月图题赠似虞周翁》诗：“惟有生公石，盘陀阅成亏。”中秋之夕，共游虎丘赏月，生公石上听歌，佳节胜会，盖其俗由来久矣。

23.《虎丘寺殿前有古杉》诗：品格齐辽鹤，年龄等宝贵。（第174页）

按：辽鹤典故，指传说中的辽东人丁令威修道升仙，化鹤归飞之事。

辽,地域名,指辽河地区,相当于今辽宁省境。辽,当标专名号。

24.《虎丘寺殿前有古杉》诗:未倒防风骨,初僵负贰尸。(第174页)

按:防风,古代传说中部落酋长名,当标专名号。《国语·鲁语下》:"丘闻之,昔禹致群神于会稽之山,防风氏后至,禹杀而戮之。其骨节专车。"韦昭注:"防风,汪芒氏之君名也。"可证。

负贰,即贰负,古代传说中的神名,当标专名号。《山海经·海内西经》:"贰负之臣曰危,危与贰负杀窫窳,帝乃梏之疏属之山,桎其手足,反缚两手与发,系之山上木,在开题西北。"可证。

25.《虎丘寺殿前有古杉》诗:威仰诚难识,句芒恐不知。(第174页)

按:句芒,古代传说中木官之名,又为木神名,当标专名号。《礼记·月令》:[孟春之月]其帝大皞,其神句芒。"郑玄注:"句芒,少皞氏之子曰重,为木官。"《左传·昭公二十九年》:"木正曰句芒。"《文选·张衡〈思玄赋〉》:"过少皞之穷野兮,问三丘于句芒。"李善注:"句芒,木正也。"可证。

26.《江南书情二十韵》:茶教弩父摘,酒遣僰童监。(第175页)

按:僰,当作僰,字形相似而误。僰,我国古代西南少数民族名,当标专名号。其居地在以僰道(今四川省宜宾市)为中心的今川南以及滇东一带。《说文·人部》:"僰,犍为蛮夷。"段玉裁注:"犍为郡有僰道县,即今四川叙州府治也,其人民曰僰。"《吕氏春秋·恃君》:"离水之西,僰人野人……多无君。"《汉书·伍被传》:"南越宾服,羌僰贡献,东瓯入朝。"颜师古注:"僰,西南夷也。音蒲北反。"可证。

27.《偶成小酌》诗:冲深柳驻吴娃幌,倚短花排羯鼓床。(第187页)

按:吴娃,指吴地美女。吴,地域名,因春秋时属吴国而得名,指今以苏州为中心的苏南、浙北和上海市一带。吴,当标专名号。

28.《孙发百篇将游天台》诗:紫府近通斋后梦,赤城新有寄来书。(第189页)

按:赤城,山名,当标专名号。赤城山在浙江省天台县北,为天台山南门。《文选·孙绰〈游天台山赋〉》:"赤城霞举而建标,瀑布飞流以界道。"李善注:"支遁《天台山铭序》曰:'往天台,当由赤城山为道径。'孔灵符《会稽记》曰:'赤城,山名,色皆赤,状似云霞。'"唐李白《梦游天姥吟留别》:"天姥连天向天横,势拔五岳掩赤城。"王琦注:"《太平广记》:'章安县西有赤城山,周三十里。一峰特高,可三百余丈。'《海录碎事》:'顾野王《舆地志》云:赤城山有赤石罗列,长里余,遥望似赤城。'"可证。

29.《重玄寺元达年逾八十好种名药》诗之一:药名却笑桐君少,年纪翻嫌竹祖低。(第192页)

按:桐君,传说为黄帝时医师,当标专名号。南朝梁陶弘景《〈本草〉序》:"又云,有桐君《采药录》说其花叶形色。"相传桐君曾采药于浙江省桐庐县的东山,结庐桐树下。人问其姓名,则指桐树示意,遂被称为桐君。后所居东山名为桐君山,县亦名为桐庐。至今桐君遗迹犹存。

30.《寄题镜岩周尊师所居》诗:如何计吏穷于鸟,欲望仙都举一帆。(第202页)

按:仙都,山名,当标专名号。仙都山,在今浙江省缙云县,高六百丈,周三百里,下临好溪,风光旖旎,今已辟为旅游风景区。此诗序云:"处州(今浙江省丽水市)仙都山,山之半有洞口,下望之如鉴,目之曰镜岩。"可证。

31.《送董少卿游茅山》诗:名卿风度足杓斜,一舸闲寻二许家。(第205页)

按:二许,指东晋精通道家学说的许映、许穆父子。《云笈七籤》卷五:[杨羲]幼而通灵,与二许早结神明之交。"原注:"二许,许映与许穆。"二许,当标专名号(或在"许"字标专名号)。

32.《宿木兰院》诗:木兰院里双栖鹤,长被金钲聒不眠。(第213页)

按:木兰院,又名木兰堂,宅院名,当标专名号。清徐崧、张大纯《百城烟水》卷一:"木兰堂,又名木兰院。白刺史(苏州刺史白居易)有《寄题木兰西院》诗,后人以州宅后堂名之。"可证。

33.《庭中初植松桂》诗：恰似青童君欲会，俨然相向立庭中。（第214页）

按：青童君，神话传说中的仙人，当标专名号。《〈黄庭内景经〉序》"《黄庭内经》一名《东华玉篇》"务成子注："东华者，方诸宫名也，东海青童君居也。"唐李白《至陵阳山登天柱石酬韩侍御见招隐黄山》诗："步纲绕碧落，倚树招青童。"王琦注："《真灵位业图》：'龚仲阳、幼阳兄弟二人，受道于青童君。'"宋苏轼《行琼儋间肩舆坐睡梦中得句戏作此数句》诗："喜我归有期，举酒属青童。"王十朋注引赵次公曰："青童，神仙青童君也。"可证。

34.《虎丘寺西小溪闲泛三绝》之一：鼓子花明白石岸，桃枝竹覆翠岚溪。分明似对天台洞，应厌顽仙不肯迷。（第215页）

按：天台，指天台山，当标专名号。此处"天台洞"为用典。汉明帝永平五年，会稽郡剡县刘晨、阮肇共入天台山采药，迷路而遇两丽质仙女，被邀至洞府，并招为婿。事见《太平御览》卷四一引南朝宋刘义庆《幽明录》。

35.《酒病偶作》诗：郁林步障昼遮明，一炷浓香养病酲。（第218页）

按：郁林，古县名，当标专名号。其地在今广西壮族自治区玉林市。《新唐书·隐逸传·陆龟蒙》："陆氏在姑苏，其门有巨石。远祖绩尝事吴为郁林太守，罢归无装，舟轻不可越海，取石为重。人称其廉，号郁林石。世保其居云。"可证。

36.《寄题天台国清寺齐梁体》诗：十里松门国清路，饭猿台上菩提树。（第220页）

按：国清，即国清寺，当标专名号。寺在浙江省天台县城北五公里，天台山南麓。中国佛教天台宗的发源地。隋开皇中，天台宗创始人智顗创建。方剪木为基，而智顗去世。开皇十八年(598)晋王杨广承其遗意建成。初名天台山寺，因曾有老僧谓智顗曰："三国（指北周、北齐、南朝陈）成一，有大势力人能为此寺。寺若成，国即清，当呼为国清寺。"隋大业元年(605)赐额国清寺。

37.《杂体诗序》：案齐竟陵王《郡县》诗曰："追芳承荔浦，揖道信云丘。"县名由是兴焉。（第222页）

按：所引诗作者、诗题和诗句有误。《艺文类聚》卷五六引作：南朝齐王融《奉和竟陵王郡县名诗》："追芳承荔浦，揖道讯虚丘。"

荔浦，县名，当标专名号。其地即今广西壮族自治区荔浦县。

《文薮》"云丘"，《类聚》作"虚丘"，在南北朝史书的《地理志》、《州郡志》、《地形志》中均未见有如此郡县名，窃疑均为"灵丘"之误。首先，从字形上说。靈（灵）俗字作"霊"，虚俗字作"虗"，云繁体作"雲"，三字形体近似，有致误之可能。其次，从词义上说。灵丘，道家指神仙所居之山。《楚辞·王褒〈九怀·蓄英〉》："玄鸟兮辞归，飞翔兮灵丘。"王逸注："悲鸣神山，奋羽翼也。"三国魏嵇康《赠兄秀才入军》诗之十六："乘风高逝，远登灵丘。结好松乔，携手俱游。"松乔，指神仙赤松子、王子乔。《云笈七籤》卷九八："四旌耀明空，朱轩飞灵丘。""云丘"、"虚丘"为"灵丘"之误，则诗句当作"揖道讯（信）灵丘"，"道"与"灵丘"，其意正相应吻合。第三，灵丘实有其地。灵丘，汉置县名，属代郡；北魏设灵丘郡。其地即今山西省灵丘县。校正后的"灵丘"，当标专名号。《汉书·周勃传》："[周勃]因复击豨（陈豨）灵丘，破之。"南朝梁吴均《赠任黄门诗》之二："射雕灵丘下，驱马雁门北。"可证。

38.《报恩寺南池联句》：斋心曾养鹤，挥翰好邀鹅。原注：南峰院即故相国裴公书额。（第232页）

按：南峰院，又名南峰寺，当标专名号。其址在吴县（今苏州市吴中区）支硎山。清徐崧、张大纯《百城烟水》卷二"支硎山"条："南峰寺，（原注：唐裴休书额。）宋祥符间赐名'天峰'，熙宁、元丰间僧德兴新之。"原注中所言书额者"故相国裴公"，即指唐裴休。可证。

39.《报恩寺南池联句》：翠出牛头耸，苔深马迹跛。原注：石上有支公马迹。（第232页）

按：牛头，峰名；马迹，岩名。当标专名号。清徐崧、张大纯《百城烟水》卷二"支硎山"条："有……马迹石、（原注：石文如蹄涔。）牛头峰。（原注：刘禹锡诗：石文留马迹，峰势耸牛头。）"可证。

40.《松陵集序》：松江，吴之望也，别名曰“松陵”，请目之曰《松陵集》。（第 237 页）。

按：松陵，松江（即今江苏省吴江市）之别名，当标专名号。清徐崧、张大纯《百城烟水》卷四“吴江”条：“吴江，即古之松江。汉为松陵镇，属吴县。后梁开平三年，钱镠请割吴县松陵镇、并割嘉兴置吴江县。”其地即今吴江市，市府所在地为原松陵镇。可证。

41. 爱新觉罗弘历《读皮日休集》诗：黄巢伪署公然受，朱祐谬称所弗辞。（第 245 页）

按：朱祐，东汉初年人，随光武征讨，以军功而封鬲侯。当标专名号。《后汉书·朱祐传》：“朱祐，字仲先，南阳宛人也。少孤，归外家复阳刘氏，往来舂陵，世祖与伯升皆亲爱之。”可证。

三、并列二专名而误连标一专名号例

1. 宋柳开《〈皮日休文集〉序》：古国之大，各有薮焉。鲁大野、晋大陆、秦杨陓、宋孟诸、楚云梦、吴越具区、齐海隅、燕昭余祁、郑圃田、周焦护，皆为薮也。（序第 1 页）

按：此处“吴越”实指吴、越二古国名，不能连标一专名号。连标一专名号的“吴越”，指五代十国时的钱氏吴越。在柳开所处的北宋初年，“吴越”岂能与鲁、晋、秦、宋、楚、齐、燕、郑、周等并称“古国”乎？具区即太湖，地跨今江苏、浙江二省，俗称“包孕吴越”，《尔雅·释地》云：“吴越之间有具区。”“吴越”岂能连标一专名号乎？

2.《霍山赋》：所以五岳相迩者，唐虞之帝五载一巡狩，一载而遍。（第 2 页）

按：唐，指唐尧；虞，指虞舜。“唐虞”并称，当分标二专名号。

3.《十原系述·原兵》：说者或云：“蚩尤古天子，”则炎黄继命，其间无蚩尤之运也。（第 27 页）

按：炎，指炎帝神农氏；黄，指黄帝轩辕氏。“炎黄”并称，当分标二专名号。

又,“蚩尤古天子”句后的逗号,宜改作句号。

4.《文中子碑》:文中子王氏,讳通,生于陈、隋之间,以乱世不仕,退于汾晋,序述《六经》,敷为《中说》,以行教于门人。(第35页)

按:汾,指汾河,发源于山西省北部宁武县管涔山,流贯晋中盆地,至河津市西入黄河。晋,地域名,因春秋时属晋国而得名,即指今山西省境。汾晋,指汾水流域,例唐杜甫《八哀诗·赠司空王公思礼》:“千秋汾晋间,事与云水白。”明梅鼎祚《玉合记,悟真》:“寓身汾晋之间,栖志蓬瑶之上。”“汾晋”并称,当分标二专名号。

5.《春申君碑》:然徙都于寿春,失邓塞之固,去方城之险,舍江汉之利,其为谋已下矣。(第38页)

按:江,指江水,即长江;汉,指汉水。“江汉”并称,当分标二专名号。《诗·小雅·四月》:“滔滔江汉,南国之纪。”朱熹集传:“江汉,二水名。”可证。

6.《移元征君书》:今天下虽无事,河湟有黠虏之患,岭徼有逋蛮之虞。(第86页)

按:河,指河水,即黄河;湟,指湟水,又名湟河。“河湟”并称,当分标二专名号。《后汉书·西羌传·羌无弋爰剑》:“羌人因以为俗,遂俱亡入三河间。……河湟间少五谷,多禽兽,以射猎为事。”李贤注:“《续汉书》曰:‘遂俱亡入河湟间。’今此言三河,即黄河、赐支河、湟河也。湟水出金城郡临羌县。”可证。

7.《初夏游楞伽精舍》诗:朅去山南岭,其险如邛笮。(第141页)

按:邛,指邛都;笮,指笮都。汉时西南夷中二名的并称,亦指其所居地,约在今四川省西昌市、汉源县一带。“邛笮”并称,当分标二专名号。《史记·西南夷列传》云:“蜀人司马相如亦言西夷邛、笮可置郡。”又云:“南越破后,及汉诛且兰、邛君,并杀笮侯……乃以邛都为越嶲郡、笮都为沈犁郡。”可证。

8.《〈太湖诗〉序》:尔后闻震泽、包山,其中有灵异,学黄老徒乐之,多不返,益欲一观,豁平生之郁郁焉。(第143页)

按:黄,指黄帝;老,指老子。后世道家奉为始祖。“黄老”并称,当分标二专名号。《史记·老子韩非列传》:"韩非者……喜刑名法术之学,而其归本于黄老。"司马贞索隐:"今按,《韩子》书有《解老》、《喻老》二篇,是大抵亦崇黄老之学耳。"可证。

四、一专名而误分标二专名号例

1.《忧赋》:其甚者,愍、怀死而晋乱,房、陵易而隋亡。(第5页)

按:晋有愍帝、怀帝,但是怀帝(307—313)在前,愍帝(313—316)在后,并称时理应作"怀、愍",而不当作"愍、怀"。说到"晋乱",并不始于怀帝、愍帝之死,而在惠帝(290—306)时即有"八王之乱"。特别是在惠帝永康元年(300),贾后矫诏杀害惠帝长子,即愍怀太子司马遹,随后王族内乱不止。赵王司马伦、梁王司马肜矫诏杀贾后。永宁元年(301),赵王伦篡位,以惠帝为太上皇。齐王司马冏、成都王司马禺、河间王司马颙、常山王司马乂起兵讨伐伦,杀之。太安元年(302),长沙王司马乂攻杀齐王冏。太安二年(303)。河间王颙、成都王颖举兵讨长沙王乂,东海王司马越杀乂。永兴元年(304),颙逼惠帝立成都王颖为皇太弟,东海王越起兵攻杀颖。光熙元年(306),惠帝崩。因此,"愍、怀死而晋乱"句,"愍怀"指愍怀太子,"愍"字后顿号当删除,"愍怀"当连标一专名号。

"房、陵易而隋亡"句,"房陵"指隋房陵王杨勇。《隋书·房陵王勇传》:"房陵王勇字睍地伐,高祖长子也……高祖受禅,立为皇太子。"后受谗废黜。炀帝即位,赐死,追封房陵王。因此,"房"字后顿号当删除,"房陵"当连标一专名号。

2.《刘枣强碑》:世重之曰:"刘枣强亦如范莱芜之类焉。"(第39页)

按:"范莱芜"为东汉人范冉的外号,当连标一专名号。《后汉书·独行传·范冉》:"范冉,字史云,陈留外黄人也";"桓帝时,以冉为莱芜长,遭母忧,不到官";"遭党人禁锢,遂推鹿车,载妻子,捃拾自资,或寓息客庐,或依宿树荫。如此十余年,乃结草室而居焉。所止单陋,有时粮粒尽，穷居自若，言貌无改，闾里歌之曰：'甑中生尘范史云，釜中生鱼范莱芜。"'可证。

3.《鄙孝议上篇》：设使虞舜糜骨节，曾参隳肢体，乐正子春伤足不忧，汉景吮痈无难，今之有是者，吾犹以为不可，况无是理哉？（第81页）

按：此处"乐正"，不是指古时乐官之长，而是复姓。《孟子·梁惠王下》："乐正子人见，曰：'君奚为不见孟轲也？'"赵岐注："乐正，姓也。子，通称。孟子弟子也。"这是指孟子弟子乐正克。本篇"乐正子春"为一人姓名，当连标一专名号。《礼记·檀弓上》："曾子寝疾病，乐正子春坐于床下。"郑玄注："子春，曾参弟子。"《公羊传·昭公十九年》："其讥子道之不尽奈何？曰：乐正子春之视疾也。"何休注："乐正子春，曾子弟子，以孝名闻。"可证。本篇上文（见第80页）"乐正子春"就连标一专名号，不误。

4.《孙发百篇将游天台》诗：孙子荆家思有余，元戎曾荐入公车。（第189页）

按："孙"为姓，"子荆"为字，"孙子荆"当连标一专名号。《晋书·孙楚传》："孙楚，字子荆，太原中都人也……楚才藻卓绝，爽迈不群。"可证。

5. 附录《四库全书文薮提要》：旧传其降于黄巢，后为所害。而陆游《老学庵笔记》独据《皮光业碑》，以为日休终于吴越，并无陷贼之事，旧传说疑失实也。（第244页）

按：据今本宋陆游《老学庵笔记》卷十："按尹师鲁作《大理寺丞皮子良墓志》，称：'曾祖日休，避广明之难，徙籍会稽，依钱氏，官太常博士，赠礼部尚书。祖光业，为吴越丞相。父璨，为元帅府判官。三世皆以文雄江东。'则日休未尝陷贼为其翰林学士被诛也。"因此，"日休终于吴越"句中之"吴越"，是指钱氏之吴越国，则不应分标二专名号，当连标一专名号。

五、专名号残缺例

1.《九讽系述·舍慕》:以鲍焦为贪兮,以孔圣为诬。(第16页)

按:孔圣,对孔子的尊称,当连标一专名号。三国魏阮籍《咏怀》之三二:"孔圣临长川,惜逝忽若浮。"唐皇甫冉《送孔党赴举》诗:"家承孔圣后,身有鲁儒名。"可证。

2.《十原系述·原亲》:古之佞臣,爱人之贵,过於其亲,必舍而事之,公子开方是也。(第23页)

按:公子开方,春秋时卫国公族,齐桓公之佞臣。按之常例,凡先秦时称"公子某"或"公子某某"者,当连标一专名号。

3.《十原系述·原弈》:尧不忍加兵,而以命舜,舜不忍伐,而敷之文德。然后有苗格焉。(第25页)

按:有苗,苗也。"有"为词头,组成双音节词。"有苗"为一专名词,当连标一专名号。凡古时国名、族名、朝代名等前加上词头"有"字组成双音节专名词者,"有某"当连标一专名号。《诗·大雅·文王》:"有周不显,帝命不时。"毛传:"有周,周也。"孔颖达疏:"以'周'文单,故言'有'以助之。《烝民》曰'天监有周',《时迈》曰'明昭有周',皆同也,犹《左传》谓'济'为'有济'。传叠而解之,'有周'正'周'也。"《左传·僖公二十一年》:"任、宿、须句、颛臾,风姓也,实司大皞与有济之祀,以服事诸夏。"杨伯峻注:"有济即济水,有为词头,犹有虞、有夏之有,加字以成双音节。"可证。

4.《春秋决疑十篇》之一:何则楚公子国弑其君郏敖,子驷弑其君僖公,齐人弑其君悼公,各以疾赴,《春秋》皆书曰"卒"乎?(第31页)

按:"楚公子国","楚"为国名,当标一专名号;"楚公子"不能连标一专名号,因为"公子"不是专名。如果"公子"后紧接人名,按之常例,凡先秦时称"公子某"或"公子某某"者,当连标一专名号。"公子国"("国"字误,详见下),人名,即后来的楚灵王,当连标一专名号。

又,公子国,当作"公子围",字形相似而误,当出校记。《左传·昭公元年》:"十一月己酉,公子围至,人问王疾,缢而弑之……葬王于郏,谓之郏敖。"《国语·鲁语下》:"虢之会,楚公子围二人执戈先焉……公子围反,杀郏敖而代之。"韦昭注:"楚公子围,恭王之庶子灵王熊虔也,时为令尹。郏敖,楚康王之子麇。麇有疾,围缢而杀之,葬之于郏,诸侯谓之郏敖。"《左传》、《国语》均作"公子围",可证。

5.《太湖诗·初入太湖》题注:自胥口入,去州五十里。(第143页)

按:胥口,太湖沿湖水口之一,在今苏州市吴中区境,其地有胥口镇。整理本仅在"胥"字标专名号,则地名"胥口"之专名号残缺矣,且易误解为人名"伍子胥"之简称。"胥口"当连标一专名号。宋范成大《吴郡志》卷十八:"胥口,在木渎西十里,出太湖之口也。上有胥山,舟出口,则水光接天。洞庭东西山峙银涛中,景物胜绝。"清徐崧、张大纯《百城烟水》卷二"沿湖水口·吴县":"胥口,在胥山、香山之间。西受太湖水,东行十里至木渎镇,铜坑西来之水出斜桥注之,又东行二十里至横塘,与石湖南来之水会,合流过横塘桥;一支由彩云达枫桥,其河身于彩云桥外东行七里,而入于胥门之运河。按,此为吴县境太湖泄水第一要处。"今《中国地图册》(中国地图出版社1998年第8版)第12图"沪宁杭地区"图,在苏州市西南方向太湖边,即标出了地名"胥口"。可证。

6.《〈茶中杂咏〉序》:自周已降,及于国朝茶事,竟陵子陆季疵言之详矣。(第163页)

按:陆季疵即陆羽。《新唐书·隐逸传·陆羽》:"陆羽字鸿渐,一名疾,字季疵,复州竟陵人。"是也。唐李肇《唐国史补》卷中"陆羽得姓氏"条:"羽于江湖称竟陵子,于南越称桑苎翁,与颜鲁公厚善,及玄真子张志和为友。"则"竟陵子"为陆羽之号,当连标一专名号。整理本割裂出"竟陵"为地名而标专名号,则"竟陵子"之专名号残缺矣。

7.《江南道中怀茅山广文南阳博士三首》之三:五色香烟惹内文,石饴初熟酒初醺。原注:许远游烧香五色烟。(第181页)

按:整理本以"许远"为人名而标专名号,许远实有其人。据《新唐书·许远传》、唐韩愈《张中丞传后序》,许远,字令威,唐代杭州盐官(今浙江省海宁市)人,安史之乱时任睢阳(今河南省商丘市)太守,与御史中丞张巡共同坚守睢阳,城陷被掳往洛阳,至偃师,以不屈死。但是,未见许远有"游烧香五色烟"的记载或传说,而且"游烧香"之义亦令人费解。其实,人名为"许远游",三字当连标一专名号。《晋书·王羲之传》附许迈传:"许迈,字叔玄,一名映,丹杨句容人也……永和二年,移人临安西山,登岩茹芝,眇尔自得,有终焉之志。乃改名玄,字远游。与妇书告别,又著诗十二首,论神仙之事焉。"可证。校点整理者熟知"许远",而不知"许远游",致使晋人"许远游"专名号残缺,误为唐人"许远"矣。

8.《腊后送内大德从勖游天台》诗:梦入琼楼寒有月,行过石树冻无烟。原注:按消山有石楼树。吴大皇元年,郡吏伍曜于海际得之,枝茎紫色有光,南越谓之石连理也。(第204页)

按:"南越"为古地名,指今广东、广西一带,当连标一专名号。《汉书·伍被传》:"南越宾服,羌僰贡献,东瓯入朝。"《通典·州郡·古南越》:"自岭而南,当唐虞三代,为蛮夷之国,是百越之地,亦谓之南越。古谓之雕题,非《禹贡》九州之域,又非《周礼》职方之限。"可证。整理本仅在"越"字标专名号,致使地名"南越"之专名号残缺,误以为指今浙江一带之"越"矣。

又,三国吴无"大皇"年号。"大皇"当作"天玺",字形相似而误。《宋书·符瑞志下》:"孙皓天玺元年,临海郡吏伍曜在海水际得石树,高三尺余,枝茎紫色,诘屈倾靡,有光采。"可证。

9.《咏白莲》之二:吴王台下开多少,遥似西施上素妆。(第234页)

按:"吴王台"三字当连标一专名号。吴王台,即指春秋时吴王阖庐、夫差所建造的姑苏台,又名姑胥台,亦省称吴台、苏台、胥台。《吴越春秋·勾践阴谋外传》:"吴王不听,遂受[神木]而起姑苏之台。三年聚材,五年乃成,高见二百里。"徐天祜注:"台始基于阖闾,而新作于夫差。"《艺文类聚》卷六二引《吴地记》:"吴王阖闾十一年,起台于姑苏山,因山为名,西南去国三十五里。春夏游焉。后夫差复高而饰之。越伐吴,遂见焚。太史公云:'余登姑苏,望五湖。'五湖去此台二十余里。"因年代久远,台址今无定说。

10.《题皮子文薮后》:皇明正德庚辰夏六月望,吴下袁表邦正识。(第244页)

按:旧时在封建王朝名前冠以"皇"字、"大"字、"圣"字等,是一种尊称,"皇某"当连标一专名号。例南朝宋谢灵运《撰征赋序》:"皇晋受命河汾,来迁吴楚,数历九世,年逾十纪。"皇晋,晋朝的尊称。南朝梁刘勰《文心雕龙·时序》:"暨皇齐驭宝,运集休明。"皇齐,南朝齐的尊称。明徐渭《牡丹赋》:"兹上代之无闻,始绝盛乎皇唐。"皇唐,唐朝的尊称。本文"皇明",是对明朝的尊称,当连标一专名号。

11.《重刊宋本文薮序》:昔范文正以《中庸》授横渠张子,论者谓:"有宋一代道学实自文正唱之。"(第246页)

按:"有宋",指宋朝,当连标一专名号。说见第3条关于"有苗"专名号的讨论。

六、专名号羡馀例

1.《十原系述·原亲》原注:杀宗,王莽杀子宇是也。(第23页)

按:宇,是王莽长子名,理当标专名号。子,指儿子,是称谓,非专名,则不当标专名号。整理本给"子宇"连标一专名号,则人名"宇"之专名号羡馀矣,且又抹煞了宇是王莽之子这一关系。《汉书·王莽传上》:"莽子宇,非莽隔绝卫氏,恐帝长大后见怨……莽执宇送狱,饮药死。"又《外戚传下·中山卫姬》:"莽长子宇非莽隔绝卫氏,恐久后受祸,即私与卫室通书记……会事发觉,莽杀宇,尽诛卫氏支属。"可证。

2.《陵母颂》:《汉史》称周苛拒项籍之爵,方诸陵母,诚未为忠!(第51页)

按:"陵母",指王陵的母亲,但并非为一专名,不当连标一专名号。陵,指汉将王陵,理当标专名号。母,指母亲,是称谓,非专名,则不当标专名号。《汉书·王陵传》:"项羽取陵母置军中,陵使至,则东乡坐陵母,欲以招陵。陵母既私送使者,泣曰:'愿为老妾语陵,善事汉王。汉王长者,毋以老妾故持二心。妾以死送使者。'遂伏剑而死。项王怒,亨陵母。"中华书局标点本此四处"陵母",只于"陵"标专名号,而于"母"不标专名号,这是正确的。

3.《赵女传》:今之士,见难不立其节,见安不偿其信者,其赵女之刑人乎?(第78页)

按:赵女,指赵氏女子。赵为姓,理当标专名号。女,指女子,标性别,非专名,则不当标专名号。本篇开头说:"赵氏女,山阳之盐山人。"于"赵氏"标专名号,"女"字不标专名号,这就标对了。

4.《洛中寒食二首》之二:洛水万年云母竹,汉陵千载野棠花。(第180页)

按:"汉陵",泛指汉代帝王的陵墓,但并非为一专名,不当连标一专名号。汉,朝代名,理当标专名号。陵,指陵墓、陵园,非专名,则不当标专名号。

5.《鸳鸯二首》之二:无日不来湘渚上,有时还在镜湖中。(第210页)

按:"湘渚",泛指湘江中的小洲,但并非为一专名,则不当连标一专名号。湘,指湘江,理当标专名号。渚,《尔雅·释水》云:"小洲曰陼。"陼,同渚。《诗·周南·江有汜》:"江有渚。"毛传:"渚,小洲也。"《楚辞·九歌·湘君》:"鼂骋骛兮江皋,夕弭节兮北渚。"王逸注:"渚,水涯也。"《战国策·燕策二》:"乘夏水而下汉,四日而至五渚。"《文选·颜延之〈祭屈原文〉》:"弭节罗潭,舣舟汨渚。"李周翰注:"罗潭、汨渚,屈生自沈处也。"从上引诸例看,古云梦之地多渚可知。渚,泛指小洲,则不当标专名号。

(原载《朴学之路》,江苏教育出版社2004年版)

《九九销夏录》点校本断句标点疑误举例

中华书局1995年出版了俞樾《九九销夏录》点校本(内含《湖楼笔谈》、《读书馀录》、《达斋丛说》另三种),作为《学术笔记丛刊》之一种,嘉惠学林,诚属盛事。然而此书内容广杂,学术性强,点校者千虑一失,在所难免。今将点校本断句标点有疑误者若干例录出,稍加编次,以就正于大方之家。

1. 第3页第7行:乌呼,不有本朝诸大儒出,安能扫《易》学之榛芜而上溯田何以来之古义乎。

按:“安能扫《易》学之榛芜而上溯田何以来之古义乎”句,句中“安”为疑问副词,“乎”为疑问语气词,这是个典型的问句,则句末原句号当改作问号。

2. 第38页第4行:小子何莫吃夫粥,粥可以补,可以宣,可以腥,可以素。

按:“小子何莫吃夫粥”句,句中“何”为疑问代词,这是一问句,则句后原逗号当改作问号。

点校本中,大多数问句能准确地加标问号,但也有不少当标问号的问句却标了句号或逗号,这不仅使全书标点体例不一,也容易引起误解句义。在此仅举二例,馀不一一。

3. 第45页第7行:《何之子》语,愚窃定其句读曰:“太虚奚无无,句以无无无,句无无无则无无。句无无则虚,句虚虚则实,句实实叫极。句极极则易,句易易则始。句”然则义亦并不深,口头禅耳。

按:古人读书,于句读疑似之处,旁注一“句”字,表示到此句绝。这旁注“句”字,属夹注,标点时,其后当加标句号。点校本中,尽管夹注“句”字用比正文小一号字排印,但其后未标句号,与正文下一句直接相连,易引起误解。

4. 第 66 页第 1 行:务在博采广收。不遗巨细,以备将来修省志、府志者之取裁。

按:“务在博采广收”句,语意未完,其后原句号当改作逗号。

5. 第 80 页第 10 行:宋章樵遇李全之乱,率诸生盛服坐堂上。讲诵。寇至,敛刃而去。

按:“讲诵”二字当属上为句,其前原句号当删去。

6. 第 86 页第 13 行:宋胡仲弓《苇航漫游稿》有《旱湖》一诗,云:“但使孤山梅不死,其馀风物不关情。”虽云高雅何漠,然无吉凶同患之心也,不及屏山诗意远矣。

按:“虽云高雅”自为句,其后当加标逗号。“何漠”二字当属下为句,其后原逗号当删去;“何漠然无吉凶同患之心也”作一句读,是一感叹句。

7. 第 104 页第 5 行:白乐天始与元稹齐名,称元白。后与刘禹锡齐名。称刘白,此人所习知也。

按:“称元白”后原句号宜改作分号,“后与刘禹锡齐名”后原句号当改作逗号,“称刘白”后原逗号当改作句号(或作冒号)。

8. 第 128 页第 14 行:按,《说文》:“渊,回水也。从水㘞象,形左右岸也。中象水貌,或体作㘞,省水。”

按:“从水㘞”自为句,其后当加标逗号。《说文》水部“渊”字下说解语原无“㘞”字,为俞樾以意增入。“象形”,为文字学“六书”之一,属专门术语,不宜割裂。“象形”为句,其后当加标句号。“左右岸也”,“左右”下当加标逗号,谓“㘞”的左右两笔即“八”象岸之形。“中象水貌”,“中”字后当加标逗号,谓“㘞”字中间的“卄”象水流之形。“或体作㘞,省水。”这最后两句不是《说文》原文,而是俞樾的叙述语,则不宜标在引号内。经调整后,标点当作:按,《说文》:“渊,回水也。从水㘞,象形。左右,岸也;中,象水貌。”或体作“㘞”,省水。

9. 第135页第1行:考古人于妻之父母本不甚重。师居在三之尊,则称女婿,自不如称门生矣。

按:“考古人于妻之父母本不甚重”句,语意未完,其后原句号当改作逗号。“则称女婿自不如称门生矣”当作一句读,其间原逗号当删去。

10. 第136页第11行:明崇祯戊寅,吴下诸人为千英之会,集于虎丘华亭。彭师度字古晋,年十五,即席成《虎丘夜宴同人序》。

按:“华亭”,并非指虎丘的一个亭子。华亭,古县名,今为上海市松江区。华亭为彭师度籍贯,“华亭”当属下为句。在人名前冠以籍贯,是古人行文的习惯。在本书中,华亭人士姓名前冠以籍贯者,就有“华亭王微”、“华亭唐汝询仲言”(见第55页)、“华亭徐基字宗项”(见第89页)等,可证。

11. 第140页第1行:《沧浪》论诗谓:“诗有别才,信矣。”然此不过天机偶尔凑泊,得鱼得兔,筌蹄久弃。

按:这里引《沧浪诗话》仅“诗有别才”一句,“信矣”句为俞樾叙述语,则不当标在引号内。“诗有别才”,见《沧浪诗话·诗辨》。

12. 第140页第7行:邱长春《真人西游记》,钱竹汀《元史艺文志·地理类》著录。

按:《邱长春真人西游记》,即《长春真人西游记》一书之异名。此书为一史料笔记,元李志常著,二卷。系李志常记其师邱处机西游事迹。邱处机,字通密,号长春子,又称长春真人。点校本将“邱长春”从书名中割裂出来,作专名处理,既使书名残缺,又误标作者姓名,造成双重错误。

13. 第143页第5行:《汉书·艺文志》兵书五十三家,图四十三卷。历谱十八家,中有耿昌《月行帛图》二百三十二卷。

按:《耿昌月行帛图》为一书名,见《汉书·艺文志》(见《汉书》,中华书局标点本1983年版第6册卷三十第1766页)。点校本将“耿昌”从书名割裂出来,作专名处理,疑误。

14. 第152页第6行:《传灯录》云:“五祖下曹溪、慧能为南宗,神秀为北宗。时号南能、北秀。”

按:曹溪,地名;慧能,僧名。这二者非并列关系,其间不能用顿号。禅宗六祖慧能在曹溪宝林寺演法,故称“曹溪慧能”。在僧名前冠以所居住之寺名或寺所在之地名,是古人行文的习惯。“曹溪”一词后原顿号当删去。

15. 第159页第2行:但《宋史·拂菻传》则言:“其地甚寒,土屋无瓦”屋果如此,则水法不必用,且亦不能用矣。

按:“土屋无瓦”句后当加标句号。

16. 第170页第8行:韩昌黎论文曰:“气盛则言之短长,声之高下皆宜。”

按:“言之短长”与“声之高下”,二者为并列关系,中间不宜用逗号点断,原逗号当改作顿号。

17. 第178页第12行:闵子曰:“仍旧贯如之何?何必改作?子曰:‘夫人不言,言必有中。’”

按:此段语出《论语·先进篇》。“子曰:‘夫人不言,言必有中。’”并非闵子骞所言而引用孔子语,而是孔子对闵子骞所言的评论。标点当作:闵子曰:“仍旧贯如之何?何必改作?”子曰:“夫人不言,言必有中。”

18. 第183页第4行:《尔雅》为周公之书,而有张仲孝友之文学者疑焉。

按:“张仲孝友”,为《尔雅》引《诗·小雅·六月》成句,当加标引号。“而有‘张仲孝友’之文”自为句,其后当加标逗号。《尔雅·释训》:“‘张仲孝友’,善父母为孝,善兄弟为友。”可证。标点当作:《尔雅》为周公之书,而有“张仲孝友”之文,学者疑焉。

19. 第223页第1行:噫,子云作《大玄》,拟《周易》。《法言》拟《论语》。可谓纯矣。

按:文中连用两个句号,使原本连贯的句意、语气全被隔断。标点当作:噫,子云作《大玄》,拟《周易》;《法言》,拟《论语》:可谓纯矣。

20. 第223页第9行:晁错之父呼错为公,霍去病之父,见去病称臣,皆汉世风俗之陋也。

按:“霍去病之父见去病称臣”当作一句读,其间原逗号当删去。

21. 第233页第12行:“祰”即“二曰造”。之“造”。

按:“二曰造”之后原句号当删去。

22. 第236页第1行:此字盖即墙之古文,象形。字也《毛诗·緜篇》“缩版以载”。

按:“字也”二字当属上为句,“象形字也”作一句读,“象形”后原句号当移至“字也”后。

23. 第242页第6行:文增篇砎,扴介也。嚬,颦频也。苞,庖、胞、包也。趑趄,趀砠、次且也。

按:所谓“文增”,是讲古文假借中借字与本字的关系,借字是本字增加了偏旁,即本字的加旁字,所加偏旁是形旁。例如:“机,几也。蓄,畜也。苞,包也。”前列借字,后列本字,这是一对一的情况,标点准确。然而在二对一或三对一的情况下,点校本原标点就错了。今校正如下:砎,扴,介也。嚬、颦,频也。苞、庖、胞,包也。趑趄、趀砠,次且也。

24. 第242页第12行:文异篇上溓,嗛、嫌也。堭,湟、隍也。哲,逝、晢也。绖,咥、耋也。旆,芾(原误作芾)、沛也。

縻,縻、縻、靡也。措,厝、错也。茹,絮、袽也。治,怡、怠也。

按:所谓“文异”,是讲古文假借中借字与本字偏旁相异。这类偏旁相异,又分为三种。这里讲的第一种“变其形”,即借字与本字声旁相同,而形旁不同。例如:“缪,谬也。辉,挥也。锡,赐也。”前列借字,后列本字,这是一对一的情况,标点准确。然而在二对一或三对一的情况下,点校本原标点就错了。今校正如下:溓、嗛,嫌也。瑝、湟,隍也。哲、逝,晢也。绖、咥,耋也。旆、芾,沛也。縻、縻、縻,靡也。措、厝,错也。茹、絮,袽也。治、怡,怠也。

25. 第243页第11行:文异篇中逯,遁、遯也。池,淹、沱也。踯躅,蹢躅、踟蹰也。

按:这是古文假借“文异”类中的第二种“变其声”,即借字与本字形旁相同,而声旁不同。例如:“埳,坎也。肥,腓也。掩,揜也。”前列借字,后列本字,这是一对一的情况,标点准确。然而在二对一的情况下,点校本原标点就错了。今校正如下:逯、遁,遯也。池、淹,沱也。踯躅、蹢躅,蹢躅也。

26. 第244页第1行:文异篇下伟,萴、彙也。旁,尪、彭也。

捊,培、裒也。贷,臧、宗、戢、簪也。禔,敍、祇也。缧、纍、累、虆、羸也。挈,䋿、契、觭、掣也。柕,铩、柅也。均,钧、旬也。退,妥、隤也。

按:这是古文假借"文异"类中的第三种"形声俱变",即借字与本字的形旁、声旁都不同。例如:"屦,礼也。变,辨也。苞,彪也。"前列借字,后列本字,这是一对一的情况,标点准确。然而在二对一或数对一的情况下,点校本原标点就错了。今校正如下:伟、萴,汇也。旁、尪,彭也。捊、培,裒也。贷、臧、宗、戢,簪也。禔,敍、祇也。缧、纍、累、虆,羸也。挈、䋿、契、觭,掣也。柕、铩,柅也。均、钧,旬也。退、妥,隤也。

27. 第261页第4行:赵云菘《瓯北集》有《关索岭诗》云:"未必传闻尽伪史。"策真亦善于解嘲矣。

按:"策真"二字当属上为句。赵翼《瓯北集》卷十九《关索插枪岩歌》云:"呜乎!书生论古勿泥古,未必传闻皆伪史策真。"点校本将"策真"二字属下为句,既割裂了赵翼诗句,又以"策真"为人名,造成双重错误。

28. 第271页第1行:相传有献赵子昂《洗马图》于巨公者,中有一马自水出,圉人曳以绳或訾之曰:"是非真本也。某所见真本,其绳劲直。今绳不直,便不见圉人用力之势矣。"

按:"圉人曳以绳"自为句,其后当加标句号。

29. 第277页第7行:味王注云云,似旧有"九州""九窍"也之说,而王氏申说之如此。

按:据《内经素问·生气通天论》王冰注云:"外布九州,而内应九窍,故云'九州','九窍也'。"则"似旧有'九州''九窍'也之说"句,"当改标作:似旧有"九州,九窍也"之说。

30. 第341页第4行:上云"春秋飨礼",《说文》曰:"飨乡人饮酒也。"

按:《说文》中,"乡人饮酒也"句,是"飨"字的说解语,则"飨"字后当加标逗号。

31. 第 315 页第 14 行：都氏穆金《薙琳瑯》曰：“洪丞相谓：‘履该颜原’即颜渊、原宪。予观其下继之曰‘兼修季由’，盖仲由字季路，季由即季路也。”

按：书名当为“《金薙琳瑯》”，作者姓名当为“都穆”，见《四库提要》卷八六。如点校本原标点，则作者姓名衍羡一“金”字，而书名短缺一“金”字，造成双重错误。

另外，点校本在加标专名号时，或因识别不准，或因校对不精，存有较多疏误，情况比较复杂，当另撰专文讨论。

（原连载于《书品》2010 年 4、5 期）

《九九销夏录》点校本专名号讨论

整理和出版古籍，给其中的人名、地名和朝代名等专名标上专名号，这给今天的读者将带来阅读的便利。这件事说起来容易，做起来难。由于古籍距今年代久远，古今语言差异较大，存在一定的语言障碍，而社会人事、地理环境代有变迁，再加上民族、宗教和异域的译名有问题，这就给古籍中的专名识别和加标专名号带来很多困难。正由于有着这些困难，才需要专业的古籍整理工作者去精心研究，认真识别，准确地标好专名号。应该说，不加标专名号的古籍整理本，还不能算是彻底的完善的古籍标点本。我们必须通过古籍整理和研究的实践，不断总结正反两方面的经验，准确地标好专名号，使新出版的古籍更好地为广大读者服务。

俞樾《九九销夏录》、《湖楼笔谈》、《读书馀录》、《达斋丛说》等四种，是其课徒之馀所写的读书札记，主要是对若干经史子集古籍的考证疏解，并兼涉一些古代文化常识和文人轶事等等，内容丰赡，创获亦多。作为《学术笔记丛刊》之一，中华书局于 1995 年出版了《九九销夏录》(含另三种)点校本，嘉惠学林，诚属盛事。不过，点校本在加标专名号时，或因识别不准，或因手民误植，或因校对不精，还存有较多疏误，今择其要者提出来供大家讨论。

一、非专名而误标专名号例

1. 第 43 页第 9 行　夫释道两家之书，卷帙浩繁，故以千字文编号，取便检阅。

按："释"指佛教，"道"指道教，均非专名，不当标专名号。又，"千字文"为书名，当加标书名号。

2. 第 107 页第 3 行　白香山《长庆集》有《春中与卢四周谅华阳观同居诗》云："杏坛住僻虽宜病，芸阁官微不救贫。"又有《寻王道士药堂诗》云："行行觅路缘松峤，步步寻花到杏坛。"是唐人于"杏坛"二字多用之道观也。

按：传说三国吴董奉在杏林修炼成仙，后用"杏坛"指称道家修炼之处，亦用以称道观。此白氏二诗"杏坛"均泛指道观，并非专名，不当标专名号。

3. 第 117 页第 13 行　亦全是如来舍卫城中大比丘众千二百人光景也。

按：比丘，佛教语，梵语 Bhiksu 的译音，汉语俗称和尚。大比丘，即大和尚，非专名，不当标专名号。

4. 第 140 页第 7 行　邱长春《真人西游记》，钱竹汀《元史艺文志·地理类》著录。注云："李志常述邱处机事。"

按：《邱长春真人西游记》，即《长春真人西游记》一书之异名，又称《长春子游记》[①]。此书为一史料笔记。元李志常著，二卷。系李志常记其师邱处机西游事迹。邱处机，字通密，号长春子，又称长春真人，见《元史》卷二〇二本传。点校本将"邱长春"从书名中割裂出来，作专名处理，既使书名残缺，又误标作者姓名，造成双重错误。

5. 第 143 页第 5 行　《汉书·艺文志》兵书五十三家，图四十三卷。历谱十八家，中有耿昌《月行帛图》二百三十二卷。

按：《耿昌月行帛图》为一书名，见《汉书·艺文志》[②]。点校本将"耿昌"从书名中割裂出来，作专名处理，实误。

---

① 见阮元《揅经室外集》卷五。

② 见《汉书》，中华书局标点本 1983 年版第 6 册卷三十，页 1766。

6. 第150页第5行　余在吴下，有以京砖赠者。

按：京，指京城，非专名，不当标专名号。

7. 第170页第5行　然庭坚之下止仲容、叔达二人，益曰伯益，其非仲叔明矣。

按："仲叔"非人名，而是指兄弟排行中的老二、老三，则不当标专名号。

8. 第173页第4行　子曰："道不行，乘桴浮于海，从我者其由与？"子曰："衣敝缊袍与衣狐貉者立，而不耻者，其由也欤？"两章不相次，而意境亦相似。

按：子，古代学生对老师的尊称，非专名，不当标专名号。

9. 第173页第5行　赵邠卿《孟子题辞》云："七十子之畴，会集夫子所言，以为《论语》。孟子之书，则而象之。"

按：夫子，古代学生对老师的尊称，非专名，不当标专名号。

10. 第183页第4行　《尔雅》为周公之书，而有张仲孝友之文学者疑焉。

按："孝友"，并非人名，不是张仲的字，不当标专名号。《尔雅·释训》："'张仲孝友'，善父母为孝，善兄弟为友。"郭璞注："周宣王时贤臣。"《诗·小雅·六月》："侯谁在矣，张仲孝友。"朱熹集传："张仲，吉甫之友也。善父母曰孝，善兄弟曰友。此言吉甫燕饮喜乐，多受福祉，盖以其归自镐而行永久也。是以饮酒进馔于朋友，而孝友之张仲在焉。"可证。

又，点校本标点有误。"张仲孝友"为《尔雅》引《诗》成句，宜加标引号。"而有'张仲孝友'之文"自为句，其后当加标逗号。

11. 第183页第14行　卫侯为虎幄，求令名者，与之始食，太子请使良夫，良亦善也。

按：虎幄，指以虎纹为饰的幄幕，非专名，不当标专名号。《左传》哀公十七年："春，卫侯为虎幄于藉圃。"杜预注："于藉田之圃，新造幄幕，皆以虎兽为饰。"可证。

12. 第195页第8行　申侯言于孝王曰："昔我先郦山之女，为戎胥轩妻，生中潏，以亲故归周，保西垂。”

按：此处引文见《史记·秦本纪》。西垂，非专名，不当标专名号。垂，通“陲”，边地。西垂，犹言西面边地。《史记》中华书局标点本1975年版第1册卷五第177页，以“西垂”为地名而加标专名号，实误。

13. 第195页第14行　春秋之世，吴、楚称王。然夷、狄大国，无不称王者。

按：夷狄，古代对华夏族以外的少数民族的泛称，则不必标专名号。

14. 第201页第5行　按：六年始尊太公为太上皇，何高帝之先母而后父乎？

按：太上皇，非专名，不当标专名号。

15. 第201页第10行　皇帝曰：“义帝无后，齐王韩信习楚风俗，徒为楚王。”

按：皇帝，非专名，不当标专名号。

16. 第202页第9行　按，高祖八年，萧何营未央宫，立东阙、北阙。

按：东阙、北阙，非专名，不当标专名号。

17. 第208页第11行　后世不达此义，于是乎有皇太孙之名。

按：皇太孙，非专名，不当标专名号。

18. 第211页第15行　“其”乃古语。《左传》成公十三年“其承宁诸侯以退”。昭公三十二年“其委之伯父”。春秋时语已如此。

按：伯父，非专名，不当标专名号。

19. 第212页第4行　《释之传》中一则曰张廷尉，再则曰张廷尉，然则所谓张廷尉事景帝岁馀，乃仍其故称耳，非谓以廷尉事景帝也。

按：廷尉，职官名，非专名，不当标专名号。职官名前若冠以姓氏或姓名，则可以连标一专名号，如上述“张廷尉”，即是。

20. 第216页第1行　《汉书》乃有“夏五月，太上皇后崩”之文。

按：太上皇后，非专名，不当标专名号。

21. 第216页第6行　此乃谓太公与吕后，犹邹阳《上吴王书》所云：“惠、后”。

按：后，非专名，不当标专名号。

22. 第217页第14行 《百官表》云："列侯所食县曰国，皇太后、皇后、公主所食曰邑，有蛮夷曰道。"

按：蛮夷，古代对边远地区少数民族的泛称，则不必标专名号。

23. 第227页第10行 后周《华岳颂》有曰："会一区寓纳之仁寿"，而隋文帝立，改元仁寿。

按：《华岳颂》句中之"仁寿"，语出《论语·雍也篇》："知者乐，仁者寿。"意谓有仁德而长寿，并非专名，不当标专名号。

24. 第230页第2行 自周内史达书名之职废，而文字之间日趋简易。

按："达"非人名，不当标专名号。《周礼·春官·外史》："掌达书名于四方。"郑玄注："谓若《尧典》、《禹贡》，达此名使知之。或曰古曰名，今曰字，使四方知书之文字得能读之。"孙诒让正义："注云'谓若《尧典》、《禹贡》，达此名使知之'者，谓此书名即指古书之篇名。《广雅·释诂》云：'达，通也。'古书篇名，亦学者所宜知，故外史通达布告之四方，若后世目录之学是也。"可证。点校本将动词"达"认作为"内史"之名，实误。又，"内史"当校正为"外史"，证据俱见上引《周礼·春官·外史》及郑注。

25. 第258页第8行 《列子·杨朱篇》："卫端木叔者，子贡之世也……至其情所欲好，耳所欲听，目所欲视，口所欲尝，虽殊方偏国，非齐土之所产育者，无不必至之，犹藩墙之物也。"

按："齐土"之"齐"，非指齐国，不当标专名号。此"齐"字通"脐"，引申指当中，中央。《列子·黄帝篇》："不知斯齐国几千万里。"张湛注："齐，中也。"又《周穆王篇》："四海之齐，谓中央之国。"张湛注："即今四海之内。"杨伯峻集释引陶鸿庆曰："齐，中央也。""齐"训中，"齐土"犹中土，古代指中国，即指华夏族统治的地区。

26. 第260页第3行 杜伯既死，即为人见王曰："恒之罪何哉？"召祝而以杜伯语告之。祝曰："始杀杜伯，谁与王谋之？"

按：祝，指祭祀时司礼仪的人，并非专名，则不当标专名号。《礼记·曾子问》:“祫祭于祖,则祝迎四庙之主。”郑玄注:“祝,迎神者也。”《文选·嵇康〈与山巨源绝交书〉》:“恐足下羞庖人之独割,引尸祝以自助。”吕向注:“祝,谓祭时读辞之人也。”可证。点校本对文中两个“祝”字,一个标专名号,一个不标,显得互相矛盾。更有甚者,在紧随其后的下文中,又有六个“祝”字,点校本将其中两个标专名号,四个不标,突显出摇摆不定,犹豫不决。

27. 第261页第4行　赵云崧《瓯北集》有《关索岭》诗云:“未必传闻尽伪史。”策真亦善于解嘲矣。

按:“策真”二字当属上为句,这是赵翼诗句中字,并非专名,不当标专名号。赵翼《瓯北集》卷十九《关索插枪岩歌》云:“呜乎!书生论古勿泥古,未必传闻皆伪史策真。”点校本将“策真”二字从诗句中割裂出来,作为人名并加标专名号,造成双重错误。

28. 第269页第8行　不知清水珠是何物。

按:“清水珠”,非专名,不当标专名号。

29. 第300页第14行　下文“舜弃黄金于崭岩之山,禹捐珠玉于五湖之渊”,皆圣人贵实之事。

按:“崭岩之山”,非专名,不当标专名号。

30. 第320页第9行　《尔雅·释鸟》曰:“鹛鸠,鹘鸼。”舍人注曰:“鹛鸠,一名鹘鸼。”

按:鹛鸠、鹘鸼,均为鸟名,不当标专名号。

二、专名而漏标专名号例

31. 第8页第8行　顾亭林《日知录》引杜诗“云帆转辽海”为海运之证,此所谓诵诗闻国政者也。

按:辽,地域名,今指辽宁省境,当标专名号。

32. 第24页第8行　“行夏之时”,自来皆以夏正建寅为说。

按:“行夏之时”之“夏”,指夏代,当标专名号。

33. 第26页第5行　其序曰:“谢太傅尝问诸从,《毛诗》何句最佳,遏以‘杨柳依依’对。公所赏乃在‘讦谟定命,远猷辰告’。”

按:遏,谢玄小字,当标专名号。见《世说新语·文学》刘孝标注。

34. 第33页第14行　客到自称草衣子,不知元是奉成君。

按:草衣子、奉成君,均“仙家名号”,当标专名号。

35. 第49页第8行　乾隆中,又诏内府刊为巾箱本。是细字小本,亦天禄石渠所不废也。

按:“天禄”、“石渠”,均为西汉宫中藏书阁名,当标专名号。详见今本《三辅黄图·阁》。

36. 第58页第13行　西河筑馆之年,而仍有东阁吟诗之兴,殆姑以销忧破寂乎?

按:西河,地域名,当标专名号。西河,春秋时为卫地,约相当于今河南省西境的黄河沿岸地区。南宋初年已为金国占据。

37. 第64页第7行　以《禹贡》“淮海惟扬州”截取“惟扬”二字为名,似乎不辞。

按:淮,地域名,指淮河流域,当标专名号。

38. 第78页第7行　林希逸文章经术,卓有可传,而《鬳斋集》中上贾似道启,至以赵普、文彦博比之。

按:贾似道,人名,南宋末年权相,当标专名号。

39. 第80页第12行　汉时张角作乱,向诩请遣将于河上北向读《孝经》,贼自当消灭。

按:河,指黄河,当标专名号。“向诩”当作“向栩”,见《后汉书·独行传》。

40. 第83页第9行　又如“牛渚西江夜”一首,末联云“明朝挂帆去,枫叶落纷纷”。夫策骑山行,则枫叶纷纷落于马首,固其所也,若挂帆行大江之中,何枫叶之有。

按:牛渚、西江、大江,均为专名,当各加标专名号。牛渚,即牛渚矶,为采石矶别名。西江,古代指南京以西至江西省境的一段长江。大江,即长江。

41. 第84页第2行　杜牧之诗“青山隐隐水迢迢,秋尽江南草木凋。二十四桥明月夜，玉人何处教吹箫。”

按：江，指长江。江南，地域名，指长江下游的长江以南地区。江南，当标专名号（或在“江”字标专名号）。

42. 第 90 页第 5 行　余戏用其体，成一诗云：“寂寞空山无与同，偶然访道到崆峒……寻常饵术餐芝辈，正可门前充仆僮。”

按：崆峒，指崆峒山，道家广成子修炼之山，当标专名号。

43. 第 130 页第 6 行　唐韦庄诗“欲将张翰松江雨，画作屏风寄鲍昭。”

按：松江，水名，吴淞江的古称；又地名，唐代诗文中的松江，今即苏州市属吴江市松陵镇。松江，当标专名号。

44. 第 136 页第 14 行　而《滕王阁序》有“家君作宰”句，又有“他日趋庭，叨陪鲤对”句，则正其省父交阯之年，非年十四也。

按：“鲤对”典出《论语 · 季氏篇》。鲤即孔鲤，仲尼之子，当加标专名号。

45. 第 148 页第 15 行　猎人叶氏逐兽，至长城里，见叠石如城，莹洁可爱，因携归刊砚，温润大过端溪。

按：长城里，地名，当标专名号。

46. 第 149 页第 5 行　按：铜雀香姜，艺林珍重，灌瓦则罕知者。

按：铜雀，台名，汉末曹操建；香姜，阁名，北齐高欢建。后人从上述二遗址掘取古瓦制砚，并以为砚名。铜雀、香姜，当各标专名号。

47. 第 149 页第 9 行　友人萧子寿大年考《功臣表》，始知为陈婴。婴定豫章、浙江，封堂邑侯，都渐。

按：堂邑侯，当标专名号。

48. 第 150 页第 7 行　其砖长二尺二寸，径一尺七寸，所取之土，产于城东陆墓。

按：陆墓，地名，当标专名号。清徐崧、张大纯《百城烟水》卷三“长洲县”：“陆墓，去齐门外六里许，相传唐陆宣公葬此，故名。”《中国地图册》（中国地图出版社 1998 年版）第 11 图“上海市 · 江苏省”图，在苏州市北面，即标出了地名“陆墓”。可证。

49. 第151页第2行　近日花农又自广东肇庆寄来一具，其形如鼎，亦颇可玩。

按：花农，人名，当标专名号。徐琪，字玉可，又字花农，浙江钱塘(今杭州市)人，俞樾弟子，时任广东学政。

50. 第158页第4行　此事大兴刘献庭所著《广阳杂记》述建义侯林兴珠事，言之最详。

按：建义侯，当标专名号。

51. 第208页第10行　夫竫公之长子，文公之孙也，然曰太子者，父虽亡，犹系之父也。

按：文公，当标专名号。

52. 第208页第13行　夫犀首即公孙洐，魏人也，而以为韩将，是《本纪》之误也。

按：魏，指魏国，当标专名号。

53. 第210页第15行　又《大宛传赞》云："《禹本纪》言：'河出昆仑。'"

按：河，指黄河，当标专名号。

54. 第226页第9行　按《尔雅》"觚竹北户，西王母日下，谓之四荒。"

按：北户、日下，均为地名，当各加标专名号。《尔雅·释地》郭璞注云："觚竹在北，北户在南，西王母在西，日下在东，皆四方昏荒之国，次四极者。"可证。标点当作：按，《尔雅》："觚竹、北户、西王母、日下，谓之四荒。"

55. 第226页第13行　故哀帝时民间相传行西王母筹，而王莽作《大诰》曰："太皇太后配元生成，兴我天下之符，遂获西王母之应。"则并托之为符命矣。

按："配元生成"之"元"指汉元帝，"成"指汉成帝，当各标专名号。

56. 第233页第9行　"郑"即"邢茅胙祭"之"祭"。

按：邢茅胙祭，为四古国名，当各标专名号。《左传》僖公二十四年："凡、蒋、邢、茅、胙、祭，周公之胤也。"可证。"郑"当作"鄈"，形近而误。

“郛”与“祭”才同音通假，原刻本正作“郛”可证。

57. 第240页第1行 《文选》卢子谅《览古诗》“赵氏有和璧”。李注引《琴操》曰：“昭王得玛氏璧。”

按：“和璧”之“和”，指得玉璞于楚山中的楚人卞和（又称和氏），当标专名号。

58. 第245页第4行 自“帝高阳之苗裔兮”至“吾将从彭咸之所居”。

按：高阳，颛顼有天下之号，当标专名号。见《楚辞·离骚》王逸注。

59. 第246页第13行 《诗》“江之永矣”，《说文》引作“江之羕矣”。

按：江，江水，即长江，当标专名号。

60. 第249页第5行 《西都赋》极言西都之盛。

按：西都，古都名，当标专名号。东汉都洛阳，因称西汉旧都长安为西都。班固《西都赋》云：“汉之西都，在于雍州，实惟长安。”可证。

61. 第259页第6行 在当日，则亦东家邱耳，安必其相知哉。

按：“东家邱”，据传语出《孔子家语》，谓孔丘的西邻不知孔丘才学出众，轻蔑地称之为“东家丘”。后常用为才高而不被世人所识者的典故。邱同丘。“东家邱”之“邱”，指孔丘，当标专名号。

62. 第311页第14行 《诗》“不与我戍许”。春秋之许田、许男不必从邑从无也。

按：许，古国名，当标专名号。“戍”当作“戍”，形近而误。《诗·王风·扬之水》：“彼其之子，不与我戍许。”朱熹集传：“许，国名，亦姜姓。今颍昌府许昌县是也。”可证。

63. 第312页第8行 《汉书·郊祀志》“后稷封于斄”。“斄”即“郃”也。

按：斄，亦作“郃”，地名，当标专名号。颜师古注云：“斄读与郃同，今武功故城是。”可证。

64. 第322页第10行 “汶”非鲁之汶水。《列子释文》云：“案，《史记》‘汶’与‘岷’同，谓汶江也。”王氏伯厚以说《考工记》之“貉逾汶则死”，见《困学纪闻》卷四。

按：“貉逾汶则死”之“汶”，指岷江，当标专名号。

65. 第 330 页第 8 行　《正义》曰：“三桓以前，齐无知、卫州吁、宋长万皆以强盛被杀，而云由三桓始者，熊氏云‘据鲁而言’。”

按：“据鲁而言”之“鲁”，指鲁国，当标专名号。

三、一专名而误分标二专名号例

66. 第 3 页第 7 行　乌呼，不有本朝诸大儒出，安能扫《易》学之榛芜而上溯田何以来之古义乎。

按：“田何”，非指田姓、何姓二人，实是姓田名何，为一人姓名，见《汉书·艺文志》。“田何”当连标一专名号。

67. 第 51 页第 11 行　《化书》六卷，世传宋齐丘撰，而陈景元跋则云：“谭峭景升在终南著《化书》，因游三茅，历建康，见齐丘有道骨，因以授之曰：‘是书之化，其化无穷，愿子序之，流于后世。’于是杖靸而去，齐丘遂夺为己有而序之。”

按：“宋齐丘”，非指宋代人姓齐名丘，实是南唐人姓宋名齐丘。“宋齐丘”当连标一专名号。

68. 第 78 页第 2 行　杨维桢以文名明初，而王彝作《文妖》一篇诋之。

按：“杨维桢”，非指姓杨名维字桢，实是姓杨名维桢。“杨维桢”当连标一专名号。见《明史》卷二八五本传。

69. 第 104 页第 2 行　余凡作刻石文字，遇满洲诸公，必书某公某某。

按：“满洲”，民族名，今称满族。“满洲”当连标一专名号。

70. 第 141 页第 3 行　明万历间，播州宣慰使杨应龙叛，郭子章巡抚贵州，与李化龙同讨平之。化龙时巡抚四川，进总督四川、湖、广贵州军务。

按：湖广，地区名，明清时指两湖地区，即今湖北、湖南两省之地。

“湖广”当连标一专名号。“湖”字后原顿号当移至“广”字后。

71. 第159页第11行　此法往岁曾有言于星使黎莼斋者，星使以告知总理衙门，未知中国能试行否也。

按：黎庶昌，字莼斋，曾任清出使日本大臣。“黎莼斋”当连标一专名号。

72. 第245页第4行　自“帝高阳之苗裔兮”至“吾将从彭咸之所居”。

按：“彭咸”，非指老彭、巫咸二人，而是殷贤大夫姓名。《楚辞·离骚》：“虽不周于今之人兮，愿依彭咸之遗则。”王逸注：“彭咸，殷贤大夫，谏其君不听，自投水而死。”可证。“彭咸”当连标一专名号。

73. 第266页第6行　是故祭遵以布被见重，而公孙弘以布被蒙讥。

按：祭遵，东汉光武帝时将军，见《后汉书·祭遵传》。“祭遵”当连标一专名号。

74. 第337页第16行　周有公刘，犹唐虞有殳斨，皆以器为名。

按：殳斨，为虞舜时臣名。《书·舜典》：“垂拜稽首，让于殳斨暨伯与。”孔安国传：“殳斨、伯与，二臣名。”可证。“殳斨”当连标一专名号。

四、二专名而误连标一专名号例

75. 第56页第13行　明林春泽字德敷，正德甲戌进士，官至平番府知府。

按：“明”为朝代名，“林春泽”为明人姓名，二者为各分标专名号。

76. 第174页3行　今《连山》、《归藏》不传，则《周易》之异于夏殷者，不可得而见也。

按：夏，指夏代；殷，指殷代。“夏殷”并称，当分标二专名号。

77. 第208页第13行　而《秦本纪》云：惠文王后十一年，“樗里疾攻魏焦，降之。败韩岸门，其将犀首走。”

按：“韩”为国名，“岸门”为韩国地名，二者当各分标专名号。

78. 第258页第1行 徐偃王行仁义而江淮间服之者三十六国。

按:江,指长江;淮,指淮河。“江淮”并称,当分标二专名号。

79. 第316页第5行 然如仲由、季次,当云“由次”方明。

按:“由”指仲由,“次”指季次,“由次”并称,当分标二专名号。

80. 第337页第16行 周有公刘,犹唐虞有殳斨,皆以器为名。

按:唐,指唐尧;虞,指虞舜。“唐虞”并称,当分标二专名号。“殳斨”见第74条。

五、专名号衍羡例

81. 第261页第8行 又按:骊山女者,戎胥轩之妻,中潏之母也。《史记·秦本纪》:申侯言于孝王曰:“昔我先骊山之女,为戎胥轩妻,生中潏。”

按:骊山女,指骊山的女子。骊山,山名,理当标专名号。女,指女子,标性别,非专名,不当标专名号。《史记·秦本纪》“骊山之女”,中华书局标点本于“骊山”标专名号,于“之女”则不标专名号,诚是。

82. 第265页第13行 韦昭注曰:“申胥,楚大夫伍奢之子子胥也。名员。鲁昭二十年,奢诛于楚,员奔吴,吴子与之申地,故曰申胥。”

按:“申地”,其中“申”为古地名,理当标专名号;“地”指封地,非专名,不当标专名号。

83. 第267页第5行 据《册府元龟》所载天宝四载之诏,知景教初入中国谓之波斯经教,所建寺名波斯寺。

按:“波斯经教”,其中“波斯”为古国名,即今伊朗,理当标专名号;“经教”为宗教名,非专名,不当标专名号。

84. 第300页第14行 下文“舜弃黄金于崭岩之山,禹捐珠玉于五湖之渊,”皆圣人贵实之事。

按:五湖,太湖别名,理当标专名号。渊,指深潭,非专名,则“之渊”二字不当标专名号。

85. 第309页第4行 子贡为信阳令,辞孔子而行。

按:信阳,地名,理当标专名号。令,古代职官名,非专名,不当标专名号。

86. 第 315 页第 14 行　都氏穆金《薤琳琊》曰:“洪丞相谓‘履该颜原’即颜渊、原宪。”

按:书名当为“《金薤琳琊》”,作者姓名当为“都氏穆”,即都穆,见《四库提要》卷八六。如原标点,书名短缺一“金”字,而作者名衍羡一“金”字,造成双重错误。

六、专名号短缺例

87. 第 50 页第 3 行　世有《神机相字法》一书,不知何人所撰。称有景齐者,受于山中異人,其书本东华洞中之文,上卷已授安石,下卷以授景齐。盖即后世测字之法也。

按:“东华洞”为洞室名,当连标一专名号。《神异经 · 东荒经》:“东荒山中有大石室,东王公居焉。”东王公又称东华帝君、东华真人,其所居石室又名东华洞。

88. 第 150 页第 1 行　按:洺洭之石,疑即衢州石、洪溪石之类。

按:石洪溪,浙江衢州常山县之水名。点校本“衢州石”后原顿号当删去,“石洪溪”当连标一专名号。明李日华《六砚斋二笔》云:“衢州常山县石洪溪之石,奇秀万状。”可证。

89. 第 157 页第 9 行　以四月十六日发邪婆提,七月十五日到青州长广郡界。

按:“长广郡”当连标一专名号。晋咸宁三年置长广郡,见《晋书 · 地理志下》。

90. 第 210 页第 7 行　自汉唐以下迨于有明,纷纷者无非战国之馀祸也。

按:“有明”,指明代。“有”为词头,组成双音节词。“有明”为一专名词,当连标一专名号。凡古时国名、族名、朝代名等前加上词头“有”字组成双音节专名词者,“有某”当连标一专名号。《诗 · 大雅 · 文王》:

"有周不显，帝命不时。"毛传："有周，周也。"孔颖达疏："以'周'文单，故言'有'以助之。《烝命》曰'天监有周'，《时迈》曰'明昭有周'，皆同也，犹《左传》谓'济'为'有济'。传叠而解之，'有周'正'周'也。"《左传》僖公二十一年："任、宿、须句、颛臾，风姓也，实司大皞与有济之祀，以服事诸夏。"杨伯峻注："有济即济水，有为词头，犹有虞、有夏之有，加字以成双音节。"可证。

91. 第260页第14行 《说苑》成侯卿对威王曰："忌举北郭刁勃子为大士，而九族益亲。"北郭先生其即刁勃子欤？

按："刁勃子"，不是指刁勃之子，而是一人名，当连标一专名号。"北郭刁勃子"亦当连标一专名号。古代在姓氏或姓名后加"子"字，是对男子的尊称或美称。

（原载《中国典籍文化论丛》第十三辑，凤凰出版社2011年版）

《九九销夏录》点校本误字脱字举例

俞樾《九九销夏录》、《湖楼笔谈》、《读书馀录》、《达斋丛说》等四种，是其课徒之馀所写的读书札记，主要是对若干经史子集古籍的考证疏解，并兼涉一些古代文化常识和文人轶事等等，包容甚富，创获亦多。作为《学术笔记丛刊》之一，中华书局于 1995 年出版了《九九销夏录》(含另三种)点校本，嘉惠学林，诚属盛事。然而此书内容广杂，学术性强，点校者千虑一失，在所难免。今将点校本中的误字、脱字若干例录出，稍加编次，以就正于大方之家。

1. 第 14 页第 7 行　《陈风·月出》篇"舒窈纠兮"，"舒忧受兮"，"舒天绍兮"。

按："天绍"不词。"天"当作"夭"，形近而误。

2. 第 15 页第 8 行　明吴雨著《鸟兽草木考》二十卷……则于草木之中又分榖为一种，而其名止题鸟兽草木，固无嫌乎不备也。

按："榖"当作"穀"，形近而误。

3. 第 46 页第 14 行　遵义郑珍云："《广川书跋》言《古老子》以'其'为'示'。"

按："示"当作"亓"，形近而误。"示"是"示"的古文，见《说文》示部，与"其"字无涉。《集韵》平声之韵："其，古作亓。"可证。

4. 第 70 页第 1 行　明人《竹屿山房杂部》分五部：《养生部》，六卷；曰《燕闲部》，二卷；曰《树畜部》，四卷，则华亭宋诩字久夫者所撰也。曰《种植部》，十卷；曰《尊生部》，十卷，则其子公望字天民者所撰也。

按：分述全书五部时，其下四部前都各有一"曰"字，而第一部《养生部》前却独缺一“曰”字，当是脱去一“曰”字。原刻本正作“曰《养生部》，六卷”，有“曰”字。

5. 第 80 页第 12 行　汉时张角作乱，向诩请遣将于河上北向读《孝经》，贼自当消灭。

按：“诩”当作“栩”，二字声旁相同而同音致误。向栩，见《后汉书·独行传》。

6. 第 83 页第 2 行　以妍丽还虞、楮，以刚放还颜、柳。

按：“楮”当作“褚”，二字声旁相同而同音致误。“虞褚”并称，指唐代书法家虞世南和褚遂良。《旧唐书·薛稷传》：“稷外祖魏徵家富图籍，多有虞褚旧迹。”可证。

7. 第 99 页第 8 行　黄溍《笔记》又云：“元章自署姓名，‘米’或为‘芊’、‘芾’或为‘黻’。”按：“芾”之为“黻”可也，若米姓……岂得混于楚之芊氏乎？

按：“芊”当作“芈”，形近而误。芊，《集韵》上声旱韵“古旱切”，上古音属见母元部，今音 gǎn。米，《广韵》上声荠韵“莫礼切”，上古音属明母脂部，今音 mǐ。芊与米，二字声韵相差甚远，并不同音，无由相通。芈，《广韵》上声纸韵“绵婢切”，上古音属明母支部，今音 mǐ。芈与米，上古音同属明母为双声，韵部支脂通转，例得相通。故米芾或自署姓芈，才有可能。芈，春秋时楚国祖先的族姓。《史记·楚世家》：“陆终生子六人……六曰季连，芈姓，楚其后也。”可证。

8. 第 146 页第 3 行　明李日华《六砚斋二笔》云：“杨补之所居有梅树，大如数间屋，繁花如簇。补之日临画之，大得其趣，以进之道君。道君曰：‘村梅耳。’因目署《奉敕村梅》。”

按：“目署”之“目”当作“自”，形近而误。“自署”的主语是杨补之，承上省；“奉敕”即奉道君皇帝宋徽宗口谕曰“村梅耳”。

9. 第 146 页第 6 行　然至嘉熙、淳佑间，江西人得无咎一幅梅，价不下百千匹。

按：“淳佑”之“佑”当作“祐”，二字声旁相同而同音致误。宋代皇帝之年号，其中有七个用了“祐”字，以示天授神助，而绝不用“佑”字。

10. 第 170 页第 16 行　且前一段“汝翼、汝为、汝明、汝听、汝弼”木作五叠，而句法长者至三十九字，短者止四字，参差错落，真大珠小珠落玉盘也。

按：“木作五叠”之“木”当作“本”，形近而误。原刻本正作“本”字。

11. 第 173 页第 4 行　子曰：“衣敝缊袍与狐貉者立，而不耻者，其由也欤？”

按：“貉”当作“狢”，形近而误。见《论语·子罕篇》。

12. 第 205 页第 5 行　及考《汉书·天文志》，文昌六星无司中，“丑曰司禄，六曰司灾，在魁中，贵人之牢”。

按：“丑曰司禄”之“丑”当作“五”，形近而误。原刻本正作“五”字。

13. 第 220 页第 6 行　《地理志》有平的县。师古曰：“的音丁历反，其字从白。”据此则汉世本有“的”字，近人或因《说文》有“旳”无“的”而欲改《周易》之“的颡”、《中庸》之“旳然”尽作“的”字，则好古而泥者也。

按：“的颡”之“的”当作“旳”，形近而误。《说文》日部：“旳，明也。从日，勺声。《易》曰：‘为旳颡。’”东汉许慎所见《周易》作“旳颡”，可证。而《十三经注疏》本《易·说卦》已改作“的颡”。

14. 第 224 页第 8 行　惟纪逡及唐林、唐遵并仕莽朝，而亦羼其间，未免失荃茅之辨。

按：“遵”当作“尊”，二字同音致误。《汉书·王贡两龚鲍传》末附：“自成帝至王莽时，清名之士，琅邪又有纪逡王思……沛郡则唐林子高、唐尊伯高，皆以明经饬行显名于世。”唐尊，字伯高，其名与字意义正相同，可证。

15. 第 232 页第 2 行　然亦有实系重文，而误收两部。学者但观其音义之同，可知其本为一字。如豛、击也，则豙、椓一字也。

按：上引文虽已释“豛”字，但未有释“椓”字之语，怎能知此二字本为一字呢？可见行文有脱误。原刻本“如豛、击也”下有“椓，击也”三字，点校本脱去，当补。又，“豙”当作“豛”，从“豕”不从“豖”，见《说文》支部。“豛”即“豛”之异体字。

16. 第233页第9行　“郏”即“邢茅胙祭”之“祭”。

按：“郏”当作“鄒”，形近而误。“鄒”是“祭”的加旁字。祭鄒《广韵》去声怪韵“侧界切”，二字同音，义亦相通。此涉前行“‘郏’即‘盟于葵丘’之‘葵’”之“郏”字而误作“郏”。原刻本正作“鄒”字。

17. 第233页第10行　“墣”即“傅于堞”即“堞”。

按：下“即”字当作“之”，此涉上“即”字而误作“即”。原刻本正作“之”字。

18. 第234页第7行　“迁”即“干，求也”之“干”。

按：“迁”当作“迀”，形近而误。“迀”是“干”的加旁字。干迀《广韵》平声寒韵“古寒切”，二字同音，义亦相通。《正字通》辵部“迀”字下引《楚辞》“既迀进而务入”，今本《楚辞·离骚》作“既干进而务入兮”。可证。原刻本正作“迀”字。

19. 第234页第16行　古人制字，赤颇错综。

按：“赤”当作“亦”，形近而误。原刻本正作“亦”字。

20. 第238页第2行　如台我之台，三台之台，本是一字，乃分台台二字云：“上汤来反，星也。下羊支反，我也。”

按：“台台二字”之下一“台”字当作“台”，形近而误。见《玉篇》卷末附《分毫字样》（中国书店1983年影印本《宋本玉篇》第535页）。

21. 第238页第4行　又如咀含字作咀，诅祝字作诅，二字有从口从言之别，而从且得声则同，乃列咀咀二字云：“上慈冶反，骂也。下慈吕反，咀嚼。”以两字谓皆从口，犹属可通。谓一从且而一从且，不知且是何字。

按：“咀”当作“咀”，“且”当作“且”，皆形近而误。见《玉篇》卷末附《分毫字样》（中国书店1983年影印本《宋本玉篇》第538页）。

22. 第238页第6行　遍考经传，并无台、旡、咀诸字，抑何鄙乃尔。

按：“台”当作“台”，形近而误。参见第20条。

23. 第240页第13行　善平钱竹汀先生之言曰：“知双声则不言字母可也，言字母而不知双声不可也。”

按:“善平”之“平”当作“乎”,形近而误。

24. 第 243 页第 1 行　驅,敺也。

按:“敺”当作“敺”,形近而误。《说文》马部:“驱,马驰也。从马,区声。敺,古文驱,从攴。”可证。据《第一批异体字整理表》,“敺”是“驅(驱)”的异体字。

25. 第 243 页第 2 行　歁,坎也。

按:“歁”当作“欿”,形近而误。“欿”是“坎”的异体字。《楚辞·九辩》:“收恢台之孟夏兮,然欿傺而沈藏。”洪兴祖补注:“欿,与坎同。”《广雅·释训》:“欿欿,声也。”王念孙疏证:“《魏风·伐檀篇》‘坎坎伐轮兮’,汉石经作‘欿欿’,并字异而义同。”可证。

26. 第 243 页第 3 行　硕,鼦也。

按:“鼦”当作“鼫”,形近而误。《广雅·释兽》:“鼩鼠,鼫鼠。”王引之疏证:“《荀子·劝学篇》:‘梧鼠五技而穷。’《大戴礼》作‘鼫鼠’,字通作‘硕’。”硕鼠,即鼫鼠,可证。原刻本正作“鼫”字。

27. 第 243 页第 5 行　旆,芇、沛也。

按:“芇”当作“芾”,形近而误。这里的一组字,讲借字与本字的关系是声旁相同而形旁不同。“芇”从市,跟“旆、沛”从巿不同。《龙龛手鉴》艸部:“芇,母官反,相当也。”今音 mán。芇与“从㫃,巿声”之旆、“从水,巿声”之沛,音不相同,义不相通。而芾“从艸,巿声”,与旆、沛均从“巿声”,则义亦相通。《易·丰》:“九三,丰其沛,日中见沬。”陆德明释文:“沛,本或作旆,谓幡幔也。姚云滂沛也。子夏作芾,传云小也。”《广雅·释训》:“芾芾,茂也。”王念孙疏证:“芾芾,犹沛沛也。《说文》:‘巿,草木盛巿巿然。读若辈。’《大雅·生民篇》:‘荏菽旆旆。’义并与芾芾同。”可证。点校本原标点有误,当改作:旆、芾,沛也。

28. 第 244 页第 8 行　野,治也。

按:“治”当作“冶”,形近而误。野 yě《广韵》上声马韵“羊者切”,上古音属余母鱼部;治 zhì《广韵》去声至韵“直利切”,上古音属澄母之部。野与治,二字声韵相差甚远,并不同音,无由相通。冶野《广韵》上声马韵“羊者切”,二字同音,例得相通。《易·系辞上》:“慢藏诲盗,冶容诲淫。”阮元校勘记:“释文:诲,虞作悔。冶,郑、陆、虞、姚、王肃作野。”可证。原刻本正作“冶”字。

29. 第270页第9行 《关尹子·三极篇》曰:“蝍蛆食蛇,蛇食蛙,蛙食蝍蛆,互相食也。”

按:“蝍蛆”之“蝍”当作“蝍”,形近而误。《尔雅·释虫》:“蒺蔾,蝍蛆。”郭璞注:“似蝗而大腹长角,能食蛇脑。”《庄子·齐物论》:“蝍且甘带。”陆德明释文:“李云:蝍且,虫名也。带,崔云:蛇也。司马云:小蛇也,蝍蛆好食其眼。”可证。原刻本正作“蝍”字。

30. 第277页第5行 《尔雅·释兽篇》“白州驠”郭注曰:“州窍”。

按:《释兽篇》之“兽”字当作“畜”,篇目混淆致误。“白州,驠。”为《尔雅·释畜篇》文,可证。原标点有误,正文“白州”后、注文“州”后,均当加标逗号。

31. 第282页第2行 《玉篇》曰“袖、耻霤切,古文䆾”。是字又作“袖”。此作“由”者,即“袖”之省也。

按:“袖”当作“䄂”,形近而误。“袖”从衣,《说文》衣部:“褎,袂也。从衣,采声。袖,俗褎从由。”“䄂”从示,《玉篇》示部:“䄂,耻霤切,古文䆾。”(见中国书店1983年影印本《宋本玉篇》第12页)可证。原刻本正作“䄂”字。

32. 第295页第4行 《符言篇》“有主位”。樾谨按:“有”当为“右”。“右主位”,题目止事也。

按:“止”当作“上”,形近而误。“题目上事也”,意谓为上述之事题目也。第296页第9行云:“‘有主恭。’樾谨按:此题目上事也。”(“恭”乃“参”字之误,《管子·七守篇》正作“右主参”。)可证。原刻本正作“上”字。

33. 第309页第8行 《礼记·乐记篇》“礼者,所以缀滛也。”

按:“滛”当作“淫”,形近而误。《五经文字》水部:“淫,久雨曰淫。作滛,讹。”可证。今本《礼记·乐记》作“淫”(见《十三经注疏》,中华书局1982年影印本第1534页下栏)。

34. 第311页第8行 《说文》有“芉”字,无“芊”字。

按:上“芊”字当作“竿”,二字声旁相同而同音致误。《说文》竹部有“竿”字、艸部无“芊”字,可证。原刻本正作“竿”字。

35. 第311页第14行 《诗》“不与我戌许”。

按:“戌”当作“戍”,形近而误。见《诗·王风·扬之水》。

36. 第312页第16行 明叶文庄盛《篆竹堂碑目》有“《封龙山碑》”。

按:“篆”当作“菉”,形近而误。明叶盛藏书楼名菉竹堂。《菉竹堂碑目》六卷,见上海古籍出版社1986年版《中国丛书综录》第2册第665页。

37. 第313页第16行—第314页第1行 《广雅·释虫》“马蚿,蠽蛆也。”按,“蠽蛆”即《尔雅》之“蝍蛆”。“蝍”从“即”声,“蠽”从“截”声,此亦“截、即”声近之证。

按:“蝍蛆”之“蝍”当作“蝍”,形近而误。参见第29条。

38. 第314页第7行 《汉书》每以牛酒连文,“犬酒”犹“牛酒”也,本无可疑,故前人未经谕及,而翁氏辄生异义,反失之矣。

按:“谕”当作“论”,形近而误。谕,旧谓上对下进行告晓,告知,亦谓官府告示,特指皇帝诏令。论,评议,辩说,分析和说明事理。这里施事主语为“前人”,动词谓语用“谕”字,则配搭不当;用“论”,则主谓相称。原刻本正作“论”字。

(原载《古籍整理出版情况简报》2011年第6期,总484期)

《楚辞补注》点校琐议

宋洪兴祖《楚辞补注》，是专为补汉王逸《楚辞章句》而作。兴祖是编，原文照录王逸章句于前，而一一疏通证明补注于后，于王逸章句多所阐发。在《楚辞》诸注之中，特为善本。因此，《楚辞补注》是楚辞学研究中的重要典籍，它在中国古典文学文献资料中占有着相当重要的地位。

共和国建立以后，中华书局于 1957 年用《四部备要》本纸型重印出版了《楚辞补注》(上下册)，是个未加标点的本子。直到 1983 年，中华书局始出版了由白化文先生等点校的《楚辞补注》，嘉惠学林，诚属盛事。然而，由于《楚辞补注》征引文献广博，列出的异文烦杂，异体字出现频繁，注音反切用字与常见字书韵书并不一致，这就给点校工作增加了难度。智者千虑，或有一失，点校本也就难免存有一些失误。2002 年点校本出版了第四次印刷本，并吸收了俞明芳、叶晨晖、黄灵庚等先生有关论文的意见和建议，已改正了原书点校中的七十二处错误。2007 年，《古籍整理研究学刊》先后发表了闵丰先生《〈楚辞补注〉校点举正》、侯体健先生《重印修订标点本〈楚辞补注〉错讹举隅》两篇论文，又列出点校中的六十处错误。笔者阅读《楚辞补注》，曾对点校有疑者，随手札记。今以点校本 2006 年第五次印刷本为准，就笔者所疑者，按原书卷次页码行数记述于下，稍事探索，供广大读者参考，并求教于大方之家。

1. 卷首　重印出版说明　第 3 页第 5 行

且言《离骚》非《楚辞》本书，不当录。

按:“《离骚》”当作“《辨骚》”,侯体健已指正。今补议,原标点有误。这里的“楚辞”指文体,不是指书本,则不当加标书名号。“本书”二字当属下为句。“本书”是指录有《辨骚》的《楚辞》注本。标点当作:且言《辨骚》非楚辞,本书不当录。

2. 卷首　楚辞目录　第3页第9行　鲍钦止云:《辨骚》非楚词本书,不当录。

按:参见第1条。

3. 卷一　第6页第4行　[补曰]:汩,越笔切。

按:“[补曰]”当作“[补]曰”,以求全书体例划一。

4. 第6页第11行　《尔雅》云:卷施草拔心不死,即宿莽也。

按:《释草》文。“即宿莽也”为郭璞注文。标点当作:《尔雅》云:“卷施草拔心不死。”即宿莽也。

5. 第7页第14行　言禹、汤、文王,虽有圣德,犹杂用众贤,以致于治,非独索蕙茝,任一人也。

按:既言“犹杂用众贤”,就不可能“任一人也”。如原标点,则自相矛盾。最后一句“非独”二字直贯串下“任一人也”,则“非独索蕙茝”后原逗号当改作顿号。

6. 第8页第13行　岂余身之惮殃兮,恐皇舆之败绩。

按:“岂余身之惮殃兮”句为问句,其后原逗号当改作问号。点校本中,当用问号的问句却标了逗号或句号,这类失误较多。不过,读者对此也比较容易识别。为节省篇幅,此后对这类失误一般不再提出讨论。

7. 第8页第14行　惮,徒案切。忌,难也。

按:叶晨晖已指出:“忌难”两字是释“惮”字之义,其间不能逗开,《说文》“惮,忌难也”可证。其说甚是。然而点校本已是第五次印刷,为何屡不改正呢?“忌,难也。”这一训释,虽说单独言之也可以成立,例《国语·晋语一》:“夫翟祖之君,好专利而不忌。”韦昭注:“忌,难也。”但是,在此《楚辞补注》的具体上下文中,就不能成立。在此《离骚》正文、章句、补注中都无“忌”字,那么,被训释字“忌”就成了无根之字,这也可证原标点实误。究其实,“忌难”为一训释词,是用来训释“惮”字的。标点当作:惮,徒案切,忌难也。

8. 第11页第1行 《尔雅》杜、土卤。

按:《释草》文。标点当作:《尔雅》:"杜,土卤。"

9. 第11页第5行 《文选》竢作俊。

按:"俊"当作"俟",形近而误。朱熹《楚辞集注》云:"竢,一作俟。"可证。

10. 第11页第7行 哀惜众芳摧折,枝叶芜秽而不成也。

按:"枝叶"当属上为句。正文诗句为"哀众芳之芜秽",则章句中"芜秽而不成"的主语是"众芳",而非"枝叶"。

11. 第13页第4行 《山海经》:小华之山,其草薜荔,状如鸟韭,而生于石上。

按:"鸟"当作"乌",形近而误。《山海经·西山经》:"又西八十里,曰小华之山……其草有萆荔,状如乌韭,而生于石上。"郭璞注:"乌韭,在屋者曰昔邪,在墙者曰垣衣。"《广雅·释草》:"昔邪,乌韭也。"可证。《楚辞》四部丛刊本作"乌",不误。

12. 第15页第5行 《尔雅》:徒歌谓之谣,谓谣言也。

按:《释乐》文。"谓谣言也"句非《尔雅》文。标点当作:《尔雅》:"徒歌谓之谣。"谓谣言也。

13. 第19页第1行 非责其不能为上官、椒兰也。

按:"椒兰"指楚令尹子兰、大夫子椒,与上官大夫并列为三人,则"椒"字后当加标顿号。

14. 第19页第6行 则鲧盖刚而犯上者耳。若小人也,安能以变四夷之俗哉?如左氏之言,皆后世流传之过。

按:"左氏"为"《左氏传》"之省称,当加标书名号。这里的"《左氏》之言",即指《左传》昭公七年郑子产回答晋韩宣子语:"昔尧殛鲧于羽山,其神化为黄熊,以入于羽渊,实为夏郊,三代祀之。"云云。补注中凡称"左氏",皆指《左传》,则当标作"《左氏》",下同。

15. 第20页第2行 管子曰:圣人之治于世,不人告也,不户说也。

按:“管子”当加标书名号。引文见《管子·水地》。

16. 第 20 页第 16 行　按《书》云:有鳏在下曰虞舜,与帝之咨禹一也,则舜非谥也,名也。

按:仅“有鳏在下曰虞舜”一句出于《尚书·尧典》,其余为洪氏补注的按语。标点当作:按《书》云:“有鳏在下曰虞舜。”与帝之“咨禹”一也,则舜非谥也,名也。

17. 第 21 页第 1 行　又曰:若稽古帝舜,曰重华,与尧为放勋一也,则重华非名也,号也。

按:“又曰”之“曰”字当属下为句。“曰若稽古帝舜,曰重华”出自《尚书·舜典》,其余为洪氏补注的按语。标点当作:又:“曰若稽古帝舜,曰重华。”与尧为放勋一也,则重华非名也,号也。

18. 第 21 页第 7 行　王逸不见《山海经》,故以为禹乐。五臣又云:启,开也。言禹开树此乐,谬矣。

按:查《文选》五臣注,张铣曰:“启,开也。《九辩》、《九歌》,禹乐名。言禹开树此乐,而太康娱乐,自纵而丧。”而“谬矣”二字为洪氏补注的按语。标点当作:五臣又云:“启,开也。言禹开树此乐。”谬矣。

19. 第 21 页第 11 行　《尚书序》曰:太康失国,昆弟五人,须于洛汭,作《五子之歌》,此佚篇也。

按:“此佚篇也”句,非《尚书序》文,而是王逸章句的按语,则“作《五子之歌》”句后的原逗号当改作句号。

20. 第 26 页第 11 行　《淮南子》言倾宫旋室,悬圃、阆风、樊桐,在昆仑阊阖之中。

按:《地形训》文。“《淮南子》言”后当加标冒号。又,“倾宫”后当加标顿号,“旋室”后原逗号当改作顿号。

21. 第 27 页第 14 行　言我乃往至东极之野,饮马于咸池,与日俱浴。以洁己身;结我车辔于扶桑,以留日行,幸得不老,延年寿也。

按:“与日俱浴”的目的是“以洁己身”,则“与日俱浴”句后的原句号当改作逗号。

22. 第 28 页第 15 行　《尔雅》曰:鹏凤,其雌皇。

按:《释鸟》文。鶠,凤别名。邢昺《尔雅疏》:“凤,一名鶠。”可证。标点当作:《尔雅》曰:“鶠,凤;其雌皇。”

23. 第 31 页第 4 行 《归藏》云:丰隆,筮云气而告之,则云师也。

按:按之文意语气,“则云师也”句不是《归藏》文,应是洪氏补注的按语。此句与下文“则丰隆,雷也;云师,屏翳也”;“则屏翳,雨师也”;“则风师也”等句文例正同,都是补注的按语。因此,“筮云气而告之”句后原逗号当改作句号。

24. 第 31 页第 7 行 《淮南子》云:雨师洒道,风伯扫尘,说者以为箕、毕二星。

按:《淮南子·原道训》:“令雨师洒道,使风伯扫尘。”高诱注:“雨师,毕星也。《诗》云:‘月离于毕,俾滂沱矣。’风伯,箕星。月离于箕,风扬沙。”则“说者以为箕、毕二星”句非《淮南子》文,因此,“风伯扫尘”句后原逗号当改作句号。

25. 第 31 页第 11 行 《颜氏家训》云:虙字从虍,宓字从宀,下俱为必。孔子弟子宓子贱,即虙羲之后,俗字以为宓,或复加山。《子贱碑》云:济南伏生,即子贱之后。是知虙之与伏,古来通用,误以为密,较可知矣。

按:《书证篇》文。“误以为密”句之“密”字当作“宓”,误加“山”尔。王利器集解云:“《续家训》、《云麓漫钞》、《楚辞辩证》‘宓’作‘密’,未可从。”(《颜氏家训集解》,上海古籍出版社 1980 年版第 410 页),可证。

26. 第 35 页第 5 行 《集韵》:古音估者,故也;音故者,始也。

按:此为洪氏补注的按语,并非引述《集韵》原文,《集韵》中也无此文。“《集韵》”后原冒号当删去。因专述“古”字,则“古”字宜加标引号。

27. 第 35 页第 14 行 《尔雅》云卉、草,疏云,别二名也。

按:《释草》文。标点当作:《尔雅》云:“卉,草。”疏云:“别二名也。”

28. 第 37 页第 12 行 上谓君,下谓臣,陞,一作升。

按:“下谓臣”句后原逗号当改作句号。

29. 第 38 页第 5 行 《书序》曰:高宗梦得说,使百工营求诸野,得诸傅岩,作《说命》,是佚篇也。

按:“是佚篇也”句,非《书序》文,而是王逸章句的按语,则“作《说命》”句后原逗号当改作句号。

30. 第 39 页第 14 行　《广韵》曰:鶗鴂,关西曰巧妇,关东曰鹈鴂,春分鸣则众芳生,秋分鸣则众芳歇。

按:《广韵》平声齐韵:“鶗,杜奚切,鶗鴂鸟,春三月鸣也。”可见洪氏补注并未引述《广韵》原文,则“《广韵》曰”后原冒号当删去。

31. 第 42 页第 11 行　张揖云:琼树生昆仑西,流沙滨,大三百围,高万仞,其华食之长生。

按:流沙,沙漠也,沙因大风吹刮而流动,故称。“琼树生昆仑西流沙滨”当作一句读,意谓琼树生长在昆仑山西面沙漠的边缘,则“昆仑西”后原逗号当删去。引文出自《汉书·司马相如传下》之《大人赋》颜师古注引张揖曰(见《汉书》中华书局 1962 年版第 8 册第 2599 页),可参看。

32. 第 43 页第 11 行　《淮南子》云:昆仑虚中有增城九重,上有木禾,珠树、玉树、琁树、不死树在其西……

按:《地形训》文。“琁”当作“璇”,形近而误。今本《淮南子》作“璇”,可证。璇,同“琼”。《说文》玉部:“瓊,赤玉也。从玉,夐声。渠营切。璇,瓊或从旋省。”璇树,即琼树,参看上条“琼树生昆仑西,流沙滨”。

33. 第 44 页第 8 行　天津九星,在虚危北,横河中,津梁所渡。

按:虚、危为二星宿名,“虚”字后当加标顿号。凡星宿字二三并列,中间宜加标顿号,下同。

34. 第 44 页第 12 行　《尔雅》有铃曰旂。

按:《释天》文。“《尔雅》”后当加标冒号。

35. 第 46 页第 13 行　《尚书》:箫韶九成。

按:《益稷》文。“箫韶”,舜乐名,当加标书名号。《箫韶》也简称《韶》,因需变奏九次才最终完成,故又名《九韶》,即“《箫韶》九成”之义。

36. 第 47 页第 15 行　叙曰:昔者孔子睿明喆,(音哲。)天生不群,(群,一作王。)定经术,删诗书,(一云俾定经术,乃删诗书。)正礼乐,制作春秋,以为后王法。

按："诗"、"书"、"春秋"，均为书名，当分别加标书名号。

37. 第 49 页第 14 行　故潜龙不见是而无闷。

按："故潜龙不见"自为句，其后当加标逗号。

38. 第 50 页第 8 行　山甫明哲，固保身之道。然不曰夙夜匪解，以事一人乎！

按：《诗·大雅·烝民》云："肃肃王命，仲山甫将之。邦国若否，仲山甫明之。既明且哲，以保其身。夙夜匪解，以事一人。"赞美仲山甫明哲保身，忠心事君。"山甫明哲，固保身之道"，"固"为连词，固然的意思，表示承认确是如此，引起下文转折，则此语意未完，"固保身之道"句后原句号当改作逗号。"然不曰夙夜匪解，以事一人乎"，"然"为连词，表示转折；"夙夜匪解，以事一人"，是引《诗》成句；"乎"字是表反诘的疑问语气词，则全句为反问句。标点当作：山甫明哲，固保身之道，然不曰"夙夜匪解，以事一人"乎？

39. 第 51 页第 2 行　其志絜，故其称物芳。其行廉，故死而不容自疏。濯淖污泥之中，以浮游尘埃之外，推此志也，虽与日月争光可也。

按：上引文出自《史记·屈原贾生列传》。王念孙《读书杂志·史记五》"濯淖"云："《屈原贾生列传》：'濯淖污泥之中。'索隐曰：'濯音浊。污音乌故反。泥音奴计反。'案上言洗濯，下言淖，则文不相属。濯字当读直教反。（濯淖，叠韵字。）濯淖污泥四字同义。《说文》曰：'潘，淅米汁也。'又曰：'周谓潘曰泔。'又曰：'滫，久泔也。'《广雅》曰：'濯，滫也。'曹宪音直儿反。《士丧礼》：'渜濯弃于坎。'郑注曰：'沐浴馀潘水。'释文：'濯，直孝反。'《丧大记》：'濡濯弃于坎。'皇侃疏曰：'濯谓不净之汁也。'《广雅》曰：'淖，浊也。'是濯淖皆污浊之名。"

先师徐复先生《史记臆解》"死而不容自疏"云："复按：王氏之说是也。惟于语法则未言及。黄季刚先生曰：'俗本在自疏下断句，语无可说。自疏二字当属下，为下句之动词。自疏为自远义。濯通浊，与下句浊秽字避。'又云：'上句故死而不容，自为句，与故其称物芳为对文。'据师说，不容谓不容于世。《汉书·扬雄传》：'又怪屈原文过相如，至不容。'王逸《离骚经章句序》引班固曰：'不见容纳，忿恚自沉。'又王逸《远游章句序》亦谓:'屈原履方直之行,不容于世。'皆其证也。不容下缀自疏二字,失其义矣。"(《徐复语言文字学论稿》,江苏教育出版社 1995 年版第 126 页)

黄季刚先生以"故死而不容"自为句,"自疏"二字属下为句,其说甚是。徐复先生说"不容谓不容于世",已举三例为证。今再增数例,为师说补证。洪兴祖补注引班固序云:"忿怼不容,沈江而死。"东方朔《七谏·沈江》:"独廉洁而不容兮,叔齐久而逾明。"王逸注:"言己独行廉洁,不容于世。"又《七谏·怨思》:"贤士穷而隐处兮,廉方正而不容。"王逸注:"廉正之士不能容于世也。"严忌《哀时命》:"身既不容于浊世兮,不知进退之宜当。"王逸注:"言己执贞洁之行,不能自入贪浊之世,愁不知进止之宜,当何所行者也。"刘向《九叹·逢纷》:"吸精粹而吐氛浊兮,横邪世而不容。"王逸注:"言己体清洁之行,在横邪贪枉之世,而不能自容入于众也。"特别是东方朔《七谏》二例,与司马迁《史记》之"其行廉,故死而不容",可谓语义密合,且用词亦同。不容,谓不容于浊世也。黄季刚先生又云:"自疏二字当属下,为下句之动词。自疏为自远义。"其说甚是。《离骚》云:"何离心之可同兮?吾将远逝以自疏。"王逸注:"言贤愚异心,何可合同?知君与己殊志,故将远去自疏,而流遁于世也。"《文选》五臣注,吕向曰:"言忠佞两心不可同,吾将远去,自疏远也。"这正是"自疏濯淖污泥之中"的意思。因此,标点当作:其志絜,故其称物芳;其行廉,故死而不容。自疏濯淖污泥之中,以浮游尘埃之外,推此志也,虽与日月争光可也。

40. 第 51 页第 4 行　屈子之事,盖圣贤之变者。使遇孔子,当与三仁同称雄,未足以与此。

按:既言"屈子之事""当与三仁同称雄",却又言"未足以与此",语义前后扞格,互相矛盾,可见原标点有误。再者,屈原以死报国之事与"三仁"(比干、微子、箕子)忠义之事,并非指他们势力居于一方或才能超出众人之上,而是指他们德操节义之高尚,则用"称雄"一词,显然用词不当。其实,文中"称雄"二字邂逅相接,并非成词,此当在"称"字后断句,标逗号。"当于三仁同称",自为句,"称"是称道、称扬之义。"雄未足以与此”为句，“雄”指扬雄，即上一复句中提到的扬子云，“与”谓参与，这里指参与评论，这句意思是：扬雄（仕于新莽，政节有亏）不足以参与评说这屈子之事。

41. 第51页第16行　（《文心雕龙·辨骚》作己）

按：“己”当作“已”，形近而误。

42. 第53页第1行　固知《楚辞》者，体慢于三代，而风雅于战国，乃雅颂之博徒，而词赋之英杰也。

按：此处“楚辞”指文体而言，不是指刘向始编之总集，则当删去书名号。

43. 卷二　第55页第6行　按：《九歌》十一首，《九章》九首。皆以九为名者，取箫韶九成、启《九辩》《九歌》之义。

按：“箫韶”为舜乐名，当加标书名号。“《箫韶》九成”为《尚书·益稷》句，“启《九辩》[与]《九歌》[兮]”为《离骚》句，当加标引号。标点当作：皆以九为名者，取“《箫韶》九成”、“启《九辩》、《九歌》”之义。

44. 第55页第7行　《骚》经曰：奏《九歌》而舞韶兮，聊假日以媮乐。

按：“《骚》经”当作“《骚经》”，以求全书体例划一。“韶”为舜乐名，即《箫韶》的省称，当加标书名号。

45. 第55页第16行　乃使灵巫常持好剑以辟邪，要垂众佩周旋而舞，动鸣五玉锵锵而和，且有节度也。

按：“要垂众佩”及“动鸣五玉”，皆自为句，其后当各加标逗号。

46. 第56页第11行　汉乐歌曰：奠桂酒，勺椒浆。

按：第174页第10行补注云：“汉《乐歌》作六幕。”标法可从。则此处“乐歌”亦当加标书名号，以求全书体例划一，下同。

47. 第57页第15行　乐府有《沐浴子》。

按：第72页第12行补注云：“《乐府》有《生别离》，出于此。”标法可从。则此处“乐府”亦当加标书名号，以求全书体例划一，下同。

48. 第58页第3行　荀卿《云赋》云：五采备而成文，衣华采之衣，以其类也。

按："五采备而成文"为《荀子·赋篇》之《云赋》句，其下二句非《云赋》文，而是洪氏补注的按语，则"五采备而成文"句后原逗号当改作句号。

49. 第58页第4行　按杜蘅，《尔雅》所谓"杜土卤"者也。

按：《尔雅·释草》："杜，土卤。"郭璞注："杜衡也，似葵而香。"则原标作"杜土卤"实误，"杜"字后当加标逗号。

50. 第59页第6行　《记》曰：夫，夫也。为习于礼者。上夫，音扶。

按：《礼记·檀弓上》云："曾子袭裘而吊，子游裼裘而吊。曾子指子游而示人曰：夫夫也，为习于礼者，如之何其裼裘而吊也？"郑玄注："曾子盖知临丧无饰。夫夫，犹言此丈夫也。子游于时名为习礼。"陆德明释文："夫夫，上音扶，下如字；一读并如字。"据此，则标点当作：《记》曰："夫夫也，为习于礼者。"上夫，音扶。

51. 第59页第6行　屈原见云一动千里，周遍四海，想得随从，观望西方，以忘己忧思……

按：据上下文义，"西方"当作"四方"。今检影印《楚辞》四部丛刊本、《文选》李善注本、《文选》六臣注本，均作"四方"，可证。

52. 第60页第4行　《前汉》传曰：幼眇之声。

按：《前汉》为《前汉书》省称，即《汉书》。此处"传"，指《汉书》中的某篇列传，而不是指传注之传。"幼眇之声"，在《汉书》多篇列传中出现。例《汉书·中山靖王刘胜传》："今臣心结日久，每闻幼眇之声，不知涕泣之横集也。"又《扬雄传下》："抑止丝竹晏衍之乐，憎闻郑卫幼眇之声。"据此，"《前汉》传"当改作"《前汉·传》"。

53. 第61页第5行　按吴中太湖，一名洞庭。而巴陵之洞庭，亦谓之太湖。逸云：太湖，盖指巴陵洞庭耳。

按：王逸章句云："洞庭，太湖也。"洪兴祖补注云："盖指巴陵洞庭耳。"正是对王注所云"太湖"的补充说明。可见，"盖指巴陵洞庭耳"句，并非王逸注语，则"逸云"后原冒号当删去。标点当作：逸云"太湖"，盖指巴陵洞庭耳。

54. 第 61 页第 9 行 《尔雅》云:注旄首曰旌,旍与旌同。

按:“注旄首曰旌”,《释天》文。引《尔雅》文仅此一句,则该句后原逗号当改作句号。“旍与旌同”,为洪氏补注按语。

55. 第 61 页第 12 行 《集韵》:涔,郎丁切,水名。其字从令。引《楚辞》望涔阳兮极浦。

按:既曰“其字从令”,则“涔”当作“泠”。《集韵》平声青韵:“泠,郎丁切,水名。《楚辞》:望泠阳兮极浦。”可证。《楚辞》四部丛刊本正作“泠”。

56. 第 62 页第 5 行 五臣云:桂兰,取其香也。

按:正文作“桂棹兮兰枻”,可见桂与兰为二物,则“桂”字后当加标顿号。

57. 第 66 页第 7 行 《月令》曰:麋角解。疏云:麋阴兽,情淫而游泽。

按:《礼记·月令》孔颖达疏引熊安生云:“今以麋为阴兽,情淫而游泽,冬至阴方退,故解角,从阴退之象。”洪氏补注引其文,将“今以麋为阴兽”节引为“麋阴兽”三字,改变了句子结构,则“麋”字后当加标逗号。“阴兽”是“麋”的解释词,即“麋为阴兽”之义。

58. 第 67 页第 3 行 《尔雅》:栋谓之桴。注:屋穩也。

按:“穩”当作“檼”,形近而误。见《尔雅·释宫》郭璞注。《楚辞》四部丛刊本正作“檼”,不误。

59. 第 68 页第 9 行 《集韵》:者,有睹音。

按:此非引《集韵》文,而是洪氏补注按语。《集韵》上声姥韵,者、睹同音董五切,可证。标点当作:《集韵》“者”有睹音。

60. 第 75 页第 4 行 《尔雅》木谓之虡,县钟磬之木也。

按:《释器》文。“县钟磬之木也”句非《尔雅》正文,为郭璞注语。标点当作:《尔雅》:“木谓之虡。”县钟磬之木也。

61. 第 75 页第 9 行 《博雅》曰:翶,翥飞也。

按:《博雅》即《广雅》。《释诂》文。标点当作:《博雅》曰:“翶、翥,飞也。”详见王念孙《广雅疏证》卷三上。

62. 第 76 页第 13 行　汉许商上书云:古记九河之名,有徒骇、胡苏、鬲津,今见在成平东光鬲县界中。自鬲津以北至徒骇,其间相去二百馀里。

按:上引文出自《尚书·禹贡》"九河既道"孔颖达疏,又见《汉书·沟洫志》。"今见在成平东光鬲县界中"句,"成平"、"东光"、"鬲县"为三个地名,则"成平"、"东光"后当各加标顿号。

63. 第 78 页第 7 行　滔,上刀切,水流貌。

按:"上"当作"土",形近而误。《说文》水部:"滔,水漫漫大貌。从水,舀声。"大徐本注音:"土刀切。"《广韵》平声豪韵:"滔,土刀切,漫也,又水流貌。"可证。《楚辞》四部丛刊本正作"土刀切",不误。

64. 第 79 页第 3 行　《尔雅》云:唐蒙女萝。女萝,兔丝。

按:《释草》文。郭璞注云:"别四名。《诗》云:爰采唐矣。"则标点当作:《尔雅》云:"唐、蒙,女萝;女萝,兔丝。"

65. 第 80 页第 1 行　言山鬼所处,乃在幽篁之内,终不见天地,所以来出归有德也。

按:"地"当作"也",因牵连上"天"字而误作"地"。《山鬼》正文作"余处幽篁兮终不见天",《文选》五臣注,吕向曰:"言己处江山竹丛之间,上不见天,道路险阻……"均不涉"地"字,可证。

66. 第 80 页第 14 行　《尔雅》茵芝注云:一岁三华,瑞草也。

按:《释草》文。标点当作:《尔雅》:"茵,芝。"注云:"一岁三华,瑞草也。"

67. 第 81 页第 3 行　言石葛者,喻所在深也。五臣云:芝草,仙药,采不可得,但见葛石尔。

按:正文作"石磊磊兮葛蔓蔓",则注中"石葛"、"葛石"都是"石"与"葛"二物并称。据此,"言石葛者"句的"石"字后,"但见葛石尔"句的"葛"字后,当各加标顿号。

68. 第 81 页第 6 行　怨椒兰蔽贤,如葛石之于三秀,故怅然忘归也。

按:"椒兰"指楚令尹子兰、大夫子椒,则"椒"字后当加标顿号。"葛石”指葛草与山石二物，则“葛”字后当加标顿号。

69. 第83页第2行　严杀尽弃原壄。

按：“壄”当作“壄”，形近而误。《说文》里部：“野，郊外也。从里，予声。壄，古文野，从里省，从林。”可证。“予”为野、壄字之声符，若作“矛”则误矣。

70. 卷三　第86页第5行　瞢，母豆切，目不明也。

按：“豆”当作“亘”，形近而误。《集韵》去声隥韵：“瞢，母亘切，目不明也。”《广韵》平声登韵：“瞢，目不明，武登切。”“母亘切”与“武登切”音同，母、武同属上古音明母，亘、登同属上古韵蒸部，可证。

71. 第87页第2行　《楚辞》云：筦维焉系？此义与斡同字，即为筦。故知斡、管二音不殊。

按：上引文出自颜师古《匡谬正俗》卷七“斡筦”条。“斡”当作“斡”，“管”当作“筦”，皆形近而误。“字”字当属下为句。标点当作：此义与[斡](斡)同，字即为筦，故知斡、[筦](管)二音不殊。

72. 第89页第10行　《天对》云：孰旦孰幽，缪躔于经，苍龙之寓，而迋彼角亢。迋，欺也，具往切。

按：“迋”当作“迋”，形近而误。《玉篇》辵部：“迋，又具往切。《诗》云：‘人实迋女。’迋，诳也。”诳，犹欺也。《集韵》上声养韵：“迋，俱往切，欺也。”“俱往切”与“具往切”音同，俱、具同属上古音见母。《左传》定公十年：“是我迋吾兄也。”杜预注：“迋，欺也。”可证。《楚辞》四部丛刊本正作“迋”，不误。

73. 第89页第15行　帝曰：往钦哉，九载绩用弗成。

按：《尚书·尧典》文。“往钦哉”句，是帝尧敕命鲧往治水，要恭敬从事。“九载绩用弗成”句，不是帝尧敕命，而是文中叙述语。标点当作：帝曰：“往，钦哉！”九载绩用弗成。

74. 第91页第15行　《集韵》：洿音户，水深谓之洿。

按：《集韵》全书注音用反切而不用直音，“洿音户”句，非《集韵》原文，则“《集韵》”后原冒号当删去。“水深谓之洿”句，为《集韵》原文，见上声姥韵“洿”字下注，宜加标引号。洿、户同音“后五切”。标点当作：

《集韵》"洿"音户,"水深谓之洿"。

75. 第 95 页第 7 行　又曰:山川之守,足以纲纪天下者,其守为神。

按:上引文见《国语·鲁语下》。上"守"字当作"灵",今作"守"者,涉下"守"字而误也。

76. 第 95 页第 7 行　仲尼曰:"汪芒氏之君,守封嵎之山者也。为漆姓,在虞、夏、商为汪芒氏,于周为长狄,今为大人。"

按:侯体健说:"此句中'为漆姓'三字当属上句,乃言汪芒氏之君为漆姓也。"其说是。今补议,"封嵎之山"为二山名。韦昭注云:"封,封山;嵎,嵎山。今在吴郡永安县也。"可证。则"封"字后当加标顿号。

77. 第 95 页第 12 行　《尔雅》萍蓱注云:水中浮蓱也。

按:《释草》文。标点当作:《尔雅》:"萍,蓱。"注云:"水中浮蓱也。"

78. 第 96 页第 16 行　羿射十日,中其九,《离骚》所谓羿焉射日?乌焉解羽?

按:"羿焉射日?乌焉解羽?"这是《天问》中的两个问句,而当它们成为叙述句中的成分,表示引证、复说时,就不再成为独立的问句。标点当作:《离骚》所谓"羿焉射日、乌焉解羽"。

79. 第 104 页第 3 行　郭璞注:《尔雅》云:成,犹重也。

按:《尔雅·释丘》:"丘一成为敦丘。"郭璞注:"成,犹重也。"则原标点当改作:郭璞注《尔雅》云:"成,犹重也。"

80. 第 104 页第 4 行　《史记》:夏、商之君皆称帝。

按:这是洪氏补注的按语,而非《史记》引文,则"《史记》"后原冒号当删去。

81. 第 104 页第 11 行　舜顺事父,及后母与弟,日以笃谨。

按:"舜顺事父及后母与弟"当作一句读,其间原逗号当删去。

82. 第 109 页第 8 行　《诗》注:鹰,鸷鸟也,如鹰之飞扬。

按:这是洪兴祖对王逸章句引《诗·大雅·大明》"惟师尚父,时惟鹰扬"的补注。"鹰,鸷鸟也",出郑笺。"如鹰之飞扬",是毛传对"鹰扬"一词的诠解,不是对"鹰"一字的训释。标点当作:《诗》注:"鹰,鸷鸟也。""如鹰之飞扬。"

83. 第110页第10行 穆王巧梅,夫何为周流?[章句]梅,贪也。梅,一作珻。

按:"梅"当作"挴",形近而误。朱熹《楚辞集注》本作:"穆王巧挴,夫何周流?"集注:"挴,芒改反,字从手;或从木、或从玉者,皆非也。"《广雅·释诂》:"挴,贪也。"王念孙疏注:"挴者,《方言》:'挴,贪也。'《楚辞·天问》:'穆王巧挴。'王逸注云:'挴,贪也。'"可证。

84. 第110页第12行 《方言》云:梅,贪也,亡改切,其字从手。

按:侯体健说:"补注所引'梅'字应作'挴',形近而误也。"其说是。今补议,标点有误。《方言》卷十三:"挴,贪也。"郭璞注:"挴,亡改反。"据此,标点当作:《方言》云:"挴,贪也。"亡改切,其字从手。

85. 第110页第12行 《集韵》云:梅,母罪切,慚也。

按:"梅"当作"挴",形近而误。见《集韵》上声贿韵。

86. 第110页第14行 祭公谋父作祈招之诗,以止王心,王是以获没于祇宫。

按:《左传》昭公十二年文。"祈招"为逸诗篇名,当加标书名号。

87. 第115页第1行 然《书序》云:康王既尸天子,则尸亦主也。

按:"则尸亦主也"句,非《尚书·康王之诰序》文。标点当作:然《书序》云"康王既尸天子",则尸亦主也。

88. 卷四 第121页第13行 据《史记·孔子世家索隐》改。

按:引书格式误。《史记》全书内容有"本纪"12篇、"表"10篇、"书"8篇、"世家"30篇、"列传"70篇等,而"集解"、"索隐"、"正义"是对《史记》正文的注解,不属《史记》原文。标点当作:据《史记·孔子世家》索隐改。

89. 第125页第5行 一本自此句至又何以为此援,并无"也"字。

按:"又何以为此援",即本篇《惜诵》下文诗句(见同页第11行),当加标引号。

90. 第126页第12行 矰缴,射矢也。

按:正文诗句为"矰弋机而在上兮",则章句中被训释字当是"矰",

不可能是"矰缴"。"缴"字当属下为句。《周礼·夏官·司弓矢》"矰矢、茀矢用诸弋射"郑玄注:"结缴于矢谓之矰。"《玉篇》矢部:"矰,子登切,结缴于矢也。"可证。

91. 第126页第12行 《淮南》云:矰缴机而在上,罛罟张而在下,虽欲翱翔,其势焉得。注云:矰弋,射鸟短矢也。机,发也。

按:《俶真训》文及其高诱注。《俶真训》正文作"矰缴机而在上",则高诱注中被训释词当是"矰"或"矰缴",不可能是"矰弋"。"弋"字当属下为句。《说文》矢部:"矰,谁䠶矢也。"《广韵》平声登韵:"矰,作滕切,弋射矢也。"可证。

92. 第130页第11行 五臣云:冥冥暗貌。

按:"冥冥"是被训释词,其后当加标逗号。

93. 第132页第16行 前汉有江夏郡。应劭曰:沔水自江别至南郡华容为夏水,过郡入江,故曰江夏。

按:"前汉"指《前汉书》,即《汉书》,当加标书名号。"应劭曰"云云,正是《汉书·地理志上》"江夏郡"颜师古注引应劭曰,可证。补注中凡称"前汉",皆指《汉书》,则当标作"《前汉》",下同。

94. 第133页第4行 郑玄注:《尚书》沧浪之水,言今谓之夏水。

按:这是洪氏补注的按语,并非郑玄注文,则"郑玄注"后原冒号当删去。标点当作:郑玄注《尚书》"沧浪之水",言今谓之夏水。

95. 第133页第4行 刘澄之著《永初山川记》云:夏水古文以为沧浪,渔父所歌也。

按:"夏水"是被解释词,其后当加标逗号。

96. 第134页第6行 《淮南》云:武王伐纣,渡于孟津,阳侯之波,逆流而击。注云:阳侯,陵阳国侯也。其国近水,溺死于水,其神龙为大波,有所伤害,因谓之阳侯之波也。

按:《览冥训》文及其高诱注。叶晨晖说:"按'龙'字当为'能'字之误。"并引《淮南子·览冥训》高诱注为证。其说是。今再增补二例。《淮南子·说山训》"渡江河而言阳侯之波"高诱注:"阳陵国侯溺死,其神能为大波,为人作害,因号阳侯之波,舟人所不欲言。"《九章·哀郢》

朱熹集注:"阳侯,阳国之侯,溺死于水,其神能为大波。"字皆作"能"而不作"龙",可证。

97. 第 135 页第 2 行 淼南渡之焉如?[章句]淼,滉,弥望无际极也。

按:这里不是对"淼"一字的训释,而是对"淼南渡之焉如"全句的诠解。标点当作:淼滉弥望,无际极也。

98. 第 135 页第 2 行 一云:淼,溙,弥望无栖集也。

按:标点当作:一云:淼溙弥望,无栖集也。

99. 第 135 页第 9 行 按:《楚世家》·《屈原传》、《六国世表》、刘向《新序》云……

按:"《楚世家》"后原间隔号当改作顿号。

100. 第 136 页第 9 行 踥,一作躞,一作踕,一作慊慄。

按:"躞"、"踕"为"踥"之异文;"慊慄"非"踥"之异文,而是正文诗句中"踥蹀"一词之异文。"一作踕"句后原逗号当改作句号。

101. 第 140 页第 14 行 《集韵》:崴,音隈。

按:《集韵》注音用反切而不用直音。此非引《集韵》文,而是洪氏补注按语。标点当作:《集韵》"崴"音隈。

102. 第 141 页第 12 行 言已见草木盛长,而已独汨然放流,往居江南之土……

按:"汨"当作"汩",形近而误。正文诗句作"汩徂南土",可证。

103. 第 142 页第 7 行 按《史记·屈原列传正义》引作……

按:引书格式误。标点当作:按《史记·屈原列传》正义引作……。参见第 88 条。

104. 第 143 页第 15 行 一云:邑犬群兮,吠所怪也。

按:"吠"当作"吠",形近而误。正文诗句作"吠所怪也",可证。

105. 第 145 页第 3 行 《史记》云:含忧虞哀。

按:王念孙《读书杂志·史记五》"含忧":"《屈原贾生列传》:'含忧虞哀兮。'索隐曰:'《楚辞》作舒忧娱哀。'念孙案:'含'当为'舍',字之误也。舍即舒字也。《说文》:'舒,从予,舍声。'……是舒与舍古同声而通用。王注《楚辞》曰:‘言己自知不遇,聊作词赋,以舒展忧思,乐己悲愁。’是‘舒忧娱哀’义本相承,若云‘含忧’,则与‘娱哀’异义矣。”王说甚是。朱熹集注云:“舒,《史》作舍,娱作虞。”则《史记》本作“舍忧虞哀”,可证。

106. 第148页第8行 《尔雅》曰:竹萹蓄。

按:《释草》文。“竹”字后当加标逗号。

107. 第152页第2行 缟,音杲。《说文》云:缟素,白缴缯也。

按:《说文》引文“素”上不当有“缟”字,此涉正文诗句中“缟素”、又涉补注上文“缟”字而误衍耳。《说文》素部:“素,白缴缯也。”可证。

108. 第156页第8行 苴……林德祖本云:反贾、士加二切。

按:“反贾”之“反”当作“仄”,形近而误。《集韵》平声鱼韵:“苴,臻鱼切。”又上声马韵:“苴,侧下切。”“仄贾切”与“臻鱼切”、“侧下切”音同,仄、臻、侧上古音同属庄母,贾、鱼、下上古韵同属鱼部,可证。

109. 第159页第1行 缔,文尔切,又音啼。结,不解也。《集韵》引此。

按:闵丰说:“‘结不解也’四字乃补注训释‘缔’字之义。”其说是。今补议,“缔”反切上字误。“文”当作“丈”,形近而误。《集韵》上声纸韵:“缔,丈尔切,结也。《楚辞》:气转缭而自缔。”然述古堂影宋钞本《集韵》亦误作“文尔切”。《集韵》上声纸韵“缔”的同音字“豸”,在《广韵》上声纸韵音“池尔切”,“丈尔切”与“池尔切”音同,丈、池同属上古音定母,可证。《九章·悲回风》朱熹集注云:“缔,丈尔反,又音啼。”增一旁证。

110. 第160页第4行 以兴谗贼,危害贤人也。

按:“以兴谗贼危害贤人也”当作一句读,其间逗号当删去。

111. 第160页第5行 己欲澄清邪恶,复为谗人所危,俗人所谤讪也。

按:“复为”二字直贯串下“俗人所谤讪也”,则“复为谗人所危”后原逗号当改为顿号。

112. 第160页第7行 又欲罔然芒芒,与众同志,则无以立纪纲,垂号谥也。

按：形容词词组“罔然芒芒”作动词词组“与众同志”的状语，则无须点断；“无以”二字直贯串下“垂号谥也”，“立纪纲”与“垂号谥”为并列关系，也无须点断。标点当作：又欲罔然芒芒与众同志，则无以立纪纲、垂号谥也。

113. 卷五 第164页第15行 羡韩众之得一，

按：此句为一组四句中的第二句，按全篇体例，句末逗号当改作句号。

114. 第166页第2行 《说文》：程，品也。十发为程，一程为分。

按：“一”当作“十”，字之误也。详见《说文》禾部“程”字释义。

115. 第169页第7行 《尔雅》曰：东方之美者，有医无闾之珣玕琪焉。

按：《释地》文。“玕”当作“玗”，形近而误。

116. 第171页第15行 意恣睢以担挢。［章句］纵心肆志，所愿高也。挢，一作矫。

按：“担”当作“拮”，形近而误。《文选·潘岳〈射雉赋〉》：“眄箱笼以揭骄，睨骁媒之变态。”徐爰注：“《楚辞》‘揭骄’字作‘拮矫’。揭，居桀切。”李善注：“《楚辞》：‘意恣睢以拮矫。’王逸曰：‘纵心肆志，所意愿高也。’”可证。

117. 第171页第16行 恣，干咨切。睢，许鼻切。恣睢，自得貌。

按：“干”当作“千”，形近而误。《集韵》平声脂韵：“恣，千咨切，恣睢，自得貌。”可证。《楚辞》四部丛刊本作“千”，不误。

118. 第171页第16行 《大人赋》云：掉指桥以偃蹇。《史记索隐》云：指，居桀切。桥，音矫。张揖云：指桥，随风指靡也。担，《释文》云：音丘列切，举也。桥，居庙切。《史记》作挢。其字从手。

按：据第116条已校正《远游》正文“担挢”当作“拮挢”，则补注中的“担”字也当相应作“拮”。担无“丘列切”之音，也不训“举”。《集韵》入声薛韵：“揭、担、拮，丘杰切，举也。或作担、拮。”“丘杰切”与“丘列切”音同，杰、列同属上古韵月部，可证。而其中与“揭、拮”并列的“担”字，正是由于《远游》正文“拮”误作“担”，才被《集韵》误收。

又,“指”当作“揭”,形近而误。补注征引司马相如《大人赋》“掉指桥以偃蹇”,以注释《远游》“意恣睢以拮挢”句,则“指桥”当作“揭桥”。唯“揭桥”,与“拮挢”音义相同。若作“指桥”,则与“拮挢”何涉焉?《史记索隐》云:“指音居桀反。”而指字无“居桀反”之音。“居桀反”是揭字注音。《广韵》入声月韵:“揭,居竭切,又居列切,揭起。《说文》曰:高举也。”“居竭切”、“居列切”与“居桀反”音同,竭、列、桀同属上古韵月部。日人泷川资言《史记会注考证》云:“索隐本指作揭,故云居桀反。”可证。今本《史》、《汉》之《司马相如传》中《大人赋》,“揭桥”字一仍其旧误作“指桥”,当一并校正。

119. 第173页第6行 《周礼》曰:九德之歌,九磬之舞。

按:侯体健说:“依明翻宋本及《周礼》原文,‘磬’应作‘磬’,前者从石,后者从召。磬,韶之异体也。”其说是。今补议,引文出自《周礼·春官·大司乐》。“九德”、“九磬”既为歌舞名,当加标书名号。

120. 第174页第2行 《淮南》曰:出于无垠鄂之门。注云:垠锷,端崖也。

按:《原道训》文。“锷”当作“鄂”,字之误也。注文中的被训释字与正文用字当一致。王念孙《读书杂志·淮南内篇一》“无垠”:“《淮南子·原道训》:‘上游于霄雿之野,下出于无垠之门。’念孙案:‘无垠’下有‘鄂’字,今本正文及注皆脱去。《文选·西京赋》‘前后无有垠鄂’李善注:‘《淮南子》曰:出于无垠鄂之门。”许慎曰:“垠鄂,端崖也。”’(《七命》注同。)”可证。

121. 卷七 第179页第8行 颜色憔悴。[章句]皯黴,黑也。

按:“皯黴黑也”当作一句读,其间逗号当删去。这是对正文“颜色憔悴”句的诠解,而不是用“黑”解释“皯黴”。点校本以“皯黴”为被训释词,而正文中却无此词,则被训释词就成了无根之词,这显然有违释词的通例。

122. 第179页第9行 黴,力迟切。

按:“力”当作“万”,形近而误。《玉篇》黑部:“黴,明饥切,面垢也,又黴败也。又莫佩切。”“万迟切”与“明饥切”音同,万、明同属上古音明母,迟、饥同属上古韵脂部,可证。

123. 卷八　第 182 页第 9 行　宋玉者,屈原弟子也。闵惜其师,忠而放逐,故作《九辩》以述其志。

按:“闵惜其师忠而放逐”当作一句读,其间原逗号当删去。“忠而放逐”的主语不是宋玉,而是“其师”屈原,则中间不宜用逗号点断。

124. 第 185 页第 12 行　奄同离,罗也。

按:“奄”不“同离”,也不训“罗”,标点实误。奄,同也。《尚书·大禹谟》:“皇天眷命,奄有四海,为天下君。”孔安国传:“奄,同也。”《诗经·周颂·执竞》:“自彼成康,奄有四方。”毛传:“奄,同也。”可证。标点当作:奄,同;离,罗也。

125. 第 185 页第 16 行　五臣云:言离去芳盛之德,方壮之任,使余委弃而悲愁也。

按:“离去”二字直贯串下“方壮之任”,“芳盛之德”与“方壮之任”在句中为并列关系,则“芳盛之德”后原逗号当改作顿号。

126. 第 186 页第 8 行　五臣云:坎,陷。傺,止也。

按:“陷”字后原句号当改作分号。陈澧《东塾读书记·诗》云:“毛传连以一字训一字者,惟于最后一训用‘也’字。其上虽累至数十字,皆不用‘也’字,此传例也。”后人训诂沿用其例。五臣注之“坎,陷”这一训释句,探下省“也”字,语气未断,则其后不宜标句号,当改标分号。本书注释中,凡接连用两个以一字训一字者,惟于后一训用“也”字,则前一训与后一训之间当标以分号,标点当作:“甲,乙;丙,丁也。”下同。

127. 第 186 页第 12 行　矮黄叶凋。

按:“矮黄”是正文中“萎黄”的异文。在此,“矮黄”是被训释词,则“矮黄”后当加标逗号。

128. 第 186 页第 14 行　萷櫂,木无枝柯,长而杀者。

按:洪氏补注沿用《尔雅》及郭注。《尔雅·释木》:“萷,萷櫂。”郭璞注:“谓木无枝柯。萷櫂,长而杀者。”阮元《尔雅注疏校勘记》云:“雪窗本櫂作擢……今经作木旁误。”洪兴祖所引《尔雅》已误作从木,当加以校正并出校勘记说明。

129. 第 187 页第 1 行　蓬，蒲孔，茸，仁勇切。

按："蒲孔"后原逗号当改作分号。这是接连为两个字作反切注音，惟于后一反切注音用"切"字，而前一反切注音不用"切"字，探下省。两个字及其反切注音，在结构上是并列关系，则前一个反切注音后当标以分号。

130. 第 187 页第 9 行　五臣云：怵惕，震荡自惊动也。

按：此五臣注是对正文"心怵惕而震盪兮"全句的诠解，并不是对"怵惕"一词的训释，而且"震荡"（"震盪"的异文）也是正文句中原有之词。标点当作：怵惕震荡，自惊动也。

131. 第 189 页第 3 行　信任竖貂与椒兰也。

按："椒兰"指楚令尹子兰、大夫子椒，则"椒"字后当加标顿号。

132. 第 189 页第 13 行　［补］曰：钼，状所、床举二切。铻，音语，不相当也。

按：这是补注对正文中"钼铻"一词的注音和释义。"不相当也"是对"钼铻"一词的释义，不是对"铻"字的注释。《广韵》上声语韵："钼，床吕切。钼铻，不相当也。"又："铻，鱼巨切。钼铻，不相当也。"可证。则"音语"后原逗号当改作句号。

133. 第 190 页第 2 行　当未遇之时，故无匹偶，而与相合也。

按："故无匹偶而与相合也"当作一句读，其间逗号当删去。

134. 第 190 页第 3 行　五臣云：骐骥安归，在于良乐；凤皇安归，在于圣明。

按："良乐"，王良、伯乐的并称。《文选·班固〈答宾戏〉》："良乐轶能于相驭，乌获抗力于千钧。"李善注引项岱曰："良，王良，晋人也。乐，伯乐，秦穆公时人也。"吕向注："王良，善御者也。伯乐，善相马者也。"可证。则"良"字后当加标顿号。

135. 第 193 页第 4 行　老嵺廓而无处。［补］曰：《玉篇》云：廫，廓空也，力么切。

按：这是洪氏补注引《玉篇》，对正文诗句中"嵺廓"一词的释义及"嵺"字的注音。补注标点有误。《玉篇》广部："廫，力幺切。廫廓，空也。”廖，同“嵺”。则补注标点当改作：《玉篇》云：“廖廓，空也。力么切。”

136. 第194页第5行 [补]曰：潢，音晃，户广切，水深广貌。洋，音养，滉漭，水貌。

按：这是补注对正文诗句中“潢洋”一词的注音和释义。“潢洋”是叠韵联绵词，“潢，音晃”，“洋，音养”，也作“滉漭”。吴玉搢《别雅》卷三：“潢洋，滉漭也。”补注中的“滉漭，水貌”，是对“潢洋”一词的释义，而不是注释“洋”字；因此，“洋，音养”后原逗号当改作句号。

137. 第195页第11行 推远周邵，与伊挚也。

按：“周邵”，周公旦和邵公奭的并称。《楚辞·刘向〈九叹·愍命〉》“废周邵于遐夷”王逸注：“周，周公旦也。邵，邵公奭也。”则原标点在“周”字后当加标顿号。“与”字在此是连词，不是介词。连词“与”字前不宜标用逗号，而将连接的前项点断隔开。标点当作：推远周、邵与伊挚也。

138. 卷九 第197页第5行 宋玉怜哀屈原，忠而斥弃，愁懑山泽，魂魄放佚，厥命将落。

按：“宋玉怜哀屈原忠而斥弃”当作一句读，其间逗号当删去。“忠而斥弃”的主语不是宋玉，而是屈原，则中间不宜用逗号点断。

139. 第202页第8行 言为君魂作衣，乃使秦人职其篝络……

按：“职”当作“织”，字之误也。今检影印《楚辞》四部丛刊本、《文选》李善注本、《文选》六臣注本、唐钞本《文选集注》（见《唐钞文选集注彙存》，上海古籍出版社2000年影印第2册第21页）均作“织”，可证。

140. 第202页第16行 五臣云：槛，栏，层，重也。

按：这是连用两个以一字训一字者，惟于后一训用“也”字，则两个训释之间当加标分号。标点当作：槛，栏；层，重也。详参见第126条。

141. 第202页第16行 轩，槛楼上板。

按：唐钞本《文选集注》作：“吕延济曰：槛，阑；层，重也。轩，槛上板也。”（见《唐钞文选集注汇存》，上海古籍出版社2000年影印第2册第24页）则“楼”字涉上王逸注文中“楼”字而衍。《文选·曹植〈杂诗〉》

“临牖御櫺轩”李善注引韦昭《汉书注》曰:“轩,槛上板也。”《文选·王微〈杂诗〉》“长想凭华轩”李善注:“轩,槛上板也。”可证。

142. 第 204 页第 4 行 《异物志》云:翠鸟形如燕,赤而雄曰翡,青而雌曰翠。翡大于翚,其羽可以饰帏帐。

按:“翚”当作“翠”,字之误也。《汉书·贾山传》“被以珠玉,饰以翡翠”颜师古注引臣瓒曰:“《异物志》云:翡色赤而大于翠。”可证。

143. 第 204 页第 5 行 颜师古曰:鸟各别异,非雌雄异名也。

按:上“异”字当作“类”,涉下“异”字而误作“异”。《汉书·贾山传》“被以珠玉,饰以翡翠”颜师古注:“鸟各别类,非雄雌异名也。”可证。

144. 第 207 页第 8 行 《本草》:黄粱出蜀、汉,商、浙间亦种之,香美逾于诸粱,号为竹根黄。

按:“浙”当作“淅”,形近而误。《汉书·地理志上》:“弘农郡,县十一:弘农、卢氏、陕、宜阳、黾池、丹水、新安、商、析、陆浑、上雒。”商,商县,今陕西省商州市东南。析,析县,今河南省淅川县。商、淅地域相连,历史上曾属同一行政区域,故得并称。至于“商、浙”,浙指今浙江省,两地相距约二千三百余里,何得并称乎?“淅”字易误作“浙”,例如《说文》水部:“滴,淅也。”清同治年间陈昌治刻本就误作“浙”(见《说文解字》,中华书局 1963 年影印第 235 页)。

145. 第 207 页第 9 行 《本草》:豉味苦,故逸以大苦为豉。然说左氏者曰:醯醢盐梅,不及豉。

按:标点有误。“豉味苦”为《本草》原文,而“故逸以大苦为豉”句,非《本草》原文,是洪氏补注的按语,句中“逸”字即指王逸。“醯醢盐梅”语,出自《左传》昭公二十年,则“左氏”为《左氏传》之省称,当加标书名号;“不及豉”句,非《左传》原文,而是洪氏补注的按语。标点当作:《本草》“豉味苦”,故逸以大苦为豉。然说《左氏》者曰“醯醢盐梅”,不及豉。

146. 第 207 页第 10 行 史游《急就篇》曰:及有无夷盐豉,盖秦、汉以来始为之耳。

按:标点有误。《急就篇》卷二:“芜荑盐豉醯酢酱。”“无夷”,同“芜荑”。这里仅引《急就篇》“无夷盐豉”一语。“史游《急就篇》曰及有‘无夷盐豉'"当作一句读。《广雅·释诂》:"曰,言也。"吴昌莹《经词衍释》卷五:"及,犹乃也。"这句意思是:史游《急就篇》所言乃有"无夷盐豉"。标点当作:史游《急就篇》曰及有"无夷盐豉",盖秦、汉以来始为之耳。

147. 第208页第2行 《淮南》……又云:煎熬焚炙调齐和之适,以穷荆吴甘酸之变。

按:《本经训》文。"煎熬焚炙"四字自为句,其后当加标逗号。

148. 第210页第10行 言舞人回转,衣襟,相交如竿也。

按:"衣襟相交如竿也"当作一句读,其间原逗号当删去。

149. 第210页第13行 《集韵》:嗔,音田。引《诗》振旅嗔嗔。

按:《集韵》注音用反切而不用直音。标点当作:《集韵》"嗔"音田,引《诗》"振旅嗔嗔"。

150. 第211页第11行 五臣注:秀,异而先进于前。

按:"秀"字后原逗号当删去,这不是对"秀"一字的训释;"秀异而先进于前"当作一句读,这是对正文"独秀先些"句的诠解。

151. 第212页第1行 古博经云:博法,二人相对,坐向局……

按:"古博经"为书名,当加标书名号。晋葛洪《西京杂记》卷四:"许博昌,安陵人也,善陆博……博昌又作《大博经》一篇,今世传之。"清蒋骥《山带阁注楚辞》书首"采摭书目"中开列有"《古博经》许博昌",以《古博经》为《大博经》之异名,可证。

152. 卷十 第217页第15行 [补]曰:骞,读若骞,音轩。

按:下"骞"(从马)字当作"骞"(从鸟),形近而误。骞音轩,骞、轩二字同音《广韵》平声无韵"虚言切",可证。

153. 第217页第16行 [补]曰:穀梁子曰:蜮,射人者也。

按:"穀梁子"即《穀梁传》别称,当加标书名号。引文出自《穀梁传》庄公十八年,可证。

154. 第219页第10行 《尔雅》鸧麋鸹注云:即鸧鸹也。

按:《释鸟》文。标点当作:《尔雅》:"鸧,麋鸹。"注云:"即鸧鸹也。"

155. 第220页第2行 《九叹》蘘荷注云:蓴,菹也。

按:"蓴菹"为一名词,不能割裂。《楚辞·刘向〈九叹·愍命〉》"耘藜藿与蘘荷”王逸注:“蘘荷,蓴菹也。”可证。标点当作:《九叹》“蘘荷”注云:“蓴菹也。”

156. 第220页第3行 《尔雅》云:蘩皤蒿,即白蒿也,可以为葅。

按:《释草》文。标点当作:《尔雅》云:“蘩,皤蒿。”即白蒿也,可以为葅。

157. 第221页第13行 言四国竞发,善气,穷极音声,变易其曲,无终已也。

按:“言四国竞发善气”当作一句读,其间原逗号当删去。这句是对正文“四上竞气”句的诠解。

158. 第221页第14行 言美人朱唇白齿,嫭眄美姿,仪状姱好可近,而亲侍左右也。

按:“仪状姱好”自为句,“可近”二字当属下为句。“可近而亲侍左右也”,谓可以作为近侍而亲随左右也。

159. 第223页第11行 《集韵》:椈,与簷同。壛,与阎同。

按:《集韵》平声盐韵:“檐椈簷,余廉切。《说文》:梍也。或从阎;亦作簷。”又:“阎壛,余廉切。《说文》:里中门。亦姓。或从土。”则标点当作:《集韵》“椈”与簷同,“壛”与阎同。

160. 卷十一 第228页第8行 骛,一作鹜。

按:下“骛”(从马)字当作“鹜”(从鸟),形近而误。《楚辞补注》世界书局本作“鹜”(从鸟),可证。

161. 卷十二 第232页第11行 偃蹇连蜷兮枝相缭。[补]曰:缭,纽也,居休切。

按:“缭”字无“居休切”之音。音“居休切”者为“纠”字。《说文》丩部:“纠,绳三合也。从糸、丩。”大徐本注音:“居黝切。”《广韵》上声黝韵:“纠,居黝切。戾也。俗作糺。”“居休切”与“居黝切”同音,声母居属上古音见母,休、黝同属上古韵幽部。洪兴祖补注音“居休切”,则“缭”当作“纠”,字之误也。唐钞本《文选集注》云:“音决:缭,居虬反。萧音斛。今案:陆善经本缭为糺。”(见《唐钞文选集注汇存》,上海古籍出版社2000年影印第2册第69页)“居虬反”与“居休切”同音,声母居属上古音见母,虬、休同属上古韵幽部。"斛"同"料",与"缭"同音。这说明当时各本异文并存,一本作"缭",一本作"纠",更明言"陆善经本缭作纠"。《文选》六臣注本字作"缭",注音却作"居休反",这跟唐钞本《文选集注》"缭,居虬反"同音。洪兴祖补注所据本当作"纠",故注音作"居休切"。正文虽误作"缭",而注音为"纠"之音切尚不误,且据注音之不误,以正正文之误,可也。今以洪还洪,"缭"当作"纠"。

162. 第 232 页第 13 行 [补]曰:笼,力孔切。嵸,音揔,山孤貌。

按:这是对正文"笼嵸"的注音和释义。"笼嵸"为叠韵联绵词,释为"山孤貌"。《集韵》上声董韵:"笼,鲁孔切,笼嵸,山孤貌。"又:"嵸,祖动切,笼嵸,山孤貌。"可证。则"嵸,音揔"后原逗号当改作句号。

163. 第 232 页第 13 行 嵯峨,巀嶭,峻蔽日也。

按:嵯峨、巀嶭,二词同义。《文选·班彪〈北征赋〉》"望山谷之嵯峨"吕延济注:"嵯峨,高峻貌也。"《文选·司马相如〈上林赋〉》"九嵕巀嶭"李善注引郭璞曰:"巀嶭,高峻貌也。"然而,在此并非以"巀嶭"来训释"嵯峨",而是两个叠韵联绵词同义连文,文重词复以形容之,以加强阐释语的修辞效果,则"嵯峨"后原逗号当删去。

164. 第 233 页第 1 行 踊跃澧沛,流迅疾也。

按:"澧沛"不词。"澧"当作"澧",形近而误。《文选》李善注本作"澧"。沣沛,水盛貌。汉应劭《风俗通·声音·瑟》:"再奏之,暴风亟至,大雨沣沛。"可证。

165. 第 233 页第 9 行 《广雅》云:蟪蛄,蛁蟟,即《楚词》所云寒螿者也。

按:《广雅·释虫》:"蟪蛄,蛁蟟也。""即《楚词》所云寒螿也"句,非《广雅》原文,而是补注按语,则"蛁蟟"后原逗号当改作句号。

166. 第 234 页第 8 行 [补]曰:麏,音君,麞也。麚,音加,牝鹿。

按:"牝"当作"牡",形近而误。《尔雅·释兽》:"鹿,牡麚,牝麀,其子麛。"《说文》鹿部、《广韵》平声麻韵并云:"麚,牡鹿。"可证。《文选集注》引陆善经曰:"麕,獐也。麚,牡鹿也。"(见《唐钞文选集注汇存》,上海古籍出版社 2000 年影印第 2 册第 76 页)正是洪氏补注所本。

167. 卷十三　第236页第1行　古者，人臣三谏不从，退而待放。屈原与楚同姓，无相去之义，故加为《七谏》，殷勤之意，忠厚之节也。

按：这里的“七谏”是指七次谏诤，跟上文“人臣三谏”对比可知，而不是指作品篇名，则不当加标书名号。

168. 第243页第1行　嵾，楚岑切。嵯，义宜切，一音仓何切。

按：“义”当作“叉”，形近而误。《广韵》平声支韵：“嵯，楚宜切，嵾嵯，不齐。又在何切。”“叉宜切”与“楚宜切”音同，叉、楚同属上古音初母，可证。《集韵》平声支韵：“嵯，叉宜切，嵾嵯，山不齐。”述古堂影宋钞本《集韵》“叉”误作“又”，亦形近而误。

169. 第244页第12行　蓼虫不知徙乎葵菜。［章句］言蓼虫处辛烈，食苦恶，不能知徙于葵菜，食甘美，终以困苦而癯瘦也。……知，一作能。

按：章句“不能知徙于葵菜”句中，“能”字为衍文。所谓“知，一作能”，是说正文“蓼虫不知徙乎葵菜”句，一本“知”作“能”。今章句中“能知”并出者，因一本作“知”，一本作“能”，而后人误合之也。正文中既作“知”，则章句中亦当作“知”，不言自明矣。《文选·左思〈魏都赋〉》“习蓼虫之忘辛”李善注引《楚辞》曰：“蓼虫不知从乎葵藿。”正作“不知”，而无“能”字，可证。

170. 第245页第2行　［补］曰：輂，拘玉切，大车驾马。

按：“輂”当作“輂”，形近而误。“輂”无“拘玉切”之音，也不训为“大车驾马”。《说文》车部：“輂，大车驾马也。从车，共声。”大徐本注音：“居玉切。”《广韵》入声烛韵：“輂，禹所乘直辕车。《说文》曰：大车驾马也。居玉切。”“居玉切”与“拘玉切”音同，居、拘同属上古音见母，可证。

171. 第246页第12行　《集韵》：娶音须，人名，引《荀子》“闾娶子奢”。

按：标点有误。《集韵》不用直音注音，则“《集韵》”后原冒号当删去，“娶”字宜加标引号。标点当作：《集韵》“娶”音须。

172. 第250页第9行　［补］曰：沆，胡亢。瀣，胡介切，一本作瀣。

按：“沆，胡亢”，为一反切注音，探下省“切”字，它与后一反切注音在结构上为并列关系,则其后原句号当改作分号。“一本作瀣”,是记录正文中“瀣”字的版本异文,而不是记录补注中“瀣”字的异文(洪兴祖绝不会为自己的注文记下异文),则“瀣,胡介切”后原逗号当改作句号。标点当作:沆,胡亢;瀣,胡介切。一本作瀣。

173. 卷十四 第259页第13行—第260页第1行 怀隐忧而历兹。[章句]如遭大忧,常怀戚戚,经历年岁,以至于此也。隐,一作殷。[补]曰:隐,痛也。殷,大也。注云:大忧,疑作殷者是。

按:标点当作:注云“大忧”,疑作“殷”者是。

174. 第260页第14行 应劭曰:弱水出张掖删丹,西至酒泉,合黎,馀波入于流沙。

按:引文出自《汉书·司马相如传下》“经营炎火而浮弱水兮”颜师古注引应劭曰云云。“合黎”二字若单独为句,易误解为“汇合黎水”之意。“合”非动词,“黎”非水名。“合黎”为酒泉郡境内地名。(《书·禹贡》孔颖达疏引古注,一说山名;一说水名,水出此山,因山为名。)因此,“西至酒泉合黎”当作一句读,其间逗号当删去。《汉书》中华书局标点本1983年版第8册第2597页注[七],竟以“合”字为动词,并为“黎馀波”三字加标专名号,作为水名,大谬。

175. 第266页第12行 卒夭隐而不荣。[章句]言伯夷饿于首阳,夭命而死,不飨其爵禄,得其荣宠也。

按:正文诗句中作“不荣”,章句中“不”字当直贯串下“得其荣宠也”。“不飨其爵禄”后若用逗号,则与下不直贯矣,因此,原逗号当改作顿号。

176. 卷十五 第272页第8行 [补]曰:砏,普贫、披班二切。磤,音殷,又於谨切,石声。

按:这是对正文中“砏磤”一词的注音和释义。“石声”不是对“磤”字的注释,而是对“砏磤”一词的训释。《集韵》平声删韵:“砏,披班切,砏磤,石声。”又平声欣韵:“磤,於斤切,砏磤,声也。”可证。因此,“又於谨切”后原逗号当改作句号。

177. 第275页第15行 临渊兮汪洋。[补]曰:汪洋、晃养二音。

按:标点有误。补注中的“汪洋”,是正文中原有文字,因需注音才被摘引出来,“晃养二音”就是为其作的注音。这二者之间并非并列关系,而是被注音字与注音的关系,就是说,“汪洋”二字读“晃养二音”,则“汪洋”后原顿号当改作逗号。

178. 第277页第10行　瓟瓜,天官星占曰:瓟瓜一名天鸡,在河鼓东。

按:“天官星占”为书名,当加标书名号。《隋书·经籍志三》:“《天官星占》十卷,陈卓撰。梁《天官星占》二十卷,吴袭撰。”《太平御览》卷首《经史图书纲目》开列书目有《天官星占》(见《太平御览》,中华书局1998年影印第1册卷首第13页)。宋郑樵《通志二十略·艺文略六·天文》:“《天官星占》,十卷。陈卓撰。”(见《通志二十略》,中华书局1995年版下册第1667页)可证。

179. 第277页第13行　张景阳《七命》云:茕嫠为之擗摽。擗,避辟切。摽,避櫂切,惊心也。

按:“惊心也”一语,不是对“摽”字的注释,而是对《七命》中“擗摽”一词的训释。《文选·张协〈七命〉》“茕嫠为之擗摽”吕向注:“擗摽,惊心也。”可证。因此,“避櫂切”后原逗号当改作句号。

180. 第279页第10行　蹇驴服驾兮。服,一作般。《释文》作舨。[补]曰:般、舨,并与服同。

按:“般”、“舨”,与“服”字形音义均不同。“般”当作“䑧”,形近而误。《说文》舟部:“䑧,用也。一曰:车右騑,所以舟旋。从舟,𠬝声。𦨈,古文服,从人。”大徐本注音:“房六切。”䑧,即“服”之古文。慧琳《一切经音义》卷九四引《字书》:“䑧,正服字。”《释文》“舨”当作“䑧”,形近而误。“䑧”是“䑧”的俗体字,一说即“䑧”的讹字。

181. 第280页第2行　河图、洛书,纬谶文也。

按:“河图”、“洛书”,皆为图书名,当加标书名号。本书中第28、30、43、87、92页等均作“《河图》”,已加标书名号矣。

182. 卷十六　第283页第3行　谗夫蔼蔼而漫著兮。[章句]蔼蔼,盛多貌也。《诗》云:蔼蔼王多吉士。漫,污也。一无“夫”字。漫,一作㬅。注云:㬅,汗也。曼汗以自著。

按:"汗"当作"汙",形近而误。㬅同"曼"。曼通"漫",汙同"污",故王逸注云:"漫,污也。"可证。《楚辞》四部丛刊本"汗"正作"汙",不误。标点当作:注云"㬅,[汙](汗)也",曼[汙](汗)以自著。

又按:"注云'㬅,汙也',曼汙以自著。"这明显是对王逸章句"漫,污也"句的疏通和阐发,应属洪兴祖补注语。因此,在"注云"云云之前,似宜补入"[补]曰"二字。

183. 第 283 页第 16 行—第 284 页第 1 行 [补]曰:凑,干候切。

按:"干"当作"千",形近而误。《广韵》去声候韵:"凑,仓奏切,水会也,聚也。"《玉篇》水部:"凑,青豆切,聚也。""千候切"与"仓奏切"、"青豆切"音同。千、仓、青同属上古音清母,候、奏、豆同属上古韵侯部,可证。《楚辞》四部丛刊本作"千候切",不误。《集韵》去声候韵:"凑,千候切。《说文》:水上人所会也。"述古堂影宋钞本《集韵》作"于候切","于"亦"千"字之形误。

184. 第 289 页第 15 行—第 290 页第 1 页 伤压次而不发兮。[章句]压,镇压也。次,失次也。

按:"失"当作"秩",字之误也。"秩"脱落其左边,又涉下注文"自伤压镇失次"而误作"失"。章句以"镇压"释"压",以"秩次"释"次",都是以包含被训释字在内的同义复词来作训释词,即"甲,乙甲也",前后二训格式相同。《广雅·释诂》、《广韵》入声质韵并云:"秩,次也。""秩次"为同义复词。《周礼·天官·小宰》"以官府之六叙正群吏"郑玄注:"叙,秩次也,谓先尊后卑也。"贾公彦疏:"凡言叙者,皆是次叙。先尊后卑,各依秩次,则群吏得正,故云正群吏也。"秩次,与次叙、次序、次第同义。王逸章句串讲句意时,以"压镇失次"来诠释"压次",是说由于压镇而失去秩次,而"次"字本身绝无"失"义。若以"次"为"失次",则殊失文义。

185. 第 291 页第 6 行 《后汉》传大秦国有骇鸡犀。

按:此处"传"字并非传说、传闻之传(chuán),亦非传注、解说之传(zhuàn),而是传记、纪传之传(zhuàn),指《后汉书》中的列传。《后汉书·西域传·大秦》："土多金银奇宝，有夜光璧、明月珠、骇鸡犀、珊瑚、虎魄、琉璃、琅玕。"则"传"字当标在书名号内，标作"《后汉·传》"（或"《后汉传》"）。

186. 第293页第12行　服，一作般。［补］曰：般，与服同。

按："般"当作"舣"，形近而误。《楚辞》四部丛刊本作"舣"，不误。详参见第180条。

187. 第294页第3—5行　赴阳侯之潢洋兮。［补］曰：潢，户广切。洋，以掌切，水深貌。

按：这是补注对正文诗句中"潢洋"一词的注音和释义。"潢洋"是叠韵联绵词，也写作同音的"滉瀁"。吴玉搢《别雅》卷三："潢洋，滉瀁也。"《资治通鉴·三国魏明帝青龙元年》"加又洪流滉瀁"胡三省注："滉瀁，水深广貌。"补注的"水深貌"句，是对"潢洋"一词的诠解，而不是对"洋"字的训释。因此，"洋，以掌切"后原逗号当改作句号。参见第136条。

188. 第294页第8行　石嵾嵯以翳日。［补］曰：楚岑、又宜二切，山不齐。

按："又"当作"叉"，形近而误。《广韵》平声支韵："嵯，楚宜切，嵾嵯，不齐。""叉宜切"与"楚宜切"同音，二切下字相同，叉、楚同属上古音初母，可证。《集韵》平声支韵："嵯，叉宜切，嵾嵯，山不齐。"述古堂影宋钞本《集韵》作"又宜切"，其误正与此补注同。

189. 第294页第12—14行　耳聊啾而戃慌。［补］曰：戃，他朗，慌，呼晃切。

按：这是为正文诗句中"戃慌"一词作注音。"他朗"探下省"切"字，其后原逗号当改作分号。详参见第129条。

190. 第294页第14—15行　鸿溶溢而滔荡。［补］曰：澒、鸿，并乎孔切。溶，音勇，水盛也。《大人赋》云：纷鸿溶而上厉。

按：这是对正文诗句中"鸿溶"一词的注音和释义，并引《大人赋》句为例，更是明证。"鸿溶"是叠韵联绵词，也写作同音的"澒溶"、"鸿涌"、"澒涌"。"水盛也"是对"鸿溶（澒溶）"一词的训释。例《文选·左思〈吴都赋〉》:“泓澄奫潫,澒溶沆瀁。”李周翰注:“此上皆水深广貌。”《文选集注》引陆善经曰:“澒溶沆瀁,广大貌也。”(见《唐钞文选集注汇存》,上海古籍出版社 2000 年影印第 1 册第 110 页)江淹《江上之山赋》:“潺湲澒溶兮,楚水而吴江。”胡之骥注:“澒溶,水盛貌。”慧琳《一切经音义》卷二二:“澒涌奔驰:澒,胡动反。涌字正宜作溶。故《楚辞》注云:‘澒溶,水大貌。’”可证。虽然“溶”字训“水盛也”(见《说文》水部),但补注既以叠韵联绵词“鸿溶”为注释对象,就不可能撇下“鸿”字而仅仅训释一个“溶”字。因此,“溶,音勇”后原逗号当改作句号。参见第 132、136、162、176、179、187 条,以上各条都是洪兴祖补注为联绵词注音并释义的同类型的注释。

191. 第 296 页第 2 行 《集韵》:啾,音寂。

按:《集韵》注音用反切而不用直音,可见此处非引《集韵》原文,“《集韵》”后原冒号当删去。标点当作:《集韵》“啾”音寂。《集韵》入声锡韵,寂、啾同音“前历切”,可证。

192. 第 297 页第 10 行 日阴曀其将暮。[章句]日以喻君,阴曀暗昧也。

按:“日以喻君”,此句专释正文中“日”字,语义已完,其后原逗号当改作句号。“阴曀”是被训释词,其后当加标逗号。

193. 第 299 页第 7 行 巡陆夷之曲衍兮。[章句]大阜曰陆。夷,平也。衍,泽。

按:“陆”当作“陵”,形近而误。王念孙《读书杂志馀编·楚辞》“巡陆夷之曲衍兮”条云:“‘巡陆夷’及注内‘大阜曰陆’,两陆字皆当作陵,义见《尔雅》。此因陵、陆字相似,又涉注内陆字而误。”王念孙说甚是。“陆夷”不词,当作“陵夷”。念孙云:“又案,陵夷者,渐平之称。下平曰衍。陵夷即曲衍之貌。王以陵为大阜,衍为泽,皆失之。”又,《尔雅·释地》、《诗·小雅·天保》“如冈如陵”毛传、《周礼·地官·大司徒》“辨其山林川泽丘陵坟衍原隰之名物”郑玄注,并云:“大阜曰陵。”可证。今以王(逸)还王(逸),两“陆”字皆当作“陵”。

194. 第 301 页第 1 行 [补]曰:鹗,干骄切。郭璞云:鸧鸠,鸱类。

按："干"当作"于"，形近而误。《广韵》平声宵韵："鸮，于娇切，鸱鸮。"《集韵》平声宵韵："鸮，于娇切，鸟名。《说文》：鸱鸮，鸋鴂也。""于骄切"与"于娇切"音同，反切上字相同，骄、娇同属上古韵宵部，可证。

195. 第 301 页第 4 行　恶虞氏之箫《韶》兮，好遗风之《激楚》。[章句]言世人愚惑，恶虞舜箫《韶》之乐，反好俗人淫泆《激楚》之音也。

按：两处"箫《韶》"当标作"《箫韶》"。参见第 35 条。

196. 第 303 页第 1 行　[补]曰：廇，音渊，中庭也。

按："渊"当作"溜"，字之误也。《集韵》去声宥韵"廇"、"溜"同音"力救切"，可证。

197. 第 303 页第 10 行　废弃仁贤若周公，邵公者，放于远夷之外而不近也。

按：句中"周公"与"邵公"为并列关系，则"周公"后原逗号当改作顿号。

198. 第 303 页第 15 行　《淮南》云：王子庆忌死于剑。注云：吴王僚之弟子阖闾杀僚，庆忌勇健，亡在郑，阖闾畏之，使要离刺庆忌也。

按：《诠言训》及其高诱注文。阖闾非吴王僚之弟子，而是吴王诸樊之子；吴王僚是吴王诸樊之弟吴王馀昧之子，因此阖闾与吴王僚为堂兄弟关系。高诱注文中，"吴王僚之弟子"自为句，其后当加标句号。这句是专对《淮南子·诠言训》中"王子庆忌"人名的注释。检高诱注原文，此句前原有"王子庆忌者"一句，洪兴祖补注引用时省略了，正可为证。

199. 第 304 页第 6 行　藏瑉石于金匮兮。[章句]瑉石，次玉者。匮，匣也。瑉，一作珉。

按：章句中"石"字当属下为句。《汉书·司马相如传上》"琳珉昆吾"颜师古注引张揖曰："珉，石之次玉者也。"《文选·班固〈西都赋〉》"琳珉青荧"张铣注："珉，石之次玉也。"《集韵》平声真韵："瑉，悲巾切，石次玉者。"可证。

200. 第 304 页第 12 行　[补]曰：《方言》：蠡，陈、楚、宋、魏之间或谓之瓢。注云：瓠，勺也，音丽。

按："瓠勺"为一器物名，指瓠制的舀水器，则不宜割裂，"瓠"字后原逗号当删去。《汉书·货殖传》“而颜渊箪食瓢饮”颜师古注：“瓢，瓠勺也。”慧琳《一切经音义》卷七三“瓢杓”注引《三苍》：“瓢，瓠勺也。”《集韵》平声支韵：“蠡，邻知切，瓠勺也。”可证。标点当作：注云：瓠勺也，音丽。这是郭璞为“蠡”字所作的释义和注音，详见《方言》卷五。

201. 第305页第2—4行 耘藜藿与蘘荷。[章句]蘘荷，蓴菹也。[补]曰：蘘，而羊切。蓴，普各切，即《大招》所称苴蓴也。

按：补注云云是对王逸章句“蘘荷，蓴菹也”的注音和释义。“即《大招》所称苴蓴也”句，不是“蓴”字的训释，而是对“蘘荷，蓴菹也”的进一步解释。《大招》“脍苴蓴只”王逸章句：“苴蓴，蘘荷也。”可证。因此，“蓴，普各切”后原逗号当改作句号。

202. 第306页第8—10行 云吸吸以湫戾。[章句]吸吸，云动貌也。湫戾，犹卷戾也。[补]曰：湫，子小切。戾，力结切，曲也。

按：补注云云是对正文诗句中“湫戾”一词的注音和释义。虽然“戾”字训“曲也”(见《说文》犬部)，但补注既以“湫戾”为注释对象，就不可能撇下“湫”字而仅仅训释一个“戾”字。王逸章句云：“湫戾，犹卷戾也。”“卷戾”为同义复词。《玉篇》卩部：“卷，曲也。”《说文》犬部：“戾，曲也。”洪兴祖则直接训“湫戾”为“曲也”。“曲也”是“湫戾”一词的释义，则“戾，力结切”后的原逗号当改作句号。

203. 第307页第7—9行 临深水而长啸兮，且倘佯而氾观。[章句]言己忧愁不能宁处，出升水侧，游戏博观，临水长啸，思念楚国而无解己也。

按：“解己”之“己”当作“已”，形近而误。《楚辞》四部丛刊本作“解已”，不误。解已，同义复词，犹休止。《汉书·郊祀志下》：“及雍五畤皆旷远，奉尊之役休而复起，缮治共张无解已时，皇天著象殆可略知。”谢灵运《述祖德》诗：“中原昔丧乱，丧乱岂解已？”王引之《经义述闻·周官上》“解止”：“《汉书·郊祀志》曰：‘奉尊之役休而复起，缮治共张无解已时。’解已，犹休已也……或言解止，或言解已，或言解息，或言解舍，或言休解，其义一也。”可证。

204. 第308页第6行 《淮南》注云：仳倠，古之丑女，音靡也。

按:《淮南子·修务训》“嫫母、仳倠也”高诱注:“嫫母、仳倠,古之丑女。嫫,读如模范之模。仳,读人得风病之靡。倠,读近虺。”洪兴祖为正文中“仳倠”一词补注,节引并改写了高诱注文。因此,补注“仳倠,古之丑女”句后原逗号当改作句号。“音靡也”是为“仳”字注音,其前似宜补上被注音字“仳”。

又,“靡”当作“痱”,形近而误。孙诒让《札迻·淮南子许慎高诱注》:“《修务训》:‘嫫母、仳倠也。’高注云:‘仳,读人得风病之靡。’案:‘靡’无‘风病’之义,注‘靡’当作‘痱’。《说文》疒部云:‘痱,风病也。’”孙说甚确。《史记·魏其武安侯列传》“病痱”司马贞索隐:“痱,风病。”《汉书·贾谊传》“且病痱”颜师古注:“痱,风。”又《灌夫传》“即阳病痱”颜师古注:“痱,风疾也。”可证。

205. 第310页第10行 [补]曰:澒、鸿,并乎孔切。濛,蒙孔切,大水也。

按:这是对正文中“澒濛”一词的注音和释义。“澒濛”为叠韵联绵词,也写作同音的“鸿濛”,倒言之则作“濛澒”、“濛鸿”。例《文选·扬雄〈羽猎赋〉》“鸿濛沆茫”李善注引韦昭曰:“鸿濛沆茫,水草广大貌也。”《广韵》上声董韵:“濛,莫孔切,濛澒,大水。”《集韵》上声董韵:“鸿,虎孔切,濛鸿,大水。通作澒。”可证。“大水也”是对“澒濛”一词的释义,而不是对“濛”一字的训释,则“濛,蒙孔切”后原逗号当改作句号。

206. 第310页第14行 建虹采以招指。[章句]虹,采旗也。招指,指麾也。旗,所以招指语人也。言己乃召九天之神,使会北极之星,举虹采以指麾四方也。

按:“虹采”为一词,不能割裂。标点当作:虹采,旗也。王逸章句云:“旗,所以招指语人也。”言“旗”而不言“采旗”。又云:“举虹采以指麾四方也。”不言“举虹”,也不言“举采旗”,而言“举虹采”。可证。

207. 第311页第13—15行 济杨舟于会稽兮,就申胥于五湖。[章句]言己复乘杨木之轻舟,就伍子胥于五湖之中,问志行之见者也。一本揖大禹于江滨。一注:伍子胥作申包胥。然上文有申子,注云子胥也。

按:第一,“一本”下脱“作”字。这是说明正文之版本异文,“就申胥于五湖”句,一本作“揖大禹于江滨”。若无“作”字则其义不明。第二,“伍子胥作申包胥”句,并非王逸注文,则“一注”后原冒号当删去。这是说,王逸注文“就伍子胥于五湖之中”,另一版本的注文中“伍子胥”作“申包胥”,二者不同。第三,“申子”当作“申胥”。《九叹·惜贤》:“吴申胥之抉眼兮。”王逸注:“一作子胥。”所谓“上文有‘申[胥](子)’,注云‘子胥’也”,即指此。谓申胥即伍子胥,《国语·吴语》“夫申胥、华登简服吴国之士于甲兵”韦昭注:“申胥,楚大夫伍奢之子子胥也,名员。鲁昭公二十年,奢诛于楚,员奔吴,吴与之申地,故曰申胥。”可证。标点当作:一本[作]“揖大禹于江滨”。一注“伍子胥”作“申包胥”,然上文有“申[胥](子)”,注云“子胥”也。

208. 卷十七 第314页第16行—第315页第1行 步屏营兮行丘阿。[补]曰:屏,音并,卑盈切,征彸也。

按:这是补注对正文中“屏营”一词的注音和释义。由于“屏”为多音字,必须注音;而“营”为常见字,就不再注音。“屏营”为叠韵联绵词,其来甚古。《国语·吴语》:“屏营傍偟于山林之中。”董增龄正义引《广雅》:“屏营,怔忪也。”《文选·任昉〈为齐明皇帝作相让宣城郡公第一表〉》“不胜荷惧屏营之诚”刘良注:“屏营,犹惊惶也。”《广雅·释训》:“屏营,征彸也。”王念孙疏证:“屏营、征彸,皆惊惶失据之貌。”《集韵》平声清韵:“屏,卑盈切,屏营,征彸也。”可证。“征彸也”是“屏营”一词的释义,而不是“屏”字的训释,则“屏,音并,卑盈切”后原逗号当改作句号。

209. 第315页第1页 [补]曰:《语》云:小车无軏。軏,车辕,耑持衡者。

按:引文出自《论语·为政》:“大车无輗,小车无軏,其何以行之哉?”何晏集解引包咸曰:“軏者,辕端上曲钩衡。”可见,軏非车辕。此处“耑”,不读 zhuān,不是“专”的异体字。“耑”读 duān,是“端”的古字。“车辕耑持衡者”当作一句读,则“车辕”后原逗号当删去。《说文》车部:“軏,车辕耑持衡者。从车,元声。”段玉裁注:“衡者,横木,长六尺六寸,以施轭驾马颈者也。持衡者曰軏,则衡与辕耑相接之关键也。”《玉篇》

车部:“轨,鱼厥切,车辕端曲木也。転,同上。”《集韵》入声月韵:“転轨,鱼厥次,《说文》:车辕耑持衡者。或从兀。”可证。

210. 第315页第9行 [补]曰:殟,《广雅》云:极也,音温。

按:据《广雅》体例,无为正文条目中字注音者。为《广雅》中字注音者,则另有曹宪《博雅音》。《广雅·释诂》:“殟,极也。”《博雅音》卷一:“殟,温。”可证。标点当作:殟,《广雅》云“极也”,音温。

211. 第316页第13行 [补]曰:仇荀,谓仇牧荀息。

按:“仇牧”、“荀息”为二人名,“仇牧”后当加标顿号。仇牧,见《左传》庄公十二年;荀息,见《左传》僖公二年。

212. 第316页第15行—第317页第1行 上察兮璇玑。璇,一作旋,一作琁机。

按:“旋”为“璇”之异文;“琁机”非“璇”之异文,而是正文中“璇玑”之异文。因此,“璇,一作旋”后原逗号当改作句号。

213. 第317页第9行 [补]曰:《尔雅》:蠽,茅蜩,似蝉而小,青色,音截。

按:“蠽,茅蜩”,为《尔雅·释虫》文;“似蝉而小,青色”,为郭璞注文;“音截”,为洪兴祖注音。标点当作:《尔雅》:“蠽,茅蜩。”似蝉而小,青色。音截。

214. 第317页第9行 [补]曰:蛓,音次。《说文》云:毛虫有毒,螫人。

按:《说文》虫部:“蛓,毛虫也。从虫,𢦏声。”《尔雅·释虫》“蛅,毛蠹”郭璞注:“即蛓。”邢昺疏:“蛅,一名毛蠹,即蛓也。《说文》云:‘蛓,毛虫。’今俗呼为毛蛓,有毒,螫人。《楚辞》云:‘蛓缘兮我裳。’是也。”由此可见,“有毒,螫人”,是《尔雅》邢昺疏语,实非《说文》原文。标点当作:蛓,音次,《说文》云“毛虫”,有毒,螫人。

215. 第317页第15行 [补]曰:《方言》:谜谈,挐也,南楚曰谜谈,音连缕。注云:言谙挐也。

按:引文见《方言》卷十。“音连缕”三字,非《方言》原文,亦非郭璞注文,而是洪兴祖对“谜谈”二字的注音。标点当作:《方言》:“谜谈,挐也,南楚曰谜谈。"音连缕。注云:"言诸拏也。"

216. 第 318 页第 16 行　从邛遨兮栖迟。[章句]邛,兽名。遨,游也。㒟騄从邛而栖迟,顾望也。

按:"栖迟"与"顾望"二词,在句中为并列关系,犹言滞留不进、犹豫观望也,则二词中间不宜用逗号隔开,"栖迟"后原逗号当删去,"㒟騄从邛而栖迟顾望也"当作一句读。

217. 第 319 页第 4—5 行　望江汉兮濩渃。[章句]濩渃,大貌也。[补]曰:濩,音穫。渃,音若,大水也。

按:补注云云是对正文中"濩渃"一词的注音和释义。"濩渃"为叠韵联绵词,穫、若同属上古韵铎部。《集韵》入声铎韵:"濩,黄郭切,一曰:濩渃,大水。"又入声药韵:"渃,日灼切,濩渃,水大貌。"可证。"大水也"是对"濩渃"一词的释义,而不是仅对"渃"一字的训释。因此,"渃,音若"后原逗号当改作句号。

218. 第 319 页第 5 行　心紧絭兮伤怀。[章句]紧絭,纠缭也。絭,一作拳。一作缱绻。[补]曰:紧、缱,并袪引切。拳、绻,并苦远切,缠绵也。

按:补注云云是对正文中"紧絭"一词及其异文"缱绻"的注音和释义。"紧絭"、"缱绻",都是双声联绵词,它们的注音反切上字,袪、苦同属上古音溪母,为双声。《诗·大雅·民劳》:"无纵诡随,以谨缱绻。"马瑞辰通释:"缱绻即紧絭之别体。"《楚辞·九章·悲回风》"气缭转而自缔"王逸章句:"思念紧卷而成结也。"洪兴祖补注:"紧卷,一作缱绻。"《集韵》上声準韵:"缱,遣忍切,缱绻,缠绵也。"《玉篇》糸部:"绻,口阮切,缱绻也。"可证。"缠绵也"是对"紧絭"及其异文"缱绻"的释义,不是仅对"拳"、"绻"字的训释。因此,"拳、绻,并苦远切"后原逗号当改作句号。

219. 第 319 页第 15 行—第 320 页第 3 行　蘮蒘兮青葱,槀本兮萎落。睹斯兮伪惑。心为兮隔错。逡巡兮圃薮,率彼兮畛陌。川谷兮渊渊,山岊兮峉峉。

按:上引文为《九思·悯上》篇中第三、第四小节,共八句,以落、错、陌、客为韵,均属上古韵铎部。在此,凡双数句为押韵句,其后标句号;

而单数句不押韵，其后标逗号。“睹斯兮伪惑”句为单数句，不押韵，则此句后原句号当改作逗号。

220. 第 320 页第 6 行　霜雪兮漼溰。[章句]积聚貌。[补]曰：漼，音摧。溰，五来切，霜雪积聚貌。

按：补注云云是对正文中“漼溰”一词的注音和释义。“霜雪积聚貌”，是对“漼溰”的释义，而不是对“溰”字的训释。《集韵》平声灰韵：“漼，徂回切。漼溰，雪霜积聚貌。”《广雅 · 释训》：“漼溰，霜雪也。”可证。因此，“溰，五来切”后原逗号当改作句号。

221. 第 320 页第 6 行　冰冻兮洛泽。[章句]洛，竭也。寒而水泽竭成冰。[补]曰：《集韵》冰谓之洛泽，其字从仌，上音洛，下大洛切。又曰：泽，冰结也。引此云：冬冰兮洛泽。

按：“冰冻兮洛泽”，当作“冬冰兮洛泽”。王逸章句中的“洛”、“泽”字，当作“洛”、“泽”，形近而误。第一，“洛泽”不词。《广韵》入声铎韵：“泽，徒落切，《楚词》云：‘冬冰之洛泽。’”《集韵》入声铎韵：“泽，达各切，冰结也。《楚辞》：‘冰冻之洛泽。’”严可均《全后汉文》卷五七辑录王逸《九思 · 悯上》，亦作“冰冻兮洛泽”（见《全上古三代秦汉三国六朝文》，中华书局 1999 年影印第 1 册第 785 页上栏）。三书称引异文均是“洛泽”。因此，正文中“洛泽”当作“洛泽”，形近而误。第二，“洛”字字义不训“竭”。《尔雅 · 释诂》：“涸，竭也。”《广韵》入声铎韵：“涸，下各切，水竭也。”又：“洛，下各切，洛泽，冰貌。”洛、涸同音“下各切”。洛与涸音同义通，故亦训“竭”。《集韵》入声陌韵：“洛，辖格切，冻坚也。”“辖格切”与“下各切”同音，辖、下同属上古音匣母，格、各同属上古韵铎部，可证。“冻坚”与“水竭”义正相因。洛与涸义相通，故涸训作“竭”，洛亦训作“竭”；洛训作“冻坚也”，涸亦训作“水冻也”（《文选 · 谢惠连〈雪赋〉》“焦溪涸，汤谷疑”张铣注），亦训作“坚也”（《文选 · 张衡〈西京赋〉》“涸阴沍寒”刘良注），亦训作“凝竭也”（《淮南子 · 时则训》“阳气日衰，水始涸”高诱注）。因此，“洛”当作“洛”，形近而误。再说，正文“洛泽”当作“洛泽”，则王逸章句中的“洛”、“泽”字就成了无根之字。今以王还王，则“洛”、“泽”当作“洛”、“泽”。“[洛]（洛），竭也”，意谓结冰而水尽也。

“寒而水[泽](泽)竭成冰”,泽训“冰结也”,则“泽竭”犹“凝竭”,意谓寒冷而水凝结成冰。第三,洪兴祖补注云:“《集韵》……又曰:‘泽,冰结也。’引此云:‘冬冰兮洛泽。’”则洪氏所见《楚辞》原文及《集韵》“泽”字注释引文,均作“冬冰兮洛泽”。而《广韵》入声铎韵:“泽,徒落切,《楚词》云:‘冬冰之洛泽。’”可为旁证。今以洪还洪,则正文当作“冬冰兮洛泽”。校正误字后,标点当作:[冬]冰(冻)兮[洛泽](洛泽)。[章句][洛](洛),竭也。寒而水[泽](泽)竭成冰。[补]曰:《集韵》:“冰谓之洛泽。”其字从仌。上音洛,下大洛切。又曰:“泽,冰结也。”引此云:“冬冰兮洛泽。”

222. 第320页第14行　待天明兮立踯躅。一作蹢躅。[补]曰:上文隻、下文局切。

按:补注中两“文”字均当作“丈”,形近而误。补注是对正文“踯躅”及其异文“蹢躅”的反切注音。《玉篇》足部:“蹢,丈隻切,蹢躅,行不进。”“踯,丈隻切,亦踯躅。”《广韵》入声昔韵:“踯,直炙切,踯躅,行不进也。蹢,上同。”“丈隻切”与“直炙切”音同,丈、直同属上古音定母,隻、炙同属上古韵铎部,可证。《玉篇》足部:“躅,驰录切,蹢躅也。蠾,同上。”《广韵》入声烛韵:“躅,直录切,踯躅。蠾,上同。”“丈局切”与“驰录切”、“直录切”音同,丈、驰、直同属上古音定母,局、录同属上古韵屋部,可证。

223. 第321页第5行　士莫志兮羔裘。[章句]言政秽则士贪鄙,无有素丝之志,皎洁之行也。

按:“无有”一词直贯串下“皎洁之行也。”“素丝之志”与“皎洁之行”在句中为并列词组,其间停顿当用顿号,则“无有素丝之志”后原逗号当改作顿号。

224. 第321页第8行　违群小兮謑訽。[补]曰:《荀子》:无廉耻而忍護訽。注云:谓骂辱也。護,音奚。一云:謑诟,小人怒。

按:补注中两“護”字均当作“謨”,形近而误。《荀子·非十二子》:“无廉耻而忍謨訽,是学者之嵬也。”杨倞注:“謨訽,詈辱也。”王先谦集解引卢文弨曰:“正文‘謨訽’,元刻作‘謑訽’。案《说文》,謑,胡礼切,重文謨,实一字也。洪兴祖《楚辞补注·九思篇》‘謑訽’下引《荀子》作‘謨訽’,正与宋本合,其引注‘骂辱也’,又与元刻同。”《说文》言部:“謑,耻也,从言,奚声。謨,謑或从奊。”大徐本注音:“胡礼切。”可证。

225. 第 321 页第 15 行—第 322 页第 1 行　遂踢达兮邪造。[章句]踢达,误过也。[补]曰:踢,音汤。达,他达切。一音跌。跌踢,行不正貌。林云:踢,徒郎、大浪二切。

按:正文、章句、补注中五“踢”字均当作“踼”,形近而误。《康熙字典》卷首《辨似·二字相似》云:“踢,音惕,以足蹴物。踼,音宕,跌也。”踢字音惕不音汤,《广韵》入声锡韵踢、惕同音“他历切”,可证。而“音汤”、“徒郎、大浪二切”者,则是踼字。《玉篇》足部:“踼,徒郎切,跌踼也。”《集韵》去声宕韵:“踼,大浪切,跌踼,行失正也。”可证。《汉语大词典》第 10 卷第 498 页[踢达]条,以误字立目,并以《九思·遭厄》此文句为书证,实为虚假条目,当删去。

226. 第 324 页第 1 行　[补]曰:《尔雅》:啮苦堇。注云:今堇葵也。

按:《释草》文。标点当作:《尔雅》:“啮,苦堇。”注云:“今堇葵也。”

227. 第 324 页第 8 行　迫中国兮迮陿。[章句]无所用志,故云迮陿。一作窄陕。

按:“窄陕”不词。“陕”当作“陜”,形近而误。《康熙字典》卷首《辨似·二字相似》云:“陜,音洽,陜隘。陝,音闪,地名。”陝,《说文》阜部:“陝,弘农陝也,古虢国,王季之子所封也。从阜,夹声。”《广韵》上声琰韵:“陝,失冉切。”今音 shǎn。今简化作“陕”。《简化字总表》第三表“夹”字下:“陕[陝]”。陜,《说文》阜部:“陜,隘也。从阜,夾声。”《玉篇》阜部:“陜,不广也。亦作狭。”《广韵》入声洽韵:“陜,侯夹切。”今音 xiá。陜是狭的古字,陿是狭的异体字。“窄陜”是正文“迮陿”的异文,二词义同。《楚辞》四部丛刊本作“窄陜”,可证。

228. 第 324 页第 13 行　遇神孈兮宴娭。[章句]孎,北方之神名也。言遇神宴而待之。孈,一作孎。《释文》作孈,音攜。

按:王逸章句中“孎”字当作“孈”,形近而误。正文作“孈”,则章句中亦当作“孈”;若作“孎”,则被训释字“孎”即成了无根之字,不合训释通例。而《释文》作“嫿”，正可证王逸所见本作“嫿”。今以王还王，章句当作“嫿”字。《楚辞》四部丛刊本、《楚辞补注》四部备要本均作“嫿”，可证。

229. 第 325 页第 1 行　乘戈和兮讴谣。[章句]乘戈，仙人也。和素女而歌也。[补]曰：张晏云：玉女、青要、乘弋等也。戈字从弋。

按：侯体健说：“‘从’字明翻宋本作‘作’。依上下文义，作‘作’为是。洪氏补注所引张晏之言，正是要说明《楚辞》正文‘乘戈和兮讴谣’句中‘乘戈’一词尚存有异文。”侯说是。今补议，补注所引张晏注标点有误。《汉书·司马相如传下》之《大人赋》：“排阊阖而入帝宫兮，载玉女而与之归。”颜师古注引张晏曰：“玉女，青要、乘弋等也。”则点校本“玉女”后原顿号当改作逗号。

230. 第 326 页第 1 行　神光兮颎颎。[章句]神光，山川之精，能为光者也。

按：“山川之精能为光者也”当作一句读，其间原逗号当删去。章句意谓：神光，就是指山川的精灵所能发出的光。

231. 第 327 页第 8 行　配稷契兮恢唐功。[章句]配，匹也。恢，大。唐，尧也。稷、契，尧佐也。言遇明君，则当与稷、契恢夫尧、舜之善也。

按：“恢，大”后原句号当改作分号，标点当作：恢，大；唐，尧也。参见第 126 条。

又，“恢夫”之“夫”当作“大”，形近而误。“恢大”为同义复词，在此作动词用，犹言扩大，弘扬。例《左传》襄公四年：“在帝夷羿，冒于原兽，忘其国恤，而思其麀牡。武不可重，用不恢于夏家。”杜预注：“羿以好武，虽有夏家而不能恢大之。”这一例具有启发性，正文用单音词“恢”，而注文用同义复词“恢大”释之，正可与之类比。曾巩《太学》：“今愚愿立一官师，使居其职，以恢大其业，而无罪太学。”慧琳《一切经音义》卷九：“恢大，《苍颉解诂》云：恢亦大也。”可证。

《白下琐言》点校琐议

清人甘熙撰《白下琐言》，是一部内容丰富的清代笔记。书中保存了大量有关清代嘉道年间及其以前的宝贵史料，其中尤多南京地方掌故，且为作者记述自己的亲身经历和见闻，这对研究清史、南京地方史等，都有一定的参考价值，是晚清史料笔记中的重要著作之一。《白下琐言》有清光绪十六年（1890 年）筑野堂原刻本、民国十五年（1926 年）甘氏补刻本传世。1987 年 3 月，扬州广陵古籍刻印社出版影印本。2007 年 9 月，南京出版社出版了由邓振明先生点校的用简化字横排的整理本，便利阅读，嘉惠学林，洵为盛事。然而此书内容广杂，点校者千虑一失，在所难免。今将点校本中有所疑者若干条择要录出，稍加编次，以就正于大方之家。

1. 卷一　金陵寺在定准门内马鞍山……（第 1 页）

按："准"当作"淮"，字形相似而误。

2. 侧作楷书"辛卯冬日为孚园先生篆仙磐宁塈"十四字，古雅绝伦，又不独竹器之擅场矣孚园先生俟考。（第 1 页）

按："又不独竹器之擅场矣"句后，当加标句号。"孚园先生俟考"句为文内夹注。本书几乎所有文内夹注前的正文句子后，都未加标应标的标点符号，这不合规范，希望在再版时一律补上。下面对此同类问题，不再一一列出讨论。

3. 善行草，法过庭书谱，遒劲古拙……（第 1 页）

按："书谱"当加标书名号。《四库全书总目·子部·艺术类一》："《书谱》一卷，唐孙过庭撰。"（见中华书局 1987 年版上册卷一一二第

953 页中栏)可证。

4. 谓妇死无知,何以凛凛如生?时谓妇恋衡宇,岂不夜台心更苦?(第 3 页)

按:此为一首古体诗中的四句。“时”字当属上为句,“时”与“知”为韵。

5. 欲死不忍死,赉志归泉涂。(第 3 页)

按:“赉志”不词。“赉”当作“赍”,字形相似而误。赉 lài,赏赐。赍 jī,怀着,抱着。赍志,谓怀抱着未遂的志愿。

6. 哀哉节妇心,茹蘖而甘荼。(第 3 页)

按:“蘖”当作“蘗”,字形相似而误。蘖 niè,指树枝砍去后又长出来的新芽。蘗 bò,黄檗,即黄柏,芸香料,落叶乔木,茎可制黄色染料,树皮味苦可入药。茹蘗,犹言含辛茹苦。

7. 茕茕三世婺,忍使中妇殂。(第 3 页)

按:“婺”当作“嫠”。“婺”是生僻罕用的俗别字,宜改用正体字。下同。

8. 生是未亡人,死复无死理。嗟哉,妇蹇若此!(第 4 页)

按:“妇”字当属上为句。此诗通篇为三言、五言、七言句,不会出现二言、四言句。

9. 姑莫悲夫无儿,族姓子,承其支,分田十亩入宗祠,以奉禋祀供明粢……(第 4 页)

按:“姑莫悲”三字自为句,其后当加标逗号。

10. 慈厥后,为娶妇,妇来足慰我姑心。可怜节亦效吾守,胡天不悯此茕茕。二十八载劳何有?力瘁兮嗟休,志苦兮难酬?妾薄命兮其谁尤?撒手一长叹,碧海心悠悠。(第 4 页)

按:本小节诗句以“后”、“妇”、“守”、“有”、“休”、“酬”、“尤”、“悠”为韵脚,而“心”、“茕”非是。标点当作:慈厥后,为娶妇,妇来足慰我姑心,可怜节亦效吾守。胡天不悯此茕茕?二十八载劳何有?力瘁兮嗟休,志苦兮难酬,妾薄命兮其谁尤?撒手一长叹,碧海心悠悠。

11. 曰:甘节妇有如彼元绩妻甘金氏。(第 4 页)

按:如此标点,则不成其为诗句了。此诗通篇为三言、五言、七言句,标点当作:曰甘节妇有如彼:元绩妻,甘金氏。

12. 甘家妇,矢柏舟。(第 5 页)

按:"柏舟"当加标书名号。《柏舟》为《诗经·鄘风》篇名,有句云:"之死矢靡他","之死矢靡慝"。这里的"矢《柏舟》"句,意谓发誓守节而至死不改嫁。

13. 赍恨赴泉途,吾姑何往乎?(第 5 页)

按:"赍"当作"赍",字形相似而误。赍恨,犹抱恨。参见第 5 条。

14. 阴风惨惨迷故居,寻着旧啼乌托伊。告慈姑,姑起居,有妇扶。(第 5 页)

按:"托伊"二字当属下为句。此解诗句以"乌"、"姑"、"扶"为韵,"伊"则非是。标点当作:阴风惨惨迷故居,寻着旧啼乌,托伊告慈姑:姑起居,有妇扶。

15. 决然而起是不可死,寡妇上堂姑有子。(第 5 页)

按:"决然而起"自为句,其中当加标逗号。此解以"起"、"死"、"子"为韵。

16. 有田廿亩何忧养为?无田一亩鬼其馁,而分半以祭,十亩之外吾不知。(第 5 页)

按:"有田廿亩","无田一亩",皆各自为句,其后当各加标逗号。"馁而"为一古语词,不宜割裂。《左传》宣公四年:"且泣曰:'鬼犹求食,若敖氏之鬼不其馁而!'"杨伯峻注:"馁,饿也。不其馁而,犹言不将饥饿乎,意谓子孙灭绝,无人祭祀之。"宋王禹偁《拟长孙无忌让代袭刺史表》:"上则玷陛下非则哲之明,下则陷臣等为馁而之鬼。"可证。"而"当属上为句。此解以"为"、"而"、"知"为韵。标点当作:有田廿亩,何忧养为?无田一亩,鬼其馁而。分半以祭,十亩之外吾不知。

17. 朝减田,夕增口,族人义之为立后,祷我针神田所不足佐以手。(第 5 页)

按:"祷我针神"自为句,其后当加标逗号。

18. 有钱谱藏于家。(第 7 页)

按:“钱谱”宜加标书名号。

19. 故事:命妇无赐恤例,而特遗大臣临奠尤为旷典。(第7页)

按:“遗”当作“遣”,字形相似而误。“而特遣大臣临奠”自为句,其后当加标逗号。

20. 大士香火,旧以蟒蛇仓、石观音为盛。(第7页)

按:“旧以蟒蛇仓石观音为盛”当作一句读,其中间顿号当删除。蟒蛇仓,地名;石观音,指观音大士石雕像。这二者并非同类并列关系,则其间不当加标顿号。卷三云:“蟒蛇仓石观音像,倚山凿石而成,为梁光宅寺故址。”可证。

21.《金陵世纪》谓“朱雀航非今之镇准桥,乃古桐树湾长乐渡处,在聚宝门东北”。(第8页)

按:“准”当作“淮”,字形相似而误。

22. 督院司道署,仅大门有狮子,惟城守营副将头门、大堂、宅门三处皆有,而形相大于他处……胡心斋师言,陶京山先生绍景,乾隆戊午解元,与同里周筠溪侍读祭昌齐名,著有《陶周合稿》,官台湾知县……(第12页)

按:关于城守营副将头门、大堂、宅门三处皆有狮子事,跟胡心斋言陶京山事,两者在内容上毫无联系,明显是两篇记事误连在一起了。从“胡心斋师言”句起,当作另一篇文编排。

23. 喆嗣象阶,官河南知府……(第12页)

按:“喆”当作“哲”,“喆”是已淘汰的异体字。除人名等专名外,一般不保留。下同。

24. 石城门外河滩,有铁锚数十类,有大于此者。(第13页)

按:“类”字当属下为句。类,副词,好像,仿佛,表示不确定。

25. 按《客座赘语》载:“城之西北有宝船厂,永乐三年三月,命太监郑和等行赏,赐古里满剌诸国宝船共六十三号,适当其地。”则为三宝之物益无疑矣。(第13页)

按:此处引文节引自明顾起元《客座赘语》卷一《宝船厂》篇,原引号内“适当其地”句并非《客座赘语》原文,而是本书作者甘熙之语,则不当标在引号内。又,明王朝亦未有命太监郑和赏赐外国宝船之事,可见上引文断句有误。标点当作:按《客座赘语》载:“城之西北有宝船厂。永乐二年三月,命太监郑和等行赏赐古里、满剌诸国。宝船共六十三号。”适当其地,则为三宝之物益无疑矣。

26. 近则林雪晴先生,润及门者济济如也。(第15页)

按:“润”字当属上为句。林润字雪晴,作“林雪晴先生润”,这种“姓+字+称谓+名”的称述,正是敬称的通行格式。例如下文“陈石渠先生授”、“方汝舟先生为楫”,例同。

27. 卷二　丁德郊广文金榜,家素饶裕,堂上黄雀数百,成群飞鸣栖止,梁椽间雀粪堆积……(第22页)

按:“成群”二字当属上为句。

28. 嘉庆间最著名者,净面有王老虎,年七十余,演《刀会北饯》等出,声若洪钟,震动堂宇。王老虎苍颜皓发,《送女交印》、《开眼上路》极传神之妙。(第26页)

按:明清时戏曲的单出一般多以两字为出名,如明汤显祖《牡丹亭》、清洪昇《长生殿》、孔尚任《桃花扇》等即是。这里的“《刀会北饯》”,当改标为“《刀会》、《北饯》”;“《送女交印》、《开眼上路》”当改标为“《送女》、《交印》、《开眼》、《上路》”。

29. 周二官《荆钗琵琶》酸楚动人,与金正旦称为双绝。(第26页)

按:“《荆钗琵琶》”当改标为“《荆钗》、《琵琶》”,即指明朱权《荆钗记》、明高明《琵琶记》。

30. 今皆物故,不禁有广陵散之叹矣。(第26页)

按:“广陵散”当加标书名号。《广陵散》,琴曲名。三国魏嵇康善弹此曲,秘不授人。后遭谗被害,临刑,索琴弹之,曰:“《广陵散》于今绝矣!”见《晋书·嵇康传》。后即称事无后继、已成绝响者为“《广陵散》”。例宋陆游《九月一日夜读诗稿有感走笔作歌》:“放翁老死何足论,《广陵散》绝还堪惜。”明张煌言《〈奇零草〉序》:“独从前乐府歌行,不可复考,故所订几若《广陵散》。”可证。

31. 兴利除弊,顾视力行,何如耳?(第27页)

按："顾视力行何如耳"当作一句读，其中间原逗号当删去。此句不是疑问句，而是表示肯定语气的陈述句，则句末原问号当改作句号。

32. 宏觉、灵谷、鹫峰所藏亦此本也，近封崇寺住持敬玺，请印北藏全部，计费数千金。(第 28 页)

按："宏觉、灵谷、鹫峰所藏亦此本也"句后之原逗号，当改标为句号。上述三寺所藏亦为南藏，所说南藏事已完。以下所述则为北藏事。

33. 洪武四年，国王马谟沙遗其臣亦思麻逸，贡犀角、龟筒等物。(第 33 页)

按："遗"当作"遣"，字形相似而误。

34. 达宗和尚……晚岁传法弟子，脱凡逍遥，行脚寄迹维扬，年逾六十，示微疾而终。(第 34 页)

按："脱凡"二字当属上为句。脱凡，僧名，达宗和尚弟子，后为鹫峰寺住持。卷七云："鹫峰住持如莲示寂，其师脱凡，已退院数载，至是复出，急求接席之人。"(第 125 页)可证。断句有误。标点当作：达宗和尚……晚岁传法弟子脱凡，逍遥行脚，寄迹维扬，年逾六十，示微疾而终。

35. 令嗣镂·錀皆庠生。錀，字子金……(第 38 页)

按："錀"当作"铨"，"錀"是不规范的自造简体字。据《〈简化字总表〉说明》："未收入第三表的字，凡用第二表的简化字或简化偏旁作为偏旁的，一般应同样简化。""铨[鍮]"虽未收入《简化字总表》第三表，而其用第二表的简化字"仑[侖]"和简化偏旁"钅[釒]"作为偏旁，则"鍮"当简化作"铨"。

36. 卷三　俞君廷飏，字晓楼，上元诸生。(第 44 页)

按："飏"当作"颺"，"飏"是不规范的自造简体字。"颺"是"揚"的异体字，而作为人名用字，名从主人，仍可保留使用。

37. 吴继堂孝廉增高，家本休宁，迁居上元，天才卓荦，嘉庆戊寅为湖北帅仙舟侍郎承瀛所取。士素有颠疾，屡上春明不第，疾益剧。(第 44 页)

按："士"字当属上为句。"所取士"，指所录取的士子。谓吴增高赴戊寅乡试，成为主考官帅承瀛所录取的士子。

38. 吾师胡心斋先生，母氏陈，讳立，字芷君，浙江仁和人。幼承母训，博通群籍。家贫，夫游幕于外，教养三子成立，未尝就外傅师其季子也。（第44页）

按："母"字当属上为句。这里通篇所记均是"吾师胡心斋先生母"之事迹，而非"吾师胡心斋先生"之事迹，此其一也。"氏陈，讳立，字芷君，浙江仁和人"；"幼承母训，博通群籍"；"家贫，夫游幕于外……"这些句子的主语，均是"吾师胡心斋先生母"，而非"吾师胡心斋先生"，此其二也。又，"未尝就外傅"自为句，其后当加标句号。"师"，独字为句，其后当加标逗号。"师，其季子也。"这是说："吾师胡心斋先生"，是胡太夫人陈氏的第三子。

39. 铁汉和尚，居牛首东峰下，独坐数十年，尝畜二猿。子自随，有所须，猿辄解意。（第47页）

按："尝畜二猿子自随"当作一句读，"二猿"后的句号当删去。

40. 和尚化去，二猿悲鸣不食，死葬于塔侧。（第47页）

按："死"字当属上为句。

41. 留碣空修阿育塔，谈禅谁念涅槃经。（第49页）

按："涅槃经"为佛经名，当加标书名号。

42. 回飚载旗灵雨降，令我四顾心恸恸。（第51页）

按："飚"当作"飙"，"飚"是不规范的自造简体字。下同。

43. 唐陶山先生仲冤，湖南长沙人，寄籍山东肥城县。（第51页）

按："冤"当作"冕"，字形相似而误。卷八作"长沙唐陶山廉访仲冕"（第146页），可证。

44. "……安得以之献伏魔，驱走蛟龙斫鼋鼍，乂安堰堡无蹉跎。清黄劈分调剂和，宵旰仰慰民病瘥。得宝俨如得嘉禾，吾辈快哉来吟哦。"用继少陵大食之刀学作歌。是刀犹藏于其家。（第52—53页）

按："用继少陵大食之刀学作歌"句，跟上句"吾辈快哉来吟哦"句，前后呼应，语意相连；而句末"歌"字，跟长歌各句所有韵脚一样属歌戈韵。由此可证，这是伍光瑜所作长歌的结句，则原标在此句前的下双引号当移至此句后。(所谓“少陵大食之刀歌”,是指唐杜甫《荆南兵马使太常卿赵公大食刀歌》,见清仇兆鳌《杜诗详注》卷十八。)又,伍氏长歌共五十句,前四十二句都是单句后标逗号,双句后标句号,是;而从第四十四句起,整理本却是双句后标逗号,单句后标句号,实误。这是点校者自乱其例,以致误把长歌结句也排斥在全诗之外。标点当作:“……安得以之献伏魔,驱走蛟龙斫鼋鼍。乂安堰堡无蹉跎,清黄劈分调剂和。宵旰仰慰民病瘥,得宝俨如得嘉禾。吾辈快哉来吟哦,用继少陵大食之刀学作歌。”是刀犹藏于其家。

45. 姚惜抱先生主讲钟山书院……祺仁伯兄从游学诗,先生诱掖奖借,谓五律似钱,刘将来必成家数。(第53页)

按:“刘”字当属上为句。钱刘,指钱谦益、刘大櫆。钱为清初著名诗人,刘乃姚之师。

46. 余固疑世传王右军书帖为唐人改钩、伪托,即《兰亭》亦未可委心何,况其余曾以晋砖为证,人多不以为然,贵耳贱目,良可浩叹!(第54页)

按:“何况”为一词,不宜割裂。何况,连词,用反问的语气表示更进一层的意思。断句有误。标点当作:……即《兰亭》亦未可委心,何况其余! 曾以晋砖为证,人多不以为然……

47. 守土者出示:严禁其风,乃戢。(第56页)

按:断句误。标点当作:守土者出示严禁,其风乃戢。

48. 吾思泰岱明神,安有享于非类之理? 其为奸民之邪术,可知特烛理不明,因而惊骇,非术愚人,人实自愚耳。(第56—57页)

按:断句有误。“可知”二字当属上为句。

49. 卷四 按《月令广义》载:“以楮镪钱封其扉扇,或挂街衢,此其遗制欤?”(第64页)

按:“此其遗制欤”句,为作者甘熙的揣测之语,非《月令广义》原文,则不当标在双引号内。

50. 二妙所以中病者,黄蘗之力也。(第68页)

按:“蘗”当作“蘖”(檗),字形相似而误。参见第6条。

51. 明初应天府乡试，自府学生、增广生、监生外，如未入流官吏、文生、医生、军余、舍人之类，皆得赴试取中。嘉靖以后遂无之。附学生入试自宏治八年始，顾尚书璘乃以附学生中第十四名者也。《客座赘语》详载之："要之，三年大比，为抡材巨典，流品混淆，则士气不重。"此前明之陋也。顾遯园犹谓"其立贤无方"，未免曲为之。说至附学生，初不准应试，尤属偏见。岂身列胶庠，反逊于杂流乎！（第70页）

按："《客座赘语》详载之"句的原冒号，当改作句号。因为此句前的一段话，才是节引明顾起元《客座赘语》卷八《科举事例》篇文，而此句是作者甘熙说明节引文的出处。节引文中的"文生"，误；《客座赘语》作"武生"，是。原冒号后的一段话，并不是《客座赘语》的文句，而是作者甘熙的议论，则原标的一套双引号当删除。"其立贤无方"之"其"字并非顾起元原话中所有，则不当标在引号内。"说至附学生"之"说"字当属上为句。断句有误，标点当作：……《客座赘语》详载之。要之，三年大比为抡材巨典，流品混淆则士气不重，此前明之陋也。顾遁园犹谓其"立贤无方"，未免曲为之说。至附学生初不准应试，尤属偏见，岂身列胶庠反逊于杂流乎？

52. 令时年甫十八，通诗书而有干力，接诸生执谦尽礼于应试。儒童有可造就者，月必课之。（第71—72页）

按："接诸生执谦尽礼"自为句，其后当加标逗号。"于应试"三字当属下为句，其后原句号当删去。

53. 城中周回四十五里，街衢通达，闾阎万千。异乡人每茫然莫辨，……（第72—73页）

按："闾阎万千"后原句号当改作逗号，"异乡人每茫然莫辨"后原逗号当改作句号。

54. 而骁骑营一带小衖曲巷，往往有迷路出难之况。（第73页）

按："衖"当作"弄"，"衖"是已淘汰的异体字。

55. 或谓旧为置仓屯卒之所，设有疑阵则凿矣。（第73页）

按："设有疑阵"自为句，其后当加标逗号。

56. 预知死期，鼻流玉箸，下垂数尺，足征精炼之功。（第74页）

按："筯"当作"箸"，"筯"是已淘汰的异体字。

57. 平日看书当浸淫史汉，既可增长才识，又可通达治体，此有用之学也。(第75页)

按："史汉"当分别加标书名号。《史》、《汉》即指《史记》、《汉书》。

58. 其考语有"涵养淳笃，学问淹贯，尤能研深易理"云云。(第76页)

按："易"当加标书名号。《易》即《周易》。

59. 尝曰："墨守宋学，固非墨守汉学，尤非信其发挥。"皆心得之言也。(第76页)

按：断句误。标点当作：尝曰："墨守宋学固非，墨守汉学尤非。"信其发挥皆心得之言也。

60. [《景定建康志》]又谓："府学之东即古放生池。"淳熙间，史正志移于青溪府学，遂以旧池为泮水，乃指今县学前秦淮而言……(第77页)

按：断句有误。标点当作：又谓："府学之东即古放生池。淳熙间，史正志移于青溪，府学遂以旧池为泮水。"乃指今县学前秦淮而言。

61. 则放生池旧址，当在今淮清桥至笪桥一带，近是与"东接青溪，北通运渎"正合。(第77页)

按："近是"二字当属上为句。近是，犹言近乎为是，接近实际。这是对某一事情作接近肯定的判断。

62. 按沈存中《笔谈》谓："凡影入窗隙皆倒悬，如阳燧照物皆倒中间，有碍故也。"(第78页)

按："如阳燧照物皆倒"自为句，"中间"二字属下为句，则"中间"二字后的逗号当移至其前。

63. 及今，上御极易堂学士应召赴京，复赏还之。(第78页)

按："今上"为一词，不宜割裂。今上，指称当今皇帝。例《史记·魏其武安侯列传》："今上初即位。"宋叶适《宝谟阁待制陈公墓志铭》："及今上御极，有讲堂之旧；招徕初载，有咨谋之美。"可证。当以"及今上御极"为句，将"及今"后的逗号移至"御极"后。御极，谓皇帝登极，犹即位。

64. 页下注①梁章钜，字茝林（一为芷林），又字闳中，嘉庆进士，官至江苏巡府。（第78页）

按："钜"当作"鉅"，"钜"是不规范的自造简体字。"鉅"是"巨"的异体字，而作为古代人名用字，名从主人，则可保留使用。"巡府"不词，"府"当作"抚"，声音相似而误。梁章鉅于道光二十一年（1841年）调任江苏巡抚，半年后即因病辞官，可证。

65.《韵会》："膊，击声。'膊'与'镈'声近而义通也。"（第79页）

按："'膊'与'镈'声近而义通也"句，非《韵会》文，而是本书作者甘熙的解释语，则不当标在双引号内。标点当作：《韵会》："膊，击声。""膊"与"镈"声近而义通也。

66. 卷五　朱述之大令尝欲择其尤者汇刊为《金陵丛书》亦盛举也，且以俟诸异日。（第80—81页）

按："朱述之大令尝欲择其尤者汇刊为《金陵丛书》"自为句，其后当加标逗号。

67. [汉鉴]四围铭二十八字曰："吾作明竟，幽湅三商，配象万彊，□德安贞，子孙番昌，仕至公卿，与师命长。"陈雪峰文学宗彝释之曰："'竟'省'金'。'鍊'，'湅'音，司借字。'三'当读作'参'，《说文》：'参、商，星也'。'彊'省土，'钟'、'鼎'二字多通'疆'。下一字俟考。'蕃'省'草'，……"（第85页）

按：汉鉴铭文释读，由于文字有讹误脱倒，致使断句标点有误，难以索解。今试整理如下：陈雪峰文学宗彝释之曰："'竟'，'镜'省'金'。'湅'，'鍊'音同借字。'三'，当读作'参'，《说文》：'参、商，星也。''彊'，'疆'省'土'，钟鼎二字多通。'彊'下一字俟考。'番'，'蕃'省'草'……"

68. 一夕，二贼入室，罄所有窃去。祥惊觉贼逸，启户持械逐之三里许，追及贼，与斗……（第88页）

按："祥惊觉"自为句，其后当加标逗号。"启户持械"自为句，其后当加标逗号。

69. 为文一本,先辈《宋儒语录》及《性理》诸书悉心研究。(第 89 页)

按:"宋儒语录",指宋代理学大儒的语录,并非专书名,则不当标书名号。"性理诸书",指程朱理学方面的众多书籍,"性理"并非专书名,则亦不当标书名号。断句有误。标点当作:为文一本先辈,宋儒语录及性理诸书,悉心研究。

70. 姚惜抱先生深器重之,采乡中身未通显者遗文刊为《幽光集》,又于先辈大家中,选其有关世道者为《载道集》,非徒事帖括已也。(第 89 页)

按:"姚惜抱先生深器重之"句绝,其后原逗号当改作句号。这句是说姚鼐十分器重杨铨,语意已完。而其下文所说刊《幽光集》、选《载道集》事的主语则是杨铨,并非是姚鼐。

又,"已"当作"已",字形相似而误。

71. 又闻乾隆间,修造九龙桥,告成有日矣,石匠遍觅生魂不得,大窘及期。邑侯吴君元潜诣验,设公座于桥尾。(第 95 页)

按:"大窘"句绝,其后当加标句号。"及期"后原句号当改作逗号。

72. 陈丰之,中书维垣石渠先生之次子也。(第 96 页)

按:"陈丰之"后原逗号,当移至"中书维垣"后。陈丰之,名维垣,字丰之,官至中书,陈石渠先生之次子。卷一、卷四并云:"陈丰之中翰维垣"(第 15 页、第 75 页)。中翰,即中书的别称。又卷一云:"陈石渠先生授,以诸生课徒数十年,成就后学居多,子维藩、维垣、维屏、维翰,从子维墉先后入学。"(第 15 页)可证。

73. 卷六 先祖故居在东花园,嘉庆己未始,迁居今宅,其屋转售于陈容园先生。(第 101 页)

按:"始"字当属下为句。始,副词,方,才。

74. 隋麻叔谋蒸小儿以为膳,真残忍之尤也……倪明经德灏,字问渠,五旬外忽遘奇疾,一字不识,无能治之者……(第 102 页)

按:倪德灏忽遘奇疾者跟麻叔谋蒸小儿以为膳事,两者在内容上毫无联系,明显是两篇误连在一起。从"倪明经德灏"句开始,当作另一篇文编排。

75. 后闻为汉阳叶东卿先生，以番银四十圆买去，为之怅怅。（第105页）

按："后闻为汉阳叶东卿先生以番银四十圆买去"当作一句读，其中间逗号当删去。

76.《府志》谓："信府河，凤凰台一带即是。"殊无分晓。信府河乃今长乐渡，有汤信国公祠，一东一西相去悬绝，何与凤台牵？混言之耶！（第105页）

按："牵混"为一词，不宜割裂。例清叶廷琯《吹网录·史记老子列传索隐》："故别加'又《张苍传》'四字，而失于标明为《索隐》，以致牵混莫辨。"则"何与凤台牵混言之耶"当作一句读，其中间原问号当删去，句末原叹号当改作问号。

77. 何雨人尚书未达时，家居下浮桥，课徒于小门口。汪氏家尝夜归，经其地时，更深人静，微雨昏蒙……（第108页）

按："汪氏家"三字当属上为句。"尝夜归"的主语是"何雨人尚书"，而不是"汪氏家"。

78. 上元教谕毛俟园先生藻，泗州人，其时艺取法天崇，国初而参以制科体格，为举业正宗……（第109页）

按："国初"二字当属上为句。国初，指国朝初年，即清初。天崇，指后金（清）天聪、崇德年间，为清太宗皇太极年号。

79.《江宁县志》载："鲁肃墓在上新河。"朱见虞《倦游集》云："上新河有古墓，土人掘地出碣。予往视之，乃鲁维肃墓，本前明武科解元，泮宫坊题名有其人。好事者展转附会，讹为吴鲁肃墓。"《太平寰宇记》："丹徒县有鲁肃墓。"则不在金陵明矣。（第111页）

按：上述最后三句按之文义，也应是朱见虞《倦游集》文句。标点当作：朱见虞《倦游集》云："上新河有古墓……讹为吴鲁肃墓。《太平寰宇记》：'丹徒县有鲁肃墓。'则不在金陵明矣。"

80.《博古图》、《汉素圜壶》与此合，旧置诸爨下。（第114页）

按："汉素圜壶"是《博古图》书中的一器物图，它与《博古图》书，两者并非并列关系，则中间不宜用顿号。汉素圜壶也不必加标书名号。标点当作：《博古图》汉素圜壶与此合，旧置诸爨下。

81. 元杨翮……著《易通》、《微诗讲义》、《霜月斋集》，学者称“通微先生”。（第115页）

按：书名当作“《易通微》、《诗讲义》”。正因著《易通微》，才被称为“通微先生”。

82. 朱述之大令从文澜阁借抄，阁本无碑书、说颂、赞铭、墓志、祭文……（第116页）

按：碑、书、说、颂、赞、铭、墓志、祭文，都是文体名，则原文“碑”、“说”、“赞”三字后，当分别各增标顿号。

83. 卜世俨，字若思，上元人。康熙甲辰进士，任贵州镇远卫守，御吴三桂之乱，从容殉节。……公为明隆庆进士，卜履吉之裔，今郡庠生。汝为其同宗也，述其详如此。（第117页）

按：照原标点，卜世俨为“康熙甲辰进士”，又说“公为明隆庆进士”，明清两朝皆为进士，中间且隔了九十来年，这就令人十分诧异；卜世俨“御吴三桂之乱，从容殉节”，却又说是“今郡庠生”，难道是死而复生了吗？究其实，由于断句错误，致使文义混乱。标点当作：……公为明隆庆进士卜履吉之裔。今郡庠生汝，为其同宗也，述其详如此。

84. 卷七　众惊起火，已出屋，幸扑救者多，仅烧一家，馀俱无恙。（第119页）

按：“众惊起”自为句，其后当加标逗号。“火”字当属下为句。“火已出屋”，谓茶叶店失火，火势延烧而窜出屋外。

85. 陈文学鹤年，馆于竹竿里。程氏家有从学黄克昌者，居羊市桥……（第122页）

按：“程氏家”三字当属上为句，“陈文学鹤年馆于竹竿里程氏家”当作一句读，其后加标逗号。

86. 冥王坐堂，皇罗跪阶下者数百人，唱及黄名。（第122页）

按：“堂皇”为一词，不宜割裂。“皇”字当属上为句。堂皇，指官府治事的厅堂。例《汉书·胡建传》：“于是当选士马日，监御史与护军诸校列坐堂皇上，建从走卒趋至堂皇下拜谒，因上堂皇，走卒皆上。”颜师古注：“室无四壁曰皇。”《清史稿·陶澍传》：“出为川东道，日坐堂皇，剖决狱讼如流。”可证。

87. 朱述之绪曾作七古辨之云：“临邑驵侩有纪纲，匍匐叩马干燕王。虺心虿尾遂得志，侧身佞幸残忠良。锦衣亲兵擢显贵，挡秘诡智多包藏。厥罪贯盈磔三族，秽流清史名难忘。”弇州山人撰《四部爰书》，特笔罗其详：“交阯黄金官舶米，四百余万侵盐场。金装八宝没吴晋，珊瑚犀毗红铺床。……迩来志乘不稽古，讹为丞相列戎行。御史行台最忠烈，肯与此辈相颉颃。《元史》无征《明史》著，况复碑文俨在堂。忠佞倒置非细事，乌可清浊淆沧浪。我诗可当诛佞檄，春秋大义微而彰。文治昌明厉鬼绝，元精耿耿悬斗筐。”释疑订谬，洵有关名教之作，钱塘陈退庵先生文述，刻有《秣陵集》八卷，皆题咏古迹，诗词瑰丽。（第126页）

按：以上原标点错误有五。第一，朱绪曾七古诗，直至“元精耿耿悬斗筐”句止，则“秽流清史名难忘”句后的后双引号、“交阯黄金官舶米”句前的前双引号，皆当删去。第二，“弇州山人撰《四部爰书》，特笔罗其详：”断句标点皆误。弇州山人，明王世贞别号。王撰有《弇州山人四部稿》、《弇山堂别集》等著作，而无所谓“《四部爰书》”。这里的“四部”，即指《弇州山人四部稿》。“弇州山人撰四部”自为句，其后当加标逗号。“爰书”二字当属下为句。爰，连词，于是。书，书写，记载。“爰书特笔罗其详”为句。此句后的诗句，其中有“《元史》无征《明史》著”句，明王世贞时尚未有《明史》，可证这些诗句非王世贞作，则“特笔罗其详”后的原冒号当改作句号。究其实，这十四字是朱绪曾七古诗的两句，这两句前的后双引号及其后的前双引号，皆当删去，使这两句融入全诗之中。标点当作：弇州山人撰四部，爰书特笔罗其详。第三，“乌可清浊淆沧浪”句为问句，其后原句号当改作问号。第四，“春秋大义微而彰”句，“春秋”特指孔子所修订的鲁国编年体史书，当加标书名号。第五，“释疑订谬，洵有关名教之作”，这两句是本书作者甘熙对朱绪曾七古诗的评述之语，则其后的原逗号当改作句号。其下文叙述陈退庵刻《秣陵集》，那是说另一回事了。

88. 以覆舟山为太平门外，仓山乌龙潭为颜鲁公放生池，杏花村在城南信府河，乃沿吕太守新修《府志》之误。（第 126 页）

按："仓山"二字当属上为句。仓山在太平门外蒋王庙西，跟汉中门附近的乌龙潭相去甚远。卷三云："覆舟山，鸡鸣寺东北一阜，下临小教场者是。吕太守燕昭新修《府志》，力辨其非，以太平门外蒋庙之西仓山当之。"（第 43 页）可证。

89. 古砖一字之微，皆资考微。（第 127 页）

按："考微"当作"考徵"。今作"微"者，既因字形相似、又涉上文"一字之微"而误。考征，犹考求。例明方孝孺《菇荼斋记》："游行四方，考征生民之利害。"

90. 又于木牛亭移忠观内，得砖四枚。其二曰"大宋绍兴二十五年四月八日窑户练通造"，楷书十七字甚是工整；其二曰"章二造"，馀字俱同。观内旧有砖塔。其文曰"四月八日"者，盖造塔之用取佛诞之日，砖埴以明虔耳。（第 127 页）

按："砖埴"二字当属上为句。这里并不是说造塔取用佛诞日，而是说造塔取用在佛诞日制坯的砖块。

91. 试看灵旗微飏处，春江已借一帆风。（第 136 页）

按："飏"当作"扬"，"飏"是不规范的自造简体字。"飏"是"揚"的已淘汰的异体字，"揚"简化字作"扬"。

92.《李氏资暇录》云："地生白杨，故名。"（第 137 页）

按：《资暇录》又名《资暇集》（见《中国丛书综录》，上海古籍出版社 1986 年版第 2 册第 1017 页右栏），当标作"李氏《资暇录》"。《四库全书 · 子部 · 杂家类二》："《资暇集》三卷，唐李匡乂撰。"（见中华书局 1987 年版上册卷一一八第 1016 页上栏）可证。

93. 然文多残缺，较逊前砖之完全，且以备数而己。（第 138 页）

按："己"当作"已"，字形相似而误。

94. 卷八　盖闻采石乘时，周官著廾人之禁钻山索异，魏臣廑工役之劳，……（第 139 页）

按：以上原点校错误有三。第一，"周官"当加标书名号。《周官》是

《周礼》之别名。《周礼·地官·卝人》:"卝人掌金玉锡石之地,而为厉禁以守之。"可证。第二,"廾"当作"卝",字形相似而误。廾、卝二字,形音义均有别。廾,今音 gǒng,谓两手捧物。《说文》收部:"廾,竦手也。杨雄说:廾,从两手。"段玉裁注:"谓竦其两手以有所奉也。"桂馥义证:"廾、竦声相近。经典用'拱'字。"卝,今音 kuàng,"矿"的古字。《说文》石部"磺"字下:"卝,古文矿。《周礼》有卝人。"宋王观国《学林·卝》:"则卝者古文矿字也……盖卝矿乃一字一义也。"可证。第三,断句有误。本篇中募捐启为骈文,多对偶句,讲究对仗。标点当作:盖闻采石乘时,《周官》著卝人之禁;钻山索异,魏臣廑工役之劳。

95. 诚以廪分开阖,岁验丰凶,鞭触阴阳,候占晴雨,……(第 139 页)

按:上四句为一小节,"候占晴雨"句后的原逗号当改作句号。

96. 土精结核,物理所最奇灵。液敷华民,用所共宝,……(第 139 页)

按:"灵液"为一词藻,不宜割裂。灵液,对水的美称。例明周梅墟《步步娇·带雨鸣柯》套曲:"碧蒙茸蔓草迷荒径,湿淋漓灵液澄江净。"清钮琇《觚賸·石言》:"透气回薄,灵液潜滋。"可证。又,"民用"为一词,不宜割裂。民用,泛指人民生活、生产所需用的。例《国语·周语上》:"民用莫不震动,恪恭于农。"韦昭注:"用,谓田器也。"汉桓宽《盐铁论·禁耕》:"宝路开则百姓赡而民用给,民用给则国富。"可证。断句有误。这是骈文对偶句,标点当作:土精结核,物理所最奇;灵液敷华,民用所共宝。

97. 吾乡地临省会,胜占东南六朝佳丽之区,百代人文之薮。(第 139 页)

按:断句有误。"胜占东南"自为句,其后当加标逗号。

98. 乃白云峰、武冈山诸处凿石者纵情搜采,开窑者任意焚烧,崖断猿啼,挥斤奏技,岩居蚁聚,运畚呼群,月斧高扬。(第 140 页)

按:"乃白云峰、武冈山诸处"自为句,其后当加标逗号。"运畚呼群"句后原逗号,当改作句号。"月斧高扬"句则属下一小节。

99. ……月斧高扬。六甲佐鞭棰之使，火轮腾跃；三辰夺箕斗之辉，片砾星零。谁拾炼余石碎、微尘土委？空嗟劫后灰残。（第140页）

按：断句有误。标点当作：月斧高扬，六甲佐鞭棰之使；火轮腾跃，三辰夺箕斗之辉。片砾星零，谁拾炼余石碎？微尘土委，空嗟劫后灰残。

100. 所愿乐善仁人，同志君子，谊关休戚，念切匡扶，黄金布地，共结因缘。白石镌铭，永留馨逸。（第140页）

按："念切匡扶"句后原逗号，当改作句号。"共结因缘"句后原句号，当改作分号。

101. 秦钜、秦浚墓在处真乡移忠寺侧，见《建康志》……后封义烈侯，见《宋史·本传》。（第142页）

按："钜"当作"鉅"，"钜"是不规范的自造简体字。"鉅"是"巨"的异体字，而作为古代人名用字，名从主人，则仍可保留使用。又，"《宋史·本传》"标法误，当标作"《宋史》本传"。

102. 南宋检校少保谥威定王公讳德，字子华……墓在钟山清真寺侧，土名下庙，出神策门二十里，有神道碑，见严观《江宁金石记待访目》中铭词，载《建康志》。（第143页）

按：断句有误。标点当作：……有神道碑，见严观《江宁金石记》"待访"目中，铭词载《建康志》。

103. "……命鬼卒取禄籍与卢自阅，籍中注：'丙申科进士，官至五品，寿逾六十，已行钩销。卢丙申会试拟中，十余日因后场有疵摈落。'阅之心益惶悚。……"（第145页）

按："卢丙申会试拟中，十余日因后场有疵摈落。"这两句是记现实生活中前四年卢君所经历的事，不是"禄籍"中注语，则不当标在单引号内。这两句记事印证了"禄籍"中所注的"丙申科进士，官至五品……已行钩销"的结论。因此，这两句后的后单引号，当移至上文"已行钩销"句后。

104. 姑念事属失察，脏未入己，伊父奉佛多年，伊子年幼至孝，格天情殊可悯……（第145页）

按:“脏”当作“赃”,字形相似而误。赃,指用非法手段获取的财物。断句有误。标点当作:……伊子年幼,至孝格天,情殊可悯。

105. 此外,又有桐城方勤襄公维甸四言古诗,长沙陶文毅公澍书,后长洲王铁夫学博芑孙书,后泾县朱兰坡赞善珔碑跋,不及具录。(第149页)

按:“书后”是一词,不宜割裂。书后,文体之一,指写在他人著作后面,对他人著作有所说明或评论的文章。断句有误。两“后”字皆当属上为句。

106. 八蜡庙,旧在聚宝门外梅冈。道光十六年,因蝗不为灾,陈中丞銮奏请。增建于钦天山之阳,颁给御书扁额。岁时,官为致祭,是八蜡有二也。(第149页)

按:断句有误。标点当作:……陈中丞銮奏请增建于钦天山之阳,颁给御书扁额,岁时官为致祭。是八蜡有二也。

107. 龙蟠里四松庵,旧名盔山园。(第149页)

按:“盔”当作“盋”,字形相似而误。清顾云《盋山志·形胜》:“盋山,名以形,其阳如初弦之月。”清金鳌《金陵待征录》卷三:“盋山园,以形似名。”可证。《现代汉语词典》(商务印书馆1996年版)第95页左栏:“盋 bō〈书〉同‘钵’。”

108. 延请山长,专课经解诗、古文词,举人与试焉。(第149页)

按:“专课经解”后当加标顿号。经解,指解释儒家经书的著述。

109. 每课辄冠其曹刊,入钟山课艺,说经取汉宋两家之学折衷,至是其心得为多。(第151页)

按:断句误。“每课辄冠其曹”自为句,其后当加标逗号。曹,犹等辈,同类。“刊”字当属下为句。“至是”二字当属上为句。标点当作:每课辄冠其曹,刊入钟山课艺;说经取汉宋两家之学折衷至是,其心得为多。

110. 学使廖钰夫侍郎,拔冠入学发落时,谓诸生曰:“胡某真老宿学,是能读线订书者。汝等当奉之为师。”(第151页)

按:“拔冠入学”四字当属上为句。“发落时”三字宜属下为句。

111. 杨君天璧，字绣亭，江宁诸生，善山水法，黄鹤、山樵气息深厚。（第159页）

按："黄鹤山樵"为明诗人、画家王蒙自号，不宜割裂。清钱谦益《列朝诗集小传·甲前集·黄鹤山樵王蒙》："蒙，字叔明，吴兴人。赵文敏公之甥。画山水师巨然，得外氏法，然不求妍于时。为文章不尚矩度，顷刻数千言可就。隐于黄鹤山，自号黄鹤山樵，人以此称之。"可证。断句有误。标点当作：杨君天璧，字绣亭，江宁诸生，善山水，法黄鹤山樵，气息深厚。

112. 先生历官湖北臬使、江西方伯，故自叙如此楼上楹语。论者推二公为最，皆用衬笔取胜，情景俱佳。（第160页）

按："故自叙如此"自为句，其后当加标句号。这是甘熙对邓廷桢联语的说明。"楼上楹语"为句。其后原句号当改作逗号。从此句起，是甘熙对汪芝亭、邓廷桢二人所作联语的评论。

113. 卷九　丁酉举人，甲辰大挑一等，分发北河，徒步至保阳，布袍见上官，或非诮之夷，然自若也。（第164页）

按："夷然自若"为成语，不宜割裂。"夷"字当属下为句。

114. 摄雄县时，策蹇赴任，一仆担行李，随之至署门，为守门者所呵斥……（第164页）

按："随之"二字当属上为句。

115. 言毕，舍泪而出。（第164页）

按："舍"当作"含"，字形相似而误。

116. 惟其言可治者三，除挑浚内河之外，如荡除草鞋夹洲渚及开通海口、沉船积沙等语，其意非不善，奈工大费繁，难以集事，仍属空言无补……（第167页）

按："挑浚内河"、"荡除草鞋夹洲渚"及"开通海口"，都是为了河道通畅，洪涝时能及时宣泄，而"沉船积沙"，却是适得其反，可见原标点有误。"开通海口沉船积沙"当连读，其中间原顿号当删去。"海口"作"沉船积沙"的定语，表明位置。

117. 自古建都邑者必于泰山之下，广川之上，管子言之详矣。（第

169页)

按:“管子”当加标书名号。《管子·乘马》:“凡立国都,非于大山之下,必于广川之上。”可证。

118. 如此率由旧章,以时启闭,害既不防而利亦不废,正未可以卤莽从事也。(第169—170页)

按:“防”当作“妨”,字形相似而误。

119. 卷十　予时读《礼》家居,亟将家刻《诸山形势考并辑后湖水道略》一篇,由予友方伯雄编修转呈于成公,议乃中寝。(第171页)

按:误标书名号。当标作“亟将家刻《诸山形势考》并辑《后湖水道略》一篇”云云。《诸山形势考》,即“蒋绣岑所著《金陵诸山形势考》”,“道光壬辰冬,先中宪公将是书刻以传世”(见第171页)。《后湖水道略》,即卷九梅曾亮(信言)致陆制军书所言:“在籍郎中甘熙遍考诸书,撰《后湖水道考》”(见第168页)。可证。

120. 先生以韦布儒生网罗散佚,俾胜国陪京文献,旁搜博采,蔚为大观……(第173—174页)

按:“搜”当作“搜”。“搜”是生僻罕见的异体字,宜改用正体字。下同。

121. 盖我年丈朝议君,究必斯术专门名家,尝遴刻古地书善本……(第174页)

按:“究必”不词。“必”当作“心”,字形相似而误。究心,犹言专心研究。例明宋濂《〈白云稿〉序》:“濂之有志为文不下于伯贤,古今诸文章大家亦多究心。”《儒林外史》第四四回:“小弟却不曾究心于此道。”可证。断句有误。“究心斯术”自为句,其后当加标逗号。

122. 初,朝议君卜地葬亲,跋涉无间,寒暑者十余年。(第174页)

按:“跋涉无间寒暑者十余年”当作一句读。无间寒暑,犹言不避寒暑。本篇上文云:“跋涉不避寒暑,艰苦备尝。”语义相同。

123. 嘉庆己巳,得江邑归善乡西板山吉壤,葬奉直君墓侧,建亭堂并置祭田,事具载桐城姚惜抱先生撰记。(第174页)

按:“墓侧”二字当属下为句。

124. 乃于墓北张家庄治宅规画。视西板山为屋三重，后辟楼六间，翼以两庑，缭以周垣。(第175页)

按：断句有误。标点当作：乃于墓北张家庄治宅，规画视西板山，为屋三重……

125. 朝议君昔修其垄，创立专祠，而其喆嗣林立。笃于所生以妥以侑，又如是其精详，则乡之人谓士大夫敦根本重土著，不忘其亲，莫甘氏若矣。(第175页)

按："喆"当作"哲"，"喆"是已淘汰的异体字。"而其哲嗣林立"句，语意未完，其后原句号当改为逗号。"笃于所生"自为句，其后当加标逗号。"以妥以侑"为成句，语出《诗经·小雅·楚茨》："以为酒食，以享以祀。以妥以侑，以介景福。"妥，安坐；侑，劝酒。祭祖时，迎接跪拜祖先神灵，使之安坐，并献上酒食，恭敬劝酒，以祈求大福。这是形容祭礼的详备。

126. 石刻在金陵摄山般若台下，年久漫漶不禁，有抱残守缺之嗟矣。(第177页)

按："年久漫漶"自为句，"不禁"二字当属下为句。

127. 直省府州县学皆设明伦堂，而吾乡上元、江宁两学府，旧为明应天府学，其堂独曰"明德"，与他学不同堂额。三大字为宋文丞相天祥书。(第177页)

按："与他学不同"自为句。"堂额"二字当属下为句。

128. 而其时方公以贤能报最，已擢通州牧，将启行矣，乃殷殷以兴废举坠，崇儒重学为念，无一毫诿卸之私，亦斯时之良有司矣。(第177页)

按："乃殷殷以兴废举坠、崇儒重学为念"当作一句读，其中间原逗号当改作顿号。

129. "……苟以人之罪名，稍迁就于其间，以合上官意旨，其如子孙何从?"叔曾祖中丞公步瀛及其从伯祖继堂公廷硕，皆尝为刑曹……(第178页)

按："其如子孙何"自为句，"从"字当属下为句。

130. 今称职若此，洵可谓不坠家声，克昌厥后者矣，孰谓李官易为也哉？（第178页）

按："洵可谓不坠家声、克昌厥后者矣"当作一句读，其中间原逗号当改作顿号。

131. 喆嗣三人：长春鸣俟，选训导；次庆昌，己酉优贡，充官学教习。（第179页）

按："喆"当作"哲"，"喆"为已淘汰的异体字。"俟"当作"候"，字形相似而误。"候选"为一词，不宜割裂。断句有误。标点当作：哲嗣三人：长春鸣，候选训导；……

132. 予房师剑阁唐�卿先生……著有《宦游纪事》一卷。偶阅所载丁酉科分校之事，甚异。其详曰："……是科锁榜，江宁甘石庵亦出余门，同事者以龙头龙尾并出一房为难得云。爰敬谨录之以志香火因缘，固非偶尔者矣。"（第179—180页）

按："爰敬谨录之以志香火因缘，固非偶尔者矣。"此二句并非《宦游纪事》文句，而是甘熙的叙述语，以明"敬谨录之"的缘由，则篇末的后双引号，当移至"爰敬谨录之"句前。断句有误。标点当作：……爰敬谨录之，以志香火因缘固非偶尔者矣。

133. 甘元焕跋　年逾彊仕，始得释褐。（第181页）

按："彊"当作"强"，"彊"是已淘汰的异体字。

134. 睹记日多，笔劄尘积。（第181页）

按："劄"当作"札"，"劄"是已淘汰的异体字。

135. 同治、光绪之交，踵开郡邑志局，授求遗籍，百不获一。（第181页）

按："授求"不词。"授"当作"搜"，字形相似而误。

136. 朱北山丈谓"以一代之书，考一代之事，确实可据。"韪哉！斯言其事！诸子索观是帙，佥云翔备，甄录最夥，于焉征信，洵乎不诬。（第181页）

按：断句有误。标点当作：朱北山丈谓"以一代之书，考一代之事"，确实可据，韪哉斯言！其事诸子索观是帙，佥云翔备，甄录最夥，于焉征信，洵乎不诬。

137. 慨自名城沦陷，欻忽星周。邦族言归，井里非旧故家，乔木未几而夷为丘墟。栾却名族，亡何而降在胥隶。（第 181 页）

按："栾却"之"却"当作"郤"（音 xì），字形相似而误。"郤"误作"卻"，又误作"却"。卻、却均未作姓氏。"栾郤名族"，指春秋晋国公族栾氏、郤氏，世代为官，执掌军政。栾氏为春秋晋靖侯之孙栾宾之后。郤氏为晋公族郤芮之后，以食邑为氏。《国语·周语下》："夫郤氏，晋之宠人也，三卿而五大夫，可以戒惧矣。"韦昭注："三卿，锜、犨、至也。复有五人为大夫，故号八郤也。"可证。断句有误。标点当作：慨自名城沦陷，欻忽星周，邦族言归，井里非旧。故家乔木，未几而夷为丘墟；栾郤名族，亡何而降为胥隶。

138. 𤆬后榅书轩前，片石枨触今昔，能毋哽咽？（第 181 页）

按："𤆬"当作"烬"。"𤆬"是"燼"的异体字，生僻罕用。"燼"，今简化作"烬"。断句有误。标点当作：烬后榅书，轩前片石，枨触今昔，能毋哽咽？

139. 傅绳祖跋 奉手泽而如新，未沦兵火；缅典型其宛在，景印老成绳祖。（第 182 页）

按："印"当作"仰"。"印"是"仰"的古字，今"仰"用而"印"废。"景仰老成"句后当加标句号。"绳祖"二字并非上句或上一小节的夹注，而是下句的正文部分。在正文中，文章作者因自称其名，为表谦虚，便将自己名字写得比一般正文字体要小一些。后人不明就里，往往就将作者名字误作夹注了。

140. ……绳祖。受而读之，不禁憬然，思皇然感也。（第 182 页）

按："绳祖"二字并非夹注，是正文的组成部分，当属下为句，其后原句号当删去，且不必再用较小一号字体排版。断句误。标点当作：绳祖受而读之，不禁憬然思、皇然感也。

141. 先生稟笵经苑，掉鞅词坛，早及姚惜抱、孙平津之门，憀乎独袌，卓尔作家。（第 182 页）

按："笵"当作"范"。"笵"是"範"的生僻异体字。"範"今简化作

“范”。“褏”当作“袍”。“褏”是“袍”的异体字，今废。

142. 一时平原，兄弟郁为文栋；万卷津逮，彝鼎结其古欢。（第182页）

按：“平原兄弟”为用典，不宜割裂。例南朝梁钟嵘《〈诗品〉序》：“降有建安，曹氏父子笃好诗文，平原兄弟郁为文栋。”可证。断句误。标点当作：一时平原兄弟，郁为文栋；万卷津逮彝鼎，结其古欢。

143. 朝市大隐，梦回阙北；觚棱儒林，丈人身备。江东文献，溯厥生平，雅耽纂述。（第182页）

按：断句有误。标点当作：朝市大隐，梦回阙北觚棱；儒林丈人，身备江东文献。……

144. 固已传之海内，藏在名山，而是编事综乡故，体别方言，本罔罗放失之思，具上下古今之识，远溯六朝以往，近讫嘉道而来。（第182页）

按：“固已传之海内，藏在名山”二句，是对甘熙一生精研金石之学，擅长勘舆之术，著有《金石题咏汇编》、《日下旧识》、《桐阴随笔》、《寿石轩诗文钞》、《重修灵谷寺志》等书的总结性评价，则“藏在名山”句后的原逗号当改作句号。从“而是编事综乡故”句起，是专论评《白下琐言》这一专书了。

145. 读者采榦邓林，网珠渤澥，匪仅佐麈谭资，骚屑已也。（第183页）

按：“榦”当作“干”。“榦”是“幹”的俗字。“榦”是“幹”的已淘汰的异体字。“幹”今简化作“干”。断句有误。标点当作：……匪仅佐麈谭、资骚屑已也。

146. 访畴曩钓游綦履，续郡邑志而信有足征，作吾乡桑梓敬恭合金伟军先生《待征录》朱述之先生《金陵诗征》书而并传不朽。（第183页）

按：“作吾乡桑梓敬恭”自为句，其后当加标逗号。桑梓敬恭，典出《诗经·小雅·小弁》：“维桑与梓，必恭敬之。”朱熹集传：“桑、梓，二木。古者五亩之宅，树之墙下，以遗子孙给蚕食、具器用者也。”言桑梓为父母所植，故应恭敬。后用作热爱故乡、热爱乡亲的典故。断句有误。标点当作：访畴曩钓游綦履，续郡邑志而信而足征；作吾乡桑梓敬恭，合金伟军先生《待征录》。朱述之先生《金陵诗征》。书而并传不朽。

147. 是用亟授筑氏，诒厥方来绳祖。亭旁载酒，忝甥馆之末班；阁上听秋，饫祖庭之遗训。(第183页)

按："诒厥方来"自为句，其后当加标句号。"绳祖"二字并非夹注，是正文的组成部分，当属下为句，其后原句号当删去，且不必再用较小一号字体排版。断句有误。标点当作：是用亟授筑氏，诒厥方来。绳祖亭旁载酒，忝甥馆之末班；阁上听秋，饫祖庭之遗训。

148. 孙婿傅绳祖谨跋，时光绪十有六年，岁在上章摄提格日，躔寿星之次。(第183页)

按："绳祖"二字并非夹注，而是正文的组成部分，则不必再用较小一号字体排版。"日躔"为一词，不宜割裂。日躔，指太阳运行的度次。例《文选·颜延之〈三月三日曲水诗序〉》："日躔胃维，月轨青陆。"吕向注："躔，次也。胃，星名。维，畔也。《月令》云：'季春之月，日在胃也。'言日次胃星之轨行畔也。"《元史·历志一》："列宿著于天，为舍二十有八，为度三百六十五有奇。非日躔无以校其度，非列舍无以纪其度。"可证。则"日"字当属下为句。

149. 邓邦述跋　书瓻往还，几同置驿，故其所著述，能淹洽若此述。尝慨夫国家盛时，政教循轨……(第184页)

按："故其所著述能淹洽若此"当作一句读，其后当加标句号。下一"述"字是跋文作者邓邦述的自称，当属下为句。

150. 仲琴表弟欲印是书以饷同好，属书跋语，因举所欲，言者归之。(第184页)

按："因举所欲言者归之"当作一句读，其中间原逗号当删去。

151. 魏家骅跋　吾乡甘实庵先生所著《白下琐言》八卷，《续言》二卷，于金陵山水脉络，乡老遗闻轶事，暨善恶劝惩，有裨风化者，言之綦详，洵乡邦文献不可少之作也。(第185页)

按："暨善恶劝惩有裨风化者"当作一句读。

152. 仲琴以原板失而复得喜出望外，抱残补阙，珍重皮藏并印饷

新朋,冀垂久远,……(第 185 页)

按:断句有误。标点当作:仲琴以原板失而复得,喜出望外,抱残补阙,珍重庋藏,并印饷新朋,冀垂久远。

153. 予又以知甘氏诸先德诗书孝友之遗泽,渐渍者深,岂独是书永永流传已哉!(第 185 页)

按:"予又以知甘氏诸先德诗书孝友之遗泽渐渍者深"当作一句读。

154. 甘熙传　熙博识强记,勤事纂述,与同里全鳌、朱绪曾善同搜辑乡邦文献,证析异同……(第 187 页)

按:"与同里金鳌、朱绪曾善"自为句,其后当加标逗号。善,亲善,友好。

155. 所为文详瞻典雅,切中事利,而于一方利病尤所究心。(第 187 页)

按:"详瞻"不词。"瞻"当作"赡",字形相似而误。详赡,犹言详细丰富。

《中国地图册》误标地名

人们查阅和使用地图册，是为了获取准确的地理信息。一本地图册，如果在它的地图中，或将地理元素的位置画错了，或将地名标错了，用错误的信息误导读者，就会带来极坏的影响。西安地图出版社 2005 年 1 月第 12 版，2005 年 1 月第 18 次印刷的《中国地图册》，其中第 50—51 页“江苏省”图、第 52—53 页“南京”图、第 54—55 页“浙江省”图、第 56—57 页“杭州”图、第 58—59 页“沪宁杭地区”图等，就把不少地名标错了，甚至还把某些村镇的地理位置也画错了。今分图勘误如下。

第 50—51 页“江苏省”图地名勘误表

误	正	所属市县
其林	麒麟	南京市
来河寨	夹河寨	铜山县
李塞	李寨	丰县
加口	伽口	邳州市
龙苜	龙苴	灌云县
金镇	金锁	泗洪县
南流集	南刘集	泗阳县
五讯	五汛	滨海县

续表

误	正	所属市县
三包	三仓	东台市
弥港	弶港	东台市
汨水	氾水	宝应县
李家市	季家市	靖江市
石柱	石庄	如皋市
卜代桥	卜弋桥	常州市
雷堰	雪堰	常州市
薛埠	薛埠	金坛市
中港	申港	江阴市
凋庭	洞庭	苏州市
泾塘	渭塘	苏州市

此外，在本图中，原本属于如东县的“兵房”镇，竟然跨过通州市、海门市境，由北向南，被“搬迁”到了启东市境内的通吕运河南边，这岂不闹出了大笑话吗？

第 52—53 页“南京”图地名勘误表

误	正	所属区
龙潘中路	龙蟠中路	玄武区 白下区
龙潘南路	龙蟠南路	秦淮区

第 54—55 页“浙江省”图地名勘误表

误	正	所属市县
李家港	李家巷	长兴县
于潜	於潜	临安市
谭头	潭头	淳安县

此外，在本图中，兰溪市的“诸葛”村，其地理位置原本应在兰溪城的西面，衢江的西北面，而现在却被“搬迁”到了兰溪城的南面，衢江的东南面，这是不是搞错了呢？

第56—57页“杭州”图地名勘误表

误	正	所属区
湘滨路	湖滨路	上城区

第58—59页“沪宁杭地区”图地名勘误表

误	正	所属省市县区
平朝	平潮	江苏省通州市
陈昌街	东昌街	句容市
武进市	武进区	常州市
孟城	孟河	常州市
卜戈	卜弋	常州市
薛埠	薛埠	金坛市
胡隶	胡埭	无锡市
西圾	西扭	无锡市
屹亭	屺亭	宜兴市
善巷	善卷	宜兴市
木读	木渎	苏州市
泗泾	浀泾	苏州市
横坊	横塭	吴江市
盛桥	盛泽	吴江市
陈基	锦溪(陈墓)	昆山市
拓林	柘林	上海市奉贤区

续表

误	正	所属市县
乌市镇	乌镇	浙江省桐乡市
黄湖	横湖	杭州市
于潜	於潜	临安市
流祠	流洞桥	安徽省广德县

笔者曾在江浙一带先后从事过野外地质调查和方志编辑工作，留心地名用字，今就本人所知，对《中国地图册》的几幅图中的一些地名提出意见，供地图编辑出版者和广大读者参考。

刘熙载论

刘熙载(1813—1881)，字伯简，号融斋，又字熙哉，晚年自号寤崖子，世多以融斋先生称之。江苏兴化人。他是我国19世纪时期的一位文艺理论家和语言学家。

刘熙载出生于一个“耕读传家”的清寒知识分子家庭。父松龄，字鹤与，监生，是个闲居乡里的隐士。熙载“生数岁，父于与言时许其趣尚曰：‘是子可以入道，殆少欲而能思者也。’”(《昨非集》卷二《寤崖子传》)“十岁丧父，哭踊如礼。”(《清史稿·儒林传》)数年复丧母。“少孤贫，力学笃行，读书睹指识微，约言孱守。”(蔡冠洛《清代七百名人传》)道光十九年(1839)，熙载二十七岁，乡试中举。道光二十四年(1844)，三十二岁，中进士，以文章与书法均优，改翰林院庶吉士，授编修。咸丰三年(1853)，皇帝召对称旨，旋奉命入值上书房，为诸王师。“久之，上见其气体充盈，蚤暮无倦容，问所养，对以闭门读书，上嘉焉，书‘性静情逸’四大字赐之。”(俞樾《春在堂杂文》四编卷三《左春坊左中允刘君墓碑》)咸丰六年(1856)，年终考绩，“京察，公名在一等，记名以道府用”(萧穆《敬斋类稿》卷十二《刘融斋中允别传》)，“不乐为吏，请假客山东，授徒自给”(蔡冠洛《清代七百名人传》)。咸丰十年(1860)，英法联军侵犯北京，“都中有惊，官吏多迁避，熙载独留。和议成，鄂抚胡文忠(林翼)以‘贞介绝俗，学冠时人’疏荐”(《兴化县志》卷十三)。明年，应鄂抚胡林翼之聘，离京赴武昌任江汉书院主讲，嗣因太平军二次西征，生员逃散而未果。于是，赋诗一首《鄂城留别》(《昨非集》卷三)，回程返京。沿途“关塞连烽火”，只得中途改辙，进入山西，在汾河一带浪迹漫游。其《汾河柳》诗(《昨非集》卷三)云:“节近清明柳未新,汾河寒色感羁人。十年浪迹浑闲事,知负淮南几树春。”正当刘熙载初到山西时,清帝咸丰病死。“同治元年(1862),诏起旧臣,而君与焉。其明年,两奉寄谕,趣入都。”(俞樾《左春坊左中允刘君墓碑》)同治三年(1864),补国子监司业,其秋,命为广东学政,补左春坊中允,掌管广东全省各府、州、县学生员考课黜陟之事。督学广东,作《箴言四首》,即《惩忿》、《窒欲》、《迁善》、《改过》四箴(《昨非集》卷二),以教育士人。“视学广东,一介不苟取,诸生试卷无善否,毕阅之。进诸生而训之,如家人父子。”(萧穆《刘融斋中允别传》)督学三年任期未满,即请长假归里,从此脱离官场生涯。

同治六年(1867)至光绪六年(1880),历时十四年,刘熙载晚年一直主讲于上海龙门书院。“与诸生讲习,终日不倦。每五日必一问其所读何书,所学何事,讲去其非而趋于是。丙夜或周视斋舍,察诸生在否。”(俞樾《左春坊左中允刘君墓碑》)因而,时人誉之为“以正学教弟子,有胡安定风”(《清史稿·儒林传》)。胡瑗(993—1059),北宋时学者、教育家,字翼之,泰州海陵(今江苏泰州)人。世居陕西路之安定堡,人称安定先生。曾应范仲淹之聘,执掌苏州州学。讲学于苏州、湖州间达二十余年,学生常数百人。后任国子监直讲,太子中允,侍讲,官至太常博士。主持太学,视诸生如子弟,严立学规,以身示范。与孙复、石介提倡“以仁义礼乐为学”,并称“宋初三先生”,开宋代理学之先声。讲“明体达用”之学,“体”是以儒家传统道德为准则,“用”即是准则的应用。谓“致天下之治者在人才,成天下之才者在教化,教化之所本者在学校”。刘熙载继承并发扬了胡安定的教育思想和教学方法,他“以正学教弟子”,所谓“正学”,即是儒家正统的思想学说和道德文章,并倡导“力行致用”。刘熙载以胡安定“苏湖教法”的理念为榜样,结合所处时代、社会的实际,加强对学生的修身教育,总结自己多年来的教学实践,写成《持志塾言》一书。至今人们念叨起清代同光年间的上海龙门书院,还常提起浙江嘉兴胡季石(著名学者胡小石教授之父)、安徽绩溪胡傅(著名学者胡适博士之父)等,曾经在龙门书院受教于融斋先生,得其真传。与熙载主讲上海龙门书院的同时,著名学者俞樾(1821—1906)主讲于杭州诂经精舍，两人时相过从，谈谐甚乐，切磋学问，齐名当世。

光绪六年(1880)夏，刘熙载以寒疾去沪还乡。次年，即光绪七年(1881)二月，卒于江苏兴化里第古桐书屋，享年六十有九。“诸生千里赴吊，诵其遗言不衰。光绪壬午(八年，1882)奉旨入《国史·儒林传》，有‘品学纯粹，以身为教’之褒。龙门诸弟子公建祠于松江郡城，郡守陈遹声就祠旁建融斋书院，以志不忘。”(《兴化县志》卷十三)

刘熙载在其晚年所撰《寤崖子传》(《昨非集》卷二)中，自述生平云：“仕皆师儒之位，自其为诸王师，为太学师，与夫在乡塾为童子师，客游为远方士子师，出处不同，而视之未尝不一也。”又云：“于古人志趣，尤契陶渊明。其为学与教人，以迁善改过为归，而不斤斤为先儒争辨门户。”意中颇以此自许。联系其父是一个闲居乡里的隐士，刘熙载“尤契陶渊明”是很自然的。刘熙载一生洁己修身，清廉自守。“公秉性俭约，至贵不改其初。尝以翰林直内廷，徒步无车马，有晏子‘浣衣濯冠’之风。”(萧穆《刘融斋中允别传》)督学广东，“行部所至，萧然如寒素。暨乞病归，袱被箧书而已”(蔡冠洛《清代七百名人传》)。主讲龙门书院，“与弟子辨析辄至夜分，虽大寒暑，衣冠冲整无惰容，历十余年如一日”(《兴化县志》卷十三)。“与人居，温温然无疾言厉色；与客言，善谈议，亦时杂诙谐嘲笑，恒不见其有高迈远俗之概。而意有所不可，亦卒莫之能夺也”；“闲居敝衣粝粮，不多用一钱。亲故有贵显，远有馈不一取；有贫苦，必多方周济。而待客又必尽丰洁。”(萧穆《刘融斋中允别传》)《清史稿·儒林传》评云：“平居尝以‘志士不忘在沟壑’、‘遁世不见知而不愠’二语自励。自少至老，未尝作一妄语。表里浑然，夷险一节。”同时代学者陈澧评云：“先生之醇德清风，人尽知之。先生之硕学，则知者寡矣。若其意趣高出于一世，远侪于古人，则知者盖寡，有相与愕眙焉耳。学政一官，世人所艳羡也，先生为之未满任，告病而归。盖世之人皆好进，而先生独好退，不知美官厚禄之可羡，而惟知读书。此古之君子，而澧以得见为幸者也。”(陈澧《东塾集》卷三《送刘学使序》)可见，刘熙载的一生，自少至老，给人们留下的是一个正道直行的读书人、君子儒的形象。

刘熙载经历了近代太平天国和捻军的农民战争成败时期，又处在封建阶级中，如龚自珍（1792—1841）、魏源（1794—1857）等大声疾呼、强烈要求抵御外国资本主义经济和军事侵略的时代。可以说，他生活的时期，是中国封建社会进入崩溃期的转捩点，也是近代资产阶级改良主义思潮勃兴的先驱时期。存在决定意识。由于清季文网森严的压抑，儒家安分守己思想的束缚，加上他自身养成的安贫乐道的性格，追求陶渊明式的清静淡逸的志趣，造成了他在政治上谨小慎微，闭口不谈时政，对当时现实的社会矛盾和阶级斗争一概沉默不语。这与同时代的两位启蒙思想家龚自珍和魏源相比，刘熙载的社会政治思想与他们截然不同。尤其耐人寻味的是，刘熙载与魏源同是道光二十四年（1844）进士，魏源还以知州分发江苏，后署过刘熙载的家乡兴化县。魏源根据林则徐（1785—1850）译著《四洲志》和历代史志，编著了著名的《海国图志》一书，提出了“变古愈尽，便民愈甚”和“师夷之长技以制夷”的革新主张，成为近代启蒙思想家的先驱。而刘熙载一贯坚持儒家的正统思想，兼采程朱理学和陆王心学，对客观事物不是按照它的客观性质来区分，而是按照人的善恶观念进行区别。由此出发，在他的《寤崖子》（《昨非集》卷一）和《艺概》等著作中，我们可以看到他一如儒家先贤一样，十分强调理与行、知与行的统一，强调道德修养上的“力行致用”，严格地遵循孔子“不语怪力乱神”的路线。他崇尚儒家正统，认为后代儒家分派是一种自腐现象，归根结蒂是实行不实行儒道的问题（《昨非集》卷一《儒论》、《学赞》）。他强调力行，也不单纯是为了修身养性，而是吸取道家一些朴素辩证法思想，要求从小处见大（《昨非集》卷一《株枸它》），忧世而不怨世，更不愤世（《昨非集》卷二《读楚辞》）。在认识论上，他认为感官有灵，物亦有吸，“相摩相荡”，相因相生，互为因素（《昨非集》卷一《吸灵》）。在政治态度上，他不赞同学习西方国家先进思想和技术，但又同情人民困苦的生活。他认为“机械日出，为法必且自敝，是巧乃所以为拙也”（《昨非集》卷一《问射御》）。他所相信的是中国儒家那一套固有的文化、道德、语言、算学和医学。无庸讳言，刘熙载属于儒家正统国粹派，思想比较保守。不过，他为人洁身修行，清廉自守，做官的微薄俸钱还用来救济家乡灾情之急，并写下了《己酉闻故乡水灾》、《日暮叩门客》、《逃荒叹》(《昨非集》卷三)等同情人民苦难的诗篇。与同时代的龚自珍和魏源等启蒙思想家相比，刘熙载是另一类读书人，他是封建社会末期忧国忧民，正道直行的君子儒，如果说得更直白一点，就是一个厚德硕学的教书先生。

正因为刘熙载有同情人民疾苦的一面，所以他常常用程朱理学"克人欲，存天理"的道德观，既反对封建统治者横征暴敛的贪欲，也反对劳动人民为争取生存权利而斗争的欲望。刘熙载把一切欲望都归结为是产生"忿"(愤怒、怨恨)和"过"(错误)的根源。其云："故夫贪财者死于财，干名者死于名，务生生之厚者死于生，皆智以吸物蔽者也。盖闻之：人，万物之盗；万物，人之盗。圣人知盗物者之不能无盗于物也，故戒其所以受之，无受者，无漏者也。阏其所以入之，无入者，无出者也。老子曰：'咎莫大于欲得。'又曰：'得与亡孰病?'而人于物方务得而未已也，宜不免吸灵者之日眈眈也。"(《昨非集》卷一《吸灵》)当然，刘熙载并没有全盘接受程朱理学的"克人欲，存天理"的道德观，他既反对将人欲说成是恶，也反对将人欲说成合乎天理。他认为："欲善，欲恶，皆谓之欲。第以欲而言，则是欲者，人之能也。凡人之能，必有所用，故欲而用于善，为欲之善；用于恶，为欲之恶。"(《昨非集》卷一《辨欲》)认为关键问题是怎样应用"欲"。在这些方面，反映了刘熙载人生观、道德观中唯心主义和唯物主义之间的矛盾。

刘熙载既然主张人欲应用于善，那就当然反对那些鬼蜮妖怪的骗人学说。一方面，他在《昨非集》卷一《辨惑》、《辟怪》、《山海经》和卷二《广论衡订鬼篇》等寓言作品中，把海外诸国视为"鬼"、"怪"、"情怪"、"螭魅罔两"，以致在上海龙门书院时，"尝有异邦人求见，三至三却之。一日径造其庭，君在内抗声曰：'吾不乐与尔曹见。'其人悚然去，竟不得见"(俞樾《左春坊左中允刘君墓碑》)。另一方面，他反对"纯利"、"悲己"、"不正之言"，主张"纯道"(《昨非集》卷一《蜀庄》)、"悲世"(《昨非集》卷二《读楚辞》)、"曲终奏雅"、"发乎情，止乎礼义"(《昨非集》卷二《读诗序》)，认为有欲则无道无义，"害道伤义，罔非私利"，应该"拔本塞源，是在有志"(《昨非集》卷二《箴言四首·窒欲》)。他一再强调要"适道"、"至中"，保持"纯气"，反对"坏道"的"杂家小说"，特别反对"莫不附于纯"的"乖戾者"、"莫不附于中"的"偏陂者"(《昨非集》卷二《儒论》)。这样，他就自觉或不自觉地势必反对"离经叛道"的近代资产阶级改良主义思潮。

刘熙载《箴言四首序》(《昨非集》卷二)云："《易》损、益二象，示人以'惩忿窒欲'、'迁善改过'，指深切矣。颜子好学，见称于圣人。其'不迁怒'，则惩忿而窒欲存焉；其'不贰过'，则改过而迁善存焉。余校士粤东，以为士学圣贤，当先于四者从事，爰本是义为箴言以赠之。"这就集中地反映了他的道德观和他的社会政治理想。他就像韩愈《进学解》中的国子先生，"补苴罅漏，张皇幽眇；寻坠绪之茫茫，独旁搜而远绍；障百川而东之，回狂澜于既倒。先生之于儒，可谓有劳矣。"他像封建末世众多的儒家正统国粹派那样，悲世悯人，忧国忧民，但又找不到一剂真正可以救世的良方。他感到迷惘，又觉得失落，无奈而又无助地呼喊着："闭门宜学道，庄老识吾心。"(《昨非集》卷三《旅病》诗)然而在现实社会中，"半空声吼处，都似怒涛闻。"(《昨非集》卷三《交河遇风》诗之一)他毕竟未能像陶渊明那样归田园居，只能恪守孔孟济世之道，以匡时救敝为己任。在刘熙载看来，读圣贤书，以正人心，"惩忿窒欲"，"迁善改过"，就是匡时救敝的济世良方了。他从这一儒家正统思想出发，继承孔夫子、胡安定、朱熹的观点，十分重视教育与六艺的教化作用。他一生"仕皆师儒之位"，中年曾"不乐为吏，请假客山东，授徒自给"，一直到晚年的弃官执教，编纂教学随笔、艺文札记、音韵讲义，正是这一思想的具体表现。"先生口不绝吟于六艺之文，手不停披于百家之编；记事者必提其要，纂言者必钩其玄；贪多务得，细大不捐；焚膏油以继晷，恒兀兀以穷年。先生之业，可谓勤矣。"(韩愈《进学解》)这不也正是刘熙载一生的写照吗？

综观刘熙载一生的事业，就在于"为学和教人"两个方面，两者相辅相成，身兼学者和儒师。他一生好学不倦，博极群书，"熙载治经，无汉宋门户之见，不好考据。熟于周秦诸子书，他如天象、地舆、六书、九数、钟律、方术，皆研通其意”(《兴化县志》卷十三)。晚年在上海龙门书院讲学期间，始整理教学随笔成《持志塾言》，总结治学成果为《艺概》、《四音定切》、《说文双声》、《说文叠韵》，编辑文稿和诗词创作成《昨非集》，皆系亲手自订之书，而汇刻为《古桐书屋六种》。“遗书有《读书札记》、《游艺约言》、《制义书存》三种，乃公殁后，公子彝程等从公箧中所存手稿分类钞出，示公及门诸弟子，于丁亥(光绪十三年，1887)冬续刊之”(萧穆《刘融斋中允别传》)，并结集为《古桐书屋续刻三种》。另有日记若干卷藏于家，未刊。

《艺概》是刘熙载学术著作中的代表作，是我国文艺理论批评史上继南朝梁刘勰《文心雕龙》之后又一部通论各种文体的杰作。全书共分《文概》、《诗概》、《赋概》、《词曲概》、《书概》、《经义概》六部分，采取札记形式分条评述。其中前四概，专论文学，是我们考索和研究刘熙载文论思想的重要文献。《艺概》一书，谈艺论文，评诗品书，纵横捭阖，游刃有余。全书所阐述的都是刘熙载亲身体会到的真知灼见。他把这种方式说成是“举此以概乎彼，举少以概乎多”(《艺概叙》)，使读者“触类引申”去作全面的理解。刘熙载曾云：“真博必约，真约必博。”(《持志塾言》卷下《礼乐》)《艺概》以“概”名书，正显示该书是博观约取、由博返约的“以少胜多”，见解精辟而文笔简练。《艺概》中值得我们注意的有两个方面，一是关于文学评论的指导思想，一是关于各种文体的创作方法。

在文学评论的指导思想方面，刘熙载《艺概》是以孔门六艺、儒家经典为依据，以传统的文论思想为质干，结合清代的文学风尚和刘熙载个人的文学创作和文学鉴赏的经验形成起来的。他主要继承了刘勰《文心雕龙》的“原道”、“征圣”、“宗经”的主张，这也就难免不受到儒家正统道学思想的束缚。但是，在具体的论述中，他往往能冲破束缚，强调全面分析作家的作品，比较着重于创作过程和鉴赏过程的朴素辩证法，应用孔子和朱熹的美学思想，特别是艺术功用论来分析和品评作品。这样，他的评论就既能发扬前人的优良传统，又能体现出刘熙载的个人特识。

刘熙载继承了儒家“文以载道”、“知人论世”、“文以行为本”的正确观点，强调评论作品，首先要看作家的人品。认为人品高尚者，才能产生高尚的作品；反之，人品低下者，虽在艺术方面有所成就，充其量也只能算作是个“艺人”，不能给予高尚的评价。《文概》云：“君子之文无欲，小人之文多欲。多欲者美胜信，无欲者信胜美。”又云：“有俊杰之论，有儒生、俗士之论。利弊明而是非审，非斯为俊杰也与！”我国文化的优良传统之一是“文以载道”，历来都是主张文与行并重，讲究“道德文章”，“人品学问”。历代有识之士继承和发扬了这一优良传统，认为作家要以德行为根本，在德行高尚的前提下创作出高尚作品。唐代李华云：“有德之文信，无德之文诈。皋陶之歌，史克之颂，信也。子朝之告，宰嚭之词，诈也，而士君子耻之。”（《崔孝公集序》）裴行俭云：“士之致远，先器识而后文艺。”（《新唐书·裴行俭传》）柳宗元云：“大都文以行为本，在先诚其中。”（《报袁君陈秀才避师名书》）他们所说的，都这一思想的概括。《艺概》继承了这一思想传统，同样主张文以德行为根本，其云：“诗品出于人品”（《诗概》）；“赋尚才不如尚品”（《赋概》）；“论词莫先于品”（《词曲概》）；“凡论书气，以士气为上”，“写字者，写志也”，“笔情墨性，皆以其性情为本”（《书概》），等等。刘熙载评王安石文云：“荆公文是能以品格胜者，看其人取我弃，自处地位尽高。”（《文概》）他评周邦彦词云：“美成词信富艳精工，只是当不得个‘贞’字，是以士大夫不肯学之，学之则不知终日意萦何处矣。”又云：“周美成律最精审，史邦卿（达祖）句最警炼，然未得为君子词者，周旨荡而史意贪也。”（《词曲概》）他论韩愈《寄卢仝》和《荐孟郊》诗云：“以卢、孟之诗名，而韩氏所盛推乃在人品，真千古论诗之极则也哉！”（《诗概》）

衡量人品的道德标准，在儒家来说，就是修己和济世。修己就是要使自己成为“正心修身”、“迁善改过”的有修养的士人；济世就是要使自己成为对国家和社会有用的人才。因此评论作品的好坏，就必须看它的社会作用和现实意义。刘熙载《艺概》主张文章要经世致用，认为具有社会作用和现实意义的作品才足以称道。《文概》云：“汉魏之间，文灭其质。以武侯经世之言，而当时怪其文彩不艳。然彼艳者，如实用何？”这是读《三国志·蜀书·诸葛亮传》中陈寿《上故蜀丞相诸葛亮故事》后有感而发。当时，“论者或怪亮文彩不艳，而过于丁宁周至”，而陈寿则认为：“亮所与言，尽众人凡士，故其文指不得及远也。然其声教遗言，皆经事综物，公诚之心，形于文墨，足以知其人之意理，而有补于当世。”刘熙载就陈寿的评语作了进一步的申述和肯定。《文概》云：“‘文丽用寡’，扬雄以之称相如，然不可以之称屈原。盖屈之辞，能使读者兴起尽忠嫉邪之意，便是用不寡矣。”《赋概》云：“太史公《屈原传赞》曰：‘悲其志。’《叙传》曰：‘作辞以讽谏。’志与讽谏，赋之体用具矣。”这些评述都可见刘熙载十分注重作品的实用价值。

由此出发，刘熙载《艺概》进而要求作家要有真情实感，要说自己的本心话，而反对那些脱离现实、无病呻吟的作品。《文概》云：“周秦诸子之文，虽纯驳不同，皆有个自家在内。后世为文者，于彼于此，左顾右盼，以求当众人之意，宜亦诸子所深耻与！”《诗概》云：“诗可数年不作，不可一作不真。陶渊明自庚子距丙辰十七年间，作诗九首，其诗之真，更须问耶？彼无岁无诗，乃至无日无诗者，意欲何为？”《赋概》云：“赋必有关自己痛痒处。如嵇康叙琴，向秀感笛，岂可与无病呻吟者同语？”对于关心人民疾苦和国家安危而具有真情实感的作品，必须给予高度的评价；而对那些装腔作势、无病呻吟之作，则必须加以摈弃。刘熙载高度赞扬柳宗元文：“柳州系心民瘼，故所治能有惠政。读《捕蛇者说》、《送薛存义序》，颇可得其精神郁结处。”（《文概》）他在《赋概》中云：“名士之赋，叹老嗟卑，俗士之赋，从谀导侈，以持己持世之义准之，皆当见斥也。况流连般乐者耶！”这一观点，是《艺概》对于我国传统文论中人文精神的重大发展。

《艺概》十分推重古代现实主义与浪漫主义相结合的作品。优秀的作品，它既理想的又是现实的，而理想也总是建立在现实的基础上。《文概》云：“太史公《屈原传赞》曰：‘悲其志。’又曰：‘未尝不垂涕，想见其为人。’‘志’也，‘为人’也，论屈子辞者，其斯为观其深哉！”《赋概》云：“赋当以真伪论，不当以正变论。正而伪，不如变而真。屈子之赋所由尚已。”《文概》云：“太史公文，兼括六艺百家之旨。第论其恻怛之情，抑扬之致，则得于《诗三百篇》及《离骚》居多。”又云：“学《离骚》得其情者为太史公,得其辞者为司马长卿。长卿虽非无得于情,要是辞一边居多。离形得似,当以史公为尚。”鲁迅在《汉文学史纲要》中也称赞《史记》为“史家之绝唱,无韵之《离骚》”。刘熙载在《艺概》中再三推重屈原《离骚》和司马迁《史记》,自是高见卓识。《艺概》还对古代浪漫主义诗歌的现实意义作了创造性的发掘。《诗概》云:“嵇叔夜、郭景纯皆亮节之士,虽《秋胡行》贵玄默之致,《游仙诗》假栖遁之言,而激烈悲愤,自在言外,乃知识曲宜听其真也。”嵇康《秋胡行》和郭璞《游仙寺》,一个谈玄默,一个说栖遁,都不直言现实,甚至是逃避现实,但实际上是借谈玄和游仙,以表示对所处乱世荆天棘地残酷现实的不满和反抗,从另一个侧面表现出了诗人的激烈悲愤的心情。再如,人称“诗仙”的李白,人们但赏其诗句飘飘欲仙,而真知其心乎?《诗概》云:“太白诗虽若升天乘云,无所不之,然自不离本位。故放言实是法言,非李赤之徒所能托也。”“太白与少陵同一志在经世,而太白诗中多出世语者,有为言之也。屈子《远游》曰:‘悲时俗之迫厄兮,愿轻举而远游。’使疑太白诚欲出世,亦将疑屈子诚欲轻举耶!”“太白诗言侠,言仙,言女,言酒,特借用乐府形体耳。读者或认作真身,岂非皮相?”“‘以友天下之善士为未足,又尚论之古人。’神仙犹古之人耳。故知太白诗好言神仙,只是将神仙当贤友,初非鄙薄当世也。”像这样深入地探微抉隐,充分地揭示李白洋溢着浪漫主义艺术感情的诗歌中,却蕴含着积极用世的精神实质,这在历代诗论诗话中也不多见,这是刘熙载“知人论世者,自能得诸言外”(《诗概》)的真知灼见。

关于各种文体的创作方法方面,《艺概》主张表现的文艺形式要跟所写的内容相适应,要求艺术风格与思想内容一致。《诗概》云:“意欲沉着,格欲高古。”《赋概》云:“赋欲不朽,全在意胜。《楚辞·招魂》言赋,先之以‘结撰至思’,真乃千古笃论。”《文概》云:“论文或专尚指归,或专尚气格,皆未免偏于一隅。《旧唐书·韩愈传》‘经诰之指归,迁、雄之气格’二语,推韩之意以为言,可谓观其备矣。”刘熙载所言“意”、“指归”即指思想内容方面,“格”、“气格”即指艺术风格方面,只有两者统一起来,才为完备。在两者关系上,思想内容是第一位的,而艺术风格属第二位。故《文概》云："扬子《法言》曰：'事辞称则经。'余谓不但事当称乎辞而已，义尤欲称也。"又云："论事叙事，皆以穷尽事理为先。事理尽后，斯可再讲笔法。不然，离有物以求其有章，曾足以适用而不朽乎？"

《艺概》论述各种文体的创作方法，主张要结合它们自身的特点去做。《文概》云："通其变，遂成天地之文。一阖一辟谓之变，然则文法之变可知已矣。"注意到文体形式的变化和多样性。《诗概》云："文所不能言之意，诗或能言之。大抵文善醒，诗善醉。醉中语亦有醒时道不到者，盖天机之发，不可思议也。"近人夏敬观诠说云："以醒、醉二字言之，妙极！善醉，故有时能迷离惝恍以出之。文则除骚赋外，皆不能用此法也。凡诗词歌赋，其至者常若有神经病人语，类皆渊源于《庄》、《骚》，即前所谓迷离者也。"(《刘融斋诗概诠说》)俗谚说："酒话不能当真。"但又说："酒后吐真言。"对待这种处于真与不真之间迷离惝恍的酒话，也就只能结合语境、背景以及具体的人和事，细细地琢磨了。所谓"醒"，似是指观点鲜明，词语显豁；所谓"醉"，似是指意境朦胧，词语浑涵。以醒、醉二字作比喻，却也道出了文与诗两种文体各自的特点。《赋概》云："赋取乎丽，而丽非奇不显，是故赋不厌奇。"奇丽是赋的特点，它不能跟文一样。文要质实，不能过分追求华美。故《文概》云："文尚华者日落，尚实者日茂。"《词曲概》论词云："词要放得开，最忌步步相连；又要收得回，最忌行行愈远。必如天上人间，去来无迹，斯为入妙。"又论曲云："累累乎端如贯珠，歌法以之，盖取分明而联络也。曲之章法，所尚亦不外此。"这些结合各种文体特点的记述，其中饱含着刘熙载文学创作和文学鉴赏的实践经验和心得体会，都是他的甘苦之言，对当时和后人的文学创作和文学鉴赏，提出了许多极有价值的意见。

《艺概》一书本身的写作特点，也值得称道。我们在前面已经说过，《艺概》以"概"为书名、篇名，就是"举此以概乎彼，举少以概乎多"(《艺概叙》)，不求面面俱到，而是贯彻少而精的原则，做到提纲挈领，抓住重点，让读者"触类引申"，由此及彼，举一反三。首先，《艺概》在评论范围方面，主要选取某种文体最发达时期的作品来作论述。例如，《诗概》、《文概》论述历代诗文只到唐宋；《词曲概》论词以两宋为主，兼及金元；

论曲以元曲为主,不及明代;《赋概》论辞赋推重屈宋之楚辞和汉赋,而不提六朝骈赋。这样的论述范围就有了明确的重心,突出了文学"一代有一代之所胜"(焦遁《易馀籥录》卷十五)的理念,能够反映古代各种文体的文学发展的实际情况。其次,在论述的具体对象方面,主要讨论名家、大家的创作经验,突出重点,取法乎上,有示范效应。再次,论述各种文体的文学,一般都是先概述文学史上的创作情况,后着重探讨文学理论,由作品到论评,由具体到抽象,史论结合,言必有中。刘熙载《艺概》中,对作家创作特点和艺术风格特征的揭示很有见地,如《文概》云:"秦文雄奇,汉文醇厚。""贾长沙、太史公、《淮南子》三家文,皆有先秦遗意;若董江都、刘中垒,乃汉文本色也。"这对判别秦汉文风的不同,深中肯綮。又如他论韩非文:"韩非锋颖太锐。《庄子·天下篇》称老子道术所戒曰'锐则挫矣',惜乎非'韩非'能作《解老》、《喻老》而不鉴之也。"(《文概》)论韩愈诗:"昌黎诗往往以丑为美,然此但宜施之古体,若用之近体则不受矣。是以言各有当也。"(《诗概》)论温庭筠词:"温飞卿词精妙绝人,然类不出乎绮怨。"(《词曲概》)诸如此类,都能言前人所未言,独抒己见,新意迭出,有着较强的说服力。

《艺概》一书,以它的真知灼见受到普遍的赞誉。近人夏敬观云:"自来阐明作诗之法,能透彻明晓者,无过于刘融斋《艺概》中之《诗概》。"(《刘融斋诗概诠说》)冯煦云:"刘氏所著《艺概》,于词多洞微之言。"(《蒿庵论词》)王国维云:"周介存谓:'梅溪词中,喜用"偷"字,足以定其品格。'刘融斋谓:'周旨荡而史意贪。'此二人语令人解颐。"(《人间词话》)刘熙载《艺概·书概》云:"汉隶既可当小篆之八分书,是小篆亦大篆之八分书,正书亦汉隶之八分书也。"对此,康有为认为,刘氏这种观点,"真知古今分合转变之由,其识甚通"(《广艺舟双楫》)。郭绍虞云:"书写字体的演变,都是文字内部正体和草体的矛盾性所引起的。这是中国的书写字体所以会发生演变的原因,同时也是书法所以能成为艺术的原因。以前约略看到这问题的只有刘熙载。他在《艺概》中说:'书凡两种:篆、分(隶)、正(楷)为一种,皆详而静者也;行、草为一种,皆简而动者也。'我就取他简而动之说作为草体的特征。"(《人民群众与书法艺术》,载《书法艺术》第一辑,上海书画出版社 1979 年版)在我国古代美学和文艺理论批评史的研究领域内,《艺概》将越来越受到人们的重视,刘熙载真不愧为 19 世纪时期著名的文艺理论家。

刘熙载著《四音定切》、《说文双声》、《说文叠韵》,是三部专论汉语音韵学的学术著作。《四音定切》,按照开、齐、合、撮四呼,把当时通用的佩文诗韵重加整理、分部、解释。这部韵书,原名《切音四的》,以为"欸、意、乌、于"四字能收一切之音,以推开、齐、合、撮四呼,无不如矢贯的(见《昨非集》卷二《切音四的序》)。这是在音韵学史上,继康熙、雍正年间李光地、王兰生合撰《音韵阐微》一书之后,进一步阐述四呼理论、应用等韵学原理改进韵书体系的一部学术著作。《说文双声》和《说文叠韵》,则是刘熙载有感于"六书中较难知者莫如谐声"而编撰的。双声、叠韵都是谐声。《说文》,即《说文解字》的省称,东汉许慎所编撰的一部文字学著作,也是中国历史上第一部有着严整的组织系统的字典。许慎当时,还没有反切注音和双声、叠韵等专门术语。《说文》中许慎注音只注"某声"或"读若某"。宋初,徐铉等校定《说文》,人称大徐本。徐铉始据唐代孙缅的《唐韵》,加注反切于《说文》每字说解之后,但往往已与汉人读音不符,故谐声字已不谐声矣。因此,刘熙载感到对《说文》中字的许慎注音和徐铉加注的反切,不论声母和韵部,都有重新加以整理和研究的必要。《说文双声》即是辑录《说文》中许声(许慎注音)和徐切(徐铉据孙缅《唐韵》加注的反切)声母相同成双声的字。刘熙载云:"是编独详双声者,以韵有古今之别,双声则今古一也";"是编韵借孙氏,母即用许氏之声";"苟以许声加孙韵皆可为切,而一切双声之字,不皆可知乎?"(《说文双声叙》)《说文双声》的编纂原则和方法是"韵借徐切,母用许声"。所谓"韵借徐切",也就是"韵借孙氏",因为徐铉为《说文》中字加注的反切,实际上就是根据孙缅《唐韵》的反切而定。所谓"母用许声",就是字的声母用许慎注音的"某声"或"读若某"的声母。凡许声与徐切之声母成双声的字均加辑录,以此求证许慎时的注音,并进而推求古人制字之音。《说文叠韵》则辑录《说文》中许声与徐切之韵部成叠韵的字,"编内切音从大徐,韵部之名从《广韵》"。其编纂通则是:"遇字与声古属通韵者，则曰'通'；古属一部者，则曰'并归某韵'；其非径通而由他韵可通者，则曰'转通'；若不在此例，而许取以为声，则曰'协用'。'协用'之字亦有一定韵部，非各部俱可协也。故'协用'一类于各篇后附之。"又云："《说文》有大徐本无声，而小徐（指徐铉弟徐锴，徐锴编撰《说文解字系传》）有声者，有二徐本皆无声而其字亦可谐声者，兹并搜辑为'续编'附后。不可通者阙之。"（《说文叠韵·释例》）通过《说文叠韵》此编，"以明《说文》合体之字与独体之声，体既相因，韵自相合。即有不合，亦由后人之失读，类非古韵之本然"（《说文叠韵序》）。

顾炎武云："读九经自考文始，考文自知音始，以至诸子百家之书亦莫不然。"（《答李子德书》）刘熙载云："读书先须识字，切音真诀宜求，拈出四音要妙，是为活水源头。"（《四音定切·图说》）这就道出了刘氏编撰音学三书的动因。刘氏通过上述音学三书，试图将《说文》的注音近代化，彻底改变《唐韵》反切与汉人读音不符，故有些谐声字已不谐声的现象，以便使《说文》注音系统化、条理化，为人们更容易掌握并使用。刘氏音学三书，部伍严整，辨析允当，在语音研究方面有着一定的积极意义，故蔡冠洛评云："于音韵小学确抒卓见。"（《清代七百名人传》）

《持志塾言》，原是发给学生用的修身课程讲义。"持志"为刘熙载课徒学塾之斋名，取《孟子·公孙丑上》"持其志，无暴其气"句意。"塾言"即学塾讲义。《持志塾言序》云："塾中讲贯，自圣贤经义以及先儒格言，固皆曰有课程矣。其有不及举古人之辞，但自言之以取易明者，则随时笔而存之，盖以便学者之复习也。"又云："持之义不一端，大要维持之欲其正也，操持之欲其久也；持之之方亦不一端，大要善其志之所以养也，慎其志之所以发也。"全书以"格物致知"、"明心见性"为主脑，格言式地讲述立志为学、修身洁己、力行致用以至立身处世等方面的道德规范、目标要求、方法途径和经验教训。其所论述，兼采程朱理学和陆王心学，以"慎独"、"主敬"为要义，目的是培养学生在儒家正统思想指导下去洞明世事，练达人情。尽管全书要旨仍不出儒家传统教育思想的范畴，却不是陈腐的说教，而能结合所处时代、社会的实际，要求学生在"处事"、"处境"、"处世"中得到历练，此实可为学者之法程。在"立教”、“为学”、“力行”、“致用”等部分，较多刘氏教学实践的心得体会，足资后人借鉴。书中有不少格言条目，经过新的评述后，今天也仍然有着一定的积极意义。

《昨非集》，是刘熙载的文学创作集，共四卷，包括寓言故事集《寤崖子》一卷，文、诗、词曲各一卷。书名之“昨非”，出自晋陶渊明《归去来兮辞》：“实迷途其未远，觉今是而昨非。”其中第一卷即寓言故事集《寤崖子》，以作者晚年自号而命名。“抑或寤者见之谓之寤，崖者见之谓之崖矣乎？”既自以为号，又以之名集。刘熙载友人满洲文秀庵见此集云：“取类得于《易》，博依得于《诗》，敷畅似《说苑》、《新序》，非深悉事物之理，其何能为？”（《寤崖子自序》引）这是刘熙载“意欲自成一子”之作。集中共 42 篇寓言，其所言者，多数是辩难诸子，格物穷理；其所寓者，主要是修身养性，匡时救弊。《寤崖子》以寓言形式，托以史事，杂以议论，借以推阐儒家正统的社会政治思想和道德观。我们在上文分析刘熙载的社会政治思想和道德观时，已经涉及《寤崖子》中的不少内容，这里就不再重复讲了。第二、三、四卷为刘熙载的文、诗、词曲作品。说到诗文创作，刘熙载对那些反映人民疾苦，为老百姓代言的诗人和作家可谓推崇备至，高山仰止，心向往之。《诗概》云：“代匹夫匹妇语最难，盖饥寒劳困之苦，虽告人，人且不知，知之必物我无间者也。杜少陵、元次山、白香山不但如身入闾阎，目击其事，直与疾病之在身者无异。颂其诗，顾可不知其人乎？”《文概》云：“柳州系心民瘼，故所治能有惠政。读《捕蛇者说》、《送薛存义序》，颇可得其精神郁结处。”唐代诗人白居易云：“文章合为时而著，歌诗合为事而作。”（《与元九书》）刘熙载的诗文创作，直抒胸臆，发乎自然，叹时世之乱离，哀民生之多艰，反映了清朝季世外患内乱满目疮痍的世风民情，具有一定的现实主义创作精神。第二卷共收 46 篇散文，体裁多样，内容广杂，风格傲奇诙谐，颇有个性特色。值得注意的是，刘熙载在《论文》之二中云：“夫农之言耕作，工之言朴斫，其事至浅近矣，要其言之，真能自知自信，与圣贤之言志行一也。至商贾则饰矣，至巫卜则饰之甚矣。昔人称为文宜师圣贤，吾谓若吾人者，且师农工亦可。”（《昨非集》卷二）他认为农工之言，浅近易懂，朴实无华;商贾之言,巫卜之说,言行不一,华而不实,夸饰而不足取。只有学习农工的语言,才能使圣贤之道真实地表现出来。就刘氏强调散文的真实性而言,实在是跟他主张散文的范围以六经为限而互相矛盾的。但是,刘熙载提出“师农工”这一命题,在那个时代,应该说是封建末世一个正道直行的读书人的难能可贵的见解,在当时、在今天都有着重大的进步意义。第三卷共收诗143首,抒发真情实感,率真自然。其中一些寓哲理于景物之中的诗作,情致理趣,辉映交融,益人心智。刘熙载《题杨一丈诗文集》云:“作诗不必多,所贵肝胆真。”由此,也正可反映出刘氏自己诗作的特色。像《己酉闻故乡水灾》、《日暮叩门客》、《逃荒叹》等诗篇,都表现了对人民苦难的真切同情。第四卷共收词30首,自述其志,以理趣胜,写“自道语”,不落前人窠臼,陶写闲适情致,亦排解心绪之一途耳。又附录收散曲四阕一套,此偶为者,以见志于实。

《古桐书屋续刻三种》,即《古桐书屋札记》、《游艺约言》、《制义书存》三种,汇刻为一编。“是编《札记》一种,与前刻《持志塾言》相类。《游艺约言》一种,与《艺概》相类。《制义书存》一种,则原系《昨非集》之第六卷而未刊入者。”(《古桐书屋续刻三种跋》)

近人支伟成编撰《清代朴学大师列传》,将刘熙载列入“小学家”(见《列传》卷十二),这主要是就刘氏音学三书所取得的学术成就而言。从今日学术研究的视角进行全面考察,我们可以领略到刘熙载治学的广度和深度。就刘氏《古桐书屋六种》而言,《艺概》则是刘氏的代表作,是他博观约取,由博返约,富有创见的学术专著。《艺概》在中国文艺理论批评史上、美学发展史上有着承前启后的作用,刘熙载当为中国传统美学的总结者。因此,我们将刘熙载定位为中国19世纪时期的一位杰出的文艺理论家和语言学家。

(原载《扬州文化论丛》第三辑,广陵书社2009年版)

金圣叹逸诗二首胜语

笔者在整理校点清徐崧、张大纯编辑的《百城烟水》一书时，在卷四有关条目下，发现载有明末清初著名小说戏曲评点家金圣叹的逸诗二首。兹转录于下。

题平丘沈君善木影

平丘老去成枯木，木刻平丘却宛然。
海岸檀香堪作藉，黄杨树子不成禅。
水潭雁影我将往，雪被冰床汝作缘。
设使有人求答话，维摩自古最堪怜。

寓慈云寺旬日留别

震泽多精舍，慈云师子林。
家私唯古佛，眷属总玄心。
后汉人何在？微言乃至今。
相逢随欲别，舍此更何寻？

这二首诗，在《百城烟水》书中，都冠以诗作者金圣叹的姓名，但金圣叹的遗诗集《沉吟楼诗选》未曾收录，近年新编的《金圣叹全集》(江苏古籍出版社 1985 年版)也未收录，更未曾有研究者提及，当为金圣叹的逸诗。

载存这二首逸诗的《百城烟水》一书，是清初徐崧、张大纯编辑的一部苏州地方文献专集，记述当时苏州府及其所属的吴县、长洲、吴江、常熟、昆山、嘉定、太仓、崇明等各州县的山川形胜、寺观名刹、园林宅第、名胜古迹；并在各条目下辑录了自唐宋以来，特别是明末清初诗家的登临怀古之作，或唱和赠答之篇；书中亦间接记述了明末清初的政治遗闻、社会人事，风土人情。因此，这部书中保存了明清之际那一段社会大变动时期的一些稀见史料，以及不少逸诗遗文。这样说来，金圣叹的二首逸诗得以刊存在《百城烟水》中，就并非出于偶然。

《百城烟水》的主要编辑者徐崧，字松之，号臞庵居士，清初吴江人。他生当明末清初，素负诗名，交游甚广，曾与当时名家钱谦益、归庄、万斯同、潘耒、徐乾学、孙枝蔚、姜宸英、余怀、尤侗等人以及大量诗僧交游，诗酒往还，流连唱和。徐崧在《百城烟水》中所辑录的明末清初诗家之作，并非辑自这些当代诗家的诗文专集，因为他们中的大多数人当时尚未编定刊刻专集；徐崧所搜获的往往是第一手资料，或是在连袂游览之中，或是在唱和赠答之时直接录存的诗词原作，并且其中不乏与徐崧本人的唱和赠答之篇。这些诗作，由于种种原因，有些后来未能被搜辑编入诗家的专集之中，就成了集外逸诗。金圣叹的上述二诗，情况当亦与之相似。徐崧与金圣叹为同时代人，一为吴江籍，一为长洲籍，同属苏州府，也可以说是同乡。他们二人有过交往，《沉吟楼诗选》中的《题徐松之诗二首》就是明证。诗云："徐子伤心士，斯文似《九章》。"则金圣叹对徐崧的人品诗品评价甚高，二人情谊于此可见一斑。《百城烟水》中录存友人金圣叹的诗作，应属情理中事。

金圣叹《题平丘沈君善木影》诗，系于《百城烟水》卷四《吴江莔村》条下。该条文云："莔村，由吴家港南去为庵汇，有沈氏南庄。(原注：太常水西公讳汉别墅。祠部韫所公讳琦，发祥于此。祠部季子君嗣名自籍。敬怀萧公甥，官学博。学博长子子畏名永寅，秀水庠生。文将名自铤，参戎宜庵公讳璨季子，鼎革后迁此，有《南庄诗集》崧与文将、子畏，俱孟延萧公婿。)庄东北为平丘。(原注：君善名自继，宪副懋所公讳琉次子，鼎革后祝发隐居，所营寿域名平丘。子方思名永启，孙成厦名时栋，长孙女名友琴，次孙子名御月，俱善诗词。)"诗题中的"平丘"，是沈自继生前所营墓穴之名，位于莔村沈氏南庄之东北，在今吴江县南厍乡北。"木影"，即木刻浮雕人像。沈君善，名自继，明朝宪副沈琉次子，明亡后，祝发隐居，养心修禅，是个具有民族气节的遗民。沈自继的父亲沈琉，与《百城烟水》原注中提及的沈琦、沈璨，与中国戏曲史上的吴江派代表人物沈璟和散曲家沈瓒是同辈兄弟；沈自继与原注中提及的沈自籍、沈自铤，与吴江派的著名戏曲家沈自晋、沈自徵等为群从兄弟。明清时期，沈氏为松陵望族，文学世家。据原注，沈自继祖孙三代，延及女孙，一门中人俱善诗词，确系文坛佳话。金圣叹游览松陵，与当地文学世家有所交往，宜属题中应有之义。《沉吟楼诗选》中有《雨夜喜沈方思见过》诗，诗题中的沈方思，正是沈自继(君善)之子，可证。

金圣叹《寓慈云寺旬日留别》诗，系于《百城烟水》卷四《吴江·慈云禅寺》条下。慈云寺在吴江县震泽镇东，原面寺‘街街临河。寺内原有天王殿、地藏殿、大悲阁、且住轩、大树轩等建筑，今皆湮灭不存，仅有一塔即慈云寺塔巍立于河滨。明清之际，慈云寺为震泽名刹，居诸寺之首，一些游方僧侣、诗人墨客途经震泽，往往在寺停憩。这首诗，正是金圣叹游览震泽，寓居寺内，即将离去前的留别诗。《沉吟楼诗选》中有《丁亥仲冬过松陵访来止》诗、《闻圣寿寺遭骄兵所躏》诗(按，圣寿禅寺在吴江县治西北延寿坊内，俗名北寺)，说明金圣叹在清初顺治丁亥(1647)，正值壮年，有过一次松陵之游。二首逸诗，从内容看，也就写于此时或此后。

金圣叹逸诗二首的被发现，对于帮助我们考证金圣叹的生平和交游，研究他的思想倾向和政治态度，都具有一定的参考价值。

清李重华《沉吟楼遗诗序》云：“(金圣叹)平生吟咏极多，不自惜。此为女婿沈君六书所抄，什佰之一。”则金圣叹的诗作散佚甚多，其中有些可能还保存在鲜为人知的地方文献、乡镇散志、学人专集中，只要我们留心搜集，也许还会有所发现。

(原载《文教资料》1988 年第 4 期)

悲壮的颂歌

——漫谈《国殇》的思想和艺术

国　殇（九歌）

操吴戈兮被犀甲，车错毂兮短兵接。旌蔽日兮敌若云，矢交坠兮士争先。

凌余阵兮躐余行，左骖殪兮右刃伤。霾两轮兮絷四马，援玉枹兮击鸣鼓，天时怼兮威灵怒，严杀尽兮弃原野。

出不入兮往不反，平原忽兮路超远。带长剑兮挟秦弓，首身离兮心不惩；诚既勇兮又以武，终刚强兮不可凌。身既死兮神以灵，子魂魄兮为鬼雄！

《国殇》是屈原《九歌》组诗中特殊的一篇，它的思想内容和艺术手法，都与组诗其他各篇不同。《九歌》的其他各篇，大多是描写缠绵的爱情生活，充满了浪漫气息；而《国殇》却是描写壮烈的战争场面，着重反映现实生活。再从所描绘的意境来看，《九歌》的其他各篇，大多是秋兰青青、绿叶素茎那种怡神悦目的美妙境界，同时也透露出袅袅秋风、萧萧落木那种淡淡的感伤情绪；唯独《国殇》，却是鏖战痛杀、骨弃原野那种惊心动魄的残酷场面，同时更抒发了楚国将士视死如归、宁死不屈的那种强烈的同仇敌忾心情。显而易见，上述两者所反映的场面、表现的情调迥然有异。但从反映生活面来看，《国殇》与其他各篇仍然是协调统一的。一是歌颂真挚的爱情，写恋爱生活；一是歌颂战斗英雄，写战争生活。这些从表面看，两者之间似乎没有什么联系；但是从社会生活的深层结构来看，我们就不难发现，人们歌颂战斗英雄，歌颂爱国主义精神，正是为了保卫国土，不受侵略，能安居乐业地过和平美好的生活；在战争频繁的战国时代，楚国人民希望能安居乐业地过和平美好的生活，首要的任务是保家卫国，抵御强秦，而为国捐躯的壮士正是在执行这一崇高使命中作出了牺牲，他们是值得崇拜值得歌颂的。这里两者之间就有着社会生活深层的内在联系，它们是有机统一的。《国殇》颂"鬼"，《九歌》其他各篇都颂"神"。古代"神""鬼"不分。"神"与"鬼"都是神话中的人物，是想象出来的东西，现实社会中并不存在。但是尽管内容离奇荒诞，神话仍然是根植于现实生活的土壤中的。我们揭开掩盖在《九歌》中"神""鬼"头上的神话面纱，就会发现他们都是现实生活中的人。所以高尔基说神话中的人物"是人们的教师和同事"，又说"神话的创造在自己的基础上乃是现实主义的"。可见，《国殇》与《九歌》的其他各篇，在反映现实生活的基础上是相互统一的。

《九歌》组诗 11 篇，是一组完整的祭歌。其中首篇《东皇太一》是迎神曲，末篇《礼魂》是送神曲。第 2 篇至第 9 篇，即《云中君》、《湘君》、《湘夫人》、《大司命》、《少司命》、《东君》、《河伯》、《山鬼》，都是美妙动人的优美的恋歌；唯独第 10 篇《国殇》，却是壮怀激烈的悲壮的颂歌。《国殇》与《九歌》的其他各篇比较，由于反映的具体生活内容的不同，因此有它独特的风格。如果我们说《九歌》其他各篇的基调是优美、阴柔之美，那末《国殇》的基调就是壮美、阳刚之美。我们看《国殇》的内容：第 1 节，4 句，写两军对阵，短兵相接，壮士奋勇争先；第 2 节，6 句，写鏖战痛杀，壮士为国捐躯，骨弃战场；第 3 节，8 句，祭悼之词，歌颂壮士们生为人杰，死为鬼雄。《国殇》通篇，从字里行间透露出一股悲壮的浩气。"旌蔽日兮敌若云，矢交坠兮士争先。"战场上旌旗蔽天，敌兵众多，纷然如云；两军相射，流矢交坠，壮士奋怒，争先向前。"凌余阵兮躐余行，左骖殪兮右刃伤。霾两轮兮絷四马，援玉枹兮击鸣鼓。"战车虽损，战马虽伤，而壮士们斗志益坚，士气愈振，义无反顾，示以必死。"带长剑兮挟秦弓，首身离兮心不惩。"壮士虽战死了，却仍带着自己的长剑，挟着缴获来的秦弓，死后怒气不散，不忘杀敌，这是何等壮烈！"出不入兮往不反，平原忽兮路超远。"这两句刚里有柔，悲中含壮，它与荆轲《易水歌》

"风萧萧兮易水寒,壮士一去兮不复还"一样,活现出壮士勇往直前、视死如归的豪迈气概。"身既死兮神以灵,子魂魄兮为鬼雄!"这正像李清照绝句所说:"生当作人杰,死亦为鬼雄!"这是对为国捐躯壮士的崇高的礼赞,热烈的歌颂。《国殇》的结句,与文天祥《过零丁洋》诗结句"人生自古谁无死,留取丹心照汗青"一样,是传诵千古的佳句,其中对洗雪国耻寄予了无限希望,体现了广大人民同仇敌忾的爱国主义精神。诗中的浩气,正是《国殇》基调壮美、阳刚之美的具体体现。

《国殇》是一篇祭歌,更是一首颂歌。它所祭颂的对象,与《九歌》其他各篇不同,因而运用的艺术手法也不同。内容决定形式,形式为内容服务,这是文学创作的一条基本规律。作者既然要反映战争生活,歌颂战斗英雄,就必然要运用适合于这种内容的形式,通过人物的个性、感情、动作等,在作品中造成惊险的场面、悲壮的气氛,使读者可以从作品的细节描绘中看到英雄人物的活动,从整个篇章中感受到产生英雄人物的典型环境。这样,《国殇》就不能像《九歌》其他各篇那样,运用一波三折的句子、缠绵悱恻的情调、婉转抑扬的声韵来描写,而是"通篇直赋其事"(戴震《屈原赋注》语)。因此,《国殇》从遣词造句、谋篇布局到构景造境、抒情设色,都具有独特的艺术手法。首先,篇中选用了大量的与战争有关的意象,例如"吴戈"、"犀甲"、"车"、"兵"(兵器)、"旌"、"敌"、"矢"、"士"、"阵"、"行","轮"、"马"、"玉枹"、"鸣鼓"、"原野"、"平原"、"长剑"、"秦弓"、"勇"、"武"、"刚强"、"鬼雄",等等,这就使全篇散发着浓烈的战争气息,活现出壮士们奋勇杀敌的生动画面,使人读后如临其境(战场),如见其人(为国捐躯的壮士),如闻其声(冲杀声)。其次,全篇各句都是整齐的七言,前三后三中间夹一"兮"字(兮读若呵);读时句中"兮"字处略顿一下,语句短促,音韵铿锵,显得雄壮、刚强、紧迫,从而造成紧张的气氛,增强了诗篇的感染力。再次,作者很注意渲染氛围,像"严杀尽兮弃原野","平原忽兮路超远",着墨不多,便给全篇染上了悲壮苍凉的色彩,这既寄托了对壮士的哀思,又隐含着人民同仇敌忾的心情,它强烈地拨动着读者的心弦,让人产生深沉的共鸣。《国殇》全篇声韵紧促急迫,抑多扬少,我们读《国殇》时,一定是一口气读到底，那短促顿挫的诗句、紧张惊险的场面、悲壮苍凉的基调，把读者的感情强烈地压迫着，直压得喘不过气来，直到最后才得以迸发出来，发出慷慨激昂的赞叹。再从篇章结构上看，诗篇一开头，便写了全副武装的士兵，从而造成“山雨欲来风满楼”的气势，使人预感到一场暴风雨般的恶战即将发生；于是头一个场面便是短兵相接，紧接着鏖战痛杀，壮士为国牺牲，捐躯疆场，情节推向高潮；然而壮士死后，怒气不散，示不舍武，精神显灵，成为鬼雄，这既是对壮士的崇高礼赞，又是作者与读者的共同心愿，也是诗篇情节发展的必然归宿。《国殇》把壮士生前与死后的行动紧密地联系在一起，把神话与现实生活有机地结合在一起，层层推进，首尾一体，气韵浑成，给人以强烈的壮美的艺术感受。

《国殇》是现实战争生活的真实反映。作者用极其沉着的笔触进行创作，吸取现实生活中的材料，加以提炼和集中，描绘出有声有色威武雄壮的战斗场面，塑造了可歌可泣的英雄形象。我们知道，楚与强秦之间常常有战争，而且往往是有关国家存亡、民族安危的战争，这是有史实可查的。《史记·楚世家》：“[怀王]十七年，与秦战丹阳。秦大败我军，斩甲士八万，虏我大将屈匄、裨将军逢侯丑等七十余人，遂取汉中郡。”“二十八年，秦与齐、韩、魏共攻楚，杀楚将唐昧，取我重丘而去。”“二十九年，秦复攻楚，大破楚，楚军死者二万，杀我将军景缺。”“三十年，秦复伐楚，取八城。”“[顷襄王元年]，秦攻楚，大败楚军，斩首五万。”从上述史实中，我们可以看出，为了抵御强秦，保家卫国，楚国人民是作出了多么惨重的牺牲！这样的战争在楚说来是正义的，自必为广大人民所支持，前线的将士也一定奋勇争先，以死报国。史书的记载也正是如此。因此，《国殇》的产生，有着广阔的社会背景，深厚的生活基础。

《国殇》是楚国劳动人民的集体创作，又经过屈原再创作而写定的。当时，官方和民间每逢祭典，总要演奏这首祭歌（与《九歌》各篇同时演奏）。人们把在卫国战争中牺牲的壮士，崇拜为神（古代神鬼不分）——生前是人杰，死后为鬼雄，让他们与各种天神地祇并列在一起，给予崇高的礼赞，热烈的歌颂。古代的祭典，在很大程度上犹今之追悼会。在祭典中演奏《国殇》，正是为了借以悼念为国捐躯的壮士，寄托哀思，使整个楚国人民团结起来，感愤起来，激励斗志，反抗侵略。这也就是《国殇》的爱国主义主题思想。

热爱和平与坚决勇敢地反抗侵略、保卫祖国，是中华民族的优良传统。《国殇》就是体现这一传统的最早诗篇之一。《国殇》描绘了战争的实况，歌颂了壮士的英勇，以激起人民反抗侵略保卫祖国的信心和力量。楚亡后，楚地民间还流传着“楚虽三户，亡秦必楚”的歌谣；至秦朝末年，爆发了陈胜、吴广领导的大泽乡起义，楚地民众成为反秦的主力军。在农民起义浪潮的猛烈冲击下，残暴的秦政权终于垮台了。所以，《国殇》不仅在当时具有积极的现实意义，而且在后世，也一直是一篇富于感召力的悲壮的颂歌，就是在今天，它仍然是进行爱国主义传统教育的优秀诗篇。

（原载《古典文学知识》1996 年第 2 期）

《范仲淹全集》前言

范仲淹(989—1052),字希文,苏州人。北宋太宗端拱二年八月二十九日(989 年 10 月 1 日)诞生于河北成德军(即真定府,治所在今河北省正定县)节度掌书记官舍。其父范墉时任成德军节度掌书记。范氏先世,“始居河内,后徙于长安”①。远祖范履冰曾为唐丞相、鸾台凤阁平章事。四世祖范隋,唐懿宗咸通二年(861)任幽州良乡县(今北京市房山区良乡)主簿,后迁处州丽水县(今浙江省丽水市)丞,举家南迁渡江,“中原乱离不克归,子孙遂为中吴人”②。“五代之际,世家苏州,事吴越”③。曾祖范梦龄,任吴越国苏州粮料判官,“以才德雄江右”④。祖范赞时,自幼聪颖,曾举神童,位秘书监,曾汇集《春秋》洎历朝史为《资谈录》六十卷刊行于世。父范墉,“博学善属文,累佐诸王幕府”⑤,太平兴国三年(978),随吴越王钱俶归宋,曾三任掌书记之职,为成德军、武信军(即遂宁府,今四川省遂宁市)、武宁军(即徐州,今江苏省徐州市)掌书记。范墉原配陈氏,继室谢氏,生有五子,三男早殇,惟范仲温(985—1050)与仲淹存活,仲淹即谢氏夫人所生。范仲淹二岁时,父亲范墉病故,年仅六岁的仲温由族人带回苏州抚养。家道中衰,谢氏贫无所依,只得带着幼孤的范仲淹改嫁淄州长山(今山东省邹平县)朱文

---

① 《褒贤集》卷一宋富弼《范文正公仲淹墓志铭》。

② 宋楼钥《范文正公年谱》。

③ 《褒贤集》卷一宋欧阳修《资政殿学士户部侍郎文正范公神道碑铭》。

④⑤ 《褒贤集》卷一宋富弼《范文正公仲淹墓志铭》。

翰，改姓朱，名说，在朱家长大成人。朱文翰曾任澧州安乡（今湖南省安乡县）知县，终官淄州长山县令，对继子朱说“既加养育，复勤训导”①，期成大器。仲淹不负厚望，青少年时已“慨然有志于天下”②，决心“读天下书，穷天下事，以为天下之用”③，留下了安乡“书台夜雨”、长山“划粥断齑”而发愤苦读的佳话。

大中祥符三年（1010），范仲淹入南京（即应天府，今河南省商丘市睢阳区）应天书院求学。“居五年，大通六经之旨，为文章论说必本于仁义”④，“为学好明经术，每道圣贤事业，辄跂耸勉慕，皆欲行之于己”⑤。他有一首《睢阳学舍书怀》诗，吐露了青年范仲淹的心声。诗云：“瓢思颜子心还乐，琴遇钟君恨即销。但使斯文天未丧，涧松何必怨山苗？”⑥《论语·雍也篇》载，孔子称赞颜回箪食瓢饮在陋巷，人不堪其忧，回也不改其乐。仲淹即以颜回为榜样，甘于清贫，以苦为乐，磨炼意志；同时也渴望得到如钟子期那样知音的赏识，使他“以天下为己任”的抱负得以施展。《论语·子罕篇》载，孔子被围于匡（今河南省长垣县匡城），面临危难，处之泰然，充满自信地说：“天之未丧斯文也，匡人其如予何？”仲淹化用孔子的话，表达自己对前途充满了信心；虽然“出处穷困”⑦，“布素寒姿”⑧，但相信终会像那“郁郁涧底松”⑨那样，立地参天，伸展“百尺条”，实现他济世安民的大志。

大中祥符八年（1015），范仲淹以朱说名举蔡齐榜进士。仲淹释褐

① 《范文正公集逸文·乞以所授功臣勋阶回赠继父官奏》。
② 《褒贤集》卷一宋欧阳修《资政殿学士户部侍郎文正范公神道碑铭》。
③ 《褒贤集》卷四金刘仲元《范文正公书堂记》。
④ 《褒贤集》卷一宋欧阳修《资政殿学士户部侍郎文正范公神道碑铭》。
⑤ 《褒贤集》卷一宋富弼《范文正公仲淹墓志铭》。
⑥ 《范文正公文集》卷四。
⑦ 《范文正公文集》卷一七《让观察使第三表》。
⑧ 《范文正公文集》卷一八《谢转礼部侍郎表》。
⑨ 《文选》卷二晋左思《咏史八首》之二。

授广德军(今安徽省广德县)司理参军,开始了他的仕宦生涯。司理参军是掌管讼狱、审理案件的幕僚官。范仲淹秉公执法,认真办案,"日抱具狱,与太守争是非。守数以盛怒临公,公未尝少挠,归必记其往复辩论之语于屏上,比去,至字无所容"[①]。后人为纪念范仲淹,建有范公亭。仲淹卒后二十年,高邮孙觉莘老知广德军,始以《题范公亭》诗记其事云:"萧萧狱曹掾,有亭名范公。岁月益已久,父老传清风。维时狴牢下,枉直情毕通。太守异趣舍,挺然不曲从。事事争救之,粉屏记其终。殆公三年归,字满无所容。官小俸禄薄,家居率穷空。卖马以自给,徒行气弥充。"[②]孙莘老诗生动形象地述说了仲淹的初仕经历。初仕广德,仲淹即迎母侍养。但此时官小俸薄,家无长物,奉调离任时,"贫止一马,鬻马徒步而归"[③]。

天禧元年(1017,范仲淹擢任文林郎,权集庆军(即亳州,又称谯郡,今安徽省亳州市)节度推官。推官掌刑事判牍,也是幕僚职。这年,仲淹奉母命归宗复姓,在上表中引用范蠡、范雎的故事:"名非霸越,乘舟偶效于陶朱;志在投秦,人境遂称于张禄。"[④]范蠡去越隐于陶,改姓朱,人称陶朱公;范雎入秦,改名张禄。这都是范氏改换他姓的事例,引典用事甚为贴切。仲淹改为范姓后,并没有忘怀朱家二十多年的长育教诲之恩。宋张栻跋范仲淹与朱校理手帖墨刻云:"公虽以义还本宗,而待朱氏备极恩意。既贵,则用南郊恩赠朱氏父,以及其诸子之丧,皆为之收葬,岁时奉祀,则别为飨。朱氏以公荫为官者三人,此载在遗事,世所知也。详观是帖,其亲爱惇笃之意发于自然,盖与待其本族何异,其于天理人情可谓得其厚矣。"[⑤]仲淹对朱氏兄弟子侄,视同范氏家人,关怀备至,亲密无间。今保存在《范文正公尺牍》中《与朱氏书》就有十五帖之多,殷切之情,溢于言表。仲淹后人与长山朱氏子孙,长期往来,历

---

①③ 《褒贤集》卷三宋汪藻《广德军范文正公祠堂记》。

② 宋王象之《舆地纪胜》卷二四。

④ 宋楼钥《范文正公年谱》(天禧元年)。

⑤ 宋张栻《南轩集》卷三四《跋范文正公帖》。

代相传。长山范文正公祠，直至清乾嘉年间，仍由朱氏子孙代为承祀，不断重修祠宇，春秋奉祀，传为美谈①。

天禧二年(1018)，范仲淹漫游燕赵，“燕赵古称多感慨悲歌之士”②，这里也是仲淹的生身之地③，于是有感而发，作《河朔吟》④一首，抒发御戎之见。二十余年后，仲淹以一名儒将镇守西北，从他的文韬武略中，我们仍可感染到青年范仲淹《河朔吟》诗中的壮志豪情。

天禧五年(1021)，范仲淹调到泰州(今江苏省泰州市)，任西溪(今江苏省东台市西溪)盐仓监官，掌管盐税。乾兴元年(1022)，上书执政张知白，毛遂自荐，倾述志愿，“慨然有益天下之心，垂千古之志”⑤，正如他《西溪书事》诗中所言：“卑栖曾未托椅梧，敢议雄心万里途。”⑥一百五十多年后，南宋爱国主义诗人陆游击节高歌：“位卑未敢忘忧国”⑦，表达了同样的报国情怀。在泰州，范仲淹与时任泰州从事的同年滕宗谅(991—1047)、随父就读于此的富弼(1004—1083，弼父富言监泰州酒税)，意气相投，挥斥方遒，结下了深厚的友谊，成为莫逆之交。

天圣三年(1025)，范仲淹有《奏上时务书》，向皇太后和仁宗(1013—1063，1023年即位)提出改革的意见，其主要内容为：一、救文弊以厚风俗；二、整武备以御外患；三、重馆选以养人才；四、赏台谏以开言路；五、抑赏延以清仕路，等等。仲淹当时位卑言轻，却敢冒死上书最高统治者，指斥时政。他所揭露的各种弊端，皆切中要害，成为他日后推行庆历新政的张本。在朝廷上下安享太平之时，仲淹已看到祸乱的萌芽，充满忧患意识，主张居安思危，表现出一个政治家深谋远虑

---

① 《嘉庆长山县志》卷二《祠宇》。

② 唐韩愈《送董邵南序》。

③ 《范文正公尺牍》卷中《与韩魏公书》之二〇。

④ 《范文正公文集》卷四。

⑤ 《范文正公文集》卷九《上张右丞书》。

⑥ 《范文正公文集》卷四。

⑦ 宋陆游《病起书怀》诗之一。

的睿智目光和心忧天下的报国赤忱。

这年，范仲淹又积极上书给江淮制置发运副使张纶(962—1036)，建议尽快修复捍海堰。张纶报请朝廷批准，荐举范任兴化县令，主持修堤工程。在首期工程中，范与滕宗谅同主其事，时值隆冬，气候恶劣，惊涛汹涌，冲垮堤岸，工程受挫。但范仲淹不畏艰险，向上力陈修复堤堰的益处，得到淮南转运使胡令仪(960—1046)、发运副使张纶的支持。在胡、张的主持下，次年八月再次兴工，历时三年，这条直贯通泰楚三州、长达一百五十里的捍海堰终于屹立在黄海之滨。时仲淹以母老疾，辞兴化县职，“监楚州粮料院，丁忧去官”①。故仲淹云：“余始谋之，以母忧去职，二公(指胡令仪、张纶)实成之。”②此为实话，充分体现了范仲淹实事求是、谦虚谨慎的品格。由于范仲淹首倡修复堤堰，当地人民后来便将这捍海堰称作范公堤，并建范公生祠。宋杨阜画像赞云：“青衫下僚，名世高节。捍患御灾，岂不在余?”又云：“我思范公，水远堤长。”③对于情系民众、兴利除弊、造福一方的范仲淹，人民永远不会忘记，正如六百多年后清初东台盐民诗人吴嘉纪《范公堤》诗云：“茫茫潮汐中，矶矶沙堤起。智勇敌洪涛，胼胝生赤子。西塍发稻花，东火煎海水。海水有时枯，公恩何日已?”④

天圣五年(1027)，晏殊(991—1055)出守南都，辟丁母忧居此的范仲淹执掌应天府教席。据宋司马光《涑水记闻》卷十载：“晏公请掌府学，仲淹常宿学中，训督学者，皆有法度，勤劳恭谨，以身先之”；“出题使诸生作赋，必先自为之，欲知其难易，及所当用意，亦使学者准以为法”，范仲淹的教育思想和教学方法，至今仍有着积极的启示作用。在守母丧期间，范仲淹“冒哀上书，言国家事，不以一心之戚，而忘天下之忧”，写下了《上执政书》。他针对当时形势，看到了太平盛世下的内外隐忧，

① 《褒贤集》卷一宋富弼《范文正公仲淹墓志铭》。

② 《范文正公文集》卷一二《宋故卫尉少卿分司西京胡公神道碑》。

③ 宋祝穆《方舆胜览》卷四五。

④ 清吴嘉纪《陋轩集》卷三。

指出“穷则变,变则通,通则久。非知变者,其能久乎?”提出了“固邦本,厚民力,重名器,备戎狄,杜奸雄,明国听”的六条改革主张。《上执政书》是前两年《奏上时务书》的扩充和发展,其中提出问题最突出最迫切的是第一条,即“固邦本者,在乎举县令,择郡守,以救民之弊也”。十余年的地方基层幕僚经历,使范仲淹对地方吏治的腐败有了较深的了解,整顿地方政府成为他主张澄清吏治的重要方面。由此可见,范仲淹思索的改革主张正在逐步充实、丰富和发展,他以整顿官僚政治体制为中心的改革思想已初步形成,为以后的庆历新政改革方案打下了基础。宋潜说友云:“公在天圣中,遗宰相书无虑万言,经济规模,大抵略见。其后为牧守,为将帅,为执政,平生所为,无出于此,盖言之必可行也。”①时宰相王曾(978—1038)对上书极为赏识,遂提示晏殊荐举仲淹应学士院试。天圣六年(1028)十二月,守丧期满的范仲淹被召为秘阁校理,从此跻身馆职,担任京官。

天圣七年(1029),范仲淹上书谏仁宗不可在殿廷率百官行拜太后寿仪,认为“天子有事亲之道,无为臣之礼,有南面之位,无北面之仪”,“亏君体,损主威,不可为后世法”②。接着又上疏请太后“卷收大权,还上真主”,让“春秋已盛”的仁宗亲政③,疏入不报,遂自请补外,出为河中府(即蒲州,今山西省永济市蒲州)通判。时朝廷方建太一宫及洪福院,仲淹上疏谏:“今又侈土木,破民产,非所以顺人心、合天意也?宜罢修寺观,减常岁市木之数,以蠲除积负。”④又据河中府户口稀少、吏员冗多之现状,上疏要求撤并州县,以便“吏役稍减,农时不夺,地利无遗,民财可阜”⑤。同时也可精简吏员,减省开支,以宽民力。作为庆历新政中的减徭役、并州县,正发端于此。天圣九年(1031),仲淹迁太常博

① 《褒贤集》卷三宋潜说友《吴郡建祠奉安文正公讲义》。
② 宋李焘《续资治通鉴长编》卷一〇八。
③ 宋楼钥《范文正公年谱》(天圣七年)。
④ 《宋史·范仲淹传》。
⑤ 《范文正公集补编》卷一《奏减郡邑以平差役》。

士，移任陈州（即淮宁府，今河南省淮阳县）通判。

明道二年（1033），刘太后鹤驾西归，仁宗亲政，范仲淹被召回任右司谏。一些原先受太后压抑的官员得到升擢，其中有人往往追斥太后垂帘时事，范仲淹则上言："太后受遗先帝，调护陛下者十余年，宜掩其小过，以全后德。"[①]上大感悟。这有助于朝廷政局的稳定，是仲淹识大体，顾大局，敢言直谏，恪尽臣责的表现。是年，江淮、京东灾伤，仲淹奏请遣使巡行，并云："宫掖中半日不食当何如？今数路艰食，安可置而不恤？"[②]八月受命安抚江淮，所至开仓廪，赈乏绝，禁淫祀，奏蠲庐舒（庐即庐州，今安徽省合肥市；舒即舒州，今安徽省安庆市）折役茶、江东丁口盐钱。仲淹还将太平州（今安徽省当涂县）饥民所食乌昧草进御，奏请宣示六宫贵戚，以戒侈心。又上《陈八事疏》，提出了切实可行的救弊措施。是年十二月，仁宗废黜郭皇后，仲淹与中丞孔道辅（986—1039）率谏官、御史伏阁谏，仁宗贬道辅知泰州，贬仲淹知睦州（亦称桐庐郡、建德府、严州，今浙江省建德市梅城镇）。

景祐元年（1034），仲淹出守睦州。在富春江边，凭吊严子陵钓台，重建严先生祠堂，并写下了传世名篇《桐庐郡严先生祠堂记》，赞扬严子陵"高尚其事"的高风亮节，"而使贪夫廉，懦夫立，是有大功于名教也"。篇终以歌作结："云山苍苍，江水泱泱，先生之风，山高水长。"同年八月，仲淹移苏州。到任时，正值苏州地区暴雨成灾，仲淹即往常熟、昆山等地查勘水情，"疏五河，导积水入海"[③]。回到苏州，又忙于"夙夜营救"十万户灾民[④]。公务之余，关心地方教育事业，捐献南园宅地设立州学，并请名儒胡瑗（993—1059）首当师席。从此，吴学甲于东南，在中国教育史上传为佳话。

景祐二年（1035）3月，范仲淹升为礼部员外郎、天章阁待制，跻身

---

① 《宋史·范仲淹传》。

② 宋楼钥《范文正公年谱》（明道二年）。

③ 宋楼钥《范文正公年谱》（景祐元年）。

④ 《范文正公尺牍》卷下《与晏尚书书》之二。

侍从之列。八月，判国子监进京。仲淹论事益急，时相忌之。“乃命知开封府，欲挠以繁剧，使不暇他议，亦幸其有失，即罢去”。仲淹精于政务，“京邑肃然称治”，故京城民谣云：“朝廷无忧有范君，京师无事有希文。”[①]景祐三年(1036)，范仲淹上百官图，指斥宰相用人不当，又上《帝王好尚论》、《选贤任能论》、《近名论》、《推委臣下论》四论，讥指时政。宰相吕夷简(979—1044)大怒，反诉范仲淹“越职言事，荐引朋党，离间君臣”[②]，范落职知饶州(今江西省波阳县)。这是范仲淹第三次因谏诤而被贬出京。余靖(1000—1064)、尹洙(1001—1047)挺身论救，相继贬外；欧阳修(1007—1072)致书右司谏高若讷，斥其不能主持公道论救仲淹，反而私下恶语诋诮，“是足下不复知人间有羞耻事尔”[③]，修被贬任夷陵(今湖北省宜昌市)令。蔡襄(1012—1067)以此为题材，愤而写下一首“四贤一不肖”的讽谕诗。“四贤”誉仲淹、靖、洙、修，“一不肖”斥高若讷。朝野传诵，士论壮之。韩琦(1008—1075)、苏舜钦(1008—1048)等，亦抗言上疏，声援“四贤”。仲淹临行前，朝士为避“朋党”嫌名，前往送行者唯有李纮和王质(1001—1045)。王质扶病祖宴都门，独留语累夕。有大臣云：“子有疾可辞，何为自陷朋党？”答云：“范公天下贤者，质何敢忘之？若得为其党人，公之赐质厚矣。”闻者为之缩颈[④]。朝廷中的这一场政治风波，史称“范吕党争”，宋代的党争即由此肇其端。

早在第二次被贬知睦州时，范仲淹就说过“理或当言，死无所避”；“既竭一心，岂逃三黜？”[④]正是不幸而言中，两年后即第三次被贬而知饶州。仲淹上表云：“然而有犯无隐，惟上则知；许国忘家，亦臣自信。”又云：“动静三思，始终一志。”[⑤]即使是再黜三黜，仍然是一心一志，无怨无悔。在饶州，仲淹经实地调查，奏免了已不产银的德兴银山银冶场

---

① 宋楼钥《范文正公年谱》(景祐二年)。

②④ 宋楼钥《范文正公年谱》(景祐三年)。

③ 宋欧阳修《欧阳文忠公集》卷六七《与高司谏书》。

④ 《范文正公文集》卷一六《睦州谢上表》。

⑤ 《范文正公文集》卷一六《饶州谢上表》。

的贡课,又奏免了向朝廷进贡的饶州乌衔茶。宋李深《题范文正公祠堂诗》云:"一章奏免乌衔茶,惠及饶民几万家。遗老至今怀德政,为余谈此屡咨嗟。"①

景祐四年(1037)十二月,仲淹调知润州(今江苏省镇江市)。赴任途中,经江西彭泽,谒唐名臣狄仁杰祠,"慨慕名节",为之作记立碑。在润州,仲淹整顿扩建了州学,重建清风桥,后被改称为范公桥。宝元二年(1039)三月,仲淹调任越州(即绍兴府,今浙江省绍兴市)。在越兴办教育,建立州学;写下《清白堂记》:"予爱其清白而有德义,为官师之规。"倡导为官要"清白",对民"有德义"。这是范仲淹对官吏的基本要求,也是他一直主张改革时弊、整顿吏治的重要动因。后人因称清白堂之井泉为范公泉。

康定元年(1040)正月,西夏元昊(1003—1048)大举进犯,先攻取延州(今陕西省延安市)西北面的金明寨,虏宋守将李士彬,接着连破安远、塞门、永平诸寨,兵临城下。增援延州的宋兵在三川口陷入重围,宋将刘平战死,石元孙被俘,宋兵全军覆没,边境告急,朝野震惊。在这危急的形势下,陕西安抚使韩琦力荐范仲淹。三月,诏命仲淹复天章阁待制,知永兴军(今陕西省西安市)。范仲淹三落三起,临危受命,"一闻边烽动,万里忽争先"②,立即从越州奔赴西北战场。四月,赴任途中,改任刑部员外郎、陕西都转运使。五月,又升任龙图阁直学士、陕西经略安抚副使。八月,仲淹自请代张存兼知延州。"公为将务持重,不急近功小利,于延州筑青涧城,垦营田,复承平、永平诸寨,属羌归业者数万户"③。范仲淹从战地实际出发,改革军队编制和作战方案,实行"将兵法",量敌多寡,灵活出击,积极防御,士气大振,以致西夏军私相告诫云:"无以延州为意,今小范老子腹中自有数万甲兵,不比大范老子可欺

① 宋王象之《舆地纪胜》卷二三。

② 唐孟浩然《送陈七赴西军》诗。

③ 《褒贤集》卷一宋欧阳修《资政殿学士户部侍郎文正范公神道碑铭》。

也。”[1]大范，指范雍。老子，西夏人称知州。是岁，青年张载(1020—1078)来谒，有投笔从戎之志，仲淹劝以读《中庸》，后刻苦力学，攻坚破滞，卓然名家，成为关学开宗立派的一代宗师。

庆历元年(1041)，由于仁宗急于结束战争，朝廷采用韩琦、尹洙所上攻策，以求速战速胜；而仲淹则主张“屯兵营田，作持久之计”[2]二月，元昊向渭州(今甘肃省平凉市)进军，韩琦命任福领兵出击。任福轻敌，贪功冒进，于好水川(今宁夏回族自治区隆德县好水乡)陷入西夏重兵设伏的“口袋”，宋军全线崩溃，任福战殁。韩琦因败军之罪贬知秦州(今甘肃省天水市)。而范仲淹则因与元昊通书，触犯了“人臣无外交”的禁条被降职户部员外郎，知耀州(今陕西省耀县)。仲淹受罚，不改初衷，上表云：“苟利国家，不恤典宪，宜及于祸，以贻厥羞。”[3]八百余年后，清代民族英雄林则徐有诗云：“苟利国家生死以，岂因祸福避趋之?”[4]抒发了同样的报国情怀。五月，仲淹徙知庆州(今甘肃省庆阳县)，兼管勾环庆路都部署司事。十月，分陕西为秦凤、泾原、环庆、鄜延四路，以韩琦、王沿、范仲淹、庞籍(988—1063)分领四路军事。十一月，仲淹奏《上攻守二策状》[5]，全面阐述了他的“用攻则宜取其近，而兵势不危；用守则必图其久，而民力不匮”的积极防御的战略思想和方针政策。

庆历二年(1042)，仲淹奏上《再议攻守疏》[6]，“请复诸寨为守御之备”，“守以士兵则安”；“于守策之外，更备攻术”；“招纳之策，可行于其间”。三月，兴筑大顺城，以据要害。后又城细腰，复胡芦诸寨，招明珠、灭臧二强族及近羌千余帐内附，自此环庆属羌悉为宋用。闰九月，元昊

---

① 宋王偁《东都事略》卷五九上。

② 《范文正公集补编》卷一《论夏贼未宜进讨》。

③ 《范文正公文集》卷一六《谢降官知耀州表》。

④ 清林则徐《赴戍登程口占示家人》诗。

⑤ 《范文正公文集》卷七《上攻守二策状》。

⑥ 《范文正公集补编》卷一《再议攻守疏》。

军攻镇戎军(今甘肃省镇原县),曾被范仲淹斥责为“猾懦不知兵”的葛怀敏率兵迎战,行至定川寨(今宁夏回族自治区固原县西北中水河),陷入重围,葛怀敏战死,宋军阵亡近万人。西夏军乘胜直抵渭州,大肆虏掠,关辅人心摇动。仲淹连夜领兵赴援,耀兵关下,号令严明,威震戎落,人心遂安,而相贺曰:“边上自有龙图公为长城,我属何忧?”①仁宗命加官进职,与韩琦并除枢密直学士、右谏议大夫。十一月,宋复署陕西四路都部署,以范、韩、庞籍分领之,并兼四路招讨使。又据仲淹上表奏请,命韩、范并驻泾州,与驻延州的庞籍成犄角之势。又奏请文彦博(1006—1097)知秦州,滕宗谅知庆州,张亢(999—1061)知渭州,并分别兼秦凤、环庆、泾原三路帅臣。“会挽雕弓如满月,西北望,射天狼。”②经过近三年的战事,西北前线将领从实战中认识到范仲淹积极防御战略的积极意义,“天子由是益信公智谋过人远甚”③,于是终于形成了一个由范、韩、庞籍为首的团结一致、坚强有力的指挥中心,构筑起陕西四路“首尾相应”的西北边陲攻守体系。军中为之语云:“军中有一韩,西贼闻之心骨寒;军中有一范,西贼闻之惊破胆。”④

庆历三年(1043)四月,范与韩并除枢密副使。八月,擢范仲淹参知政事。九月,开天章阁,召二府条对,仲淹奉诏,奏上《答手诏条陈十事》,又上《再进前所陈十事》,后一疏实际就是前一疏的汇报提纲⑤。仲淹在上疏中开宗明义提出:“历代之政,久皆有弊,弊而不救,祸乱必生。”主张《周易》所言:“穷则变,变则通,通则久。”又指出,宋立国以来已八十余年,“纲纪制度,日削月侵,官壅于下,民困于外,夷狄骄盛,寇盗横炽,不可不更张以救之”。仲淹疏中所陈十事,就是庆历新政的总纲,其要旨是:一曰“明黜陟”,即重定文武百官的磨勘方法,严于考绩,

① 《褒贤集》卷一宋张唐英《范仲淹传》。
② 宋苏轼《江城子·密州出猎》词。
③ 《褒贤集》卷一宋富弼《范文正公仲淹墓志铭》。
④ 宋王偁《东都事略》卷五九上。
⑤ 《范文正公政府奏议》卷上。

将以约滥进，责实效，提高行政效率。二曰“抑侥幸”，限定大官僚的“恩幸”特权，不得为子弟陈乞馆阁职事，将以革滥赏，省冗官。三曰“精贡举”，改变专以诗赋墨义取士的旧制，主张取士先德行，次艺业，将以正教化，育人才。四曰“择官长”，严格选择地方各级官吏，将以正纲纪，去疾苦，救生民。五曰“均公田”，各级官吏按等差给以“职田”，用来责其廉节，使天下政平，百姓受益。六曰“厚农桑”，提倡各地兴修水利，行劝课之法，将以救水旱，丰稼穑，增国力。七曰“修武备”，在京畿内并近辅州府召募民兵五万，以助正兵，捍卫朝廷。使三时务农，一时教战，兵农合一。此实强兵节财之要，全国各地仿此施行。八曰“减徭役”，撤并州县，“其乡村耆保地里近者，亦令并合”，以减少徭役，降低行政成本，减轻百姓负担。九曰“覃恩信”，朝廷赦书中及民之事，各地务必照办施行，以取得百姓信任。十曰“重命令”，各地法令应由朝廷统一，颁行后务必贯彻执行，严惩违抗中央政令的失职官吏。所陈十事，朝廷基本予以采纳，除“修武备”一项外，其余九项从十月始，就以诏令形式接连颁行全国。

庆历新政，是中国历史上一次著名的改革运动，其改革措施涉及到政治、经济、军事、文化、教育、法制等各个领域，大体可归纳为澄清吏治、培育人才、富民强兵、加强法制等四个方面内容，其核心是澄清吏治，即改革官僚政治体制。范仲淹积二十八年从政的经历，曾担任过地方司法、盐务、粮政、书院等专职的基层幕僚，当过县令、通判，更在多处州府主政；并在西北前线领兵抗战，巩固边防；又在中央政府跻身侍从之列，参预朝政。他对民情惨怨、国力衰弱有了更全面的了解，对地方吏治的腐败以至整个官僚政治体制的弊端有了更深刻的认识。他在先前的《奏上时务书》、《上执政书》、《奏减郡邑以平差役》、《陈八事疏》、《上攻守二策状》等等奏疏中，已多次提出各种改革的主张，其中有些改革措施曾在一些地方施行过，并取得一定实效。经过长期的酝酿与积累，范仲淹终于制定出一个有着明确的指导思想、完整的理论框架、具体的配套措施的改革蓝图。庆历新政的推行，切合时势要求，顺应历史潮流，它给一潭死水的封建官僚政治体制，吹进了一股强劲的清风。范仲淹想要解决的不仅仅是当时的弊政与困境，而是忧深虑远，“思变其道，与国家作长久之计，固其基本，一旦王道复行，使天下为富为寿数百年”[①]，以求政通人和，长治久安。这种境界，是封建社会中一般政治家所难以企及的。我们说范仲淹是庆历新政的首倡者、改革方案的总设计师和实践者，这是恰如其分的。

庆历四年(1044)夏，西北边境形势趋紧，范仲淹奏请前往巡边。八月，启程宣抚河东、陕西。改革派的富弼、欧阳修、余靖等也相继赴外任而离京。范仲淹等远离京城，保守派乘机反扑，控制朝政，他们由攻击新政进而直接打击迫害改革派官员本身。十一月，保守派王拱辰等阴谋策划“奏邸之狱”，将朝中的改革派年轻骨干苏舜钦等“一网打尽”，并顺藤摸瓜，欲借此整倒时相杜衍(978—1057)和参知政事范仲淹。十二月，范自请罢执政，求知邠州(今陕西省彬县)。庆历五年(1045)正月，仲淹罢参知政事，以资政殿学士出知邠州，兼陕西四路缘边安抚使。同时，杜衍罢相，出知兖州(今山东省兖州市)。富弼、韩琦相继罢枢密副使，分别出知郓州(今山东省东平县)、扬州。随着改革派官员的贬降，范仲淹所主持的新政也一项项被废止，而祖宗旧法又一项项被恢复。十一月，诏罢仲淹兼任四路帅臣，转给事中、资政殿学士，知邓州(今河南省邓州市)。由于仁宗皇帝的动摇转向，封建宗法的牢固束缚，特权阶层的竭力反对，保守势力的顽固阻挠，庆历新政至此完全失败。尽管新政为时短暂，功败垂成，但是这次全面的政治改革，对中国历史进程的发展产生了积久弥深的重要影响。范仲淹的庆历新政，它为二十四年后的规模更大、历时弥久的改革运动——王安石(1021—1086)变法作了精神上的准备，并为此后的历次改革运动提供了宝贵的政治遗产。

庆历六年(1046)正月，范至邓州任所。三月，邓人贾黯(1022—1065)状元及第，归乡来谒，愿受教，仲淹勉以“不欺”。贾不忘其言，每

---

① 《范文正公文集》卷九《上执政书》。

语人曰:“吾得于范文正者,平生用之不尽也。”[①]九月,应同年挚友滕宗谅约请,写下了千古不朽的杰作《岳阳楼记》,呼唤出饱含时代精神的最强音,昭示了他的先忧后乐思想:“先天下之忧而忧,后天下之乐而乐。”这掷地作金石声的语言,激励着后来一代又一代的志士仁人,情系民众,心忧天下。庆历八年(1048)正月,诏移知荆南府(即荆州,今湖北省荆州市),邓民爱之,遮使者请留,仲淹亦上表自请愿留。二月,复知邓州。

皇祐元年(1049),仲淹移知杭州。赴任途中经苏州,与仲兄仲温议定创办范氏义庄,以赈济寒苦族人。七月,擢尚书礼部侍郎,赐凤茶。据宋沈括《梦溪笔谈》卷十一记载,皇祐二年(1050),吴中大饥,杭州尤甚。范仲淹结合杭城市情民风,纵民竞渡,号召诸寺庙以饥岁工价至贱而大兴土木,并以工代赈修建粮仓吏舍,以此拉动内需,扩大消费,刺激生产,增加就业岗位,“发有余之财以惠贫者”。同时,利用价值规律这一杠杆调节粮价,促进流通,使外地粮食源源地运往杭城。仲淹“发粟及募民存饷,为术甚备”,以至大灾之年,“杭州晏然,民不流徙”,这在中国救荒史上是值得大书特书的一件创举。

皇祐三年(1051)三月,仲淹移知青州(今山东省青州市)。时值青州“岁饥物贵”,而涌入的河朔流民遍布城乡,仲淹到任后即投入赈济救灾工作。据宋文莹《湘山野录》卷中记载,按朝廷支移赋税的规定,青州的田赋循例要农户自费运往博州(今山东省聊城市)交纳,两地相距约四百八十里,中间还需横渡浊浪滚滚的黄河。百姓辇运田粮,往返十数日,或者经月不返,甚至葬身浊流,支移所付出的人工成本和地里脚钱远远超过本赋的两成或三成,还会延误农事,“青民大患辇置之苦”。范仲淹深知百姓疾苦,便规定农户只需在青州按所纳田粮折价交钱,由州衙派员至博州以高于当地粮价坐地收购,并在博州境内张挂巨幅榜示,广为宣传。博州为河北东路产粮区,也是粮食集散地,粮价低于“岁饥物贵”的青州,博州百姓踊跃售粮,“贸者山积”,不到五天时间就购足了青州所当交纳的田粮。范仲淹的这一措施,收到了良好的实效,首先免

① 宋楼钥《范文正公年谱》(庆历六年)。

去了青民支移辇运之苦，不误农事；同时避免了粮食大量外流，可平抑青州当地粮价；并能安定人心，更好地开展生产自救。范仲淹还将购粮余款，按等差返还给纳税农户。天水一朝地方吏治腐败，往往在征税时巧立名目，横征暴敛，以求创收，名曰“羡余”。地方官员或截留自肥，中饱私囊；或挪作他用，挥霍殆尽；或呈献上司，炫作政绩，换取升迁。而范仲淹却取之于民而用之于民，羡余者又还之于民，因此他赢得了百姓的衷心爱戴和崇敬，“青民因立像祠焉”。

皇祐四年(1052)正月，扶病就道，移知颍州(今安徽省阜阳市)。行至徐州，病情恶化，于五月二十日逝世，享年六十四岁。临终，在《遗表》中坦然地回顾了一生的经历，虽经数落数起，却一心变法图强，“然而事久弊则人惮于更张，功未验则俗称于迂阔。以进贤援能为树党，以敦本抑末为近名”，表达了对庆历新政功败垂成、事业未竟的遗憾。“伏望陛下调和六气，会聚百祥，上承天心，下徇人欲。明慎刑赏，而使之必当；精审号令，而期于必行。尊崇贤良，裁抑侥幸。制治于未乱，纳民于大中”[①]。在老病垂危之际，范仲淹念念不忘的是“忧其君”，“忧其民”，忧以天下，希望兴致太平，长治久安。这里提及的明慎刑赏、精审号令、尊崇贤良、裁抑侥幸等等，跟九年前《答手诏条陈十事》中所提出的改革主张一脉相承，一以贯之，这也可证，范仲淹自始至终一直坚持着他的改革思想，至死不渝。《遗表》中无一语及家事，更不为子孙陈乞恩泽，体现了一心为公、公而无私的阔大胸怀和崇高风范。

仲淹去世之日，“四方闻者，皆为叹息”[②]。西北邠庆二州之民与属羌，皆画像立祠事之。羌酋数百人为举哀祠庙，哭之如父，三日而去。卒赠兵部尚书，谥文正。十二月一日，安葬于河南府洛阳县尹樊里(今河南省洛阳市伊川县彭婆镇)万安山下。由欧阳修撰神道碑铭文，王洙书丹，宋仁宗亲篆其碑额曰“褒贤之碑”；富弼撰墓志铭。名公巨卿以祭

① 《范文正公文集》卷一八《遗表》。

② 《宋史·范仲淹传》。

文、挽词等形式表示了哀悼、崇敬之情。宣和五年(1123),应庆帅宇文虚中奏请,赐庆州范文正公祠庙额为"忠烈"。靖康元年(1126),为激励抗金士气,钦宗特追封范仲淹为魏国公。仲淹生前故后,为政所至州邑立祠庙、建书院而岁时祭祀者,凡二十余处;而以范公命名的亭台楼阁、堤圩桥闸、井泉松柏,更是遍布南北各地。一代名臣范仲淹,以他光辉的人生,彪炳史册,千古长存。

范仲淹的一生,是鞠躬尽瘁、死而后已的一生。他在《岳阳楼记》中写下的千古名言:"不以物喜,不以己悲。居庙堂之高则忧其民,处江湖之远则忧其君。是进亦忧,退亦忧。然则何时而乐耶?其必曰:先天下之忧而忧,后天下之乐而乐乎!"这既是他一生立身为人的真实写照,更是他为之奋斗终身的思想理念的集中升华。范仲淹的先忧后乐思想,有着三个来源和三个组成部分,那就是以人为本的民本思想,居安思危的忧患意识,以天下为己任的担当精神。

范仲淹的先忧后乐思想,是对中国古代以人为本的民本思想的继承和发展。民本思想是中国优秀传统文化宝库中重要的思想资料,它培育了封建社会中一大批关心民众疾苦、敢于为民请命的思想家、政治家和文学家,范仲淹则是这一队列中的一位佼佼者。以人为本,就是充分认识到人民是社会的基础,是国家的根本。《尚书·五子之歌》云:"民为邦本,本固邦宁。"《管子·霸言》云:"夫霸王之所始也,以人为本,本治则国固,本乱则国危。"汉王符《潜夫论·边议》云:"国以民为基,贵以贱为本。"汉荀悦《申鉴·杂言上》云:"民存则社稷存,民亡则社稷亡。"三国吴陆凯云:"夫民者,国之根也。"[①]这些论述都旨在说明,人民是国家的根本和基础,决定着国家的存亡兴衰,只有安众养民,培根固本,才能安邦定国,长治久安。以人为本,在民与君的关系上就体现为民贵君轻,民本君末。《孟子·尽心下》云:"民为贵,社稷次之,君为轻。"《荀子·王制》云:"君者,舟也;庶人者,水也。水则载舟,水则覆

① 《三国志·吴志·陆凯传》。

舟。”《谷梁传·桓公十四年》云：“民者，君之本也。”三国吴主孙权认识到“君非民不立”[①]。唐太宗曾对大臣云：“天子者，有道则人推而为主，无道则人弃而不用，诚可畏也。”[②]因此，得民心者得天下，失民心者失天下，就成为先哲们的为政格言。以人为本，欲得民心，就应顺从民意，不违民志。《老子》四十九章云：“圣人无心，以百姓心为心。”[③]《管子·牧民》云：“政之所兴，在顺民心；政之所废，在逆民心。”《孟子·离娄上》云：“得天下有道：得其民，斯得天下矣。得其民有道：得其心，斯得民矣。得其心有道：所欲与之聚之，所恶勿施，尔也。”《战国策·齐策五》云：“善为国者，顺民之意。”唐贤相魏徵云：“自古有道之主，以百姓之心为心。”[④]只有得其民心，才能使社会稳定，本固邦宁。

以人为本，主张为政者要实行富民政策，让人民得到真正的实惠。《管子·治国》云：“治国之道，必先富民。”汉贾谊《新书·大政上》云：“为人臣者，以富乐民为功，以贫苦民为罪。”汉王符《潜夫论·务本》云：“为国者以富民为本。”《魏书·高祖纪上》云：“劝课农桑，兴富民之本。”据记载，汉武帝曾封丞相车千秋为“富民侯”，取“大安天下，富实百姓”之意[⑤]。隋开皇初开漕渠，引渭水，自大兴城东至潼关，长四百多里，名“富民渠”，兴灌溉、转运之利[⑥]。民富国强，民穷国蹙。“百姓足，君孰与不足？百姓不足，君孰与足？”[⑦]以人为本，就要为民兴利除弊，使人民安居乐业。《尚书·大禹谟》云：“德惟善政，政在养民。”《墨子·兼爱下》云：“兴天下之利，除天下之害。”《周易·节卦》云：“节以制度，不伤财，不害民。”《史记·赵世家》云：“制国有常，利民为本。”孔子主张“节

① 《三国志·吴志·吴主传》。
② 唐吴兢《贞观政要·政体》。
③ 朱谦之《老子校释》，中华书局1984年版，第194页。
④ 唐吴兢《贞观政要·纳谏》附《直谏》。
⑤ 《汉书·韦玄成传》。
⑥ 《隋书·食货志》，又《郭衍传》。
⑦ 《论语·颜渊》。

用而爱人,使民以时"[①]。《淮南子·修务训》云:"轻赋薄敛,以宽民氓。"以人为本,就要体恤民生之疾苦,与民同忧乐,并对民众中的穷困者,对社会上的弱势群体,给予更多的同情、关爱和帮助。《晏子春秋·内篇·问下》云:"意莫高于爱民,行莫厚于乐民。"《孟子·梁惠王下》云:"乐民之乐者,民亦乐其乐;忧民之忧者,民亦忧其忧。乐以天下,忧以天下,然而不王者,未之有也。"屈原《离骚》云:"长叹息以掩涕兮,哀民生之多艰。"汉刘向《说苑·政理》云:"故善为国者,遇民如父母之爱子,兄之爱弟,闻其饥寒为之哀,见其劳苦为之悲。"唐魏徵云:"恤其勤劳,爱民如子。"[②]自古及今,体恤民情,减轻民负,实是为政者顺从民意、凝聚民心的有效措施。历史上的志士仁人,他们主张以人为本,把民众视为邦国之基,将统治者与民众的关系比喻为"民水君舟",希望百姓能够安居乐业,统治者与被统治者在适度的范围内能够和平共处,构建并巩固一个安定和谐的政治局面。这并不是什么虚伪的道德说教,而是出于一种真诚的社会动机,那就是保护民众,即保护小农经济这个广阔的社会基础,以求得封建国家的政通人和,民富国强,长治久安。

范仲淹的先忧后乐思想,从理论到实践都继承和发展了先哲的以人为本的民本思想。"先天下之忧而忧,后天下之乐而乐",他的着眼点是民众。这里的"天下",就是特指天下之人,亦即民众。这句名言,直接脱胎于《孟子·梁惠王下》的"乐以天下,忧以天下"。杨伯峻先生《孟子译注》译作"和天下之人同忧同乐"[③],把"天下"解释为"天下之人",至确。再如,《孟子·离娄上》:"其身正而天下归之","天下大悦而将归己";《离娄下》:"以善养人,然后能服天下。天下不心服而王者,未之有也。"上引四句中的"天下",《孟子译注》也都解释为"天下之人"[④],甚是。再如《荀子·王霸》:"天下归之之谓王,天下去之之谓亡。"汉曹操

① 《论语·学而》。

② 唐魏徵《十渐不克终疏》。

③ 杨伯峻《孟子译注》,中华书局 1960 年版,第 34 页。

④ 杨伯峻《孟子译注》,中华书局 1960 年版,第 167 页、第 183 页、第 190 页。

《短歌行》:“山不厌高,海不厌深,周公吐哺,天下归心。”唐杜牧《阿房宫赋》:“族秦者,秦也,非天下也。”这些句子中的“天下”,亦特指天下之人,即民众、百姓。范仲淹《奏上时务书》云:“以德服人,天下欣戴;以力服人,天下怨望。”又云:“日崇圣德,以永服天下之心。”《上执政书》云:“不以一己之戚而忘天下之忧,庶乎四海生灵长见太平。”又云:“以万灵为心,以万物为体,思与天下同其安乐。”《近名论》云:“我先王以名为教,使天下自劝。”又云:“是圣人敦奖名教,以激劝天下。”凡上引语句中“天下”一词,其义均为特指天下之人,即民众、百姓,与引文中“万灵”、“四海生灵”同义。“天下”的这一特指义,古今汉语词典似均失收,例如被誉为“古今兼收,源流并重”的《汉语大词典》①、当今最具权威性的《现代汉语词典》②,就都未收列,实为憾事。常言云:例不十,法不立;例过十,法当立。我们已经举出“天下”这一特指义的十多个书证,说明这一义项是完全成立的。我们不惮词费,以求正确理解《岳阳楼记》中“天下”一词特指天下之人的含义,这对我们全面观照范仲淹的以人为本的民本思想大有裨益。

《岳阳楼记》云:“居庙堂之高,则忧其民;处江湖之远,则忧其君。”这二句实为互文。事实上,不论“居庙堂之高”而参预朝政,还是“处江湖之远”而贬任地方官,范仲淹念念不忘的是“忧其民”。“进则尽忧国忧民之诚”③,“既去职任,而尚怀国家之忧”④,正是“进亦忧,退亦忧”。那么,“忧其君”又是指什么呢?仲淹云:“伏惟皇太后陛下、皇帝陛下日崇圣德,以永服天下之心”⑤;“愿陛下顺天下之心”⑥。这是臣子对最高统治者寄予的希望。如果希望落空,甚而适得其反,那就真正可担忧

---

① 汉语大词典出版社 1988 年版《汉语大词典》第二卷第 1405 页〔天下〕条。

② 商务印书馆 1996 年修订第三版《现代汉语词典》第 1246 页〔天下〕条。

③ 《范文正公文集》卷一八《谢转礼部侍郎表》。

④ 《范文正公文集》卷一〇《答安抚王内翰书》。

⑤ 《范文正公文集》卷九《奏上时务书》。

⑥ 《范文正公政府奏议》卷上《答手诏条陈十事》。

了。《奏上时务书》云:“美言者得进,则佞人满朝;直谏者见疏,则忠臣避世。”又云:“但日闻美言,则知佞人未去,此国家之可忧也。”据此,所谓“忧其君”者,实指皇帝亲近佞人,斥退贤臣,轻信谗言,惑乱朝政,不能顺天下之心,对这样的皇帝则当然感到忧虑了。范仲淹写作《岳阳楼记》时,正是在庆历新政全面失败之后,而新政失败的主要原因之一,就是皇帝听信保守派的谗言,把改革派的重臣一一贬降出京,其时范、滕正“处江湖之远”,故记云:“登斯楼也,则有去国怀乡,忧谗畏讥,满目萧然,感极而悲者矣。”了解了这一背景,则“忧其君”者,深意存焉。

范仲淹从“民为邦本”的观点出发,一贯主张“固邦本,厚民力”①,只有使百姓安居乐业,才能有国家的长享太平。他在学术论文《易义》中云:“下者上之本,本固则邦宁。今务取于下,乃伤其本,危之道也。”他在探讨《易》理时,理论联系实际,结合社会现实,指出下民是君上之根本,同时提醒为政者,如果对百姓横征暴敛,一味榨取,侵害了民众的利益,那就会“民力已竭”,“邦本不固”②,国家就危险了。范仲淹在《君以民为体赋》中,把君民关系比喻为身躯与四肢的关系。赋云:“正四民而似正四支,每防怠堕;调百姓而如调百脉,何患纠纷?”又云:“爱民则因其根本,为体则厚其养育。”身躯与四肢,尽管它们的功能不同,但都是人体不可或缺的组成部分。“君以民为体”,人们必然爱护身体,则君主必须爱护百姓。赋云:“谓民之爱也,莫先乎四体;谓国之保也,莫大乎群黎。”又云:“君育黎庶,如彼身体。”这就要求为政者爱民犹如爱护自己身体一样。以人为本,民贵君轻,先忧其民。范仲淹主张施政者“为天下生灵而行之,为国家盘固基本而思之”③。将“天下生灵”即人民,与“国家”分列对言,以显示二者的先后重轻关系。在“朕即国家”的封建社会里,国家指一姓之王朝,亦即所谓社稷。国家之根本是黎民百

①②③ 《范文正公文集》卷九《上执政书》。

姓，社稷之兴亡系于民心，因此，“人心离，则社稷危而不扶”[④]；“天下无恩，则邦本不固矣”[⑤]。范仲淹认为，人主当“用天下心为心”。他上疏云：“愿陛下顺天下之心”[②]，“以万灵为心，以万物为体，思与天下同其安乐”[③]。为此，他专门写了一篇《用天下心为心赋》，希望“人主当用天下心矣”，“不以己欲为欲，而以众心为心”，“通天下之志”，“尽万物之情”，企盼出现一位儒家理想中的圣主仁君；期待“政必顺民，荡荡洽大同之化；礼皆从俗，熙熙无不获之人”，“爱将众同，乐与人共，德泽浃于民庶，仁声播于雅颂”，更盼望建立起一个儒家所憧憬的理想王国。他还以上古三代的圣君与那些暴君作对比：“尧舜则舍己从人，同底于道；桀纣则以人从欲，自绝于天。”以此说明“得民心者得天下，失民心者失天下”的道理。范仲淹主张为政者必须顺乎民心。“政必顺民”，就要求执政者的行政行为及其具体政策，一定要反映人民群众的根本利益和愿望。范仲淹《政在顺民心赋》云：“阐邦政而攸叙，顺民心而和平。”又云：“政者为民而设，民者惟政是平。”这正是他主政十余州郡的施政理念。赋云：“振穷恤贫，必俯从于众望；发号施令，实允协于群情。”又云：“上克承于天道，下弗违于民欲。”施政者所要施行的行政行为，应该是出于众望，不违民欲，这也正是他的施政原则。仲淹云：“审民之好恶，察政之否臧。”[④]这是说，考察一级政府及其行政官员的政绩优劣，应该以民众满意不满意为标准。仲淹在州郡任上，每到一地，“察官吏能否，求百姓疾苦”，“宽赋敛，减徭役，存恤孤贫，振举滞淹”[⑤]；“有疾苦必为之去，有灾害必为之防”[⑥]，对民众中的贫病困穷者，给予同情、关爱和帮助。以人为本，就必须实行养民、富民政策。仲淹云：“养民之政，必

④ 《范文正公文集》卷九《奏上时务书》。

⑤③ 《范文正公文集》卷九《上执政书》。

② 《范文正公政府奏议》卷上《答手诏条陈十事》。

④⑥ 《范文正公文集》卷一《用天下心为心赋》。

⑤ 《范文正公政府奏议》卷上《答手诏条陈十事》。

先务农，农政既修，则衣食足。”又云：“但少徭役，人自耕作，可期富庶。”[①]他要求为政者“务材训农，皆因民之所利”[②]，“询访父老，研求利病，数年之间，力致富庶”[③]。因此，他每到一地就劝课农桑，兴修水利，减轻赋役，改善民生。范仲淹先忧后乐，身体力行，从思想到行动，始终坚持以人为本，以民为先，执政为民，坚持政为民所设，心为民所忧，利为民所谋，因此获得了广大民众的崇敬和爱戴。

范仲淹的先忧后乐思想，以居安思危的忧患意识为基础。忧患意识，是中国自古以来志士仁人的一种忧国忧民的强烈的时代使命感，体现了他们伟大宽阔的胸襟和忧深虑远的情怀。《左传·襄公十一年》云：“书曰：‘居安思危。’思则有备，有备无患。”《周易·系辞下》云：“是故君子安而不忘危，存而不忘亡，治而不忘乱，是以身安而国家可保也。”《礼记·儒行》云：“虽危，起居竟信其志，犹将不忘百姓之病也，其忧思有如此者。”《孟子·告子下》云：“入则无法家拂士，出则无敌国外患者，国恒亡。然后知生于忧患而死于安乐也。”三国吴孙权云：“夫存不忘亡，安必虑危，古之善教。”[④]《新唐书·魏徵传》云：“思所以危则安矣，思所以乱则治矣，思所以亡则存矣。”中国传统思想文化宝库中的忧患意识，立足于事物对立变化的《易》理，体现了相反相成的辩证法，阐明了居安思危对治国安民的重要意义。安与危，治与乱，存与亡，这些客观对立的事物与现象，都是一对矛盾的两个方面，互相对立，互相依存，互相推移，互相转化，并不是一成不变的，而促成转化的关键，在于社会人事的主观因素的作用。居安思危，这就要求在社会安定太平之时，能看到隐伏着的动乱危亡之因，见微知著，自励自警，未雨绸缪，杜渐防微。《周易·既济》云：“君子以思患而豫防之。”《尚书·周官》云：“制治于未乱，保邦于未危。”《吴子·料敌》云：“安国家之道，先戒为

① 《范文正公政府奏议》卷上《答手诏条陈十事》。

② 《范文正公别集》卷三《政在顺民心赋》。

③ 《范文正公文集》卷九《上执政书》。

④ 《三国志·吴志·吴主传》。

宜。”《孟子·尽心上》云:“独孤臣孽子,其操心也危,其虑患也深,故达。”汉贾谊《新书·大政上》云:“是以圣王而君子乎,执事而临民者,日戒慎一日,则士民亦戒慎一日矣,以道先民也。”三国蜀诸葛亮云:“君子视微见著,见始知终,祸无从起,此思虑之政也。”[①]《宋书·吴喜传》云:“且欲防微杜渐,忧在未萌。”唐魏徵云:“备豫不虞,为国常道。”[②]历史上的志士仁人,他们自觉地承担着对社会、国家和人民的责任,有着敏锐的政治目光,高瞻远瞩,忧深虑远。他们不仅为天下一时、一地、一事之急难而忧,更为天下长远、全局、根本之安危而忧;不仅对天下已现的动乱之势而忧,更对那所谓“太平盛世”掩盖下而潜伏的社会危机而忧。唯其忧之深,虑之远,才能居安思危,见几而作,争取转危为安。《管子·牧民》云:“惟有道者能备患于未形也。”孔子云:“人无远虑,必有近忧。”[③]汉荀悦《申鉴·杂言上》云:“为世忧乐者,君子之志也。”三国吴虞翻云:“明者防祸于未萌,智者图患于将来。”[④]晋葛洪《抱朴子·行品》云:“恤急难而忘劳,以忧人为已任者,笃人也。”唐陈子昂《感遇》诗之十九云:“圣人不利己,忧济在元元。”这些被誉为“有道者”、“明者”、“智者”、“笃人”、“君子”、“圣人”的“前知之士”[⑤],他们思想中充满了居安思危的忧患意识,凭一身正气,担万姓忧乐,他们是站立在社会潮头的弄潮儿,是行进在时代前列的先驱者。

范仲淹的先忧后乐思想,以忧为先,充满了深厚的忧患意识。仲淹云:“远虑近忧,先圣之明训。”[⑥]他充分地认识到“居安思危”、“忧以天下,乐以天下”,正是先哲们总结历史经验而作出的精辟概括和理性提升,以忧思民生疾苦为主要内容的忧患意识,确是以人为本的民本思想

---

① 《诸葛亮集·便宜十六策·思虑》,中华书局 1974 年版,第 75 页。

② 唐吴兢《贞观政要·纳谏》附《直谏》。

③ 《论语·卫灵公》。

④ 《三国志·吴志·吕蒙传》裴松之注引《吴书》。

⑤ “前知之士”,指有先见之明的人士。语出《吴越春秋·王僚使公子光传》。

⑥ 《范文正公文集》卷一一《上吕相公书》之三。

的永恒主题，这就成为他终生为之奋斗的崇高理想和价值取向。范仲淹的忧患意识，在他读书求学的青年时期已初步显现，“出处穷困，忧思深远”[①]，不以贫困为忧，而像颜回那样以刻苦学习为乐，以天下为忧。他在丁母忧居丧期间，“冒哀上书，言国家事，不以一心之戚而忘天下之忧”。他向执政者建言：“安必虑危，备则无患”，“深思远虑”，“防微杜渐”[②]。他在出任州郡地方官时，总是“求民疾于一方，分国忧于千里”[③]；并自觉地意识到“来守是邦，忧国爱民，此其职也”[④]。他所至各地，总是以国忧民忧为己忧，体恤民情，反映民意，减轻民负，改善民生。仲淹云：“今之刺史古诸侯，孰敢不分天子忧？”[⑤]又云：“南阳风俗常苦耕，太守忧民敢不诚？”[⑥]作为从政者的行政行为和具体政策，一定要反映广大民众的根本利益和愿望，做到急民之所急，想民之所想。因此，“彼患困穷，我则跻之于富庶；彼忧苛虐，我则抚之以仁慈”[⑦]，这就成为他作为从政者的一种责任感和能动性。范仲淹释褐以来，“触事为忧，所重在太平事业”[⑧]。他看到社会上士无廉让，文风益浇，“是故文章以薄，则为君子之忧”[⑨]。他看到“人不知战，国不虑危”[⑩]，而“远忧边患”[⑪]，更认识到“为四方无事，京师少备，因循过日，天下可忧”[⑫]。他为

① 《范文正公文集》卷一七《让观察使第三表》。
② 《范文正公文集》卷九《上执政书》。
③ 《范文正公文集》卷一八《邓州谢上表》。
④ 《范文正公文集》卷一一《祭英烈王文》。
⑤ 《范文正公文集》卷三《依韵答贾黯监丞贺雪》。
⑥ 《范文正公文集》卷三《依韵和提刊太博嘉雪》。
⑦ 《范文正公别集》卷三《政在顺民心赋》。
⑧ 《范文正公文集》卷一八《青州谢上表》。
⑨ 《范文正公文集》卷一〇《上时相议制举书》。
⑩ 《范文正公文集》卷九《奏上时务书》。
⑪ 《范文正公文集》卷一八《谢授知邠州表》。
⑫ 《范文正公政府奏议》卷上《再进前所陈十事》。

稼穑艰难而忧:“秋霖弗止,禾穗未收,斯民之心,在忧如割。”[①]他为西北战事而忧:“痛心疾首,日夜悲忧,发变成丝,血化成泪。”[②]他为整个国家的内忧外患而忧:“今二虏至强,四方多事,兵戈未息,财利已乏,生民久困,苛政未宽,设有饥馑相仍,盗寇竞起,将何以定? 天下可忧。”[③]他更对地方吏治的腐败以至整个官僚政治体制的弊端感到深忧:“今四方多事,民日以困穷,将思为盗,复使不才之吏临之,赋役不均,刑罚不当,科率无度,疲乏不恤,上下相怨,乱所由生。若不急于求人,釐革其弊,诚国家之深忧也。”[④]范仲淹“进亦忧,退亦忧”,“上以宗庙为忧,下以生灵为念”[⑤],纵观他的一生,正如《孟子·离娄下》所述:“君子有终生之忧,无一朝之患。”

精于《周易》的范仲淹,根据事物对立变化的《易》理,他从阴阳变易、祸福倚伏、安危相生、治乱转化的常理出发,深刻认识到居安思危对治理国家长享太平的头等重要意义。《奏上时务书》云:“经曰:‘祸兮福所倚,福兮祸所伏。’又曰:‘防之于未萌,治之于未乱。’圣人当福而知祸,在治而防乱。故善安身者,在康宁之时,不谓终无疾病,于是有节选方药之备焉。善安国者,当太平之时,不谓终无危乱,于是有教化经略之备焉。”善于保养身体的人,在健康平安之时,他并不认为以后就一直不会生病,于是就会预先作好防病的措施。同样的道理,善于治理国家的人,在天下太平之时,他并不认为以后就一直没有危乱,于是就会预先作好修理政教加强治理的措施。凡事预则立,不预则废。居安思危,有备无患。“君子知吉之先,辨祸之萌”[⑥],唯有“前知之士”,才能在错综复杂的社会事件中,敏锐地感知到社会安危的先几。范仲淹与同时代的同僚们相比,他往往具有更加深邃的社会洞察力,具有更加卓越的

① 《范文正公文集》卷一一《上枢密尚书书》。

② 《范文正公文集》卷一八《让枢密直学士右谏议大夫表》。

③ 《范文正公政府奏议》卷上《再奏乞两府兼判》。

④ 《范文正公政府奏议》卷上《奏乞择臣僚令举差知州通判》。

⑤ 《范文正公政府奏议》卷上《答手诏五事》。

⑥ 《范文正公文集》卷七《易义》。

政治见识。他深刻认识到，太平盛世下潜伏着危机，安中有危，安可变危。“故俊哲之人，入乎六经，则能服法度之言，察安危之几”[①]。在一般人尚未意识到时，就不失时机地捕捉到并紧紧地抓住危乱的苗子，“防之于未萌”，“在治而防乱”，“不可谓川之既平，可坏其防也”[②]。范仲淹上书最高统治者云：“今继明之始，圣政方新，宜加忧勤，深防逸豫”，“深为防虑，以存至公之道也”[③]。长治久安，预防为主。“将安可久之基，必杜未然之衅”[④]。防微杜渐，防患于未然，将忧患意识真正落实到行动上，就在于突出这一个“防”字。居安思危的忧患意识，是范仲淹先忧后乐思想的基础。他一生忧国忧民，以自己壮丽的人生实践了先忧后乐的崇高理想和价值取向。宋黄庭坚云：“所谓‘先天下之忧而忧，后天下之乐而乐’，此文正公饮食起居之间先行之，而后载于言者也。”[⑤]宋邹浩亦云：“公尝云‘先天下之忧而忧，后天下之乐而乐’，以其言考其行事，信乎能践之也。”[⑥]

范仲淹的先忧后乐思想，充分体现了以天下为己任的担当精神。这种担当精神，是中国优秀传统文化宝库中的重要思想资料，它凝聚着“天下兴亡，匹夫有责”的社会责任感和“鞠躬尽瘁，死而后已”的历史使命感，它感召着华夏儿女胸怀天下，志存高远，吃苦在前，享乐在后，勇挑重担，建功立业，以积极的入世态度，在现实世界中成就最高的道德境界，实现人生的价值，它给无数英雄豪杰、志士仁人带来精神上的激励和鼓舞。孔子云：“君子去仁，恶乎成名？君子无终食之间违仁，造次必于是，颠沛必于是。”[⑦]孔子以仁居心，唯义是适，一生以仁为己任，强

① 《范文正公文集》卷一〇《上时相议制举书》。
② 《范文正公文集》卷九《上执政书》。
③ 《范文正公文集》卷九《奏上时务书》。
④ 《范文正公文集》卷一六《睦州谢上表》。
⑤ 宋黄庭坚《宋黄文节公集》正集卷二六《跋范文正公诗》。
⑥ 宋邹浩《道乡集》卷三二《为陆伯思跋韩魏公范文正公书后》。
⑦ 《论语·里仁》。

调在任何情况下都要坚持原则，不违仁德。曾子云："士不可以不弘毅，任重而道远。仁以为己任，不亦重乎？死而后已，不亦远乎？"①三国魏何晏集解云："包（包咸）曰：弘，大也；毅，强而能断也。士弘毅，然后能负重任致远路。孔（孔安国）曰：以仁为己任，重莫重焉。死而后已，远莫远焉。"②《左传·襄公二十四年》，鲁穆叔答晋范宣子云："大（太）上有立德，其次有立功，其次有立言。虽久不废，此之谓不朽。"这三不朽说强调，成就道德规范，建立功勋伟业，阐发精深言论，都必将长远地影响于后世，其所蕴含的精神意义是永不消失的，这也就是说，立德、立功、立言者的精神远远超越于死亡而永垂不朽。《周易·说卦传》云："立人之道，曰仁与义。"所谓立人，即指在社会上立身为人，也就包括立德、立功、立言三个方面。人之立，必本乎仁义。德以仁义而立，则德为纯德；功以仁义而立，则功为宗功；言以仁义而立，则言为格言。固未有无所立而能不朽者，亦未有外仁义而能卓然有立者。因此，儒家大力提倡"仁以为己任"的担当精神。《孟子·告子下》云："故天将降大任于是人也，必先苦其心志，劳其筋骨，饿其体肤，空乏其身，行拂乱其所为，所以动心忍性，曾益其所不能……然后知生于忧患而死于安乐也。"又《尽心上》云："古之人，得志，泽加于民；不得志，修身见于世。穷则独善其身，达则兼善天下。"儒家关心天下兴亡，不计个人得失，自觉承担大任，以期"泽加于民"，"兼善天下"。可见，儒家的"仁以为己任"，就是以天下为己任。《晋书·任恺传》云："恺有经国之干，万机大小多管综之。性忠正，以社稷为己任，帝器而昵之，政事多谘焉。"又《何充传》云："充居宰相，虽无澄正改革之能，而强力有器局，临朝正色，以社稷为己任，凡所选用，皆以功臣为先，不以私恩树亲戚，谈者以此重之。""以社稷为己任"，是封建社会中有作为的政治家，对国家和人民的一种强烈的社会责任感，体现了他们以身许国、心忧天下的远大抱负和人格魅力。《梁书·孔休源传》云："休源少孤，立志操，风范强正，明练治体，持身俭

① 《论语·泰伯》。

② 三国魏何晏《论语集解》卷八。

约,学穷文艺,当官理务,不惮强御,常以天下为己任,高祖深委仗之。”《隋书·高颎传》云:“颎有文武大略,明达世务。及蒙任寄之后,竭诚尽节,进引贞良,以天下为己任。苏威、杨素、贺若弼、韩擒等,皆颎所推荐,各尽其用,为一代名臣。自余立功立事者,不可胜数。当朝执政将二十年,朝野推服,物无异议。治致升平,颎之力也。论者以为真宰相。”“以天下为己任”,是中国历代志士仁人对国家与社会的担当精神和奉献意识,是他们所追求的伟大抱负和价值取向。正是这种弘毅自励、勇于担当的责任感和使命感,支撑着中华民族走过五千年的历史风云,虽然历经千难万险,却永远是勇往直前。一个没有责任感和使命感作支撑的人,就不可能自立自强,更不能立德、立功、立言;一个没有责任感和使命感作支撑的民族,就难以进步发展,更不能自立于世界民族之林。具有担当精神的志士仁人,他们倡导践行着时代精神的先进观念,是民众的先驱,民族的脊梁;而以天下为己任的担当精神,具有着巨大的历史震撼力和时空穿透力,其所包含的价值取向,永远闪耀着人文精神的光辉。

范仲淹的先忧后乐思想,充分体现了他的以天下为己任的担当精神。宋朱熹云:“范公平日胸襟豁达,毅然以天下国家为己任。”又云:“且如一个范文正公,自做秀才时便以天下为己任,无一事不理会过。一旦仁宗用之,便做出许多事业。”[①]宋楼钥云:“始公以忤吕夷简放逐数年,士大夫持二人曲直,交指为党。及陕西用兵,天子以公士望所属,拔用护边。及夷简罢,召还,倚以为治,中外属望,公亦感激眷遇,以天下为己任,遂与富弼日夜谋虑兴致太平。”[②]范仲淹从青年求学时起,便胸怀大志,以天下为己任;他从政后,便始终将天下大事的整体利益置于个人利益之上,将国家的安危、民族的盛衰、人民的忧乐,作为自己政治活动的基本出发点。宋叶大发云:“昔文正公为士时,已有泽民之志,每谓‘士当先天下之忧而忧,后天下之乐而乐’。初仕西溪镇官,即请于

① 《朱子语类》卷一二九。

② 宋楼钥《范文正公年谱》(庆历四年)。

朝，筑捍海堰，为承、楚、泰三州民田无穷之利。作小官时志虑力量已如此，异时勋名满宇宙，皆自此发之。”[①]筹划通泰楚三州民田水利而请筑捍海堤，这样的大事，本应由封疆大吏或中枢宰执考虑，现在却由西溪盐监小吏首倡，这正突现了范仲淹以天下为己任的担当精神。宋苏轼云：“公在天圣中，居太夫人之忧，则已有忧天下致太平之意，故为万言书以遗宰相，天下传诵。至用为将，擢为执政，考其平生所为，无出此书者。”[②]范仲淹丁母忧时，冒哀上书，言国家事，“不以一心之戚而忘天下之忧”[③]，这正是以天下为己任的担当精神的具体体现。范仲淹任职朝廷，他更奋不顾身，指斥时弊，为民请命，“宁鸣而死，不默以生”[④]。他有诗云：“一入谏诤司，鸿毛忽其身。可负万乘主？甘为三黜人。”[⑤]又云：“圣君贤相正弥纶，谏诤臣微敢徇身。”“岂辞云水三千里？犹济疮痍十万民。”[⑥]范仲淹在宦海风波中几度沉浮，数落数起，然而他百折不回，不避风险，仍然敢言直谏。《睦州谢上表》云：“臣非不知逆龙鳞者掇齑粉之患，忤天威者负雷霆之诛，理或当言，死无所避。”又云：“既竭一心，岂逃三黜？”《饶州谢上表》云：“然而有犯无隐，惟上则知；许国忘家，亦臣自信。”又云：“敢不动静三思，始终一志？”康定元年(1040)，元昊西夏军进围延州，全歼前往救援的宋军于三川口，宋将刘平战殁，石元孙被俘。其后延州一线诸寨失守，东西四百里无屏障，人心危恐，知州张存辞不知兵且老。这时已任陕西经略安抚副使的范仲淹，挺身而出，上疏自求代张存兼知延州，大有三国蜀汉诸葛亮“受任于败军之际，奉命于危难之间”的那种大无畏的英雄气概。宋苏舜钦《上范希文书》云：“昨闻阁下以张存不才，自求守延州，物论喧然。以阁下领经略之权，自

① 《褒贤集》卷三宋叶大发《高邮军兴化县重建范文正公祠堂记》。
② 宋苏轼《范文正公文集叙》。
③ 《范文正公文集》卷九《上执政书》。
④ 《范文正公文集》卷一《灵乌赋》。
⑤ 《范文正公文集》卷二《酬叶道卿学士见寄》诗。
⑥ 《范文正公文集》卷五《依韵酬吴安道学士见寄》。

可往来陕右，进退在己，延州逼近贼锋，而能舍安逸以就危隘，虽古人不逮也。”[①]宋刘敞《贺范龙图兼知延安》诗云：“汲黯辅炎汉，淮南内耸惧。郅都守穷边，匈奴为之去。此事昔所闻，今日见所亲。折冲樽俎间，震动旃裘民。国耻行且刷，寇雠不可保。斯人叹微管，愿及太平老。”[②]苏舜钦和刘敞都对范仲淹兼知延州一事本身，给予了高度的评价，并发出了由衷的赞美。庆历新政失败后，范仲淹贬任地方官，然而他以天下为己任的担当精神始终不变，在谢表中再三再四地表明自己的心迹。《邠州谢上表》云：“不以毁誉累其心，不以宠辱更其守。”《邓州谢上表》云：“持一节以自信，历三黜而无悔。”《谢依所乞依旧知邓州表》云：“以道直前，虽危不避，竭肝膂以论事，犯雷霆而进忠。”《杭州谢上表》云：“臣敢不抱公忠之节，始终弗回；体旰昃之忧，远迩咸一？”临终上《遗表》，希望仁宗“尊崇贤良，裁抑侥幸，制治于未乱，纳民于大中”，仍然是心系国家与民众，而一言不及家事，更不为子孙乞恩泽，体现了一代名臣鞠躬尽瘁、死而后已的高风亮节。

范仲淹的先忧后乐思想，继承和发展了中国古代以人为本的民本思想，同时又饱含着居安思危的忧患意识和以天下为己任的担当精神。范仲淹先忧后乐思想中的“先忧”，我们在评述他居安思危的忧患意识时，就已经讨论过，而对其中的“后乐”则应该如何理解呢？“先天下之忧而忧，后天下之乐而乐”，这就要求忧在天下民众之忧之前，而欲除其忧；乐在天下民众之乐之后，而与之同乐。《岳阳楼记》云：“不以物喜，不以己悲。”这二句在修辞上是互文，意思就是不因为外界环境良好而喜欢，恶劣而伤悲；也不因为自己个人失意而悲伤，得志而欢喜。以一颗平常心，对待纯属自己个人的忧乐。而先忧后乐思想的出发点和落脚点是天下民众，这样的忧乐就不是指纯属个人的忧乐，而是从属于天下民众忧乐的忧乐。也只有把天下大事的整体利益置于个人利益之

① 宋苏舜钦《苏学士文集》卷九。

② 宋刘敞《公是集》卷五。

上，才会有真正的有价值的忧乐。范仲淹是天下民众忧乐的直接参预者，而不是旁观者。他为天下民众之忧而先忧，通过实际行动，力除其忧而使成其乐，然后亦乐其乐。例如，直贯通泰楚三州的捍海堤筑成后，“比比牖户，鳞鳞场圃，而翁而竖，于歌于舞”，“民兮乐成，谷兮登盈，作为颂声，告于神明”[①]。作为修堤首倡者的范仲淹自然乐观其成。再如，庆历元年，“于庆州城大顺，据要害，又城细腰、胡芦，于是明珠、灭臧等大族皆去贼为中国用”[②]，范仲淹有诗云：“三月二十七，羌山始见花，将军了边事，春老未还家。”[③]又云：“作城大顺川，扼胡来路津。汉军始屯集，虏骑俄纷纶。”[④]作为庆州的军政主官，范仲淹对筑成大顺城，据要害之地，与当地军民一样，感到由衷的高兴。再如，邓州连年农业丰收，邓州知州范仲淹欣而赋诗云：“穰下故都今善藩，沃衍千里多丰年。”[⑤]喜乐之情溢于言表。像这样的乐民之乐，正就是范仲淹的“后乐”。至于纯属个人的忧乐，就不能与先忧后乐相提并论。三国蜀汉谯周云：“夫忧责在身者，不暇尽乐。”[⑥]一个忧国忧民而具有社会责任感的人，他“进亦忧，退亦忧”，往往无暇顾及个人喜乐。不过，话又说回来，就是客观条件容许顾及个人正当的喜乐，也并不可能减除他忧国忧民之忧。景祐初，范仲淹贬任睦州，又迁苏州，地处江南，风景秀丽。“萧洒桐庐郡”[⑦]，“风物皆堪喜”[⑧]。“姑苏台下水如蓝”[⑨]，“姑苏自古号

---

① 《范文正公文集》卷八《泰州张侯祠堂颂》。

② 宋楼钥《范文正公年谱》(庆历元年)。

③ 《范文正公文集》卷六《城大顺回道中作》诗。

④ 《范文正公文集》卷三《送河东提刑张太博》诗。

⑤ 《范文正公文集》卷三《依韵和安陆孙司谏见寄》。

⑥ 《三国志·蜀志·谯周传》。

⑦ 《范文正公文集》卷五《萧洒桐庐郡十绝》。

⑧ 《范文正公文集》卷五《新定感兴五首》之三。

⑨ 《范文正公文集》卷四《送常熟钱尉》诗。

繁华”[①]。在仲淹诗文中，不乏欣赏自然之美、流连湖光山色的篇章，“山水之乐，得之心而寓之酒也”[②]，然而这也并未能减除他心中忧国忧民之忧。欧阳修《与范希文书》云：“南方美江山，水国富鱼与稻，世之仕宦者举善地，称东南。然窃惟希文登朝廷，与国论，每顾事是非，不顾自身安危，则虽有东南之乐，岂能为有忧天下之心者乐哉？”[③]这正是一语点透，实为同志挚友心心相印之言。

范仲淹的先忧后乐思想，将儒家的忧乐观演绎得淋漓尽致，并且有所提高和有所发展。孔子云：“人无远虑，必有近忧。”[④]曾子云：“先忧事者后乐事，先乐事者后忧事。”[⑤]孔曾所云，皆为至理名言，然而从命题立意上看，它们还仅停留在思想家的认识论和方法论的层面上，而范仲淹的“先天下之忧而忧，后天下之乐而乐”，则已提升到政治家的人生观和政治观的高度。孟子云：“乐以天下，忧以天下。”[⑥]能够认识到并且实际做到“和天下之人同忧同乐”[⑦]，实属难能可贵，然而从思想境界上看，孟子所言是游说诸侯“王天下”所需用的策略和手段，尽管它在客观上有着一定的积极意义，但是仍然属于“帝王略”和“驭民术”的范畴，而范仲淹的“先天下之忧而忧，后天下之乐而乐”，则是更多地体现出一个政治家的以天下为己任的担当精神和自觉的奉献意识。宋卫泾云：“惟范公起诸生，少有大节，每日诵曰：‘士当先天下之忧而忧，后天下之乐而乐。’夫忧乐以天下而先后在吾身，则其所谓忧乐，亦异乎人之忧乐

---

① 《范文正公文集》卷五《依韵酬章推官见赠》。

② 宋欧阳修《欧阳文忠公集》卷三九《醉翁亭记》。

③ 宋欧阳修《欧阳文忠公集》卷六七《与范希文书》。

④ 《论语·卫灵公》。

⑤ 《大戴礼记·曾子立事》。

⑥ 《孟子·梁惠王下》。

⑦ 杨伯峻《孟子译注》，中华书局1960年版，第34页。

矣。”[①]明王鏊云：“[范文正公]其先忧后乐之义，前人所未发。”[②]明王直云：“直闻之，士之能任天下之重者，必以天下为心。心之欣戚，立乎人而不私于己，是以天下为心者也。以天下为心，则人庶乎有济矣。初公未显时，已欲任天下之重，尝曰：‘士当先天下之忧而忧，后天下之乐而乐。’夫忧人之忧而欲免其忧，使人皆乐然后与人同其乐，此岂小丈夫然哉！”[③]范仲淹的先忧后乐思想，发前人所未发，是对儒家先哲忧乐观的一种超越，是当时时代精神的集中反映。范仲淹一生恪守“忍穷”[④]和“不欺”[⑤]，这是先忧后乐思想在他人格操守上的具体体现，引导人们自觉抵制荣华富贵的诱惑，摆脱名缰利索的束缚，以获得精神上的超脱和思想上的升华。“先天下之忧而忧，后天下之乐而乐”，它激励着历代志士仁人为国为民为天下去作出奉献，就是在今天社会主义政治文明和精神文明的建设中，范仲淹的远大抱负、价值取向和人格理想，仍然有着积极的认识意义和现实的借鉴作用。

我们这部《范仲淹全集》，是根据范文正公十九世孙范能濬编集、清康熙四十六年(1707)范氏家塾岁寒堂刻《范文正公忠宣公全集》中的《范文正公全集》整理校点的。康熙本《范文正公全集》，全书包括《文集》二十卷、《别集》四卷、《政府奏议》二卷、《尺牍》三卷、《年谱》一卷、《年谱补遗》一卷、《言行拾遗事录》四卷、《鄱阳遗事录》一卷、《遗迹》一卷、《义庄规矩》一卷、《褒贤集》五卷、《补编》五卷，共计四十八卷。康熙本是在元明旧本的基础上加以改编整理的本子，它收集篇目最多，编次

① 宋卫泾《后乐集》卷一七《皇太子宝翰后乐二字跋文》。

② 明王鏊《震泽长语·杂论》。

③ 《范文正公集补编》卷四明王直《重修忠烈庙记》。

④ 《范文正公尺牍》卷上《与朱氏书》之七：“老夫屡经风波，惟能忍穷，故得免祸。”

⑤ 宋楼钥《范文正公年谱》(庆历六年)：“公在邓。是年邓人贾内翰黯状元及第，归乡谒公，愿受教。公曰：‘君不忧不显，惟不欺二字可终身行之。’内翰不忘其言，每语人曰：‘吾得于范文正者，平生用之不尽也。’”

更为合理，校勘比较精善，“视元明旧本尤备”[①]，前人评曰“佳”[②]，是学界公认的善本[③]。此后的乾隆《四库全书》本、道光十年(1830)翻刻本、宣统二年(1910)重刻本，均以康熙本为底本。新本范仲淹全集即以康熙本为底本，而在具体的整理校点过程中，有部分增删和调整，以下将逐点作具体说明。

一、《范仲淹全集》在编辑框架结构上以康熙本为基准，凡范仲淹本人作品则编为上册，附编则编为下册。因此，康熙本《补编》五卷将一分为二，其卷一为范作品则编入上册，卷二至卷五属附编则编入下册。新增的三个附录，其一《范文正公集逸文》则编入上册，其二《范文正公集续补》、其三《范文正公集著录和序跋》则编入下册。

二、本书上册之《范文正公文集》二十卷，以中华书局1984年影印收入《古逸丛书三编》之五的北宋刻本为底本。北宋本为存世的最佳善本[④]，最为近真，可据以校正现存诸本的许多衍误讹夺。有些诗文北宋本无而康熙本有者，即在北宋本之相应位置补入，并在校记中注明康熙本原来卷次。

三、本书除上册之《范文正公文集》二十卷以北宋本为底本外，另外二十七卷均以康熙本为底本，具体操作时以道光本为工作底本。凡底本之编序、卷次、分类、总题、篇题等，均一仍其旧，正文文字一般以底

---

① 范希曾《书目答问补正》卷四《集部别集第二》：“《文正集》二十卷，《别集》四卷，《补编》五卷。宋范仲淹。[补]合刻本康熙四十六年范时崇刻，视元明旧本尤备。”江苏古籍出版社2000年版，第239页。

② 清邵懿辰《四库简明目录标注》卷一五《集部三 · 别集类二》：“《文正集》二十卷，《别集》四卷，《补编》五卷。宋范仲淹撰。康熙丁亥范氏刻本，附十九卷，与《忠宣集》合刊，称《二范集》。康熙中印者佳。明末刊本，劣。”上海古籍出版社1979年版《增订四库简明目录标注》，第685页。

③ 见《中国古籍善本书目 · 集部 · 总集类 · 家集》之《范文正公忠宣公全集》条，上海古籍出版社1996年版集部中册，第1837页。

④ 见《中国古籍善本书目 · 集部 · 宋别集类》之《范文正公文集》条，上海古籍出版社1996年版集部上册，第199页。

本为准。

四、本书主要参校以下刻本:(一)元天历元年褒贤世家家塾岁寒堂刻本(简称天历本);(二)《四部丛刊初编》影印明覆元刻本(丛刊本);(三)影印文渊阁《四库全书》本(四库本);(四)清道光十年范氏家塾岁寒堂翻刻重刊本(道光本);(五)清宣统二年范氏家塾岁寒堂重刻本(宣统本);(六)《丛书集成初编》据《正谊堂全书》排印本(丛书集成本)。

五、底本所收诗文或有重出者,本书则取前一篇,并在校记中加以说明,后一篇则径行删去,不再出校。

六、底本篇目的题注、文中夹注及文后按语,本书大体上仍旧保留。有些题注过长,则移作校记。

七、凡底本文字讹脱者,径予改正添补,在校记中加以说明。其他校勘、考辨之类的文字也放在校记内。校记中所引原注及他书之文字有讹脱者,在讹字下用方括号标出正字,也用方括号标明补出的脱文,不出校记;间亦直接改正,在括号中加按说明。

八、《言行拾遗事录》原有四卷,其卷四题注云:"此以下系监簿、忠宣诸公遗事。"卷四记述范仲淹诸子遗事,并不直接记述范仲淹之言行遗事,因此本书将其删去。又,《言行拾遗事录》每则记事原无篇题,今据记事内容拟增篇题,以利阅读。

九、《褒贤集》卷五原有旧目而无篇题,今据旧目拟增篇题。

十、本书《附录一·范文正公集逸文》,是以康熙本为底本,从各总集、类书、别集、史书、方志、笔记、杂著等群书中辑得诗词赋文若干首(篇),其分体和编次悉仿康熙本。据上海辞书出版社 1997 年版《中国文学大辞典》之《范文正公集》条云:"今四川大学编《全宋文》以康熙本为底本,又辑得佚文八十九篇。北京大学编《全宋诗》以《四部丛刊》本为底本,又辑得其集外诗十五首。"[1]二部总集辑录范公逸诗遗文,几搜

① 见《中国文学大辞典》之《范文正公集》条,上海辞书出版社 1997 年版,第 548 页。

辑无遗。本书辑录《范文正公集逸文》时，从有利于读者阅读考虑，对那些作品作者有争议，尚不能确切肯定为范之作品者，则不辑入；断章零句，残不成篇者，亦不辑入；而从康熙本《范文正公年谱》、《年谱补遗》、《言行拾遗事录》、《义庄规矩》等原书中抄出者，亦不辑入，以省篇幅。

十一、本书《附录二·范文正公集续补》，仿康熙本《褒贤集》、《补编》(卷二至卷五)、《遗事录》、《遗迹》和丛刊本《诸贤诗颂》等体例编辑。由于编辑者学力所限，再加上成篇仓促，所辑入的资料很不全面，有些重要的篇目很可能被遗漏了；其中部分资料出自辗转相引，并未能与原书或原始出处一一核对，肯定会有错漏之处，祈望读者不吝指正。

十二、本书《附录三·范文正公集著录和序跋》，收集范集主要的著录和序跋，而在康熙本各分集中已收录的，例如宋苏轼《范文正公文集叙》、宋韩琦《范文正公奏议序》、宋俞翊《乾道饶州刊范文正公文集跋》、元范国俊《范文正公年谱跋》等，就不再重复辑入，以省篇幅。

十三、本书为繁体字直排本，加标专名号和书名号。书中除有些地名、人名用字，根据名从主人的惯例不作改动外，原刻本中的异体字、俗体字，若对校勘无助者，一般均改用现行规范字。整理古籍，改用规范字和加标专名号，这是其中两项比较烦难之事，费时费劲，但能给读者带来方便，则亦乐以为之。

本书在整理校点、编辑出版过程中，得到了很多学长和友人的关心支持，承巴蜀书社社长杨宗义先生、岳麓书社社长夏剑钦先生、中州古籍出版社编审林金保先生、古吴轩出版社总编辑张维明先生、南京大学出版社社长任天石先生、苏州大学出版社总编辑陈少英先生等惠寄有关书籍，承凤凰出版社古籍部王华宝博士、江苏教育出版社吴葆勤博士帮助查找资料，承凤凰出版社古籍部领导姜小青先生、倪培翔先生、卞惠兴先生的多方关照，在此一并致以深切的谢忱。

2004年岁次甲申重五节，薛正兴写于南京金贸花园寓所。

(原载《范仲淹全集》卷首，凤凰出版社2004年版)

《李伯元全集》前言

李伯元(公元 1867—1906 年),名宝嘉,原名宝凯,字伯元,别号南亭亭长,笔名有游戏主人、讴歌变俗人等,江苏武进(今常州市)人,是晚清著名的谴责小说家。

伯元的曾祖父文喆(字吉甫),嘉庆丁卯举人,任教谕。祖父子芸(字德卿),邑庠生,早亡。父翼辰(字申之),自幼由伯父锡琨(字嗣卿)抚养,因避战乱,随伯父全家离常州侨寓山东,二十七岁时病故。李伯元出生于山东,时当同治六年丁卯四月二十九日,即公元 1867 年 6 月 1 日。

伯元三岁丧父,自幼便在堂伯父抚养督教下成长。堂伯父翼清,字念之,又字念仔,为伯祖父嗣卿之子,历任山东肥城、胶州等知县,兖州同知,后升东昌府知府,山东候补道。翼清笃于家族情谊,视子侄如一体,对伯元尤悯其孤而爱其慧,平时课读甚严。伯元用心苦读,擅长制艺及诗赋,弱冠便以第一名考取秀才。翼清盼望堂侄获取功名心切,适逢山东遵筹饷例开捐,便为伯元捐纳了一个本省府经略的功名,在家候补,可是伯元本人却无意于此,终于未去办理报到手续。光绪十八年(1892 年),翼清致仕退休,全家随同返归常州故里,其时李伯元已二十六岁。因常州北门青山桥萝卜坝祖宅已毁于战火,乃定居于今常州市青果巷 257 号。居乡五年,伯元曾去江阴院试过一次,未中,以后就再也没有应试过。伯元在乡,曾从传教士学习英文,又协助族人编修《李氏宗谱》;平居则与年岁相若的兄弟侄儿辈和亲友常处一起,赋诗论文,学书度曲,切磋学问。

李伯元天资聪慧，思想活跃，终不肯把自己束缚在八股制艺中。他兴趣广泛，博览群书，多才多艺，早有文名。诗赋词曲，书法篆刻，音乐绘画，金石考据，无不触类旁通。伯元笃于孝道，青少年时每晚必读小说一二回，为母解闷，如读《红楼梦》，则用京音，而读弹词小说，则琅琅成韵，均有其独到之处。他对唱曲之咬字发音、合辙押韵，素有研究，曾在报上发表《论海上名校书歌曲》、《论歌唱须知反切》等文。他对乐器之使用和对音乐之鉴赏，写有《琵琶说》、《听小如意弹琵琶因而考论之》、《品箫》等文。又编《风月空》、《酸酸酸》短剧二出，所用曲牌，均依套填制，可谱入工尺，非深明此道者，决不能强作解人也。传世的《芋香室印存》，可见伯元的篆刻，既博采众长，又别具新意，遒丽稳健，不同凡响；其中有些是仿汉印汉砖，师古而不泥古，浑厚古朴，耐人寻味。伯元的书画作品，流传下来的虽十分罕见，却笔态生动，超轶尘俗，吉光片羽，尤可宝贵。

回常州约二年许，李翼清去世。伯元深感悲痛，他不能忘怀二十多年来堂伯父对他的养育栽培之恩。他希望自己能有所作为，以告慰堂伯父的在天之灵。当时的中国，正处在列强瓜分的危急关头，志士仁人正亟呼维新救亡。伯元愤于满清政治腐败，戊戌变法未成，甲午惨败之后，亡国灭种之祸迫在眉睫，非大声疾呼，不能促使全国上下觉悟，而欲唤起民众，须以报纸为宣传利器。报纸欲吸引群众兴趣，则非用游戏一类软性文字不可，否则不易见效。伯元在乡时曾与同族兄弟侄儿辈讨论此种主张，还一起商量过办报方法。于是，伯元决定前往上海办报。

光绪二十二年（1896 年），李伯元到了上海。先创办《指南报》，不久改办《游戏报》；约三年后，继又改办《世界繁华报》；并应商务印书馆之聘，主编《绣像小说》半月刊。这几份报刊，在当时都产生了不小影响。李伯元也因办报刊的成就，名声大振，被人誉为“上海小报鼻祖”。伯元在上海文坛影响日甚。光绪辛丑年（1901 年），清廷开经济特科，湘乡曾慕涛侍郎（曾国荃之孙）曾出奏保荐，而伯元志不在此，辞不应召，时人以为高尚，俱以“徵君”称之。由于办报刊的缘故，李伯元的交游圈也在不断扩大。在他的友人中，像王闿运、文廷式、邱炜萲、汪康年、吴趼人、刘聚卿等，均是一时名流。

广泛的交游，大大开阔了李伯元的视野。随着阅历的增加，李伯元对社会的认识也更见深刻。这段上海报馆工作，对他生活经验的积累和艺术技巧的锻炼，都有一定的作用。社会现实的思考，让他骨鲠在喉；创作激情的燃烧，使他不吐不快。他要把自己对社会的观察、感知和思索，用文字记录下来，告诉世人。这样，从庚子（1900 年）到丙午（1906 年），在五年多的时间里，他的文学创作进入了高峰期，写出了一百多万字的作品，创作了使他享誉后世的小说名著。

《官场现形记》，是李伯元的代表作。全书六十回，署南亭亭长著。约从光绪二十九年（1903 年）四月到光绪三十一年（1905 年）底，在《世界繁华报》逐日连载。又全书分五编，每编十二回，从光绪二十九年（1903 年）九月起，由世界繁华报馆分编排印出版。全书印行，当在光绪三十一年（1905 年）以后。主要刊本有：丙午（1906 年）正月繁华报馆本，粤东书局石印本，日本知新社刊本，崇文堂石印本，亚东图书馆本，世界书局本，等等。这部章回小说，全书由许多相对独立的短篇蝉联而成。作品从改良主义的立场出发，抨击了封建社会末期的官僚制度，着力描写官场贪污腐败和媚外卖国的种种丑态，以及贪官污吏对人民的残酷迫害。小说所反映的社会生活内容十分广泛，从军机大臣到下层典史，出现了形形色色的官僚群像。虽然他们的地位有高低，权势有大小，手段有不同，但都是“见钱眼开，视钱如命”的无耻之徒。为了钱，他们卖官鬻爵，贪赃枉法，草菅人命，残害百姓，出卖祖国以至最后出卖自己的灵魂。陶子尧的夤缘际遇，侵吞公款；冒得官的图保显职，供献女儿；胡若华的花天酒地，纵兵烧掠，读来莫不令人发指。张冥飞《古今小说评林》（1919 年 5 月 1 日民权出版部出版）中说：“《官场现形记》，距今十年前，为脍炙人口之书……书中写得最好者，胡统领征剿严州百姓一段事实。”小说写胡统领（胡若华）得悉要他去严州（今浙江建德）“剿匪”后，心中十分害怕，唯恐送命，但又不敢不去，于是他带着随员和军队一路迟延，花天酒地。后来打听得严州早已没有什么“匪”了，他竟然又扬扬得意，想借“剿匪”来邀功请赏。书中第十四回“剿土匪鱼龙曼衍”，写胡统领率领人马，耀武扬威地开到乡下：

> 乡下人眼眶子浅，那里见过这种场面？胆大的藏在屋后头，等他们走过再出来；胆小的一见这些人马，早已吓得东跳西走，十室九空。起先走过几个村庄，胡统领因不见人的踪影，疑心他们都是土匪，大兵一到，一齐逃走，定要拿火烧他们的房子。这话才传出去，便有无数兵丁跳到人家屋里四处搜寻，有些孩子、女人都从床后头拖了出来。胡统领定要将他们正法。幸亏周老爷明白，连忙劝阻。胡统领吩咐带在轿子后头，回城审问口供再办。正在说话之间，前面庄子里头已经起了火了。不到一刻，前面先锋大队都得了信，一齐纵容兵丁搜掠抢劫起来，甚至洗灭村庄，奸淫妇女，无所不至。

在大队人马劫掠一阵之后，胡统领便“东南西北，四乡八镇，整整兜了一个大圈子”，见无人出来抵敌，便“奏凯班师”。这些狗官就是这样地指民为“匪”，残害百姓！然而他们在洋人面前，却那样地奴颜媚骨，卑躬屈节，表现出一副十足的奴才相。书中第五十三回文制台见洋人一段，即是精彩的典型描写。这里文繁不录。1904 年 6 月 17 日出版的《世界繁华报》曾刊有《官场现形记》出书发售的广告二则，今引录于下：

> 《官场现形记》初编于癸卯九月出版，二编于次年二月出版。
>
> (一) 中国官场，魑魅罔两靡所不有，实为世界一大污点。然数千年以来，从未有人为之发其奸而摘其覆者，有之则自南亭此书始。此书措词诙谐，不减于《儒林外史》；叙事详尽，不亚于《石头记》。有欲研究官场真相者，无不家置一编，洵近来小说中唯一无二之巨制也。
>
> (二) 此书描摹官场丑态，无微不至。某京卿谓邹应龙打了严嵩，严嵩犹说打得好打得好，今之官场中人无不喜读此书，同此意也。

作为广告语言，自然难免夸大之词，但证之社会现实，还是符合当时实情的。《官场现形记》可谓是描摹晚清官场丑态纤毫毕现的一幅全景透视图。

《文明小史》，也是李伯元的代表作。全书六十回，署南亭亭长著，自在山民加评。从光绪二十九年(1903年)五月到光绪三十一年(1905年)九月，在《绣像小说》半月刊连载。光绪三十二年(1906年)秋季商务印书馆出版单行本，分装上下两册。小说重点反映了中国维新变法这一特定历史时期内的社会风貌，从所谓“维新”、“立宪”的角度，进一步发展了《官场现形记》的主题，暴露了清政府的腐朽无能，揭穿了假维新派的投机伎俩；同时又在一定程度上反映了广大人民自发的反抗斗争及社会上新旧思想的冲突。出现于这部书里的人物，从维新党到守旧党，从大小官僚到草民百姓，都各有其姿态，各有其性格，各有其不同的表现。作者对不同阶层不同类型人物的心态，都有细致入微的剖析。书中广泛使用讽刺和夸张手法，正是李伯元小说的艺术特色。作者经常把生活中落后、丑恶的现象集中起来，通过一件事情，大加渲染。在第十三回中，通过武昌府洋务局的几位道台，郑重其事地争论接待一个外国传教士应该用什么品级轿子的小问题，揭示了这批被封建等级观念腐蚀透了的大小官吏的老朽、昏庸和迂腐。有时作者还抓住一些关键性的细节，把讽刺对象自相矛盾的两个方面放在一起，以此来揭示人物的伪善和丑恶。第十九回中，刘学深、魏榜贤等一群“维新党”正在茶馆里高谈阔论，把妇女不缠足的好处讲得头头是道，有声有色，像煞有介事，俨然是妇女解放运动的倡导者，但是当旁边走过一个三寸金莲的妓女时，刘学深便忘乎所以，拍手高喊：“妙啊！脸蛋儿生得标致还在其次，单是她那一双脚，只有一点点，怎叫人瞧了不勾魂摄魄？”这“勾魂摄魄”引出的话，就把他灵魂深处脏污的东西暴露无遗，这就揭示出这些所谓“维新党”的丑恶嘴脸。这些讽刺手法，显然深受吴敬梓《儒林外史》的影响。阿英先生最推重此书，他说：“李伯元的《文明小史》，在维新运动期间，是一部最出色的小说。”(《〈文明小史〉——名著研究之一》，载《新小说》第1卷第5期，1935年6月出版)从思想性和艺术性来说,《文明小史》受到如此推重,确是当之无愧。

《活地狱》,全书四十三回。前三十九回,署南亭亭长著,愿雨楼加评。从光绪二十九年(1903 年)五月到光绪三十二年(1906 年)二月在《绣像小说》上连载。由于李伯元去世,吴趼人续写了第四十至四十二回,欧阳鉅源续写了第四十四回,刊载于《绣像小说》第 70—72 期,也有愿雨楼加评。全书出版,则是 1956 年由上海文化艺术出版社印行的单行本。此书四十三回,共叙写了 15 个故事,重点描写了衙门的黑暗与监狱的暗无天日,刻划了官吏衙役的贪赃枉法、营私舞弊、敲诈勒索、奸骗瞒哄,"是中国描写监狱黑暗,写惨毒酷刑的第一部书"(阿英《晚清小说史》)。

《中国现在记》,十二回,未完,从光绪三十年(1904 年)六月十二日《时报》创刊号载起,断续登载,至当年十一月三十日第 172 号终。报纸刊发时未署作者名。从吴趼人写的《李伯元》一文知其为李伯元作。全书刊印首见阿英编《晚清文学丛钞 · 小说一卷》。此书也是一部暴露晚清官场黑暗的作品,它描写的对象,重点选择了那些由捐班出身的官吏。故事着重反映当时黄河治理中的弊端。

《海天鸿雪记》,二十回,吴语小说,署二春居士著,有南亭亭长加评。从光绪二十五年(1899 年)七月起由游戏报馆分期印行。光绪三十年(1904 年)由世界繁华报馆出版单行本。此书的著者,以前多以为就是李伯元自己,近有人提出异议,认为非李伯元所作。为存疑起见,《全集》姑且收入。书的主要内容讲的是上海妓家生活,但并不是"嫖客指南"。作品以此为窗口,透视了当时糜烂的社会风气,写出了悲惨社会的一个缩影。

《庚子国变弹词》,四十回,署南亭亭长著。从光绪二十七年(1901 年)十月到光绪二十八年(1902 年)十月由《世界繁华报》逐日登载。光绪二十八年(1902 年)十月世界繁华报馆出版线装巾箱本。此书叙写了义和团起义始末,其中反映了在对待义和团运动这一问题上清廷内部出现的不同意见,描写了八国联军入侵、辛丑条约签订、两宫返跸等重大事件。既写了义和团的滥杀洋人,也揭露了外国侵略军在京城内外的烧杀掳掠、无恶不作，更描绘了平民百姓流离失所、家破人亡的惨状。以前的弹词创作，在题材上多局限于描写儿女私情，而《庚子国变弹词》描写重大历史事件，无疑拓宽了弹词创作的题材领域，也是中国反帝文学在弹词方面的最初的一部书。阿英先生对此书评价甚高，称它“是一部中国民众的受难史”，“是一部帝国主义侵略史”，“一部很真实的历史书”(阿英《弹词小说评考》)，这些评价都是恰如其分的。

《醒世缘弹词》，十四回，署讴歌变俗人著。从光绪二十九年(1903年)五月到光绪三十二年(1906年)二月在《绣像小说》上断续刊载。第一回发表时原题《俗耳针砭弹词》，第二回起改用今名。全书印行首见阿英编《晚清文学丛钞·说唱文学卷》。讴歌变俗人当为李伯元化名，阿英有《〈醒世缘〉为李伯元著作考》专门考证。故事讲山东聊城一缙绅世家，兄弟两人，同父异母，父亲早亡。老大秉仁嫡出，母丧。老二秉义庶出，其母极端迷信。由于家产为秉仁掌管，庶母遂唆使秉义提出析产。秉仁无奈答应，薄产归自己，厚产归兄弟。分家后，秉义失去管束，吃喝嫖赌，胡作非为。三姑六婆见有利可图，纷纷到他家骗财；地方无赖也勾结匪人，趁他家举办斋醮时前去抢劫。未过几年，秉义家产荡尽，陷入困顿。这部作品的创作命意，便在于针砭世俗，破除迷信，提倡不缠足，揭示吸食鸦片与赌博、嫖娼的危害，意在“革其旧染之习”，这是具有进步意义的。

《经国美谈》，全称《前本经国美谈新戏》，十八出，未完稿，署讴歌变俗人著。先曾在《世界繁华报》刊登，从光绪二十九年(1903年)五月到光绪三十年(1904年)八月又断续在《绣像小说》登载。全本刊印首见阿英编《晚清文学丛钞·说唱文学卷》。此剧根据《清议报》所载同名翻译小说《经国美谈》改编。讲的是古希腊阿善王为国献身的故事。阿善国原本民心涣散，由于阿善王的为国捐躯，激起国民图强救亡的热情，团结一致，共同御侮，终于保全了国家。李伯元改变这部作品的用意何在呢？查阿英先生编《晚清戏曲小说书目》(上海文艺联合出版社1954年8月出版)中，在“戏曲”条目中对本戏云：“系就小说《经国美谈》所改变，藉西事以促进维新运动。”

李伯元的作品，还有《南亭笔记》、《南亭四话》两书。

《南亭笔记》，全书十六卷，署武进李伯元著，泾县胡寄尘校订，上海大东书局石印，线装本四册，1919 年 7 月初版。全书约 13 万字，据目录收笔记 672 则，实际则有 691 则。内容主要记述有清一代上自宫廷、下至闾巷一些著名人物的遗闻轶事，其中对晚清官场的黑暗腐败和一些官僚的昏庸贪鄙颇多暴露。书中笔记实录，正是作者创作《官场现形记》、《文明小史》等小说的极好素材。周贻白先生曾撰《〈官场现形记〉索隐》一文，即依据《南亭笔记》内容，探索《官场现形记》本事，对笔记和小说进行比较研究，帮助读者了解本事与创作的关系。这也正好说明，这部笔记富有史料价值。此书为伯元遗著，书中有几则记事发生于伯元去世以后，显然是他人之作，被编辑者所混入。

《南亭四话》，署武进李伯元著，上海大东书局 1925 年 12 月石印本，线装本八册。卷首载古稀老人序，每册一卷。卷一至卷四为《庄谐诗话》，计 503 则；卷五至卷七为《庄谐联话》，计 475 则；卷八上为《庄谐词话》，计 46 则；卷八下为《庄谐丛话》，计 107 则。全书约 25 万字。按本书实为上海六艺书局 1911 年出版的《艺苑丛话》和《滑稽丛话》两书的合二为一，只是稍作删改重加编辑而已。书中有十几则所记事实均发生在李伯元死后，或笔者的口气显然是浙江人，而非武进人，这些明显是他人之作，被编辑者所混入。

李伯元亦能诗词。孙玉声《退醒庐笔记》卷下“李伯元”条云：“为文典赡风华，得隽字诀。而最工游戏笔墨，如滑稽谈、打油诗之类，则得松字诀。”李锡奇《李伯元生平事迹大略》中说：“伯元学业精进，擅制艺、诗赋，能书画，工诗词曲……”但李伯元的诗词文赋，生前并未结集出版。这次编集时所收《李伯元诗文集》，辑录了今所知道并能搜寻得到的李伯元诗词文赋的全部作品。

李伯元的篆刻作品有《芋香室印存》一册，绘画仅存绢本《梅花寿带鸟图》一帧，并藏常州市博物馆。书法作品有行书对联“可人如玉，落花无言”一联，今藏上海市博物馆；亲笔书信六通，分藏于民间私家。

光绪三十二年丙午三月十四日，即公元 1906 年 4 月 9 日，李伯元终因积劳，原本患有的慢性肺结核病情加重，在上海大马路亿鑫里寓所病逝，终年四十岁。死后一贫如洗，幸赖老友名伶孙菊仙资助，才得以成殓，归葬家乡常州市南郊茶山乡李家村。

李伯元的小说《官场现形记》、《文明小史》以及其他文学作品，是晚清文学的重要组成部分，它们对当时社会，指斥时弊，揭露黑暗，在当时就具有比较进步的现实意义。李伯元的作品，对后世也一直有着积极意义的影响。今仅举一例，《新建设》杂志 1959 年 12 月号发表路工先生《鲁迅与民间文学》一文，其中说："十八岁的鲁迅，离开了故乡，到南京去求学，放假时，回家仍旧接连地去看社戏，他并没有因为受到'洋教育'就看不起'土东西'。这时，上海正是小报风行，我国著名的晚清讽刺小说家李伯元，主持编辑着《游戏报》，并设文社，经常出题目征文。鲁迅参加了这个社会性的文艺活动。在 1899 年 12 月 19 日《游戏报》公布征诗得奖名单里，周树人的名字列在前十名中。这里可以看出鲁迅在后期具有高度战斗的杂文的风格，和巧妙的运用民间笑话、寓言、歌谣、谚语去讽刺当时政治的黑暗，是受到了晚清讽刺文学不少的影响。"据此可见，李伯元的作品，作为晚清讽刺文学的力作，对后世的文学创作仍然有着不少的影响。

《李伯元全集》为国家古籍整理出版规划小组《中国古籍整理出版"九五"重点规划》中的古籍整理项目，特此说明。参加本集点校、编辑工作的人员有薛正兴、俞为民、薛飞、吴伟斌、王学钧、李忠明、冯保善、周骋、府建明同志等。本集的点校、编辑工作定有错误与不足，期望专家与广大读者指正。

（原载《李伯元全集》卷首，江苏古籍出版社 1997 年版）

《东周列国志》前言

《东周列国志》是一部脍炙人口的长篇历史演义，它为普及东周春秋、战国至秦始皇统一中国的历史知识，发挥了很大的作用，作出了有益的贡献。

最早讲述东周列国历史故事的，当首推宋元讲史话本，如《七国春秋平话》、《秦灭六国平话》等；还有元代杂剧，如：《晋文公火烧介子推》、《说专诸伍员吹箫》、《吴起敌秦挂帅印》、《庞涓夜走马陵道》、《冻苏秦衣锦还乡》、《后七国乐毅图齐》，等等。明代嘉靖、万历年间，福建建阳人余劭鱼根据前代历史典籍、话本杂剧的记述和描写，并穿插了一些诸如“苏妲己驿堂被诛”、“周穆王西游昆仑山”等民间传说和神话故事，从妲己驿堂被诛至秦灭六国，比较全面地搜辑了东周列国时期的历史故事，编撰了《列国志传》，共八卷，二二六节，刊于明嘉靖、隆庆间。明代末年，江苏苏州人冯梦龙在《列国志传》的基础上，“本诸《左》《史》，旁及诸书”，编撰了《新列国志》，全书扩充到一〇八回，计七十余万字。清代乾隆年间，江苏江宁人蔡元放把《新列国志》略作润色删改，再加了一些夹注及评语，易名为《东周列国志》，共二十三卷，仍一〇八回。究其实，以蔡元放名义印行的《东周列国志》，实即冯梦龙《新列国志》的评点本。因《东周列国志》的书名较为通行，故后来一直流行的就是这个本子。三百多年来，这是一部除《三国演义》之外流传最广、影响较大的通俗历史演义。

东周列国即春秋、战国时期，是中国历史上一个由奴隶制社会转变为封建制社会的大动荡、大分化、大改组的大变革时代。社会大变革，天翻地覆，“礼崩乐坏”，陵谷变迁，“春秋无义战”，合纵连横，“朝秦暮楚”，“楚材晋用”，等等，就是这一时期的历史特点。《东周列国志》就是以激烈的兼并战争和尖锐的阶级斗争为背景，描写了从周宣王起至秦始皇统一中国这一段历史中春秋五霸、战国七雄的盛衰兴亡。作者依据历史事实，通过艺术创作，对那些腐败残暴和骄奢淫佚的昏王暴君，如周幽王、齐襄公、晋灵公、陈灵公、宋康王、楚灵王等，进行了无情的揭露和鞭挞。而对那些励精图治、促进社会发展的开明君主，如齐桓公任用管仲，“修理国政，立纲定纪”，九合诸侯，几世称霸；晋公子重耳出亡，“艰苦备尝，十九年矣”，归国后为晋文公，“大修国政，举善任能，省刑薄敛，通商礼兵，拯寡救乏，国中大治”；秦孝公任用商鞅，“变立新法，使秦国富强，天下莫比”，都加以热情的肯定和颂扬。同时，作者对深受兵连祸结危害的广大民众，也寄予了一定的同情。

《东周列国志》全书内容时空跨度大，时间上从周宣王三十九年(公元前 789 年)起到秦并六国(公元前 221 年)，长达五百六十八年；地域上以中原为中心，幅射至东夷西戎，荆南漠北，涉及诸侯、四夷达五十余国，广达万里。全书人物众多，史事纷纭，头绪繁复，由于作者独具匠心，笔墨洗炼，巧于剪裁，避免了以往讲史演义往往写成味同嚼蜡的流水账的通病，在历史演义的文学创作上取得了一定的成就。例如：“弦高假命犒秦军”、“赵宣子桃园强谏”、“围下宫程婴匿孤”、“西门豹乔送河伯妇”、“卫石碏大义灭亲”、“蔺相如两屈秦王”、“鲁仲连不肯帝秦”、“信陵君窃符救赵”等故事，表现了我国人民传统的美好品质，都具有积极意义。例如：晋公子重耳出亡、孙庞斗智、伍子胥复仇、吴越争霸、荆轲刺秦王，以及“郑庄公掘地见母”、“歌扊扅百里认妻”、“老烛武缒城说秦”、“晏平仲二桃杀三士”、“孟尝君偷过函谷关”、“驱火牛田单破燕”、“吕不韦巧计归异人”等情节描写有声有色，曲折生动，娓娓道来，引人入胜。对于发生在春秋、战国时期的几次著名战役，例如齐鲁“长勺之战”及其曹刿论战、“秦晋龙门山大战”、宋楚“泓之战”、“晋楚城濮大交兵”、秦赵“长平鏖战”，都写得有条有理，跌宕有姿，刀光剑影，犹在目前。在人物形象的塑造方面，作者在艺术上进行了高度提炼，特别注重人物性格的塑造，不少人物被刻划得栩栩如生。如第一〇二回对朱亥义勇行为的描写：

蒙骜密奏秦王曰："魏使者朱亥，即锤击晋鄙之人也。此魏之勇士，宜留为秦用。"秦王欲封朱亥官职，朱亥坚辞不受。秦王益怒，令左右引朱亥置虎圈中。圈有斑斓大虎，见人来即欲前攫。朱亥大喝一声："畜生何敢无礼！"迸开双睛，如两个血盏，目眥尽裂，迸血溅虎。虎蹲伏股慄，良久不敢动。左右乃复引出。秦王叹曰："乌获、任鄙不是过矣！若放之归魏，是与信陵君添翼也。"愈欲迫降之，亥不从。命拘于驿舍，绝其饮食。朱亥曰："吾受信陵君知遇，当以死报之！"乃以头触屋柱，柱折而头不破。于是以手自探其喉，绝咽而死，真义士哉！

这里，以"秦王益怒"反衬出"朱亥坚辞不受"的坚贞不屈，以"虎蹲伏股慄"凸现出"朱亥大喝一声"的神勇威武，以"乌获、任鄙不是过矣"之语点明朱亥的威名远播，以"乃以头触屋柱，柱折而头不破"之举显示朱亥视死如归的精神。作者以沉着的笔调，凝炼的语言，着墨不多，在稍带夸张的描写里，成功地塑造了一个粗豪义勇的人物形象。书中塑造得成功的人物形象较多，诸如曹沫、骊姬、晋公子重耳、魏犨、伍子胥、越王勾践、孙膑、庞涓、廉颇、蔺相如、范雎等人。全书结构安排合理，构思巧妙，人物语言运用恰当，正如本书《凡例》所言："其描写摹神处，能令人击节起舞"，诚非虚语。

《东周列国志》全书语言资料丰富，文字平实易懂，明白晓畅。一些出自春秋、战国时期的成语典故，在本书中都有形象的记述和描绘，阅读后定能加深印象，更易于理解其中含义。例如成语：尊王攘夷、周游列国、朝秦暮楚、楚材晋用、唇亡齿寒、大义灭亲、上下其手、退避三舍、百步穿杨、完璧归赵、负荆请罪、鸡鸣狗盗，等等；再如典故：周郑交质、假途灭虢、祁奚荐贤、河伯娶妇、弄玉吹箫、东施效颦、卧薪尝胆、围魏救赵、问鼎中原、冯谖弹铗，等等。广大读者对这些成语典故的历史本事、源头出处，做到了然在胸，便于掌握和运用。

这次校点整理，以蔡元放《东周列国志》为底本，但全部删除蔡氏的评语及夹注；以冯梦龙《新列国志》为参校本，作了必要的校正。这次整理本保留了冯梦龙《新列国志》本的可观道人小雅氏所作的《叙》，以及全书《凡例》和《引首》，对读者可起到导读作用。蔡元放评点本在第一回回目前有类似全书引子的一首词，因已用了冯梦龙新志本的《引首》，故删除了这一首词；同时，在第一回中，仍补入冯梦龙新志本的入回诗。由于这次整理本含有冯梦龙、蔡元放两个本子的成分，故题为两个人合编。因这次整理本以蔡元放《东周列国志》为底本，书名又长期通行，故仍用此书名。

（原载《东周列国志》卷首，江苏古籍出版社1996年版）

《百城烟水》前言

《百城烟水》是清初徐崧、张大纯编辑的一部苏州地方文献专集，记述当时苏州府及其所属的吴县、长洲、吴江、常熟、昆山、嘉定、太仓、崇明等各州县的山川形胜、寺观名刹、园林宅第、名胜古迹；并在各条目下辑录了自唐宋以来，特别是明末清初诗家的登临怀古之作；书中亦间接记述了明末清初的政治遗闻、社会人事、风土人情，这就使本书既富有史地资料价值，也富有文学鉴赏价值。

徐崧，字松之，号臞庵居士，清初吴江人。他生当明末清初，素负诗名，曾与当时名家钱谦益、归庄、万斯同、潘耒、徐乾学、孙枝蔚、姜宸英、余怀、尤侗、金圣叹等人交游，诗酒往还，流连唱和。徐崧一生酷爱山水，好作旅游，他的足迹遍及吴中。他对苏州府及其所属各州县的名胜古迹，经过实地踏勘，访问山僧土民，征录方志碑碣，搜讨逸诗遗文，以之详考古今沿革，记述史地故实。徐崧的这种游览考察活动，受到了同时代人的赞颂："松陵徐臞庵先生，今之诗人，时以一瓢两屐，彳亍数百里，每遇名山大川，徘徊眺望，即至一丘一壑，亦必旁搜幽妙，寻章摘句，收拾奚囊中，荟萃成卷"；先生"博雅好古，耽林泉之趣，出必囊书载笔，搜览遗迹，用辑古今名贤辞藻，汇为一书；诗有所触，亦必见之吟咏，以寄其磊落英多之概"。徐崧正是通过这样艰辛的创作和编辑工作，为后人留下了一部不可多得的地方文献《百城烟水》。徐崧是由明入清的诗人，他的外出游览，并非纯粹的寄情山水，啸傲山林。他经历了"甲申国变"，有着难言的亡国之痛，大好河山沦陷异族，大有"江山信美非吾土"之感慨。他执着地系情于故乡江南的山川文物，正是曲折地反映了他强烈的民族意识和爱国情怀。他与数以百计的诗僧交游唱和，而这些诗僧，大多是不愿跟满清王朝合作的明遗民，其中不乏从事反清活动失败而遁迹山林削发为僧的士人。在本书"苏州·万岁楼"条下，辑录了好几家对清康熙皇帝歌功颂德的诗歌，这正是文人墨客攀龙附凤的极好机会，而本书编辑者徐崧却无这类迎合应酬之作。在"太仓·宝山"条下，编辑者竟毫无忌讳，赫然在目地辑录了明成祖御制诗一首。本书还辑录了抗清士人夏完淳的诗作，编入了被清王朝处以极刑的文人金圣叹、遭毁墓戮尸的学者吕留良的逸诗。书中还辑存了当时妇女王氏淑辰、吴氏淑贤、薛氏兰英、顾氏香久、陆卿子、朱氏静庵等人的诗作。特意提出以上几件事，为我们了解徐崧其人的政治态度和处世为人，或许是会有所帮助的。

张大纯，字文一，长洲（今苏州市）人，夙抱雅尚，素负文名，与徐崧"朝夕过从"，为莫逆之交。他见友人徐崧编辑的《百城烟水》，"见而悦之，助其捃摭"；徐崧去世后，"其残行剩墨，强半散遗"，张大纯"惜其赍志长往，重加纂辑，补缀完书"，于康熙二十九年（公元一六九〇年）付梓。

书名《百城烟水》，"盖取《华严》'南询'之意"。《华严经·入法界品》记述善财童子依照弥勒菩萨之教，渐次于南方经由百十馀城，参善知识而问法，此即"南询"之意。《性灵集》卷七云："故能访朋百城，勇锐之心弥励。"徐崧"意欲自吴而往，遍及江南诸邑"，故而"锓板问世，则姑从苏州一郡始，行将次第旁及"。我们从《百城烟水》的书名及其内容，正可以窥见徐崧的游览和写作动机。全书分九卷，依次记述苏州府及其所属各州县。本书包容甚富，内容丰赡，所记府城州县之历史沿革、政治遗闻、社会人事，向为研究晚明史者所称引；所记山川风貌、寺观园林、名胜古迹，足为研治方志、旅游地理学所取资；所记风土人情、土风谣谚、方言俗语，是研究民俗学、吴方言的不可多得的史料。江南历来为人文荟萃之地，文采风流，史书不绝，遗迹犹存。本书记载了唐代白居易与虎丘白堤，陆龟蒙之鲁望古宅，皮日休与徐修矩宅，寒山子与寒山寺；宋代苏舜钦与沧浪亭，范仲淹与天平山、文正书院，范成大之石湖别墅，文天祥与忠烈祠；元代倪云林与狮子林；明代唐伯虎与桃花坞，文征明与停云馆，张溥与五人墓，王世贞与太仓弇山园，王世懋与太仓澹圃；清初钱谦益、柳如是之常熟红豆庄，吴伟业之太仓梅村别业，尤侗之亦园，等等。这些古迹名园，或为文人原籍故居，或为墨客浪迹憩处，或为名家政绩遗存，都是研究中国文学史与吴文化的宝贵资料。因此，不论在史学上，或在文学、文化史及考据上，均可见本书的作用。

《百城烟水》编辑体例，仿照宋祝穆(字和甫)撰《方舆胜览》、明陈循(字德遵)等编纂的《寰宇通志》。书中先出名胜古迹之地名为条目，接着叙述其地理沿革、历史掌故、社会人事，有话即长，洋洋千言而意犹未尽，无话则短，三言两语即戛然而止；再辑录唐宋以来特别是明末清初诗人的诗词，或为登临怀古之篇，或为吟咏景物之什，也附以编辑者徐崧、张大纯的诗作，词句隽永，意境深远。这正如尤侗序所言："夫人情莫不好山水，山水亦自爱文章，文章借山水而发，山水得文章而传，交相须也。"自然景观与名章丽句相结合，使读者循览古迹，身临其境，眼前景，口中诗，心底情，诗画相配，情景交融，流芳千古，洵非虚语。

陆机诗云："山泽多藏育，土风清且嘉。"苏州地方山川秀丽，风俗嘉美。记述苏州风土之地方文献，代有名著，唐有陆广微撰《吴地记》，宋有朱长文撰《吴郡图经续记》，范成大撰《吴郡志》，均是中国古代方志中的上乘佳作；明有卢熊纂修《苏州府志》，文震亨撰《长物志》等等；入清以来，继《百城烟水》之后，则有张大纯编纂《姑苏采风类记》，顾震涛编纂《吴门表隐》，顾禄撰《清嘉录》和《桐桥倚棹录》，袁学澜撰《吴门岁华纪丽》，顾沅纂修《吴郡文编》，叶昌炽撰《寒山寺志》等等，出现了一大批方志专集，云蒸霞蔚，气象万千。虽说后出转精，记闻详尽，然而《百城烟水》成书较早，网罗甚广，熔方志、游记、诗集于一炉，体例新颖，文采亦佳，极负一时之盛名。清人朱彝尊编纂《日下旧闻》时，曾采摭其书；后人纂修苏州地方史志，考证文化故实，往往征引其事，可见本书对后世之影响。

《百城烟水》传世的唯一本子，是康熙庚午年影翠轩刻本。这次整理，即以影翠轩刻本为底本，加以新式标点，并进行必要的校勘。本书在编纂过程中,“止缘取便一时,遇景即书,荟萃成纸,恐致遗脱,随笔发刊,遂尔不及诠次,前后错互”,再加上手民误写误刻,因此刻本中误、倒、衍、脱,时有所见。校勘按书中实际情况区别对待。一、凡是征引前人诗文,疑有讹误,而能找到原诗文集对勘者,则据以校改。例如“苏州·南园”条引唐罗隐《南园》诗:“小窗飞野鸟,闲瓮养醯鸡。”据《全唐诗》卷六六五罗隐《南园题》诗作“小窗奔野马”,则“野鸟”当改为“野马”。(“奔”“飞”义近,视作异文可不改。)此用《庄子·逍遥游》“野马也,尘埃也,生物之以息相吹也”之典故,“野马”即“野塺”,就是尘埃。(唐诗中,韩偓《安贫》诗:“窗里日光飞野马,案前�管长蒲芦。”吴融《梅雨》诗:“扑地暗来飞野马,舞风斜去散醯鸡。”可证。)又如“吴江·江南”条引唐皮日休《松江早春》诗:“稳凭船舷无一事,分明□数鲙残鱼。”据《全唐诗》卷六一五,结句当作“分明数得鲙残鱼”,可见刻本既脱且倒。又如“吴江·醉眠亭”条引宋苏辙《题吴江李行中醉眠亭三首》之三:“京洛旧游真梦里,秋风无复□鲈鱼。”据《栾城集》卷六《次韵吴兴李行中秀才见寄并求醉眠亭诗二首》之二,脱落处当补入“忆”字。(原诗题中作“吴兴”,引诗作“吴江”,因牵涉引诗体例,此仍依刻本,不改。)又如“吴江·八拆”条云:“唐范正传治水劈河而直其路。”据《旧唐书》卷一八五下《良吏传下》范传正事,又据《新唐书》卷一七二《范传正传》“历歙湖苏三州刺史,有殊政”之记载,当乙正为“范传正”。二、有疑误处而能在本书中找到内证者,则用本校法校改。例如“常熟·慧日禅寺”条云:“旧名寿圣,又名曰安安,又名慧日禅院。”下文夹注中云:“《吴郡志》又云始于祯明元年。治平四年敕额寿圣晏安禅院。”可见“曰安安”当是“晏安”之讹,是“晏”字误分为“曰安”二字。三、有疑误处而不易找到原诗文集对勘者,则用理校法校改。例如“苏州·府城”条引明屠隆《吴门寻朱大复不遇明日置酒相招伤离道故凄然兴怀赋赠》:“我自鸣榔歌款乃,君今倚酒听箜篌。”又“苏州·石湖别墅”条引清张霖《石湖泛月》诗:“知是傍人宁耐寂,数声款乃放歌还。”两处“款乃”均不辞,当是“欸乃”之字误。(“欸乃”为摇橹声。唐柳宗元《渔翁》诗:“烟消日出不见人,欸乃一声山水绿。”唐元结《系乐府·欸乃曲》:“谁能听欸乃?欸乃感人情。”可证。)又如“吴江·钱泾”条引沈自铤《寒夜宿松之村舍》诗:“萧萧风月清,更静气转肃。空堂动夜杵,细语灯光绿。此时客兴高,置酒呼童仆。霜严衣裾单,惨冽入茅屋。云雷方见屯,高论相与勖。忧心尽前觞,吾道正羁来。”结句中“羁来”,按之诗义不辞,且“来”字与全篇入声韵“肃”“绿”“仆”“屋”“勖”不协韵,从诗义、字形、诗韵三方面推理,“羁来”当时“羁束”之形误。四、有些明显的误字别字,则随手校正。例如“己未”、“己丑”之“己”字,书中大多误作“巳”字;“倾圮”、“颓圮”之“圮”字,文中一概误作“圯”字;“无锡”、“锡山”、“驻锡”之“锡”字,多数讹为“锡”字;“佳节”、“佳日”、“佳名”之“佳”字,往往讹为“隹”字。再如“舍利”误作“含利”,“刺史”误作“剌史”,“丹心”误作“母心”,“段氏”误作“叚氏”。均按之文义,根据正字,一一校改。以上四点,仅是举例说明,校勘实际情况远比这复杂得多。凡校改处,均在文中径直改正,不再另出校记,以免繁琐。点校中失误疏漏在所不免,统希读者批评指正。

(原载《百城烟水》卷首,江苏古籍出版社 1999 年版)

《太湖备考》前言

茫茫太湖，白波生烟，汪洋三万六千顷，银涛雪浪远接天。湖山沉浮，隐现浪间，群峰罗列七十二，如拱如立如蹁跹。湖光山色，奇丽变幻，擅美东土，气象万千，确是祖国大地上的名胜佳区，人间阆苑。

《太湖备考》是清乾隆年间金友理编纂的一部太湖专志，记述当时太湖周围三州十县，即江苏苏州震泽、吴江、吴县、长洲，常州无锡、阳湖、宜兴、荆溪，浙江湖州长兴、乌程等县的沿湖水口、滨湖山丘；记述湖中山泉港渎、村镇聚落、寺观祠庙、第宅园亭、坊表冢墓、名胜古迹、风土人情、风物特产；记述太湖历代职官衙署、仓庾教场、兵防设置、重大战例、都图田赋、地名源流、考试选举、艺文书目、人物列女、灾异杂记；更以全书四分之一的篇幅，选录了历代歌咏太湖的诗文辞赋、名章丽句。全书从历史沿革、自然地理、政治军事、经济文化等各个方面作了记述，堪称是一部关于太湖的百科全书。这就使本书既富有历史、地理资料价值，也富有文化、文学鉴赏价值。

金友理，字玉相，清乾隆年间苏州吴县人，邑诸生。友理世居太湖东山，家世敦谨，兄弟四人，恂恂相友爱，时人皆以誉比前汉万石君家风。友理编纂《太湖备考》，其弟友琯、友玠、友瓒皆襄理校阅，传为佳话。太湖东山，地偏幽静，景色宜人，清初学术名流徐乾学、阎若璩、顾祖禹等曾僦居于此，屏谢尘嚣，专心著述，分别编纂成《明史稿》、《大清一统志》、《古文尚书疏证》、《读史方舆纪要》等传世史地之作。这些前贤的遗风馀韵，深深影响着金友理的治学道路和学术思想。友理生当乾隆盛世，学术昌盛，著述成风，他继承了清初一代宗师顾炎武的经世致用学风,师事地理学家吴曾,敏而好学,时负文名,尤留心经世之学。在吴曾的鼓励和指导下,金友理以太湖为研究专题,不囿于前人著述成说,而注重搜集最新资料,地皆亲履踏勘,物必据实目验,“于是束装裹粮,遍历湖山之间,而湖外之溪渎溇港,虽远必至,一一究其源委险夷,又复考古证今,务欲详其事而得其实”。友理正是这样通过艰辛的调查研究和考证编纂工作,为后人留下了一部不可多得的地志文献《太湖备考》。

书名《太湖备考》,不曰“志”,而曰“备”曰“考”,因湖泊不同于郡县,实与官修志书异焉;亦以示所辑未必尽核,聊以备后来之考订。“备考”者,谦词也。记述太湖之专书,友理之前有明蔡昇《太湖志》、王鏊《震泽编》、清初翁澍《具区志》,其开创之功,不可没焉。然而三书递修,钞撮旧籍,皆详于湖中而不及湖外,所重仅在游览名胜,而于经济、水利、兵防等实用诸项不及悉。友理则参照前书,订其沿讹,补其阙略,增设新目,拓广规模,终于撰就一部中国湖泊学史上比较成熟而有系统的专著。本书包容甚富,内容渊博详赡,为今日研究湖泊学、太湖自然地理学和人文地理学,探究明清时期太湖流域经济史、吴中水利史,研治吴文化、民俗学、吴方言等等,均提供了丰富而翔实的历史资料。因此,不论在史学、地理学上,或者在文学、文化史及考据上,均可见本书的作用。

太湖,包孕吴越,历史久远。古代中原华夏族称其为“震泽”,《尚书·禹贡》云:“三江既入,震泽底定。”汉孔安国传:“震泽,吴南太湖名。”而东南吴越土著则名之曰“具区”,《尔雅·释地》云:“吴越之间有具区。”晋郭璞注:“今吴县南太湖,即震泽是也。”《周礼·夏官·职方氏》云:“东南曰扬州……其泽薮曰具区,其川三江,其浸五湖。”汉郑玄注:“具区、五湖,在吴南。”《山海经·南山经》“浮玉之山”条云:“浮玉之山,北望具区。”晋郭璞注:“具区,今吴县西南太湖也。”自有文字记载的历史以来,不,应该说自更早的远古时代以来,太湖就为先民提供了良好的活动场所,孕育了祖国文明源头之一的吴文化。前些年,由南京博物院、上海大学文学院、苏州博物馆和吴县文物管理委员会派员组成的一支联合考古发掘队，在太湖东南湖区吴县境内的三山岛，发掘出一大批晚更新世哺乳动物化石，还有五千多件属于旧石器晚期人类打制的石器工具。这些发现表明，地处太湖中的三山岛，早在一、二万年以前，人类即已在那里生息繁衍。

太湖是怎样形成的，迄今尚无定论。湖区周围三州十县的传说云：太湖原本是一块平原，方圆千里。平原西南，群山逶迤，树木葱茏，神龙出没其间。一日，众多神龙下山嬉戏，“龙斗于野”，吐水成湖。无锡一带则流传着“沉没山阳县，氽出无锡城”的古老谣谚，亦说古代太湖原本是一块平陆，上面有个山阳县，有一年洪水泛滥，全县沉入水底，成为太湖；而在太湖北面，涌出一块陆地，就是今天的无锡城。这二则古老的传说，拨开它的神话迷雾，透露出了原始的、朴素的、浑沌的太湖成因的信息，给予今人以有益的启示。但是，传说毕竟是传说，并不能科学地解释太湖的成因。只有到了科学昌明的二十世纪，科学家们才先后提出了淤积说、泻湖说、积水说、下陷说等不同观点，不断地探究着太湖的成因。兹将这些观点，依次介绍于下。一、淤积说。早在本世纪初，我国著名的地理学家丁文江等认为，太湖为长江淤积而成。古太湖原本为古长江口，由于江口泥沙不断淤积，沙嘴围合成湖。这是最初对太湖成因所作的理论上的描述。二、泻湖说。三十年代，著名的气象学家和地理学家竺可桢与汪湖桢等提出了泻湖说，认为太湖经历了“海湾——泻湖——湖泊水网平原”的演变过程。古太湖原本为海湾，因长江泥沙堆积而形成沙嘴，并与钱塘江北岸沙嘴相接，这就将古太湖围成一个泻湖。后因泥沙不断淤积，海岸线逐步向东推移，泻湖渐成与海洋完全隔离的大小湖泊，太湖则是这些分散杂陈的湖群的主体，又经过以后的不断淡化，而形成今日的太湖。泻湖说之观点，曾为大多数地理学家和海岸地貌工作者所接受。三、积水说。近年来，随着对太湖地区地质、地貌、水文、考古和文献资料等多方面的综合研究，对太湖成因又有了新的认识。一些专家对泻湖说存在的问题进行了质疑，认为太湖成因是沿着“三江（即吴淞江、东江、娄江）——湖泊——水网化”的方向发展的，其形成时间约在全新世中期长江南岸沙嘴堆积发育之后，原来由孟河口(今江苏武进市孟河镇附近)入江的荆溪(古名濑水),因孟河口逐渐淤塞而改道东流,与北流之苕溪汇聚于古太湖洼地,遂积水而成湖。这就否定了泻湖说。特别是根据前些年在太湖三山岛发掘出来的旧石器遗址,认为更进一步证实了东北南三面为沙岗和沙嘴所包围的古太湖平原,本是一块古陆,而决不是海湾泻湖。四、下陷说。最近,又有一些专家提出了太湖系构造湖演变而成的观点。他们根据太湖地区的古海岸线位置、古地质构造与古生物化石、地貌形态和考古资料等诸多因素,否定了太湖地区在全新世初期曾有海侵,即彻底否定了泻湖说;同时又提出由于强烈的燕山运动,奠定了太湖地区的地质基础,以后在新构造运动的继续影响下,古太湖断陷盆地作西高东低的倾斜式下沉,湖区的边框形态,基本接近于今日太湖的面貌。在上述太湖成因论中,泻湖说是在淤积说的基础上发展形成的,且较成熟而有系统;积水说在整体上否定了泻湖说,但在成因阶段的某些论述上,却仍然吸收并改造了淤积说和泻湖说的部分理论;下陷说则彻底否定了泻湖说,也否定了积水说的前提,但是下陷说与积水说也并非互不相容,在理论上似可互补。这说明人们的认识,总是在前人的基础上不断发展,逐步深化。更为有趣的是,积水说和下陷说,与关于太湖成因的二则古老的传说,竟然不谋而合。神龙吐水成湖与三江积水成湖,平陆下沉为湖与盆地下陷成湖,何其相似乃尔?这古老的民间传说与最新的科学解释之间,究竟是偶然的外在的巧合,还是或许有着某种必然的内在的联系?笔者未曾研究,不敢臆断,还是请广大读者与专家们去思索,去想象,去探究吧!

太湖,湖面辽阔,天水相际,碧波万顷,蔚为壮观。据清初徐崧、张大纯编纂的《百城烟水》记载:“太湖,东西二百里,南北一百二十里,周五百里,广三万六千顷。”由于历年淤积围垦,湖面已略有缩减。据今实测,太湖面积为二千二百平方公里到二千三百平方公里,约合三万二千顷到三万四千五百顷。太湖仅次于洞庭湖、鄱阳湖,为祖国第三大淡水湖。太湖跨越江浙二省,襟带苏湖常三州十县(州县名已见前),据今行政区划,即是江苏省苏州市所属吴江市、吴县市;无锡市及其所属锡山市、宜兴市；常州市所属武进市；浙江省湖州市及其所属长兴市、吴兴县。这些滨湖城市县邑，自古以来就得太湖灌溉、舟楫、捕捞之利。新中国成立后，人民政府历年注重绿化山岭，疏浚河道，兴修水利，近年更注重治理污染，保护环境，使太湖更好地造福于人类。今由国家特辟为太湖风景区，更促进了太湖流域经济建设与旅游事业的迅速发展。今日太湖，是祖国东南大地上的一颗明珠，越来越变得更加美丽可爱。

太湖之美，山水兼备，湖光山色，竞秀争辉。太湖水美。汪洋三万六千顷，湖波渺渺入苍穹，时而白浪滔天，波涛汹涌，时而浮光耀金，幽雅恬静；春风秋色，渔歌帆影，奇幻多姿，引人入胜。太湖山美。七十二峰参差色，树影霞光重叠翠，沉浮缥缈，时隐时现，宛如片片翡翠，镶嵌湖面。青山似绣，碧水如绸，白云游移，蓝天作幕，风光旖旎多丽，好一幅天然画图。太湖洞美石亦美。一山飞峙太湖中，千娇深藏林屋洞，金庭玉柱，瑶林琼宫，流连忘返，隔凡绝尘；泉中落异葩，石上生灵笋，洞穴幽深，石趣无穷，形态自然，栩栩如生。太湖花果天下美。七十二峰空翠里，一峰花落一峰开，花香鸟语，果实累累，四季芬芳，沁人心脾。更有洞庭西山，可谓世外桃源，水中之山，山中有水，又复水围青山山藏水；水如垣，山如殿，湾如明月堤似环；山上民居数万家，村村皆莳花艺果，正是水抱青山山抱花，花光深处有人家。太湖物产更丰美。太湖莼鲈，脍炙人口。俗话说："苏湖熟，天下足。"太湖水，滋润着沃野千里，良田万亩，禾生双穗，岁岁丰收。太湖鱼虾，久负盛名；太湖珍珠，誉满人寰；碧螺春茶，驰名中外。太湖美，太湖之境是神仙境，太湖之水是生命水，太湖之山是花果山，太湖之乡是鱼米乡。太湖美，一编在手，美不胜收，翻阅《太湖备考》，或许会获得多方面的新的启示和美的享受。

《太湖备考》原有清乾隆庚午年金氏家刻本，后经咸丰年间兵燹，旧版阙失，藏书散轶。至光绪癸卯年，由太湖理民同知程良驭主其事，搜集藏版，已阙八十余页，命工锓补之，重加校印，遂成完璧，是为补刻本。是年，郑言绍刊刻《太湖备考续编》成。郑言绍，字季雅，清同光年间苏州吴县人，同治六年丁卯科举人，光绪六年庚辰黄思永榜进士，官河南祥符知县，历保知府，改发浙江，后致仕回乡，居太湖东山。郑氏平生推崇乡前贤金友理《太湖备考》一书，赞誉为“固文献之渊薮也”，遂以古稀之年，访罗人物，搜采轶事，棘手为文，老笔生花，著成《续编》四卷。郑书以《太湖备考》原编目次，仍其旧者十一项，续增者十九项；而其中“列女”一项，同治四年前皆采录吴耕云著《东山节烈编》，后此则以现访为继。“列女”一项，为《续编》卷之三、卷之四，占是书之半，于今实用价值甚微，徒充篇幅而已，今编集时，则仅录传序，作存目处理。这次编集整理，以《太湖备考》补刻本、《续编》郑刻本为底本，二本合一编目，加以新式标点，并进行必要的校勘。二编刻本，虽间有误倒衍脱之处，但为数不多，点校时即随手校改。凡校改处，均在文中径直改正，不出校记，以免繁琐。点校中失误疏漏在所不免，敬祈读者批评指正。

（原载《太湖备考》卷首，江苏古籍出版社1999年版）

《水浒与武打艺术》序言

《水浒传》是反映农民起义的一部不朽的长篇小说。农民起义的最高斗争形式是武装斗争，而在火器产生之前，所谓武装斗争主要也就是指武打。武打艺术，是《水浒传》中占有大量篇幅的、重要的艺术描绘对象。《水浒传》中的武打描写，对于小说展现社会生活，发展故事情节，塑造英雄人物，深化主题思想，都起着重要的推动作用。武打艺术，是《水浒传》内容的有机组成部分。可以毫不夸张地说，如果没有那么多集中的、绘声绘色的、神采飞扬的、合谱入势的武打艺术描绘，也就不会有为广大人民群众所喜闻乐见的、百读不厌的长篇小说《水浒传》。

王资鑫同志撰写的《水浒与武打艺术》一书，在《水浒》研究领域内，另辟蹊径，别开生面，从文学、美学、哲学、力学诸角度，特别是从武术学的角度，对《水浒传》中描写的武打艺术，进行了多方面的、既富有哲理又饶有情趣的探讨和研究。大凡《水浒传》中所描绘的硬功、轻功、射功、御功；马战、步战、水战、陆战；刀法、枪法，拳术、棒术；徒手相扑，持械格斗；攻城拔寨，偷营打店，等等，都一一排比，分门别类，对其作出科学的阐释和艺术的分析。本书还对中国古代文学作品中的武打描写，进行了纵向的考察，从而从宏观上肯定了《水浒传》武打艺术描写在中国通俗文学史以至于在中国文学史上的重要地位。《水浒与武打艺术》一书，正如它书名所点明的一样，填补了《水浒》研究领域内关于武打艺术研究这一方面的空白。阅读过《水浒传》的同志，不妨再读一读《水浒与武打艺术》，我想也许会从中得到美的享受和新的启示吧。

这里，就《水浒》武打艺术有关的问题，作一些补充论述。

第一,《水浒传》的成书与武打艺术的发展。马克思主义经典作家告诉我们,文学艺术的源头是社会生活。《水浒传》中精彩的武打描写,无疑是社会现实生活中武打艺术的再现和反映。《水浒传》是人民群众口头创作与文人艺术加工相结合而产生的作品。水浒故事在民间广泛流传的宋元时期,正是说话、杂剧等通俗文学逐渐发展到成熟的时期,也正是中国武打艺术形成各种套路、出现多种流派的时期。宋末元初,水浒故事已成为艺人们讲述、演唱的重要内容,以水浒人物故事特别是其中武打场面为题材的话本和戏剧,相继问世。从南宋罗烨《醉翁谈录》中"小说开辟"一条所记的说话目录看,已有"公案类"、"朴刀类"、"杆棒类"等分目,更有"石头孙立"、"青面兽"、"花和尚"、"武行者"等记载,这些显然都是有关水浒故事的书目,而且主要是讲说武打艺术的。宋末元初的《大宋宣和遗事》中涉及水浒故事的部分,是传世至今的水浒故事的最早话本,其中着力叙写了"杨志卖刀"、"智取生辰纲"、"宋江杀惜"等三个故事片段。在元杂剧里,有不少水浒戏,如《燕青射雁》、《燕青博鱼》、《武松打虎》、《病杨雄》、《一丈青闹元宵》、《张顺水里报冤》、《鲁智深大闹黄花峪》等;而其中关于黑旋风李逵的戏最多,据《录鬼簿》记载,就有《黑旋风》、《李逵负荆》、《黑旋风斗鸡会》、《黑旋风大闹牡丹园》等十多个剧目。元杂剧中对梁山泊的描写更为具体,水浒好汉已发展到一百零八将,对个别英雄人物如李逵、武松、燕青等已有生动的描绘。经过长期民间的广泛流传和艺人们不断的整理加工,最后经天才作家施耐庵的再创造,终于写成了千古不朽的名著《水浒传》。值得注意的是,《水浒传》与同时代出现的《三国演义》、《西游记》、《封神演义》、《北宋志传》等一批长篇章回小说,书中都有大量的精彩的武打艺术描写。而在此之前,宋元笔记、野史、话本、杂剧中,对武打艺术已有不少零星的、片断的记载和描写。到了元明时期,由于武打艺术的逐渐发展而趋于成熟,在明代则出现了不少武打艺术专著,如唐顺之《武编》、俞大猷《剑经》、郑若曾《江南经略》、戚继光《纪效新书》、何良臣《阵记》、程宗猷《少林棍法阐宗》、《长枪法选》、《单刀法选》、茅元仪《武备志》、汪伯言《白打要谱》、王余佑《拳术》,等等。在明代,产生了《水浒传》等一批富有武打艺术描写的长篇章回小说，同时又产生了众多的武打艺术专著，这决不是时间上的偶然巧合。《水浒传》等小说的产生，社会的历史的原因和文学内部的发展规律，无疑是其主要原因；但是，中国武打艺术的不断发展至元明时期趋于成熟，这不能不说也是其中的重要原因之一。因此，《水浒传》的成书与武打艺术的发展之间的联系，应该成为文学史专家和《水浒》研究工作者进行探讨和研究的课题之一。

第二，《水浒传》对后世武打艺术的影响。《水浒传》的家喻户晓，表明了它深受人民群众的喜爱及其流传的广泛。它对后世的影响是巨大的，深远的，也是多方面的。首要的是它对明清的阶级斗争，特别是农民起义有巨大的鼓舞作用。“逼上梁山”的反抗精神，智勇双全武艺超群的英雄人物，一直活在人民中间。《水浒传》是人民起义的教科书，从明末李自成起义到太平天国、捻军、黑旗军、义和拳，甚至民间秘密反清社团天地会、小刀会、红枪会等，无不受其影响。他们从《水浒传》中获得了巨大的精神力量，汲取了丰富的斗争经验，学习了精湛的武打技艺。正由于此，明清封建统治阶级恶毒诬蔑诋毁此书，明崇祯、清康熙、雍正、乾隆诸帝，都下诏严禁此书，甚至禁演了水浒书目和水浒戏。但是，石在，火种是不会灭的。就在《水浒传》被朝廷列为禁书的明末清初，在北方冀鲁等地（也正是当年梁山英雄主要活动地区），出现了一个著名的拳种门派，它有多种名称：秘宗拳、猊猔拳、迷踪拳、迷踪艺、十面埋伏拳，等等。然而，它原来的本名则叫做“燕青拳”。在这一门派中，凡得真传者，都用一种叫做“燕青手”的独特的手型进行练功；又有“燕青神捶”、“燕青寸八番”、“燕青第一路”、“燕青第二路”等套路。这名震遐迩的“燕青拳”，就得名于梁山好汉燕青其人。《水浒传》第六十一回说燕青“一身本事，无人比的”；称赞他“棍棒参差，揎拳飞脚，四百军州到处惊。人都羡英雄领袖，浪子燕青”。据传，燕青拳这一门派最早起源于唐末，传至宋代时由武林高手卢俊义在少林寺加以发展而成。卢的拳法刚柔并济，富有天然内劲，一般秘不传人。卢有一个年青的随身仆从燕青，爱好武术，看卢练武后他就一人独自琢磨学习。卢发现后，就常加指点，并正式收为徒弟，传授拳法。师徒二人同上梁山后，燕青独得卢之真传。以后，就由燕青传播这一拳法，故称“燕青拳”。这一拳派的门徒，为了避开当时的忌讳，便隐去燕青之真名，改称“秘宗拳”。燕青拳的特征是动作轻灵敏捷，有如猿猴腾跃，故又称“猊猔拳”。这一门派的拳法套路，是在蜘蛛网状的运动线路上，纵横回转，步行不止，如果是在沙地上练拳，则足迹会盖满整个沙地，故又称为“十面埋伏拳”。正因为此拳十分复杂，具有可以瞒敌眼目的独特步法，故又称为“迷踪拳”或“迷踪艺”。清末民初的武侠大师霍元甲，就是“迷踪艺”也就是“燕青拳”的正宗传人（参见日本松田隆智著《图说中国武术史》，新人物往来社 1979 年）。在历次农民起义中，武打技艺是农民军凭以战斗的一种有力手段；而农民起义又推动了武打艺术的进一步发展，使之愈趋精粹，并具有更为广泛的群众基础。《水浒传》的武打艺术描写与燕青拳的流播，正好说明了这一关系。因此，《水浒传》一类通俗小说中的武打描写，应该成为中国武术史研究的一个重要组成部分。

本书作者王资鑫同志，对中国武术研究有素，并已取得了不少学术成果。最近，他将书稿寄给我，要我审订，并为之作序。就在书稿即将付梓之前，我匆匆草成此篇，权当序言，并以之就正于作者王资鑫同志以及广大读者同志。

（原载《水浒与武打艺术》卷首，江苏古籍出版社 1998 年版，王资鑫著）

《中国历代书院志》弁言

书院之名，始于唐代，原意为藏书而兼校书之所。清袁枚曰："书院之名起唐玄宗时，丽正书院、集贤书院，皆建于朝省，为修书之地，非士子肄业之所也。"(《随园随笔》卷 14)稽之史籍，斯说诚然。《新唐书·百官志》云："开元五年，乾元殿写四部书。置乾元殿使，有刊正官四人，以一人判事；押院中使一人，掌出入宣奏，领中官，监守院门；知书官八人，分掌四库书。六年，乾元院更号丽正修书院，置使及检校官，改修书官为丽正殿直学士。八年，加文字直，又加修撰校理刊正校勘官。十一年，置丽正院修书学士。光顺门外亦置书院。十二年，东都明福门外，亦置丽正书院。十三年，改丽正修书院为集贤殿书院。"《旧唐书·张说传》云："因下制改丽正书院为集贤殿书院，授说(张说)集贤院学士，知院事。"《唐六典》云："开元十三年，改集贤殿修书所为集贤殿书院。"宋王应麟《玉海》云："开元十一年春，于大明宫光顺门外造丽正书院。"据上引，丽正书院、集贤书院，只是书院名称的始用，并非是具有学校性质的书院的始建。唐代以前，中国尚无印刷术，竹简木策，绢帛茧纸，刀刻笔抄，流布甚少，书籍向为官府、贵族所有。历代兵燹以后，官府均搜求遗书于天下，民间所献，均贡之于朝廷，藏之于秘府，并代有校书修书之举。既须校书，必赖藏书。故汉有东观、兰台、石室、仁寿阁，南朝梁有文德殿，北朝齐有文林馆，隋有嘉则殿，名称虽异，性质实同，至唐玄宗时则称为书院，其地均为藏书而兼校书之所。

后世所言具有学校性质的书院，是学者自动集结读书讲习、聚徒传业的场所。这种相对于官学的私学，源远流长。中国古代的私学，兴起于春秋战国之际，皆谓肇端于孔丘，隆盛于稷下，私塾家学，历久不衰。自汉至隋，私家授学之地，称精舍、精庐，至唐则有称书院者。民间士人私家藏书、读书、校书之所，称为学舍、书舍、书堂、书屋、书楼、书院，在唐代诗文及方志中记载甚夥。在《全唐诗》中以书院为题的诗篇就有10余首，例如：卢纶《同耿拾遗春中题第四郎新修书院》、《宴赵氏昆季书院因与会文并率而题赠》，王建《杜中丞书院新移小竹》，杨巨源《题五老峰下费君书院》，杨发《南溪书院》，李群玉《书院二小松》，贾岛《田将军书院》，吕温《同恭日题寻真观李宽中秀才书院》，等等。中唐以后，政治混浊，官学废坏，士人避乱于比较安定的乡郊山林，学者相与集结择地读书讲习，于是乎私学兴焉。诚如宋王应麟《玉海》云："前代庠序不修，士病无所于学，相与择胜地，立精舍，为群居讲习之所。"元欧阳玄《贞文书院记》云："以故家积书之多，学者就其书之所在而读之，因号为书院。"从而使上述私家藏书、读书、校书的书院，逐渐演化为学者讲学授徒、士子求师读书的场所。这就使过去仅有藏书楼、图书馆性质的书院发生了质变，成为具有学校性质的书院。

最初的具有学校性质的书院，是在私家聚书藏书的基础上产生并发展起来的，初创阶段，大多形制简单。如白鹿洞书院，原系唐宝历中江州刺史李渤早年的隐居读书处。渤即其地创台榭，植花木；岳麓书院，原系宋开宝九年潭州守朱洞始建，作讲堂5间，斋序52间，以待四方学者。只是到了宋代，方至盛行，诚如宋吕祖谦《鹿洞书院记》云："窃尝闻之诸公长者，国初斯民新脱五季锋镝之厄，学者尚寡，海内向平，文风日起，儒生往往依山林即闲旷以讲授，大率多至数十百人。"至宋初，遂有后世"四大书院"之称。而所谓四大书院，在文献记载中所指略有异同。《文献通考》所载是白鹿洞、石鼓、应天、岳麓，《玉海》则有嵩阳而无石鼓。据此，则可知当时较大的书院已有五六所，它们代表着中国古代最早的书院。

书院自创建以来，代有兴废。北宋初书院繁荣，后由于仁宗朝复制举各科，并诏州县立学，神宗朝更设科举以取士，以致官学兴而私学衰，书院沉寂至南宋初年。书院的复兴，以朱熹重建白鹿洞书院为标志。

朱熹于淳熙六年守南康军，该年秋呈文请修复白鹿洞书院，次年告成。其后书院遂日见兴盛，据《文献通考》记载，南宋后期海内请御书赐额的书院甚多，宁宗、理宗、度宗三朝共御书赐额书院20余所，这些都是当时规模较大的书院。到了元代，书院渐多。元代所建书院，首推燕京的太极书院，其后书院日益增多。及至于明代，各省均有书院，州县亦有书院。只是到了明嘉靖后，书院曾罹三次毁变。第一次毁废在嘉靖十六、十七年，《续文献通考》、《明通鉴》皆谓，罢各处私创书院。第二次毁废在万历七年，张居正当权，据《明史》、《野获编》载："七年春正月戊辰，诏毁天下书院。"第三次毁废在天启五年，阉党在废顾宪成之东林书院、邹元标之首善书院后，遂矫旨尽毁天下书院。经数次摧毁，书院由盛而衰。至清，康雍乾嘉数朝，大力提倡。雍正十一年，命各省就省城建立书院；乾隆元年，颁上谕，嘉奖书院。贤令所至，亦皆以兴教为先，更复亲诣书院，躬为讲解，其礼贤下士，尊师重道，身先为之倡，诚可嘉也。经提倡，清代书院日益隆盛。而自咸同以后，书院大多成为科举考试的附庸，不随波逐流的书院，仅有广州学海堂、杭州诂经精舍、江苏江阴南菁书院等数家。至光绪二十七年，诏改全国的书院为学堂，历唐宋元明清数朝900多年的中国书院制度，遂成为中国教育史上的陈迹。

中国古代书院，在它长期发展的历程中，在办学方面和教学方面都积累了丰富的经验。这些经验中的精华部分，构成了中国教育史上的一种优良传统。研究和总结这份宝贵遗产，对我们今天发展教育科学，推动教育改革，建设精神文明，都有着现实意义。不仅如此，开展书院研究，对全面了解唐宋以来的中国教育发展史、中国学术思想史，以至于中国文化史，也都是不可或缺的一项必要的工作。要开展书院研究工作，就必须详细地占有资料。书院情况的记载，起初散见于各种文献典籍中，例如，《全唐文》中刊有南唐徐锴《陈氏书堂记》，宋范仲淹《范文正公集》中有《南京书院题名记》，宋王禹偁《小畜集》中有《潭州岳麓书院记》，等等；记载相对集中的则有《玉海》、《文献通考》、《续文献通考》等类书。记载某个书院各方面资料的志书即书院志，约始于明代，这类书院专志实际上是所载书院的档案资料。清嘉庆六年，阮元主学政于浙江时，选辑杭州诂经精舍创办初期高材生的优秀课卷和主讲者程作，付梓为《诂经精舍文集》，开清代书院选刻课艺之风气。嗣后，一些品位高、规模大、声名显的书院率多仿效，如江苏江阴南菁书院刊刻《南菁讲舍文集》6卷，藏版院中。书院的志书与课艺，遂成为我们今天了解和研究古代书院各方面情况的不可多得的原始史料。

江苏教育出版社为保存珍贵文献，弘扬优秀文化，特多方搜求散藏于海内各地公私诸家的书院志古本、珍本、孤本、稿本，精心编辑整理，汇集为编，影印出版，颜曰《中国历代书院志》。参与本书编辑工作的有：赵所生、薛正兴、薛飞、胡慧斌、王剑、王华宝。我们相信，《中国历代书院志》的编辑出版，将对中国古代书院研究、中国古代教育史研究，以至于中国古代文化研究，起到推动和促进的作用。

（原载《中国历代书院志》卷首，江苏教育出版社1995年版；又载《文教资料》1995年第4、5合刊。署名赵所生、薛正兴）

《高邮王氏遗书》弁言

《高邮王氏遗书》，上虞罗振玉辑印。公元1922年，罗振玉从江姓手中购得高邮王氏父子未刊丛稿一箱，其中的写定稿，经整理编次，于1925年排印出版，即《高邮王氏遗书》。

《遗书》按内容和文体分类，大致可以分为三大部分：第一部分是高邮王氏的家状志传，即《王氏六叶传状碑志集》六卷；第二部分是王念孙的学术著作三种，即《方言疏证补》一卷、《释大》八篇、《毛诗群经楚辞古韵谱》二卷；第三部分是高邮王氏祖孙三代（安国、念孙、引之）的遗文，即《王文肃公遗文》一卷，《王石臞先生遗文》四卷并《丁亥诗钞》一卷、《王文简公文集》四卷并附录一卷。全书总计二十八卷（篇）。

《王氏六叶传状碑志集》六卷，汇集高邮王氏六世，即曾禄——安国——念孙——引之——寿同——恩晋，一脉相传祖孙六代的史传、家传、行状、行述、碑文、墓志铭、祭文等十八篇。这些传状碑志，记录了六世传主的生平事迹、师友交游、仕途经济、治学著述，也载有传主的奏议、书函、序跋、言论，揭示了高邮王氏家族的源流、迁徙、高曾祖及繁衍分支情况，包括其中所记述的家训、家规、家学渊源、治学家法等，均为研究高邮王氏父子学术思想的形成和发展，提供了极为丰富的背景资料。

《方言疏证补》仅成稿一卷，体例悉依戴震《方言疏证》，后附念孙案语，所补虽仅二十条，然循声求义，见解精到，确为大家手笔。这二十条补证内容，俱散见于后出之《广雅疏证》各卷有关条目内。念孙《与刘端临书》（乾隆五十三年）云："去年夏秋间欲作《方言疏证补》，已而中止……自去年八月始作《广雅疏证》一书。”可见原本准备用于编撰《方言疏证补》的材料，后来均全部转用于编撰《广雅疏证》一书了。

《释大》八篇，专释字之有“大”义者，故名《释大》。字之有“大”义者，《尔雅》收三十九字，《小尔雅》收六字，《广雅》收五十八字，《毛诗传义类》收五十字，《拾雅》收九十字，可谓备矣，而《释大》搜辑一百七十六字，依所隶之字母汇而释之。此书运用因声求义方法，以“大”义为例，辗转孳乳，探索语义发展之规律。据念孙自注，当有二十三篇，现在只存见、溪、群、疑、影、喻、晓、匣八篇。前七篇是罗振玉所得王氏手稿，有王氏自注；后一篇是王国维从王氏杂稿中清理出来的草稿，没有自注。王国维《高邮王怀祖先生训诂音韵书稿叙录》云：“又观先生遗稿，似尚欲为《释始》、《释君》诸篇而未就者，殊不无俄空之憾，然雅诂之繁，固不能一一为之疏释，先生盖特取《尔雅》首数目释之，以示声义相通之理，使学者推而用之而已。然则此书苟完，《释始》、《释君》诸篇苟存，亦不过示后人以治训诂之矩矱。而此残篇足以为后人矩矱者，固亦与完书无以异。盖大家之书，足以启迪来学者，固不以完阙异也。”（《观堂集林》卷八）《释大》之作，是以义类为经，声类为纬，在因声求义而贯穿证发时，先把属于同一字母的字根排列在一起，但主要是着眼于语根的，即是说，从发音的声上，取其相同的为一类，旁通互证，不但可以求得声同义近的证据，而且声与义之间递转的关系和演化的脉络也就十分清楚了。例如《释大》第四篇上“岸敖咢垠”四个字根，同属疑母，而其繁衍之字，声义虽有递变分属的现象，但仍是一脉相牵，彰然可考。如：厓岸圻堮并声之转，故边谓之厓，亦谓之岸，亦谓之圻，亦谓之堮。嚣为喧，嗷为众口愁，咢为哗讼，断为争辩貌，足以证明声同义近。而戭为戟锋，锷为刀剑刃；又獒为大狗，鹗为大雕，豻为大貙，骜为骏马，鳌为海大龟，鳄为海大鱼，簖为大篪……把声义相通的关系，说得既明白，又有条不紊。胡朴安云：“王氏之《释大》，搜辑冈、公、康、麢、勍、䇹、眼、吴、潤、𪛌、昜、㔾、王、㐬、宏等一百七十六字，辗转孳乳……则一百七十六字之孳乳，使牙喉八母之字，得以大备，并由此可知牙喉八母之字，皆有大之义。亦言语学上可以研究之一事也。”（《中国训诂学史》第一章）从《释大》一书的编撰，我们可以想见念孙平日研究训诂学功力之深厚，那样纵横交错地将古书旧义有条不紊地组织起来，用声音贯穿文字，从而发现声义相通之故，进而探索语义发展之规律。这种方法，应该说是接近于科学的方法了。

《毛诗群经楚辞古韵谱》二卷，按念孙自定古韵二十一部，将《毛诗》、群经(包括《周易》、《尚书》、《周礼》、《仪礼》、《礼记》、《大戴礼记》、《左传》、《公羊传》、《谷梁传》、《国语》、《尔雅》、《论语》、《孟子》等)、《楚辞》中押韵之字，分别部居，表而出之，并注明篇章，以便检覈。王国维《高邮王怀祖先生训诂音韵书稿叙录》云："案国朝治古韵者，始于昆山顾君，至婺源江君、休宁戴君、金坛段君而剖析益精，至先生与曲阜孔君出，而此学乃大备。先生分古音为无入、有入二大类，与戴、孔二君同，而不用其异平同入及阴阳对转之说；其分支、脂、之为三，尤、侯为二，真、谆为二，与段君同；又以尤之入声之半属侯，与孔君同；而增至、祭二部，则又为段、孔二君之所未及。此六家之于古韵，虽先后疏密不同，其说亦不能强合，然其为百世不祧之宗则一也。顾五家之书先后行世，独先生说，学者仅从《经义述闻》卷三十一所载古音二十一部表窥其崖略，今遗稿粲然，出于百年之后，亦可谓学者之幸矣。"(《观堂集林》卷八)

高邮王氏祖孙三代(安国、念孙、引之)的遗文，其中最富学术价值者，当推序跋和论学书札，如《王石臞先生遗文》卷二、卷三、卷四和《王文简公文集》卷三、卷四中的序跋和论学书札，便直接反映了高邮王氏父子的学术观点和治学方法。今举二例言之。王念孙《段若膺〈说文解字读〉叙》云："吾友段氏若膺，于古音之条理，察之精，剖之密，曾为《六书音均表》，立十七部以综覈之，因是为《说文解字读》一书，形声读若，一以十七部之远近分合求之，而声音之道大明。于许氏之说正义借义，知其典要，观其会通，而引经与今本异者，不以本字废借字，不以借字易本字，揆诸经义，例以本书，有相合无相害也，而训诂之道大明。训诂声音明而小学明，小学明而经学明。盖千七百年来无此作矣。"这里虽是对段玉裁的学术思想和治学方法的评述，其实也是王念孙之夫子自道，更何况段、王出自同门呢。段、王在编撰《说文解字注》、《广雅疏证》以前，曾经对群书训诂都做过大规模的综合研究工作：一种是以韵部为纲，依据他们自己所考定的古韵部，将古书训诂，列表分类，如段氏为《六书音均表》，立十七部以综覈之，而念孙分古韵二十一部，编写《毛诗群经楚辞古韵谱》等；一种是古书训诂，汇而释之，如段氏有《古文尚书撰异》、《毛诗小学》、《周礼汉读考》、《仪礼汉读考》等，而念孙则有《释大》、《雅诂表》、《群经字类》、《读说文记》等。段、王有着如许深厚学养为坚实基础，他们自能得心应手地做到"训诂声音明而小学明，小学明而经学明"。再如王引之《与焦理堂先生书》（嘉庆二十一年）云："惠定宇先生考古虽勤，而识不高、心不细，见异于今者则从之，大都不论是非。如说《周礼》丘封之度，颠倒甚矣，它人无此谬也。来书言之，足使株守汉学而不求是者爽然自失。"从这则书札中，我们可以看到高邮王氏父子大力倡导"实事求是"的治学风气，反对"不论是非"而"株守汉学"，指出了惠栋墨守之弊，这从而揭示了高邮王氏学"熟于汉学之门户而不囿于汉学之藩篱"（王引之《经义述闻序》）之高见卓识。

江苏古籍出版社于十五年前，曾影印出版由中国训诂学研究会主编的《高邮王氏四种》，即《广雅疏证》、《读书杂志》、《经义述闻》、《经传释词》，为当时振兴中国训诂学研究，特别是开展高邮王氏学研究，起到了推动作用。当此新千年之交，江苏古籍出版社将重印《高邮王氏四种》，中国训诂学研究会名誉会长、九十高龄的训诂学家徐复教授提议，可将《高邮王氏遗书》及刘盼遂先生所辑补编一并影印出版，以飨学人。今遵徐老指示，《高邮王氏遗书》以上虞罗振玉辑本为底本影印，并增入今人刘盼遂教授所辑《王石臞文集补编》、《王伯申文集补编》等为附录，为世之治高邮王氏学者提供更多有用的资料。

（原载《高邮王氏遗书》卷首，江苏古籍出版社 2000 年版）

《过云楼书画记·续记》弁言

过云楼是苏州望族顾氏的藏书楼，以藏有宋元以来佳椠名钞、珍秘善本、书画精品而名闻遐迩。《过云楼书画记·续记》，系清顾文彬撰《过云楼书画记》、民国顾麟士撰《过云楼续书画记》二书的合集。

顾文彬（公元 1811—1889 年），清元和（今苏州市）人，字蔚如，号子山、紫珊，晚号艮盦居士、艮盦老人，室名过云楼、艮盦。道光十一年（1831 年）举人，二十一年（1841 年）进士，官刑部主事，升员外郎，出知湖北汉阳府，擢武为盐法道，以父忧去职，同治九年（1870 年）复出，官至浙江宁绍台道。平生工倚声，善操琴，书法宗唐欧阳询、褚遂良，精于鉴赏，富于收藏，所著录碑版卷轴，乌栏小字，题识殆遍。著有《过云楼诗》、《眉绿楼诗》、《眉绿楼词》、《百衲琴言》、《跨凤吹笙读谱》、《过云楼书画记》、《过云楼集帖》、《可自怡斋试帖》等。顾文彬晚年游宦归来前后，与三子承共同主持营建了怡园别业。文彬有诗曰："凭空结构此园林，世俗尘无一点侵。别写胸中丘壑趣，萧疏如画澹如琴。"并云："宅后尚书里，购得废址十馀亩，先构义庄祠堂数十楹。就其馀地，疏池叠石，种树莳花，楼阁亭榭，参错其间，皆承手创，工已过半，余归后复与互相斟酌，全局完好，名曰怡园。在余为自怡，在承为怡亲也。"又有句曰："题评甲乙平泉例，寒碧狮林鼎足三。"并云："吴郡自经兵燹，废园奇石，多湮没于荒烟蔓草中，披榛剔藓而致之，故怡园之石，几与狮子林、寒碧庄争胜。"（《哭三子承诗四十首》之十八、十九）怡园坐落于苏州市护龙街尚书里，占地并不算多，却以小巧见长。怡园布局灵巧，营构精致，层次分明，疏朗宜人，非性爱山水、胸有丘壑者，莫能经之营之也。时人赞美怡园：不出城廓而获山水之怡，身居闹市而得林泉之趣。洵非虚誉。冒广生《鹤庐记略》云："怡园广可数十亩，叠石为山，引泉为池，窈然而深，洞然而明，四时花树交枝连络，都人士联袂而来游者目不暇给，盖亭台之胜，在冶城之中，未有若斯园者。"（《小三吾亭文甲集》）更为人称道者，怡园亭廊壁间，镶嵌有我国历代书法名家晋王羲之，唐怀素，宋米芾，明唐寅、祝允明、董其昌等人的书法石刻多方，称为"怡园法帖"；还嵌有元四大画家之一吴镇（字仲圭，号梅花道人）精妙的水墨竹石石刻。这些书画石刻，其本身自有一股清逸高雅的艺术气息，笔情墨趣与园中景色浑然交融，以至寸山多致，片石生情，从而使池石亭台、树木花草构成的景物形象，升华到更高的艺术境界。顾文彬的造园艺术，得益于他精通诗词书法，又能倚声度曲，更善赏鉴书画金石。各门艺术自有相通之处，古语云"触类旁通"，诚哉斯言。顾文彬多才多艺，为后人留下了一部脍炙人口的《过云楼书画记》。

顾麟士（公元 1865—1930 年）字鹤逸，又字谔一、谔，号西津，又号筠邻、晋叔、西津散人、西津渔父、一峰亭长、鹤庐主人，又署顾六，室名鹤庐、海野堂、甄印阁。麟士为文彬文孙，是近代著名的书画家、藏书家。著有《过云楼续书画记》、《因因庵石墨记》（未完稿）、《鹤庐画赘》、《鹤庐题画录》、《顾鹤逸山水册》、《顾鹤逸山水精品》、《顾西津仿古山水册》、《鹤庐画趣》、《鹤庐集帖》等。作为新一代的怡园主人，其家过云楼收藏古今书画精品真迹至富，甲于吴中，麟士继承祖业，家学精湛，作画以山水见长，尤擅临古。"稍长，益取经明贤，上规宋元，又兼综于国初六家，寝馈以之，自成高格"（《吴县志》）。麟士宗法清初"四王"（王时敏烟客、王鉴圆照、王翚石谷、王原祁麓台），游情翰墨，兴致写山水，得烟云出没、峰峦隐现之态，故气韵深厚，笔致沉雄。时人冒广生曾记云："余来吴门游顾氏之园屡矣，因得识吾鹤逸，而余友吴子昌硕又时时为余称道鹤逸不去口。鹤逸少时，即有洒然之致。其所作画，出入烟客、元照，世之真鉴赏者，未闻有闲言也。既性喜鹤，因以鹤名其庐。陈眉公云：'若是学道，故是黄鹤背上者。'舍鹤逸将谁属也！"（《小三吾亭文甲集·鹤庐记略》）顾麟士生当清末衰世及民初军阀混战之时，社会动荡，政治黑暗，因不满科举而一生不仕，在怡园以金石书画自娱。光绪中叶，怡园名流云集，群贤毕至，每月开画社，吴昌硕、金心兰、吴清卿、顾若波、王胜之、费屺怀、陆廉夫、颜莼生辈，咸隶社籍。届时，案陈琴罍，杂供花药，挥毫泼墨，论书评画，切磋琢磨，技艺精进，意得神怡，乐在其中也矣。怡园水木清华，“遂为有清一代艺苑传人之殿”（《吴县志》），时人则称怡园主人有云林清秘遗风。麟士祖述家风，凭藉殷实，一生“好版本之学”，“宋元旧椠及老辈遗著，悉悬金求之”（《吴县志》）。苏州历来为人文荟萃之地，怡园藏书，类多精核，宋元以来佳椠名钞、珍秘善本，缥缃盈架，富甲江南。当时的著名学者、版本目录学家缪荃孙、傅增湘、张元济、章钰等，在顾麟士的藏书活动中，都曾与之有友好往来。麟士大量收藏书籍字画外，还喜收录金石、碑版、印玺等，极大地丰富了过云楼藏品。其所藏宋拓《瘗鹤铭》鹤寿本，艳称于世。麟士生于书香门第，多才多艺，于方剂、营造、园艺、雕刻诸术多具神解。麟士感念祖父、父辈“咸惟书画是好，累叶收藏，耽乐不怠”，“予幸获益之非晚，何可不述祖德、重负云烟邪？爰成《过云楼续书画记》六卷，附前记而行”（《自叙》）。

顾文彬撰《过云楼书画记》十卷，其中书类四卷，画类六卷，合璧者则入画类。顾麟士撰《过云楼续书画记》，其中书类二卷，画类四卷，体例仍仿前记。书中所记书画，皆为过云楼所藏之精品，例如王羲之、释智永、吴道子、范仲淹、苏东坡、米襄阳、朱熹、赵松雪、吴仲圭、沈石田、仇十洲、唐伯虎、祝枝山、文徵明、李龙眠、董香光、萧尺木、龚半千、陈老莲、八大山人、石涛、清初六家等等名家真迹。书画记鉴别真伪，考镜源流，皆甚精深，足供鉴赏家参证。全书数说家珍，历叙翰墨，评书艺，论画风，谈文人逸事，述艺坛掌故，内容所涉至广博，旁及诗词、剧曲、音乐、金石、历史、佛道等诸科目，不惟可资广闻多识，并且提供了许多有关书学、绘画、文学、美学、史学、工艺等的考据研究资料。书中一些画记，描摹山水，不假雕饰，寥寥数语，涉笔成趣，文笔隽永，风姿摇曳，深得六朝时人如郦道元《水经注·江水·三峡》、陶弘景《答谢中书书》、吴均《与宋元思书》等山水小品之神韵，读来令人如同身临其境，心旷神怡。书中所附文彬撰《草窗年谱》，对由宋入元的宋遗民词人周密（字公谨，号草窗）生卒之年、平生交游、著作系年，都作了全面考察，爬梳钩沉，提出确证。年谱内容充实，考证精详，可供治宋词史者取资参证。

关于本书版本，顷接顾笃璜先生函示，今特钞录于此："贵社出版的《过云楼书画记》所据的是家版木刻本，《续记》过去未及刻印，解放后（1959 年）因捐赠书画，上博（上海博物馆）作为回报，内部印过线装排印本。原稿于文革中散失，唯此排印本可据。以上均藏我处。贵社出版时，我请世伯汪葆楫和堂兄顾笃瑾（荣木）校订。"笃璜先生系麟士文孙，顾氏家藏均由其与兄弟继承保藏，熟悉家珍，其言有据。本集由顾荣木、汪葆楫先生据《过云楼书画记》家版木刻本及《续记》线装排印本校点整理，断句稳妥，校勘严谨，堪称善本。

顾麟士在《过云楼续书画记》末尾云："愚家祖孙父子秉性好古，断简残片中往往遇精妙之品，必抉而出之以为快。其不精者，虽真不取。三世鉴别，数十年收集心力，成此二册，要为非易，故记之以告来者。"（《续画类四 · 又合册》）可见本书选材之精严，写作之艰辛，固宜长留天地、光作日高耳。

（原载《过云楼书画记 · 续记》卷首，江苏古籍出版社 1999 年版）

《王念孙王引之评传》后记

1988年10月10日，南京大学中国思想家研究中心与南京大学出版社举行签署出版《中国思想家评传丛书》协议书仪式，我作为兄弟出版社的代表应邀赴会，聆听了《评传丛书》主编、老校长匡亚明先生关于编撰、出版这套大型丛书宏伟规划的讲话，深获教益，深表钦佩，深受鼓舞。三年后，《评传丛书》陆续出版，我就成为其虔诚的读者。面对传主即先贤们在“立德”、“立功”、“立言”诸方面的成就和贡献，内心深处兴起“‘高山仰止，景行行止。’虽不能至，然心向往之”的崇敬之情。

2002年秋，我在江苏古籍出版社退休而转为返聘留用。其时，老友、南京大学出版社社长任天石先生来访，告诉我周勋初先生提议要我撰写《王念孙王引之评传》，我说，眼下我正在点校整理《范仲淹全集》，尚未完工，恐怕一时难以承接写作任务。2003年春，素未谋面的长者冯致光先生(南京大学原副校长、中国思想家研究中心主任)来电话，正式约我撰写高邮二王评传，我如实汇报了我的顾虑，虽然读过不少人物评传书籍，但是我自己却从来没有写过评传，恐怕难以胜任。冯先生说:你既然能写出高邮二王的研究论文，也就能写出高邮二王的评传。所谓评传，顾名思义，就是有评有传，传中有评，评中有传，传评结合，做到写传实事求是，述评公允得当。相信你能写好。面对长者的信任和鼓励，我就只好应承了下来。

三十年前读研时，我曾下功夫攻读高邮王氏四种，后供职于江苏古籍出版社，主持编辑出版高邮王氏四种和《高邮王氏遗书》，其间大量地阅读了关于高邮二王的研究资料。多年来积存下摘录的高邮二王研究资料卡片二千余张，读书札记二百多条，编写的资料汇编《高邮王氏父子生平及著述》、《高邮王氏父子学术交游》二种，写作论文初稿《王念孙与训诂学》、《王念孙训诂学思想的来源》、《王念孙训诂学训释方法述评》、《王念孙发明新训范例》、《王念孙的校勘方法》、《王念孙的推理校勘》、《〈高邮王氏遗书〉略述》等七篇，其中有二篇经整理后公开发表，而大多数文稿和札记，只因职事殷繁，无暇理董，一直沉埋在抽屉深处。为写二王评传，翻出这些旧稿短札，觉得作为资料或许还有点用处，起码能省却部分搜求之劳。然而仅靠这些卡片、札记、旧稿是远远不够的，特别是缺乏关于高邮二王所处乾嘉时期社会的政治、经济、文化、学术全貌，王引之的学术业绩，高邮二王研究的最新成果等等资料。于是只能采取笨办法，那就是重新通读二王著述，继续搜求有关资料，认真构思评传章节。经过反复梳理和思考，总体上感到高邮二王在学术方面成就卓著，材料多多；而在生平方面，他们的求学、治学经历，也跟同时代的学者一样，并无传奇之处，他们在仕途上沉浮进退，确有几次可圈可点的壮举，也有过挫折，但这样的史实记载毕竟太少。我感到这二王评传真的难写，不好把握。

2005 年 4 月 16 日，我去南京师范大学文学院参加省语言学会常务理事会议，下午顺道到随园教授公寓拜谒恩师徐复先生，汇报学业，也说了写作二王评传的困难。徐老说：不要怕难。你要记住，后人服膺高邮，就是服膺于高邮的学术和人格。我说：学生谨受教矣。这年仲夏，周勋初先生惠赠大著《李白评传》，我在致谢时，特意请教写作学者评传的要领，周先生说：撰写学者评传，重点要突出传主的学术贡献。通过写生平和学术业绩，以揭示出传主的思想底蕴和人格魅力。传要文史交融，评要有所褒贬，做到既有深沉的历史思考，又有导向的价值评判。我说：学生谨受教矣。鲁国尧先生提供给我最新的二王学术研究资料，并嘱咐说：高邮二王人品学问，世称楷模，他们不仅是成就卓著的学者，也是刚正不阿的廉吏。王念孙弹劾和珅，王引之平反冤狱，值得大书特书。我说：学生谨受教矣。

在构思和写作过程中，南京大学中国思想家研究中心和南京大学出版社给予了极大的关怀。研究中心副主任周群先生，同我一起商讨章节安排，修订写作提纲。南京大学出版社副总编辑胡豪先生，对书稿的写作体例、行文规范提出了诚恳建议。《评传丛书》常务副主编蒋广学先生，不厌其烦，细心审阅了拙稿的前三章，并提出修改意见。在写作艰难时，南京大学出版社社长左健先生劝慰我说：为保证书稿质量，写作不宜过分着急，交稿期限可适当放宽。以极大的宽容，允许我交稿一拖再拖。完稿后，江苏省语言学会秘书长王华宝先生受《评传丛书》终审小组的委托，逐字逐句审读了书稿；南京大学出版社马蓝婕女士担任复审，副总编辑胡豪先生担任终审。在这各次审读过程中，或调整用例，或改写附注，或勘补罅漏，为书稿质量严格把关，使之能最大程度上符合现行学术规范。在此，对上述诸同志一并致以诚挚的谢忱。

拙稿原计划有"馀论"一章，拟写"高邮王氏若干训诂条目商榷"、"高邮王氏若干校勘条目商榷"、"高邮王氏学对后世的影响"，等等。高邮王氏的训诂、校勘，向以精审见称，但由于受时代和阶级的局限，受当时学术研究总体水平和所掌握古书资料的局限，他们在具体的校释条目中也存在着一些不足和失误。例如，对偏义复词"成败"、"刑赏"、"祸福"、"耳目"、"亲疏"等词义的误解；分析省句例"唯无(毋)……"句式，立说前是而后非，中道易辙，误入歧途；特别是有些校勘条目，在缺乏直接的或间接的版本根据的情况下，高邮王氏的主观推测，其结论往往失之偏颇，引起争议；等等。高邮王氏之后的学者，如俞樾、孙诒让、章太炎、杨树达等，尽管他们平生服膺高邮，但在他们的著述中，也屡对王氏校释提出不同的看法。近人裴学海著《评高邮王氏四种》(载《河北大学学报》1962 年第 3 期)，就指出高邮王氏不少的错误。不过，高邮王氏在训诂、校勘中的一些不足和失误，仅占其全部著述的极少部分，可以说瑕不掩瑜，无损于高邮王氏学的精深博大。最后，考虑拙稿篇幅嫌长，这"馀论"部分就只好割舍了。

拙稿在构思和写作过程中，曾参考了前修时贤的有关论著，他们的研究方法和研究成果，启发我拓宽视野，开阔思路，消解积疑，使得写作顺利完成。在此，谨向前修时贤致以深深的敬意。写作中还得到了众多师友的关心和支持，南京大学海外教育学院前后两任院长许惟贤先生、李开先生，南京大学文学院徐有富先生，江苏省凤凰出版传媒集团副总经理吴小平先生，凤凰出版社（原江苏古籍出版社）社长姜小青先生、副总编辑倪培翔先生、副社长卞惠兴先生，广陵书社（原江苏广陵古籍刻印社）社长曾学文先生、副社长孙叶锋先生，他们或帮助析疑，或提供资料，或惠寄图籍，在此一并致以深切的谢意。

值此拙稿即将出版之际，我深切怀念我读研时的二位导师：洪诚先生（1910.12.6—1980.1.21）、徐复先生（1912.1.8—2006.7.24）。我年方弱冠，即受业于恩师洪诚先生，前后达二十年，先生耳提面命，亲切教导，至今言犹在耳，而恩师已长逝矣。每念及此，星陨山颓，曷胜摧慕。先师遗著《洪诚文集》，已由同门师兄弟合力编就出版，以自慰释。2006年7月下旬，正当拙稿紧张写作之际，惊闻恩师徐复先生逝世噩耗，辍笔摧咽，悲痛不已。先生教导我二十八年，在我撰写的一些论文初稿上都留下了先生批改的手迹。2006年元月25日，即农历新正前，师兄弟们同向先生拜年，先生九秩晋五，谈经论义，一如既往，嘱我发扬光大高邮二王学术精神，做专精研究。当时情景，如在目前，思之泫然。先师生前自订的《徐复语言文字学晚稿》一书，经同门师兄弟一起认真编校，终于赶在先师逝世一周年追思会召开之前顺利出版，稍可宽慰。先师洪诚先生、徐复先生，都是国学大师黄季刚先生的入室弟子，他们的人品学问、道德文章，激励我勤奋学习，专心求知；他们的谆谆教诲，我永远铭记在心；他们的音容笑貌，将永远活在我的心中。心香一瓣，谨以此书献给先师洪诚先生、徐复先生的在天之灵。

（原载《王念孙王引之评传》卷末，南京大学出版社2008年版）

《洪诚文集》述评

今年是洪诚教授诞生九十周年、逝世二十周年。我们在纪念这位著名的语言学家、为培育语言研究和教学人才而鞠躬尽瘁的教育家时,由先生的弟子们收集、整理他的文稿手札,编成《洪诚文集》,奉献给当代和后世。我们相信,《洪诚文集》的出版,一定会对汉语研究和训诂学研究的发展起到积极的推动作用。

《洪诚文集》由《训诂学》、《雒诵庐论文集》和《中国历代语言文字学文选》三书合集组成,今依次简要述评如下。

富有创获的《训诂学》

这部专论有三个特点。

一、著者根据多年从事训诂教学和研究的实际经验,就训诂学的各种基本问题、重要的基本原则、有关的基础知识、应掌握的基本技能,突出要点,条分缕析,深入浅出,作了较为系统和全面的叙述。对一些重要的问题,辨析周详而不流于烦琐,叙述简明而不流于空疏。著者在训诂学专题研究和古汉语综合研究这两方面,功力极深,因此书中富有创获,往往发前人所未发。例如对《尔雅》成书年代的考证,对《左传》"蹇叔哭师"节省句例的解释,对作日头讲的"太阳"一词出现年代的论定,等等。这不论在古代汉语教学上,还是在训诂理论研究上,确实能给予读者以多方面的有益的启示。

二、注重理论联系实际,紧密结合古代汉语教学的实践,紧密结合整理古籍的实践，从中提出一些带有规律性的问题加以分析研究，以总结前人的经验教训，阐明训诂学的一些基本原则。因此全书内容侧重以实例进行方法上的启发，让读者自己在实践中融会贯通，举一反三，因而避免了以往同类书籍只是简单列举训诂条例，或是单纯地引述前人议论的通病。特别是第四章“读注”、第五章“作注”，更是专讲训诂方法和技能的运用，为以往同类书籍所空缺，当更受广大读者的欢迎。

三、学术上求实求真，既十分尊重前人的研究成果，又如实指出其中的千虑一失。在所举实例中，对古人注疏、今人新注，往往能发疑正读，纠谬正讹。凡是论辩之处，对错误的观点和解释，不为尊者讳，不唱“三岔口”，而是指名道姓，针锋相对，实事求是，直斥其误。学术为公器，艺高才胆大，无私才无畏。这在当前学术界有些论辩文章常常“打迂回战”的情况下，确是一种难能可贵的求是精神，也是值得提倡的优良学风。

求实务本的论文集

洪诚教授的《雒诵庐论文集》，共收十七篇学术论文，其中在《中国语文》、《语言研究》、《南京大学学报》、《光明日报》等报刊上公开发表过的计十一篇，新近整理出的未刊稿六篇。按内容分为四组，第一组是以《论南北朝以前汉语中的系词》、《王力〈汉语史稿〉语法部分商榷》为代表的汉语史论文六篇，第二组是以《训诂杂议》为代表的训诂学论文五篇，第三组是以《读〈周礼正义〉》为代表的礼学研究论文五篇，第四组即《关于新城新藏〈东洋天文学史研究〉中几个问题的讨论》长文一篇。

洪诚先生是一位对古汉语语法作过深入研究的汉语史专家，对汉语研究中的一些重大问题，抒发了很多创见，作出了很好的阐释。特别是对汉语史研究中一些有争议的问题，以辩证唯物主义和历史唯物主义的发展观点，从汉语语法特点上作出较为深辟的分析，而得到较为圆满的解决。徐复先生说：“君旧有《论南北朝以前汉语中的系词》、《论古汉语的被动式》、《关于上古人称代词形态问题的讨论》、《略论量词“个”的语源及其在唐以前的发展情况》、《王力〈汉语史稿〉语法部分商榷》等文，皆于古汉语语法有所阐明，为研究汉语史者所乐道。夫讲训诂而不通语法，则不能融会全文，而多扞格，读君论文，乃能豁然确斯也。”(《〈训诂学〉序》)

洪诚先生在《论南北朝以前汉语中的系词》(1957年)一文中，不同意王力先生在《中国文法学初探》和《中国语法理论》中认为“是”之成为系词在第三世纪以后而萌芽于东晋、“为”不是系词的观点，对此进行了理论联系实际的多方面论证，辨析系词和动词的区别，用大量语言事实列出先秦、汉、魏用“是”作系词之例，辨析“是、此、斯”的异同，描述“是”由代词演变为系词的过程，考察上古的系词“为”，分析“为”和“惟”的关系，并对上古系词的性质和种类作了总结：“考之实际，‘是’这个系词在西汉前期就产生了，不始于东晋”，“系词性的‘为’，春秋以前用‘惟’，战国以后用‘为’”。这是洪诚先生应《语言研究》编辑部吕叔湘先生约稿而公开发表的第一篇学术论文，其中的一系列具体研究成果，无一不是从语言实际出发，关于系词产生年代的论断，是他对汉语语法史研究作出的重大贡献，在汉语研究史上是值得大书特书的。王力先生在《汉语史稿》中册第三章第四十一节“系词的产生及其发展”中说：“汉语真正系词的产生，大约在公元第一世纪前后，即西汉末年或东汉初叶。在王充《论衡》里已经有不少‘是’字是当系词用的。”并在脚注中说：“我一向以为系词始于东晋，盛于南北朝。1956年夏天，洪诚先生对我说，《论衡》里有许多系词的例子。我因此得以修正我的结论，谨此志谢。”(《汉语史稿》中册，科学出版社1958年，第353—354页)在获悉新的语言实例之后，王力先生修改了原先的说法。对此，洪诚先生在《王力〈汉语史稿〉语法部分商榷》(1964年)一文中，又作了专门论述，再一次指出：“系词‘是’产生在西汉前期的《史记》时代。在此以前的《谷梁传》、汉高祖《手敕太子文》，在此以后的《盐铁论》，连《史记》本书，出现系词‘是’共有十几个(《史记》一书有七句，《豫让传》连‘我是也’共有两句)。例过十，法当立……所以系词‘是’的产生时期应该是公元前一百年前后。

王先生定为公元一世纪前后，以《论衡》时代为断，还不太正确。”洪诚先生论述系词“是”产生时期的这两篇论文，是中国语言学史上求实务本、理论联系实际的宝贵文献，对汉语史研究有着深广的影响和启示。

洪诚先生《训诂杂议》(1979 年)一文在《中国语文》杂志发表时，正是先生受国家教育部委托在南京大学举办训诂学培训班之日。徐复先生在《〈训诂学〉序》中说：“君另有《训诂杂议》一篇，阐述训诂条例，指示途径，学者所当先务。”洪诚先生在文中指出：“训诂，如果不联系各方面有关的知识——如古代语言文字、历史事件、典章制度等等去仔细考虑，就容易牵强附会，甚至作出错误的解释。”并通过正反两方面的古今训诂实例，提出必须随时注意的问题：一、说明古汉语文字通假，必须根据古音；二、破字立训，必须以古人语例为依据；三、用词造句之例，反映了语言发展的时代性，要细心观察；四、古人著书，行文用字，每每自有其例，贯穿全书；五、要具备古代名物制度的常识。全文联系实际，发凡起例，很多问题发前人所未发，这不仅对训诂学理论研究和汉语研究，而且对整理古籍和编纂语文工具书等训诂实践，都有着重要的指导意义。

洪诚先生为黄季刚先生弟子，传黄先生三礼之学，研习毕生，造诣极高。陆宗达先生曾赞誉洪诚先生，“年轻时适逢国难，在颠沛流离的生活中也手不释卷，卷帙浩繁的《周礼正义》点读过六遍，枯燥琐细的《仪礼》至今还能流畅地背诵”(《〈训诂学〉序言》)。1963 年，洪诚先生应杭州大学中文系语言文字研究室之邀，撰写了《读〈周礼正义〉》一文，刊载于《孙诒让研究》一书中。该文对孙诒让《周礼正义》一书作了全面深入的分析和评价，认为“此书集汉以后礼学之大成，故为经疏之冠，渊渊乎其难穷也”，寻其大端，厥有数善：无宗派之见；博稽约取，义例清纯；析义精微平实；以实物证经；依据详明，不攘人之善；全书组织严密。“其全书制作之精意微旨，古义之创发疏通，与夫训诂校勘之精善，非此数端之能尽”，“疏中发正郑贾数十百事，皆信美矣”。当然，由于受各种条件限制，孙书尚有未安者，“亦有汉儒之误未发，清人之误误述者”，洪诚先生摘取八则，条分缕析，发疑正讹，皆中肯綮，令人悦服。中华书局

1987年出版《十三经清人注疏》本《周礼正义》时，点校者王文锦、陈玉霞先生在前言中说："洪诚先生写过一篇《读〈周礼正义〉》，对本书作了全面深入的评价，我们特向读者推荐。"洪诚先生晚年又撰写了《读〈周礼正义〉续篇》，摘取孙书疏误之处三十馀则，一一详考辨正。洪诚先生在稿末附记："余读孙君书，始于1933年，时在南雍三年级，于其精思奥义，不能会也。1942年在贵州湄潭，潜心研习，始略有所窥。解放后无暇及此。至1963年，杭大中文系征文，曾举十馀事论之，此三十馀事待续论。今鳏居闵闵，生趣萧然。自念生平未了之事，一身之外，仅此而已。虽微文末节，亦当作一结束。暇日无多，仓促毕事。1976年5月21日，时年六十有七。"由此可见，尽管时势艰危，甚至生趣萧然，洪诚先生一心所系，始终是祖国的传统学术文化，五十年来屡遭坎坷，却初衷无改，无怨无悔，献身学术，鞠躬尽瘁。

《雒诵庐论文集》所收的学术论文，在论述任何一个课题时，都能立足于本题本论而作求实务本的深入细致的研究，进深开掘，于深邃之处始见广博，也即是说，这些鸿文是由博返约，于约见博的。洪诚先生是章黄学派的嫡传弟子，他把清代乾嘉学派戴段二王的研究传统广泛运用于训诂学研究、汉语史研究和三礼研究，并且获得了极大的成功。他公开发表的论文，为同时代的学者和后来的研究者所乐道，所引用，就是最有力的明证。

开掘深广的语言学史料

在我国，研究汉语的历史源远流长。两千多年来的汉语研究成果，是祖国宝贵的文化遗产的重要组成部分，我们应该进行科学的总结和批判的继承。历代语言研究的专著、论文，卷帙浩繁，数以千计；有些精辟的语言学说，长期被埋没在浩如烟海的经、史、子、集古籍中，这都有待我们去进一步发掘、整理。洪诚先生的遗著《中国历代语言文字学文选》，正是在这方面进行了比较系统的发掘、整理和研究工作，是共和国建立以来关于历代语言文字学论著、论文的第一部选本。

本书选文三十题，附录二十二题。时间上从先秦到晚清，上下二千年；内容涉及到语言学理论、文字学、音韵学、训诂学、方言学、词汇学、语法学、语文改革的理论和实践、汉语史等各个方面。这些选文，先秦的除《尔雅》外，都是从政治、哲学、历史著作中摘选的；汉朝以后的则绝大多数采录语言学专著的序跋或单篇论文，这也正好反映了中国语言研究的发展历程。这本《文选》在以下几个方面具有自己的鲜明特色。

第一，选材精当。本书所收文章，都经过精心选择。凡语言学史上各时期、语言学各分科有代表性的重要文章，都基本入选；一些具有重要参考价值的文章，则作为附录收入；另外，还有些不能不提的篇什，便在书端《序言》和篇末说明中或简单介绍、或顺便提及。这就是说，既不漏选，也不多收。这样，全书就认真贯彻了少而精的原则，真正做到提纲挈领，脉络分明，重点突出，便于初学。

第二，说解明畅。编选者对各篇论文从语言学的角度详加注释，认真考订。在篇末说明中，运用现代语言学理论进行缜密的分析、深刻的阐释。从历史唯物主义原则出发，对古代学者及其语言学观点作出比较中肯的评价。例如评价公孙龙："公孙龙是诡辩派，当然也谈不上语言学"，但是，"他注意词语的句法分析，对用词造句的研究，有促进作用"。这样讲，既不一概抹煞，也不生硬拔高。又如批评戴段二王："只研究三代两汉文献，轻视唐宋以后"。对他们不是全盘肯定，而是有所针砭。总之，采取了实事求是的分析态度。对有争论的学术问题，既客观地介绍了不同学派的观点，也明白地提出自己的见解。例如，对《尔雅》成书年代的考证，对"四声"起于东晋的辨正，对"与"字的连词、介词词性区分的分析，都纠正了过去研究中的一些疏误。各篇说明，文笔精练，繁简得当。作为一本入门书，能较好地做到简明扼要、深入浅出地介绍比较专门的语言学史知识。有几篇说明，还在"参考资料"中，附录现代学者重要的研究论文题目，这就把某一专题研究的历史和现状联系起来，扩大视野、开拓思路、指示门径，于初学不无益处。

第三，发掘深广。本书发掘了很多不为语言学家所注意的语言学史料。例如,书中选录的《墨经》和《经说》数条,都蕴藏着语言学的精义。《经上三十二》注释:“此条论语言之起源,最为精到。”《经下三》注释:“《墨子》这一条理论是从古汉语实际中提出的,符合于矛盾存在于一切之中的普遍真理,是中国语言学史的重要文献。”《经上七十八》注释:“《墨子·经说》已经明确了声音是语言的物质外壳。”并且说:“这种重要的语言学史料,从来不为语言学家所注意。现在不应该再让它埋没下去。”这些都是十分有识之言。再如,刘知几所著《史通》,是史评名著,其中多处论及语言问题,特别是《言语篇》,主张史书记言应该用当时的活语言反映现实,反对用仿古的死语言进行伪装,这是一种进步的语文改革理论,但向来不为语言学家所注意;本书则加以选录。又如,区分古韵支、脂、之三部,在段玉裁之前有蒋骥,但是无论汉语音韵学、中国语言学史一类专书中,都漏略蒋氏;本书则收其《山带阁注楚辞·说韵》两节,以明韵学发展之渐,不泯斯人首倡之功。本书不仅从古籍中发掘出成篇成章的语言学论文,而且还从大量的古书注疏、类书、笔记、杂著中采撷了有关史料。细心的读者定会发现,散见于书端《序言》、各篇注释和篇末说明中,编选者披沙拣金,发掘出了许多极宝贵的语言学史料。

此外,编选者为本书撰写了一篇精辟的《序言》,提纲挈领地介绍了中国语言研究的历史发展概况,简要阐述了各时期语言研究的成就、影响和局限性,评价了历代重要语言学家及其学说和著作,揭示了中国古代语言学家的研究原则和治学方法。《序言》一万五千字,包容甚富,与各篇说明密切结合,相为表里。据笔者所知,先生写作《序言》,曾经五易其稿,直至去世前不久,还在病榻上对有关人员口述修改意见。先生崇尚朴学,治学严谨,实事求是,精益求精,其优良学风,值得我们继承与发扬。

先师洪诚先生离开我们已经二十年了,他的音容笑貌仍然如在目前,他那慈父般的谆谆教诲永远铭记在我的心中,回忆往昔,不禁泫然。先师好学深思,博闻强识,著论博大精深,博观慎取,求实务本,注重实证,议论精辟,创见迭出,字里行间闪耀着思辨的光辉。《洪诚文集》集先师一生学术之精华，为我国汉语研究和训诂学研究留下了宝贵的文献，为后学的研修和引用提供了更多的方便。《洪诚文集》的出版，终于实现了先师的遗愿，也是对先师最好的纪念，倘若先师有知，定将含笑于九泉。

（原载《文教资料》2000 年第 6 期，又载《书品》2001 年第 3 期）

精心修订　求精求新

——简评《韩非子校注》修订本

先秦诸子散文，是中国文学遗产中的瑰宝。从其创作特色来说，《孟子》的磅礴犀利，《庄子》的汪洋恣肆，《荀子》的谨严绵密，《韩非子》的峻刻奇峭，都独具匠心，各擅其胜，学者得其一端，均可名家。从其思想内容来说，都是"百家争鸣"的产物，可以由此探索先秦时期各种思想互相冲突又互相吸收的情况，是研究中国思想史的宝贵资料。《韩非子》一书，是先秦诸子中最后出现的一部重要典籍，其涉猎甚广，包容甚富，不仅集先秦法家之"法、术、势"思想之大成，而且批判和吸取了其他许多学派的观点，记叙了众多的历史人物和历史事件，汇集了大量的民间传说和寓言故事，吸收和包容了春秋战国时期的许多文化成果，对唯物主义哲学思想的发展作出了出色的贡献。它对研究中国古代哲学、文学和史学等等，都有着重要的价值。

《韩非子校注》的初版本，写定于 1977 年，出版于 1982 年。在当时，是新中国建立以来第一部用现代汉语行文，对《韩非子》全书进行校勘、注释的简化字横排本。一经出版，即受到学术界和广大读者的欢迎。事后出现的一些评论，普遍认为该书水平颇高，深入浅出，雅俗共赏，校勘、注释和各种附件都做得不错。《韩非子》研究专家陈奇猷、张觉《韩非子导读》一书，评述上世纪出版的《韩非子》各种读本时说："其中最值得称道的，当然是《韩非子校注》。作者校勘时利用了国内各大图书馆珍藏的善本，取舍比较慎重，凡有校改，必列出校记。注释虽也有不妥的地方，但大多数比较简明精确，深入浅出。所以，该书也可以说是一种雅俗共赏的《韩非子》读本。"

《韩非子校注》[修订本]是在初版本的基础上，经当年负责全书定稿的南京大学周勋初教授精心修订，推出新版。新版保留了初版原有的特色和优点，同时又吸收了三十多年来很多新的研究成果。相对于初版本来说，修订本又有了明显的改进。

第一，文字使用规范化。初版本出版于1982年，为了便利广大读者的阅读，对《韩非子》全书进行校勘、注释均用现代汉语行文，并采用简化字横排本的版式。但是，当时正是颁行所谓"二简"方案之时，初版本也不可避免地出现了一些"二简"字。就是"一简"方案中以"迭、复、象"代替"叠、覆、像"字，在初版本中也比比皆是。这些，都是时代留下的烙痕。还有，由于对《简化字总表》第三表应用第二表所列简化字和简化偏旁得出的简化字，即类推简化字，理解不深，认识不准，在该书初版本中出现了诸如"钜、钽、飚、闇、貲、频、诔、谨"等等自造简体字。除此以外，还有编校中出现的一些错别字。上述这些不规范的用字现象，在修订本中都得到了校正。

第二，正确使用通假字。通假字与正字的纽带是音同(或音近)，若无此先决条件，则不成其为通假字。例如，適音 shì，谓适合，符合，今简化作"适"。而適音 dí，通"嫡"，又通"敌"；音 zhé，通"谪"。适读上述二音者，就不能简化作"适"(shì)，其原因就是读音不同。初版本中凡"適"字都简化作"适"，就使通假字"適"的读音与正字"嫡"、"敌"、"谪"的读音不一致，也就难以成为通假字了。修订本对上述情况都作了必要的纠正。例如，《八经篇》："庶適不争。"注释："適，通'嫡'，正妻生的儿子。"(第536页)《制分篇》："不用誉毋適。"注释："適：通'敌'。"(第601页)《解老篇》："而圣人强以其祸败適之，则怨。"注释："適：通'谪'(zhé 哲)，责备。"(第156页)这样的注释就符合科学性和准确性。

第三，增补和修订校勘记。初版本的校勘工作做得精深，得到了专家们的赞扬。修订本在原有的基础上，对个别校记作了补充和修改。修订本增补了初版本漏略的一条校记。《外储说左上·说五》："昭侯曰：'非所学于子也。听子之谒，败子之道乎？亡其用子之谒乎？'申子辟舍请罪。"这是初版本的文字，"听子之谒"与"用子之谒"同义，选择问句的两个选项一样，这就不合乎逻辑，显然文字有误。修订本作："昭侯曰：'非所学于子也。听子之谒，败子之道乎？亡其用子之术而废子之谒？'申子辟舍请罪。"（第326页）并增补了一条校记："[八十六]乾道本'用子'下无'之术而废子'，据顾广圻说补。《战国策·韩策一》作'又亡其行子之术而废子之谒乎'。"（第333页）校记既引清代校勘大家顾广圻之说为据，又引《战国策》异文为证，确凿不移。

第四，注释求精求新。修订本对初版本注释中的汉语拼音、词语诠释等，都作了审慎的校正和修改，修订本的注释就更精确。例如，《五蠹篇》："则民奚遽治哉？"初版本注释："奚：怎么。遽（jù巨）：就。"修订本注释："奚遽（jù巨）：如何，怎么。"（第552页）"奚遽"是一个复音疑问词，不能分训。清代训诂大家王念孙在《读书杂志·汉书九》"何遽不若汉"条中说："遽，亦何也，连言何遽者，古人自有复语耳。"王念孙的观点无疑是正确的。因此，修订本将"奚遽"、"奚距"都作复音疑问词处理。例如，《难二篇》："已得管仲之后，奚遽易哉？"注释："奚遽（jù巨）：为什么，哪里。"（第432页）《难四篇》："燕哙虽举所贤，而同于用所爱，卫奚距然哉？"注释："奚距（jù巨）：哪里，难道。"（第466页）精确的词义诠释，就能帮助读者更好地理解原文。修订本对原文中的古地名，都依照最新的行政区划，在注释中标明现今位置。例如，《初见秦篇》："大破荆，袭郢。"初版本注："郢：楚国都城，位于今湖北省江陵市北。"修订本注将"江陵市"改作"荆州市"（第4页）。江陵，自解放以来，多次易名：江陵县—沙市市—荆沙市—荆州市。现今定名为荆州市。若再注释作"江陵市"，则在近年出版的地图上就找不到这一地名了。再如，《有度篇》："睢阳之事，荆军老而走。"注释："睢（suī虽）阳：宋国地名，位于今河南省商丘市睢阳区。"（第36页）《难有一篇》："靡笄之役。"注释："靡笄（mí jī迷鸡）：古代山名，在今山东省济南市长清区内。"这样的注释，就能给予读者最新的地理知识，使之能比较容易地找到古地名所对应的现今地名。

第五，增加了不少附件。修订本增入了周勋初教授的两篇文章：《韩非子》一书的《导读》和《疯狂的年代，理性的思考——〈韩非子校注〉

编写始末》。前者用以帮助读者扩大视野;后者用以存史,记录了该书的编写历程和修订经过,也记下了作为该书初版定稿者和再版修订者的心得体会。修订本对初版本的附录进行了校正和调整,例如,将《〈韩非子〉版本书影》八幅调至书首,将《〈韩非子〉人名索引》和《春秋时期形势图》、《战国时期形势图》都调至书末,使之便利翻检。《〈韩非子〉人名索引》,在书眉上印上人名首字的笔画数,就更便于读者查检。

总之,《韩非子校注》修订本的校勘、注释质量属于上乘,校勘取舍慎重,校必有据,注释简明精确,深入浅出,可以说是一种雅俗共赏的《韩非子》读本。

(原载《古典文献研究》第十四辑,凤凰出版社 2011 年版)

李审言和他的文集

由胡乔木同志、蒋维崧教授题签，张舜徽教授、王利器教授作序，江苏古籍出版社整理出版的《李审言文集》，受到了国内有关专家、学者和国外汉学家的好评。

《李审言文集》是清末民初著名学者李详先生的遗著。李详，字审言，江苏兴化人。辛亥革命前后，曾先后担任江楚编译官书局帮总纂、安徽存古学堂教习、江南通志局分纂、东南大学教授、前中央研究院特约著述员等职，毕生从事学术研究和诗文创作。李详为学，博雅通识，继承了清代扬州学派汪中、阮元、焦循、刘文淇等学术大师的朴学传统，无门派之见，不以一先生之言为已足。其治学趣向，则以嘉定钱大昕（潜研堂）、仪征阮伯元（揅经室）为宗，故颜其所居为“二研堂”，题其所著为《二研堂全集》，以示景仰。李详一生著述甚丰，由于历经战乱，文稿几多散失。今以北京图书馆所珍藏稿本、抄本为主，搜辑了主要著作23种，约90万字，编成文集二册，实是一生著述之精华，集中地反映了作者精湛的学术水平和卓越的创作成就。

文集收入了作者众多的学术专著。李详以《文选》学名家，文集中收入了《文选学著述五种》，这些著述冲破以往《文选》学研究囿于笺注、考释的藩篱，而开始进行纵横两方面的比较研究，拓宽了研究领域，指示了新的途径，给后人以多方面的有益启示。章太炎先生曾经将李详和黄侃先生并举，认为两人是现代中国最杰出的《文选》学家，这可视作定评。再如，文集中的《文心雕龙补注》、《世说新语笺释》、《颜氏家训补注》、《汪容甫文笺》等专著，已为后来的或近几年不少学者出版的著作中，如范文澜《文心雕龙注》、杨明照《文心雕龙校补》、余嘉锡《世说新语笺疏》、徐震堮《世说新语校笺》、刘盼遂《颜氏家训集解》、王利器《颜氏家训集解》、古直《汪容甫文笺》等专书所大量取资引用，这足见李详学术著述影响之深远。此外，文集中收入的论文以及与友人往来的论学书札，同样富有学术价值。如著名论文《论桐城派》，就被选入由郭绍虞、罗根泽二位教授主编的《中国近代文论选》一书中。李详的这些学术专著和有关论述，博览精思，见多识高，对于研治祖国传统的文化学术，至今仍有重要参考作用。

文集收入的《愧生丛录》六卷、《药裹慵谈》六卷，记述了清末民初大量的历史掌故、遗闻逸事，是不可多得的文史资料笔记。在文集下册的《学制斋骈文》、《书札》、《文钞》、《诗钞》中，作者有所交往者，不乏当时社会名流、学界泰斗，例如王先谦、缪荃孙、张謇、端方、蔡元培、韩紫石、陈衍、刘师培、谭献、冯煦、李瑞清、丁福保、冒广生、钱基博，等等，这些文字记录，本身就是有用的史料。此外，文集所收作者诗文，有着艺术鉴赏价值。“文章合为时而著，歌诗合为事而作。”李详以工于骈文知名当世，他的诗文创作，直抒胸臆，发乎自然，叹时世之乱离，哀民生之多艰，反映了清末民初满目疮痍的世风民情，具有现实主义的创作精神。李详诗歌，刻意学杜，卓有成就，在由钱仲联教授主编的《清诗纪事》中就选入多首，评价甚高，这亦可见李详诗文创作之一斑。

（原载《书业导报》1994 年 8 月 25 日）

漫谈江苏版图书的地方特色

当今中国，出版社已达四百馀家，每年出版的图书品种数以万计。地方出版部门或地方专业出版社的出版物，要想在浩瀚的书海中不被淹没而能“跳”出来，唯一的出路是要创造自己的特色。出版物的特色，可以有多种多样。作为地方出版部门或地方专业出版社的图书，首先应该具有鲜明的地方特色。在某种意义上来说，地方特色是地方出版部门或地方专业出版社图书的生命。

在“文化革命”以前，地方出版社数目很少，一般一个省区只有一个地方性的综合出版社，几乎没有地方专业出版社，地方出版事业并不发达。从这种实际情况来说，也无法去侈谈什么地方特色问题。拿江苏情况来说吧，当年只有一个江苏人民出版社，中间曾经一度办过江苏文艺出版社，但办了几年就又合并了。中央有关部门对地方出版社规定了“地方化、大众化、通俗化”的出书方向，地方出版社只能编辑出版一些低档的、通俗的、普及的政治宣传读物，一些地方戏曲、小演唱、故事、民歌等大众文艺作品，而对于那些确实富有地方特色的高档的、精美的、学术性强的文史古籍、书画精品、科技成果、文艺著作，就受到多方牵制，出版不了。即使当事者冲破框框，能出一些，也往往为数甚少。拿江苏来说，“文化革命”前出版过《太平天国印书》、《太平天国艺术》、《张謇日记》、《辛亥革命江苏地区史料》、《江苏省和上海市方言概况》、扬州评话《武松》等好书。这些书籍，确实富有鲜明的江苏地方特色。经过二十年以上历史的筛选，这些好书至今仍为读书界所欢迎。例如，扬州评话《武松》，出版以来，一印再印，还被省市电台多次录音广播，为广大群众所喜闻乐见，今年九月又荣获了“1985—1986 年度江苏优秀图书奖”的精品图书奖。《太平天国印书》、《张謇日记》、《辛亥革命江苏地区史料》等书，是研究太平天国史，近代史的宝贵史料，至今仍为史学界朋友所称道。《太平天国艺术》一书，填补了中国艺术史研究中太平天国这一时间的空白，有它不可或缺的独特性和重要资料价值。《江苏省和上海市方言概况》一书，当时在调查方言、推广普通话、促进祖国语言规范化方面，起了积极作用，是吴方言和江淮方言的宝贵文献，本书至今仍为语言工作者奉为圭臬，也成了江苏省和上海市各市县编修新方志中的方言志时的重要史料。以上这些实例说明，富有鲜明的地方特色的图书，随着时间的推移，尽管物换星移几度秋，它们并没有被岁月的尘土所掩埋，它们自身所具有的文化学术价值和地方特色，却越来越被人们所认识、所重视。不过，话又得说回来，在建国后至“文革”前的一段时期里，这几部富有地方特色的图书，在数量上实在显得太少了，简直成了凤毛麟角。从年平均数来说，一年也摊不上一本，这当然就成不了气候。在已出版图书的总体构成上，所占比例更是微乎其微，仅仅是聊胜于无，在当时来说，也就不可能在读者心目中从图书总体上留下什么地方特色的印象。历史的经验值得注意。总结“文革”前江苏版图书在地方特色问题上的成败得失，对于今天办好各个专业出版社，开发和增强江苏版图书的地方特色，将会给我们以多方面的有益的启示。

粉碎“四人帮”以来，特别是党的十一届三中全会以来，出版战线同全国各条战线一样，取得了显著成绩。地方出版部门，认真贯彻党的解放思想、实事求是的方针，冲破长期以来“左”的思想的束缚，在“立足本地，面向全国”的方向指导下，恢复和发展了地方出版事业。随着改革、开放的前进步伐，各省区从只有一个综合性的地方出版社，发展为建立起若干个地方专业出版社；地方版图书的门类和品种越来越丰富，学术著作、科技图书、文艺读物、美术作品等都有大幅度增长，许多图书的质量有了显著提高，地方特色更有了明显的增强，整个地方出版事业呈现出一派繁荣兴旺的景象。

在这一时期内，我们江苏出版部门，也从一个综合性的地方出版社，发展为七个地方专业出版社，立足江苏，面向全国，编辑出版了一大批富有江苏地方特色的优秀图书。在这些图书中，具有浓郁地方色彩的《江苏地方文献丛书》、江苏城市风物志丛书、江苏城市史话丛书和以《江苏旅游大观》为主干的大量旅游读物，以绚丽的彩笔描绘了江苏各个城市的名胜古迹，园林风光，记载着大江南北的风土人情、古今沧桑，回荡着历史的足音，谱写着时代的乐章，深受海内外同胞的青睐和欣赏。江苏南京，十朝古都，给我们留下了丰富的史料，我们以明史、太平天国史、中华民国史为重点，编辑出版了《明史资料丛刊》、《明史研究丛刊》、太平天国的史料和论著、《中华民国史档案资料汇编》、《中华民国史档案资料丛刊》、双月刊《民国春秋》等众多书刊，并还出版了有关六朝、南唐的史学著作。这样，江苏的史学图书，以本地风光为主，形成了自己的特色。近几年来，在古籍整理方面，我们有计划地整理出版了《金圣叹全集》、《高邮王氏四种》(即清王念孙《广雅疏证》、《读书杂志》，王引之《经义述闻》、《经传释词》)、《李审言文集》等江苏学人专集，这项工作虽说仅仅是开始，却已有了良好的开端。在传统书画方面，编辑出版了《徐州汉画像石》、《六朝画论研究》、《扬州八怪画集》、《扬州八怪诗文集》、《郑板桥书法集》、《龚贤研究资料》、《龚贤册页》、《金农册页》、《过云楼书画记》等江苏古代书画精品和论著。在中医学方面，编辑出版了大部头的《孟河四家医集》，内容包括孟河费氏、马氏、巢氏、丁氏四家六位名医二十六种医书，洋洋大观，被誉为中医宝库中的一颗璀灿明珠；并且出版了《中医古籍小丛书》五十种，同时由古及今还编辑出版了当代中医名家邹云翔、章次公、黄一峰、张泽生、许履和等的医案医话集若干种。这样，以上述三类书为框架结构，自然而然地形成了江苏中医书籍的地方特色。江苏民间艺术，源远流长，群芳争艳，近年来编辑出版了《昆曲格律》、《昆剧史补论》、《江南丝竹音乐》和扬州评话、苏州评话、苏州评弹、长篇叙事吴歌、各地民间传说故事等大批传统文艺读物，这些书籍散发着浓郁的乡土气息，为江苏城乡广大群众所喜闻乐见。以江苏自然条件为研究对象的《江苏湖泊志》、《江苏植物志》、《江苏城市历史地理》和江苏乡土地理丛书，就像它们的书名一样，直接反映出了内容的地域性和地方特色。以《新四军丛书》为骨干的革命史料、革命烈士故事、革命斗争回忆录，利用本地活生生的材料，对广大群众特别是青少年进行革命传统教育。十一届三中全会以后，江苏乡镇企业发展迅速，小城镇建设卓有成效，江苏编辑出版了乡镇企业经营管理丛书、小城镇研究丛书、"星火计划"丛书，并在国内首次翻译出版了费孝通的名著《江村经济》中译本，这些经济类书籍，有着江苏自身的独特性。当代江苏文化艺术繁荣，各类人才辈出，当代作家、画家、书法家的作品大量出版，其中著名的有《叶圣陶集》、《陈白尘专集》，傅抱石、钱松岩、刘海粟、林散之、武中奇等名家的书画集，胡山源、方之、高晓声等的小说集。同时出版了众多当代江苏学者的学术专著，其中重要的有洪诚先生《训诂学》、《方光焘语言学论文集》、《徐复语言文字学丛稿》、《韩儒林文集》、《潘菽心理学论文集》、《高觉敷心理学文选》、《戴文赛科普创作选集》、段本洛《苏州手工业史》、钱玄《校勘学》，等等。还发现和扶植了一批脱颖而出的中青年作家和学者，为他们出版了专集。这些著作的出版，及时地反映了当今江苏的文化科技学术水平。以上所举多种门类和品种的图书，多方面、多层次、多角度地体现出了江苏版图书的地方特色。

近几年来，我们江苏出版界在本版图书的地方特色上，下了一番功夫，取得了一定成绩。具有地方特色的图书，在我们出书总体构成上占有相当比例。据估计，在江苏版优秀图书中，具有地方特色的图书大概要占到三分之一。在省出版总社编务处同志的帮助下，我们做了一个既方便又省力的抽样调查。在今年开展的"1985—1986 年度江苏优秀图书奖"的评奖活动中，各专业出版社推荐待评的图书共计 37 种，其中富有地方特色的有 12 种，占 32.4%；评出的获奖图书共计 28 种，其中富有地方特色的有 9 种，占 32.1%。这两个百分比与估计约占三分之一基本相近。当然，要想使所有的本版书，或者说每一本本版书，都具有江苏地方特色，那是不现实的，既不可能，也无必要。不过，使具有地方特色的图书，在本版图书总体构成中所占比例有所增长，这应该是多多益善。我个人认为,江苏版的美术图书,不论是书画作品还是学术论著,总体上都有着鲜明的地方特色。它与四邻的上海、浙江、安徽、山东等省市的同类图书相比,有着江苏地方的艺术特征和乡土气息。它并不因为与四邻共处华东同一地域,就模糊了自己的个性。江苏版美术图书,为注重地方特色,在出书路子和选题安排上,在同类图书的总体构成上,可以看出是经过认真考虑和悉心安排的。江苏版文史古籍、文艺作品,按理更能够也应该更多地体现江苏地方特色,虽说也出过不少具有地方特色的好书,然而在实际的出书路子和选题安排上,地方特色还并没有被放到更重要的位置上,在图书总体构成上比重还可增大。这也刚好从另一方面说明,在开发和增强江苏版图书的地方特色上,我们还大有潜力可挖,还有很多事情可干。

地方特色是地方版图书的本色,就像军队作战需要有根据地一样重要。对于这点,并非地方出版部门都认识到这重要性。有些地方期刊,或者把刊名中的本地地名"真事隐去",或者换上"中国"、"中华"、"神州"、"东方"、"远东"等字样,故意模糊地方期刊的地方性,从自我感觉上冒充中央级刊物,到处拉稿,结果把原有的一些地方特色丢得一干二净。也有一些地方专业出版社,不顾主客观条件,一味拼财力、拼物力、拼人力,只喜欢出全国性题材书刊,不注意开发本版书的地方特色,选题越大越好。那样做,也许一时间会"名噪四海",得到一些人的喝彩,但好景不会太长。长此以往,那样并不会增加自身的特色,保持自己的"声誉",反而必将丢掉原有的一些地方特色,败坏名声。丢掉自己的本色,去追求一些别的什么,那必将是邯郸学步,得不偿失,东施效颦,弄巧反拙。这样的事例,用不到多说、明说。成功或者失败,要看地方出版部门或地方专业出版社的决策者的主导思想如何。缺乏全局观念和长远观念的主导思想,包括忽视不同省区地方出版社的个性的建设,既存在出版方向问题,也存在思想方法问题。如今地方出版社的名单扩大了,长长的一大串,跟十一届三中全会以前相比,数目增多了七、八倍。这从繁荣祖国的出版事业来说,当然是好事。不过,好事要谨防变成坏事,必须注意一个倾向掩盖另一个倾向。关键在于,地方出版部门或地方专业出版社的决策者，对本地出版事业的历史和现状的个性（特殊性）有没有全局的认识。我说的全局观念，不限于某一省区出版事业的全局，而是包括把某一地方的出版部门或出版社放在全国以至世界的地位来考虑。倘若一个地方的专业出版社，缺乏与众不同的独特性，缺乏不可替代的独立性，那么，它有没有必要存在下去就值得考虑。人们不需要有名无实的地方专业出版社，不欢迎没有地方特色的地方版图书，人们所需要的是真正能够体现中国气派和地方风格、在文化上具有自身特点的地方出版社及其图书。从实际出发的这一要求的意义，绝不是仅仅局限于满足增加书刊品种和数量的需要。在如今提倡竞争，强手如林的形势下，地方专业出版社只有不断推出具有独特的地方特色的图书，才能真正做到“立足本地，面向全国”，才能真正使自己立于不败之地。

因此，开发和增强江苏版图书的地方特色，是江苏出版界值得注意和研究的一个重要课题。江苏地方特色，是江苏出版部门独占的潜在优势，就看我们能不能、善于不善于利用和发挥这一优势。江苏具有地方特色的出版资源极其丰富。江苏历史悠久，人文荟萃，自远古的吴文化到近代的南社，给我们留下了丰富的文化遗产。特别是从明清朝以来，江苏学人辈出，群星灿烂，学派众多，名作争辉，曾出现了中国经学史上的扬州学派、苏州学派，哲学史上的泰州学派、常州公羊学派，文学史上的阳湖文派、常州词派、梁溪词派，戏曲史上的昆山派、苏州派、吴江派，绘画史上的金陵画派、吴门画派、虞山画派、扬州八怪画派，中医史上的吴中医派、武进孟河医派，政治思想史上的东林党、复社、南社，等等。南京、苏州、扬州、常熟，曾是明清时期的版刻中心，印制了许多传世的典籍。名闻遐迩的公私藏书楼，遍布大江南北。江苏历代学人专集和以古方志为主体的地方文献，卷帙浩繁，汗牛充栋。对这些文化遗产，进行有计划的搜集、整理、出版，需要我们几代人的不断努力。江苏有许多历史文化名城（已正式公布的有七座），山河壮丽，风俗嘉美，蕴藏着丰富的历史文化和旅游资料，有待进一步开发利用。江苏地方戏曲曲艺，丰富多姿，竞放异彩，有昆剧、锡剧、扬剧、淮剧、苏州评弹、扬州评话等著名剧种(曲种)。近年来又不断发现了许多长篇叙事吴歌。这些传统题材,贯穿古今,都是富有地方特色的好选题。翻开中国近现代史,江苏大地,革命斗争风起云涌,许许多多的历史英雄业绩,应该大书特书。当今江苏经济文化发达,工农业生产总值居全国首位,名特优产品与日俱增,高等院校和科研机构林立,社会主义建设各条战线都涌现出大批新成果、新经验、新人物,必须及时总结和反映。这些现实题材,面向时代,面向生活,同样都是富有地方特色的好选题。我们立足江苏,面向全国,展望世界,一定要也一定能抓出江苏地方特色来。这就需要我们抓紧本省的古籍整理出版工作,确保江苏学人专集和《江苏地方文献丛书》等在选题结构中应占重要地位;要团结和建设好当今江苏作者队伍,进一步调动他们研究江苏、描绘江苏、讴歌江苏的积极性,热情地出版他们的作品和科研成果,为进一步开发和增强江苏版图书的地方特色而努力。

(原载《编辑学刊》1988 年第 3 期;又载《江苏省出版科研论文集》,江苏人民出版社 1988 年版)

薛正兴先生学术简表

薛正兴编审，男，1942年9月15日出生，江苏江阴人，文学硕士。是一位学者型出版专家，在语言研究、辞书编纂、古籍整理等领域享有很高的声誉。曾任江苏古籍出版社社长兼总编辑，江苏省《汉语大词典》编纂领导小组办公室主任等职。社会兼职主要有：全国古籍整理出版规划领导小组成员，中国训诂学研究会常务理事，江苏省语言学会副会长，江苏省古籍保护工作专家委员会委员等。曾主持出版了大量有文化影响和传承价值的图书，个人点校整理古籍数百万字，发表语言文字学和古文献学方面的论文数十篇，并应邀到西欧和中国台湾、香港等国家和地区进行访问讲学。为享受国务院特殊津贴的有突出贡献专家。2010年9月14日因突发心脏病在南京不幸去世，享年68岁。

1966年7月毕业于南京大学中文系，学制五年。师从名师，打下根基。

1968年1月至12月在南京地质学校任教师。

1968年12月至1978年10月，在浙江省第二地质大队、浙江省地质局工作。

1978年10月至1981年12月，在南京大学中文系攻读汉语史研究生，导师洪诚教授，洪先生去世后，转由南京师范学院中文系徐复教授指导，撰学位论文《〈古代汉语〉注释疑义讨论》，获文学硕士学位。同学有柳士镇、滕志贤、万业馨。

《〈古代汉语〉注释疑义讨论》，载《南京大学学报》1981年第1期。

1981年12月至1984年3月，在江苏人民出版社辞典编辑室任编辑。

《“落英”辨析》，载《中国语文通讯》1983年第2期。

1984年3月至1992年9月，在江苏古籍出版社任副总编辑兼第三编辑室主任。

1984年起，兼任江苏省《汉语大词典》编纂领导小组办公室主任。担任《汉语大词典》编委，第十卷分卷主编。并于是1988年11月至1992年12月，在省词办专职从事审稿、定稿工作。《汉语大词典》正文共12卷，30余万条目，5000万字。江苏省承担了71个部首的编写和审定工作，占全书200个部首的三分之一强；编写词条11万多条，也占条目的三分之一左右。在江苏省新闻出版局和《汉语大词典》工作委员会副主任高斯先生的领导下，经众多专家学者的共同努力，江苏省于1992年底如期完成所有审稿和定稿任务。《汉语大词典》1994年获国家辞书专项奖一等奖、首届国家图书奖一等奖。薛正兴先生等为《汉语大词典》的编写和出版做出突出贡献的专家和工作人员在北京人民大会堂受到了江泽民等党和国家领导人的亲切接见。

《“勤”字产生“努力、用功”义的时代》，载《中国语文通讯》1984年第1期。

《〈中国历代语言文字学文选〉述评》，载《南京大学学报》1984年第1期。

《〈左传〉记言省“曰”字三例质疑——与辛秋农先生商榷》，载《中国语文》1984年第3期。

《我国上古时代的四次地震》，载《古今中外》第22辑，江苏科学技术出版社1984年版。

《释“三九”、“九九”、“十九”》，载《古今中外》第25辑，江苏科学技术出版社1984年版。

《〈古书疑义举例续补〉校点失误举例》，载《镇江师专学报》1985年第1期。

《〈古代汉语〉注释原则及疑义讨论——与赵克勤、许嘉璐同志商榷》，载《徐州师范学院学报》1985年第1期。

《〈古代汉语〉(王力主编)注释疑义再讨论——与赵克勤、许嘉璐同志商榷》,载《苏州大学学报》1985 年第 1 期。

《谈王念孙的推理校勘》,载《社会科学战线》1985 年第 2 期。

《训诂学研究的新成果——简评〈训诂学〉》,载《中国出版年鉴》1985 年。

《特色鲜明 内容丰富 充满情趣——简评〈江苏岁时风俗谈〉》,载《新书报》1986 年 3 月 19 日。

《"固"字本义考——兼释"固塞"一词》,载《词典研究丛刊》第 7 辑,四川辞书出版社 1986 年版。

《〈报任安书〉注释疑义讨论》,载《南京师大学报》1986 年第 3 期。

《汉语数词词组的多义现象》,载《古今中外》第 38 辑,江苏科学技术出版社 1986 年版。

《谈文字起源与阶级学说》,载《语言研究集刊》第一辑,江苏教育出版社 1986 年版。

《关于文字起源研究的几个问题》,载《社会科学战线》1987 年第 1 期。

《〈清嘉录〉校点琐议》,载《苏州大学学报》1987 年第 1 期,又载《古籍整理出版情况简报》第 183 期,1987 年。

《两汉文学作品选》注释商榷(上),载《滁州师专学报》1987 年第 1/2合刊。

《两汉文学作品选》注释商榷(下),载《滁州师专学报》1987 年第 3/4合刊。

1988 年 4 月,获副编审资格证书,并被聘任。

1988 年起,担任中国训诂学研究会常务理事。

《〈吴越春秋〉词语校释》,载《社会科学战线》1988 年第 3 期。

《金圣叹逸诗二首胜语》,载《文教资料》1988 年第 4 期。

《〈湘山野录〉〈玉壶清话〉点校本补议》,载《古籍整理出版情况简报》第 199 期,1988 年。

《〈吴越春秋〉点校本校补及勘误》,载《古籍整理出版情况简报》第

200期,1988年。

《漫谈江苏版图书的特色》,载《编辑学刊》1988年第3期;又载《江苏省出版科研论文集》,江苏人民出版社1988年版。

《古汉语词义札记》、《古辞书及注疏书要籍平议》,载《语言研究集刊》第三辑,江苏教育出版社1989年版。

1990年被汉语大词典出版社聘任为《汉语大词典》(简编本)副主编。

1992年9月至1995年8月在江苏教育出版社任副总编辑。

《古为今用　造福桑梓——〈江苏地方文献丛书〉编纂琐记》,载《江苏出版史志》1993年第2期;又载《新华日报》2000年1月15日。

《李审言和他的文集》,载《书业导报》1994年8月25日。

《通俗实用的〈袖珍字海〉》,载《书与人》1994年第4期。

与赵所生共同主编《中国历代书院志》,并撰写《〈中国历代书院志〉弁言》,江苏教育出版社1995年版;《弁言》又载《文教资料》1995年第4、5合刊本。

《〈客座赘语〉校点商兑》,载《语言研究集刊》第四辑,江苏教育出版社1995年版。

1995年8月至2000年,担任江苏古籍出版社社长兼总编辑。在此期间,带领全社干部群众克服困难,奋力拼搏,出版了一大批具有重大文化价值,弘扬民族精神的优秀图书,如《江苏地方文献丛书》、《中国地方志集成》、《嘉定钱大昕全集》、《敦煌文献分类录校丛刊》、《侵华日军南京大屠杀图集》、《雨花台忠魂图集》等。策划开发了一大批具有双效的大众普及性图书,如《中学生语言文字规范手册》、《小学生常用汉字形音规范手册》等,使出版社走出了经济困境。

1996年2月被批准为享受国务院特殊津贴有突出贡献专家。

《悲壮的颂歌——漫谈〈国殇〉的思想和艺术》,载《古典文学知识》1996年第2期。

点校《东周列国志》、《太平广记钞》、《春秋衡库》等,收入《冯梦龙全集》,署名辛正,江苏古籍出版社1996年版。

《唐宋诗文中的“长江”》，载《古典文学知识》1997 年第 1 期。

《〈庚巳编〉点校辨误》，署名辛正，载《语言研究集刊》第五辑，江苏教育出版社 1997 年版。

选注《新编古代名家散文选》，署名辛正，江苏古籍出版社 1997 年版。

主持整理《李伯元全集》，江苏古籍出版社 1997 年版。点校的《南亭四话》、《南亭笔记》2000 年重版。

撰写《〈水浒与武打艺术〉序言》，载王资鑫著《水浒与武打艺术》卷首，江苏古籍出版社 1998 年版。

注释《百喻经故事一百则》，署名辛正，江苏古籍出版社，1998 年版。

1999 年起，担任江苏省语言学会副会长。

点校《百城烟水》、《太湖备考》，江苏古籍出版社 1999 年版。

撰写《〈过云楼书画记·续记〉弁言》，载《过云楼书画记·续记》卷首，江苏古籍出版社 1999 年版。

《〈语言文字规范手册〉的几处差错》，载《语言研究集刊》第六辑，江苏教育出版社 1999 年版，署名辛正。又部分见《书品》1999 年第 4 期。

《简化字与〈简化字总表〉略说》，载《语言研究集刊》第六辑，江苏教育出版社 1999 年版。

《〈西溪丛语〉〈家世旧闻〉点校琐议》，载《中国典籍与文化论丛》第五辑，中华书局 2000 年版。又载《语言研究集刊》第五辑。

撰写《〈高邮王氏遗书〉弁言》，载《高邮王氏遗书》卷首，江苏古籍出版社 2000 年版。

点校《刘熙载文集》，江苏古籍出版社 2000 年版。

《坚持地方特色　弘扬中华文化》(与吴小平共同署名)，载《江苏古籍序跋与书评》卷首，江苏古籍出版社 2000 年版。

《忠魂凌青云　花雨尽碧血——〈雨花台忠魂图集〉感言》，载《光明日报》2000 年 3 月 16 日；又载《新华日报》2000 年 4 月 4 日。

《立足地方特色　搞好古籍出版》，载《群众》2001 年第 2 期、《中国出版年鉴》2002 年。

《语海文心》，载《中学生语文学习》第一期，江苏古籍出版社 2000 年版；又载《读者导报》2000 年 6 月 25 日。

《〈洪诚文集〉述评》，载《文教资料》2000 年第 6 期；又载《书品》2001 年第 3 期。

2001 年被评为江苏省优秀出版工作者。

组织编写《高中常见文言词手册》，撰写部分稿件并撰写《前言》，江苏古籍出版社 2001 年版。

2001 年 9 月 1—5 日，赴杭州—海宁参加“章太炎黄侃先生纪念会及国际学术研讨会”。担任章太炎黄侃学术研究会筹委会副主任。

2002 年 9 月退休。返聘在凤凰出版社工作，以丰富的工作经验和学术水准，担任审读工作，言传身教，培养年轻同志。并担任《韩非子校注》(修订本)责任编辑等。

《〈文心雕龙校注拾遗补正〉读后》，载《书品》2003 年第 2 期。

校点整理《范仲淹全集》(两册)，凤凰出版社 2004 年版。

与马景仑教授共同主编《朴学之路——徐复教授 90 寿辰学术讨论会论文集》，江苏教育出版社 2004 年版。

《〈皮子文薮〉整理本专名号讨论》，载《朴学之路》，江苏教育出版社 2004 年版。

专著《王念孙王引之评传》，南京大学出版社 2008 年版。

2008 年 12 月，国家新闻出版总署任命其为全国古籍整理出版规划领导小组成员。

2009 年担任江苏省语言学会学术委员会副主任。

《刘熙载论》，载《扬州文化论丛》第三辑，广陵书社 2009 年版。

《〈九九销夏录〉点校本断句标点疑误举例》(上)，载《书品》2010 年第 4 期。

《〈九九销夏录〉点校本断句标点疑误举例》(下)，载《书品》2010 年第 5 期。

《〈金陵琐事〉及续书点校商榷》，载《中国典籍与文化论丛》第十二辑，凤凰出版社 2010 年版。

《〈说文〉段注与苏南吴语俗语词比较研究》，载《宏德学刊》第一辑，江苏人民出版社 2010 年版。

《〈九九销夏录〉点校本专名号讨论》，载《中国典籍与文化论丛》第十三辑，凤凰出版社 2011 年。

《〈九九销夏录〉点校本误字脱字举例》，载《古籍整理出版情况简报》2011 年第 6 期(总 484 期)。

《精心修订　求精求新——简评〈韩非子校注〉修订本》，载《古典文献研究》第十四辑，凤凰出版社 2011 年版。

点校整理的《周礼汉读考》、《仪礼汉读考》基本完稿，与《经韵楼集》合为《段玉裁全集》之二，由凤凰出版社 2011 年出版。

未刊稿有《〈五蠹〉"以籍仁义"注释疑义讨论》、《〈楚辞补注〉点校琐议》、《〈中国地图册〉误标地名》等，另有读书笔记、审读意见、书评文字等，部分由人代为投出并陆续发表于各学术期刊，部分收入《薛正兴文存》。

薛正兴先生曾参加或主持大型学术会议，担任江苏省新闻出版局高级职称评审委员会副主任，应邀为高校研究生评阅论文或担任答辩主席，等等，难以记述。薛正兴先生为古籍出版事业和语言文字的研究与普及，奉献了一生。谨录范仲淹《严先生祠堂记》语以作纪念：

云山苍苍，江水泱泱。先生之风，山高水长。